Arjuna P. Nathschläger

GANZHEITLICHER YOGA

Eine ausführliche Betrachtung
der klassischen fünf Yoga-Wege
in Theorie und Praxis

August 2012

YogaVision

KONTAKTADRESSE:

Arjuna P. Nathschläger
A-8241 Dechantskirchen, Bergen 5
tel 03331-31 122
e-mail: info@yogaakademie-austria.com
Homepage: www.yogaakademie-austria.com

INHALT

VORWORT

Es liegt in der Natur des Menschen, nach Verbesserung seines Lebens und nach Vermeidung von Leiden zu streben. Auf vielfältige Weise sucht er, nachdem sein unmittelbares Überleben gesichert ist, nach einer Steigerung seiner persönlichen Lebensqualität. Er versucht, durch materiellen Wohlstand, Besitz und Luxus, durch sinnlichen Genuss sowie auf geistig-spirituelle Weise zu einer Verbesserung, Vertiefung und Entfaltung seines Lebens zu finden. Diese Suche hat über die Jahrtausende ein unglaubliches Spektrum unterschiedlicher Formen angenommen – so reichen unsere Versuche, eine innere Unruhe, ein drängendes Suchen nach Erfüllung, Freude und Glück zu befriedigen, von sportlichen Ambitionen bis zu religiös-spirituellen Aktivitäten, von Karrierestreben bis zu Schönheitsoperationen, von Fernreisen bis hin zu Drogenkonsum und von medizinisch-therapeutischen Anwendungen bis zu unserem heutigen Esoterik- und Wellnessboom. Das gesamte Panorama menschlicher Tätigkeiten entspringt direkt oder indirekt einem inneren Verlangen nach Erfüllung, nach Ganzheit, nach Freude und Glück.

Wir sind in Europa und Nordamerika Meister in der Kunst geworden, materiellen Wohlstand und äußere Annehmlichkeiten zu schaffen: Wir haben unser ganzes Streben in den letzten Jahrzehnten, ja Jahrhunderten auf das Ziel materiell-sinnlicher Freude ausgerichtet, unsere ganze kreative Energie in den Dienst des Wohlseins, der materiellen Bequemlichkeit gestellt und verfügen heute über ein Arsenal von Maschinen, Technologien und Einrichtungen, welche uns eine „Lebensqualität“ erschaffen, die man noch vor wenigen Jahrzehnten als utopisch bezeichnet hätte.

In Indien und in anderen Teilen der Welt wurden andere Prioritäten gesetzt: Unter Vernachlässigung materieller Dinge konzentrierte man sich – nicht über Jahrzehnte, sondern über Jahrhunderte, ja, Jahrtausende – auf die innere Welt des Geistes, der Psyche, der „Seele“. Man fragte sich: Wo ist der wahre Reichtum, das wahre Glück des Menschen? Können uns äußere, sinnliche Dinge, Karriere, Ansehen, Geld und Macht wirklich dauerhaft erfüllt und glücklich machen? Wir streben oft viele Jahre lang nach bestimmten Dingen, nur um dann zu erkennen, dass sie uns nicht jene dauerhafte Erfüllung und Freude geben können, die wir von ihnen erwarteten. Swami Sivananda verfasste ein Buch mit dem Titel "How to become rich". Es regt zum Überlegen an, was unseren wirklichen Reichtum ausmacht. Können wir nicht sofort und direkt nach diesem wirklichen Reichtum streben, nach Gesundheit, Gelassenheit und innerem Frieden, ohne den „Umweg“ über die dingliche Welt zu machen?

Die äußeren Aspekte unseres Lebens sind alle vergänglich oder verlieren früher oder später ihre Attraktivität. Sich an sie zu klammern, sein Glücklichsein von ihnen abhängig zu machen, führt unweigerlich zu Enttäuschung, Kummer, Unglück und zu innerer Leere, wie die menschliche Erfahrung immer wieder zeigt.

Die Yogis vergangener Zeiten erkannten dies schon sehr früh, und sie suchten nach Wegen, jenes Glück, jene Freude, jenen Frieden, den wir uns von den tausend Dingen unserer raffiniert gestalteten äußeren Welt erwarten, direkt zu verwirklichen. Es war ihr Ziel, das Glück in sich selbst zu finden, ein unzerstörbares Glück, das von materiellen Dingen völlig unabhängig ist.

Zunächst erkannte man, dass unser äußeres, materiell-geistig-emotionales Dasein nur ein Teil unserer gesamten Existenz ist: Hinter dem äußeren, oberflächlichen Leben erahnte und erspürte man eine höhere (bzw. tiefere) Ebene unseres Daseins. Man erkannte, dass man dieser „höheren Wirklichkeit“ habhaft werden musste, um zu höchstem und dauerhaftem Glück zu finden. Man erkannte die Notwendigkeit eines Transformationsprozesses und begann, systematisch alle Faktoren der menschlichen Natur auf ihr Potential der Transformation zu untersuchen: Die Kraft des Geistes und der Konzentration, das Unbewusste, Glaube und Emotionskraft, Sexualität, Körperenergien, Atmung und die Sinne. Das Ergebnis dieser Forschung und Entwicklung ist eine spirituell-metaphysische Sicht des Menschen und seiner Welt sowie ein reiches Instrumentarium geistiger und psycho-physischer Techniken, welche man in ihrer Gesamtheit als Yoga bezeichnet hat und die seit wenig mehr als hundert Jahren begonnen hat, die westliche Welt zu erobern.

Die Entwicklung, die mit dem Auftreten Swami Vivekanandas beim Kongress der Weltreligionen 1893 ihren Anfang nahm und sich mit einer langen Reihe von indischen Yogis, die in den Westen gingen, um den Yoga zu verbreiten, fortsetzte, hat uns ein Geschenk von unschätzbarem Wert gebracht. Yoga beginnt unsere Spiritualität zu revolutionieren und stellt eine enorme Bereicherung nicht nur unseres geistigen Lebens dar. Es gibt Yoga-Zentren, Seminarhäuser, Ausbildungsstätten, Meditationsgruppen, Yoga-Kurse und Yoga-Therapien der verschiedensten Anbieter und Yoga-Richtungen. Die

Vielfalt und Größe des Yoga spiegelt sich in der Breite, im Spektrum der verschiedenen in Europa und USA angebotenen Yoga-Aktivitäten wider.

Wenngleich es, entsprechend der westlichen Mentalität, starke Tendenzen gibt, den spirituellen Reichtum Indiens wiederum auf äußere, materielle Aspekte des oberflächlichen Wohlseins zu richten und das umfassende yogische Repertoire auf Körper- und Entspannungsübungen zu reduzieren, so beginnt man doch vielfach, sich den tieferen Werten und der vollen Bedeutung des Yoga zu öffnen.

Der Wert dieser heiligen Wissenschaft ist so groß und so überzeugend, dass sich sogar eine Reihe von Repräsentanten der verschiedenen Weltreligionen, unter anderem auch katholische Geistliche, ernsthaft und intensiv mit Yoga zu befassen begannen. Wenn man Yoga bewusst und ohne Vorurteile betrachtet und studiert, erkennt man deutlich das Gemeinsame aller Religionen und geistigen Heilswege und erkennt die Genialität, mit der Yoga sie verbindet, erklärt und in ihren verschiedenen Ausformungen akzeptiert.

Yoga sollte nicht als ein ausschließlich fernöstliches, orientalisches System betrachtet werden (wenn es auch dadurch für viele Menschen sogar eine gewisse Attraktivität erhält, von anderen wieder als „fremd" und „nicht in unsere Kultur passend" angesehen wird). Wohl wurde die Wissenschaft des Yoga in Indien entwickelt und enthält in ihrer klassischen Form eine Anzahl von Elementen, die den kulturell-religiösen Hintergrund Indiens widerspiegeln, doch gilt es, durch tieferes Erkennen der Grundgedanken des Yoga zu der Schau der universellen Anwendbarkeit seiner Philosophie und Techniken zu gelangen. Yoga ist, wenn wir ihn von der oberflächlichen kulturgeprägten Aspekten befreien und zu seiner Essenz vordringen, ein, wenn nicht DER spirituelle Heilsweg für die ganze Welt. Tatsächlich lassen sich die meisten der in anderen Ländern und Kulturen entwickelten Heilswege in die Grundgedanken des Yoga einordnen. Entsprechend groß ist auch die Toleranz der hinduistischen Tradition, die andere Glaubensrichtungen ohne Vorbehalte anerkennt und assimiliert. Das Trennen und Ablehnen von anderen spirituellen Wegen läuft dem Prinzip der Spiritualität selbst zuwider - Yoga als Weg zur Einheit und Ganzheit schließt alle Wege, die zum Ziel führen, in sich ein, akzeptiert sie und kann damit nicht mehr als fernöstlicher Weg bezeichnet werden, sondern als ein Weg für jeden einzelnen Menschen auf dieser Welt.

Dieses Buch möchte zu einer tiefen Schau des vollen Spektrums, der vollen Bedeutung der indischen Spiritualität führen, eine Schau, die dein Leben wahrlich transformieren kann. Durch diese Schau kannst du zu der Fähigkeit finden, die jahrhunderte- und jahrtausendealte Weisheit des Yoga voll zu nutzen. Wir werden systematisch und ausführlich die Gesamtheit der heiligen Wissenschaft Yoga erkunden: Ihr philosophisches Konzept, ihre Entwicklung, ihre Techniken sowie ihre praktische Anwendung im eigenen Leben. Mit diesem Wissen können wir einerseits ihren vollen Wert erkennen, andererseits werden wir dadurch das nötige Rüstzeug erwerben, den vollen Nutzen des Yoga-Instrumentariums im eigenen Leben einzusetzen, um zu jener unzerstörbaren Freude, zu jenem höchsten Frieden und göttlicher Erfülltheit zu gelangen, die das Ziel jedes menschlichen Strebens und, wie die Yoga-Philosophie sagt, das Geburtsrecht jedes Menschen ist.

1.1

Einführung in Yoga

Der Begriff

Der aus der Sanskritwurzel „Yuj" (gesprochen „judsch") stammende Begriff Yoga bedeutet einerseits Einheit, Vereinen, Verbinden, andererseits Joch im Sinne von Anschirren von Zugtieren vor einen Wagen. Daraus können wir zwei Interpretationen ableiten:

1. Auf den Weg bezogen, kann man den Begriff Yoga als ein „Anschirren", ein „Unters Joch bringen" des Geistes und der menschlichen Triebe verstehen, was die große Bedeutung der Selbstdisziplin und der Konzentration auf dem Yoga-Weg unterstreicht.
2. Yoga ist die Erfahrung der Einheit, des „In die Einheit Fließens": Das individuelle Selbst, das Ich, das Ego mitsamt all seinen Eigenschaften, Begrenzungen, Gedanken und Gefühlen erfährt die absolute Einswerdung mit dem kosmischen Selbst, in dem es sich rückstandslos auflöst wie Salz im Wasser.

   In unserem täglichen Leben lässt sich Yoga auch als das Vereinen oder In-Einklang-Bringen von Körper, Geist und Psyche, das Ausbalancieren unserer männlichen und weiblichen Aspekte und Energien und als das Harmonisieren mit unserer Natur und unserer Umgebung bezeichnen.

Yoga ist also sowohl der Weg (und damit die Techniken und Methoden) zum Ziel, als auch das Ziel selbst, die (Wieder-)Herstellung der wahren Wesensidentität des Menschen im Sinne der Erfahrung der kosmischen Einheit oder der Vereinigung mit dem inneren, göttlichen Selbst.

> „Der Begriff YOGA bezeichnet die Gesamtheit spiritueller Werte, Haltungen, Regeln und Techniken, die in einem Zeitraum von mindestens 5000 Jahren in Indien entwickelt wurden und die als die Basis der alten indischen Zivilisation angesehen werden können. Yoga ist also der Überbegriff für die verschiedenen indischen Wege zur ekstatischen Selbst-Transzendenz bzw. für die systematische Verwandlung des Bewusstseins zur Befreiung vom Diktat des Ego-Bewusstseins. Es ist die psycho-spirituelle Technologie, die die große indische Kultur auszeichnet."

Georg Feuerstein

Man kann Yoga als einen Prozess physischer, pranischer, geistiger, emotionaler und seelischer Reinigung bezeichnen, der in seiner Vollständigkeit, Fundiertheit und Wirksamkeit unübertroffen ist.

Das Konzept

Der Mensch bewegt und erfährt sich mit seinem Körper, seinem Geist und seinen Gefühlen in einer Welt der materiellen, geistigen und energetischen Elemente. Er drückt sich in diesem Bezugsrahmen aus, dieser Bezugsrahmen ist seine Welt. Die Interaktion zwischen dem, was der Mensch als sich selbst, und dem, was er als seine Umwelt erfährt, erzeugt zumeist eine solch intensive, "lärmende" Empfindung, dass er, taub für eine unendlich feinere Wahrnehmung, meint, dass es über diese Welt der Materie, der Energie und des Geistes hinaus nichts gibt. Erst ein Stillerwerden, ein In-Sich-Hineinlauschen wird eine Ahnung entstehen lassen, dass diese Welt der Sinne und sinnlichen Erfahrungen eingebettet ist in etwas viel Größeres, Subtileres.

Die Wissenschaft des Yoga zeichnet und führt den Weg von unserem Alltagsbewusstsein zu der Erfahrung der Einheit mit dem Urgrund allen Seins, dem Kosmischen Bewusstsein. Yoga weist den Weg des Zurücklassens bzw. Überschreitens der menschlichen Form, welche durch unsere körperlich-geistig-psychischen Bewegungen und Erfahrungen gekennzeichnet ist, zu einer Öffnung für die kosmische oder transzendente Erfahrung.

> „Das Verlangen danach, die menschliche Daseinsform zu transzendieren, das gewöhnliche Bewusstsein und die gewöhnliche Persönlichkeit zu überwinden, ist ein tiefverwurzelter Impuls im Menschen, der so alt ist wie die sich selbst wahrnehmende Menschheit. Nirgendwo auf der Welt hat dieser Impuls zur Transzendenz ausdauernder und kreativer Ausdruck gefunden als in Indien. Die indische Zivilisation hat eine geradezu überwältigende Vielfalt spiritueller Glaubenswege, Praktiken und Methoden hervorgebracht. Sie alle richten sich auf eine Dimension der Realität, welche unser gewöhnliches individuelles Leben und die gewöhnliche Welt menschlicher Erfahrung und Vorstellung weit übersteigt. Diese Dimension hat viele unterschiedliche Namen erhalten - man nannte sie Gott, das Höchste Wesen, das Absolute, das (transzendente) Selbst, Geist, das Unbegrenzte und das Ewige.
>
> Viele Mystiker beschrieben diese Höchste Realität als ein Feld der Wonne, das alles Irdische überragt. Diese Wonne ist nicht lediglich die Abwesenheit von Schmerz oder Unbehagen, sie ist überhaupt kein Zustand, der vom Gehirn abhängig wäre. Sie befindet sich jenseits von Freude und Leid, welche ja nur Zustände unseres Nervensystems sind.

Indiens Spiritualität, die in ihrer Gesamtheit als Yoga bezeichnet wird, ist zweifellos die vielseitigste auf der Welt. Tatsächlich ist kein metaphysisches Problem vorstellbar, das noch nicht von einem Heiligen oder Gelehrten aus Indiens Altertum oder Mittelalter durchdacht worden wäre. Die „Heiligen Wissenschaftler" Indiens haben das gesamte Spektrum psychospiritueller Möglichkeiten des Menschen erforscht und analysiert.

Die Methoden und Lebensstile, die von den philosophischen und spirituellen Genies Indiens über eine Zeitspanne von mindestens fünf Jahrtausenden entwickelt worden sind, haben alle den gleichen Zweck: Die Muster des menschlichen Tagesbewusstseins zu durchbrechen und die Identität und Einheit mit der Höchsten Realität zu erfahren.

Die großen indischen Traditionen des psychospirituellen Wachstums verstehen sich als Wege der Befreiung. Es ist ihr Ziel, uns von der konventionellen Konditionierung und damit vom Leiden zu befreien, denn Leiden ist die Folge unserer unbewussten Konditionierung. Mit anderen Worten, sie sind Wege zur Verwirklichung Gottes, oder zur Selbstverwirklichung."

Georg Feuerstein

Stelle dir eine sehr helle, strahlende Leuchte vor, deren Licht von einem Lampenschirm gedämpft wird. Über diesem Schirm hängen verschiedene Tücher, Decken und anderes. Wie viel wird von dem hellen Lichtschein noch erkennbar sein? Nichts mehr vermutlich. Nur in den Tiefen der Erinnerung ist ein Ahnen: Da war doch Licht....

Ähnlich ist es beim Menschen, der seine göttliche Herkunft vergessen hat, sich im Dunkel des Nichtwissens befindet: In ihm ist das Licht, doch es ist hinter vielen Schichten geistiger und energetischer Verunreinigung verborgen. Yoga beschreibt den Weg des Individuums zurück ans Licht der Einheit mit dem göttlichen Sein in seiner Mitte; Yoga ist der Prozess des Entfernens der Hüllen des Nichtwissens, des Nichterkennens, der Identifikationen mit Körper und Geist und ist damit ein Reinigungsprozess, der uns, je weiter er fortschreitet, auf allen Ebenen unseres Daseins desto mehr von diesem inneren Licht erfahren lässt.

Yoga lehrt, dass dieses Licht immer in uns ist und dass es nur freigelegt und erfahren werden muss. Die Lampe in dem obigen Beispiel leuchtet immer, aber wir sehen sie nicht; wir haben unsere göttliche Herkunft vergessen. Es liegt an uns, uns dieser göttlichen Heimat zu erinnern und, gleich dem verlorenen Sohn, wieder zurückzukehren ins elterliche Haus. Yoga bietet uns eine Fülle von Techniken und Methoden, mittels derer die verhüllenden Schichten, die unser göttliches Wesen verbergen, allmählich aufgelöst, transzendiert werden können.

Eine Löwin wurde, kurz nachdem sie ihr Junges zur Welt gebracht hatte, von einem Jäger getötet. Das Löwenbaby lag nun allein in der weiten Steppe. Zu seinem Glück kam jedoch noch am gleichen Tag eine Schafherde vorbei und eine mitleidige Schafsmutter beschloss, das Löwenjunge zu adoptieren und gemeinsam mit den eigenen Kindern aufzuziehen.

So wuchs das Löwenkind heran, lernte von seinen neuen Freunden, was ein Schaf wissen muss: Wo man die saftigsten und würzigsten Gräser findet, wie man wie ein Schaf blökt und vor allem, dass man sich vor den großen, gefährlichen Löwen in Acht nehmen muss. Der junge Löwe lernte das alles und beherzigte es; er glaubte tatsächlich, ein Schaf zu sein!

So vergingen einige Jahre, und der Löwe war nun ausgewachsen, groß und mächtig. Obwohl er die anderen Schafe an Größe und Kraft weit überragte, hielt er sich noch immer für ein Schaf. Da kam eines Tages der gefürchtete Löwenkönig aus den Bergen, um sich ein Schaf zu reißen. Er traute seinen Augen kaum, als er inmitten einer Schafsherde einen Löwen friedlich grasen sah!

Erschreckt floh nun die Schafsherde und mit ihr das "Löwenschaf". Der Löwenkonig änderte nun seine Pläne, fing den flüchtenden Schafslöwen ein, der vor Angst zitterte, und brüllte ihn an: „Bist du verrückt? Was machst du hier in der Schafsherde? Frißt du Gras???"

„Was soll ich sonst fressen, ich bin doch nur ein kleines, schwaches Schaf. Bitte tu mir nichts, lass mich laufen. Ich will zu meiner Familie zurück!"

Doch der mächtige Löwe zerrte den Schafslöwen zu einem nahen See und zwang ihn, hineinzuschauen. Da begann es in dem noch immer vor Angst schlotternden Löwen zu dämmern, und allmählich wurde es ihm klar: Er war ein Löwe, und kein kleines, schwaches Schaf.

Er erhob seine Stimme und - nach ein wenig Übung - brüllte er ebenso gewaltig wie sein Lehrer, mit dem er nun in die Berge zog.

Diese bekannte Geschichte vom vedantischen Löwen illustriert unseren großen, verhängnisvollen Irrtum: Das „Schafsbewusstsein" steht für unser begrenztes Menschsein, für unsere vergängliche menschliche Form mit allen ihren Abhängigkeiten, Schwächen und Konditionierungen: Der „Schafslöwe“ in dieser Geschichte hielt sich für ein Schaf, so wie wir uns mit unserer menschlichen Form identifizieren. Gleichzeitig jedoch war er Löwe, von grundsätzlich anderer Natur, welche für das Unbegrenzte, für das göttliche, kosmische Bewusstsein steht. Und sein Schaf-Sein war nichts als ein Irrtum, ein falsches Erkennen!

Doch können wir beobachten – auch an uns selbst -, dass etwas in uns an diesem "Schafsein" festhält: Wir wollen unsere Welt, unser Menschsein gar nicht verlassen; wir wollen es nur verbessern: Hier ein wenig mehr Geld, da verbesserte Gesundheit, sowie mehr Bequemlichkeit und Befriedigung unserer sinnlichen Wünsche... Der Schafslöwe wird gesünder und reicher und lebt bequemer, aber er bleibt ein „Schaf“. Er hat Angst vor dem Unbekannten, denn das Schafsein ist ihm so vertraut – doch wird er so nie sein volles Wesen, sein volles Sein entfalten, immer an seine begrenzte, schwache Form gebunden bleiben.

Wir vermögen, wenn wir unsere menschliche Form zurücklassen und uns für die göttliche Essenz in uns öffnen, zu erfahren, dass unser Menschsein nur an der Oberfläche geschieht, dass unser wirkliches Sein jedoch unendlich viel tiefer reicht – ein achtsames Schauen dieser Tiefen wird uns das Heilige, das in und um uns ist, berühren lassen, und diese Berührung kann unser ganzes Leben verwandeln.

Wie ein Schiff oder ein Eisberg im Ozean schwimmt, so ist unser menschliches Dasein eingebettet in einen Ozean des kosmischen Bewusstseins, überwältigender Fülle und Schönheit.

Was wirklich von Bedeutung ist, ist es, in Einklang mit der "göttlichen Schwingung" zu kommen. Nichts sonst ist wirklich von Belang. Das eigentliche Ziel des Lebens ist es, deine persönliche Vibration mit der Wellenlänge des Kosmos, des göttlichen Seins zu synchronisieren – im Einklang schwingen, gleich einem sorgfältig gestimmten Instrument.

Alles, was du an Zielen anstreben magst – Gesundheit, Geld, Beziehungen, Ansehen – wächst auf dem Boden dieser heiligen Synchronisation und entfaltet sich durch sie zur Blüte. Angestrebt jedoch ohne diesen Einklang, sind sie wertlos: du bleibst leer, unzufrieden, gleich einer abgestorbenen Pflanze.

Yoga ist der systematische, wissenschaftliche Weg zu diesem Einklang. Deshalb: Übe Yoga. Übe Yoga, weil dies zur Wurzel menschlichen Glücks führt.

Das Ziel

Dem Ziel des Yoga, zum Wirklichen, dem Ozean des göttlichen Urgrunds zu finden, zum Licht des Erkennens zu gelangen und von der Begrenztheit unserer menschlichen Form zur Grenzenlosigkeit des kosmischen Bewusstseins zu finden, hat man, abhängig davon, welcher Aspekt im Vordergrund steht, verschiedene Namen gegeben:

Die Erleuchtung: Die Erfahrung der göttlichen Einheit wurde als eine Erfahrung hellsten Lichtes, des höchsten Erkennens beschrieben. Unter diesem Licht ist nicht das uns bekannte Licht zu verstehen, sondern eine innere Helligkeit, welche in dem Ausspruch „Da ging mir ein Licht auf“ beschrieben wird. Wir sehen nun klar: Ich war, bin und werde immer ein Löwe, eine Löwin sein. Ich erkenne meine wahre Natur, mein göttliches Sein und kann nun mein Menschsein im rechten Licht erkennen. Begleitet ist diese Erfahrung von einer überwältigenden Freude, weshalb sie auch als "göttliche Ekstase" bezeichnet wurde.

Die Befreiung (moksha): Du bist befreit von einem Irrtum, von einer verhängnisvollen Identifikation, die dich auf das Feld typisch menschlicher Erfahrungen einengte und dich daran hinderte, das dahinterliegende Göttliche zu fühlen. Du überschreitest die für fest gehaltenen Mauern deiner begrenzten Selbstanschauung und erfährst eine nie geahnte Weite und Freiheit.

Moksha steht auch für das Freiwerden von einer karmischen Bindung an das Feld menschlicher Erfahrungen in Form endloser Wiedergeburten.

Samadhi, die ekstatische Erfahrung: Wir treten aus dem bisherigen Erfahrungshorizont unseres Menschseins heraus (ek-stase = heraustreten), um in eine neue Bewusstseinsebene, das kosmische Bewusstsein einzutreten. In den klassischen Schriften findet man die kurze und prägnante Aussage „Yoga ist Ekstase“, die dies auf den Punkt bringt.

Es gibt verschiedene Stufen des Samadhi, je nach Tiefe und Vollständigkeit des Heraustretens aus der „menschlichen Verfassung“.

Nirvana, das Verlöschen: Äußere, sinnliche Eindrücke verblassen, verlöschen vor der inneren Erfahrung höchster Freude, die aus diesem Verlöschen emporsteigt. Unser herkömmliches Feld der menschlichen Erfahrungen wird verlassen und verlöscht gleichsam, während sich unser Inneres – wie ein Empfänger, der auf eine neue Wellenlänge eingestellt wird – für eine völlig neue Dimension des Erlebens öffnet.

Die mystische Hochzeit: Die Vermählung mit dem himmlischen Bräutigam ist ein Gleichnis für die Vereinigung des individuellen mit dem kosmischen Bewusstsein.

Diese Erfahrung der Einheit, der Wonne, welche sich in niederen Samadhi-Formen nur in der Meditation, gelegentlich aber auch im Alltag zeigen kann, in der „vollen Erleuchtung" jedoch auf Dauer erhalten bleibt, führt zu einem dauerhaft veränderten Wahrnehmen und Erfahren der Welt: Man hat den göttlichen Urgrund berührt und erfahren, man ruht sozusagen mit seinem ganzen Wesen im Gottesbewusstsein, während sich Körper und Geist weiterhin in der Welt bewegen.

Erleuchtung heißt also nicht, dass man nur noch in Heiligkeit erstarrt auf seinem Meditationspolster sitzt. Erleuchtung heißt, dass das Leben weiter geht, wenn es auch anders erfahren wird:

> Ein junger spiritueller Aspirant steigt den Berg hinan, um die heiligen Yogis in ihren Höhlen zu besuchen und von ihnen zu lernen. Er begegnet einem alten Mann und ist geradezu geblendet von dem Licht, das das Haupt des Alten umgibt. Er strahlt Frieden und Reinheit aus.
>
> „Ehrwürdiger Yogi" sagte der Aspirant.„Ich sehe, du hast gefunden, wonach viele Menschen suchen. Wie ist es, die Erleuchtung zu finden?"
>
> Der Yogi lächelt still und setzt, ohne ein Wort zu sagen, seine Last, die er auf den Schultern getragen hat, auf dem Boden ab. Aufatmend richtet er sich auf.
>
> Der junge Mann versteht: „Eine Erleichterung, wie das Freiwerden von einer großen Last also", dachte er und fragte dann: „Und wie ist es nach der Erleuchtung. Was geschieht dann?"
>
> Der alte Yogi lächelt wieder, hebt das Bündel wieder auf seine Schultern und geht weiter.

Es wäre ein Fehler, den Weg und das Ziel des Yoga als eine Weltflucht zu betrachten. Wir üben Yoga, um uns in unserer Welt freier zu bewegen und uns wohler zu fühlen. Gleichzeitig aber erkennen und erfahren wir, dass, was wir als Welt betrachten, nur die Oberfläche einer multidimensionalen Existenz ist, die weit über unser durch die Sinnesorgane begrenztes Erfahrungsfeld hinausgeht. Die Welt der Materie und des Geistes bildet nur einen kleinen Teil unserer gesamten Wirklichkeit – und der/die Erleuchtete hat dies erfahren und lebt und bewegt sich in der Welt in diesem Wissen: Die Dinge kommen und gehen, mein Körper ist vergänglich, er wird früher oder später erkranken und sterben, meine Güter werden vielleicht vernichtet oder gestohlen, aber meine innerste Essenz, das, was ich wirklich bin, ist von allen Wechselfällen des Lebens vollkommen unberührt. So kann der oder die Erleuchtete sich in vollkommener Gelassenheit, in tiefem Frieden in der Welt bewegen, seine / ihre Aufgabe erfüllen, lebt IN dieser Welt, wissend, nicht VON dieser Welt zu sein, gleichsam auf der Durchreise:

> Ein spiritueller Meister in Japan, der ein sehr einfaches Leben führte, erhielt Besuch von einem Touristen. Dieser war erstaunt, dass die Hütte des Meisters nur aus einem einfachen Zimmer bestand. Eine Anzahl von Büchern war sorgsam auf der einen Seite aufgestapelt, auf der anderen standen als einziges Mobiliar ein Tisch und eine Bank.
>
> „Meister, wo sind deine Möbel?" fragte der Tourist.
>
> „Wo sind deine?"
>
> „Meine? Ich bin doch nur auf der Durchreise."
>
> „Das bin ich auch." sagte der Meister.

Doch für die meisten Menschen ist dieses Ziel der Erleuchtung so ferne, so akademisch und wird vielleicht, in Anbetracht der momentanen persönlichen Situation als „abgehoben" betrachtet.

Wir müssen uns jedoch bewusst sein, dass der Yoga-Weg nicht einer langen, staubigen Straße vergleichbar ist, an deren Ende das vielbeschriebene Gefäß mit Gold steht. Vielmehr werden wir bei regelmäßiger Übungspraxis bereits sehr bald Ergebnisse unseres Übens erfahren. Denn in dem Ausmaß, in dem unsere Reinigung fortschreitet, werden wir zu einem reineren, harmonischeren Dasein finden, zu Gesundheit, innerem Frieden und auch zu gelegentlichen Augenblicken ekstatischer Gottesschau, gleich einer Ahnung des höchsten Lichtes.

Die Wirkungen

Sowohl auf der exoterischen Ebene unseres Alltags als auch auf der esoterischen Ebene der spirituellen Entwicklung können wir, sobald wir konsequent Yoga zu praktizieren und zu leben beginnen, eine Reihe von konkreten Veränderungen beobachten.

Auf der **exoterischen Ebene** des täglichen Lebens findet der Mensch zum Einklang mit seiner Natur, lebt sozusagen „menschengerecht" und findet damit bei regelmäßiger Yoga-Praxis zu einem Maß an Gesundheit, Harmonie, Kraft, Frieden und Klarheit, das seine kühnsten Vorstellungen übertrifft. Im einzelnen können wir von der integralen Yoga-Praxis die folgenden Ergebnisse erwarten:

Körperlich:

Erhöhte Widerstandskraft gegen Krankheiten
Verbessertes Allgemeinbefinden / Gesundheit
Milderung oder Heilung von chronischen Krankheiten
verbesserte Körperkontrolle und Körperbewusstheit
Verbesserte Beweglichkeit
erhöhte Körperkraft
Straffung des Gewebes / Gewichtsabnahme

Energetisch:

vermehrte Energie und Frische
verbesserter Energiefluss
verbesserte Entspannungsfähigkeit
Fähigkeit, sich bei Bedarf schnell und effektiv mit Energie aufzuladen

Geistig:

Klares und strukturiertes Denken
Steigerung der Konzentrationsfähigkeit
verbessertes Gedächtnis
verbesserte Achtsamkeit und Aufmerksamkeit

Psychisch:

erhöhtes Selbstbewusstsein
verbesserter Umgang mit Stress / Belastungen
Entwickeln der Fähigkeit, loszulassen: es entsteht Gelassenheit
erhöhte Toleranz gegenüber anderen Menschen und belastenden Situationen
erhöhte Stabilität der Stimmung, inneres Gleichgewicht
das Schaffen eines „Ruheraumes" in der eigenen Mitte und die Fähigkeit, sich zu zentrieren
Verbesserte Ausgeglichenheit und das Gefühl der Harmonie
Sinnhaftigkeit und Erfülltheit des eigenen Lebens

Auf der **esoterisch-spirituellen Ebene** erfährt der intensiv und beharrlich Übende die Rückkehr in den göttlichen Schoß. Er verlässt alle irdischen, physischen und geistigen Begrenzungen und betritt das Reich der absoluten, durch nichts bedingten Freude, die alles Vorstellbare übertrifft, so wie die helle Mittagssonne das Licht einer Kerze als reines Nichts erscheinen lässt.

Beide Ebenen, die exoterische und die esoterische, sind eng verwoben - wer Yoga ausdauernd, bewusst und ganzheitlich praktiziert, wird eine Entwicklung erfahren, die Wirkungen auf beiden Ebenen hervorbringt, und zwar in dem Ausmaß, das exakt seinen Bemühungen entspricht.

Die 5 Yoga-Wege

Die wesentlichen spirituellen Entwicklungen, Techniken und Gedankenansätze des Yoga können 5 grundlegenden Konzepten zugeordnet werden. Diese Konzepte bilden das Rahmenwerk für die in diesem Buch vorgenommenen Beschreibungen der Vision des Yoga. Wir wollen sie an dieser Stelle einer kurzen einführenden Betrachtung unterziehen, um einen Überblick zu erhalten und ihre Bedeutung im Gesamtzusammenhang zu erkennen.

Der Mensch findet auf unterschiedlichen Ebenen Ausdruck in seiner Welt, er manifestiert sich auf unterschiedlichen Existenzebenen, die in ihrer Summe seine menschliche Form ausmachen. Yoga strebt, wie wir gesehen haben, eine Transzendierung, ein Überschreiten der menschlichen Form an. So lag es nahe, diese Existenzebenen zu definieren, zu erforschen und Techniken und Vorgehensweisen zu entwickeln, die durch vollkommene Reinigung des jeweiligen Ebene menschlichen Ausdrucks zum Überschreiten der typisch menschlichen Existenzmodalitäten führen.

So identifizierte man fünf verschiedene Ausdrucks-Ebenen der menschlichen Form und definierte entsprechend fünf Yoga-Wege, die sich auf jeweils eine Ebene konzentrierten. Durch die vielfache Verwobenheit dieser Ebenen werden die jeweils anderen Aspekte in den Reinigungs- und Transformationsprozess eines bestimmten Yoga-Weges mit eingebunden und eine ganzheitliche Entwicklung des gesamten Wesens wird ermöglicht.

So wird in jedem der 5 Yoga-Wege ein bestimmter Aspekt unseres Wesens zu einem „spirituellen Katalysator": Der Geist im Raja Yoga, die Energie im Hatha Yoga, das Erkennen im Jnana Yoga, die Handlungskraft im Karma Yoga und die emotionale Kraft im Bhakti Yoga.

1. Raja Yoga

Raja Yoga, der „Königliche Weg", setzt beim menschlichen Geist an: Der Geiste wurde als jene Kraft erkannt, die alles andere lenkt, die all unsere Probleme und Leiden erschafft und die folglicherweise auch helfen kann, unsere Probleme zu lösen und unser Leiden aufzuheben.

Die gedankliche Tätigkeit wird im klassischen Raja-Yoga als jener Schleier betrachtet, der uns vom Erkennen und Erfahren unseres göttlichen Seins abhält. So konzentriert sich der ca. im 2. Jahrhundert unserer Zeitrechnung von Patanjali beschriebene Raja-Yoga auf das Beruhigen der Gedankenwellen durch Innenschau und Meditation.

Eine wichtige Rolle im Prozess des Raja Yoga spielen unsere unbewussten Energien, die Samskaras (Eindrücke aus vergangenen Leben), Vasanas (Neigungen und Vorlieben) und Trishnas (Lebensdurst, Verlangen nach bestimmten Erfahrungen) sowie die Tätigkeit und Kontrolle der fünf Handlungsorgane (Hände, Füße, Mund, Ausscheidungs- und Fortpflanzungsorgan) und der fünf Wahrnehmungskräfte (Sehen, Hören, Riechen, Schmecken, Tasten).

Raja Yoga untersucht die Interaktion dieser verschiedenen Faktoren und Ebenen des menschlichen Geistes untereinander sowie mit der Umwelt, stellt sie in Beziehung zum gesamten Kosmos und gelangt zu einem sehr klar beschriebenen Weg, durch Sinnes- und Geisteskontrolle zum Transzendieren der geistigen Ebene und damit zur Einswerdung mit dem kosmischen Bewusstsein zu gelangen.

Dieser Weg, nach seinen acht Stufen Ashtanga-Yoga (ashta = acht, anga = Glieder, Teile) genannt, führt von der Harmonisierung unserer äußeren und inneren Beziehungen über die Kontrolle von Körper, Lebensenergie und Sinnesorganen durch tiefe Meditation schließlich zur vollständigen Stille und Klarheit des Geistes, die die höchste Schau und Erfahrung des kosmischen Bewusstseins ermöglicht.

2. Hatha Yoga

Der „Yoga der Energie“ wird oft als Teil des Raja-Yoga betrachtet. Aufgrund der unterschiedlichen Ansätze und Techniken verdient es der Hatha Yoga jedoch, als eigenständiger Yoga-Weg eingestuft zu werden.

Hatha Yoga konzentriert sich auf die energetische Ebene des Menschen. Da die energetischen Muster gleichsam ein Spiegelbild der geistig-psychisch-emotionalen Bewegungen des Menschen sind, ist die Nähe zum Raja Yoga leicht zu erkennen.

Jedem Gedanken, jedem Gefühl, jeder Empfindung entspricht ein bestimmtes energetisches Muster, und so entspricht auch die Erfahrung der höchsten Einheit mit dem göttlich-kosmischen Prinzip einem bestimmten energetischen Prozess, den man als Erwachen, Aufsteigen und Einswerdung der Kundalini-Kraft mit dem Siva-Bewusstsein beschrieben hat.

Der Hatha Yoga strebt nun mit Übungen, die den Körper, die Atmung und energetische Muster im Körper direkt verändern, jenes Aktivieren der Kundalini-Energie an, die dem Still- und Transparentwerden des Geistes im Raja Yoga entspricht.

Abhängig von der verwendeten Technologie und Philosophie spricht man vom Hatha Yoga, Kundalini Yoga oder anderen verwandten Yoga-Wegen. Dieser im Vergleich mit den anderen Yoga-Arten relativ junge Weg der Kraft, der sich „erst“ in den letzten tausend Jahren entwickelt hat, setzt ein gut beschriebenes Instrumentarium von Körperübungen (Asanas), Atemübungen (Pranayamas), Reinigungstechniken (Kriyas) sowie spezifische energetische Lenk- und Sperrtechnologien (Mudras und Bandhas) ein, um nicht nur den Körper des/der Übenden zu einem in den klassischen Schriften beschriebenen „diamantenen Körper“ zu schmieden, sondern insbesondere die beschriebene energetische Veränderung, welche direkt der geistigen Erfahrung der Erleuchtung entspricht, herbeizuführen.

Dieser Weg des Körpers und der Körperenergie wurde im körperorientierten Westen mit großem Enthusiasmus aufgenommen; es entwickelten sich teils eigenständige Wege, die die Hatha-Yoga-Übungen mit gymnastischen und turnerischen Elementen verbanden, zu einer Art Power-Yoga. Weitere Entwicklungen setzen Hatha-Yoga-Techniken mit Erfolg für therapeutische Zwecke ein.

Der Hatha-Yoga ist unzweifelhaft der am meisten praktizierte Yoga im Westen. Für den Praktizierenden ist es von Bedeutung, sich einerseits das eigentliche Ziel des Hatha-Yoga vor Augen zu halten, andererseits zu berücksichtigen, dass der Hatha Yoga nicht nur aus Asanas besteht, sondern neben den anderen Techniken auch auf einer stabilen Grundlage der ethischen Reinheit im Alltag ruhen muss, will er zu ganzheitlich spirituellem Fortschritt führen, wie dies die Absicht der Begründer war.

3. Jnana Yoga

Der Yoga der Weisheit und der Erkenntnis geht auf die ungefähr dreitausend Jahre zurückliegende Zeit der Upanishaden zurück, die eine heute als Advaita Vedanta bezeichnete Philosophie beschrieben. Die yogische Transformation wird im Jnana Yoga allein durch das Erkennen von Zusammenhängen, insbesondere durch das Unterscheiden von Wirklich und Unwirklich erreicht. Es gilt, das Wirkliche als das Bleibende, als die Essenz des Seins, das Göttliche oder kosmische Prinzip von den sich stets verändernden äußeren Umständen, unserer oben beschriebenen menschlichen Form mit all ihren physischen, energetischen, geistigen und psychischen Manifestationen, welche aufgrund ihrer vergänglichen Natur als unwirklich betrachtet werden, zu unterscheiden.

Der Jnana-Yogi beginnt, die Seins-Verhältnisse zunächst theoretisch zu studieren, um sie dann zu kontemplieren und im Alltag auf jede Manifestation des Seins bewusst anzuwenden: Dies ist körperlich, jenes ist geistig. Meine Gedanken sind Geist, meine Gefühle sind vergänglich – dringe tiefer, tiefer, hinter den Geist, hinter die Gefühle, dringe tiefer, zum Urgrund allen Seins, zum Unmanifesten; verbinde dich mit diesem Urgrund, lasse dich in diese Essenz hineinsinken und fühle, dass dies deine wahre, unendliche Natur ist.

JnanaYoga wird als ein sehr direkter, sehr schneller Weg zur Befreiung bezeichnet, allerdings auch als der steilste und schwierigste.

4. Karma Yoga

Dieser sowohl auf Erkennen als auch auf Loslassen begründete Yoga-Weg des achtsamen und insbesondere des erwartungslosen Handelns wurde erstmals in der Bhagavad Gita vor über zweitausend Jahren beschrieben. Während andere Yoga-Richtungen das Üben von bestimmten meditativen oder energetischen Techniken in den Mittelpunkt ihres Systems stellen, zielt der Karma-Yoga auf die Bewusstheit beim alltäglichen Handeln: Karma bedeutet Handeln, Karma Yoga ist der Weg des Spiritualisierens unserer täglichen Handlungen, geht tatsächlich aber weit über das physische Handeln hinaus, denn auch jeder Gedanke, jeder Wunsch, jede Absicht ist eine Handlung.

Das Loslassen des Ich-Empfindens beim Handeln, das Loslassen von Erwartungen verbindet sich im Karma Yoga mit der Yoga-Ethik, die auch allen anderen Yoga-Wegen zugrunde liegt: Der Yogi versucht in seinem Handeln unter anderem, niemanden zu verletzen oder auf andere Weise zu schädigen, wahrhaftig zu sein und seine Sinne zu kontrollieren.

Das große Potential des Karma Yoga liegt darin, dass wir diesen Yoga während des ganzen Tages, so lange wir wach sind, üben können; er muss nicht auf den oft recht bescheidenen Zeitraum, den man sich von seinen täglichen Aufgaben zurückziehen kann, beschränkt werden. Karma Yoga ist der wahre Yoga im Alltag.

Der Weg des Karma Yoga ist mit zwei anderen Yoga-Wegen innig verbunden: Einerseits mit dem oben beschriebenen Jnana-Yoga, denn die Grundlage des Karma Yoga ist das Erkennen und die Einsicht, wer der wirklich Handelnde ist: Bin ich es, der handelt? Ist es meine Natur? Ist es Gott? Andererseits führt bewusster Karma Yoga zu dem nachfolgend beschriebenen Bhakti Yoga, indem die Handlungen und besonders deren Früchte Gott geopfert werden: So kann Karma Yoga direkt in den Bhakti Yoga münden: Unser Ego, das Ich-Empfinden wird durch Erkennen und Hingabe aufgelöst und ein allmähliches Freiwerden von karmischen Kräften erreicht.

5. Bhakti Yoga

Bhakti ist das Umwandeln von Emotion zu Devotion, von Emotionalität zu Hingabe an das Göttliche in und um uns. Gefühlsbetonte Menschen und solche mit stark religiösem Empfinden können auf diesem Weg sehr schnelle Fortschritte erzielen; es wird gesagt, dass Bhakti Yoga in diesem Zeitalter der einfachste und rascheste Weg zur Gottverwirklichung ist. Doch die in Gebeten, Gesängen und Ritualen sich ausdrückende Hingabe muss sich im Alltag fortsetzen, indem die Gegenwart Gottes immer intensiver empfunden wird. Bhakti Yoga ist der Weg der intensiven Liebesbeziehung zu Gott, die allmählich alle anderen Lebensaspekte überstrahlt und sich gleichzeitig in ihnen widerspiegelt.

Schließlich wird der Weg des Bhakti zum Ziel, zur lebendigen Gotteserfahrung, welche auch das Ziel aller anderen Yoga-Wege ist – so münden alle Yoga-Arten in die Erfahrung höchster Gotteseinheit, in der Erfahrung des Bhakti.

Integraler Yoga

In der Praxis wird nicht einer dieser Wege ausschließlich beschritten, wenn auch zumeist einer der Wege im Vordergrund der Aufmerksamkeit steht. Die volle Kraft des Yoga erfährt man erst, wenn man diese fünf Wege zu einem ganzheitlichen spirituellen Streben verbindet, welches man als Integralen Yoga bezeichnen kann. Denn die Vielseitigkeit und Komplexität sowohl unserer Welt als auch unserer persönlichen Natur legt einen ganzheitlichen und alle menschlichen Aspekte integrierenden Weg nahe: Wird unsere Natur auf allen Ebenen entwickelt und gereinigt, so sind die Fortschritte wesentlich schneller und leichter, aber auch fundierter, als wenn wir uns nur auf einen einzelnen Aspekt konzentrieren.

Der Weg des Yoga

Yoga ist durch und durch Praxis. Wie kannst du jemand den Geschmack einer Orange durch Worte nahe bringen? Man muss sie selbst kosten. Verglichen mit dem theoretischen Wissen und Verstehen ist die Erfahrung des Schmeckens der Frucht von grundlegend unterschiedlicher Qualität. Deshalb mag das gelesene und verstandene Wort wohl geistig-intellektuell befriedigen, doch die ERFAHRUNG des Yoga ist etwas, das nur aus der eigenen Übungspraxis entstehen kann. Willst du alles über Freude wissen - oder Freude in dir spüren? Willst du Gesundheit verstehen - oder willst du sie erfahren?

So ist es mit Yoga, der alle menschlichen Erfahrungen bis hin zur höchsten, der göttlichen Einheit, umfasst: Wissen mag uns den Weg weisen. Bücher, Lehrer und Meister können uns begleiten auf dem Weg - gehen aber müssen wir jeden einzelnen Schritt selber.

Je hingebungsvoller und konsequenter unser Streben ist, um so größer ist die Kraft, die jenes Element auf den Plan ruft, das wir „göttliche Gnade" genannt haben. Wie auch immer man das Verhältnis von Bemühung zu Gnade auch betrachten und erklären mag, wir erfahren Gnade, wie ein „Geschenk des Himmels" oder eine Berührung Gottes, niemals, ohne uns in der rechten Weise darauf vorbereitet zu haben. Es ist, als würden wir durch die yogische Übung unsere Hand öffnen, um sie damit für die göttliche Gnade „empfangsbereit" zu machen. Wir können uns nur bereit machen - durch hingebungsvolles und ausdauerndes Üben und Praktizieren.

Die meisten Menschen betrachten Yoga nur als Übungsweg, bei dem man bestimmte Techniken durchführt. Doch Yoga ist viel mehr als das: Es ist ein Lebensstil, ein „way of life", welcher sich in unserem Denken, in unseren täglichen Handlungen ausdrückt und der durch die bekannten psychophysischen Übungstechniken unterstützt wird. Yoga ist eine neue Schau der Dinge unseres Lebens, eine neue Beziehung zu unserem Menschsein, und öffnet uns für neue Erfahrungen und neue Horizonte. Erst wenn wir Yoga auf diese Weise betrachten und praktizieren, beginnen wir, seine volle Kraft zu erfahren!

1.2 Geschichte und Schriften des Yoga

Die heilige Wissenschaft des Yoga entwickelte sich in Indien; ihr Beginn lässt sich nicht exakt festlegen – es gab keine Person, die „Yoga begründete", vielmehr ist Yoga eine geistige Strömung, eine Suche nach Transzendenz, welche sich über einen sehr langen Zeitraum entwickelte. Man datiert die Anfänge dieser geistigen Strömung auf vier- bis sechstausend Jahre vor Beginn unserer Zeitrechnung.

Die im folgenden gemachten Zeitangaben sind mit sehr großen Unsicherheiten und Ungenauigkeiten behaftet. So wird die wohl älteste Schrift, der Rig-Veda, von einigen Geschichtsforschern in das 15. vorchristliche Jahrhundert datiert, von anderen jedoch in das 3. oder sogar 5. vorchristliche Jahrtausend. Interessanterweise wird Patanjali, bei dem man sich auf 200 v.Chr. bis 200 n.Chr. geeinigt hat, vereinzelt ins 3. vorchristliche Jahrtausend verschoben und sogar bei der noch nicht so alten Hatha Yoga Pradipika findet man Angaben vom 14. bis zum 17. Jahrhundert unserer Zeitrechnung. Entsprechend müssen wir die folgenden Zeitangaben mit Vorsicht bzw. Toleranz betrachten und nur als einen ungefähren und allgemeinen Hinweis der Reihenfolge in der Entwicklung der indischen Spiritualität betrachten.

Entsprechend den kulturellen, gesellschaftlichen und geistigen Veränderungen in Indien entwickelte sich auch das spirituelle Streben und verlagerte allmählich – über die Jahrhunderte - den Schwerpunkt von ursprünglich stark ritualistisch geprägten Bewegungen der brahmanischen Kultur über die in der upanishadischen Zeit im ersten vorchristlichen Jahrtausend entstehende vedantische Philosophie bis hin zu dem als Klassischen Yoga bezeichneten meditativen Weg Patanjalis. Die Idee des Bhakti als der Hingabe an Gott spielte zu allen Zeiten eine große Rolle, erreichte ihren Höhepunkt jedoch erst in der Mitte des 2. Jahrtausends unserer Zeitrechnung. Ebenfalls in diesem Zeitraum entwickelte sich mit der Strömung des Tantrismus der körperbetonte Hatha Yoga.

> „Im Verlauf etlicher Jahrhunderte entwickelte sich eine immense Vielfalt von Praktiken gemeinsam mit mehr oder weniger detailliert ausgearbeiteten Erklärungen, welche auf das Transzendieren der menschlichen Form ausgerichtet waren. Das Yoga-Erbe wurde mündlich direkt vom Lehrer zum Schüler weiter gegeben.... Im Lauf der Zeit wurde zu diesen Lehren etliches hinzugefügt, anderes wurde weggelassen oder verändert. Bald entstanden viele verschiedene Schulen, die die unterschiedlichen Traditionen vertraten, und innerhalb dieser Schulen kam es wiederum zu Aufteilungen und zu Reformierungen.

Somit ist Yoga keineswegs ein homogenes Ganzes. Ansichten und Techniken variieren von Schule zu Schule oder von Lehrer zu Lehrer, und oft widersprechen sie einander. Wenn wir also von Yoga sprechen, so sprechen wir von einer Vielfalt yogischer Wege und Gedanken mit kontrastierendem theoretischen Bezugsrahmen und gelegentlich auch unterschiedlichen Zielen, wenn diese auch alle auf das große Ziel der Befreiung ausgerichtet sind."

Georg Feuerstein

Eine Zeitskala

In der Entwicklung des yogischen Gedankengutes lassen sich die folgenden Phasen unterscheiden:

1. **Das Vedische Zeitalter** (5000 - 2500 v.Chr.): Dieser erste und älteste Zeitraum der „Yoga-Geschichte" ist durch das Erscheinen der Veden (Veda heißt Wissen), der ältesten verfügbaren Schriften Indiens, gekennzeichnet. Die ältesten Veden gehen in das fünfte vorchristliche Jahrtausend zurück und sind somit an die 7000 Jahre alt!

2. **Das brahmanische Zeitalter** (2500 - 1500 v.Chr.): Nach einer sich über Jahrhunderte ankündigenden Naturkatastrophe, dem Austrocknen des Sarasvati-Flusses ca. 1900 v.Chr. wurde das Zentrum der vedischen Zivilisation zu den fruchtbaren Ufern des Ganges verlegt. Das soziale System wurde komplexer, die Priester-Klasse, die Brahmanen, entwickelte sich zu einer spirituell-geistigen Elite, die die vedische Kultur und Religion zu dominieren begann. In dieser Zeit entstanden zwei Klassen von Schriften, die Brahmanas und die Aranyakas.

3. **Das Zeitalter der Upanishaden** (1500 - 1000 v.Chr.): Hier entstanden die Upanishaden, heilige Schriften, die eine Kehrtwende in der vedischen Spiritualität brachten: Von äußeren und Opferritualen ging man über auf das „innere Opfer", das Entsagen der Welt, und zur Meditation.

   Die Upanishaden, die als Teil der Veden betrachtet werden, fassen einerseits die esoterischen Lehren der Veden zusammen und läuten andererseits die bis heute in Indien vorherrschende Philosophie des Advaita Vedanta ein.

   In diesen Zeitraum fällt auch der große Mahabharata-Krieg, der nach der heutigen Auffassung ca 1500 v.Chr. stattgefunden hat. Das Epos des Mahabharata wurde jedoch zu einem wesentlich späteren Zeitpunkt verfasst.

4. **Das Zeitalter der Epen** (1000 - 100 v. Chr.): In diesem philosophisch-spirituell sehr bedeutsamen Zeitalter nähern wir uns mit dem Schaffen der großen epischen Erzählungen, dem Mahabharata (Teil dieses Epos ist die Bhagavad Gita, das wohl bekannteste spirituelle Werk Indiens) und dem Ramayana sowie dem Entstehen der großen Philosophien des klassischen Yoga und Samkhya dem Höhepunkt der spirituellen Entwicklung Indiens. Die verschiedenen philosophischen Schulen begannen sich mit Konfrontationen und Diskussionen zu „befruchten", die konträren Wege des Weltentsagens und des Erfüllens der weltlichen Pflichten (Dharma) nähern einander an. In dieser Zeit entstehen auch der Jainismus und der Buddhismus.

5. **Das klassische Zeitalter** (100 v. Chr. - 500 n.Chr.): Die sechs philosophischen Schulen Indiens (Advaita Vedanta, Samkhya, Yoga, Vaisheshika, Nyaya, Mimamsa) kristallisieren sich heraus und kämpfen um die Vorherrschaft. Zur Mitte dieses Zeitalters, etwa im 2. christlichen Jahrhundert, verfasst Patanjali seine berühmten Yoga-Sutras.

6. **Das tantrische Zeitalter** (500 - 1300): Um die Mitte des ersten christlichen Jahrtausends beginnt sich die große spirituelle Revolution des Tantra zu erheben. Tantra entwickelt einen außergewöhnlichen Reichtum an psychophysischen Techniken, die das Ergebnis einer großartigen philosophischen und spirituellen Synthese der damaligen Lebensstile und -konzepte sind. Sahen die Frühformen des Yoga das Körperliche eher als Hemmnis auf dem Weg zu Befreiung und Erleuchtung an, so wird im Tantra erstmals bewusst und gezielt der Körper und die Atmung in Techniken eingesetzt, die sich über die nächsten Jahrhunderte zu den uns bekannten Hatha-Yoga-Übungen entwickelten.

7. **Das Bhakti-Zeitalter** (1300 - 1700): Die Wurzeln der Bhakti-Traditionen waren viel früher entstanden, aber hier gelangen die verschiedenen Bhakti-Traditionen, vertreten durch die Shaivas (Siva-Verehrer), Vaishnavas (Vishnu-Verehrer) und Shaktas (Shakti-Verehrer), zu ihrem Höhepunkt. Indem nun der emotionelle Aspekt in den psycho-spirituellen Prozess integriert wurde, wurde die „gesamt-yogische Synthese", die im Zeitalter der Epen begonnen hatte, vollendet.

8. **Die Moderne** (seit 1700) steht zunehmend im Zeichen politischer Präsenz europäischer Nationen, die einen nicht immer positiven Einfluss auf die uralten religiösen Traditionen Indiens ausübten. Westliche Werte, Technologien und damit der Same materiell orientierter Sichtwei-

sen wurden „importiert". Wie eine natürliche Folge entstand der „Export" spiritueller Werte und Lehren in den Westen, der mit dem Auftreten von Swami Vivekananda 1893 auf dem Kongress der Weltreligionen in Chicago seinen Anfang nahm. C.G.Jung: „Wir kamen nie auf den Gedanken, dass, während wir den Orient von außen überwältigten, er uns eine innerliche, geistige Invasion bescherte!"

Nach fast sieben Jahrzehnten unter englischer Regierung wird Indien 1947 unabhängig.

Die klassischen Schriften Indiens

Wegen des enormen Umfangs und der großen Komplexität der philosophisch-spirituellen Literatur Indiens hat man versucht, diese in Gruppen zu ordnen. Eine mögliche Einteilung ist die folgende:

1. Die Veden
2. Die Epen
3. Die Puranas und Agamas
4. Die Sutras, Tantras und philosophischen Schriften

1. Die Veden

Diese außergewöhnlich große Schriftenklasse, die auch als „Shruti", das Gehörte, bezeichnet wird, entstand über einen gewaltigen Zeitraum von rund 3000 - 5000 Jahren. Das „Gehörte" bezieht sich auf die direkte, intuitive Erfahrung der Verfasser, die die Inhalte der Veden „hörten", also in tiefer Meditation erfuhren. Sie gelten als authentischste der hinduistischen Schriften.

Es gibt vier Hauptveden, den Rig-, Yajur-, Sama- und Atharva-Veda. Jede dieser „Enthüllungen" besteht aus den folgenden Abschnitten:

1. **Mantra Samhita**: Diese Schriften beschreiben Philosophie und Praxis der heiligen Mantras. Der Priester, der bei einem Ritual Mantras singt, kann mit dem Dirigenten eines Orchesters verglichen werden; er schafft eine „heilige Kommunikation".
2. **Brahmanas**: Werke in Prosa behandeln die von den Priestern (Brahmanen) durchzuführenden Opfer- und Reinigungsrituale.

Diese beiden Teile zusammen bilden die „Karma Kanda", jene Abschnitte der Veden, die sich mit (rituellen) Handlungen (Karma) befassen. Ihr philosophischer Hintergrund konzentriert sich auf die Frage, wie sich der Einzelne durch Erkennen seiner Aufgabe (dharma) in das Ganze einfügen kann, gleich einer Zelle in einen Organismus.

3. **Aranyakas**: Diese als Upasana Kanda bezeichneten Teile, die den Brahmanas in vielen Teilen ähnlich sind, beschreiben Rituale und philosophische Interpretationen für den waldbewohnenden Asketen oder Einsiedler. Die Aranyakas wurden als zu subtil und zu heilig empfunden, um in Dörfern und Städten verbreitet zu werden; sie richten sich ausschließlich an Asketen und fortgeschrittene spirituelle Sucher und bereiten den Boden für die noch esoterischeren Geheimlehren der Upanishaden.
4. **Upanishaden:** die bekanntesten Elemente der Veden, die auch Jnana Kanda (auf Erkenntnis bezogene Abschnitte) genannt werden, bilden als „Vedanta" den Abschluss und die Krönung („-anta" bedeutet Ende) dieser Schriftengruppe, indem sie das ultimative, das höchste Wissen (Upanishad bedeutet wörtlich „Nahe sitzen bei" im Sinne von Geheimlehre) beschreiben. Es gibt über zweihundert Upanishaden, wovon hundertacht als authentisch betrachtet werden.

Wie aus der oben beschriebenen Zeitskala hervorgeht, entstanden die Upanishaden erst wesentlich später als die anderen Teile der Veden. Die Veden sind also nicht als ein homogenes, in sich geschlossenes Werk zu sehen, das innerhalb eines überschaubaren Zeitraumes verfasst wurde, sondern als eine Gruppe von Schriften, welche über relativ ausgedehnte Zeitspannen entstanden.

Neben den genannten vier Hauptveden gibt es eine Reihe von „Nebenveden", die sich weniger mit transzendentalem Wissen als mit alltäglichen Aspekten des Lebens befassen. Der heute bekannteste der Neben-Veden ist der Ayurveda, die Wissenschaft der Gesundheit; weitere sind der Dhanurveda (Kriegswissenschaft), Gandharva-Veda (Musik) und der Artha-Veda (Politik und Handel, gesellschaftliche Leitlinien).

Während die Veden mit ihren Elementen als Sruti, als Gehörtes, im Sinne von authentischer „Originalüberlieferung", als göttliche Offenbarung bezeichnet werden und unveränderlich sind, gelten die folgenden Werke, die Epen, Puranas, Agamas und die philosophischen Schriften als „Smrti", als Erinnertes, als menschliche Überlieferung und sind dem jeweiligen kulturellen, sozialen und wirtschaftlichen Rahmen angepasst.

2. Die Epen

In dem Jahrtausend vor Beginn unserer Zeitrechnung entstand eine völlig neue Gattung der Literatur. Das esoterisch-spirituelle Wissen der Veden wird hier in Form von Erzählungen für die Allgemeinheit leicht fasslich gemacht, da die Veden selbst, vergleichbar wissenschaftlichen Abhandlungen, für den „Menschen von der Straße“ meist nicht verständlich sind.

Die großen Epen zeigen eine Lösung im Konflikt zwischen Pflichterfüllung und Asketentum, indem anhand von Erzählungen gezeigt wird, dass wirkliches Entsagen (Askese) genauso gut für den Menschen, der in der Welt lebt, möglich ist wie dem Einsiedler im Wald.

Die wichtigsten Epen sind das Ramayana und das Mahabharata.

Das Ramayana

Kein literarisches Werk erreichte so großen Einfluss auf das Leben von Millionen von Menschen wie das aus 24.000 Versen (entspricht ca. 2000 Buchseiten) bestehende Ramayana. Für zahllose Generationen war dieses Werk ein Quell spiritueller und volkstümlicher Weisheit. Die historischen Geschehnisse, die dem Ramayana zugrundeliegen, ereigneten sich etwa 2000 v. Chr. (hier gehen die unterschiedlichen Zeitangaben jedoch sehr weit auseinander), die Aufzeichnung der Begebenheiten erfolgte allerdings erst viel später - die endgültige Sanskrit-Version des Ramayana wird auf 300 v. Chr. datiert.

Das zentrale Element in der Geschichte um Königsthron, Verbannung, Kampf gegen Dämonen und Asketentum ist die Liebe zwischen dem Helden Rama und seiner von dem Dämonen Ravana entführten Frau Sita.

Die Bedeutung des Ramayana liegt in den lebhaft dargestellten moralisch-ethischen Werten, die, anders als in den mehr wissenschaftlich orientierten Veden und Sutras dem Leser in erzählender Form sowohl leichter fassbar als auch lebendig anhand von Beispielen und Vorbildern nahegebracht werden.

Das Mahabharata

Mit 100.000 Versen (entsprechend 8.000 Buchseiten), die in achtzehn Bänden zusammengefasst wurden, ist das Mahabharata eines der umfangreichsten Werke der Weltliteratur. Es entstand zweifellos im Verlaufe etlicher Generationen und erreichte seine endgültige Form erst in den ersten Jahrhunderten unserer Zeitrechnung. Der Zeitpunkt des Bharata-Krieges (Bharata ist ein Name für Indien) ist ungewiss, man geht heute davon aus, dass er ca. 1500 Jahre v. Chr. stattgefunden haben muss.

Das Mahabharata ist die Geschichte Krishnas und des Landes Bharata, in deren Mittelpunkt der Kampf zweier verfeindeter Familien, der Pandavas und der Kauravas steht. Wie im Ramayana geht es auch hier um moralische und spirituelle Werte, insbesondere die Wiederherstellung der (kosmischen) Ordnung, des Dharma.

Kern und wichtigster sowie bekanntester Abschnitt des Mahabharata ist die **Bhagavad Gita**, der „göttliche Gesang“, den wir wegen seiner großen Bedeutung im Kapitel 1.5 genauer betrachten werden.

3. Die Puranas und Agamas

Purana bedeutet „alte Sage“ oder Legende. Die ältesten Puranas wurden in den ersten Jahrhunderten unserer Zeitrechnung verfasst, während das darin beschriebene Wissen deutlich älteren Ursprungs ist. Sie werden als populäre religiöse Enzyklopädien, manchmal auch als die 5. Veda bezeichnet.

Neben religiösen Abhandlungen wird in den 18 Haupt- und vielen Nebenpuranas auch viel weltliches, etwa geschichtliches oder naturkundliches Wissen behandelt. Insbesondere geht es in dieser Schriftengruppe um die Entstehung der Dinge: So findet man hier Göttermythen, Abhandlungen der Weltzeitalter (kalpas), die Geschichte der Dynastien und naturkundliche Betrachtungen sowie Astronomie und Kosmologie. Es finden sich auch Abschnitte über Yoga in den Puranas, die durch einen rituellen Charakter geprägt sind und stets verbunden sind mit der Anbetung Gottes, in der Hauptsache in der Form von Vishnu oder Siva. Sie behandeln praktische Aspekte des Sadhana wie die Wahl eines geeigneten Ortes für die Yoga-Praxis, Meditation und Mantra-Rezitation.

Agamas wurden als esoterische Enzyklopädien bezeichnet. Sie behandeln Themen wie Mantras und Yantras, Meditation, Rituale, Kosmologie, Ontologie, Bhakti, Tempelbau, Gestaltung der Gottesbilder, soziale Pflichten und Regeln des spirituellen Lebens.

4. Die Sutras, Tantras und philosophischen Schriften

Das Wort **„Sutra“** bedeutet wörtlich „Faden“ bzw. „Leitfaden“. Eine Sutra ist sowohl eine kurze und prägnante Aussage, gleich einer Definition, als auch eine Sammlung solcher Aussagen zu einem bestimmten Thema. Die Sutra wurde als Lehrschrift möglichst kurz gehalten; sie musste von den Schülern zunächst auswendig gelernt werden, erst dann wurden vom Lehrer oder Guru Erklärungen und

Hinweise zum tieferen Verständnis der Sutras gegeben. So sind die verschiedenen in Sutra-Form verfassten Werke, verglichen mit den bisher behandelten Schriften, von sehr kompaktem Umfang.

Seit Beginn unserer Zeitrechnung wurden philosophische Abhandlungen vermehrt in Sutra-Form verfasst. Sie behandeln zumeist philosophisch-spirituelle Themen, aber es gibt auch Sutras, die das Leben des Haushälters (grihastha) und Einzelheiten der wichtigsten Lebensphasen regeln sowie Sutras über Ethik, Grammatik und andere "weltliche" Themen.

Zu den für unser Verständnis des Yoga wichtigsten in Sutra-Form verfassten Werke gehören:

a. **Die Yoga-Sutras von Patanjali:** In vier Teilen mit insgesamt 195 Sutras beschrieb der Weise Patanjali im 2. Jahrhundert unserer Zeitrechnung das System des Raja-Yoga, das heute das meist-kommentierte Werk der Sankskrit-Literatur ist. Wir werden diesem Werk im Abschnitt 2 „Raja Yoga“ wieder begegnen.

b. **Die Hatha Yoga Pradipika von Swatmarama**, die im 14. Jahrhundert niedergeschrieben wurde, ist die bedeutendste klassische Schrift des Hatha Yoga, die Ziele und Techniken der Prana-Arbeit eingehend darstellt. Wir werden Teile dieses Werkes im Abschnitt 3 „Hatha Yoga“ besprechen.

c. **Das Viveka Chudamani von Shankaracharya** bedeutet „Das Kleinod der Unterscheidung“. Es wurde Anfang des 9. Jahrhunderts verfasst und beschreibt die Philosophie des Advaita Vedanta, die wir im 4. Abschnitt „Jnana Yoga“ kennenlernen werden. Shankaracharya war der bedeutendste Exponent dieser philosophischen Richtung, die schon in den Upanishaden beschrieben worden war.

d. **Die Bhakti Sutra Naradas:** Narada war ein Bhakta (Yogi, der den Yoga der Hingabe an Gott praktiziert), der etwa im Jahre 1000 unserer Zeitrechnung sein mit vierundachtzig Sutras sehr kompaktes Werk über den Yoga der Liebe zu Gott verfasste. Diese Sutra findet sich im Abschnitt 6 „Bhakti Yoga“.

Die **Tantras** sind die Textbücher des sich ab dem 6. Jahrhundert unserer Zeitrechnung entwickelnden Tantrismus, die mehr mit Bildern, Symbolen und Gleichnissen arbeiten. Sie beschreiben Philosophie und Techniken der Transformation der körperlichen, geistigen und sexuellen Energien des Menschen.

Schließlich gibt es eine große Anzahl weiterer **philosophischer Schriften**, beispielsweise die Texte, die die klassischen philosophischen Systeme beschreiben. Eines dieser Werke ist die Yoga Vasishta, ein Lehrgespräch des WeisenVasishta mit seinem Schüler, dem jungen Prinzen Rama, welches von Ramana Maharishi als die Essenz des Vedanta bezeichnet worden war.

ZEITSKALA

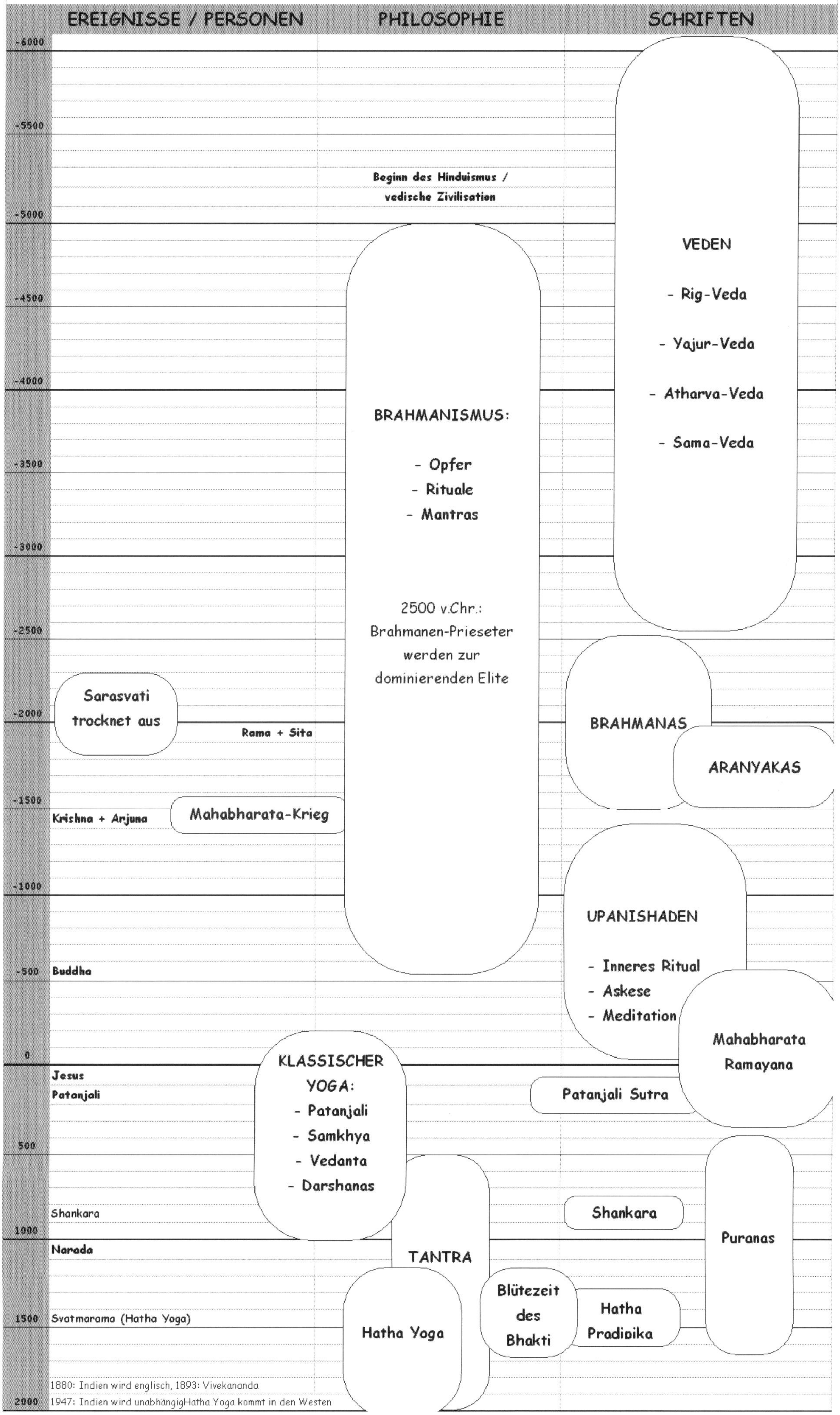
EREIGNISSE / PERSONEN
PHILOSOPHIE
SCHRIFTEN
-6000
-5500
-5000
-4500
-4000
-3500
-3000
-2500
-2000
-1500
-1000
-500
0
500
1000
1500
2000
Beginn des Hinduismus / vedische Zivilisation
VEDEN
- Rig-Veda
- Yajur-Veda
- Atharva-Veda
- Sama-Veda
BRAHMANISMUS:
- Opfer
- Rituale
- Mantras
2500 v.Chr.: Brahmanen-Prieseter werden zur dominierenden Elite
Sarasvati trocknet aus
Rama + Sita
BRAHMANAS
ARANYAKAS
Krishna + Arjuna
Mahabharata-Krieg
UPANISHADEN
- Inneres Ritual
- Askese
- Meditation
Buddha
Mahabharata Ramayana
Jesus
Patanjali
KLASSISCHER YOGA:
- Patanjali
- Samkhya
- Vedanta
- Darshanas
Patanjali Sutra
Shankara
Shankara
Puranas
Narada
TANTRA
Blütezeit des Bhakti
Hatha Pradipika
Svatmarama (Hatha Yoga)
Hatha Yoga
1880: Indien wird englisch, 1893: Vivekananda
1947: Indien wird unabhängigHatha Yoga kommt in den Westen

1.3

Traditionelle Formen des Yoga

In diesem Kapitel werden wir einige Elemente und Konzepte der klassischen Yoga-Tradition sowie der indischen Lebensphilosophie betrachten. Dies kann uns helfen, zu einem tieferen Verstehen der Denkansätze des traditionellen Yoga zu gelangen.

Das Kastensystem (varnas)

Der Grundgedanke des bis heute weitgehend erhaltenen indischen Kastensystems ist die bereits in den Veden beschriebene Philosophie des Svadharma: Der ganze Kosmos folgt einer göttlichen Ordnung (dharma). Auch der Mensch ist Teil dieses dharma, er hat eine bestimmte Aufgabe zu erfüllen. Der Rahmen dieser Aufgabe wird durch die vier Hauptkasten vorgegeben: Der Mensch bewegt sich in einem bestimmten geistigen und sozialen Umfeld und orientiert sich an den jeweils vorgegebenen Regeln und Richtlinien.

1. Brahmana: Die Priester- und Gelehrtenkaste der Brahmanen („der Brahman kennt") ist die höchste gesellschaftliche Schicht und die geistige Elite; ihre Aufgabe besteht in der Durchführung der zahlreichen Rituale und Opferzeremonien sowie im Studium und Lehren der traditionellen philosophisch-religiösen Schriften.

2. Kshatriya: Die Aufgabe der Kriegerkaste ist es, für die gerechte Sache zu kämpfen und zu regieren. Sie beschützt die Gemeinschaft und hält die moralische Grundorientierung des Volkes dem göttlichen Gesetz entsprechend aufrecht. Ihre grundlegenden Charaktereigenschaften sind Tatkraft, Unternehmungsgeist und Gerechtigkeitssinn.

3. Vaishya: Die Klasse des „gewöhnlichen Volkes" wird durch die Bauern, Händler und Handwerker gebildet, die für die Produktion von Lebensmitteln und anderen Gütern des täglichen Konsums verantwortlich sind.

4. Shudras: Die unterste Klasse der Diener und Arbeiter bildet die Grundlage für das Wohlergehen des Volkes.

Unterhalb des Systems der vier Kasten stehen **die Parias**, die Kastenlosen, welche niedrigste, meist mit Schmutz verbundene Arbeiten erfüllten.

Nur die oberen drei Klassen der Priester, Krieger und Kaufleute wurden als die „Zweimal Geborenen" bezeichnet: Ihre zweite Geburt ist die traditionsgemäße Einführung in die Vedische Tradition im Alter von 8, 11 und 12 Jahren sowohl für Knaben als auch für Mädchen. Bei dem Einweihungsritual erhielten sie die heilige Schnur, die über die linke Schulter und diagonal über den Oberkörper zu tragen war. Die unterste Klasse der Diener sowie die Kastenlosen wurden von diesen Ritualen und heiligen vedischen Lehren ausgeschlossen.

Seinen Ursprung hat das Kastensystem im vermutlich an die 6000 Jahre alten Rig Veda: Die „Hymne vom Menschen" beschreibt, wie aus dem Körper des Urwesens die vier Kasten entsprangen:

> „Aus seinem Mund wurde der Brahmane geboren, aus seinen Armen der Krieger, aus seiner Körpermitte der Händler und aus seinen Füßen der Diener."

In seiner langen Geschichte wurde das Kastensystem, das für den gläubigen Hindu so selbstverständlich ist wie für uns die Demokratie, wiederholt angezweifelt und angegriffen – unter anderem von Gautama, dem Buddha, der auch Unberührbare in seine Ordensgemeinschaft aufnahm.

Die vier Lebensstadien (ashramas)

Das Leben jedes Menschen enthält, je nach Lebensphase, unterschiedliche Pflichten und Aufgaben. In Indien wurde das Leben in vier Hauptphasen eingeteilt (im engeren Sinn nur für die männlichen Brahmanen): In den vier ashramas oder Lebensstadien wird bewusst eine bestimmte Aufgabe oder ein bestimmter Inhalt in den Vordergrund des Lebens gestellt:

1. Brahmacharya: Wörtlich bedeutet dieser Begriff „Wandel in Brahman", „Sich im Bewusstsein Gottes (Brahman) bewegen (acharya)". Der junge Brahmanensohn wird zu einem Lehrer (Guru) geschickt. In Abgeschiedenheit und fernab von den verwirrenden und zerstreuenden Einflüssen der Welt lernt der Schüler, dass alles Brahman ist, er wird in das Wissen um Brahman eingeweiht. Er lernt, dass Brahman, das göttliche Selbst, in allen Dingen ist. Diese erste Phase ist also die Lehrzeit der Jugend, vergleichbar mit unserer Schul- und Studienzeit, in der die wesentlichen geistig-ethisch-spirituellen Grundlagen des Lebens aufgebaut werden.

2. Grihastha: Der junge Brahmane gründet nun einen Hausstand, heiratet, zeugt Kinder und erwirbt das Nötige für den Lebensunterhalt. Er lebt als Haushaltsvorstand in der Welt und führt die vorgeschriebenen Rituale und Gebete am Hausaltar durch. Dieses Ashrama entspricht der aktiven Berufstätigkeit und dem Aufziehen der nächsten Generation.

3. Vanaprastha: Die nächste Generation ist nun so weit herangewachsen, dass sie selbst in den Grihasthashrama eintritt; die Eltern haben ihre Pflicht als Grihastha erfüllt und beginnen, sich aus dem aktiven Erwerbs- und Familienleben zurückzuziehen. Der nun in das Vanaprastha-Stadium (Waldeinsiedler) eingetretene Brahmane sucht allein oder gemeinsam mit seiner Frau entlegene Orte auf, um über den tieferen Sinn des Lebens zu meditieren und alle inneren Bindungen zu lösen. In unserem Kulturkreis entspräche Vanaprastha der Rente.

4. Sannyasa: Ist der Loslösungsprozess soweit fortgeschritten, dass der Brahmane von keinen äußeren Dingen mehr abhängig ist, zieht er allein als Sannyasin (Entsagender, Bettelmönch) mit einer Bettelschale durch die Welt, immer tiefer in das Bewusstsein Brahmans eintretend. Dieses Lebensstadium hat im Westen kein Äquivalent.

Dieses System der Lebensstadien entstand aus einer starken Bewegung der Weltentsagung: Der Entsagende ließ, um zur inneren Kraft, zu visionären Erfahrungen und zu magischen Kräften zu gelangen, alles zurück: Frau, Kinder, Heim und Beruf. Indem immer mehr junge Männer ihre konventionelle Existenz aufgaben, sah man das soziale Gefüge gefährdet. Die Gesetzgeber reagierten auf diese Bewegung mit der Definition von Lebensabschnitten, womit ein frühzeitiges Ausscheiden aus der Gesellschaft vermieden werden sollte: Erst wenn man seine Pflichten gegenüber der Familie und Gesellschaft (grihastha) erfüllt hat, ist das Zurückziehen zur intensiven spirituellen Praxis "sanktioniert".

Wir können diese vier Lebensstadien nicht nur als indische Besonderheit oder als eine Doktrin verstehen, sondern als eine der menschlichen Entwicklung während des Lebens entsprechende Anpassung des Verhaltens: Das Kind, der Jugendliche lernt, der Erwachsene ist aktiv, lebt in Beruf und Familie, um schließlich in den letzten beiden Stadien den jüngeren Generationen den Platz freizumachen und seinen Lebensabend in sich stets vertiefender Kontemplation und Stille zu verbringen, um schließlich für die höchste Erfahrung, das kosmische Bewusstsein, bereit zu werden. Es ist dies ein geistiges Konzept des Ablaufes des Menschenlebens, das auch im Westen relevant sein kann, wenn auch aufgrund der wirtschaftlich-kulturellen und auch klimatischen Gegebenheiten die äußere Form von der traditionellen indischen Form abweichen mag. Aber es kann uns helfen, das eigene Leben besser einem tieferen Rhythmus und einer existentiellen Sinnhaftigkeit anzupassen.

Die vier Lebensziele (purusharthas)

In jedem Menschen wirkt eine Kraft, die ihn zum Handeln treibt. Es ist die geheimnisvolle Kraft des Wünschens und des Selbstausdrucks, die wie ein Motor hinter seinem Tun und Schaffen wirkt. Diese Kraft kann im menschlichen Leben vier grundsätzlich unterschiedliche Formen annehmen. In der traditionellen indischen Philosophie werden die menschlichen Lebensziele in die folgenden vier Kategorien (purusharthas) unterteilt:

1. Artha, der Wunsch nach materiellen Dingen: Das Streben nach Sicherheit, um das Überleben zu sichern, ist der erste Antrieb des Menschen, materielle Dinge zu erwerben. Sobald diese Ebene befriedigt wurde, weicht sie zurück gegenüber dem Verlangen nach sinnlichen Genüssen.

2. Kama, der Wunsch nach Vergnügen: Wenn die materielle Basis gelegt ist, verlangt den Menschen nach Befriedigung seiner Sinne. Wir verlangen nach gutem Essen, nach sexueller Befriedigung, nach schöner Musik und ähnlichem. In diese Gruppe gehört auch das Verlangen nach Bestätigung, Anerkennung, Macht und Einfluss. Nachdem wir uns diese Wünsche erfüllt haben, vielleicht sogar ein gewisses Gefühl der Ernüchterung und Übersättigung entstanden ist, taucht die Frage „Ist das alles?“ auf und man wird bereit für Dharma.

3. Dharma ist das Verlangen nach Rechtschaffenheit und Pflichterfüllung. Aus dem Erfüllen der eigenen Pflicht (Svadharma) und aus dem Befolgen der ethischen Grundlagen, denen im traditionellen Yoga eine zentrale Bedeutung zukommt, entsteht eine Art von „feinerer“ Freude und Befriedigung, wir fühlen uns auf diese Weise mehr und mehr im Einklang mit dem Sein. Das Erfüllen unserer Aufgabe lässt in uns die Bereitschaft und das Verlangen entstehen, nach dem höchsten Ziel des Menschseins zu streben:

4. Moksha, der Wunsch nach Befreiung: Erst wenn wir durch die anderen drei purusharthas hindurchgegangen sind, sie transzendiert, überwunden haben, fühlen wir in uns ein leises, lockendes Rufen: die Stimme Gottes tief in uns drinnen ruft uns heimwärts.

Es ist nur natürlich für den Menschen, sich zunächst äußeren und sinnlichen Dingen zuzuwenden, nach materiellen Dingen zu streben. Doch sind die meisten Menschen im Westen so tief in den beiden ersten Stufen, Artha und Kama, verstrickt, dass die höheren Wünsche des Menschen, Dharma und Moksha, vernachlässigt werden. Daraus entsteht das Gefühl des Mangels, der nagenden Unzufriedenheit, des „Hungers bei vollen Tellern". Erst wenn wir im Laufe unseres Lebens, durch ein sich ständig vertiefendes Verständnis, zu den höheren Zielen des Menschseins gelangen, können wir zu wahrer Erfüllung finden.

Der Guru

Nicht nur in der Yoga-Tradition, sondern in allen spirituellen Bewegungen auf der ganzen Welt erkannte man schon sehr früh die Notwendigkeit des spirituellen Lehrers, der in Sanskrit Guru genannt wird. Wörtlich bedeutet Guru „Der die Dunkelheit vernichtet". Der Guru ist das Licht, das im Dunkeln der menschlichen Irrwege leuchtet. Der Guru im traditionellen Yoga ist ein erleuchteter Meister, der das höchste Ziel des Lebens erreicht hat. Er verfügt über übermenschliche geistige und psychische Fähigkeiten, die ihm genau den richtigen Weg und die Weise zeigen, den Schüler zu Wachstum, Entfaltung und schließlich zur Erleuchtung zu führen.

> „Um eine Kerze zu entzünden, braucht man eine brennende Kerze. Genauso kann nur eine erleuchtete Seele eine andere Seele erleuchten. Der Guru ist für jeden Strebenden auf dem spirituellen Weg absolut notwendig. Nur der Guru kann deine Fehler herausfinden. Das Ichbewusstsein ist so beschaffen, dass du deine Fehler nicht feststellen kannst. So wie ein Mensch nicht seinen Rücken sehen kann, kann er auch seine eigenen Irrtümer nicht sehen. Er muss mit einem Guru leben, damit seine schlechten Eigenschaften und Fehler ausgemerzt werden.
>
> Der Guru ist Gott. Ein Wort von ihm ist ein Wort von Gott. Er braucht nichts zu lehren. Schon seine Anwesenheit und Gesellschaft sind erhebend, inspirierend und bewegend."
>
> Swami Sivananda

Für den ernsthaft strebenden Aspiranten, so wird in den Schriften wiederholt betont, ist die Unterweisung durch einen Guru unverzichtbar. Das betrifft ganz besonders den Hatha-Yoga, dessen intensive psycho-physische Techniken ausgesprochen gefährlich werden können, wenn sie unrichtig oder ohne entsprechende Vorbereitung angewendet werden.

Im Westen gibt es nur wenige Gurus im traditionellen Sinn, wenn es auch eine große Zahl von spirituellen Lehrern gibt, die den Suchenden ein Stück seines Weges begleiten können. Es heißt, dass, wenn der Schüler bereit ist, der Lehrer da sein wird: Man kann davon ausgehen, dass, wer ernsthaft sucht, auch sehr bald dem seinem Entwicklungsstand entsprechenden Lehrer begegnen wird.

Es gilt also, der richtige Schüler zu sein (sanskrit: shishya, hindi: chela). Das bedeutet Hingabe und Offenheit für die Lehren des Meisters und der Wille, an sich selbst zu arbeiten und sein Ego, seine Erwartungen und sein vermeintliches Wissen loszulassen:

> Swami Ramananda war ein großer spiritueller Meister, der seine Lehren oft in ungewöhnlicher Form weitergab. Einmal besuchte ihn ein Universitätsprofessor, der etwas über Yoga lernen wollte.
>
> Swami Ramananda servierte seinem Gast Tee. Er goss die Tasse seines Besuchers voll und hörte nicht auf, weiterzugießen. Der Professor sah erschrocken, wie der Tee überlief und er rief: „Es ist übervoll. Mehr geht nicht hinein!"
>
> „So wie diese Tasse", sagte der Yoga-Meister, „sind auch Sie voll mit Ihren eigenen Meinungen und Spekulationen. Wie kann ich Ihnen Yoga zeigen, bevor Sie Ihre Tasse geleert haben?"

Die Weise der Gurus, ihre Schüler zu belehren, unterscheiden sich oft von deren Erwartungen. So mag ein Guru einen neuen Schüler, der tiefgehende vedantische Belehrungen erwartet, für die ersten Wochen und Monate neben verschiedenen Reinigungsdiensten lediglich Asanas und Mantra-Rezitation üben lassen, ohne die geringste philosophische Unterweisung. Die Unterweisung eines anderen Meisters ist vielleicht noch elementarer, wenn die folgende Geschichte dies auch vereinfacht ausdrücken mag:

> Ein Schüler nähert sich einem großen Meister um Belehrung und begrüßt ihn ehrerbietig. Doch anstatt auf den Wunsch des Schülers nach Belehrung einzugehen, sagt der Meister, mit Bezug auf die Begrüßung: „Nicht genug". Der Schüler verneigt sich tiefer vor dem Meister, mit noch größerer Hingabe und Demut. Doch auch jetzt ist der Meister nicht befriedigt. „Nicht genug".
>
> Jetzt verbeugt sich der Schüler bis zum Boden, seine Hingabe steigert sich dabei ins Unermessliche. „Nicht genug."
>
> Der Schüler legt sich vor dem Meister flach auf den Boden, all sein Ich, sein Ego hat sich aufgelöst. Der Meister lächelt dem Schüler zu, als dieser sich wieder erhebt. Das Lächeln zeigt dem Schüler, dass er gelernt hat, was zu lernen war.

So führt der Guru seinen Schüler durch ungewöhnliche, oft sogar drastisch erscheinende Methoden zu höheren Einsichten und zu persönlichem Wachstum. Ein Teil seines Wirkens kann auch in Form einer „spirituell-energetischen Übertragung" (sanchara) stattfinden, entweder durch einfache Berührung, durch Konzentration oder in einem Einweihungsritual (Diksha).

Für viele Menschen hat allein die geheiligte Gegenwart eines lebenden Meisters eine fundamentale Lebenswende bewirkt: Man erhält die Gelegenheit, nur wenige Augenblicke dem Meister gegenüber zu stehen, aber diese kurze Zeit, während der der Astralkörper des Schülers dem mächtigen Energiefeld des Meisters oder der Meisterin ausgesetzt ist, kann Wunder bewirken, auch wenn dabei keine Worte gewechselt werden. Diese unmittelbare Anwesenheit eines verwirklichten Meisters zu erfahren, wird **„Darshan"** (Anblick, Schau) genannt.

Im indischen **Gurukula-System** wohnt der Schüler 12 Jahre bei seinem Guru. Er wird, bevor ihn die Welt formen kann, einem spirituellen Meister zur „Formung" übergeben, um so eine ideale spirituelle Grundlage für sein Leben in der Welt zu erhalten. Er hilft dem Guru beim Führen seines Haushaltes, in Garten und Feld, und erhält dafür eine spirituelle Ausbildung.

Sowohl aus persönlichen Berichten als auch aus hingebungsvollen Guru-Liedern, Guru-Mantras und der Tradition der „Nacht der Gurus" (Guru Purnima, die Nacht des Vollmonds im Juli, in der der Guru gefeiert und verehrt wird) geht die intensive Beziehung zwischen Meister und Schüler und die große Bedeutung des Meisters für den Schüler hervor, welche im Westen keine Parallele hat und damit auch kaum nachzuvollziehen ist.

> Intensive Hingabe an den Guru und vertrauensvolles Folgen seiner Lehren sind die wichtigste Voraussetzung wirklicher Schülerschaft. Es ist dieses Vertrauen und „Guru-Bhakti", welche schnellen Fortschritt und Früchte des Sadhana hervorbringen. Vertrauen ist der Treibstoff, welcher den Aspiranten auf dem Weg zur Vollkommenheit voranbringt. Vertrauen hilft ihm, Schwierigkeiten zu überwinden, Versuchungen zu widerstehen und scheinbar unüberwindliche Hindernisse zu bewältigen. Ebenso wie Wasser von einem höheren Niveau zu einem geringeren Niveau hinabfließt, so fließt auch die Gnade des Guru zum Schüler hinab, wenn dieser dafür offen ist.
>
> Swami Sivananda

Ein Mensch, der großes Wissen, große Weisheit oder schließlich die Befreiung erlangt hat, behält dies nicht für sich, sondern gibt es an geeignete Schüler weiter und wird so zum Quell von Wissen und Weisheit für viele Menschen. Es wird sich ein Schüler als besonders geeignet herauskristallisieren, den der Meister zu seinem Nachfolger macht. Dieser Schüler wiederum wird durch intensives Streben zu einem Meister werden und sein Wissen wiederum an geeignete Schüler weitergeben. Dieses System einer sich fortsetzenden Lehrer-Schüler-Linie wird als **Guru-Parampara** bezeichnet. In einer länger sich entwickelnden Guru Parampara wird durch das spirituelle Streben vieler Menschen eine mächtige Energie aufgebaut, die man vor allem bei Gebeten, Mantra-Rezitationen und Meditationen fühlen kann.

Beispiele für Guru Parampara sind:

1. **Die Yogananda-Linie:** Babaji – Lahiri Mahasaya – Sri Yuktesvar – Yogananda – Sri Daya Mata
2. **Sivananda-Vishnu-Devananda Linie:** Swami Sivananda – Swami Vishnu Devananda – Sukadev
3. **Sivananda – Satyananda Linie**: Swami Sivananda – Swami Satyananda – Swami Niranjanananda
4. **Ramakrishna-Linie**: Ramakrishna – Swami Vivekananda

Im weiteren Sinn schließlich können wir als Guru nicht nur einen erleuchteten Meister betrachten, sondern auch alltägliche Situationen: Wenn wir aufmerksam sind, werden wir in jeder Begebenheit eine Lehre verborgen finden; wir können, wenn wir sehr bewusst sind, durch alles und jedes lernen und wachsen. Gleichzeitig ist das Entwickeln der dafür notwendigen Achtsamkeit ein wesentlicher Teil der persönlichen Entwicklung. Allerdings kann diese Form des „Guru" nur gewisse Entwicklungen der Persönlichkeit unterstützen - man darf sich keine Illusionen machen, dass man in einer Art autodidaktischem Verfahren bis zur Erleuchtung gelangen kann.

Ashram und Satsang

Wenn ein Mensch die Selbstverwirklichung erreicht hat, wird sein Licht nicht lange verborgen bleiben. Sehr bald werden sich Schüler um ihn zu sammeln beginnen, und ein **Ashram** entsteht. Der Begriff Ashram bedeutet Zuflucht. In einem Ashram ist man frei von den „shramas" (Kampf, Bedrängnis, Anspannung), frei von den Versuchungen, Ablenkungen und Gefahren des weltlichen Lebens. Ashrams sind Orte gemeinsamen spirituellen Strebens und können von der Größe einer Wohnung über ein oder mehrere Häuser bis zur „ausgewachsenen Form" eines ganzen Dorfes reichen.

Beispiele für Ashrams im Westen sind:

Yoga-Vidya Ashrams im Westerwald und in Bad Meinberg (Deutschland)

Sivananda Seminarhaus und Ashram in Reith bei Kitzbühel (Österreich)

Satyananda-Ashram in Köln (Deutschland)

In den Ashrams trifft man sich neben dem Praktizieren von Asanas und Pranayamas ein- oder zweimal täglich zu Vorträgen, Meditationen und Ritualen. Dieses spirituelle Zusammentreffen wird als **Satsang** bezeichnet, das bedeutet Einheit, Gemeinsamkeit (sang) mit dem absoluten Sein, dem Wirklichkeitsprinzip (Sat), welches durch den Guru verkörpert wird.

> „Es gibt nichts Inspirierenderes, Erhebenderes, Tröstlicheres und Freudvolleres als Satsang. Satsang ist der größte Läuterer und Erleuchter des Menschen."
> Swami Sivananda

Als Beispiel mögen die zweimal täglich stattfindenden Satsangs in den Sivananda- und Yoga-Vidya-Zentren dienen. Der Ablauf der etwa eineinhalbstündigen Satsangs ist folgendermaßen:

1. Eröffnungsmantra
2. 30 Minuten Meditation
3. 30 Minuten Kirtan- und Mantra-Singen
4. Vortrag / Lesung aus klassischen Schriften
5. Schlussmantras und Lichtzeremonie (Arati)

Im weiteren Sinn kann man auch das gemeinsame Praktizieren von Asanas und Pranayamas, etwa im Rahmen eines Yoga-Kurses, als eine Form von Satsang bezeichnen, insbesondere wenn es durch Mantras eröffnet und beschlossen und im rechten Geist durchgeführt wird.

> „Denn wo zwei oder drei in meinem Namen versammelt sind, da bin ich mitten unter ihnen."
>
> (Mt, 18,20)

Ebenso wie Satsang uns beim persönlichen Wachstum zu unterstützen vermag, so kann negative Gesellschaft ein schwerwiegendes Hemmnis darstellen:

> „Die Auswirkungen schlechter Gesellschaft sind überaus verhängnisvoll. Der Geist erfüllt sich durch den Kontakt mit schlechten Menschen mit schlechten Gedanken. Der Geist ahmt nach. In der Gesellschaft von Schlechtigkeit entwickeln sich Unmoral, Zügellosigkeit, schlechte Angewohnheiten, Heuchelei usw. Schlechte Gesellschaft zerstört alle Tugenden wie Reinheit, Wahrhaftigkeit und Mitgefühl."
>
> Swami Sivananda

In Ashrams ist man vor negativen Schwingungen geschützt und baut zudem systematisch reine und positive Energie auf, was sich bald als ein Gefühl von Ausgeglichenheit und innerem Frieden bemerkbar macht.

Sivananda-Ashram in Rishikesh

1.4

Die großen Yoga-Meister/innen

Die Fackel der Weisheit und Spiritualität wird durch die Traditionen der großen Yogis hoch gehalten. Diese Traditionen, von erleuchteten Meistern gegründet, sind der Quell der Inspiration für Millionen Sucher in Ost und West. Der Wert der Lehren der großen Meister für den Yoga-Aspiranten liegt darin, dass ihnen nicht nur tiefes Wissen und Verstehen zugrunde liegt, sondern, wichtiger noch, eigene Erfahrungen im transzendentalen Bereich - jeder dieser Meister hat eine sehr hohe Stufe der Selbstverwirklichung erreicht. Diese Energie, die in den Yoga-Traditionen deutlich zu spüren ist, ist für den Aspiranten neben Übung und Studium ein wichtiges Element für seine spirituelle Entwicklung.

Bevor wir einen Blick auf das Leben und Wirken einiger der größten Meister der Neuzeit werfen, wollen wir eine Grundlage für viele der heute vorhandenen Yoga-Traditionen betrachten:

Von 788 bis 820 lebte **Shankara**, einer der größten Heiligen und Philosophen Indiens, der von vielen als Inkarnation Sivas betrachtet wurde. Shankara, der Hauptvertreter des Advaita Vedanta, gründete den Dasanami-Orden (aus 10 (dasa) Teilen bestehender Mönchsorden), dessen Zweige bis heute erhalten sind. So gehört Swami Sivananda zum Sarasvati-Orden und Yogananda zum Giri-Orden.

Viele Swamis (swami bedeutet Herr, Meister und ist ein Ehrentitel für spirituelle Persönlichkeiten und insbesondere Mitglieder des Dasanami-Ordens) dieser zehn Mönchs (und Nonnen-)orden tragen „Ananda" als Namensbestandteil. Ananda bedeutet „transzendentale Wonne" und so bedeutet beispielsweise Sivananda „der durch Vereinigung mit dem Siva-Bewusstsein zur höchsten Wonne strebt".

Der Titel Sri, der oft dem Namen vorangestellt wird, bedeutet Reichtum, Überfluss, Würde und ist ein Ehrentitel, der einer Person Heiligkeit und höhere Erkenntnis bzw. Verwirklichung zuschreibt.

1. Die Sivananda-Tradition

Swami Sivananda ist der Begründer einer großen und durch zahlreiche Schüler sich weit verzweigenden Tradition. Da ich selbst dieser Tradition angehöre und viel Kraft und Inspiration aus den Lehren Swami Sivanandas beziehe, stammt ein großer Teil der in diesem Buch angeführten Zitate aus der Feder dieses großen Meisters.

Swami Sivananda wurde 1887 in Südindien in einer orthodoxen Brahmanenfamilie geboren; dennoch war er stets frei von Kastendünkel und Vorurteilen. Er hatte schon als Kind die unbezähmbare Leidenschaft zu dienen und zu geben: Er verteilte seine eigenen Mahlzeiten an Bettler und blieb hungrig. Blumen und Früchte, die für den Hausaltar bestimmt waren, verschenkte er an die Armen.

In der Schule stets Klassenbester, gewann der junge Kuppuswamy (sein bürgerlicher Name) alle Preise und tat sich auch im Sport hervor. Er war beliebter Schauspieler am College-Theater und mit seinem phänomenalen Gedächtnis ein erfolgreicher und eifriger Schüler und Student.

Der promovierte Dr. med. Kuppuswamy gab eine Gesundheitszeitung heraus und schrieb (mit stark spirituellem Einschlag) ausführlich über Gesundheitsprobleme. Er leitete sieben Jahre ein Spital in Malaysia, behandelte viele Menschen kostenlos und verbrachte etliche Nächte an Krankenbetten.

1921 fand er ein abgegriffenes Buch über Vedanta, das ein Sadhu (Wandermönch) in seinem Büro liegen gelassen hatte, welches seine spirituellen Neigungen voll wachrief. Er gab seine medizinische Karriere auf und kehrte 1922 nach Indien zurück.

1924 erhielt er seine Einweihung in den Sannyas-Orden und den Namen Swami Sivananda Saraswati. Es begann eine Zeit intensiven Übens und strenger Askese. Mehr als zwölf Stunden täglich verbrachte Sivananda in tiefer Meditation, übte Asana, Pranayama und behandelte weiterhin Kranke. Nach zehn Jahren intensivem Sadhana erreichte er Nirvikalpa Samadhi, den höchsten Zustand.

Swami Sivananda schrieb über dreihundert Bücher; über ihn wurden sechzig Biographien geschrieben.

1948 entstand die Yoga Vedanta Forest Academy, deren Ziel die Verbreitung spirituellen Wissens und Unterweisung der Menschen in Yoga und Vedanta war. Swami Sivananda verließ seinen Körper am 14. Juli 1963.

Sivananda war durch und durch Praktiker. Wenn er auch über tiefstes Wissen der theoretischen Hintergründe der verschiedenen Yoga-Wege verfügte, hielt er in seinen Lehren Details eher im Hintergrund. All sein Streben war darauf gerichtet, seinen Schülern zum persönlichen Wachstum zu helfen. In seinen motivierenden Schriften drängte er seine Schüler eindringlich zum Sadhana, zu unermüdlichen Yoga-Praxis und wies auf Schwierigkeiten, potentielle Hindernisse und häufige Fehler im Sadhana hin. Seine Lehre war der integrale Yoga, das heißt, der Weg, der die verschiedenen Aspekte und Wege des Yoga kombiniert und der Persönlichkeit und Neigung des Schülers anpasst. Es ist ein flexibler und ganzheitlicher Ansatz, dem die stets zutage tretende Philosophie des Advaita Vedanta zugrunde liegt. Seine Botschaft, in kürzeste Form gebracht, lautet: „Diene, liebe, gib, reinige dich, meditiere und verwirkliche".

Die nachfolgend beschriebenen Yogis sind / waren Schüler von Swami Sivananda.

Swami Chidananda, geboren 1916, führt als Präsident der von Swami Sivananda gegründeten „Divine Life Society" dessen Lebenswerk fort. In seinen Studienjahren ließen die klassischen Schriften und religiöse Lieder in ihm ein übermächtiges Verlangen nach einem spirituellen Leben entstehen. 1943 trat er in den Sivananda Ashram ein. Swami Sivananda erkannte schnell die herausragenden Begabungen des jungen Mannes und betraute ihn mit wichtigen Aufgaben. Bei der Gründung der Yoga-Vedanta-Forest Academy wurde er zum Vizekanzler und Professor für Raja-Yoga ernannt. 1949 wurde Chidananda in den heiligen Sannyasa-Orden eingeweiht. 1959 begann er im Auftrag Swami Sivanandas eine zweijährige Weltreise mit vielen Vorträgen. Zahllose Menschen in Ost und West verehren in ihm einen großen Heiligen und Weisen. Swami Sivananda sagte über ihn: „Er ist ein Prinz unter den Sannyasins und der göttliche Geist in meiner Mission."

Trotzdem Swami Chidananda auf seinen fast ununterbrochenen Reisen durch die ganze Welt von hohen Persönlichkeiten und Würdenträgern empfangen wurde und er das Oberhaupt einer riesigen Institution mit Niederlassungen in- und außerhalb Indiens war, blieb er in seinem Herzen stets der einfache und stille Mönch, dessen Lebensziel es ist, so viel Gutes wie möglich für so viele Menschen wie möglich zu tun, und ihnen die befreiende und erhebende Botschaft des Yoga zu bringen.

Swami Satyananda wurde 1923 in Almora am Fuße des Himalaya geboren. Mit 19 Jahren fand er seinen Guru Swami Sivananda in Rishikesh. Er lebte und lernte fast dreizehn Jahre im Ashram und wurde in den Sarasvati-Orden eingeweiht.

1955 verließ er den Sivananda-Ashram und zog als Bettelmönch durch Indien und andere Länder. 1963 ließ er sich in Bihar nieder und gründete die Bihar School of Yoga, aus der 1994 der Welt erste Yoga-Universität, die Bihar Yoga Bharati, entstand. Von hier aus erfüllte Satyananda einen Auftrag seines Guru, nämlich Yoga den westlichen Menschen näherzubringen. 1968 unternahm er seine erste Weltreise, die ihn nach Europa, Australien und Amerika führte.

Durch seine Reisen und seine lange Wanderschaft hatte Swami Satyananda tiefen Einblick in die Leiden und Probleme der Menschen erhalten. Mit dem Wissen der traditionellen Yoga- und Tantra-Lehre vermochte er den Menschen zu helfen, die Harmonie zwischen Außen- und Innenleben, zwischen Körper und Seele wieder herzustellen.

1983 bestimmte er den damals erst 23jährigen Swami Niranjanananda zu seinem Nachfolger und zog sich 1988 aus dem aktiven Leben in völlige Einsamkeit zurück, womit er, der Tradition folgend, in das vierte Lebens-Stadium, Sannyasashrama eintrat.

Während sein Guru Sivananda ein klassischer Asket war, relativierte Satyananda die Mönchsregeln unter dem tantrischen Gesichtspunkt insofern, als er mit dem „Karma Sannyasa" eine Art weltliches Mönchstum schuf und damit Sannyasa auch den Menschen in weltlicher Umgebung zugänglich machte. Zudem begann er auch Frauen in Sannyasa einzuweihen, was zu dieser Zeit noch ganz ungewöhnlich war.

Besonders kennzeichnend für die Bihar School of Yoga unter der Leitung von Swami Satyananda ist, dass die Hatha-Yoga-Praktiken, Asana, Pranayama, Mudra, Bandha und Shatkarma, die Reinigungstechniken, unter die Lupe modernster Forschung genommen und genauestens untersucht werden. So wurden den Menschen die vielen Yoga-Übungen sowohl verständlich als auch nutzbar gemacht, um Linderung und Heilung bei spezifischen Krankheiten zu erzielen. Aus den Yoga- und Tantra-Schriften wurden viele wertvolle Übungen enthüllt und für den westlichen Menschen in durchführbare Form gebracht. Unter anderem ist der Yoga-Nidra, der „Yoga-Schlaf", eine Kombination von Tiefenentspannung und meditativer Übung, zu nennen. Die Bihar School of Yoga hat heute Forschungszentren in Indien und in anderen Teilen der Welt.

Swami Vishnu-Devananda wurde 1927 in Südindien geboren. Er verbrachte zehn Jahre im Sivananda-Ashram in Rishikesh (1947 - 1957), die durch längere Zeiten als Wandermönch und Einsiedler unterbrochen wurden. In Klausur übte er besonders intensiv Hatha Yoga und wurde bereits in jungen Jahren zum ersten Hatha Yoga Professor des Ashrams ernannt.

Swami Vishnu-Devananda wurde von seinem Meister, Swami Sivananda, mit den Worten „Die Menschen im Westen warten auf dich" im Jahr 1957 nach Amerika geschickt. 1959 gründete er das erste Sivananda Yoga Zentrum in Montreal. Es entstanden bald weitere Zentren, insgesamt über vierzig, in Nordamerika, Europa (darunter Wien, München, Paris und London) und in Indien. 1969 begann die erste systematische Yoga-Lehrer-Ausbildung im Westen.

Neben dem Aufbauen und Leiten der Sivananda-Yoga-Zentren war Swami Vishnu-Devananda aktiv in der Friedensbewegung: Er organisierte mehrere Friedenskampagnen, darunter 1971 einen Friedensflug von Israel nach Ägypten und 1983 einen Flug im Ultraleichtflugzeug über die Berliner Mauer. Vom Flugzeug aus „bombardierte" er die Städte mit Flugblättern, in denen er um Frieden warb.

Trotz zunehmender gesundheitlicher Probleme war seine Energie und Willenskraft bis zuletzt ungebrochen. Er verließ seinen Körper im November 1993.

Mit großer Hingabe setzte Swami Vishnu-Devananda das Werk seines Meisters fort. Das Geniale an seinem Lebenswerk ist, dass er den klassischen Yoga für den westlichen Menschen leicht verständlich in fünf Punkten zusammengefasst hat:

1. Körperübungen
2. Atemübungen
3. Richtige Ernährung
4. Entspannung
5. Meditation und positives Denken

Noch viele weitere große Yogis aus der Schule Swami Sivanandas wären zu nennen, etwa Satchidananda, Venkateshananda, Krishnananda, Sahajananda und André van Lysebeth, doch möge hier die Anmerkung genügen, dass Sivananda über seine Schüler und deren Schüler einen so großen Stimulus auf das spirituelle Leben zahlloser Menschen auf der ganzen Welt ausgeübt hat wie wohl kein anderer Yogi seiner Zeit.

2. Ramakrishna und Swami Vivekananda

Sri Ramakrishna (1836 - 1886) war vor allem ein Bhakta, der sich Gott vollständig auslieferte und diese leidenschaftliche Hingabe über alle systematische Yoga-Disziplin stellte.

Sein unersättlicher Wissensdurst führte ihn dazu, die verschiedensten Wege zu Gott zu erkunden, zunächst die Pfade des Hinduismus (Verehrung von Krishna, Rama, Siva und Kali), und schließlich auch den islamischen Sufismus und das Christentum. Er hatte eine Vision Christi und betrachtete diesen fortan als eine Inkarnation Gottes - wenn auch nicht die einzige. Er gelangte so zu der Einsicht, alle Religionen als gleichberechtigte Pfade anzuerkennen.

Er erkundete aber auch Wege außerhalb des Bhakti, insbesondere den Advaita Vedanta. In erster Linie erfuhr er Gott aber als Mutter in der Gestalt der Kali.

Seine „Lehre" war nichts anderes als glühende Gottesliebe. Wiewohl diese nicht erlernbar ist, empfahl er Meditation, Japa (Mantra-Rezitation), das Singen religiöser Lieder und das Gebet, um zum Gottesbewusstsein zu gelangen.

Swami Vivekananda (1863 - 1902) war der bekannteste Schüler Ramakrishnas. Er war ein ausgezeichneter Student und wohlbewandert in Geschichte, Philosophie, Literatur und anderem. Zudem wurde er insofern in westlichem Denken aufgezogen, dass man ohne Beweis nichts akzeptieren solle. So war er auch später selbst seinem Meister, Ramakrishna, gegenüber kritisch und skeptisch.

Er studierte verschiedene Religions- und Philosophiesysteme und suchte mehrere religiöse Führer auf, die ihn aber nicht zufrieden stellen konnten. Sie konnten alle seinen Hunger nach Wahrheit nicht befriedigen. Erst bei Ramakrishna wurde der junge Narendra (sein bürgerlicher Name) fündig.

Erst allmählich wurde die rebellische Einstellung, sein intellektueller Skeptizismus und sein Hang zu Streitgesprächen umgewandelt und es entwickelten sich Hingabe, tiefer Glauben und Gottesverehrung. Und weiterhin zeugte sein Mönchsname von seinem Lebensinhalt: Viveka bedeutet Unterscheidungskraft - die Kraft, zwischen Wirklich und Unwirklich zu unterscheiden; und Ananda bedeutet Wonne. So bedeutet der Name Vivekananda: „Einer, der durch Unterscheidungskraft zu Wonne und Freiheit findet".

1893 fand in Chicago der Kongreß der Weltreligionen, eines der bedeutendsten Ereignisse der Welt, statt. Swami Vivekananda, erst 30jährig, vertrat den Hinduismus und verkündete in seiner Rede bei der Eröffnungsfeier die ewige Botschaft des Vedanta. Sein Auftreten riss die Menschen buchstäblich von den Stühlen. Alle Zeitungen schrieben über den jungen Hindu, über Nacht war er bekannt und, zurückgekehrt nach Indien, war er zum Nationalhelden geworden.

1897 gründete Vivekananda den Ramakrishna-Orden, dessen Zielsetzungen rein spiritueller und wohltätiger Natur sind.

Seine zentrale Botschaft ist die Größe des Atman, des eigentlichen unzerstörbaren Selbst des Menschen. Alle herkömmlichen Religionen, einschließlich des Hinduismus, betrachtete er als „spirituelle Kindergärten", aus denen der Mensch nun langsam herauswachsen müsse. „Ihr seid Götter!" rief er den Menschen zu. Die größte Sünde sah er darin, den Menschen als ein schwaches, sündiges Wesen zu anzusehen. „Die Welt wird Tag für Tag noch mehr geschwächt durch diese Lehren. Von Kindheit an bringt man den Menschen bei, dass sie schwach sind. Lehre sie, dass sie alle prächtige Kinder der Unsterblichkeit sind!"

Am 4.7.1902 verließ Vivekananda, erst 39jährig, seinen Körper. Große Yoga-Meister können ihren Körper bewusst und kontrolliert verlassen. Wie dies bei Vivekananda geschah, erzählt sehr anschaulich Schwester Nivedita:

„...er ging in sein Zimmer, setzte sich mit dem Blick auf den Ganges nieder und meditierte. Es war das letzte Mal. Der Augenblick war gekommen, von dem der Meister von Anfang an gesprochen hatte (er hatte Tag und Stunde seines Todes vorausbestimmt). Eine halbe Stunde verging, dann entschwand sein Bewusstsein auf den Schwingen der Meditation in Höhen, von denen es keine Rückkehr gibt, und der Körper blieb wie ein zusammengefaltetes Kleid auf Erden zurück."

3. Paramahamsa Yogananda

Yogananda (1893 - 1952) entspringt einer Reihe von Yoga-Meistern, die auf den legendären Avatar (Menschwerdung Gottes) Babaji zurückgeht. Sein bekanntestes Buch, die „Autobiographie eines Yogi" wurde zu einem Bestseller, der inzwischen in sechsundzwanzig Sprachen übersetzt worden ist. Auf fast siebenhundert Seiten findet sich eine packende Lebensgeschichte, seine Begegnung mit seinem Guru Sri Yuktesvar, Erlebnisse mit vielen Yogis, Erzählungen von scheinbaren „Wundern" und vieles mehr.

Auch Yogananda reiste nach Amerika und gründete dort 1920 die „Self Realization Fellowship" bei Los Angeles. In den folgenden fünfzehn Jahren hielt er zahlreiche Vorträge, die zum Anziehungspunkt tausender Wahrheitssucher wurden.

Die von Yogananda gelehrte Technik des Kriya-Yoga geht auf Babaji zurück:

> „Kriya-Yoga ist eine einfache, psychophysiologische Methode, mit deren Hilfe dem menschlichen Blut Kohlendioxid entzogen und Sauerstoff zugeführt wird. Diese zusätzlichen Sauerstoffatome werden in einen Lebensstrom verwandelt, der das Gehirn und die Rückenmarksnerven neu belebt. Dadurch, dass der Yogi die Anhäufung venösen Blutes verhindert,

kann er den Verfall der Zellen reduzieren oder sogar aufheben. Ein fortgeschrittener Yogi verwandelt seine Körperzellen in reine Energie."

Noch nach dem Verlassen seines Körpers erstaunte Paramahamsa Yogananda die Welt, indem sein Körper während einer Beobachtungszeit von 20 Tagen vollständig unverwest blieb.

4. Ramana Maharishi

„Am Himmel Indiens, dem Heimatland der Spiritualität, leuchten viele Sterne. Einer der hellsten ist Sri Ramana Maharishi aus Tiruvannamalai. Dieser Weise befand sich - wie wenige Menschen zuvor - dauernd im Samadhi, also im Zustand der Einheit mit dem Sein - bei vollem und wachem Bewusstsein. Ramana Maharishi ist gerade für den Europäer der sichere, überkonfessionelle Guru höchsten Ranges." (Klaus Loosen)

Ramana wurde 1879 geboren; seine spirituelle Wandlung erfuhr er im Alter von 16 Jahren, als er aus einer Art Nahtoderlebnis zutiefst geläutert und verändert heraustrat. Er hatte erfahren, dass er nicht sein Körper war, sondern eine Substanz, die von Tod und Krankheit unberührt bleibt. Und fortan lebte er in dem Bewusstsein, das innerste Selbst zu sein, jenseits jeder Veränderung. Aus diesem Bewusstsein ergab sich einfach und natürlich seine Lehre, die in der einen großen Frage wurzelte: „Wer bin ich?".

Es entstand der noch heute blühende Ashram, in dem sich Ramana achtundzwanzig Jahre lang der Welt der Suchenden zur Verfügung stellte. „Meist saß er auf dem Sofa in der großen Halle und beantwortete Fragen der fast ununterbrochen zu ihm strömenden Besucher aus allen Erdteilen. Jeder spürte den Energiekreis um Ramana Maharishi, der jeden Anwesenden still, problemfrei und heil werden ließ. Der „Initiationsritus" reduzierte sich bei diesem Heiligen auf einen Blick, den er auf solchen Menschen ruhen ließ, die dafür reif waren. Dieser Blick schlug ein wie ein Blitz, der die letzten Unreinheiten verzehrte." (Klaus Loosen)

Am 14. April 1950 verlosch der Stern seines physischen Lebens - und in diesem Augenblick verglühte auch ein Meteor hoch oben in der Atmosphäre über dem Ashram.

5. Sri Aurobindo

Geboren 1872 in Kalkutta, wurde Aurobindo bereits im Alter von 7 Jahren zur Ausbildung nach England geschickt. Er lernte die europäische Kultur kennen, studierte Sprachen, Geschichte und Philosophie und legte ausgezeichnete

Examen ab. Mit 21 Jahren kehrte er nach Indien zurück, wurde Professor für englische Literatur und studierte die gesamte philosophische und religiöse Literatur Indiens. Er verfasste Gedichte, schrieb aufrüttelnde Artikel in revolutionären Zeitungen und gab selbst eine Zeitschrift heraus. Das Ziel seiner schriftstellerischen und auch rednerischen Aktivität war die Unabhängigkeit Indiens. Erst später wurde das spirituelle Wachstum des Menschen das zentrale Thema seiner schriftstellerischen Arbeit.

Tiefgreifende spirituelle Erfahrungen führten ihn im Jahr 1909 zu der Erkenntnis, dass er eine geistige Berufung erhalten hatte, der er sein weiteres Leben widmen sollte. So gründete er in Pondicherry einen Ashram, der noch heute besteht. 1922 übertrug er seiner Nachfolgerin, Mira Alfassa, die von allen „die Mutter" genannt wurde, die Leitung des Ashrams und zog sich bald aus der Öffentlichkeit zurück. Er verließ seinen Körper 1950.

1968 wurde unter der Leitung der „Mutter" Auroville gegründet, die Stadt des Zukunftsmenschen, um für das neue Bewusstsein eine möglichst optimale äußere Grundlage zu schaffen.

Indem Sri Aurobindo den Karma-, Jnana- und Bhakti- Yoga vereinte, lehrte er, ähnlich Sivananda, den integralen Yoga. In seine Lehre flossen - durch seine lange Studienzeit in England - westliche wissenschaftlich-psychologische Erkenntnisse gemeinsam mit klassischer indischer Philosophie ein.

Er unterteilt den Menschen in verschiedene Ebenen, welche durch die Praxis des Yoga integriert, gereinigt und transzendiert werden müssen, um für das Wirken der höchsten Ebene, des Supramentals oder göttlichen Selbst, bereit zu werden. So unterscheidet Sri Aurobindo

1. Das physische Wesen: der physische Körper, seine Energien und Bedürfnisse,
2. Das vitale Wesen, die Lebensnatur: Gefühle, Triebe, Wünsche, Leidenschaften,

3. Das mentale Wesen, dessen Aufgabe das Denk- und Unterscheidungsvermögen ist,
4. Das psychische Wesen, die wahre Person des Menschen, sein Ich-Bewusstsein, die Seele, und schließlich
5. Das Supramentale, das göttliche oder kosmische Wesen

„Die spirituelle Disziplin dieses Yogas erfolgt ... durch Konzentration nach innen oder oben, durch das Sich-Öffnen gegenüber dem Einfluss der göttlichen Kraft über uns und ihren Funktionen, gegenüber der göttlichen Gegenwart im Herzen und durch Zurückweisen aller Dinge, die diesem Wesen fremd sind. Nur durch Glauben, Streben und Überantwortung kann diese innere Öffnung kommen."

Der wichtigste Yoga-Weg ist für Aurobindo der Bhakti-Yoga, der Weg der Hingabe an Gott: „Lege dich mit ganzem Herzen und mit all deiner Kraft in Gottes Hände. Verlange nur nach Gott und nichts weiter. Dann tritt beiseite und betrachte das Wirken der göttlichen Macht in dir."

6. Swami Rama

Der 1925 geborene Swami Rama wuchs im Himalaya auf und lernte bei verschiedenen in Höhlen wohnenden Asketen und Yogis. Schon im Kindesalter wurde er als Mönch ordiniert.

Er gründete 1969 das Himalayan Institute of Yoga Science and Philosophy; besondere Bekanntheit erlangte er dadurch, dass er sich in den 70er Jahren für wissenschaftliche Forschungen über die Wirkungen der Yoga-Techniken zur Verfügung stellte. Eine Fülle von physiologischen, medizinischen und therapeutischen Untersuchungen über die Wirkungen der Yoga-Praxis gehen auf seine Initiative zurück.

Er bemühte sich, eine Brücke zu schlagen zwischen der Weisheit des Ostens und der Wissenschaft des Westens. Durch ihn entstanden in den USA eine große psychosomatische Klinik, sowie Labore zur Erforschung des Yoga mit naturwissenschaftlichen Methoden. Die präventiven medizinischen und psychosozialen Maßnahmen im Sinne einer ganzheitlichen Gesundheitslehre standen stets im Vordergrund. Nach dem Tod Swami Ramas in 1996 wurde sein Schüler **Swami Veda Bharati** zu seinem Nachfolger. Der Schwerpunkt der Yoga-Praxis des Sanskrit-Professors ist die Meditation, die er auch auf seinen zahlreichen Reisen nach Europa und USA lehrt.

7. Ananda Mayi Ma

Die als „Glückselige Mutter" bezeichnete Heilige wurde als Nirmala Sundari Devi 1896 geboren. Schon als Kind zeigte sie oft ein außergewöhnliches Wesen: Vom einen Augenblick zum anderen schien sie auf einmal nicht von dieser Welt zu sein; ihre immer heitere, schöne Miene war dann wie durchstrahlt von einem inneren Leuchten.

Sie wurde, wie es in Indien üblich ist, bereits als Kind verheiratet; ihr Ehemann Bholanath wurde ihr erster Jünger und Schüler.

Ananda Mayi Ma hatte keine große Botschaft zu verkünden und verfasste kein Lehrsystem. Wenn etwas als ihre Lehre ausgelegt werden könnte, dann ihr Ausspruch: „Allein von Gott zu sprechen ist der Mühe wert, alles andere ist leidvoll und vergebens." Tiefe Meditationen und Kirtansingen, bei dem sie regelmäßig in ekstatische Zustände fiel, waren ihre liebsten Beschäftigungen. Sie sprach nicht viel, aber überall zog ihre Ausstrahlung überragender Spiritualität Menschen an.

> „Einmal in langer Zeit bringt die Menschheit eine seltene, außergewöhnlich schöne und duftende Blume hervor. Man kann nicht sagen, dass sie eine Lehre hätte oder eine Botschaft verbreitete, sie lebte nur um eines einzigen Zwecks willen: um die Existenz einer Kraft zu zeigen, die immer daran wirkt, Hässlichkeit in Schönheit und Zwietracht in Liebe zu verwandeln. Eine solche Kraft ist Sri Anandamayi Ma." B. Sanjiva Rao

8. Sai Baba

Sathya Sai Baba wurde 1926 in dem kleinen südindischen Ort Puttaparthi geboren - heute ist dieser Ort zu einer modernen Stadt, Prashanti Nilayam (der Wohnsitz des höchsten Friedens) angewachsen, in der Sai Baba seinen Hauptashram hat. Viele Tausende Pilger und Sucher aus aller Welt kommen nach Prashanti Nilayam, um den großen Meister zu sehen.

Sai Baba wird von seinen Anhängern als Avatar (Menschwerdung Gottes) betrachtet. Man beschreibt ihn als die reine, selbstlose Liebe, als die Verkörperung vollkommenen Friedens und Glücks.

> Er verfügt über alles Wissen und kennt Vergangenheit, Gegenwart und Zukunft eines jeden, der zu ihm kommt.
>
> In seiner Botschaft unterstützt er alle Glaubensrichtungen und betont die Einheit aller Religionen in der Einheit Gottes. In seiner persönlichen Erscheinung verbindet er eine majestätische Anmut mit einzigartiger Freude. Inmitten seiner prächtigen Tempelanlage, in der er einen kleinen, einfachen Raum bewohnt, führt er ein strenges, von früh morgens bis spät abends vollständig dem Dienst für die Menschen, die zu ihm kommen, gewidmetes Leben.
>
> Homepage Sai Baba

Hauptthema in all seinen Schriften und Vorträgen ist die moralische und spirituelle Erneuerung des Menschen durch die Wiederbelebung universaler menschlicher Werte und Tugenden, die auch in allen heiligen Schriften als Wahrheit, rechtes Handeln, Friede, Liebe und Gewaltlosigkeit verankert sind.

Die Aktivität der von Sai Baba ins Leben gerufenen Organisation beschränkt sich nicht nur auf die spirituelle Entwicklung seiner Schüler, sondern erstreckt sich auf eine große Zahl von Hilfsprojekten wie Krankenhäuser, Schulen, Trinkwasser-Anlagen und andere.

9. B.K.S. Iyengar

Geboren 1918, begann Iyengar 1934 in sehr schlechter körperlicher Verfassung mit Yoga. Nach wenigen Jahren fasste er den Entschluss, sein weiteres Leben in den Dienst des Yoga zu stellen. Es folgten über 60 Jahre ununterbrochener intensiver Yogapraxis und Lehrerfahrung, die ihn aus bitterer Armut zu weltweiter Anerkennung als Yogameister führten.

Der als Iyengar-Yoga bekannt gewordene Stil, der sich auf Asanas, die Körperübungen, konzentriert, ist durch seine Exaktheit („Ekstase der Genauigkeit") und das Verwenden verschiedener Hilfsmittel (Decken, Polster, Klötze, Bänder, Stühle) gekennzeichnet. Er hatte entdeckt, wie subtile Bewegungen eine Haltung nicht nur vervollständigen, sondern ihr eine neue Qualität und Dimension erschließen. Iyengar setzt systematisch Yoga-Übungen ein, um Kranke zu heilen.

Weniger bekannt als das detaillierte Beschäftigen mit Asanas ist, dass Iyengar sich in großer Tiefe mit der Natur und Funktion des Geistes auseinandergesetzt hat.

Der Lehrer Iyengars war T. **Krishnamacharya**, der über hundert Jahre alt wurde. In seinem über siebzigjährigen Wirken nahm er großen Einfluss auf den Yoga in Europa, indem er Yoga- und Ayurveda-Wissen verband und kombinierte. Auf der philosophischen Grundlage der klassischen Schriften arbeitete Krishnamacharya primär mit Asanas und Pranayamas; seine Arbeit wird von seinem Sohn und engsten Mitarbeiter **Desikachar** fortgeführt.

10. Sri Mata Amritananandamayi

Als Sudhamani 1953 geboren wurde, war ihre Mutter sehr besorgt, denn sie hörte nichts von dem Baby; sie fürchtete, eine Totgeburt erlitten zu haben. Als sie jedoch das Neugeborene betrachtete, erblickte sie ein strahlendes Lächeln auf dem Gesicht des Babys.

Sudhamani, die spätere Mata Amritanandamayi, sang bereits mit fünf Jahren selbst komponierte Lieder, in denen sie ihre große Liebe zu Gott zum Ausdruck brachte. Sie ging oft in den Wald, um dort allein zu sein und zu meditieren. Manchmal hielt sie, während sie mit anderen Kindern spielte, plötzlich inne und versank in einen meditativen Zustand.

Ähnlich wie Ananadamayi Ma hat Amritanandamayi Ma, die kurz Amma genannt wird, keine Lehre als die der Liebe zu Gott und allen Wesen, die sie in jedem Augenblick ihres Lebens unermüdlich zum Ausdruck bringt: „Mein einziges Ziel ist, allen Menschen zu dienen und sie zu lieben. Wenn Amma sieht, dass die Menschen glücklich sind, erfüllt sie das mit Freude. Amma wünscht sich, dass ihre Hände noch bei ihrem letzten Atemzug tröstend auf der Schulter eines Menschen liegen."

Findet bei anderen Meistern eine Art Energieübertragung durch den Darshan, den Anblick bzw. die Anwesenheit des Meisters statt, so sieht dies bei Amma anders aus: Sie umarmt die Menschen, die zu ihr kommen: „Sie umarmt alle Menschen, vom ersten bis zum letzten, mit der gleichen Liebe. Zeuge dieses selbstlosen und zugleich kraftvollen Ereignisses zu sein, hat bereits viele tausend Menschen auf der ganzen Welt zutiefst berührt. Selbst in Ammas Armen zu liegen ist für die meisten Menschen so bewegend, dass Worte nicht ausreichen, um zu beschreiben, was in ihnen vorgeht."

Als einmal jemand Amma fragte, wen sie als einen wirklichen Gottsucher bezeichnen würde, antwortete sie: „Ein wirklicher Gottsucher ist jemand, dessen Beine rennen, um jemandem zu helfen, dessen Lippen Worte der Liebe und des Trostes sprechen und dessen Augen Tränen des Mitgefühls angesichts der Rufe eines Notleidenden vergießen."

Trotz beschränkter Ressourcen demonstriert die ständig wachsende Liste karitativer Aktivitäten in aller Welt Ammas wundervolle Fähigkeit, humanitäre Ideale in die praktische Realität umzusetzen. Ihre außergewöhnliche Liebe und ihr unerschöpfliches Mitgefühl haben bereits Tausende von Menschen davon überzeugt, ihr direkt oder indirekt dabei zu helfen, diesem philanthropischen Werk einen organisatorischen Rahmen zu geben.

„Seit meiner Geburt empfand ich einen tiefe Liebe für den göttlichen Namen. Ich wiederholte ständig mit jedem Atemzug den Namen Gottes. Dadurch waren meine Gedanken immerzu auf das Göttliche ausgerichtet, unabhängig von dem Ort, an dem ich mich befand, oder der Arbeit, die ich verrichtete."

- ♦ - ♦ - ♦ -

Wenn auch die Lehren der großen Meister/innen in ihrer Form gewisse Unterschiede aufweisen mögen, so sind ihre Aussagen, ihre Botschaft stets gleich: Es ist die Botschaft des Yoga, der ältesten aller Wissenschaften, die große Wissenschaft, die den Menschen den Weg weist vom Unwirklichen zum Wirklichen, von der Dunkelheit ans Licht, von der Sterblichkeit zur Unsterblichkeit:

Asato Ma Sat Gamaya

Tamaso Ma Jyotir Gamaya

Mrityor Ma Amritam Gamaya

1.5
Die Bhagavad Gita

Das bekannteste Werk der indischen Spiritualität ist – neben Patanjalis Yoga-Sutras – die Bhagavad Gita. Sie behandelt verschiedene Yoga-Wege und philosophische Grundlagen, in der Hauptsache den Karma-, Jnana- und Bhakti Yoga sowie Grundzüge der Samkhya-Philosophie. Wir werden die anderen großen klassischen Texte (Patanjali Sutra, Hatha Yoga Pradipika und Naradas Bhakti Sutras) in den jeweiligen Abschnitten besprechen; die Bhagavad Gita umfasst jedoch die gesamte Philosophie des Yoga so allgemein, dass ich sie, gleichsam als Einführung in den klassischen Yoga, an dieser Stelle behandeln möchte.

Über dieses Werk, das in siebenhundert Versen die zentrale Lehre des Yoga enthält, schreibt Swami Sivananda:

> Es gibt in der gesamten Weltliteratur kein zweites Buch, das so erhebend und inspirierend ist wie die Gita. Sie ist die Quelle aller Weisheit. Sie ist ein unerschöpflicher spiritueller Schatz. Die Gita ist der Höhepunkt der Veden. Sie ist die Essenz der Upanishaden. Sie ist eine universelle Schrift für alle Menschen jeden Charakters und für alle Zeiten. Sie ist ein wunderbares Buch mit erhabenen Gedanken und praktischen Anleitungen über Yoga, Religiösität, Vedanta und Handeln. Sie ist ein wunderbares Buch, tiefgründig in den Gedanken und erhaben in der Sichtweise. Die Gita war mir in meinem Leben ein ständiger Begleiter.

Über die Zeit, wann die historische Schlacht von Kurukshetra, die den Mittelpunkt des Mahabharata bildet, stattgefunden hat, herrschen unterschiedliche Ansichten. Die Angaben reichen von 3000 v. Chr. bis 1500 v. Chr. Es gilt jedoch als sicher, dass diese Ereignisse über lange Zeit nur mündlich weiter gegeben und erst etwa im 5. oder 4. vorchristlichen Jahrhundert niedergeschrieben wurden.

Im Zentrum des Mahabharata, des Epos, in welches die Bhagavad Gita engebettet ist, steht der Kampf des Guten gegen das Böse, das in der Gestalt der tugend- und heldenhaften Pandava-Brüder und den hasserfüllten und eifersüchtigen Kauravas auftritt.

Der älteste der edlen Pandava-Brüder, Yudishtira, hat nur eine Schwäche: das Würfelspiel. Er wird zu einem Spiel eingeladen und verliert durch Betrug die Hälfte des den Pandava-Brüdern gehörenden Königreiches für zwölf Jahre an den Herausforderer, den hasserfüllten Duryodhana.

Die Pandava-Brüder müssen nun für zwölf Jahre ins Exil und ein dreizehntes Jahr unerkannt in der Stadt leben. Als sie nun ihre Hälfte des Königreiches gemäß der Vereinbarung beanspruchen, wird dies von Duryodhana verweigert. Auch als Yudishtira sagt, man würde sich mit einem Dorf für jeden der Brüder zufrieden geben, lehnte Duryodhana ab. So kam es trotz Vermittlungsversuche zum Krieg zwischen den Pandavas und den Kauravas, in den benachbarte Königreiche und schließlich ganz Indien hineingezogen wurde.

Beide Seiten verlangten Krishnas Hilfe, und dieser stellte sie vor die Wahl, die Hilfe der Sippe Krishnas oder ihn selbst zu erhalten; er würde sich selbst aber nicht am Krieg beteiligen. Duryodhana wählte die Sippe Krishnas, Arjuna, ein jüngerer Bruder Yudishtiras, wählte Krishna zu seinem Wagenlenker.

Hier beginnt der „Göttliche Gesang", der Bhagavad Gita: Ein Lehrgespräch zwischen dem göttlichen Lehrer Krishna und seinem Schüler Arjuna, welches in einer kritischen Phase des Familienstreites stattfindet: Die verfeindeten Familien der Pandavas und der Kauravas stehen einander bereits auf dem Schlachtfeld gegenüber, bereit zum Kampf, als Arjuna, der Anführer der Pandavas in den Reihen der Feinde viele Lehrer und Freunde seiner Kindheit sieht und zögert, das Signal zum Start des Kampfes zu geben.

Aus dieser Situation der Verunsicherung, des Gewissenskonfliktes entsteht ein achtzehn Kapitel langes Lehrgespräch, welches alle Aspekte des Yoga, der Spiritualität, des rechten Handelns, der Hingabe an Gott und der persönlichen Lebensaufgabe behandelt.

Die folgenden ausgewählten Verse der Bhagavad Gita bilden die Essenz der enthaltenen Lehre.

1. Kapitel – Arjunas Kummer

Arjuna spricht: „Halte meinen Wagen an, oh Unsterblicher!, in der Mitte zwischen den beiden Heeren, damit ich genau diejenigen betrachten kann, welche hier kampfbegierig aufgestellt sind, und mit denen ich kämpfen soll.“ (1,21 – 1,22)

Nun sah er Väter und Großväter, Lehrer, Onkel, Brüder, Söhne, Enkel und Freunde, Schwäger und Verwandte unter den beiden Heeren. Er ward von Mitleid erfüllt und er sprach voll Traurigkeit:

„Da ich Verwandte hier kampfbegierig sich gegenüberstehen sehe, so erschlaffen meine Glieder und mein Blut tritt nach dem Herzen zurück.... Ich finde nichts Gutes darin, dass meine Verwandten im Kampfe erschlagen werden.... Sie wünsche ich nicht zu töten, wenn auch sie töten... Würden wir die Dhartaraschtrer erschlagen, was könnte uns dann noch freuen? Die Sünde würde uns ankleben, wenn wir diese Männer erschlügen, wenn sie auch selbst Räuber sind...Wenn auch jene, von Habgier geblendet, in der Vernichtung eines Stammes ... nichts Böses sehen, sollten nicht wir uns entschließen, eine solche sündige Tat zu unterlassen, wir, die den Mord von Verwandten für Sünde halten? (1,26 – 1,38)

Ach! Wir haben großes Unrecht vor, indem wir aus Liebe zur Herrschaft und Lust unsere Verwandten erschlagen wollen! Es wäre besser für mich, wenn die Dhartaraschtrer mit den Waffen in den Händen mich unbewaffnet und widerstandslos töten würden." Als Arjuna so gesprochen hatte, setzte er sich in seinem Schlachtwagen nieder, ließ seinen Bogen und Pfeil fallen und sein Herz war von Kummer erfüllt. (1,44 – 1,46)

2. Kapitel – Samkhya Yoga

Arjuna sagt: „Mein Herz ist erfüllt von Mitleid und Furcht vor der Sünde; ich weiß nicht, was ich tun soll. Ich bitte dich, sage mir, was das beste ist. Ich bin dein Schüler; lehre mich, der ich mich hier vor dir niederwerfe.“ (2,7) *Mit diesen Worten wird Arjuna zum spirituellen Schüler Krishnas und das eigentliche Lehrgespräch beginnt.*

Das Göttliche Wort spricht: „Du beklagst diejenigen, welche dein Mitleid nicht nötig haben; aber du sprichst Worte der Weisheit. Die Weisen trauern weder um die Toten noch um die Lebendigen. Es gab keine Zeit, in der Ich nicht war, noch du, noch diese Menschenbeherrscher – nie wird irgend einer von uns allen aufhören zu sein.

So wie in diesem gegenwärtigen Leibe Kindheit, Jugend und Alter nur vergängliche Eigenschaften des Ewigen während seiner Verkörperung sind, so wird es auch im folgenden Leben sein. Das Unvergängliche (die Seele) tritt wieder in einem anderen Körper auf. Die Weisen sind deshalb nicht bestürzt. Die Berührung des Geistes mit dem Stofflichen (die Inkarnationen...), welche den Menschen befähigen, Kälte und Wärme, Schmerz und Lust zu empfinden, kommen und gehen. Sie gehören dem Zeitlichen an. Trage sie mit Geduld. Denn der Mensch, den diese Dinge nicht kümmern, o Starker, der sich gleich bleibt in Schmerz und Freude, ist zur Unsterblichkeit gebildet.

Dasjenige, was unwesentlich ist, hat kein wahres Sein, und was wahrhaft ist, hört nie auf zu sein; aber zwischen diesen beiden zu unterscheiden, vermögen nur diejenigen, welche die Wahrheit erkennen. (2,11 – 2,16)

Wer dieses Ewige für das Tötende hält, oder wer glaubt, dass er getötet werden könne, der hat keine wahre Erkenntnis. Es tötet nicht und wird nicht getötet. Es wird nie geboren und stirbt nie. Es entsteht nicht, und wird niemals entstehen. Ungeboren, unvergänglich, unendlich, stirbt es nicht, wenn der Körper getötet wird. (2,19 – 2,20)

Wie ein Mensch, der seine alten Kleider abgelegt hat, ein neues Gewand anzieht, so offenbart sich die ewige Wesenheit, wenn die zerrissenen Kleider abgelegt sind, in anderen sich neu bildenden Leibern. Waffen verletzten das ewige Wesen nicht, noch brennt es das Feuer, das Wasser netzt es nicht und die Luft trocknet es nicht auf. Es ist undurchdringlich, unverbrennbar, es kann weder aufgelöst noch verdorrt werden; es ist unsterblich, alles durchdringend, beständig, unbeweglich und ewig. (2,22 – 2,24)

Im ewigen Sein sind alle Dinge unoffenbar (unmanifest) enthalten. Dann folgt die Offenbarung (Manifestation), wodurch sie zum Vorschein kommen, und im Tode werden sie wieder unsichtbar. Was gibt es da zu beklagen? (2,28)

Auch sollst du nicht zögern, deine heiligen Rechte (Dharma) zu wahren; denn für den Krieger gibt es nichts besseres als den gerechten Kampf. Selig sind die Krieger, welchen sich ein solcher Kampf wie ein weit geöffnetes Himmelstor darbietet. (2,31 – 2,32)

Achte Lust und Leid, Gewinn und Verlust, Sieg oder Niederlage gleich. Gürte dich zum Streit, so wirst du nicht der Sünde verfallen. (2,38)

Lass nur das Werk selbst deine Sorge sein, und kümmere dich dabei nicht um den Vorteil oder Nachteil, den es dir bringen kann. Lass nicht die Frucht deiner Tat der Beweggrund deines Handelns sein, hänge aber nicht dem Müßiggange nach. Tue, was du zu tun hast, in stiller Ergebung, aber entsage dem Hang nach äußerlichen Dingen. Bleibe gleichmütig im Glück und im Unglück. Gleichmut wird Yoga genannt.

Alles, was du aus Machtvollkommenheit tun kannst, ist viel weniger wert als die Ergebung in den göttlichen Geist. Suche deshalb deine Zuflucht in der Kraft des Gehorsams. Bedauernswert sind diejenigen, welche in der Erwartung von Belohnung handeln. Wer sich ganz dem Göttlichen ergeben hat, handelt nicht selbst, und daher weder in guter noch in böser Absicht. Übe dich deshalb in dieser Ergebung." (2,47 – 2,50)

Arjuna sagt: „Woran, o Keshava, erkennt man diejenigen, welche feststehen in der Erkenntnis und beständig in der Selbstanschauung? Wie spricht derjenige, in dem der Gedanke nicht flatterhaft ist? Wie benimmt er sich?" (2,54)

Das Wort Gottes spricht: „Wenn der Mensch alle Begierden verlassen hat, die aus seinem Wollen entspringen, wenn er mit sich selbst in seinem Inneren zufrieden ist, dann sagt man von ihm, dass er fest in der Weisheit stehe. Wessen Gemüt durch kein Leid erschüttert wird, und wessen Geist zu erhaben ist, um sich über irdisches Besitztum zu freuen; wen Leidenschaft, Furcht und Zorn verlassen haben, der wird ein Muni, ein Heiliger, fest in der Selbsterkenntnis, genannt. Wer frei ist von allen persönlichen Neigungen, wer im Glück über die Freude und im Unglück über die Trauer erhaben ist, der hat die wahre Erkenntnis.

Wer, wie die Schildkröte, wenn sie ihre Gliedmaßen einzieht, all seine Sinne und Gedanken von äußerlichen Dingen abwendet, dessen Weisheit ist beständig. Sinnliche Dinge üben keinen Reiz mehr aus auf denjenigen, der nach ihnen kein Verlangen mehr hat. Sogar der Geschmack verlässt den, der auf das Schmecken gänzlich verzichtet hat. (2,55 – 2,59)

Wenn jemand nach sinnlichen Dingen trachtet, so wird sein Herz von denselben angezogen; aus dieser Anziehung entsteht Begierde, und aus der Begierde die Leidenschaft... Wer aber den sinnlichen Dingen mit Sinnen, frei von Neigung oder Abneigung begegnet, und der selbstbeherrscht ist, der erlangt den Frieden, weil seine Seele von Ruhe erfüllt ist. (2,62 und 2,64)

Der Geist desjenigen, der den wandernden Sinnen untertan ist, wird umhergetrieben wie vom Wind ein Schiff auf dem Meere. Deshalb hat nur derjenige wahre Erkenntnis, dessen Sinne gänzlich von sinnlichen Dingen abgezogen sind. (2,67 – 2,68)

Wenn alle Begierden in ihn eintreten wie Flüsse in den Ozean, der stets voll ist, und doch in seinen Grenzen bleibt, so erlangt er den Frieden. Nicht aber, wer an seinen Begierden festhält. Wenn er aber alle Begierden verlassen hat, so schreitet er ungebunden vorwärts; er ist frei von Selbstsucht und Eitelkeit. Er erlangt den Frieden." (2,70 – 2,71)

3. Kapitel – Karma Yoga

Das Wort Gottes spricht:

„Wer nichts beginnt, kann nicht in den Zustand der ewigen Ruhe gelangen. Er kann nicht durch Nichtstun Vollkommenheit erreichen. Denn niemand kann auch nur für kurze Zeit völlig untätig sein, weil jeden seine Natur dazu zwingt, irgend etwas zu tun, selbst wenn er es nicht wollte.

Wer äußerlich untätig ist, indem er seine Organe verhindert, ihre Funktion auszuüben, dabei aber in seinem Inneren an sinnlichen Dingen festhält, der ist ein Tor und wird ein Heuchler, ein Scheinheiliger genannt. Wer aber seine Sinne Gott durch die feurige Liebe zum Höchsten unterworfen hat, der ist hochzuschätzen, wenn er auch sich mit äußerlichen Dingen beschäftigt, ohne sich aber von denselben beherrschen zu lassen.

Tue, was deine Pflicht ist, denn Tätigkeit ist besser als Untätigkeit. Selbst die Erhaltung deines Körpers erfordert Mittel, welche du nicht erlangen kannst, wenn du untätig bist.

Wir sind durch unsere weltlichen Werke an diese Welt gebunden; nicht aber durch diejenigen, welche in selbstloser, aufopfernder Liebe zum Guten vollbracht werden. Tue deshalb, was du zu tun hast, im Geiste der Selbstverleugnung und Entsagung, und hänge nicht am Weltlichen. (3,4 – 3,9)

Gebt dem Göttlichen Nahrung, indem ihr euch in dasselbe ergebt, und lasset euch von ihm ernähren. Wenn auf diese Art das Eine das andere ernährt, so werdet ihr das höchste Gut erlangen. (3,11)

Tue, was getan werden muss; aber selbstlos und ohne persönliche Rücksicht. Wer völlig selbstlos handelt, gelangt zum All-Einigen." (3,19)

„Wie die Toren sich mit Dingen beschäftigen, denen sie nachhängen; mit demselben Eifer sollte sich der Weise mit Dingen beschäftigen, ohne an denselben persönlich zu hängen." (3,25)

„Alles, was geschieht, wird durch die Bewegung der Kräfte der Natur vollbracht. Derjenige, dessen Seele von Eigendünkel geblendet ist, meint, er sei der Vollbringer. Wer aber in Wahrheit den Unterschied erkennt zwischen der Natur (Prakriti) und der ihren Bewegungen zugrunde liegenden Kraft (Purusha), und wer erkennt, welche Kräfte in den Kräften und Formen wirken, ist nicht durch seine Werke gebunden." (3,27 – 3,28)

„Lass alle Sorgen und Zweifel fahren, indem du frei von aller persönlichen Erwartung und Selbstsucht, all deine Werke in Meinem Namen tust, und dein ganzes Sinnen und Denken auf den Höchsten richtest. (3,30)

Auch der Weise neigt sich zu dem, was seiner Natur gemäß ist. Alle Geschöpfe handeln in Übereinstimmung mit ihrer Natur. Was würde es nützen, sie zu unterdrücken?

Begierde und Abscheu haben ihren Sitz in den sinnlichen Gegenständen. Unterwirf dich diesen zwei Leidenschaften nicht, denn sie sind deine Feinde.

Besser ist es, seine eigene Pflicht, wenn auch mit schwachen Kräften zu erfüllen, als die Pflicht eines anderen, wenn auch noch so vortrefflich zu tun. Besser ist es, in der Erfüllung der eigenen Pflicht zu sterben, als in Furcht vor derselben zu leben."
(3,33 – 3,35)

Arjuna fragt: „Was ist es, was den Menschein antreibt, sogar gegen seinen Willen und wie mit Gewalt dazu drängt, Sünde zu begehen?"

Das Wort Gottes spricht: „Es ist die Lust, der Wille, die Kraft, welche der Leidenschaft (Rajas) entspringt. Lerne diesen allverzehrenden und verwüstenden Feind kennen. Wie eine Flamme vom Rauche und ein Spiegel vom Staube bedeckt ist, wie der Mutterleib die Frucht umhüllt, so ist die Welt von diesem Geiste umgeben. Er ist der ewige Feind des Weisen und hindert die wahre Erkenntnis. Diese Macht offenbart sich auf allerlei Art. Sie ist ein unersättliches Feuer. Ihr Reich ist in den Sinnen, im Gemüte und im Verstande. Sie trübt die freien Wahrnehmungen der Seele und verschleiert die Erkenntnis der Wahrheit." (3,36 – 3,40)

4. Kapitel – Jnana Yoga

Krishna spricht: „Wer in dem Werke, welches er vollbringt, Untätigkeit sieht, und Tätigkeit im Nichttun, der ist ein Weiser unter den Menschen. Er ist Mir ergeben und hat seine Pflicht getan. Wer in allem, was er unternimmt, keine Begierde hat, und wessen Taten im Feuer der göttlichen Erkenntnis aufgehen, wird von den Weisen verständig genannt.

Wer allem Hang nach den Früchten seiner Taten entsagt hat, stets zufrieden ist und auf die eigene (göttliche) Kraft vertraut, der tut nichts (schafft kein Karma), wenn er auch arbeitet.

Über alles Begehren und Hoffen erhaben, ein Beherrscher seiner Gedanken, unabhängig von allem, was außer ihm ist, trifft ihn keine Schuld, wenn er auch handelt. Er ist stets zufrieden mit dem, was sich ihm von selbst darbietet, er wird weder von Freude noch von Leid bewegt. Frei von Neid, sich gleichbleibend im Glück und Unglück, wirkt er; schafft sich aber dadurch keine Last (kein Karma)."

(4,18 – 4,22)

„Wie ein brennendes Feuer alles Holz zu Asche verbrennt, so werden durch das Feuer der wahren Erkenntnis alle Werke in Asche verwandelt. Es gibt auf Erden kein Reinigungsmittel, welches der Erkenntnis der Wahrheit gleichkommt. Wer sich der Wahrheit völlig ergibt, wird sie zu geeigneter Zeit finden." (4,37 – 4,38)

5. Kapitel – Karma Sannyasa Yoga

Das Wort Gottes spricht: „Nur der ist wahrhaft entsagend, der weder hasst noch begehrt. Wenn in ihm kein Zwiespalt ist, so kann er leicht von den Banden frei werden.

Unerfahrene reden vom Wissen (Jnana Yoga) und Tun (Karma Yoga), als ob dies zwei verschiedene Dinge wären, nicht aber die Erfahrenen. Wer das eine oder das andere erlangt, der ist im Besitze von beiden." (5,3 – 5,5)

„Der im Göttlichen Aufgehende, welcher die Wahrheit erkennt, kann mit Recht sagen: „Nicht ich bin es, der wirkt", wenn seine Natur sieht, hört, fühlt, wacht, schmeckt, isst, schläft und atmet. Im Sprechen, Geschehenlassen oder Festhalten, im Öffnen und Schließen der Augen aber weiß er, dass es nur seine Sinnesorgane sind, die in der Sinneswelt sich beschäftigen.

Wer, ohne sich an seine Werke zu hängen, alles im Namen des Höchsten tut, wird nicht von der Sünde (Karma) befleckt; wie auch das im Wasser schwimmende Lotusblatt nicht vom Wasser verunreinigt wird." (5,8 – 5,10)

„Der Gottergebene, welcher auf die Früchte seiner Werke verzichtet hat, erlangt den ewigen Frieden. Der Weltmensch, welcher durch die Anziehung seiner Begierden an den Früchten seiner Werke hängt, ist an die Folgen (Karma) derselben gebunden.

Die verkörperte Seele, welche im Grunde ihres Willens allem eigenen Tun und Lassen entsagt hat, und selbstbeherrscht ist, wohnt glücklich in der Stadt mit den neun Toren (im menschlichen Körper); sie arbeitet nicht, noch lässt sie arbeiten.

Der Herr der Welt erschafft weder die Täterschaft noch das Tun, noch die Beziehung zwischen Ursache und Wirkung, sondern die jedem Wesen eigene Natur ist dabei in Tätigkeit." (5,12 – 5,14)

„Lasst euch nicht von Freude hinreißen, wenn euch etwas Angenehmes geschieht, noch übergebt euch der Trauer, wenn euch etwas Widerwärtiges zustößt. Lasst euer Gemüt in wolkenloser Klarheit in Brahma ruhen, indem ihr Brahma erkennt und in Ihm lebt. Wessen Seele an keinerlei äußeren Dingen hängt, wer in sich selbst Glückseligkeit findet, dessen Seele, mit Brahma durch die Ergebung in Ihn mit Ihm vereint, ist in ewiger Wonne.

Die Freuden, die durch Berührung mit der Außenwelt erlangt werden, gebären Leiden. Sie haben Anfang und Ende. Nicht in ihnen sucht der Weise sein Heil." (5,20 – 5,22)

„Wer von Lust und Zorn frei ist, seine Natur gezähmt hat und seine Gedanken beherrscht und sich selber wahrhaft erkennt, der erlangt Nirvana in Brahma. Wenn der Weise äußerliche Dinge nur äußerlich auf sich wirken lässt, und in seinem Inneren im Lichte lebt, wenn sein inneres und äußeres Atmen gleichmäßig stattfindet; wenn er dann, mit all seinen Sinnen gebändigt mit seinem ganzen Denken und Wollen in Gott ergeben, nur nach der geistigen Freiheit strebt und alle Begierde, Furcht und Zorn verlässt, so erlangt er die Freiheit." (5,26 – 5,28)

6. Kapitel – Atma Sannyasa Yoga

Das Wort Gottes spricht: „Wisse, o Pandava! Das, was die Menschen Entsagung nennen, ist ein Eingehen ins Göttliche. Wer nicht allem eigenen Vorhaben entsagt, der ist kein Heiliger. Man sagt, daß der Wahrheitssuchende tätig sein muss, um Heiligung zu erlangen. Wer diese aber erlangt hat, für den ist Ruhe das Mittel, um zum höchsten Ziele zu gelangen. Denn wer allen Plänen entsagt hat, und weder an sinnlichen Gegenständen noch an Werken hängt, der wird ein vollkommener Yogi genannt." (6,2 – 6,4)

„Der erhabene Geist desjenigen, welcher sich selbst beherrscht und sanftmütig ist, ruht, sich selbst genügend, in sich selbst, unbewegt durch Kälte, Hitze, Leid oder Freude, Ehre oder Unehre. Der Yogi, dessen Seele mit der Erkenntnis des Göttlich-Menschlichen zufrieden, dessen Geist in den höchsten Geistesregionen weilt, dessen Sinn ihm untergeben ist, und dem Erdscholle, Stein und Gold gleich viel gelten, wird ein Vollkommener genannt. Wer immer gelassen ist, gleichmütig gegen seine Gefährten, gegen Freunde und Feinde und Fremde, gegen die, welche keinen Anteil an ihm nehmen, gegen Fernstehende und Verwandte, Gute und Schlechte, der ist lobenswert.

Der Yogi soll sich stets in Ergebung üben, in Einsamkeit wohnend, Herr seiner Gedanken und seiner selbst, ohne etwas für sich selber zu erwarten, und ohne irgend etwas Äußerem anzuhängen.

Nachdem er sich einen dauernden Sitz in einer reinen Gegend erwählt hat, weder zu hoch noch zu niedrig, mit Tuch, Rehhaut und Kusha-Gras versehen, soll er dort seinen ihm gebührenden Platz einnehmend, sein Gemüt nur auf den Einen richten, die Tätigkeit seiner Sinne und Gedanken bezähmend, in seinem Sitze ruhend, sich in der Ergebung üben, um seine Seele zu reinigen.

Mit Körper, Hals und Kopf beständig unbewegt, den Blick auf einen Punkt gerichtet, ohne umher zu sehen; voll Seelenruhe, frei von Furcht, unerschütterlich in seinem Vorsatz als Brahmacharin, seinen Willen bezähmend, so soll er dort in der Ergebung verharren, an Mich denkend und in Mich versenkt.

Der Yogi, welcher sich so in seinem Innern, in der Ergebung übt, erlangt den ewigen Frieden; er erreicht das über alles erhabene Nirvana, welches in Mir selbst ist.

Diese innerliche Vereinigung wird aber nicht demjenigen zuteil, der ein Fresser ist, oder sich durch übermäßiges Fasten schädigt; auch nicht jenem, der zuviel schläft, oder der fortwährend wachend ist. Die Ergebung, welche die höchste Erlangung ist und allen Sorgen ein Ende macht, wird demjenigen zuteil, welcher, ob er nun isst, sich der Erholung widmet, arbeitet, schläft oder wacht, dennoch in seinem Innersten fest im Glauben bleibt. Wer seine gut bezähmten Gedanken nur auf sein wahres höheres Selbst richtet, und für alle begehrlichen Dinge unnahbar ist, der wird mit Recht ein Gottergebener genannt.

„Wie eine Flamme, die nicht zittert, wenn sie vor dem Winde geschützt ist" - dies ist das Bild, welches den Yogi bezeichnet, der seine Gedanken beherrscht, und dessen Seele in der Ergebenheit ruht. Wenn durch die geistige Versenkung gezähmt, der Gedanke zu völliger Ruhe gekommen ist, und wenn er sich in sich selbst beschauend, die innere Zufriedenheit in sich selber gefunden hat, wenn er mit jener unendlichen Wonne erfüllt ist, welche jenseits des Sinnlichen wohnt, und die nur die Seele erfassen kann, und wenn er fest darin verharrend, nicht mehr von der ewigen Wahrheit lässt, wenn er, nachdem er dies erlangt hat, einsieht, dass es nichts höheres und besseres geben kann; wenn er darin bleibt, und wenn ihn nichts mehr, auch nicht ein großes Leid bewegt, dann wird er wissen, dass die Vereinigung mit dem Höchsten die Lostrennung von aller Berührung mit dem ist, was Leidwesen bringt. Yoga kann nur durch eine unerschütterliche Beherrschung des Gemütes ausgeübt werden.

Wenn er sich aller Schwärmereien und Phantasiegebilde enthält, und durch die Kraft, die in seinem Herzen wohnt, all seine Sinne beherrscht, dann kann er allmählich zur Ruhe kommen, wenn er sein Gefühl in seine Gewalt bekommen hat. Wenn er sein Herz bezwungen hat, in sich selbst zu verharren, so soll er gänzlich aufhören, sich in Gedanken zu ergehen. Wenn das flatterhafte und unbeständige Herz umherschweifen will, so bezwinge es und führe es stets wieder in sich selbst zurück, unter die Herrschaft der Seele. Denn die höchste Seligkeit steigt hernieder auf denjenigen, dessen Herz Ruhe hat, in dem sich keine Leidenschaften bewegen, der eins mit Brahma und frei von Sünde ist."

Derjenige, dessen Seele durch diese Ergebung mit Brahma vereinigt ist, sieht alles in einem, er sieht die Seele in allem und alles in der Seele. Wer Mich in allem sieht und alles in Mir, den verlasse Ich nicht und er verlässt Mich nicht." (6,7 – 6,30)

„Zweifellos ist das Herz schwer zu bezähmen, denn es ist flatterhaft, und huldigt bald diesem, bald jenem, aber es kann durch Übung und Gelassenheit bezwungen werden. Die wahre Ergebung ist für denjenigen, der keine Selbstbeherrschung hat, schwer zu erlangen. Wer aber Herr über sich selbst ist, der kann sie erlangen, wenn er ernstlich danach strebt." (6,35 – 6,36)

7. Kapitel – Die Kraft göttlicher Liebe

Das Wort Gottes spricht:

„Unter tausend Menschen gibt es kaum einen einzigen, der nach Vollkommenheit strebt, und auch unter jenen, welche danach streben und vollkommener werden, sind nur wenige, die Mich in Wahrheit erkennen.

Meine materielle Natur (Prakriti) teilt sich in die fünf Elemente Erde, Wasser, Luft, Feuer, Äther sowie Gemüt und Überbewusstsein. Dies ist Mein stoffliches Wesen. Erkenne du aber nun Meine höhere Wesenheit, welche den Kosmos belebt: Wisse, dass die fünf Elemente den Mutterleib aller existierenden Dinge bilden. Ich aber bin die Quelle, aus der das ganze Weltall entspringt, und in die es zurückkehrt. Es gibt nichts, das über Mir ist. Das All ist an Mich geknüpft wie Perlen an eine Schnur.

Ich bin das Erfrischende im Wasser, Ich bin das Licht des Mondes, das Om, der Lobgesang und die Herrlichkeit, die in den Veden ist, der Ton, der im Äther klingt, und in Männern die Manneskraft. Ich bin der Erde Wohlgeruch und der Glanz des Feuers, das Leben in allem Lebendigen und die Entsagung in dem Entsagenden. (7,3 – 7,9)

Wisse, dass die Regungen, welche aus den drei Eigenschaften der Natur entspringen, nämlich diejenigen, welche aus dem Licht kommen (Sattva), die, welche die Leidenschaft gebiert (Rajas) und auch diejenigen, welche Kinder der Nacht sind (Tamas), zwar von Mir entstammen, aber nicht in Mir sind, noch bin Ich in ihnen. Getäuscht durch diese drei Gunas erkennt die Welt Mich nicht, der Ich über allem Veränderlichen und ewig bin. Die Täuschung, durch den Schöpfungszauber, welchen die drei Naturkräfte ausüben, hervorgebracht, kann nur schwer überwunden werden. Nur wer sich Mir allein zuwendet, der überwindet sie. (7,12 – 7,14)

Wer der Erkenntnis der Wahrheit durch irgend welche Gelüste beraubt wird, weiht sich dadurch anderen Göttern (Kräften); er geht ein in das Wesen desjenigen, mit dem er sich willig beschäftigt, und das er ausübt. Wenn aber auch jemand an irgend einem Dinge von Herzen hängt, so bin doch Ich es, der ihm die Kraft seiner Liebe verleiht. (7,20 – 7,21)

Toren glauben, dass Ich, der Formlose und Unsichtbare, eine sichtbare Form hätte. Sie erkennen nicht Meine geistige höhere Natur, welche unvergänglich und über alles erhaben ist. Durch Meinen mystischen Zauber verhüllt, bin Ich nicht jedermann offenbar. Die betörte Welt kennt Mich, den Unerschaffenen, Ewigen, nicht." (7,24 – 7,25)

8. Kapitel – Von der inneren Erleuchtung

Das Wort Gottes spricht:

„Wer von der Welt scheidet und dabei nur an Mich allein denkt, geht, wenn er seinen Körper verlassen hat, in Meine Wesenheit ein. Darüber ist kein Zweifel. Wenn er aber beim Verlassen seines Körpers am Ende seines Lebens sein ganzes Denken auf ein anderes Wesen gerichtet ist, so geht er in dessen Wesenheit ein, was es auch sei, denn seine Natur wird gleich der Natur dieses Wesens. Deshalb richte stets deine Gedanken auf Mich. Wenn du mit Herz und Gedanken in mir gefestigt bist, so wirst du zweifellos zu Mir kommen. (8,5 – 8,7)

Wer in beständiger Ergebung alle die Tore seiner Sinne verschlossen hält, sein Herz in seiner Gewalt hat und seinen Lebensatem regiert, wer das heilige Om ausspricht, das den ewigen Einen Brahma bedeutet, und dabei an Mich denkt, ... der ist ein gottergebener Yogi und für ihn bin Ich leicht zu erreichen. (8,12 – 8,14)

Die höchste Wesenheit, worin alle Dinge wohnen und durch welche dieses All entfaltet wurde, kann nur durch völlige Ergebung erlangt werden." (8,22)

9. Kapitel – Von der Gotterkenntnis

Das Wort Gottes spricht:

„Dieses ganze Weltall ist durch Mich entfaltet worden mittels Meiner geheimnisvollen materiellen Natur. Alle Dinge wohnen in Mir, aber nicht Ich in ihnen. Auch sind die Dinge nicht in Meinem göttlichen Selbst. Siehe das große Geheimnis! Mein Geist ist der Träger von allen Dingen, aber er ist nicht in ihnen eingeschlossen. So wie der Sturmwind sich überall bewegt, und dennoch beständig im Raume bleibt, so sind alle Wesen in Mir. (9,4 – 9,6)

Diese Werke binden Mich nicht. Ich bin außerhalb dieses Tuns und trete nicht aus Meiner Ruhe heraus. Gehorsam Meinem Willen bringt Meine Natur alles hervor, was sich bewegt und was stille steht. Das ist der Grund, weshalb sich die Welt bewegt. (9,9 – 9,10)

Die Menschen mit erleuchtetem Geiste, welche an Meinem göttlichen Wesen teilnehmen, beten Mich an, ihre Herzen hängen an nichts anderem als an Mir, sie erkennen Mich als den ewigen Ursprung von allem. Sie verherrlichen Mich immerdar und streben ernstlich nach Mir, fest in ihrem Willen und voll Liebe für Mich, beten sie Mich an, durch eine immerwährende Ergebung in Meinen göttlichen Geist. Andere beten Mich an durch das Opfer ihres Erkennens, indem sie in allen Dingen Meine Einheit und Meine unteilbare Natur betrachten." (9,13 – 9,15)

„Was du auch tust, was du auch genießt, was du zum Opfer bringst, was du auch hingibst, oder was du übernimmst; bringe es Mir zum Opfer dar. So wirst du von aller Last frei sein, ob es dir nun Glück oder Unglück bringt. Durch deine Ergebung und Entsagung in Liebe mit Mir vereint, wirst du, sobald du frei vom Irdischen bist, mit Mir vereint werden.

Ich bin für alle Wesen gleich. Ich verstoße keinen und ziehe keinen dem andern vor; aber wer Mir ergeben ist, ist in Mir und Ich in ihm. Selbst wenn ein großer Sünder Mich allein verehren und über alles lieben würde, so wäre er als gut zu erachten, weil er zur Wahrheit hält. Ein solcher Mensch wird bald auf den rechten Weg kommen und den ewigen Frieden erlangen. Sei gewiss, dass, wer Mich allein anbetet, nicht zugrunde geht." (9,27 – 9,31)

10. Kapitel – Von der göttlichen Vollkommenheit

Der Erhabene spricht:

„Wer Mir beständig in Liebe ergeben ist, und Mich im Geiste der Wahrheit anbetet, dem verleihe Ich die Kraft, durch welche er zu Mir gelangt. In seiner Seele wohnend, zerstöre Ich durch das Licht der wahren Erkenntnis und aus Meiner Barmherzigkeit das Dunkel, welches die Torheit geschaffen hat." (10,10 – 10,11)

„Was in allen Dingen ihr Samen ist, das bin Ich, o Arjuna. Es gibt nichts Bewegendes oder Unbewegtes, das ohne Mich existiert. Wenn ein Ding herrlich, vorzüglich oder mächtig ist, so wisse, dass alles, was darin ausgezeichnet ist, aus Meiner Kraft hervorging." (10,39; 10,41)

11. Kapitel – Die Offenbarung Gottes

Arjuna spricht:

„So wie Du Dein eigenes Wesen erklärt hast, o höchster Gott, so möchte ich Deine erhabene Gestalt erblicken. Wenn Du mich für fähig erachtest, sie zu schauen, so zeige mir Dein ewiges Selbst, o Angebeteter!" (11,3 – 11,4)

Krishna spricht:

„Siehe denn, o Arjuna, meine Gestalten... siehe das ganze Weltall mit allem, was sich bewegt und nicht bewegt, als eine Einheit, als ein Ganzes in Meinem Leib.... Aber mit deinem irdischen Auge kannst du Mich nicht sehen. Ich will dir ein Geistauge geben. Siehe meine höchste mystische Natur." (11,5 ...11,8)

Als der Erhabene dies gesprochen hatte, offenbarte er dem Erdensohne seine höchste Herrschergestalt. Wenn tausend Sonnen zugleich am Himmel aufflammen würden, so käme es wohl nicht dieser Herrlichkeit gleich. Da sah nun Arjuna das ganze Weltall, das so mannigfaltig in seinen Erscheinungen ist als ein einziges, in den Körpern der Götter als viele Teile geoffenbart. Da ward Arjuna von Ergriffenheit erfüllt, sein Haar sträubte sich und sein Haupt verneigend sprach er, die Hände gefaltet, zum Höchsten: (11,9 ...11,14)

„Du bist der Eine, Du bist das höchste Ziel der Selbsterkenntnis und das Herz des Alls, der Hüter des unsterblichen Gesetzes, der ewige Grund von allem, was da ist. Ohne Anfang, ohne Mitte, ohne Ende, ewig in Deiner Kraft und Deinem Tun; die Sonne und der Mond sind Deine Augen, es glänzt Dein Angesicht wie Feuerschein. Du füllst den Weltenraum mit Deinem Licht, und Deine Liebe wärmt das ganze All, denn alle Himmel und die Weltregionen sind voll von Dir und Deiner Herrlichkeit." (11,18 – 11,20)

„Mit Recht, o Krishna, freuet sich die Welt an Deinem Licht und Deiner Herrlichkeit. Die Rakshas fliehen furchterfüllt dahin, der Siddhas Scharen sinken vor Dir nieder.

Und Dir gebührt der Ruhm, o Weltengeist. Höher als Brahma, aus dem das Sein entsprang. Unendlich bist Du, Wohnung aller Welten! Der Eine nur, Du bist, und bist auch nicht.

Der höchste Gott, der erste Schöpfer, des ganzen Weltalls allerhöchster Schatz; die Wahrheit bist Du und auch ihr Erkennen. Endlos in Form, der Grund von allen Dingen. (11,36 – 11,38)

Im Anblick Deiner nie gesehenen Wunder erfreut sich mein Herz, dennoch ist mir bang. In anderer Gestalt, wie ich Dich vorher sah, möcht ich dich sehen..."

Krishna spricht:

„Durch Meiner Gnade mystische Gewalt hast du, Arjuna, meine Form gesehen, unendlich, strahlend, alles in sich schließend, die außer dir noch niemals jemand sah. Sei nicht bestürzt, noch gib der Furcht dich hin – sieh mit frohem Herzen Mich wieder in der vorigen Gestalt." (11,45; 11,47; 11,49)

„Diese Meine Gestalt, welche du gesehen hast, ist schwer zu erblicken. Sogar die Götter sehnen sich beständig nach ihrem Anblick. Nicht durch das Lesen der Schriften, noch durch Kasteiungen, Almosen oder Opfergaben kann Ich so gesehen werden, wie du Mich sahst.

Aber wer Mich allein liebt, der kann Mich so erkennen; er kann Mich in Wahrheit sehen und in Mir unsterbliches Leben erlangen. Wer alles, was er tut, in Meinem Namen vollbringt, wer Mich als Ziel seines höchsten Strebens erkennt, wer frei von Begierde und ohne irgend ein Wesen zu hassen, Mich allein anbetet, der, o Arjuna, kommt zu Mir." (11, 52 – 11,55)

12. Kapitel – Von der Anbetung des Höchsten

Arjuna fragt:

„Welche Menschen finden am ehesten zur Vereinigung mit Dir? Diejenigen, welche Dich äußerlich verehren und Dir dienen, oder diejenigen, welche Dich als das unvergängliche, nichtoffenbare Sein betrachten und danach handeln?" (12,1)

Die Gottheit spricht:

„Wer in seinem Herzen in Mir (Krishna) Ruhe findet und Mir in beständiger Ergebung dient, wer den vollkommenen Glauben hat, der ist Mir am nächsten.

Aber wer dem unvergänglichen, unsichtbaren und nicht offenbaren Einen (Atman) dient, dem alles Durchdringenden, Unbegreiflichen, dem Höchsten, Unwandelbaren und Ewigen, wer, seine Sinne beherrschend, sich immer gleich bleibt gegen alles, was ihn umgibt, und sich des Guten in allem erfreut, der geht in Mich ein.

Die Schwierigkeiten, die sich demjenigen entgegenstellen, die ihr Herz nach dem Nichtoffenbaren richten, sind größer, denn der geistige Weg ist schwer zu finden für die, dessen Geist an den Vorstellungen haftet.

Wer aber mit all seinem Tun sich mir ergibt, wessen höchstes Ziel seines Strebens Ich bin, wer in Mich versenkt, Mir in ausschließlicher Ergebung dient, ihn erhebe ich aus der Sturmflut der irdischen Welt, ohne zu zögern, o Arjuna, weil zu Mir sein Geist gerichtet ist. Wende dein Herz zu Mir allein, lasse deinen Geist in Mir Ruhe finden, so wirst du bei Mir in der Höhe wohnen; daran zweifle nicht.

Wenn du aber nicht imstande bist, deine Gedanken so zu beherrschen, dass sie beständig bei Mir weilen, so suche Mich durch häufige Andachtsübung zu erlangen. Bist du aber auch zu dieser häufigen Übung unfähig, so strebe wenigstens danach, in Meinem Geiste zu handeln. Wenn du nur für Mich wirkst, so wirst du zur Vollkommenheit gelangen.

Solltest du aber auch dies nicht zu vollbringen imstande sein, so suche immerhin deine Zuflucht in Mir und leiste damit in ergebener Seele Verzicht auf die Früchte von deinen Werken." (12,2 – 12,11)

„Wer kein einziges Wesen hasst, wer gütig und barmherzig, frei von Selbstsucht und Eitelkeit, sich gleichbleibend im Glück und im Unglück und geduldig ist, wer zufrieden und gottergeben immerdar, bezähmten Herzens und im Willen fest, mit Herz und Gedanken an Mir hängt und Mich anbetet, der ist Mir lieb.

Wer sich nicht mehr um die Welt bekümmert und um den die Welt sich keine Sorge macht, wer so frei und erhaben ist, dass er von Freude, Furcht oder Zorn nicht bewegt wird, den liebe Ich.

Wer keine Vorurteile hat, wer rein, ehrlich, vertrauensvoll, frei von Verzagtheit ist und, allem entsagend, Mich verehrt, den liebe Ich.

Wer weder Neigung noch Abneigung hat, wer weder trauert noch begehrt, wer dasjenige innerlich verlässt, was von Glück oder Unglück betroffen werden kann, der ist Mir lieb.

Wer Freund und Feind gleich achtet, wem Ehre und Unehre eines sind, wem Kälte und Hitze, Lust und Schmerz gleich sind, und wer an gar nichts mehr hängt, wer über Lob und Tadel erhaben ist, wer schweigend sein Schicksal erträgt, wer an keinen Ort gebunden ist und fest in seinem Entschlusse Mich anbetet, der ist Mir lieb.

Wer aber das Wasser der Unsterblichkeit trinkt, wie Ich es in Obigem gelehrt habe, wer voll von der Kraft des Glaubens sein ganzes Streben nach Mir richtet und Mich über alles liebt, den liebe Ich über alles." (12, 13 – 12,20)

13. Kapitel – Über den Geist und die Natur

Das Wort Gottes spricht:

„Wisse, dass Ich, der Geist, in allen stofflichen Dingen enthalten bin. Das Erkennen von Stoff und Geist ist die wahre Erkenntnis. Höre nun in Kürze von Mir, was Stoff ist, was seine Eigenschaften sind, wie es kommt, dass er sich ändert, woher er stammt und was der Geist und seine Größe ist. (13,2 – 13,3)

Die materiellen Elemente, das Überbewusstsein, der Verstand und das nichtoffenbare Wesen der Natur, die zehn Sinnesorgane, das Organ des Geistes und die fünf Sinneswahrnehmungen, Begierde, Haß, Lust, Schmerz, Vielheit, Besinnen und Wollen, diese werden in Kürze als Natur in ihren veränderbaren Formen bezeichnet. (13,5 – 13,6)

Das, was erkannt werden soll, ist der höchste Brahma, der keinen Anfang hat und weder Sein noch Nichtsein genannt werden kann; dessen Hände und Füße, Augen, Häupter und Gesichter überall sind, der alles hört und die Welt, in der Er wohnt, gänzlich in sich fasst. Glorreich in aller Sinne Kraft und dennoch über allem Sinnlichen erhaben, an nichts gebunden und dennoch der Träger von allem, ohne die Eigenschaften, die der Natur angehören, und dennoch sich des Genusses dieser Eigenschaften seiner Natur erfreuend. Über alle Wesen erhaben, wohnt Er dennoch in allem, in sich selbst unbewegt, bewegt Er sich in seiner Natur. Er ist zu geistig, um von materiellen Wesen begriffen zu werden, Er ist fern und doch nahe. (13,12 – 13,15)

So oft irgend ein Wesen entsteht, sei es ein sich bewegendes oder eines, das sich nicht bewegt, so geschieht dies durch die Verbindung von Stoff und Geist. Wer erkennt, dass alles, was in der Natur vor sich geht, durch die Natur selber vollbracht wird, und dass dabei die Seele nicht selbst handelnd auftritt, sieht klar. Wer durch das innere Auge der geistigen Betrachtung diesen Unterschied zwischen Stoff und Bewusstsein und den Weg zur Erlösung der Wesen aus der Bindung des Materiellen wahrnehmen kann, der geht zum Höchsten ein.
(13,26; 13,29; 13,34)

14. Kapitel – Von den drei Gunas

Das Wort Gottes spricht:

„Sattva, Rajas und Tamas sind die drei Gunas, welche aus Prakriti entspringen, und durch welche der ewige Geist während seiner Einverleibung an die Körper gebunden wird.

Von diesen bindet Sattva, welches leuchtend und rein ist, weil seine Natur nicht befleckt ist, durch das Band der Glückseligkeit und des Erkennens. Wisse, dass Rajas, welches die Eigenschaften der Begierde in sich hat und die Quelle des Dranges und Verlangens ist, die einverleibte Seele durch Werke bindet. Wisse auch, dass Tamas aus der Nacht der Nichterkenntnis geboren, welche die Geister in ihrer Einverleibung verwirrt, die Seele durch Unwissenheit, Trägheit und Unverstand bindet. (14,5 – 14,8)

Wenn durch alle Tore des Menschengeistes das helle Licht der Erkenntnis scheint, dann wisse, dass Sattva in ihm zur Reife gekommen ist. Habsucht, Eigensinn, Tatendrang, Unruhe und Begierde werden erzeugt, wenn Rajas gereift ist. Geistige Finsternis, Untätigkeit, Nachlässigkeit, Torheit und Zweifel erscheinen, wenn Tamas vorherrscht. (14,11 – 14,13)

Wenn der Mensch einsieht, dass es in ihm nichts anderes Handelndes gibt als diese drei Eigenschaften der Natur, und wenn er dasjenige erkennt, was über denselben erhaben ist, so geht er in Meine Wesenheit ein. Wenn die einverleibte (inkarnierte) Seele von diesen drei Eigenschaften, welche zugleich mit dem Körper ins Dasein kommen, frei geworden ist, so ist sie auch frei von Geburt und Tod, Alter und Leiden und genießt die Unsterblichkeit." (14,19-20)

Arjuna fragt:

„Woran, o Herr, erkennt man denjenigen, welcher diese drei Naturgewalten überwunden hat? Wie lebt er und wie besiegt er diese drei Eigenschaften seiner Natur?" (14,21)

Krishna antwortet:

„Wer weder das Wissen (sattva) noch das Tun (rajas) noch die Torheit (tamas) hasst, wenn diese Dinge vorhanden sind, noch sich nach ihnen sehnt, wenn sie abwesend sind; wer wie einer, den diese Dinge nichts angehen, in seiner Ruhe sich durch diese drei Naturgewalten nicht stören lässt, sich wie ein stiller und unbeteiligter Zuschauer verhält, nicht wankelmütig ist und sich sagt: „Diese Kräfte folgen ihrem Gesetz"; wem Lust und Schmerz gleich viel gelten; wer sich selber besitzt; wem eine Erdscholle, ein Stein und ein Goldklumpen gleich viel und gleich wenig gelten; wem alle Dinge, die liebenswerten und die verächtlichen, gleich viel sind, wer sich weder um Lob noch um Tadel kümmert; wer gleichmütig bleibt in Ehre und Unehre, wem Freude und Leid gleichwertig sind und wer allem persönlichen Beginnen entsagt, den nennt man einen Überwinder seiner Natur.

Wer Mich durch seine ausschließliche Ergebung verehrt, der ist von diesen drei Eigenschaften frei und des Seins in Brahma teilhaftig. Denn Ich bin Brahmas ewige Wohnung, der Hort der ewigen Unsterblichkeit, des unvergänglichen Gesetzes und der vollkommenen Glückseligkeit." (14,22 – 14,27)

15. Kapitel – Vom göttlichen Sein

Das Wort Gottes spricht:

„Es gibt zweierlei Wesenheiten in dieser Welt, das Teilbare und das Unteilbare. Das Teilbare beinhaltet alle lebendigen Formen, das Unteilbare wird der Beherrscher von allem genannt. Aber es gibt noch ein anderes höchstes Sein, den höchsten Weltengeist, welcher als der ewige Herr die dreifache Welt durchdringt und erhält. Deshalb, weil Ich das Teilbare übertreffe und selbst noch höher als das Unteilbare bin, werde Ich unter den Menschen und in den Vedas als der Höchste gefeiert. Wer vom Irrtum befreit, Mich als das höchste Sein erkennt, der betet Mich mit seinem ganzen Wesen an.

Dies ist nun die höchst geheimnisvolle Lehre, welche ich dir, o Sündloser, erklärt habe. Wer sie begreift, ist ein Weiser und hat mit der Welt und ihrem Tun nichts mehr zu schaffen." (15,16 – 15,20)

16. Kapitel – Von den Göttern und Dämonen

Das Wort Gottes spricht:

„Es gibt zweierlei Naturen in der Welt, göttliche und dämonische.

Die göttliche Natur zeichnet sich durch Freiheit von Begierde aus, durch Stärke, Geduld, Beständigkeit, Keuschheit, Bescheidenheit, Festigkeit, Reinheit des Herzens, Selbstkontrolle, Ehrlichkeit und Suche nach der wahren Erkenntnis.

Die dämonischen Wesen sagen, dass in der Welt weder Wahrheit noch Gerechtigkeit (dharma) noch göttliche Wesenheit sei, dass die Welt durch ein Spiel des Zufalls entstanden und nur zum Genusse vorhanden sei. So ist die Handlungsweise dieser Verdorbenen rücksichtslos, sie sind Feinde der Menschheit und verderben die Welt. Ihr höchstes Ideal ist die Befriedigung ihrer Lüste und sie glauben, dass damit der Zweck ihres Lebens erreicht sei. Von hunderterlei Erwartungen umstrickt, der Lust und dem Zorn ergeben, streben sie durch unrechtmäßige Mittel, Reichtum anzuhäufen, um ihren Lüsten zu frönen." (16,1 – 16,12, Elemente)

„Dreifach ist das Tor zur Hölle. Ihre Eingänge sind Gier, Zorn und Geiz. Diese drei führen die Seele zum Verderben, deshalb verlasse sie." (16,21)

„So lasse das Gesetz dein Führer sein in deinem Tun und Lassen. Wenn du das Gesetz kennst, so kennst du auch deine Pflicht." (16,24)

17. Kapitel – Von der Gottesverehrung

Krishna spricht:

„Der Glaube eines jeden, o Bharata, ist seinem wirklichen Wesen angemessen. Dasjenige, was der Mensch wirklich liebt, das ist er, und das glaubt er." (17,3)

„Nahrungsmittel, welche die Lebenskraft und die Substanz vermehren, der Stärke, Gesundheit, dem Wohlbefinden und der Gemütsruhe förderlich, schmackhaft, lieblich und kräftigend sind, werden vom Sattva-Menschen geliebt.

Genussmittel, welche scharf, sauer, salzig, feurig, gewürzhaft und erhitzend sind, Schmerz, Trübsal und Krankheit verursachen, sind den Menschen willkommen, die von Rajas beherrscht sind.

Abgestandenes, was den Geschmack verloren hat oder bereits faul ist, sogar was weggeworfen und unrein ist, finden die Tamas-Menschen angenehm."

(17,8 – 17,10)

18. Kapitel – Von der Vereinigung mit dem Höchsten

Der Erhabene spricht:

„Die Weisen verstehen unter Entsagung das Verlassen von allem, was mit irgend einer Begierde zusammenhängt, und nennen das Verzichtleisten auf die Früchte ihrer Werke „Die große Entsagung". Manche behaupten, dass man gar nichts mehr tun solle, da alles Tun eine Torheit sei. Andere behaupten, man solle nicht aufhören, gute Werke wie Opferbringen, Almosengeben und Buße zu tun.

Höre nun Meine Entscheidung über die Entsagung, welche dreifach ist: Opfer, Almosengeben und Buße sollen nicht aufhören, sondern geschehen. Sie dienen den Weisen zur Läuterung. Aber auch diese Werke müssen im Geiste der Entsagung von ihren Früchten, und ohne Hang an dieselben geschehen. Dies ist Mein höchstes und unabänderliches Gesetz.

Das Unterlassen dessen, was die Pflicht gebeut, ist nicht recht. Wer es unterlässt, tut dies aus Torheit, und eine solche Enthaltung gehört Tamas an.

Wer etwas unterlässt oder auf etwas Verzicht leistet, weil es ihm Nachteil bringen könnte, oder weil es ihm zuviel Mühe machen würde, der handelt in der Rajas-Eigenschaft und wird dabei nichts gewinnen.

Wer aber das, was geschehen soll, tut, weil es getan werden muss, und sowohl dem Hang dazu, als auch den Früchten seiner Werke von Herzen entsagt, dem schreibt man die Sattva-Eigenschaft zu.

Wer keine Abneigung hat, dasjenige zu tun, was ihm keinen Vorteil bringt, und kein Verlangen nach dem, was für ihn vorteilhaft ist, verständig ist und keinen Zweifel hegt, der ist ein Entsagender, welcher Sattva besitzt.

Kein Mensch kann, solange er in seinem irdischen Leibe lebt, alles Tun ganz und gar unterlassen. Wer aber auf die Früchte seiner Werke Verzicht leistet, den betrachtet man als einen Entsagenden.
(18,2 – 18,11)

Wer sich selbst für den Handelnden hält, der hat kein klares Verständnis; er ist ein blinder Tor. Wer frei von Eigennutz ist, und wessen Erkenntnis nicht getrübt ist, der tötet nicht und befleckt sich nicht, wenn er auch diese Feinde erschlagen würde.
(18,16 – 18,17)

Unterlasse nicht das Werk, welches dir deine Natur (dharma) auferlegt, selbst wenn es dir schwer fällt, es zu vollbringen, denn alles Tun ist von Unannehmlichkeiten umgeben, wie Feuer von Rauch.
(18,48)

Höre nun in kurzem von Mir, wie derjenige, welcher Vollkommenheit erlangt, zu Brahma kommt. Dies ist die höchste Weisheit:

Wer reinen Herzens und ganz Mir ergeben ist, wer fest entschlossen sich selbst beherrscht, nicht mehr auf äußere oder innere Stimmen hört, und alles, was sonst dem Sinnlichen angehört, verlassen hat, wer allen Hang und allen Haß abgelegt hat, wer in sich selber in Einsamkeit und Zufriedenheit wohnt, mäßig in allen Dingen ist, seiner Zunge, seines Gemütes und seines Körpers Meister ist, wer sich beharrlich in die innere Betrachtung vertieft, und Freiheit von allem Sehnen erlangt hat, wer von Stolz, Gewalttätigkeit, Hochmut, Wollust und jeder Art von Habsucht befreit, nicht selbstsüchtig ist und Ruhe in seinem Herzen hat, der kann eins mit Brahma werden.

In seiner Vereinigung mit Brahma findet sein Geist die ewige Ruhe. Es betrübt ihn nichts und er hat nach nichts ein Verlangen. Er ist für alle Wesen gleich und gelangt zur höchsten Ergebung in Mich.

Wenn er auch als Mensch fortwährend Werke vollbringt, so gelangt er doch an sein unvergängliches Ziel, durch Meine Gnade, indem er in Mir seine Zuflucht nimmt. Stelle alles, was du tust, im Geiste der Entsagung Mir anheim, in Mich ergeben und in Mich versenkt, richte dein ganzes Denken beständig auf Mich. Wenn du an Mich denkst, so wirst du durch Meine Kraft jede Schwierigkeit überwinden, wenn du aber aus Eigendünkel nicht hören willst, so wirst du zugrunde gehen.

Wenn du, auf deine Selbstliebe dich stützend, denkst: "Ich will nicht kämpfen!", so ist dein Vorhaben eine Täuschung, denn deine Natur wird dich dazu zwingen. Gebunden durch deine Pflicht, welche deinem eigenen Wesen entspringt, wirst du das, was du in deiner Verblendung nicht tun willst, auch gegen deinen Willen tun müssen....

Somit ist dir nun die geheimnisvollste von allen Lehren durch Mich offenbart worden. Erwäge sie wohl und wähle dann nach deinem Belieben."

(18,48 – 18,63)

Arjuna spricht:

„Ich trauere nicht mehr. Durch Deine Gnade, o Sündloser, wurde diese heilige Lehre in mich aufgenommen. Ich bin jetzt fest entschlossen. Meine Zweifel sind verschwunden, und ich will nach Deinem Worte handeln." (18,73)

2

RAJA YOGA

2.1

Patanjalis Yoga-Sutra

Das Gedankengut des Raja-Yoga entwickelte sich in den Jahrhunderten direkt vor der Zeitenwende, wenn es auch noch nicht unter diesem Namen bekannt war. Der Begriff „Raja Yoga" wurde erst zu einem relativ späten Zeitpunkt, etwa im 16. Jahrhundert unserer Zeitrechnung, geprägt.

Das Wort Raja bedeutet König. Ebenso wie der König über seine Untertanen herrscht und die Kontrolle über sie hat, so versucht der Raja-Yogi, seinen Geist unter Kontrolle zu bringen.

Wir gehen im allgemeinen davon aus, dass unsere Wahrnehmung der Welt mit der Welt selbst identisch ist. Doch wird es sehr schnell klar, dass dem nicht so ist, da verschiedene Menschen die selbe Situation oder den selben Gegenstand sehr unterschiedlich erfahren können: Der Geist des Menschen ist ein komplexer Filter, durch den wir die Welt erfahren. Yoga im allgemeinen und der Raja-Yoga im besonderen ist ein Weg, der diese Einsicht als Grundlage verwendet, um durch ein Beruhigen und Klären unseres Geistes das Erleben der Welt grundlegend zu verändern. Unser Geist ruft dieses Dasein in Erscheinung, der Geist erschafft unsere Freuden, unsere Leiden und ist verantwortlich für unsere Wahrnehmungen. Folglich muss auch die Lösung unserer Leiden und das Ziel unseres Lebens im rechten Umgang mit unserem Geist gesucht werden.

Man kann Raja-Yoga als den psychologischen Yoga-Weg bezeichnen, doch geht er um den entscheidenden Schritt weiter als die westliche Psychologie und sieht das Studienobjekt „Geist" in einem größeren Zusammenhang: Wie kann uns der Geist zur Einswerdung mit Gott führen? Welche Techniken kann ich dabei einsetzen? Mit welchen Schwierigkeiten und Widerständen ist dabei zu rechnen? Wie hängen die verschiedenen Erscheinungsformen des Geistes, unseres Lebens und des Kosmos als ganzes zusammen?

Raja-Yoga erklärt die geistig-philosophischen Zusammenhänge des Lebens und leitet daraus Lösungswege ab. Neben der Reinigung des Geistes durch ethisch-spirituelle Disziplin sind Meditation, Achtsamkeit und Innenschau die Hauptinstrumente des „königlichen Weges": Der durch Achtsamkeit und Konzentration geklärte und geschärfte Geist wird zu einem Schlüssel, welcher unsere Wahrnehmungen als Täuschung bzw. Überlagerung der Wirklichkeit erfahren lässt und das Tor zu einer erweiterten und befreienden Ich-Erfahrung öffnet.

Die zwiespältige Natur des Geistes wird durch die Tatsache deutlich, dass es gerade der Geist ist, der jene verhüllenden Schichten erschafft, die unser wahres Selbst verbergen und von unserer Erfahrung fernhalten; trainiert und diszipliniert jedoch ist es gerade wieder der Geist, der uns zur Erkenntnis, zur Befreiung und zur Erleuchtung führt.

Der Geist muss also lernen, sich in einer bestimmten Weise zu bewegen, auf eine bestimmte Weise zu funktionieren. Die philosophisch-spirituelle Grundlage sowie die Techniken für dieses Training finden wir in der Wissenschaft des Raja-Yoga.

In diesem Abschnitt werden wir uns also mit Struktur und Funktion des menschlichen Geistes befassen, den klassischen achtstufigen Weg des Raja-Yoga betrachten, um uns schließlich den Themen Meditation und Mantras zuzuwenden.

Grundlage und Hauptquelle der Yoga-Psychologie des Raja-Yoga, die uns auf unserer Reise durch den menschlichen Geist begleiten wird, ist die Yoga-Sutra von Patanjali.

Patanjalis Yoga Sutra

Keine andere klassische Yoga-Schrift erhielt auch nur annähernd so viel Aufmerksamkeit wie das große psychologisch-philosophische Werk der Yoga-Sutra von Patanjali. Kaum ein Yoga-Meister, der nicht einen Kommentar zu den berühmten Yoga-Sutras verfasste - die Weisheit, die hier auf engstem Raum komprimiert ist, könnte, ausführlich behandelt, ganze Bibliotheken füllen!

Patanjali war ein Yogi und Weiser, der den Geist des Menschen in größter Tiefe erforschte und sein Wissen, seine Erfahrungen, gemeinsam mit den Erkenntnissen früherer Generationen, in nur 196 kompakten Aussagen zusammenfasste. Forscher gehen heute davon aus, dass Patanjalis großer Verdienst mehr im Zusammenfassen und Strukturieren bereits vorhandenen Wissens lag als im Hervorbringen neuer Gedanken.

So kurz der Originaltext auch ist, so umfassend, allgemeingültig und zeitlos ist seine Aussage.

Wann Patanjali lebte, ist umstritten, wie auch von seiner Person kaum etwas bekannt ist. Die großen Yogis hielten ihre Person mehr im Hintergrund, und auch der Zeitpunkt des Niederschreibens ewiggültiger Wahrheiten erschien ihnen wenig wichtig. Man schätzt heute, dass die Sutras etwa um das Jahr 150 n. Chr. verfasst wurden.

Sutra bedeutet Faden, hier im Sinne von Leitfaden, welcher den Suchenden oder Studierenden durch die wichtigsten Aspekte, Elemente und Techniken des behandelten Themas leitet. Sutras wurden vom Schüler zunächst auswendig gelernt, und erst wenn sie im Geist fest verankert waren, wurden sie vom Guru erläutert: Durch Geschichten, Beispiele, Erklärung der tieferen Zusammenhänge wurde die Bedeutung und Aussage der Sutra klar, während diese für einen Uneingeweihten geradezu ein Buch mit sieben Siegeln bleiben musste.

Auf solche Weise wurde ein Ozean von Wissen und Weisheit auf geringstem Raum dargestellt - und entsprechend ergiebig und in den verschiedenen Interpretationen unterschiedlich sind die einzelnen Sutras.

Die Struktur der Yoga-Sutra

Die 196 Aussagen der Abhandlung Patanjalis über den menschlichen Geist wurden in vierAbschnitte unterteilt, in die vier Padas (wörtlich: Fuß):

1. **Samadhi Pada** befasst sich mit den Grundlagen, auf denen das Gebäude des Raja-Yoga ruht: Nach dem Definieren des Begriffes Yoga werden grundlegende Fragen des menschlichen Geistes behandelt: In welchen Zuständen kann sich der Geist befinden, wie funktioniert er und wie kann man ihn kontrollieren? Wir erfahren, welche Hindernisse auf dem geistigen Weg auftauchen und wie wir Abhilfe schaffen können. Schließlich wird das Thema Samadhi (überbewusster Zustand) behandelt.
2. **Sadhana Pada** ist der Abschnitt, in dessen Mittelpunkt der Weg zu dem im ersten Teil beschriebenen Ziel, Samadhi, steht. Um die praktischen Übungsansätze gut zu verstehen, werden zunächst grundlegende Zusammenhänge aus der Samkhya-Philosophie behandelt: Was ist Bindung, was ist Befreiung? Welche Rolle spielen das Karma und die drei Eigenschaften der Natur, und wo liegen die Ursachen des menschlichen Leidens?

   In der Mitte des zweiten Pada beginnt die Abhandlung über den achtfachen Weg des Raja Yoga, der auch als Ashtanga-Yoga (ashta=acht; anga=Glieder) bezeichnet wird. Es werden die ersten fünf Stufen, die den „äußeren Teil" des achtstufigen Pfades bilden, beschrieben.
3. **Vibhuti Pada:** Hier folgen die „inneren" drei Stufen des Ashtanga Yoga, die, wenn sie vervollkommnet werden, zu bestimmten „übernatürlichen" Fähigkeiten führen. Der Zusammenhang zwischen höchster Konzentration und den daraus resultierenden psychischen Kräften (Vibhutis) werden ausführlich behandelt.
4. **Kaivalya Pada** ergänzt die drei ersten Padas, indem über das Ziel des Yoga, die Befreiung (Kaivalya) geschrieben wird. Es werden hier auch verschiedene andere Themen der Yoga-Philosophie behandelt, jedoch nicht so geordnet und aufeinander aufbauend wie in den ersten Abschnitten.

Innerhalb der vier Abschnitte der Sutra werden die einzelnen Aussagen durchnummeriert, z.B.:

PYS 2,46: Patanjali Yoga Sutra, 2. Pada, 46. Sutra.

Die Yoga-Sutra

Im folgenden wird der komplette Text der Yoga-Sutra von Patanjali wiedergegeben. Die Übersetzung stammt aus „Die Yogaweisheit des Patanjali für Menschen von heute" von Sukadev V. Bretz.

1. Teil – Samadhi Pada

1.1 Nun wird Yoga erklärt.

1.2 Yoga ist das Zur-Ruhe-Bringen der geistig-seelischen Bewegungen.

1.3 Dann ruht der Wahrnehmende in seinem wahren Wesen.

1.4 Ansonsten identifiziert er sich mit seinen Gedanken.

1.5 Es gibt fünf Arten von Gedankenwellen. Davon sind einige schmerzhaft, einige nicht:

1.6 Korrektes Wissen, falsches Verstehen, Einbildung, Schlaf und Erinnerung.

1.7 Direkte Wahrnehmung, Schlussfolgerung und Aussage anderer führen zu rechtem Wissen.

1.8 Irrtum ist getäuschtes Wissen und passt nicht zu der Natur der Sache.

1.9 Einbildung entsteht aus einer Wortfolge ohne Bezug zur Wirklichkeit.

1.10 Die Gedankenwelle ohne konkreten Inhalt wird Schlaf genannt.

1.11 Erinnerung ist das Haften an vergangenen Erfahrungen.

1.12 Übung und Nichtanhaften führen zur Ruhe des Geistes.

1.13 Übung ist die ständige Bemühung um die Ruhe des Geistes.

1.14 Die Übung wird fest begründet, wenn sie über lange Zeit hinweg, ohne Unterbrechung und mit aufrichtiger Hingabe durchgeführt wird.

1.15 Vairagya ist der Bewusstseinszustand, in dem das Verlangen nach sichtbaren und unsichtbaren Objekten aufgehört hat.

1.16 Das höchste Nichtanhaften entsteht durch Erkenntnis des Selbst und ist frei von den drei Eigenschaften der Natur (Gunas).

1.17 Samprajnata Samadhi wird von Denken, Überlegen, Freude und reinem Ich-Gefühl begleitet.

1.18 Asamprajnata Samadhi entsteht, wenn durch Übung alle geistigen Inhalte zur Ruhe gebracht wurden und nur unmanifeste Eindrücke verbleiben.

1.19 Asamprajnata Samadhi kommt von Geburt an zu jenen, die früher Körperlosigkeit oder Verschmelzung mit Prakriti erfahren haben.

1.20 Für andere kommt Asamprajnata Samadhi durch Glauben, Willenskraft, Erinnerung und klares Bewusstsein.

1.21 Den intensiv Strebenden ist Samadhi nahe.

1.22 Das Streben kann schwach, mittelmäßig oder stark sein.

1.23 Erfolg kommt auch durch Hingabe an Gott.

1.24 Ishvara (Gott) ist ein besonderes Bewusstseinszentrum frei von Leid, Karma und Wünschen.

1.25 In Ihm ist der Same des höchsten Wissens.

1.26 Er ist der ursprüngliche Lehrer, unbegrenzt durch Zeit.

1.27 Das Ihn offenbarende Wort ist Om.

1.28 Ständige Wiederholung von Om mit dem Gefühl und Bewusstsein seiner Bedeutung führt zu Samadhi / Gott.

1.29 Die Wiederholung von Om führt zu erleuchteter Innenschau und zum Verschwinden aller Hindernisse.

1.30 Die Hindernisse für die Verwirklichung sind Krankheit, geistige Trägheit, Zweifel, Gleichgültigkeit, Faulheit, Verlangen nach Vergnügen, Täuschung, die Unfähigkeit zur Konzentration und die Ruhelosigkeit des Geistes durch Ablenkungen.

1.31 Schmerz, Depression, Nervosität und unregelmäßige Atmung sind die Symptome eines zerstreuten Geistes.

1.32 Zur Überwindung dieser Hindernisse sollte man einen Aspekt der Wahrheit üben.

1.33 Der Geist wird klar durch die Entwicklung von Freundlichkeit, Mitgefühl, Heiterkeit und Gleichmut gegenüber Vergnügen, Schmerz, Laster und Tugend.

1.34 Dies wird durch das Ausstoßen und Zurückhalten des Atems erreicht.

1.35 Wenn die höheren Sinne aktiv werden, kommt die Festigkeit des Geistes.

1.36 Oder durch das leuchtende Licht jenseits allen Leidens.

1.37 Oder durch Konzentration auf jemanden, dessen Geist den Bereich von Gier überwunden hat.

1.38 Oder durch Meditation über Wissen aus Traum oder Tiefschlaf.

1.39 Oder durch Meditation auf ein Objekt, das einem zusagt.

1.40 Die Meisterschaft eines Yogi erstreckt sich vom kleinsten Atom bis zur höchsten Unendlichkeit.

1.41 Sind die Gedanken zur Ruhe gekommen, wird der Geist transparent wie ein Kristall, der die Farbe des davorstehenden Objektes annimmt; verschmelzen der Wahrnehmende, das Wahrgenommene und die Wahrnehmung, so ist das Versenkung.

1.42 Die Versenkung, in der Worte, Bedeutung, Wissen und Vorstellung vorhanden sind, wird savitarka genannt.

1.43 Im Nirvitarka-Zustand ist der Geist frei von Subjektivität, gereinigt von früheren Eindrücken und reflektiert so wahres Wissen.

1.44 So ist auch Savichara, Nirvichara und das, was noch subtiler ist, erklärt.

1.45 Der Zustand des Samadhi, der sich mit subtilen Objekten beschäftigt, erstreckt sich bis zum unmanifestierten Zustand.

1.46 All diese sind jedoch nur Samadhi mit Samen

1.47 Durch das Erfahren und Verfeinern von Nirvichara Samadhi kommt innere Erleuchtung.

1.48 Das Wissen, das in diesem Zustand erlangt wird, ist wahres Wissen.

1.49 Wissen aus Zeugnis und Folgerung ist dem Wissen aus höheren Zuständen des Bewusstseins nicht gleich; denn es ist auf ein bestimmtes Objekt gerichtet.

1.50 Die daraus entstandenen Eindrücke ersetzen alle anderen.

1.51 Wird auch dieses und damit der gesamte Geist zur Ruhe gebracht, so tritt man in den samenlosen Zustand des Samadhi ein.

2. Teil – Sadhana Pada

2.1 Disziplin, Selbststudium und Hingabe an Gott bilden den Kriya Yoga.

2.2 Er vermindert die Kleshas und führt zu Samadhi.

2.3 Unwissenheit, Identifikation, Anziehung und Abneigung sowie Furcht vor dem Tod sind die Kleshas.

2.4 Unwissenheit ist die Ursache von allen anderen Faktoren, ob sie nun schlafend, schwach, überwunden oder voll wirksam sind.

2.5 Durch Nichtwissen hält man das Vergängliche, Unreine, Leidvolle, das Nicht-Selbst fälschlicherweise für das Ewige, Reine, Freudvolle und das Selbst.

2.6 Ego ist die Identifikation des Sehenden mit dem Instrument des Sehens.

2.7 Gier ist das, was am Vergnügen haftet.

2.8 Abneigung ist das, was am Schmerz haftet.

2.9 Furcht vor dem Tod ist der fortgesetzte Wunsch zu leben, von dem sogar der Weise beherrscht wird.

2.10 Die subtilen Formen der schmerztragenden Leiden können durch das Zurückführen auf ihren Ursprung vermieden werden.

2.11 Die aktiven Formen der schmerztragenden Leiden können durch Meditation vermieden werden.

2.12 Karma hat seine Wurzeln in den Kleshas und wird in diesem und in zukünftigen Leben abgetragen.

2.13 So lange die Wurzeln verbleiben, wird das Karma in Form von verschiedenen sozialen Situationen, Lebensspannen und Erfahrungen reifen.

2.14 Sie haben Vergnügen oder Schmerz als ihre Frucht, je nachdem, ob ihre Ursache Tugend oder Laster ist.

2.15 Menschen mit Unterscheidungskraft erkennen, dass wegen der Vergänglichkeit, neuen Wünschen und Konflikten zwischen den Eigenschaften der Natur und den Gedanken alles leidhaft ist.

2.16 Künftiges Leid sollte vermieden werden.

2.17 Die zu vermeidende Ursache des Leidens ist die Identifikation des Sehers mit dem Gesehenen.

2.18 Das Universum, das aus den Eigenschaften der Natur (den Gunas) besteht, wird erfahren durch die Wechselwirkung zwischen den Elementen und den Sinnesorganen. Es existiert zum Zweck der Erfahrung und Befreiung.

2.19 Die Zustände der drei Gunas sind grob, fein, manifest und unmanifest.

2.20 Der Sehende ist Bewusstsein an sich, und obwohl er rein ist, scheint er durch den Geist zu sehen.

2.21 Das Gesehene ist für den Sehenden da.

2.22 Die Natur wird für den, der sein Ziel erreicht hat, unwirklich. Da sie jedoch allen gemein ist, existiert sie für die anderen weiter.

2.23 Der Zweck der Verbindung von Purusha und Prakriti ist, dass Purusha Bewusstsein seiner wahren Natur erlangt und die Kräfte erkennt, die in ihm und in Prakriti liegen.

2.24 Die Ursache dieser Verbindung ist Unwissenheit.

2.25 Durch das Überwinden der Unwissenheit verschwindet diese Verbindung und der Sehende erreicht die Befreiung.

2.26 Das Mittel, Unwissenheit zu überwinden, ist ungebrochenes Unterscheidungsvermögen.

2.27 Erleuchtung wird in sieben Stufen erreicht.

2.28 Durch die Übung der verschiedenen Stufen des Yoga verschwinden die Unreinheiten, das Licht des Wissens erstrahlt, und es entsteht ununterbrochenes Unterscheidungsvermögen.

2.29 Yama, Niyama, Asana, Pranayama, Pratyahara, Dharana, Dhyana und Samadhi sind die acht Glieder.

2.30 Die Yamas bestehen aus Nicht-Verletzen, Wahrhaftigkeit, Nichtstehlen, Enthaltsamkeit und Nicht-Ergreifen.

2.31 Diese Grundregeln sind nicht durch soziale Schicht, Ort, Zeit oder Umstände bedingt. Sie gelten für alle Ebenen und bilden das große universelle Gelübde.

2.32 Die Niyamas bestehen aus Reinheit, Zufriedenheit, Selbstdisziplin, Selbststudium und Hingabe an Gott.

2.33 Störende Gedanken können durch das Denken an ihr Gegenteil überwunden werden.

2.34 Negative Gedanken und Emotionen wie Gewalttätigkeit, ob man sie selbst in die Tat umsetzt, andere tun lässt oder negatives Tun billigt oder geschehen lässt, ob durch Gier, Ärger oder Verblendung verursacht, ob schwach, mittelmäßig oder stark, resultieren in endlosem Schmerz und Unwissenheit. Deshalb sollte man über das Gegenteil nachdenken.

2.35 Wenn Nichtverletzen fest begründet ist, wird Feindschaft in der Gegenwart des Yogis aufgegeben.

2.36 Wenn Wahrhaftigkeit fest begründet ist, erlangt man die Frucht der Handlung, ohne zu handeln.

2.37 Ist Nichtstehlen fest begründet, kommen alle Kostbarkeiten wie von selbst.

2.38 Ist man in der sexuellen Enthaltsamkeit fest begründet, erlangt man große Lebenskraft.

2.39 Ist Nichtergreifen fest begründet, versteht man den Sinn des Lebens.

2.40 Durch Reinheit entsteht Ekel gegenüber dem eigenen Körper und eine Abneigung gegenüber physischen Kontakt mit anderen.

2.41 Durch Reinheit entsteht geistige Klarheit, heiteres Gemüt, Konzentrationsfähigkeit, Kontrolle der Sinne und Eignung für die Verwirklichung des Selbst.

2.42 Aus Zufriedenheit gewinnt man unübertroffenes Glück.

2.43 Durch Selbstdisziplin werden Unreinheiten aufgelöst und Kräfte des Körpers und der Sinne herbeigeführt.

2.44 Selbststudium führt zur Verbindung mit Gott.

2.45 Hingabe an Gott führt zur Fähigkeit, Samadhi zu erreichen.

2.46 Die Sitzstellung soll fest und bequem sein.

2.47 Die Stellung wird durch Loslassen von Spannungen und durch Meditation auf das Unendliche gemeistert.

2.48 Durch die Meisterung der Asana wird man frei von den Angriffen der Gegensatzpaare.

2.49 Die nächste Stufe ist Pranayama, die Beherrschung der Bewegung von Ein- und Ausatmung.

2.50 Pranayama setzt sich zusammen aus Einatmung, Ausatmung und Anhalten; es wird durch Ort, Zeit und Dauer reguliert und fortschreitend verlängert und verfeinert.

2.51 Die vierte Art des Pranayama geht über das Feld von Einatmung und Ausatmung hinaus.

2.52 Dadurch wird der Schleier, der das Licht verhüllt, entfernt.

2.53 Dadurch wird der Verstand tauglich für die Konzentration.

2.54 Wenn die Sinne nicht in Kontakt mit den Objekten treten und gleichsam in die Natur des Geistes eingehen, entsteht Zurückziehen der Sinne.

2.55 So entsteht die höchste Meisterschaft über die Sinne.

3. Teil – Vibhuti Pada

3.1 Dharana ist das Fixieren des Geistes auf eine Stelle.

3.2 Bilden die Bewusstseinsinhalte einen ununterbrochenen Strom, so ist dies Dhyana.

3.3 Wenn nur die eigentliche Bedeutung des Meditationsgegenstandes frei von Subjektivität erstrahlt, so ist dies Samadhi.

3.4 Diese drei zusammen – Konzentration, Meditation und Samadhi – bilden Samyama.

3.5 Durch Samyama entsteht Meisterung und das Licht direkten Wissens.

3.6 Seine Anwendung erfolgt in Stufen.

3.7 Diese drei Stufen sind innerlicher als die vorhergehenden.

3.8 Aber sogar diese sind äußerlicher als der samenlose Zustand.

3.9 Durch die wachsende Beherrschung der ständig auftauchenden und wieder verschwindenden Eindrücke des Unterbewusstseins und das jederzeitige Verweilen des Geistes im Ruhezustand entwickelt sich allmählich die Meisterschaft.

3.10 Sein Fluss wird durch Wiederholung ruhig.

3.11 Durch Abnahme der Zerstreutheit und Zunahme der vollkommenen Konzentration im Geist entwickelt sich Samadhi.

3.12 Wenn die auf- und absteigenden Geistesinhalte genau gleich sind, entwickelt sich vollkommene Konzentration.

3.13 Dies erklärt die Veränderungen der Elemente und der Sinnesorgane in Bezug auf Form, Zeit und Zustand.

3.14 Es gibt einen Besitzer aller vergangenen, gegenwärtigen und künftigen Eigenschaften.

3.15 Ursache der verschiedenen Entwicklungen sind die verschiedenen Naturgesetze.

3.16 Durch Samyama auf die drei Arten der Veränderungen (Form, Zeit und Zustand) kommt Wissen um Vergangenheit und Zukunft.

3.17 Klang, Bedeutung und geistige Vorstellung sind normalerweise im Geist miteinander vermengt; durch Samyama auf den Klang entwirren sie sich und man erlangt Wissen der Klänge aller lebenden Wesen.

3.18 Durch die direkte Erfahrung von Samskaras entsteht das Wissen um das vorige Leben.

3.19 Durch Samyama auf die Gedanken eines anderen erhält man Wissen über seinen Geist.

3.20 Man erhält aber kein Wissen über die zugrundeliegenden geistigen Faktoren, die nicht Gegenstand des Samyama sind.

3.21 Samyama auf die Gestalt des eigenen Körpers hebt die Kraft, die ihn wahrnehmbar macht, auf; die Verbindung des Lichts mit dem Auge wird unterbrochen; er wird unsichtbar.

3.22 Dies erklärt auch das Verschwinden von Lauten und anderem.

3.23 Karma ist jetzt wirksam oder schlummernd. Durch Samyama darauf erhält man Wissen über den eigenen Tod oder sein Schicksal.

3.24 Durch Samyama auf Freundlichkeit usw. erlangt man deren Kräfte.

3.25 Durch Samyama auf die Kräfte verschiedener Tiere erlangt man die betreffende Kraft.

3.26 Durch Samyama auf Licht erhält man intuitives Wissen über das Subtile, das Verborgene und das weit Entfernte.

3.27 Durch Samyama auf die Sonne erlangt man Wissen um die Welt.

3.28 Durch Samyama auf den Mond erhält man astrologisches Wissen.

3.29 Durch Samyama auf den Polarstern kommt das Wissen um die Bewegung der Sterne.

3.30 Durch Samyama auf das Nabelzentrum kommt das Wissen um den Aufbau des Körpers.

3.31 Durch Samyama auf die Kehlhöhle hören Hunger und Durst auf.

3.32 Durch Samyama auf Kurma-Nadi wird Festigkeit erlangt.

3.33 Durch Samyama auf das Licht am Scheitel des Kopfes erhält man die Vision vollkommener Meister.

3.34 Aus Intuition kommt alles Wissen.

3.35 Durch Samyama auf das Herz kommt Verstehen des Geistes.

3.36 Vergnügen kommt durch Nicht-Unterscheidung zwischen Purusha und Sattva, die doch ganz verschieden sind. Durch Samyama auf die Interessen des Selbst statt auf die Interessen des Individuums kommt das Wissen um Purusha.

3.37 Daraus entsteht intuitives Hören, Fühlen, Sehen, Schmecken und Riechen.

3.38 Für Samadhi sind diese Fähigkeiten Hindernisse; für den nach außen Gerichteten sind sie übernatürliche Kräfte.

3.39 Ist die Ursache der Bindung gelockert und sind die Kanäle bekannt, kann der Geist in den Körper eines anderen eintreten.

3.40 Durch Meisterung des Udana entsteht die Fähigkeit, nicht von Wasser, Schmutz, Dornen usw. berührt zu werden, sowie die Levitation.

3.41 Meisterung des Samana führt zu strahlendem Feuer.

3.42 Durch Samyama auf die Verbindung zwischen Raum und Ohr erlangt man überphysisches Hören.

3.43 Durch Samyama auf die Verbindung zwischen Raum und Körper und Meditation auf leichte Gegenstände wie Watte erhält man die Fähigkeit zur Bewegung im feinstofflichen Raum.

3.44 Durch Samyama auf nicht vorstellbare jenseitige Seinsweisen kommt die Fähigkeit, außerhalb des Körpers zu verweilen. Der Schleier vor dem Licht verschwindet.

3.45 Meisterschaft über die Elemente kommt durch Samyama auf ihre groben, subtilen, durchdringenden und funktionellen Zustände.

3.46 Daraus entspringen Fähigkeiten, wie den Körper winzig klein zu machen sowie Vollkommenheit und Unverwundbarkeit des Körpers.

3.47 Vollkommenheit des Körpers ist Schönheit, Anmut, Kraft und diamantene Festigkeit.

3.48 Ausführung des Samyama auf die Wahrnehmungskraft, ihre eigene Natur, die Beziehung zu ihrer Funktion und zum Ego führt zur Herrschaft über die Sinne.

3.49 Daraus entsteht Schnelligkeit des Geistes, außersinnliches Wissen und Herrschaft über die Natur.

3.50 Nur durch Verwirklichung des Unterschiedes zwischen Sattva und Purusha erlangt man die Beherrschung aller Daseinsformen und Allwissenheit.

3.51 Durch Nichtanhaften sogar an die Allmacht und Allwissenheit kommt die Zerstörung des Samens der Unreinheit und man erlangt Befreiung.

3.52 Laden ihn himmlische Wesen ein, sollte der Yogi Vergnügen oder Stolz vermeiden; denn es droht die Wiederbelebung des Unerwünschten.

3.53 Durch Samyama auf einen Augenblick und seine Folge erreicht man aus Unterscheidungskraft geborenes Wissen.

3.54 So kommt das Wissen um den Unterschied zwischen zwei ähnlichen Objekten, deren Unterschied nicht durch Art, Merkmale oder Ort bestimmt werden kann.

3.55 Das höchste Wissen, geboren aus der Unterscheidungskraft, transzendiert alle Objekte und Sphären auf jede Weise gänzlich und gleichzeitig.

3.56 Ist gleiche Reinheit in Purusha und Sattva, kommt die Befreiung.

4. Teil – Kaivalya Pada

4.1 Siddhis sind angeboren oder werden durch Kräuter, Mantras, Askese-Übungen oder durch Samadhi erlangt.

4.2 Die Umwandlungen der Existenzformen kommen vom Fließen der Prakriti her.

4.3 Eine vom Menschen hervorgerufene Ursache bewirkt nicht die Vorgänge in der Natur, sondern beseitigt nur wie ein Bauer die Hindernisse.

4.4 Chittas (Gemüter) werden vom Ego geschaffen.

4.5 Obwohl die Erscheinungsformen der vielen Chittas variieren, werden sie von einem gelenkt.

4.6 Von diesen ist der Geist, der aus Dhyana geboren ist, frei von vergangenen Eindrücken.

4.7 Für einen Yogi ist Karma weder weiß noch schwarz; für andere ist es von dreierlei Art.

4.8 Aus diesem Karma reifen die Früchte entsprechend der Art der Wünsche.

4.9 Es besteht eine Beziehung zwischen Wunsch und entsprechender karmischer Situation, selbst wenn sie durch soziale Stellung, Ort und Zeit unterbrochen zu sein scheint. Denn es sind Erinnerung und unterbewusste Eindrücke des gleichen Wesens.

4.10 Die Wünsche und Eindrücke haben keinen Anfang, denn der Wunsch zu leben ist ewig.

4.11 Da sie durch Ursache, Wirkung, Unterstützung und Objekte zusammengehalten werden, verschwinden zusammen mit diesen Faktoren auch die Wünsche.

4.12 Vergangenheit und Zukunft existieren in ihrer eigenen Form; aus den unterschiedlichen Wegen ergeben sich die verschiedenen Eigenschaften.

4.13 Sie, ob manifest oder unmanifest, existieren in den drei Eigenschaften.

4.14 Die Besonderheit eines Objektes ist die Einzigartigkeit in der Veränderung (der Gunas).

4.15 Ist das Objekt dasselbe, rührt der Unterschied zwischen zwei Wahrnehmungen von den verschiedenen Wegen der Chittas her.

4.16 Ein Objekt ist nicht von einem Verstand abhängig. Was würde geschehen, wenn es nicht erkannt würde?

4.17 Je nachdem, ob das Objekt den Verstand färbt, ist es diesem bekannt oder unbekannt.

4.18 Da die Natur des Purusha unveränderlich ist, sind die Gedanken des Geistes dem Selbst immer bekannt.

4.19 Weil er wahrnehmbar ist, ist der Geist nicht selbst-erleuchtend.

4.20 Der Geist kann nicht zwei Dinge auf einmal wahrnehmen.

4.21 Würde ein Geist einen anderen wahrnehmen, dann gäbe es die Absurdität von Wahrnehmung der Wahrnehmung sowie Verwirrung der Erinnerung.

4.22 Wird das Bewusstsein in den Zustand des Nicht-Wanderns gebracht, kommt die Selbsterkenntnis.

4.23 Ist der Geist gefärbt durch den Sehenden und das Gesehene, wird er allumfassend.

4.24 Der durch die unzähligen Wünsche so mannigfache Geist wirkt für einen anderen (das Selbst), denn sie (der Geist und das Selbst) sind in Verbindung.

4.25 Wer diesen Unterschied zwischen Selbst und Geist erkennt, hört auf, den Geist als Atma zu sehen.

4.26 So neigt der Geist zur Unterscheidungskraft und strebt nach Befreiung.

4.27 Andere Gedanken, die als Unterbrechung der Unterscheidungskraft aufsteigen, kommen von früheren Neigungen.

4.28 Diese werden genauso beseitigt wie es vorher im Zusammenhang mit den Kleshas beschrieben wurde.

4.29 Gibt man selbst den Wunsch nach dem höchsten Bewusstseinszustand auf und übt Unterscheidungskraft, erreicht man Dharma-Megha-Samadhi.

4.30 Dann hören Leiden und Karma auf.

4.31 Dann wird es mit der Beseitigung aller Schleier und Unreinheiten ersichtlich, dass das Erfahrbare im Vergleich mit dem unendlichen Wissen der Erleuchtung nur winzig ist.

4.32 Für solche, die das Ziel erreicht haben, hört der Vorgang des ständigen Wandels der Gunas auf.

4.33 Kommt der ständige Wechsel der entsprechenden Augenblicke zum Ende, wird ihre Aufeinanderfolge wahrnehmbar.

4.34 Hören alle Anstrengung und Zielstreben auf und sind die Gunas wieder in ihren Ursprung absorbiert, dann ist das Kaivalya. Die Seele ruht in ihrer wahren Natur – reines Bewusstsein. Om.

2.2

Der menschliche Geist

Wir beginnen nun die Reise durch das Reich der Yoga-Sutra. Um die wesentlichen Gedankenansätze Patanjalis zu verstehen, müssen wir zunächst einen Blick auf die Samkhya-Philosophie werfen, die die philosophische Grundlage des Raja-Yoga-Systems bildet.

Antarkarana - das innere Instrument

Samkhya hat die Evolution der Natur und des Menschen untersucht und genau beschrieben. Eine bestimmte Stufe der Entwicklung besteht aus der Bildung des menschlichen Geistes, der sich aus vier Ebenen zusammensetzt:

1. **Manas** ist das Denkprinzip: einfache Gedanken, Wahrnehmungen, Gefühle und Reaktionen.
2. **Chitta** ist ein Doppelbegriff: Einerseits bedeutet er die „Geistsubstanz", gleich dem Wasser des Sees, auf dem sich die Wellen der Gedanken und Gefühle bewegen; in dieser Weise ist der Begriff Chitta in der wohl bekanntesten Sutra 1,2 zu verstehen. Andererseits versteht man unter Chitta das Unterbewusstsein mit all seinen Wünschen, Neigungen, Ängsten sowie das Gedächtnis.
3. **Buddhi** ist unser Intellekt: Verstehen von Zusammenhängen, Unterscheiden, Entscheiden sowie Vernunft und Willenskraft sind Ausdrücke des Buddhi. Aus der gleichen Wortwurzel stammt auch der Begriff Buddha, der „Erwachte".
4. **Ahamkara** ist jene Kraft, die für das Identifizieren, für das Ich-Empfinden zuständig ist - das Ego, der „Ich (Aham)-Macher(Kara)".

Die Summe dieser vier Funktionen oder Geistaspekte wird als das „Innere Instrument", als Antarkarana bezeichnet.

Nehmen wir als Beispiel einen Morgenspaziergang:

Chitta hat Lust auf einen Morgenspaziergang bekommen, weil er sich an ein schönes Erlebnis erinnert; **Manas** erfreut sich an der frischen Luft und nimmt alle Eindrücke wahr, **Buddhi** überlegt, welcher Weg genommen werden soll und wann wir wieder zurück sein müssen, und **Ahamkara** macht aus all dem ein persönliches, ein „Ich-Erlebnis".

Die drei Gunas

Ein zentrales Element in der Yoga-Philosophie ist die Einteilung aller Ausdrücke des manifestierten Kosmos, sei es auf sichtbarer, physischer, oder auf unsichtbarer geistiger oder astraler Ebene, in drei Grundprinzipien, die in stets wechselnder Gewichtung unser gesamtes Sein durchdringen und seinen Ausdruck bestimmen. Diese drei Grundeigenschaften der Natur sind die Gunas:

Sattva ist das Reine, Helle, Harmonische und Klare,

Rajas ist das Unruhige, Leidenschaftliche, zur Veränderung Drängende,

Tamas ist das Unreine, Faule, Trübe, Träge und Schwere.

Die Philosophen auf der ganzen Welt haben es schon vor langer Zeit erkannt: Alles bewegt sich, alles verändert sich. So haben auch die Gunas keinen wirklichen Bestand, da das Prinzip der Veränderung eines der grundlegenden Gesetze des Lebens ist.

So sind wir früh am Morgen, halb benommen vom Schlaf und mit einer empfindlichen Unlust, aufzustehen, in überwiegend „tamasigen" Zustand, untertags in Eile oder ärgerlich beim Autofahren eher „rajasig", und wenn wir abends beim Spazierengehen tief durchatmen können und uns sagen: „Es war doch alles halb so schlimm", nimmt Sattva überhand.

Die Konstellation der Gunas bestimmt den Geistfilter und damit, wie wir unser Leben und unsere Welt wahrnehmen: In einem deprimierten und schwermütigen Geist ist Tamas dominierend, in Unruhe, Hektik und Ungeduld steht Rajas im Vordergrund und wenn sich der Geist ruhig, klar und ausgeglichen anfühlt, so ist er sattvig.

Die Meditation kann tamasig sein oder tamasige Abschnitte durchlaufen (ich nicke ein oder fühle mich deprimiert), rajasig sein (ich komme nicht zur Ruhe, möchte meine Körperstellung dauernd verändern und stelle fest, dass sich meine einander jagenden Gedanken nicht konzentrieren lassen) oder, mit einiger Übung, von Sattva gezeichnet sein (ich sitze ruhig und entspannt und mein Geist lässt sich mühelos auf das Objekt der Konzentration richten und halten).

Die Yogis erkannten auch, dass bestimmte Nahrungsmittel spezifische Auswirkungen auf die in unserem Geist vorherrschende Guna haben und uns ausgeglichen oder unruhig machen können oder ausgesprochen negative Auswirkungen auf den Geist haben (siehe „Yoga für den Alltag", Kapitel 3.1).

Tamas ist nur durch Rajas zu überwinden und Rajas muss schließlich zu Sattva umgeformt werden. Da aber die Gesamtheit der drei Gunas unser Sein ausmacht, wird immer wieder ein Wandel stattfinden, das Überwiegen von Sattva muss immer wieder aufs Neue errungen werden.

Sattva ist nicht das Ziel unserer Bemühungen, sondern das Tor, durch das wir zu unserem Ziel gelangen. Alle Yoga-Techniken, nicht nur die des Raja Yoga, sondern auch alle anderen Wege, streben das „Sattvifizieren" unseres Wesens auf allen Ebenen an. Durch das Vorherrschen von Sattva lüftet sich der Schleier des Nichterkennens, der Verblendung, der uns vom Erfahren und Einswerden mit der höchsten Wahrheit abhält.

Die Zustände des Geistes

Mit dem Wissen der drei Gunas können wir jetzt die verschiedenen Zustände des Geistes betrachten. Man unterscheidet fünf Zustände, in denen sich unser Geist befinden kann:

1. **Mudha**, das bedeutet trübe, unklar, verschwommen, benommen. Dies ist eindeutig ein tamasiger Zustand, der für niemanden wünschenswert ist. In reiner Form kommt er nur selten vor. Wenn man den Geist (Chitta, die Geistsubstanz) mit einem See vergleicht, so bedeutet Mudha, dass dieser See ein trüber, schlammiger Tümpel ist.
2. **Kshipta** ist der Zustand der Unruhe, der einander jagenden Gedanken, der Zerrissenheit, also ein Rajas-Zustand. Der See ist nun vom Wind (den Eindrücken und Sinneswahrnehmungen, den Wünschen und Abneigungen) aufgepeitscht - unruhiges Wasser und hohe Wellen.
3. **Vikshipta**: Hier wird die Unruhe langsam unter Kontrolle gebracht, die Wellen beruhigen sich, der Wind hat nachgelassen. Unter das Rajas mischt sich allmählich mehr und mehr Sattva.
4. **Ekagrata** heißt Einpünktigkeit. Der See ist nun spiegelglatt, jede Bewegung ist zum Stillstand gekommen. Wir können die Widerspiegelung des Himmels in der klaren Wasseroberfläche gut erkennen. Während der tamasige Tümpel des Mudha auch still war, aber trübe und schlammig, so ist hier die Stille mit höchster Klarheit und Bewusstheit verbunden. Wir befinden uns in reinem Sattva.
5. **Nirodha** - das ist das Zum-Stillstand-Kommen, das gleichzeitig ein Vergehen, ein Auflösen ist. Das Wasser ist verschwunden, wir können direkt zum Grunde des Sees gehen und den dort befindlichen Schatz heben, während wir ihn zuvor nur erahnt bzw. gesehen haben. Hier befinden wir uns jenseits der Gunas, in einem Geisteszustand, der die drei Gunas transzendiert.

Raja Yoga sagt, dass aus dem Zustand der Konzentration (Ekagrata), in dem nur noch EIN Gedanke da ist, ein Zustand entsteht, in dem nicht einmal mehr ein leerer Geist vorhanden ist, sondern in dem der Geist als solcher überhaupt verschwunden ist. Diesen Zustand nannte man Nirodha, das Auflösen.

Yogas-chitta-vrtti-nirodhah (PYS 1,2)

Gleich in der zweiten Sutra des ersten Abschnittes definiert Patanjali den Begriff „Yoga", nämlich als jenen Zustand, der sich aus dem vollständigen Auflösen (nirodha) aller Bewegungen (vrtti bedeutet Strudel, Bewegung, Unruhe) in der Geistsubstanz (chitta) ergibt.

Hier begegnen wir dem Grundgedanken des Raja-Yoga, der sich durch das gesamte Werk der Yoga-Sutras zieht: Unsere geistigen Bewegungen, alle Gedanken, Urteile, Hoffnungen, Befürchtungen, Erinnerungen, alle Wünsche und Ängste formen eine Art Schleier, der uns davon abhält, das Licht in unserem Inneren zu erblicken.

Doch suchen die meisten Menschen nicht das Licht, sondern wollen die verhüllenden Schleier färben und duftiger und schöner werden lassen! Allerdings gelangen wir erst, wenn diese Schleier aufgelöst wurden, zu unserem wahren Wesen, ans Licht:

„Dann ruht der Wahrnehmende in seinem wahren Wesen". (PYS 1,3)

Diese beiden Sutras (PYS 1,2 und 1,3) lehren uns, dass jede noch so intensive Gedankentätigkeit uns nicht nur nicht zum Ziel bringt, sondern uns sogar davon entfernt. Andererseits aber ist der Geist wieder das wesentliche Instrument, das uns zum Ziel führt. Dieses Paradoxon ist auf intellektueller Ebene wohl kaum zu lösen - Patanjali erklärt in seinen weiteren Sutras jedoch, was wir in der Praxis tun können, um den Geist in der rechten Weise einzusetzen, um den Geist zu überwinden!

„Dann ruht der Wahrnehmende in seinem wahren Wesen" - unser wahres Wesen ist NICHT der Geist; es ist dort, wo der Geist nicht hinzugelangen vermag, unser wahres Wesen ist jenseits des Geistes.

Die Bewegungen des Geistes stehen in engem Zusammenhang mit der Aktivität der begrenzenden Hüllen unseres Wesens, den Upadhis.

Die Upadhis

Der Mensch verfügt über fünf Hüllen oder Körper unterschiedlicher Dichte und Qualität; diese werden als panchakosha (pancha=fünf; kosha=Hülle) bezeichnet:

1. Annamaya Kosha: Dies ist der grobstoffliche Körper, die „Nahrungshülle" (Anna = Nahrung; Maya = gemacht). Sie besteht aus den chemischen Elementen bzw., in der indischen Philosophie, aus den fünf Grundelementen Erde, Wasser, Feuer, Luft und Äther. Diese Hülle wird auch als „**Sthula sharira**", als grobstofflicher Körper, bezeichnet.

2. Pranamaya Kosha: Der physische Körper wird durch die Energiehülle, die Prana(=Energie)-maya Kosha gespeist. Diese Hülle wird durch die Chakras (Energiezentren) und die Nadis (Energiekanäle), die im Hatha- und Kundalini-Yoga große Bedeutung haben, gebildet.

In der Pranamaya Kosha befinden sich

- die fünf Pranas (Prana, Apana, Samana, Udana und Vyana), und
- die fünf Kräfte des Handelns, die Karmendriyas (Karma=Handlung; Indriya=(Sinnes-)Organ): die Kraft des Handelns, des Sich-Fortbewegens, des Sprechens, der Ausscheidung und der Fortpflanzung.

3. Manomaya Kosha, die Geist-Hülle (Manas = das Geistprinzip). Hier befinden sich die folgenden geistigen Elemente:

- das einfache Denken (Manas),
- das Unterbewusstsein und das Gedächtnis (Chitta, die „Geistsubstanz") sowie
- die fünf Kräfte der Wahrnehmung (die Jnanendriyas), die fünf Sinne: das Fühlen, Riechen, Schmecken, Hören und Sehen.

4. Vijnanamaya Kosha, die Hülle des höheren Denkens, des Intellekts (Jnana = Wissen, Weisheit), die aus Buddhi (Intellekt) und Ahamkara (Ichbewusstsein, Ego) gebildet wird.

Die letzten drei Koshas, Pranamaya-, Manomaya- und Vijnanamaya Kosha, bilden gemeinsam den feinstofflichen oder Astralkörper (**Sukshma sharira**).

5. Anandamaya Kosha ist die Hülle, durch die wir Wonne (ananda), Freude und Liebe erleben. Sie bildet die **Karana sharira**, jenen Körper, der uns das Verlangen nach positiven Erfahrungen eingibt und folglich immer wieder inkarnieren lässt (Karana=Werkzeug, verursachen; hier wirkt das Karma als treibende Kraft). Wirken in den anderen Hüllen die physische, mentale und emotionelle Kraft, so ist hier die bestimmende Kraft die Intuition.

Diese fünf Hüllen werden upadhis, das heißt begrenzende Schichten genannt, denn diese Schichten, oder vielmehr unsere Identifikation mit ihnen, verhüllt jenes Licht, das zu erfahren man die Erleuchtung genannt hat.

DIE UPADHIS IM ÜBERBLICK

Sharira	Kosha	Bestehend aus	Reinigung durch
Sthula Sharira *(Grobstofflicher Körper)*	*Annamaya Kosha* (Physische Hülle)	5 *Tattvas* (Elemente: Erde, Wasser, Feuer, Luft und Äther)	*Asana* *Mitahara* (Ernährung) *Shatkarma* (Reinigungstechniken)
Sukshma Sharira *(Astral- oder feinstofflicher Körper)*	*Pranamaya Kosha* (Vitale Hülle)	5 *Pranas*: Prana, Apana, Samana, Udana, Vyana 5 *Karmendriyas* (Handlungskräfte: Handeln, Fortbewegung, Sprechen, Fortpflanzung, Ausscheidung)	*Pranayama* *Asana* *Shatkarma* (Reinigungstechniken) *Mudra* (Energiesiegel) *Bandha* (Energiesperren)
	Manomaya Kosha (Geisthülle)	5 *Jnanendriyas* (Wahrnehmungskräfte: Sehen, Hören, Riechen, Schmecken, Fühlen) *Manas* (Denkvermögen) *Chitta* (Unterbewusstsein)	*Kirtan* *Japa* (Mantra-Rezitation) *Pujas* (Rituale) *Nishkama Karma Yoga* (selbstloses Dienen) *Dhyana* (Meditation)
	Vijnanamaya Kosha (Intellekthülle)	*Buddhi* (Intellekt) *Ahamkara* (Ego)	*Svadhyaya* (Studium) *Vichara* (rechtes Befragen) *Dhyana* (Meditation)
Karana Sharira *(Ursachen-Körper)*	*Anandamaya Kosha* (Wonne-Hülle)	*Ananda* (Freude) *Karma, Samskaras, Vasanas* Intuition	*Dhyana* (Meditation) *Samadhi* (überbewusster Zustand)

Über die Identifikation

Unser eigentliches Problem ist nicht die Existenz von Körper und Geist, sondern unsere Identifikation mit ihnen. So sagt Patanjali in Sutra 1,4:

„Sonst (in allen anderen Zuständen als Nirodha) identifiziert sich der Sehende mit seinen Wahrnehmungen."

Das Sich-Verbinden entsteht aus der Tätigkeit des Ahamkara, des Ich-Machers. Wegen dieser großen Bedeutung des Ahamkara hat es jeder einzelne Weg des Yoga zum Ziel, das Ego zu entkräften, da mit dem Schwächen des Ahamkara automatisch ein Lockern und Lösen von Identifikationen einhergeht.

Alle unsere Gedanken und Gefühle, all die „Wellen im Geistsee", von denen die PYS 1,2 spricht, sind aus Identifikation, aus der Tätigkeit des Ahamkara entstanden.

So identifizieren wir uns mit

- unserem Körper (dick, alt, klein, groß, Glatze...)
- unserem Geist (Wissen, Gedächtnis, Intelligenz....)
- unserem Geschlecht
- unserer Familie (Partner, Kinder)
- unserem Besitz (Auto, Haus, Kleidung, Schmuck...)
- Macht, Einfluss, Namen und unserem Ruf
- unseren Meinungen über Politik, Religion, andere Menschen, bis hin zur Automarke oder Fußballmannschaft

Es gibt eine relativ einfache Methode, herauszufinden, womit man identifiziert ist: Stelle dir vor, dass ein Mensch, dessen Meinung dir wichtig ist, über etwas, das dich betrifft, etwa deinen Körper, dein Geschlecht, dein Wissen oder deine Meinung, sehr abfällig spricht – oder umgekehrt, sehr positiv spricht. Wenn du im ersten Fall davon betroffen oder beleidigt, im zweiten Fall erfreut bist, so bist du mit der betreffenden Sache identifiziert, sie gehört zu deinem Ichbild. Wenn du andererseits in beiden Fällen, positives oder negatives Urteil, unberührt bleibst, als würde über eine völlig belanglose, dich nicht betreffende Sache gesprochen, so besteht keine Identifikation, dieser Aspekt befindet sich außerhalb deines Egos, deines Ichbildes.

Begreiflicherweise ist ein Mensch umso leichter zu verletzen, mit je mehr Dingen und je intensiver er identifiziert ist. Er wird auch sehr von äußeren Dingen wie von der Meinung anderer abhängig sein. Begreiflich auch, dass dieser Mensch sich nicht wirklich frei und unabhängig fühlen kann und dass auch sein Geist nicht wirklich friedvoll sein wird. Ebenso ist es wahrscheinlich, dass er nicht wirklich tolerant für andere Meinungen und Einstellungen sein wird und damit leicht in Konfrontationen geraten kann.

So kann man verstehen, wie sehr das Prinzip der Identifikationen in unseren Alltag einzudringen und unsere gesamte Lebensqualität zu beeinflussen vermag.

In unserem Zusammenhang des Raja-Yoga ist die bedeutsame Tatsache, dass die identifizierende Tätigkeit des Egos unausweichlich und direkt zur Bildung von neuen Gedankenwellen auf dem Geistsee führt und damit Rajas, Unruhe erzeugt, welche wiederum der Fähigkeit zur Meditation sehr abträglich ist.

Wir haben also die Wahl: Wir können uns mit all den Dingen, die wir zu sein meinen und zu besitzen glauben, identifizieren, damit Gedankenwellen erzeugen und weiterhin Leid und Unrast erfahren, oder wir können – was ein langer und schwieriger Prozess ist – unsere Identifikationen zu lösen beginnen und erfahren, was wirkliche Freiheit und Freude ist; die Yogis beschrieben eben diese Freiheit, diese Freude als unser wahres, unser eigentliches Wesen.

Die Kleshas

Patanjali geht hier den Dingen auf den Grund. Er könnte sagen, dass unser Leiden auf ungesunden Lebenswandel, auf Stress, Unzufriedenheit, auf Umweltverschmutzung oder auf eine unfähige Regierung zurückzuführen sei.

Aber er geht tiefer. Er nennt fünf Faktoren, die alles menschliche Leid hervorrufen. Diese liegen zur Gänze in unserem Geist und sind damit von uns beeinflussbar:

„Unwissenheit, Ichdenken, Anziehung, Abneigung und die Furcht vor dem Tode sind die Schmerz verursachenden Faktoren." (PYS 2,3)

1. **Avidya**, das Unwissen oder unrichtige Erkennen: *„Avidya ist die Ursache der anderen leidverursachenden Faktoren. Durch Avidya hält man das Vergängliche, Unreine, Leidvolle, das Nicht-Selbst fälschlicherweise für das Ewige, Reine, Freudvolle, für das wirkliche Selbst."* (PYS 2,4 und 2,5)

   Wie wir im Jnana Yoga sehen werden, halten wir das Wirkliche, weil es nicht sichtbar oder messbar ist, für unwirklich, und das Unwirkliche, nur weil wir es spüren und sehen können, für wirklich. Die Upanishaden verkündeten es schon vor mehreren tausend Jahren: Nur Brahman (der göttliche Urgrund) existiert, alles andere ist Täuschung, Blendung, oder viel mehr eine Art sich ständig verändernder Reflexion des Wirklichen.

   Aus diesem unrichtigen Erkennen entsteht der zweite leidverursachende Faktor, das

2. **Asmita**: *„Das Ichbewusstsein ist die Identifikation des Sehenden mit dem Gesehenen."* (PYS 2,6). Das Ahamkara, der Ichmacher, sorgt dafür, dass alles, was wir wahrnehmen, zu uns selbst in Beziehung gesetzt wird. Hier entsteht die Identifikation. Ich fühle mich, meinen Körper, meinen Geist, getrennt vom Rest der Schöpfung - allenfalls binde ich noch meinen Partner und meine Kinder in mein Ichgefühl ein. Aus Asmita entstehen sehr schnell die nächsten beiden leidverursachenden Faktoren, Raga und Dvesha:

3. **Raga**, die Gier oder das Verlangen: *„Raga ist, was am Vergnügen haftet."* (PYS 2,7).

   Wir verlangen nach Essen, Aufmerksamkeit, Lob, angenehmen Empfindungen oder nach materiellen Dingen. Dieses Verlangen, wenn es sehr intensiv ist, kann zu unüberlegten und oft verhängnisvollen Handlungen führen. Die Yoga-Philosophie kennt den Begriff des Trishna, den Lebensdurst: Wir wollen Neues erleben, Erfahrungen machen, wollen reisen und Menschen kennen lernen. Besonders in jungen Jahren ist der Mensch von einem großen Maß an Trishna getrieben. Trishna ist eine Form des Raga.

4. **Dvesha** ist Haß, Abneigung, Widerwillen: So wie wir bestimmte Dinge haben wollen, vom subtilen Verlangen bis zur Besessenheit, ebenso wollen wir andere Dinge unbedingt vermeiden: Krankheit, Unglück, Verluste, Entlassungen... – *„Abneigung ist das, was am Schmerz haftet"* (PYS 2,8)

Der Mensch befindet sich in seinem Leben in einem ständigen Hin- und Hergerissensein zwischen diesen beiden Kräften. Je größer sie sind, je mehr wir uns ihnen hingeben, desto leidvoller wird unser Leben. Yoga versucht, uns aus diesem Klammergriff von Raga-Dvesha zu befreien - der direkteste Weg dazu ist es, die Identifikation und das Ego aufzulösen, indem das rechte Erkennen (Vidya) aufgebaut wird.

5. **Abhinivesha**, die Angst vor dem Tod, ist *„der fortgesetzte Wunsch zu leben, von dem sogar der Weise beherrscht wird."* (PYS 2,9). Dieser Selbsterhaltungstrieb hängt eng mit unserer Identifikation mit dem physischen Körper zusammen. Abhinivesha steht auch allgemein für

das Angst-Prinzip, zum Beispiel die Angst vor dem Unbekannten, vor dem Sich-selbst-Verlieren.

Patanjali beschreibt einen Weg, wie wir diese leidverursachenden Faktoren auflösen können; es ist der Kriya Yoga.

Kriya Yoga

Bei diesem Begriff ist zunächst Vorsicht angebracht, denn es gibt verschiedene Kriya-Yogas, denn Kriya heißt einfach Handlung. So gibt es im Hatha Yoga Kriyas, physisch-pranische Reinigungstechniken, im Kundalini-Yoga gibt es spezifische Übungen, die als Kriyas bezeichnet werden, und auch die psychophysischen Techniken von Yogananda und Satyananda werden als Kriya-Yoga bezeichnet.

Hier, im Raja Yoga, bedeutet Kriya-Yoga etwas ganz anderes:

„Disziplin, Selbststudium und Hingabe an Gott bilden den Kriya Yoga. Er vermindert die Kleshas (Leiden) und führt zu Samadhi" (PYS 2,1-2)

Die Wirkungsweise dieser drei Faktoren des Kriya Yoga können wir wie folgt verstehen:

Das **Selbststudium** führt allmählich zur Auflösung der ersten Klesha, des Nichtwissens oder Nicht-Erkennens. Doch theoretisches Wissen alleine genügt nicht: Selbststudium meint hier nicht nur, Schriften zu studieren, sondern auch und vor allem sich selbst zu beobachten, die Gedanken, Gefühle und inneren Regungen zu untersuchen und ihren Ursprung zu erforschen. So gelangen wir allmählich zu einem tiefer werdenden Verstehen der Beschaffenheit unseres Geistes und des Egos.

Die **Disziplin** hilft, dem Ego sozusagen „Zügel anzulegen", unsere inneren Bewegungen zu kontrollieren. Dies hilft vor allem dabei, Raga und Dvesha, die Gier und die Abscheu zu beherrschen, die ja zwei von den fünf leidverursachenden Faktoren sind.

Schließlich sorgt **Hingabe an Gott** dafür, dass einerseits unser Ego (Asmita) aufgelöst, Gott hingegeben wird, andererseits auch unsere Furcht vor dem Tod allmählich schwindet.

Wenn du also versuchst, in deinem Alltag dein Erkennen durch achtsame Selbstbeobachtung zu vertiefen, wenn du dich um das Verstehen der tieferen geistigen Zusammenhänge durch Selbststudium bemühst, wenn du deinem Geist, deinen Gelüsten, deiner Gier und deinen Abneigungen nicht mehr unreflektiert nachgibst, sie im Gegenteil zu kontrollieren beginnst, und wenn du schließlich tiefe Hingabe an Gott zu fühlen beginnst, so wirst du feststellen, dass in deinem Leben einerseits große Kraft, andererseits tiefer Frieden und große Freude entsteht – denn die leidverursachenden Faktoren wurden mehr und mehr geschwächt.

Die Rolle der Sinne

Wir haben bei den fünf Hüllen des Menschen den Begriff Indriya, das Sinnesorgan, kennengelernt und erfahren, dass es zwei Arten von Indriyas gibt: die Wahrnehmungskraft (Jnanendriya) und die Handelnskraft (Karmendriya).

Unter dem Sehsinn ist hier nicht das physische Organ zu verstehen, sondern die Kraft und Fähigkeit, visuelle Eindrücke aufzunehmen, ebenso wie das Handlungsorgan „Sprechen" nicht mit dem Mund gleichzusetzen ist, sondern die Fähigkeit und Kraft, sich verbal auszudrücken, kennzeichnet.

Stellen wir uns nun das Antarkarana mit all seinen Funktionen, dem Intellekt, dem Ichdenken, dem niederen Denken und dem Unbewussten, als eine Art Kombination von Fabrik / Lagerhaus vor: Hier werden Waren umgeschlagen, gelagert und bearbeitet. Allein davon kann diese Fabrik aber nicht funktionieren. Sie ist darauf angewiesen, Lieferungen zu bekommen und fertige Ware auszuliefern. Dafür sind die genannten Sinne, die Indriyas, zuständig: Sie verbinden uns mit der Außenwelt. Die Wahrnehmungsorgane sind die Lieferanten, die „neues Material" anliefern, und die Handlungsorgane sind die Ausliefer-Wagen, die die fertige Ware ausliefern.

Der Grundgedanke des Raja Yoga besteht darin, den Warenumschlag in dieser Fabrik zu stoppen - man reduziert allmählich die Tätigkeit der Wahrnehmungs- und Handlungsorgane, womit der Geist ruhiger und klarer wird, und schließlich schaltet die Fabrik vollkommen ab – in der entstandenen Geistesstille können wir tiefer in unser eigentliches Wesen dringen.

Abhyasa und Vairagya

Nachdem wir nun die philosophischen Grundlagen des Samkhya und damit des Raja Yoga betrachtet haben, stellt sich uns die Frage: „Was nun beginnen?“ Patanjali beantwortet diese Frage in PYS 1,12: *„Übung und Verhaftungslosigkeit führen zum Ziel“.*

Die Übung, das ist die Meditation, aber im weiteren Sinne auch Asana, Pranayama, Mantra-Rezitation und Gebet. Er sagt in PYS 1,14, dass die Übung *„über lange Zeit hinweg, ohne Unterbrechung und mit aufrichtiger Hingabe durchgeführt werden soll."*

Vairagya bedeutet *„jenen Bewusstseinszustand, in dem das Verlangen nach sichtbaren und unsichtbaren Objekten aufgehört hat."* (PYS 1,15).

Wegen der großen Bedeutung dieser beiden Faktoren für die praktische Anwendung des Yoga werden wir uns in Kapitel 7.2 und 7.3 eingehender mit ihnen befassen.

Die Hindernisse auf dem Weg

Auf unserem Weg der spirituellen Entwicklung, dem Sadhana wird uns eine Reihe von Hindernissen begegnen. Die wesentlichen Hindernisse beschreibt Patanjali in PYS 1,30:

„Die Hindernisse für die Verwirklichung sind Krankheit, geistige Trägheit, Zweifel, Gleichgültigkeit, Faulheit, Verlangen nach Vergnügen, Täuschung, die Unfähigkeit zur Konzentration und Ruhelosigkeit des Geistes durch Ablenkungen."

Mit dem Wissen über die drei Gunas erkennen wir, dass all diese Hindernisse aus Tamas oder Rajas entstehen. Wir können an der Wurzel dieser Hindernisse arbeiten, indem wir den Tamas- und Rajas-Schwingungen in unserem Wesen Kraft entziehen. Wenn wir unser Sattva erhöhen, werden diese Hindernisse allmählich aufgelöst. Wir werden im Ashtanga-Yoga wirksame Hinweise dazu erhalten.

Weiters empfiehlt Patanjali, zur Beseitigung der Hindernisse über einen Aspekt der Wahrheit zu meditieren (PYS 1,32). Das bedeutet, dass ich, wenn ich mich beispielsweise faul und unlustig fühle, über fleißiges, frohes Schaffen nachdenken kann, was bald beginnt, positive Energien zu mobilisieren.

Wodurch der Geist klar wird

„Der Geist wird klar durch die Entwicklung von Freundlichkeit, Mitgefühl, Heiterkeit sowie Gleichmut gegenüber Vergnügen, Schmerz, Laster und Tugend." (PYS 1,33)

Der klare Geist entspricht dem sattvigen Zustand des Ekagrata. Ein klarer Geist ist die beste Abhilfe gegen die oben genannten Hindernisse zur Verwirklichung.

Es wird aber noch ein weiterer Weg zur Klarheit des Geistes genannt: *„Dies wird auch durch das Ausstoßen und das Zurückhalten des Atems erreicht."* (PYS 1,34) - Hier erkennen wir die Verbindung zwischen Raja Yoga und Hatha Yoga, denn die Hatha Yoga-Technik des Pranayama, die Prana zu kontrollieren sucht, hat direkte Auswirkungen auf unseren Geist: Durch das Üben von Pranayama wird der Geist klar!

Mit dem Verstehen der grundlegenden geistigen Zusammenhänge im Raja Yoga als Rüstzeug wenden wir uns nun dem wohl bekanntesten Abschnitt der Yoga-Sutra von Patanjali zu, dem Ashtanga Yoga.

2.3
Ashtanga Yoga

Die Yoga-Sutra von Patanjali ist nicht nur philosophisch-psychologischen Erörterungen gewidmet, sondern zeichnet einen klaren Weg und zeigt konkrete Mittel und Techniken, um zum Ziel unseres spirituellen Strebens zu gelangen.

In vierzig Sutras wird der als Ashtanga Yoga bekannte achtstufige Weg beschrieben, von Sutra 2,27 bis Sutra 3,11. Er wird häufig oberflächlich und vereinfacht betrachtet, doch enthüllt er erst dann seine volle Kraft und Weisheit, wenn man sich alle Zusammenhänge in der Tiefe bewusst macht.

Wir werden zunächst die acht Stufen im Überblick betrachten und das zugrundeliegende Konzept diskutieren, um uns dann der ausführlichen Beschreibung der einzelnen Elemente zu widmen.

Die acht Stufen des Ashtanga Yoga lauten:

1. Yama, die Verbote
2. Niyama, die Gebote
3. Asana, die Körperstellung
4. Pranayama, die Atmung
5. Pratyahara, das Zurückziehen der Sinne
6. Dharana, die Konzentration
7. Dhyana, die Meditation
8. Samadhi, der überbewusste Zustand.

Die Reihenfolge der acht Stufen ist eine philosophische, keine technisch-programmatische: Eine Stufe führt automatisch zur nächsten, was jedoch nicht bedeutet, dass man eine Stufe nach der anderen zu üben hat und beispielsweise nach drei Jahren Praxis der ersten Stufe sich nun zur zweiten weiter bewegt. Beim Praktizieren sind stets alle Stufen in unterschiedlicher Weise präsent.

Wir können die acht Stufen in drei Hauptgruppen unterteilen:

1. Der Alltag - Stufe 1 und 2

2. Die Übungspraxis / äußerer Teil - Stufe 3, 4 und 5

3. Die Übungspraxis / innerer Teil - Stufe 6, 7 und 8

1. Gruppe – Die Stufen 1 und 2

Der Weg zu Samadhi beginnt noch vor der eigentlichen Meditation - er beginnt im Alltag. Es ist leicht einzusehen, dass die Weise, wie wir unseren Alltag verbringen, wie wir mit Menschen, Umständen und uns selbst umgehen, die Qualität unserer Meditation in entscheidender Weise beeinflusst.

Wir haben auf Seite 59/60 die beiden grundlegenden Elemente des Yoga-Übungsweges (Yoga-Sadhana) kennen gelernt: Abhyasa, die Übung, und Vairagya, das Loslassen. Wir können nun die Stufen 3 bis 8 als die Übungspraxis verstehen, die uns von der richtigen Körperstellung bis zum Samadhi führt, während die beiden ersten Stufen das Vairagya sind, welches die Grundlage für die Übung bildet.

Weiters haben wir die Philosophie der drei Eigenschaften der Natur, der Gunas, betrachtet. Die Gunas sind eine Art Schwingungsmuster, das in uns wirksam ist und das sich, je nach dem, welche Guna vorherrschend ist, auf unterschiedliche Weise äußert. Die meditative Übung ist wie ein Fahrzeug, das nur mit dem allerbesten, feinsten Treibstoff funktioniert - und dieser Treibstoff heißt Sattva. Wenn du versuchst, in einem tamasigen oder rajasigen Zustand zu meditieren, so wirst du die Übung bald enttäuscht abbrechen.

Dies wissend, liegt es für den ernsthaft Praktizierenden nahe, zunächst seine Gunas in Ordnung zu bringen. Dies geschieht durch die ersten beiden Stufen des Ashtanga Yoga, durch die Verbote und Gebote.

Während sich die Verbote (1. Stufe) darauf konzentrieren, Tamas- und Rajas-Schwingungen zu reduzieren, zielen die Gebote (2. Stufe) speziell darauf ab, Sattva zu erhöhen. Wenn du dich auf diese Weise „sattvifiziert" hast, kann die meditative Übung beginnen.

2. Gruppe – Die Stufen 3, 4 und 5

Diese Gruppe besteht aus jenen Elementen, die die äußere Voraussetzung für die Meditation bilden - hier werden immer feinere Ebenen unseres Wesens kontrolliert. Dieses Kontrollieren bedeutet, dass wir Schicht für Schicht unseres Wesens aus ihrem natürlichen Feld des Wahrnehmens, Bewegens und Handelns herausschälen und in einen bewussten vorübergehenden Verzicht auf die „menschliche Form" der ständigen Veränderung führen. Die Ebenen, um die es hier geht, sind der Körper, das Prana und die Sinne.

Die 3. Stufe, Asana, bedeutet, dass du in absoluter Unbewegtheit und Entspanntheit deinen Körper soweit unter Kontrolle hast, dass du ihn nicht mehr wahrnimmst - er gleitet aus deinem Wahrnehmungsspektrum heraus, du wirst vorübergehend zu einem körperlosen Wesen.

Die 4. Stufe, Pranayama, darf nicht mit den Hatha-Yoga-Pranayamas gleichgesetzt werden. Pranayama bedeutet hier, dass nach dem physischen Körper (annamaya kosha) auch unser Prana (pranamaya kosha) in einen vollständigen Ruhezustand geführt wird. Dieser äußert sich im meditativen Stillstehen der Atembewegung, das man Kevala Kumbhaka nennt.

Die 5. Stufe, Pratyahara, ist das Zurückziehen der Sinne. Wenn Prana beherrscht wird, entsteht Pratyahara natürlich und spontan. Auch wenn etwa Geräusche an das Ohr dringen - das Gehirn hat die Funktion „Sinneswahrnehmung" abgeschaltet.

Stellen wir uns nur vor, welche tiefe Stille nun im Geist herrscht! Jetzt können wir zu den inneren Stufen, den „Antar-Angas" weiter schreiten.

3. Gruppe - Die Stufen 6, 7 und 8

Diese drei Stufen, die gemeinsam als Samyama bezeichnet werden, bilden das machtvollste Werkzeug des Yoga. Der vollkommen konzentrierte Geist ist zu für unsere Begriffe übermenschlichen Leistungen imstande, wie im 3. Abschnitt der Yoga-Sutra beschrieben wird.

Der Geist ist nun so still geworden, dass es ein leichtes ist, ihn wie einen Laserstrahl auf das Objekt der Konzentration zu richten - diese Stufe wäre die Fortsetzung der vorangegangenen insofern, als dass letztere Körper, Prana und die Sinne zu kontrollieren suchten und Dharana, die Konzentration, den Geist unter Kontrolle bringt.

Wir können das Verhältnis dieser Stufen auch so darstellen, dass

Asana (Stufe 3) die Körperhülle,

Pranayama (Stufe 4) die Energiehülle,

Pratyahara (Stufe 5) die Geisthülle und

Dharana (Stufe 6) die Intellekthülle transzendiert.

Folglich würde Dhyana, der meditative Zustand, in dem wir die Wonne höchster Klarheit und die Ekstase vollendeten Fließens erfahren, die Anandamaya Kosha (Wonnehülle) transzendieren.

Samadhi, als die höchste Erfahrung, ist jenseits aller Körperhüllen und Koshas, ist das Ziel unseres Weges.

Wir verstehen nun das grundlegende Konzept des Aufbaues der acht Stufen und können im folgenden diese Stufen einer ausführlicheren Betrachtung unterziehen.

Die erste Stufe - Yama, die Verbote

Yama bedeutet Einschränkung, Beenden, Zügeln - der Gott des Todes heißt ebenfalls Yama. Yama soll unsere tamasigen und rajasigen Tendenzen beenden.

> „Das Hauptziel der ersten Stufe des Yoga-Wissenschaft, Yama, ist es, die Abwärtsbewegung der Seele in noch tiefere Dunkelheit und Gebundenheit, welche durch die Identifikation mit Körper, Sinnen, Sinnesobjekten und Sinnengier entsteht, zu stoppen."
>
> Swami Chidananda

Yama wird auch als das Mahavrata, das große Gelübde bezeichnet. Dies bedeutet, dass es für alle Menschen vorgesehen ist, während die 2. Stufe, die Gebote, speziell für spirituell strebende Menschen Anwendung findet.

Yama bezieht sich auch auf die Interaktion zwischen dem Praktizierenden und seiner Umwelt: wie gehe ich mit meiner Umwelt, mit den anderen Menschen um? So beginnt der Weg zum innersten Selbst im Außen, im positiven, liebevollen und ehrlichen Miteinander.

Es gibt fünf Verbote:

1. Verbot - Ahimsa

Himsa heißt töten, verletzen, schädigen. Himsa ist der direkteste und gröbste Ausdruck der Tamas-Schwingung. Himsa muss als erstes besiegt werden. Dies geschieht durch die geistige Schwingung des Ahimsa, des Nichtverletzens.

Ahimsa beruht auf dem Grundgedanken, dass alles Leben miteinander verbunden ist, eins ist. Wenn ich andere verletze, verletze ich auch mich selbst. Dies ist ein Naturgesetz von größter Bedeutung. Jesus sagte deshalb: „Liebe deinen Nächsten wie dich selbst."

In den Schriften heißt es „Ahimsa Parama Dharma": Nichtverletzen ist das höchste Gesetz.

Swami Sivananda über Wesen und Bedeutung von Ahimsa:

> „Ahimsa ist wahre Kraft. Die Praxis von Ahimsa entwickelt Liebe. Ahimsa ist ein anderes Wort für Liebe, Ahimsa ist universelle Liebe. Es gibt nur eine Religion, die Religion der Liebe, des Friedens. Es gibt nur eine Botschaft, die Botschaft von Ahimsa. Ahimsa ist eine erhabene Pflicht des Menschen.
>
> Wenn du in Ahimsa gefestigt bist, hast du alle Tugenden erreicht. Ahimsa ist der Angelpunkt. Alle Tugenden kreisen um Ahimsa. Ahimsa ist Seelenstärke. Hass schmilzt in der Gegenwart von Liebe. Hass löst sich in der Gegenwart von Ahimsa auf. Es gibt keine größere Kraft als Ahimsa."

Was bedeutet Ahimsa nun in der Praxis?

Wir müssen unter Himsa jede Form der Schädigung und des Verletzens verstehen, welche vorsätzlich, aber auch durch Achtlosigkeit anderen Lebewesen, unbelebten Gegenständen, aber auch sich selbst gegenüber verursacht wird:

- Körperliche Verletzung und Töten von Menschen
- Verletzung und Töten von Tieren. Das Töten von Tieren für die Ernährung wird auch als zu vermeidendes Himsa betrachtet, sofern es nicht für das Überleben des Menschen unbedingt notwendig ist (beispielsweise in Gegenden, in denen es nicht ausreichend pflanzliche Nahrungsmittel gibt)
- Zerstören von unbelebten Gegenständen (Vandalismus)
- Verbale Angriffe, Beschimpfungen und ähnliches
- Üble Nachrede, Rufschädigung, Mobbing
- Hass- und Rachegefühle, Verwünschungen, Schadenfreude
- Es gilt auch als Himsa, andere durch Forderungen und Erwartungen unter Druck zu setzen.
- Schließlich kann es als eine Form des Himsa betrachtet werden, wenn ich achtlos mit meinem Körper umgehe und seine Gesundheit durch Alkohol, Rauchen oder riskantes Autofahren aufs Spiel setze.

Das Gesetz Ahimsa ist nicht nur als das Unterlassen von Verletzen oder Schädigung zu betrachten, sondern als eine geistige Einstellung, in der es kein Verletzen gibt, als die Einstellung aktiver Liebe und Zuwendung allen Formen und Ausdrücken des Lebens gegenüber. Ahimsa kann als „Zärtlichkeit (oder liebevolles Empfinden) allem Sein gegenüber" empfunden werden.

Wer Ahimsa auf diese Weise lebt, sozusagen in einem geistigen Feld des Friedens und der Liebe, dem wird von Patanjali in Aussicht gestellt:

„Wenn Nichtverletzen fest begründet ist, wird Feindschaft in der Nähe des Yogis aufgegeben." (PYS 2,35)

Dies beruht auf dem Gesetz, dass Gleiches Gleiches anzieht. Und wenn in dir kein Himsa mehr ist, nicht ein Hauch davon, so wird dir auf deinem Weg auch keine Feindseligkeit, kein Himsa begegnen!

2. Verbot - Satya

Sat ist der Sanskritbegriff für „Sein". Sat ist das Prinzip des Seins, wie es ist; abgeleitet davon ist der Begriff Satya, der bedeutet „Sich in Einklang, in einer Schwingung mit dem Sein befinden". Satya ist Wahrhaftigkeit, Geradelinigkeit, Aufrichtigkeit und wird oft vereinfacht als Nichtlügen übersetzt.

Sukadev Bretz: „Manche Menschen bauen ein riesiges Lügengeflecht um sich herum auf. Sie sagen das eine, denken etwas anderes und handeln nochmals anders. Dadurch entsteht eine große innere Spannung, man verzettelt sich und der einzelne Gedanke ist sehr schwach."

Im Leben eines Menschen, der Satya vervollkommnet hat, würde sich selbst der Gedanke an eine Lüge anfühlen wie eine schrille Dissonanz in einem Konzert. Es gibt Berichte von Menschen, die voll in Satya gefestigt sind - und die Worte, die diese Menschen sprachen, manifestierten sich trotz scheinbarer physischer Unmöglichkeit - durch die Kraft des Geistes entstehen auf diese Weise Wunder.

Patanjali: *„Wenn Wahrhaftigkeit fest begründet ist, erlangt man die Frucht der Handlung, ohne zu handeln."* (PYS 2,36)

Auch hier bedeutet Satya nicht lediglich, keine Unwahrheiten auszusprechen, sondern aus einem Bewusstsein heraus zu handeln, welches mit dem Kosmos sozusagen auf einer Welle schwingt. Gedanke, Wort und Handlung befinden sich auf einer Linie, es gibt nichts Verstecktes, keinen doppelten Boden, keine Widersprüche.

Ein Ausdruck für das Wesen des Satya ist Klarheit, Transparenz. Satya in Vollkommenheit zu leben ist, wie ein vollkommen klarer Kristall zu sein: Das Licht, das durch den Kristall dringt, wird nicht verändert; der Kristall ist wie nicht vorhanden. So wirst du eins mit dem Sein, Sat, von dem die Yoga-Philosophie sagt, sie sei eine der drei Eigenschaften des Absoluten (Sat-Chid-Ananda). Der in Satya gefestigte Mensch berührt so das Göttliche.

Genau betrachtet, ist Satya eine Form von Ahimsa, von Nichtverletzen. Denn ist nicht jede gedachte, ausgesprochene oder gelebte Unwahrheit ein Akt des Verletzens der Höchsten Wahrheit?

> „Indem wir uns dieser großen Wahrheit überantworten, werden wir fähig, all den nutzlosen Ballast von kleinen oder großen Halb- oder Unwahrheiten, die wir unser ganzes Leben mit uns schleppen, über Bord zu werfen. Selbst wenn wir erst begonnen haben, diese Tugend zu entwickeln, werden wir sehr schnell entdecken, zu welchem Ausmaß unsere gesamte Zivilisation auf dem umgekehrten Prinzip der Unwahrheit beruht: Von Werbung und Politik (beide sind eigentlich institutionalisierte Formen der Lüge) bis zur Manipulation von Gesetzen und „Tatsachen" durch Anwälte und bis zu Unmengen von Techniken, die Menschen anwenden, Gesicht zu bewahren und sich in Vorteil zu setzen."
>
> Georg Feuerstein

Wichtig ist es, Satya immer unter dem Blickwinkel des Ahimsa zu betrachten. So gibt es Menschen, die immer sagen, was sie denken und dies als eine Form des Satya betrachten. Wenn aber unsere Offenheit andere verletzt, dann gilt: „Ahimsa parama dharma": Ahimsa ist das höchste Gesetz!

3. Verbot - Asteya

Asteya bedeutet Nichtstehlen. Wir dürfen nichts nehmen, uns keine physischen oder geistigen Dinge aneignen, die uns nicht gehören oder zustehen. Die wahren Besitzverhältnisse sollen im Sinn der Wahrhaftigkeit (Satya) gewahrt bleiben. Dies ist die eine Sichtweise von Asteya.

Die andere Sichtweise fragt nach dem wahren Eigentümer aller geistigen oder physischen Güter: Wem gehört unser Geld, unser Haus, unser Wissen, unser Partner, unser Körper, unsere Ideen wirklich? Wenn wir erkennen, dass wir nur Verwalter aller Werte sind, die uns der Kosmos bzw. Gott anvertraut hat, so erhält die Forderung nach Asteya einen völlig neuen Akzent. Kann ich überhaupt stehlen? Das Stehlen erhält, vom kosmischen Blickwinkel aus betrachtet, eine völlig unsinnige Note: Ich verschiebe Werte von einem Verwalter zu einem anderen, bringe dabei die natürliche Ordnung durcheinander, stifte Unruhe, erzeuge schlechtes Karma - und wozu? Nur aus tiefstem Nichterkennen kann der Akt des Stehlens entstehen.

Patanjali sagt: ***„Wenn Nichtstehlen fest begründet ist, kommen alle Kostbarkeiten wie von selbst."*** (PYS 2,37) Solange wir anderen etwas wegnehmen, sind wir eigentlich Bettler. Wenn ich stehle, so tue ich dies aus einem Bewusstsein des Mangels heraus, und dieses Bewusstsein erzeugt weiter Mangel - so werden Menschen, die sich unrechtmäßig bereichern, dauerhaft und vor allem innerlich nicht wirklich wohlhabend. Nichtstehlen jedoch, verbunden mit dem Bewusstsein der Fülle „Es ist mehr als genug für alle da" erzeugt automatisch Wohlstand.

Die Forderung nach Nichtstehlen ist eng verbunden mit zwei anderen Forderungen: Aparigraha, Freisein von Gier und Santosha, der Zufriedenheit, die wir später in diesem Kapitel besprechen werden.

Ebenso wie das Verletzen und die Unwahrheit ist das Stehlen ein Ausdruck einer Tamas-Schwingung im Menschen, die zuerst unter Kontrolle gebracht werden muss. Dies gelingt am besten und vollständigsten, indem wir uns die zugrundeliegenden Wahrheiten bewusst machen und in einem Bewusstsein der Verbundenheit und Ganzheit zu leben beginnen.

4. Verbot - Brahmacharya

Diese Forderung hat in vielen Bereichen des Yoga herausragende Bedeutung; wir werden sie deshalb etwas eingehender betrachten.

Brahmacharya bedeutet wörtlich „Sich in Brahman bewegen", dies im Sinne von „Sich im Bewusstsein >Alles ist Brahman< bewegen". Brahman ist das eigenschaftslose Absolute, welches jenseits des Prinzips der Polarität steht. Der Mensch steht inmitten der Dualität, meist auf sehr unbewusster Ebene versuchend, diese zu überwinden - und der direkteste Versuch, das Feld der Polarität zu transzendieren, zu überschreiten, ist die Vereinigung der Geschlechter in der Sexualität. Hier erfahren wir, wenn auch nur für kurze Zeit, Einheit und Ganzheit, die uns eine Ahnung der Höchsten Einheit der Erleuchtung geben kann. Doch das Höchste Bewusstsein steht jenseits der Dualität. Deshalb wird Brahmacharya, der „Wandel in Brahman" meist mit sexueller Enthaltsamkeit gleichgesetzt.

Unter Brahmacharya wird ein Bewusstseinszustand verstanden, der so sehr im Göttlichen aufgegangen ist, dass jeder Gedanken, jedes Verlangen nach Sexualität transzendiert wurde, da sich der / die Betreffende nicht mehr als männlich oder weiblich fühlt, sondern über die Polarität der Geschlechtlichkeit hinausgegangen ist.

Entsprechend bezieht sich wirkliches Brahmacharya nicht nur auf den physischen Ausdruck, sondern mehr noch auf die Geisteshaltung des Loslassens, welche die Grundlage des physischen Ausdruckes der Enthaltsamkeit bildet. Wer sich sexueller Aktivität enthält, aber an nichts anderes denkt, ist mit Sicherheit weit davon entfernt, Brahmacharya zu leben. Wirkliches Brahmacharya beginnt im Geist.

In den verschiedenen Lebensphasen des Menschen hat Brahmacharya jeweils unterschiedliche Bedeutung und Form: Während nach dem klassischen System der vier Lebensstadien die Brahmacharins, Vanaprasthins und Sannyasins vollkommen enthaltsam lebten, bedeutet Brahmacharya für den Grihasta (Haushälter und im Berufsleben stehenden Menschen) sexuelle Mäßigung, Treue sowie das Vermeiden von sexuellem Fehlverhalten.

> *Der energetische Aspekt*
>
> ***Wenn Brahmacharya fest begründet ist, wird kraftvolle Vitalität erlangt.*** - Wird sexuelle Kraft sublimiert und bewahrt, wird sie in Ojas, spirituelle Energie umgewandelt. Dieses Ojas ist solch eine strahlende Kraft, dass es alle erhebt, die mit dem Brahmacharin in Kontakt kommen. (PYS 2,38 und Kommentar von Swami Vishnu-Devananda)

Nach der ayurvedischen Philosophie wird die Nahrung, die wir aufnehmen, zu Lymphe, die Lymphe zu Blut, Blut wird zu Fleisch, Fleisch zu Fett, Fett zu Mark und Mark wird zu Virya, der Samen- oder Sexualenergie. Virya ist die letzte und hochwertigste Essenz unserer Energie. Virya ist die Essenz der Essenzen.

Die Sexualität im Menschen gleicht einem Umspannwerk: Große Energiemengen werden bereitgestellt und hochtransformiert - gleich dem Aufladen eines Elektronenblitzes wird Energie für das Schaffen neuen Lebens vorbereitet. Werden diese Energiemengen nicht verbraucht, so kommen sie dem gesamten Menschen zugute: Der / die Brahmachari/ni hat leuchtende Augen, eine volle Stimme, ist kerngesund, hat ausgezeichnete Konzentration und einen klaren Geist und erfährt in seinem / ihren Leben volle Harmonie und große Freude.

Virya wird normalerweise mit Samenflüssigkeit oder Samenenergie übersetzt. Dies würde bedeuten, dass von den alten Yoga-Schriften nur der Mann zu sexueller Mäßigung angehalten wird. Da es sich bei Virya aber um eine subtilere Energieform handelt und nicht lediglich um die physische Samenflüssigkeit, hat Brahmacharya sowohl für Männer als auch für Frauen gleichermaßen große Bedeutung.

> „Yogis ist seit langem die enge Verbindung zwischen physischer und spiritueller Energie bekannt. Um „spirituelle Potenz" zu erlangen, ist es erforderlich, physische Energie zu bewahren. Dies geschieht, indem man Virya (Samenenergie) bewahrt."
>
> Swami Satyananda

Die Bedeutung von Brahmacharya

> „Brahmacharya ist die Summe und Substanz von Yoga. Ein Schüler von Dhanvantari ging zu seinem Lehrer und fragte ihn nach dem großen Geheimnis der Gesundheit. Der Meister antwortete: „Die Samen(Sexual-)energie ist wahrhaft Atman (das höchste Selbst). Das Geheimnis der Gesundheit liegt in der Bewahrung dieser vitalen Kraft. Wer diese Energie vergeudet, kann keine physische, geistige, moralische und spirituelle Entfaltung erreichen." Die Lebensenergie, Virya, die das Prana der Pranas ist, die in deinen strahlenden Augen leuchtet, die in deinen leuchtenden Wangen strahlt, ist dein größter Schatz. Sie ist die eigentliche Essenz des Blutes.
>
> Wenn Virya verloren geht, wird Prana unstet; der Mensch wird nervös. Schlechtes Gedächtnis,

frühzeitiges Altern, Impotenz und verschiedene Nervenleiden sind dem massiven Verlust dieser Lebensessenz zuzuschreiben."

Swami Sivananda

Der spirituelle Aspekt

Sexuelle Mäßigung erhöht nicht nur unsere Energie und verbessert die Gesundheit, sondern setzt auch spirituell - kreative Energien frei: Menschen, die es vermögen, ihre sexuellen Energien zu sublimieren und durch spezielle Yoga-Techniken in spirituelle Energien (Ojas) umzuwandeln, sind anderen Menschen auf allen Gebieten überlegen.

Durch das Sublimieren der Sexualkraft verbindest du dich mit der göttlichen Energie in deiner Mitte - deshalb ist das Zölibat eine Grundlage der Mönche und Nonnen auf der ganzen Welt.

Sexualität und unsere Natur

Ähnlich wie die Nahrungsaufnahme, die Ausscheidung und der Schlaf ist die Sexualität Teil unserer Natur. Unsere Natur zu unterdrücken ist nicht nur nicht sinnvoll, sondern kann sogar gefährlich sein. Deshalb ist es auch nicht anzuraten, den Sexualtrieb zu unterdrücken; vielmehr wird empfohlen, ihn umzuleiten, umzuwandeln. Dieses Umwandeln kann durch folgende Techniken geschehen:

1. Physische Techniken des Hatha Yoga: Mula Bandha und Ashvini Mudra, Sirshasana, Sarvangasana, Siddhasana, Matsyasana sowie verschiedene Mudras.
2. Geistige Techniken des Pratipaksha Bhavana (an das Gegenteil denken): Lenke deine Gedanken von der Beschäftigung mit sinnlichen Dingen ab, indem du dich mit göttlichen, spirituellen Inhalten beschäftigst, etwa durch Gebet, Meditation oder Mantra-Rezitation. Gestatte es dem Geist nicht, die Bahnen der Sinnlichkeit zu betreten.

Brahmacharya und die Sinne

Im weiteren Sinn können wir Brahmacharya nicht nur als sexuelle Enthaltsamkeit bzw. Mäßigung betrachten, sondern als ein Kontrollieren all unserer Sinne. Ebenso wie wir in der Sexualität Energie verausgaben, so verlieren wir - wenn auch in geringerem Maße - Energie durch übermäßige Tätigkeit der Sinne: Der Gaumen verlangt nach gutem Essen (oft auch wenn wir keinen Hunger haben), das Auge nach schönen Dingen, das Ohr nach angenehmen Klängen oder nach Stille. Wenn es uns gelingt, die Sinne der Wahrnehmung und die Sinne der Handlung kontrolliert und wohldosiert zu betätigen, so verfügen wir sehr schnell nicht nur über mehr Energie, sondern schaffen auch eine solide Grundlage für die Meditation. Das zugrundeliegende Prinzip ist Pratyahara, das Zurückziehen der Sinne, das wir später in diesem Kapitel behandeln werden.

„Das Tor zu Nirvana oder Vollkommenheit ist vollständiges Brahmacharya. Brahmacharya ist für den Yogi das, was Elektrizität für eine Glühbirne ist. Ohne Brahmacharya ist kein spiritueller Fortschritt möglich.

Es kann keine Sprache ohne Vokale geben. Ohne Leinwand kann man kein Bild malen. Ebenso kann man ohne Brahmacharya keine Gesundheit und kein spirituelles Leben haben.

Swami Sivananda

Brahmacharya ist der Weg, die mächtige sexuelle Energie für das spirituelle Wachstum zu nutzen. Durch das Sublimieren der Sexualenergie wird dieses Potential gezwungen, in andere Bahnen zu fließen bzw. andere Formen anzunehmen, und kann so sehr bald als vermehrte Reinheit, Klarheit, Kraft, Kreativität und Lebensfreude erfahren werden, ebenso wie ein Leben der sexuellen Exzesse zu einer Reihe von körperlichen und psychisch-seelischen „Downs" führt.

5. Verbot - Aparigraha

Dieses Verbot möchte unsere rajasige Tendenz der Gier, des oft kopflosen Strebens nach Mehr kontrollieren, indem eine Haltung der Zufriedenheit aufgebaut wird, die auch das „Nichthorten" einschließt. Aparigraha bedeutet auch „Nicht-Annehmen von Geschenken" im Sinne von Unbestechlichkeit: Wir dürfen Satya, die Wahrheit, nicht für Geld oder materielle Dinge verkaufen.

Aparigraha ist in unserer Wohlstands- und Wachstumsgesellschaft ein richtungweisender Gedanke: Wir verwenden meist unsere ganze Energie, nach einem materiellen Mehr zu streben, wobei diese Haltung von Politik und Medien dermaßen gefördert wird, dass man sie kaum mehr anzuzweifeln wagt: Das Wirtschaftswachstum muss gesichert sein, das Einkommen steigen und sich der Besitz mehren. Betrachten wir die Länder der dritten Welt und vergleichen das Leben dieser Menschen mit unseren eigenen Sorgen, mit unseren eigenen materiellen Wünschen, so sollte uns das wohl sehr nachdenklich machen.

Aparigraha möchte uns zum einen auf das Schätzen der wirklichen Werte des Lebens hinweisen, zum anderen aber uns bewusst machen, dass wir uns nicht zu sorgen brauchen, denn Gott sorgt für uns.

Wir sind meist zu besorgt, stehen ständig unter Spannung, Leistungsdruck und leiden unter der Angst, dass etwas verloren gehen könnte, nicht so klappen könnte, wie wir uns das erwarten. Wir können Aparigraha auch als Aufforderung loszulassen verstehen.

„Ist Aparigraha fest begründet, versteht man den Sinn des Lebens" (PYS 2,39)

Das leuchtet ein, denn wenn wir davon Abstand nehmen, Phantomen nachzulaufen und uns auf die wahren Werte des Menschseins besinnen, so nähern wir uns dem Verstehen, was der Sinn unseres Lebens ist. Die Jagd nach Mehr, nach Geld, Ansehen, Luxus bindet sozusagen geistig-emotionelle Kapazität. Der Reichtümer und Besitz hortende Mensch wird bald zum Opfer seiner vielen Dinge: Die Angst, sie zu verlieren, ihre Wartung, Erneuerung usw. hält ihn auf Trab: Dieser Mensch wird von seinen Dingen besessen. Aparigraha macht uns frei.

Jesus brachte das Prinzip des aparigraha auf den Punkt, als er sagte:

> „Sorgt euch nicht um euer Leben und darum, dass ihr etwas zu essen habt, noch um euren Leib und darum, dass ihr etwas anzuziehen habt. Ist nicht das Leben wichtiger als die Nahrung und der Leib wichtiger als die Kleidung? Seht euch die Vögel des Himmels an: Sie säen nicht, sie ernten nicht und sammeln keine Vorräte in Scheunen; euer himmlischer Vater ernährt sie." (Mt 6,25-26)

Die höchste Form des Aparigraha, die im Westen allerdings kaum durchführbar ist, ist die Besitzlosigkeit des Sannyasins (Mönch oder Nonne), die noch heute in vielen Teilen der Welt praktiziert wird.

Im täglichen Leben können wir Aparigraha anwenden, indem wir uns immer wieder fragen: „Ist dies notwendig für mein Leben? Oder brauche ich das gar nicht wirklich? Was brauche ich wirklich?"

Aparigraha ist das letzte der Yamas, der Verbote oder Einschränkungen, die primär auf unsere Interaktion mit anderen Menschen und allgemein unserer Umwelt gerichtet sind. Wenn wir diese Verbote nicht nur einhalten, sondern gleichsam in ihrem Geist verankert sind, sodass ihr Befolgen sich „natürlich" anfühlt, so haben wir bereits einen sehr großen Schritt zur Ganzheit getan, indem wir unsere Tamas- und Rajas-Schwingungen deutlich reduziert haben.

Der nächste Schritt ist es, Sattva-Schwingungen bewusst zu erhöhen - Sattva stellt gewissermaßen den „Treibstoff" für Meditation und die Entwicklung zur Vollkommenheit dar. Sattva wird erhöht durch das Befolgen der Niyamas.

Die zweite Stufe - Niyama, die Gebote

Während die Yamas, die Verbote, eine Art allgemeiner Regel darstellen, sprechen die Niyamas mehr den spirituell strebenden Menschen an. Die Yamas beziehen sich auf die Interaktion des Menschen mit seiner Umwelt, die Niyamas betreffen mehr sein inneres Leben und stellen damit die nächst-innere Stufe des Ashtanga-Yoga dar.

Es gibt 5 Niyamas:

1. Gebot - Saucha

Saucha, die Reinheit ist eine Forderung, die sich quer durch alle Yoga-Disziplinen und Techniken zieht. Yoga als Weg ist ja nichts anderes als eine Reinigung auf allen Ebenen, während Yoga als Ziel, als höchste Einheit, das Ergebnis, die Folge dieser Reinigung bedeutet.

Die Yamas und Niyamas beginnen den Menschen auf der energetischen Schwingungsebene der Gunas zu reinigen, Asanas und Pranayamas reinigen das physische und pranische Gefüge, Gebet und Lobgesang die emotionelle Ebene, Mantras dringen mit ihrer reinigenden Kraft bis in subtilste energetische Ebenen vor, und Konzentration und Meditation vollenden schließlich die Reinigungsarbeit auf der geistigen und spirituellen Ebene (siehe dazu auch die Darstellung auf Seite 57).

So beginnt sich unser Verständnis des Reinseins wesentlich weiter spannen als lediglich die physische Ebene zu umfassen, um Patanjalis Aussage zum Thema Reinheit richtig zu verstehen:

„Durch Reinheit entsteht Ekel gegenüber dem eigenen Körper und eine Abneigung gegen physischen Kontakt mit anderen." (PYS 2,40)

Auf unserer Alltagsebene ist diese Aussage nicht zu verstehen, streben wir doch eine Harmonie von Körper, Geist und Psyche an - wie sollten wir akzeptieren, dass das Produkt von Reinigung Ekel gegenüber dem eigenen Körper ist?

Wer schon einmal gefastet hat, wird das recht subtile Gefühl am Ende der Fastenperiode vielleicht kennen: Jetzt fühle ich mich so rein, so leicht, ätherisch - und jetzt soll ich wieder zu essen beginnen? Soll wieder in eine grobstofflichere Ebene hinabsteigen? Es ist wie ein Widerwille, die feinere, höhere Ebene der Reinheit zu verlassen.

Ich war vor einigen Jahren auf einem Seminar „Meditation intensiv". Eine Woche vollständiges Schweigen. Am Ende dieser Woche schrieb ich in mein Tagebuch:

„Ende des Mouna - Jetzt wieder sprechen müssen? Das ist wie Herabsteigen, wie eine Festung der Stille, die ich nun verlassen muss. Es ist fast wie Angst, ein inneres Sträuben gegen die Anstrengung, seine Gedanken formulieren, verbal ausdrücken zu müssen, diese Sprechferien beenden zu müssen und aus einer so feinen, stillen Schwingung wieder in gröbere Formen des Daseins zurückzukehren."

Ich denke, dass wir den „Ekel" in Sutra 2,40 so verstehen müssen: Vollständige Reinheit auf allen Ebenen unseres Wesens lässt uns die Feinheit und Schönheit des spirituellen Körpers erfahren - und gegen diese Schönheit verblasst selbst der schönste physische Körper, einfach, weil er aus einem „gröberen Material gemacht ist".

Wir können im Alltag beginnen, uns zu sensibilisieren und Dinge, die nicht sattvig sind, zu identifizieren und nach Möglichkeit aus unserem Leben oder unserer Umgebung zu entfernen. Speziell sind natürlich alle Yoga-Techniken dafür konzipiert, systematisch unser Sattva, unsere Reinheit zu erhöhen. So ist also der einfachste und beste Tipp, um Sattva zu erhöhen: Praktiziere Yoga!

Aus der Reinheit, welche ja gleichsam ein anderes Wort für Sattva ist, entsteht eine Reihe von weiteren positiven Auswirkungen, welche vor allem für den weiteren Weg des Yoga große Bedeutung haben:

„Durch sattvige Reinheit entstehen geistige Klarheit, heiteres Gemüt, Konzentrationsfähigkeit, Kontrolle der Sinne und Eignung für die Verwirklichung des Selbst." (PYS 2,41)

2. Gebot: Santosha

Eine Bekannte hat einmal gesagt: „Man soll nie zufrieden sein." Dies im Sinne ständiger Verbesserung und ständigen Wachstums. Auf einer Ebene mag dies zutreffend sein, denn wenn die Menschheit vor vielen tausend Jahren in ihren Höhlen zufrieden gewesen wäre, hätten wir all die Annehmlichkeiten des heutigen Lebens nicht. Wenn die Menschen mit ihrem zwischen Lust und Leid hin- und hergeworfenen Leben zufrieden wären, so hätten sie keinen Antrieb, auf Wege zur Vervollkommnung und Befreiung zu suchen.

Santosha, die Zufriedenheit ist eine Antwort auf unsere heutige, schon bei „Aparigraha" angesprochene, durch Werbung und Medien angestachelte Unersättlichkeit und Gier.

Santosha bedeutet sattviges, zufriedenes Annehmen-Können der jeweiligen Situation, ohne sich in Wünschen und Sehnsüchten zu verlieren und sich „in ein anderes Sein hinüberzubiegen".

„Aus Zufriedenheit gewinnt man unübertroffenes Glück." (PYS 2,42)

Santosha ist gleich einem Ruhen unserer ständigen Bewegung des Wünschens und Strebens. Santosha führt uns in ein Feld des Friedens - man mag sich gut vorstellen können, wie vollkommenes Santosha, ein vollkommenes Einssein mit dem Leben, ein „Mit dem Ganzen Schwingen" sich anfühlen und zu der Erfahrung unübertroffenen Glücks führen mag.

Wir können Santosha auch verstehen als ein zufriedenes Annehmen der weniger wesentlichen, weltlichen Dinge, während unsere „innere Magnetnadel" auf Gott gerichtet ist:

> „Euch aber muss es zuerst um das Reich Gottes gehen und um seine Gerechtigkeit; dann wird euch alles andere dazugegeben." (Mt 6,33)

3. Tapas

Meist wird Tapas mit Askese übersetzt. Wörtlich bedeutet Tapas „Glut, reinigendes Feuer, Hitze" Tapas ist das reinigende Feuer, welches durch Selbstzucht und Selbstdisziplin angefacht wird.

Tapas schmilzt unsere unreine, unvollkommene Daseinsform im reinigenden Feuer der inneren Kraft, unterzieht sie einem alchemistischen Umwandlungsprozess: Die nach außen gerichteten Energien werden zu Ojas, reiner spiritueller Energie, dem „Treibstoff zur Erleuchtung", umgewandelt.

Tapas stärkt die Willenskraft und führt noch tiefer in das Sattva-Prinzip hinein, indem Unreinheiten mit großer Energie verbrannt werden.

Formen des Tapas können sein:

- Sich Dinge vorenthalten, die man gerne haben oder genießen möchte
- Dinge tun, die man nicht gern tut
- Fasten

- Früh aufstehen
- Kalt duschen
- Schweigen
- Langes Halten von Asanas, insbesondere die meditative Sitzstellung in der Meditationsübung

Das klassische Tapas, das gleichsam als Symbol des reinigenden Feuers gilt, ist Panchagni Tapas, die Askese der fünf Feuer: Der Asket sitzt in der indischen Mittagshitze inmitten von vier lodernden Feuern und über seinem Kopf glüht das fünfte Feuer, die Sonne.

Diese Art von Tapas ist bei uns nicht praktikabel, aber einige der oben angeführten Möglichkeiten lassen sich wohl, entsprechend der persönlichen Möglichkeiten und Umstände, anwenden, und man wird daraus sicherlich das Gefühl einer Reinigung und Stärkung erfahren.

In den klassischen Schriften werden fünf Arten des Tapas beschrieben:

1. den Körper der Sonne aussetzen, um die Haut hart zu machen.
2. den Körper der Hitze des Feuers hingeben, um ihn schlank und gebräunt zu bekommen.
3. Pranayama, um Hitze im Körper zu erzeugen.
4. Das Feuer der Konzentration auf einen Punkt zu entwickeln.
5. Das Feuer des Fastens.

„Durch Tapas werden Unreinheiten aufgelöst und Kräfte des Körpers und der Sinne herbeigeführt." (PYS 2,43)

Zum Beispiel kann man die intensiven Hatha-Yoga-Übungen, die von den alten Yogis durchgeführt wurden, als Tapas bezeichnen. Die reinigende Glut dieses Tapas führt zu solcher Kraft und Stärke, dass der Ausdruck des „Diamantenen Körpers" für den Hatha Yogi geprägt wurde.

Schließlich entsteht durch Kontrolle des eigenen Geistes und Konzentrationsfähigkeit eine solche enorme geistige Kraft, dass diese zu „übernatürlichen Kräften und Fähigkeiten", den Siddhis, führen kann.

Wir finden den Begriff Tapas bei Patanjali auch als Element des Kriya Yoga (Seite 58): Selbstdisziplin führt, gemeinsam mit Selbstbeobachtung und Hingabe an Gott zum Schwächen der leidverursachenden Faktoren, der Kleshas.

4. Svadhyaya

Svadhyaya heißt Selbststudium. Es hat zwei Aspekte:

A

Zum einen die kritische Selbstbeobachtung, Selbstbefragung und Innenschau: wir werden uns unserer Gedanken und Gefühle und deren Entstehen in den verschiedenen Situationen bewusst und beginnen damit, geistige Zusammenhänge zu verstehen und auch Einfluss auf die Gedanken und Gefühle zu nehmen. Der Mensch ist ohne spirituell-geistige Schulung ein Spielball der ihn umgebenden geistigen Elemente, seiner Gelüste und Abneigungen. Svadhyaya hilft uns, „das Steuerrad in unserem Geist" zu übernehmen.

Die kritische Selbstprüfung und Selbstbeobachtung, die auf die Frage „Wer oder was bin ich wirklich?" hinausläuft, wird in Sanskrit Vichara genannt. Fortgesetztes Vichara führt zu immer klarerer Sicht der Dinge, zu einem Erkennen der wahren Verhältnisse in unserem Leben. Dieses Erkennen, dessen Krönung die Antwort auf die genannte Frage nach dem Ich darstellt, heißt Viveka. Vichara und Viveka spielen eine große Rolle im Jnana Yoga, den wir im 4. Abschnitt betrachten werden.

B

Andererseits bedeutet Svadhyaya das Studium der geistigen Gesetze und Zusammenhänge. Das regelmäßige und systematische Lesen der Bibel, der Bhagavad Gita und anderer heiliger / spiritueller Schriften erhebt den Geist und führt zu innerer Reinheit.

> „Das regelmäßige Aufnehmen spirituellen Geistesgutes durch tägliches Studium führt allmählich zu einem Prozess der geistigen Transformation und Erneuerung."
>
> Swami Chidananda

Die heiligen Schriften haben, anders als weltliche Literatur, die Kraft erleuchteter Geister, die sie verfasst haben, in sich und wirken so als ein Kanal nicht nur göttlichen Wissens, sondern auch göttlicher Kraft und Energie. Deshalb sagt Patanjali:

„Svadhyaya führt zur Verbindung mit Gott" (PYS 2,44)

Das bereits diskutierte Prinzip des Satsang (Seite 24) steht in engem Zusammenhang mit Svadhyaya. Svadhyaya ist eine Form reinster und positivster geistiger Nahrung für den Aspiranten. Und Satsang ist eine Möglichkeit, sich diese geistige Nahrung „zuzuführen".

Durch fortgesetztes, intensives Svadhyaya - in beiden oben beschriebenen Aspekten - entsteht ein solches Maß an Klarheit und Reinheit im Übenden, dass er beginnt, alle Täuschungen und Schleier, die das letzte Erkennen verhüllen, auflösend, das Göttliche in sich zu berühren.

5. Gebot: Ishvara-Pranidhana

Ishvara ist der persönliche Gott, dein persönlicher Gott, mit dem du sprechen kannst, den du dir in einer bestimmten Form, etwa als Vater oder Mutter vorstellen kannst; und pranidhana heißt Hingabe, Selbsthingabe. Unter Ishvara-pranidhana ist also die vollkommene Selbsthingabe an die persönliche Gottheit zu verstehen. Dieses Prinzip ist so bedeutend und umfassend, dass es Gegenstand eines eigenständigen Yoga-Weges, des Bhakti Yoga, ist. Wir werden es in Detail im 6. Abschnitt behandeln.

Patanjali war kein Bhakti Yogi. Seine den Sutras zugrundeliegende Philosophie, der Samkhya, kennt keinen Gott, nur das Bewusstseinsprinzip und das Prinzip der Natur, aus welchen unser gesamtes Dasein entstanden ist. Dennoch erwähnt Patanjali die Hingabe an Gott als Mittel, Samadhi zu erreichen. Patanjali war Praktiker; er hat beobachtet und aus der Geschichte gelernt, dass viele Yogis durch Hingabe an Gott zur Selbstverwirklichung gefunden haben. Dies war wohl einer der Gründe, ishvara-pranidhana in die Gruppe der Niyamas aufzunehmen.

Ein anderer Grund war sicherlich das tiefere Erkennen dessen, was Selbsthingabe tatsächlich bedeutet und auslöst:

> „Selbsthingabe ist das Hingeben jener geistigen Faktoren und Elemente, die unserem Erreichen des überbewussten Zustandes im Weg stehen. So lange wir uns an diese Faktoren klammern, ist es uns nicht möglich, uns weiter zu entwickeln."
>
> Swami Chidananda

Wer könnte es schöner und klarer ausdrücken, was Selbsthingabe bedeutet als Jesus: „Dein Wille geschehe!"

Wir entwickeln Hingabe an Gott durch jene Faktoren und Praktiken, die ausführlich im Bhakti Yoga beschrieben werden; deshalb seien sie hier nur kurz aufgezählt: Gebet, fromme Meditation, Lobgesang, rechte Literatur, häufiges Denken an Gott sowie heilige Rituale.

Patanjali, der Psychologe und Praktiker, sagt sehr einfach und direkt:

„Hingabe an Gott führt zur Fähigkeit, Samadhi zu erreichen." (2,45)

Hier schließt sich der Kreis der Yamas und Niyamas. Systematisch wird am Auflösen von Tamas und Rajas und am Aufbauen von sattvigen Qualitäten gearbeitet, bis man mit dem letzten der Niyamas, der Hingabe an Gott, die letzte Vorbereitung für die Reise getroffen hat. Du hast die Fähigkeit, Samadhi zu erreichen, deine Reise, die Meditation, kann jetzt beginnen.

Die dritte Stufe - Kontrolle des Körpers

Die ersten beiden Stufen haben uns durch verschiedene Aspekte, die wir zum großen Teil im Alltag leben können, geführt. Die dritte Stufe bildet den eigentlichen Beginn der meditativen Übung.

Worauf müssen wir als erstes achten, wenn wir uns zur Meditation setzen? Auf die rechte Körperstellung. Diese bildet die Grundlage für die Meditation. Ohne die rechte Körperhaltung kann die meditative Übung keinen wirklichen Fortschritt bringen.

Etliche Interpretationen zu der dritten Stufe von Patanjalis Ashtanga Yoga zählen hier die zahlreichen Asanas des Hatha Yoga und Kundalini Yoga auf. Ich glaube, das wäre ein Vermischen von Raja und Hatha Yoga. Patanjali hat sicherlich nicht an den Schulterstand, an das Rad oder den Drehsitz gedacht, als er Asana in seinen Sutras nannte, insbesondere, da diese Hatha-Yoga-Asanas erst über tausend Jahre später entwickelt wurden!

Die heute so verbreitet praktizierten Asanas können jedoch als eine praktische Hilfe und Vorbereitung für die Meditation betrachtet werden - dies aus drei Gründen:

- Zum einen wird der Körper durch die hochwirksamen Übungen gesund erhalten und mit Energie aufgeladen - und Gesundheit ist eine sehr wichtige Voraussetzung für die Meditation. Wer in sehr schlechtem Gesundheitszustand einmal zu meditieren versuchte, wird dies bestätigen können.

- Asanas helfen durch die Reinigung des Astralkörpers, Sattva zu erhöhen, und Sattva ist ja der „Treibstoff" für die Meditation!
- Die durch die Asanas verbesserte Beweglichkeit, vor allem im Hüftgelenks-, Knie- und Fußbereich, sowie die ebenfalls durch Asanas bewirkte Stärkung der Rückenmuskulatur verbessert die Fähigkeit des Übenden, die meditative Sitzstellung über längere Zeit zu halten.

Asana als dritte Stufe des Raja Yoga bedeutet, unseren Körper kontrollieren zu lernen. Auch dabei können uns die verschiedenen in Yoga-Kursen praktizierten Asanas helfen, denn in jeder einzelnen Stellung lernen und üben wir, vollkommen still zu halten, gleichzeitig zu entspannen und aufmerksam zu beobachten bzw. eine bestimmte Visualisierung oder Konzentration, etwa auf Chakras, zu üben.

Asana heißt Stille des Körpers, Asana heißt Transzendieren, Verwandeln des Körpers - der Körper wird mit dem Zauberstab der Asana berührt und verwandelt sich in ein Mandala, ein Meditationsobjekt.

Asana heißt das meditative Stillwerden unseres Wesens, das sich auf der Ebene des Körpers ausdrückt. Asana heißt das „Durchsichtig machen" der äußersten und grobstofflichsten Schicht unseres Wesens.

Asana bedeutet, den Körper zurückzulassen - wir spüren ihn nicht mehr, wir haben ihn vergessen, er ist nicht mehr existent!

Die große Gefahr aller Körperertüchtigungs-, Fitness- und Wellness-Systeme, auch des Hatha Yoga, wenn er als solches betrieben wird, ist die Identifikation mit unserem Körper: er soll schlank, kräftig, gesund und schön sein, sonnengebräunt, glatt, muskulös, jugendlich-dynamisch und so weiter. Hier entsteht eine Wirkung, die der eigentlichen Yoga-Idee gerade entgegengesetzt ist. Unsere Bindung an das Außen, eben unseren Körper, wird fester anstatt gelöst zu werden! Dem wirkt das Prinzip von Asana im Sinne des Raja Yoga entgegen.

„Die Asana soll fest und angenehm sein." (PYS 2,46)

Hier beschreibt Patanjali die zwei wesentlichen Eigenschaften, die die meditative Sitzstellung haben muss, um eine gute Meditation zu ermöglichen:

A.

Einerseits soll der Körper unbewegt still gehalten werden, bis er geradezu in einen Zustand der Starre verfällt. Wenn auch nur die kleinste Bewegung des Körpers erfolgt, so ist die Stille der ganzen Ebene „Körper" unterbrochen. Deshalb ist es am Anfang jeder Meditationssitzung sinnvoll, einige Minuten darauf zu verwenden, die Stille des Körpers bewusst zu machen und zu vervollkommnen.

Diese Stille oder Starre ist es, die unsere normale Wahrnehmung des Körpers verwandelt: Den ganzen Tag, selbst nachts im Schlaf, bewegt man sich nahezu ununterbrochen - dies ist Teil unseres Wesens, Teil unserer Natur. Doch in der Stille der Asana wird die Natur transzendiert, überwunden. Wir simulieren zunächst und erreichen schließlich zunehmend einen Zustand, der jenseits unseres natürlichen, „normalen" Erfahrensbereiches liegt. Dieser Prozess wird in den nächsten Stufen des Raja Yoga vertieft und ergänzt, indem er auf weitere Ebenen unserer menschlichen Form erweitert wird.

B.

Andererseits ist es wichtig, dass der Körper ohne jede Spannung ist. Spannung würde etwas wie Mühe, Anstrengung, Tun bedeuten. Aber Asana ist kein Tun, sondern Empfangen. Kein Etwas-Verändern, sondern ein Sich-Öffnen. Dies hat sowohl bei der meditativen Sitzstellung Bedeutung als auch bei den körperertüchtigenden Asanas.

Asana heißt entspanntes, friedvolles Stillsitzen. Ohne jede Mühe. Asana ist leicht, angenehm, glückvoll. Asana ist dankbares Empfangen.

Wenn sich diese beiden Qualitäten verbinden zu einer Sitzstellung, die mit fortschreitender Übung immer länger gehalten wird, so ist die 3. Stufe des Raja Yoga gemeistert.

Für das lange Halten einer Stellung gibt es auch eine konkrete Vorstellung: Man hat dann „Asana Jaya", das volle Beherrschen einer Asana, erreicht, wenn man sie völlig unbewegt drei Stunden lang halten kann.

„Die Stellung wird durch das Loslassen von Spannungen und durch Meditation auf das Unendliche gemeistert." (PYS 2,47)

Hier zeigt sich, wie eng das Halten der physischen Stellung mit der Konzentration des Geistes verbunden ist: Die körperliche Stellung schafft die Basis für gute Meditation und umgekehrt lässt gute Konzentration den Körper still werden!

„Durch die Meisterung der Asana wird man frei von den Angriffen der Gegensatzpaare" (PYS 2,48)

Hier kommt ein neuer Begriff ins Spiel, die Dvandvas: Die Dvandvas, die Patanjali hier nennt, sind die Gegensatzpaare, die unsere Welt der Dualität und Polarität kennzeichnen: Heiß und Kalt, Arm und Reich, Schön und Hässlich, Groß und Klein ... Unser gesamtes Leben bewegt sich zwischen diesen Dvandvas - von dem einen Pol werden wir angezogen, der andere stößt uns ab, und so bewegen wir uns in einer Weise, die es uns erlaubt, mit möglichst vielen positiven Elementen in Kontakt zu kommen und die als negativ empfundenen zu vermeiden. So wird unser Leben zu einem hohen Maß von der Wirkung der Dvandvas auf unser Denken, Fühlen und Wahrnehmen bestimmt.

Wir entwickeln automatisch Raga-Dvesha, Zuneigung und Verlangen einerseits und Haß und Ablehnung andererseits. Wir werden zu einem Spielball dieser Kräfte, die ja, wie wir bei der Diskussion der Kleshas (Seite 58) kennengelernt haben, zu den Leid verursachenden Faktoren zählen.

Patanjali sagt hier, dass man sich durch Meisterung der meditativen Sitzstellung dem Einfluss der Dvandvas entziehen kann, womit auch die Kraft der leidverursachenden Faktoren auf unser Leben reduziert wird!

Schließlich hat die meditative Sitzstellung harmonisierende und heilende Wirkung auf unser Körpersystem. Diese Stellung wirkt so harmonisch und ausgleichend auf das Pranasystem, weil Prana gleichmäßig auf alle Körperteile verteilt wird. Da die Yoga-Philosophie davon ausgeht, dass Krankheiten durch Mangel oder ungleichmäßige Verteilung der Lebensenergie Prana hervorgerufen werden, kann man die Wirkung der meditativen Sitzstellungen auch auf die physische Gesundheit wohl verstehen.

Die Philosophie, die hinter dem Prinzip ASANA im Raja Yoga steht, ist, dass wir mit der Kontrolle und dem Transzendieren unserer physischen Ebene beginnen, unser Verhältnis zu der gesamten physischen Ebene unserer Welt zu verändern. Indem wir in der völligen Ruhigstellung des Körpers in der Asana unseren Körper lichter, leichter, durchscheinender und ätherischer erfahren, werden wir zunehmend imstande, das gesamte Feld der körperlichen Erfahrungen mit Distanz zu betrachten und erfahren. Asana hilft uns also, uns von unserer Abhängigkeit, von unserem Ausgeliefertsein von der materiellen Welt sachte zu lösen, um uns für Erfahrungen bereit zu machen, die auf höheren Existenzebenen liegen.

Wenn wir dies zu verstehen und zu fühlen beginnen, dann werden wir bereit, eine Stufe tiefer zu gehen:

Die vierte Stufe - Kontrolle des Prana

Im Konzept der Panchakosha (Seite 56) ist nach der körperlichen Hülle (Annamaya Kosha) die nächst feinere Schicht der Pranakörper (Pranamaya Kosha). Die vierte Stufe des Raja Yoga nach Patanjali widmet sich der Pranamaya Kosha.

Die verschiedenen Pranayamas sind Hatha-Yoga-Techniken, die den Atem als Werkzeug einsetzen, um Prana zu verändern. Denn man erkannte schon sehr früh, dass der Atem eine Manifestation des Prana ist - Prana ist die Kraft, die Ursache und der Atem ist sein Ausdruck oder die Wirkung. Durch Pranayama gewinnen wir also Einfluss auf unseren Pranakörper.

Ähnlich wie auf der dritten Stufe die Asanas können wir hier die Pranayama-Techniken als eine Vorbereitung und Hinführung zu jener Stufe der Meditation betrachten, die Patanjali als Pranayama definiert:

„Die nächste Stufe ist Pranayama, bei der die Bewegung von Ein- und Ausatmung kontrolliert wird." (PYS 2,49)

Kumbhaka, das Luftanhalten, hat bei den Pranayama-Techniken zentrale Bedeutung, wie wir bei der Diskussion des Hatha-Yoga (Abschnitt 3) feststellen werden. Auch Patanjali erkennt den Wert der Pranayama-Übungen, wenn er auch unter der vierten Stufe etwas anderes versteht. Pranayama, vor allem fortgeschrittene und intensive Pranayamas haben massive Auswirkungen auf unser Befinden, indem sie simultan Sattva erhöhen und Tamas und Rajas reduzieren sowie Tapas, das reinigende innere Feuer, anfachen. In Sutra 1,34 gibt Patanjali einen Hinweis auf die Wirkung der Pranayamas, indem er ihnen den Geist klärende Wirkung bestätigt. So können wir Pranayama-Übungen als wirksame Vorbereitung für die Meditation durchführen - die Konzentration auf das Objekt der Meditation wird spürbar verbessert.

Auf der vierten Stufe des Raja Yoga erhält das Luftanhalten eine neue Dimension, wie Sutra 2,51 zeigt:

„Die vierte Art des Pranayama (neben Einatmung, Ausatmung und Luftanhalten) geht über den Bereich von Einatmung und Ausatmung hinaus."

Diese vierte Art des Pranayama ist Kevala Kumbhaka. Kevala heißt frei und Kumbhaka heißt Luftanhalten. Bei Kevala Kumbhaka steht der Atem spontan still, ohne Verbindung zu einer Atembewegung. Kevala Kumbhaka ist das spontane Stillstehen der Atmung in tiefer Meditation. Dieses Stillstehen ist ein Ausdruck eines spezifischen Zustandes der Pranamaya Kosha. Und es ist genau dieser Zustand des Pranakörpers, den Patanjali unter der vierten Stufe des Raja Yoga, Pranayama, versteht.

Wenn unsere Meditation tiefer und tiefer wird, kann man beobachten, dass die Atmung zunehmend feiner und „dünner" wird. Die Amplitude wird immer kleiner, die Menge Luft, die mit jedem Atemzug ein- und ausgeatmet wird, wird immer geringer. Wenn die Meditation noch tiefer wird, so geht der Atem „nicht mehr über die Nasenlöcher hinaus". Dieses für unsere Wissenschaftler unerklärliche Phänomen wird als Kevala Kumbhaka, als meditativer Atem bezeichnet.

Auf der Ebene des Kevala Kumbhaka steht der Atem still und unsere Pranamaya Kosha, der Pranakörper ist sozusagen mit dem kosmischen Pranakörper synchronisiert.

Wenn wir nur unseren physischen Körper betrachten oder wenn wir ihn als getrennt von Geist und Energiekörper betrachten, so ist Kevala Kumbhaka tatsächlich nicht zu verstehen. Wenn wir aber die Luft als eine Art von Träger für das Prana betrachten, so können wir vielleicht verstehen, dass es uns ein bestimmter Zustand unseres Wesens erlaubt, Prana ohne den gewohnten Träger, direkt aus dem Kosmos aufzunehmen. Dieser Gedanke erklärt auch, wie es möglich ist, dass sich Yogis für mehrere Wochen und sogar Monate ohne Luftvorrat vergraben lassen können und wie Menschen über Jahrzehnte ohne Nahrung leben können!

Lange vor der Zeit der ersten Hatha-Yogis, rund tausend Jahre früher, hat Patanjali bereits die enge Beziehung zwischen Prana und Geist erkannt und das Wissen dieser Beziehung in sein System des Ashtanga Yoga integriert. Hier, auf der Stufe des Pranayama stehen wir an der Brücke, die Hatha Yoga und Raja Yoga miteinander verbindet. Das Beeinflussen des Prana führt zur Kontrolle des Geistes - dies ist der Schlüssel zum Verstehen der zentralen Rolle, die Pranayamas im Hatha Yoga spielen, und dies ist auch der Grund, weshalb Patanjali der Kontrolle der Strukturen unseres Pranakörpers sehr große Bedeutung beigemessen hat.

Wir werden uns mit dem Phänomen und dem Wesen des Prana bei der Betrachtung des Hatha Yoga ausführlicher befassen.

Es ist eine sehr tiefgründige Logik hinter dem Aufbau und der Reihenfolge der einzelnen Stufen des Ashtanga Yoga. Jede Stufe, wenn sie zu einem sehr hohen Maß beherrscht wird, führt zu einem geradezu spontanen Erwachen und Öffnen der nächsten Stufe. So führt die Beherrschung von Asana, die völlig stille und entspannte Sitzstellung zu einem Stillwerden des Pranakörpers, was den Praktizierenden auf die vierte Stufe, Pranayama, erhebt und zu Kevala Kumbhaka führt. Das so auf tieferer Ebene kontrollierte Prana erhöht die Klarheit des Geistes und führt über die vorübergehende Deaktivierung der Sinnesfunktionen (5. Stufe) zu tiefster Konzentration (6. Stufe). Wenden wir uns also zunächst der fünften Stufe zu, dem Zurückziehen der Sinne:

Die fünfte Stufe - Das Zurückziehen der Sinne

Pratyahara, das Zurückziehen der Sinne, spielt im Prozess des Yoga eine Schlüsselrolle, denn es ist das Tor, das von den äußeren Stufen, die wir bis hierher diskutierten, zu den inneren oder höheren Stufen führt.

Der Begriff Pratyahara setzt sich aus zwei Sanskritworten zusammen, aus Prati und aus Ahara. Ahara bedeutet Nahrung oder etwas, das wir uns von außen zuführen; prati ist eine Präposition, die „gegen" oder „weg" bedeutet. Also bedeutet Pratyahara einen Vorgang, der das Aufnehmen von äußeren Elementen und Einflüssen blockiert oder abwehrt.

Pratyahara findet eine bildliche Darstellung im klassischen Gleichnis von der Schildkröte, die ihre Gliedmaßen unter ihren Panzer zurückzieht und damit den Kontakt zur Außenwelt weitgehend reduziert.

Aber nicht nur im Raja Yoga, auch im Hatha Yoga wird die Bedeutung des Pratyahara sehr hoch bewertet:

> „Werden Prana (Energie) und Manas (Geist) durch die Praxis des Pratyahara absorbiert, so wird eine unbeschreibliche Freude empfunden."
>
> (Hatha Yoga Pradipika - HYP 4,30)

Wir können zwischen zwei Stufen des Pratyahara unterscheiden:

1. Zurückziehen der Sinnesorgane von den Sinnesobjekten (z.B. das Schließen der Augen oder der Verzicht auf den abendlichen Fernsehfilm)

2. Zurückziehen des Geistes von den Sinnesorganen (z.B. nimmt man visuelle Eindrücke nicht wahr, trotzdem die Augen geöffnet sind, oder man ist so mit seinen Gedanken beschäftigt, dass man von einem Kinofilm nichts mitbekommt).

1. Die erste oder äußere Stufe strebt danach, den Kontakt der Sinnesorgane mit den Objekten zu reduzieren, wobei es hier abermals zwei Ebenen gibt:

a. Absolutes Reduzieren der Eindrücke

b. Reduzieren der negativen Eindrücke

David Frawley, Leiter des Instituts für Vedische Studien in New Mexico über Pratyahara:

> „Indriya-Pratyahara, die Beherrschung der Sinne, ist die wichtigste Form von Pratyahara, was wir in unserer von den Massenmedien geprägten Kultur vielleicht nicht gerne hören. Die meisten Menschen sind mit Sinneseindrücken überladen, weil sie unaufhörlich vom Fernsehen, vom Rundfunk und von Computern, von Zeitungen, Zeitschriften und Büchern damit bombardiert werden. Unsere Kommerzgesellschaft ist darauf angewiesen, durch Reizung der Sinne Interesse zu wecken. Wir werden ständig mit grellen Farben, lauten Geräuschen und dramatischen Gefühlen konfrontiert. Wir schwelgen darin, wir sind daran gewöhnt.
>
> Die Sinne haben jedoch wie schlecht erzogene Kinder ihren eigenen Willen, der weitgehend dem Instinkt folgt. Sie sagen dem Geist, was er tun soll. Wenn wir sie nicht zur Vernunft bringen, beherrschen sie uns mit endlosen Forderungen. Wir finden diese endlose Sinnesaktivität schon so normal, dass wir gar nicht mehr wissen, wie man den Geist beruhigt. Wir sind zu Geiseln der sinnlichen Welt und ihrer Verführungen geworden. Wir laufen allem nach, was die Sinne reizt und vergessen die höheren Lebensziele. Darum ist Pratyahara für den heutigen Menschen wohl das wichtigste Glied im Yoga.
>
> Bei Pratyahara geht es vor allem um die richtige Aufnahme der Sinneseindrücke. Wir achten zwar darauf, was wir essen und mit wem wir uns anfreunden, doch bei den Sinneseindrücken sind wir nicht so wählerisch. Wir nehmen über Massenmedien bereitwillig auf, was wir in unserem eigenen Leben niemals dulden würden. Wir lassen durch Filme Leute in unser Haus, denen wir im wirklichen Leben die Tür weisen würden. Welche Eindrücke nehmen wir jeden Tag auf? Können wir im Ernst erwarten, dass sie keine Wirkung auf uns haben? Starke Sinnesreize trüben den Geist und ein trüber Geist löst sorglose, rücksichtslose oder gar gewalttätige Handlungen aus.
>
> Wir dürfen die Rolle der Sinneseindrücke nicht unterschätzen. Sie machen uns zu dem, was wir sind, weil sie das Unterbewusstsein beeinflussen und seine latenten Neigungen stärken."

Was können wir tun, um Pratyahara auf dieser Ebene umzusetzen?

Ähnlich wie das Fasten uns körperlich regeneriert, so können wir uns vorübergehend von allen Sinneseindrücken zurückziehen, etwa mit einer Meditation oder einer Stillephase im Getriebe des Alltags; oder wir können uns eine Phase des „Medienfastens" verordnen, während der wir auf Fernsehen, Rundfunk und Zeitschriften verzichten.

Eine Möglichkeit teilweisen Pratyaharas ist das Aufnehmen einförmiger Eindrücke. Ebenso wie das Verdauungssystem beeinträchtigt wird, wenn wir sehr verschiedenartige Speisen bei einer Mahlzeit zu uns nehmen, und geheilt wird, wenn wir eine gewisse Zeit „Mono-Diät" einhalten, so wird auch unser „geistiges Verdauungssystem" geheilt, wenn wir für einige Zeit einförmige Eindrücke aufnehmen. Zum Beispiel können wir beim Spazierengehen eine Pause machen und den Himmel oder die Wolken betrachten oder den Wald, oder wir können uns auf ein gleichförmiges Geräusch konzentrieren, etwa auf den Wind oder das Rauschen eines Baches.

Die zweite oder innere Stufe des Pratyahara ist das Zurückziehen des Geistes von den Sinnesorganen: Selbst wenn die Sinnesorgane aktiv sind und Eindrücke aufnehmen, nimmt sie der absorbierte Geist nicht auf, wie beispielsweise das ins Spiel vertiefte Kind den Ruf der Mutter aus dem Nebenzimmer nicht hört.

Wir beherrschen die Sinne (jene Teile des Geistes, die für das Verarbeiten von Sinneseindrücken zuständig sind), indem wir unsere Aufmerksamkeit von ihnen abziehen. Auf diese Weise steht Pratyahara in engem Zusammenhang mit der nächsten Stufe, der Konzentration. Denn wenn ich mich auf mein Meditationsobjekt mit größter Ausschließlichkeit konzentriere, werde ich nichts hören und nichts sehen.

Aber auch mit der vorhergehenden Stufe, Pranayama, steht Pratyahara in enger Verbindung, da die Kontrolle des Pranas den Boden für das Kontrollieren der Sinne bereitet.

„Wenn die Sinne nicht in Kontakt mit den Objekten treten und gleichsam in die Natur des Geistes eingehen, entsteht Pratyahara. So entsteht die höchste Meisterschaft über die Sinne."

PYS 2,54-55

Ein Beispiel vollkommenen Pratyahara auf dieser Stufe wird vom großen Meister Swami Sivananda erzählt:

Einmal sagte Swami Sivananda, er wolle den ganzen Tag hauptsächlich meditieren und deshalb nicht ins Büro kommen. Seine Schüler dachten in diesem Moment nicht daran, dass das der Tag war, an dem die Straße gemacht werden sollte, die direkt an Swami Sivanandas Hütte vorbeiführte. Den ganzen Tag arbeiteten die Straßenbauer also dort mit dem Presslufthammer und allem, was so mit dem Straßenbau zusammenhängt. Am Abend, als Sivananda zur gemeinsamen Meditation kam, entschuldigten sich die Schüler, dass sie ihn nicht vorgewarnt hatten. Er fragte, wieso und wovor. „Naja, die Straßenarbeiten..." Swami Sivananda sagte: „Ich habe nichts gehört." und er war wirklich total erstaunt, als sie ihm das sagten. Er war nicht nur höflich, sondern er hatte tatsächlich nichts gehört. Er hatte einen Presslufthammer direkt neben seinem Meditationsraum nicht gehört. Das ist Pratyahara in Vollendung.

Dieses vollendete Pratyahara zeigt, dass die Sinne, sobald ihnen durch das auf der vierten Stufe erfolgte Kontrollieren des Prana der Treibstoff entzogen wurde, ihre normale Funktion aufgeben: Man hört, sieht und fühlt nichts, wie die Hatha Yoga Pradipika in den Sutras 4,106 und 4,109 beschreibt: **"Während Unmani Avastha (Samadhi) ist der Körper wie ein Holzklotz; ein Yogi in Samadhi ist gegenüber Geruch, Geschmack, Berührung, Ton, Gestalt oder Farbe empfindungslos."** Die Sinnesorgane sind stillgelegt und geben den Blick frei auf eine neue, innere Dimension.

Pratyahara hat auch eine enge Beziehung zu Vairagya, dem Loslassen. Vairagya spielt als das Loslassen innerer Verhaftungen an weltliche, aber auch geistige Objekte eine zentrale Rolle im Jnana Yoga, und ebenso ist Vairagya für den Praktizierenden des Raja Yoga eine große Hilfe, um Pratyahara zu erzeugen, besonders im Alltag. Je mehr wir uns der Vergänglichkeit der Dinge des äußeren Lebens bewusst werden, um so besser ist der Boden für den Prozess des Pratyahara bereitet.

Effektives Pratyahara stoppt das Entstehen neuer Samskaras (Eindrücke im Geist) und Vasanas (Neigungen im Geist). Wirklich effektives Pratyahara führt dazu, dass die äußere Welt allmählich ihren unmittelbaren Einfluss auf den Geist des Yogi verliert. Der Yogi erhält sein spirituelles Bewusstsein aufrecht, auch wenn er umgeben von den Objekten der Welt ist - er lebt IN dieser Welt, doch wissend und fühlend, er ist nicht VON dieser Welt.

Kontrolle über die zehn Sinne

Nach der Samkhya-Philosophie verfügt der Mensch über zehn Instrumente, durch die er in Kontakt mit seiner Umwelt treten kann. Diese Instrumente werden als Indriyas bezeichnet. Es handelt sich um die fünf Wahrnehmungs- (Jnanendriyas) und die fünf Handlungsorgane (Karmendriyas). Für effektives Pratyahara müssen wir all diese zehn Instrumente berücksichtigen, denn es genügt nicht, lediglich die Wahrnehmungsorgane, unsere fünf Sinne, zu kontrollieren. Wir müssen auch unsere fünf Organe des Handelns in unsere Übung mit einbeziehen.

Die fünf **Wahrnehmungssinne** sind das Fühlen, das Hören, das Riechen, das Schmecken und das Sehen. Von ihnen sind vermutlich das Fühlen, Schmecken und das Sehen die kritischen Sinne, denn sie verlangen am vehementesten nach „Nahrung". So spürt der fastende Mensch vielleicht nicht so sehr Hunger als das Verlangen, etwas zu schmecken. Und die Augen suchen nach Schönem, die Haut nach angenehmen Berührungen.

Wir üben Pratyahara, indem wir uns vermehrt in einem Umfeld aufhalten, welches nicht von Sinnesreizen überflutet ist; zudem beobachten wir das aufsteigende und wieder nachlassende Verlangen unserer Wahrnehmungssinne und versuchen nicht mehr, jedes noch so kleine Verlangen zu befriedigen. Allmählich werden wir mehr und mehr Kontrolle über unsere Wahrnehmungssinne erlangen.

Die fünf **Handlungsorgane** sind die Hände, Füße, der Mund, die Fortpflanzungs- und die Ausscheidungsorgane. Es ist leicht vorstellbar, dass Menschen, die sehr viel arbeiten (Hände), reisen (Füße), reden (Mund), Sex haben und viel essen (und daher viel ausscheiden), durch diese exzessive Tätigkeit eine innere Agitation erfahren, die sie geistig nicht zur Ruhe kommen lässt. So raten die Yoga-Autoritäten dem ernsthaften Aspiranten, nicht zu viel (körperlich oder geistig) tätig zu sein, nicht viel zu reisen, Perioden des Mouna (Schweigen) einzuhalten, sowie mäßig in der Sexualität und beim Essen zu sein.

Die umfassende Mäßigung aller zehn Wahrnehmungs- und Handlungsorgane wird als integrales Pratyahara dazu führen, dass wir die fünfte Stufe des Raja-Yoga gemeistert haben und an der Schwelle zur sechsten Stufe stehen.

Die sechste Stufe - Konzentration

Mit den vorangegangenen Stufen des Ashtanga Yoga haben wir systematisch die äußeren Schichten unseres Wesens gereinigt und transzendiert: Die Annamaya-Kosha durch Asana (3. Stufe), die Pranamaya Kosha durch Pranayama (4. Stufe), die Manomaya Kosha (5. Stufe) durch Pratyahara; und hier auf der sechsten Stufe beginnen wir am höheren Geist, Buddhi, zu arbeiten und transzendieren damit die nächste Schicht, Vijnanamaya Kosha. So beginnen wir in immer feinere und subtilere Ebenen unseres Seins vorzudringen.

Konzentration hat nicht nur im Yoga, sondern ganz allgemein im ganzen Leben, größte Bedeutung. Sei es im Beruf oder im Privatleben - in allen Bereichen des Lebens verhilft uns Konzentration zu mehr Klarheit, besseren Leistungen, besserem Gedächtnis und erhöhter Lebensfreude.

„Dharana (Konzentration) ist das Fixieren des Geistes auf eine Stelle" (PYS 3,1)

Hier betreten wir den 3. Abschnitt der Yoga Sutras von Patanjali, den inneren oder höheren Bereich der Meditationspraxis. Dieser beginnt mit dem Konzentrieren aller Gedankenwellen auf ein einziges Objekt, das wir als Meditationsobjekt bezeichnen. Unser gesamter Geist sammelt sich in diesem einen Punkt. Dies hat zwei Aspekte:

1. Einerseits wird der gesamte restliche Bereich des Geistes in Dunkel gehüllt, was eine Vertiefung des Zurückziehens der Sinne (Pratyahara) bedeutet;
2. Andererseits wird durch die Konzentration ein tieferliegender Prozess ausgelöst - der Geisteszustand verändert sich vom konzentrierten Wachzustand zum meditativen Zustand, er bewegt sich von Ekagrata (Einpünktigkeit) zu Nirodha (Transzendenz). Nur Konzentration vermag diese Veränderung zu bewirken. Konzentration ist das Tor zu Meditation.

Um die Bedeutung der Konzentration in größerer Tiefe zu verstehen, wollen wir hier drei Eigenschaften der Natur des Geistes betrachten:

1. Zunächst hat der Geist eine starke „angeborene" Neigung, sich äußeren Dingen zuzuwenden. Dies nennt die Yoga-Philosophie Bahirmukhatva: „Das Gesicht (mukha) ist nach außen (bahir) gewendet". Dieser Tendenz versuchen wir durch die verschiedenen Formen des Pratyahara entgegenzuwirken.
2. Zweitens hat der Geist eine Tendenz zu „objektifizieren", die man Vishayakara nennt. Deshalb wird es dem Übenden geraten, bei seiner Meditationsübung zunächst mit konkreten, vorstellbaren Objekten zu arbeiten, wie etwa mit dem Atem, einem äußeren Symbol, Chakra oder einer konkreten Visualisierung. Andererseits ist das Konzentrieren auf den formlosen Brahman oder auf das göttlichen Selbst für Anfänger schwierig und meist nicht erfolgreich.
3. Und schließlich liegt es in der Natur des Geistes, sein Zentrum ständig zu verlagern, Nanatva. Diese Eigenschaft, die aus Rajas entsteht, haben wir bei den Geisteszuständen auf Seite 55 als Kshipta, als Fluktuieren des Geistes, kennen gelernt. Wir fühlen es bei unseren Versuchen, uns zu konzentrieren, geradezu, wie sehr es für den Geist natürlich erscheint, sich dauernd zu bewegen, seinen Fokus zu verlagern, und wie „schmerzhaft" es für den Geist zu sein scheint, sich für eine gewisse Zeit ausschließlich auf ein Objekt zu konzentrieren.

   Abgesehen von dem erwähnten „Tauziehen" mit dem Geist um Konzentration gibt es hier einen Trick der alten Yogis: Man versucht, dem Geist innerhalb verschiedener Aspekte des Konzentrationsobjektes „freien Auslauf" zu lassen, womit der sowohl seiner Natur gerecht werden kann als auch konzentriert ist. Beispielsweise lässt man die Aufmerksamkeit durch die einzelnen Chakras kreisen oder lässt sie der Atmung folgen, die ja (bis zum Kevala Kumbhaka) sich in ständiger Bewegung befindet. Diese Art von Meditationen sind vor allem am Anfang des Übens sehr wertvoll, weil sie der Tendenz des Geistes nicht entgegenarbeiten, sondern diese sogar für die Meditation gezielt einsetzen.

Auf der Ebene des Dharana ist Konzentration mit einer gewissen Anstrengung verbunden; es ist ein Tauziehen zwischen dem „Höheren Geist" und dem „Niederen Geist". Dieser sagt: „Konzentriere dich auf dein Mantra!". Jener aber hält nichts davon und will über Probleme oder Erinnerungen oder etwas anderes nachdenken. Dieses Tauziehen findet ausschließlich in deinem Inneren statt: Du hast die Augen geschlossen, es mag um dich herum vollständig still sein und dein Körper und deine Atmung sind ruhig und entspannt. Und dennoch ist drinnen dieser Aufruhr.

Je besser wir den Geist durch das Praktizieren der Stufen 1 bis 5 vorbereitet haben, desto leichter wird der Geist klar und zu starker Konzentration fähig sein. Denn was den Geist daran hindert, sich zu konzentrieren, ist nichts anderes als das Dominieren von Tamas und Rajas. Hier, auf der Stufe der Konzentration lässt sich genau und zuverlässig ablesen, wie gut wir unsere „Hausaufgaben" gemacht haben. Und wer ehrlich zu sich selbst ist, kann mit Kenntnis der fünf vorhergehenden Stufen ebenso klar erkennen, welche Voraussetzung er nicht erfüllt hat.

Wer schon versucht hat, zu meditieren, mag diesem Phänomen bereits begegnet sein: Man setzt sich zur Meditation, schließt die Augen, atmet ein paar mal tiefer durch, lässt den Atem ruhiger werden und der Geist ist ruhig. Wie wundervoll! Gerade erst begonnen und schon ist der Geist still und klar. Aber nicht lange währt die Freude, denn bald schon geht es „von innen" los: Jetzt, da die äußeren Einflüsse ausgeschaltet sind, hat der Geist nur schnell aufgeatmet, um aber sehr schnell die innere „Szenerie" aufzublenden. Wir haben uns von der uns umgebenden Welt zurückgezogen, aber den gesamten so freigewordenen Raum haben nun die inneren Kräfte ausgefüllt, zusätzlich zu dem von ihnen ohnehin schon beanspruchten Raum!

Es ist vergleichbar mit dem Stille suchenden Menschen, der durch so leise Geräusche zu irritieren ist, die der im Alltagslärm stehende Mensch gar nicht wahrnimmt. Das Problem mit diesen Vrttis (Gedankenwellen), diesen spontan auftauchenden Gedanken, Bildern, Worten und Gefühlen ist, dass wir uns sofort mit ihnen identifizieren, die Gedanken weiterspinnen, verwandte Gedanken aus dem Gedächtnis hervorholen, vergleichen - und schon sind wir in einer Gedankenkette, die uns ein beträchtliches Stück von unserer Übung der Meditation weggeführt hat.

Die Lösung liegt darin, diese aufsteigenden Gedanken mit dem Gefühl der Distanz zu beobachten, gleich Wolken am Himmel, wie etwas, das einerseits nicht wichtig ist für uns, und das andererseits etwas außerhalb von uns ist. Ich fühle mich als Zeuge meiner Gedanken. ich beobachte sie, wissend: Ich bin nicht meine Gedanken. Du kannst also nicht das Aufsteigen von Gedanken aus deinem Unterbewusstsein verhindern, aber du kannst beeinflussen, wie du mit ihnen umgehst.

Am besten ist es, die in der Meditationsübung auftauchenden Gedanken und Assoziationen sofort bei ihrem Entstehen zu entdecken und bewusst zu machen, bevor sie den ganzen Geist besetzt haben.

Ein Symbol für die Konzentration ist das Brennglas: Die zerstreuten Kräfte des Lichts werden durch die Linse gesammelt und auf einen Punkt konzentriert. Die Wirkung ist überwältigend! Ähnlich ist es mit der Wirkung der Konzentration im Prozess des Raja Yoga: Durch die Kraft der „erhitzten Geistesstrahlen" verwandeln sich diese und ermöglichen das Eintreten in die siebente Stufe, in den meditativen Zustand.

Die siebente Stufe - Meditation

Dhyana oder Meditation ist eine natürliche und spontane Folge tiefer Konzentration, so wie Schlaf die natürliche Folge tiefer Entspannung ist. Meditation kann, ebenso wie der Schlaf, nicht erzwungen werden, aber sie kommt von selbst, wenn die Voraussetzungen geschaffen wurden. Dadurch, dass man die Meditation nicht willentlich herbeiführen kann, hat man stets das Gefühl, dass man „in Meditation fällt", oder in sie „hineingesogen" wird oder dass sie wie ein Geschenk von oben ist.

Wie dem auch sei, wer sich fragt, ob er im meditativen Zustand war, war es vermutlich nicht - ähnlich wie bei der Verliebtheit: Wenn man verliebt ist, dann weiß man es einfach. Es ist eine sehr deutlich fühlbare Veränderung, wenn man von Konzentration (oder Achtsamkeit, je nach Meditationstechnik) in den meditativen Zustand sinkt: Es wird zu einem Fließen, einem ruhigen, gleichmäßigen Strömen der Aufmerksamkeit, eine Erfahrung tiefer Stille und intensiven, bewussten Hierseins. Es gibt keine störenden Gedanken, der Geist fließt „wie Öl von einem Behälter in den anderen" zum Objekt der Meditation.

„Bilden die Bewusstseinsinhalte einen ununterbrochenen Strom, so ist dies Dhyana" (PYS 3,2)

Doch in dem Augenblick, in dem man sich dessen bewusst wird und darüber nachzudenken beginnt, ist dieser Zustand beendet! Es ist wie ein überaus zartes Gespinst, das sehr leicht zu zerreißen ist: Der leiseste Gedanke reißt uns wieder aus dem Zustand der Meditation.

Die Yoga-Philosophie definiert drei Bewusstseinszustände, die avasthas:

1. Der Geist kann zunächst im Wachzustand sein. Das Tagesbewusstsein regiert diesen Zustand, den man **Jagrat Avastha** nennt.

2. Wenn wir träumen, hat der Geist auf einen grundsätzlich anderen „Modus" geschaltet: das Tagesbewusstsein ist ausgeblendet, dafür wird das Unterbewusste aktiv. Die Yoga-Philosophie nennt diesen Zustand **Svapna Avastha**.
3. Ruhen sowohl das Tages- als auch das Unterbewusstsein, so treten wir in den Zustand des traumlosen Tiefschlafes, **Sushupti Avastha**, ein.

Über diese drei Zustände des Geistes hinausgehend gibt es den sogenannten „vierten Zustand", **Turiya**. Wenn in der Meditationsübung unser Bewusstsein vom konzentrierten Zustand einpünktiger Konzentration in den Bereich des Fließens überwechselt, so wird dieser Zustand als „der Vierte", Turiya, bezeichnet. Turiya ist gleichbedeutend mit dem meditativen Zustand, der 7. Stufe des Raja Yoga. Er ist dadurch gekennzeichnet, dass wir wach und klar sind, was Jagrad Avastha kennzeichnet, ohne jedoch dessen Fluktuieren des Geistes zu erfahren, aber gleichzeitig völlig gelöst sind und tiefen Frieden und Freude erfahren - das Merkmal des Tiefschlafes, der jedoch unbewusst ist: Wir verbinden also die wünschenswerten Merkmale von zwei verschiedenen Bewusstseinszuständen.

Diesen Zustand des Fließens des Geistes gibt es nicht nur in der Meditationsübung, sondern auch, wenn wir im Alltag etwas mit außergewöhnlich großer Hingabe und Aufmerksamkeit tun: Auf einmal fließt man mit der Sache, oder die Handlung fließt durch einen hindurch. In diesen Momenten kann man Außergewöhnliches leisten und sich dennoch dabei frei und gelöst fühlen. Die westliche Psychologie hat diesen Zustand, diese Erfahrung als „Flow", als Fließen bezeichnet.

Der Zustand der Meditation ist jedoch, so wunderbar und friedvoll und klar er auch ist, nicht die höchste Stufe. Die Krönung der Yoga-Praxis ist Samadhi.

Die achte Stufe - Samadhi

Im Zustand der Meditation ist noch der oder die Erfahrende vorhanden: Du bist da und erfährst dieses Fließen, erfährst die Freude, die daraus entsteht. Es ist also eine persönliche Erfahrung, bei der eine gewisse Form von Ich-Gefühl vorhanden ist.

Samadhi geht auch über diesen Zustand hinaus, indem auch der Erfahrende verschwindet und nur noch der Meditationsgegenstand als absolutes Sein erfahren wird:

> „Wenn nur die eigentliche Bedeutung des Meditationsgegenstandes, frei von Subjektivität erstrahlt, so ist dies Samadhi." (PYS 3,3)

Der Begriff Samadhi bedeutet Sammlung, Einheitserfahrung, das „Ins-Ganze-Fließen"; er wird auch als Ekstase bezeichnet - man ist aus seiner normalen, begrenzten Seinssphäre „herausgetreten" und hat das Reich der gewöhnlichen Erfahrung, die durch Dualität, Subjektivität und Wechselhaftigkeit gekennzeichnet ist, verlassen.

Stufen des Samadhi

Patanjali beschreibt im ersten Teil der Yoga-Sutra verschiedene Stufen des Samadhi.

Samprajnata Samadhi ist mit Denken, Überlegen, Freude und reinem Ich-Gefühl verbunden.

Asamprajnata Samadhi entsteht, wenn durch Übung alle geistigen Inhalte zur Ruhe gebracht wurden und nur unmanifestierte Eindrücke verbleiben

(PYS 1,17-18)

Entsprechend dem ersten Teil dieser Aussage gibt es verschiedene Stufen des Samprajnata-Samadhi (sam=mit; prajna=geistige Aktivität), je nachdem, ob vitarka (Denken), vichara (Überlegen), ananda (Freude) oder asmita (Ich-Bewusstsein) im Bewusstsein dominieren. Der Asamprajnata-Samadhi lässt alle geistigen Bewegungen zurück, er überschreitet die Sphäre des Geistes; Asamprajnata Samadhi ist das Ziel des Yoga.

1. Samprajnata Samadhi ist eine vom Ich-Bewusstsein begleitete Ekstase, die aus dem Einswerden mit dem Objekt der Konzentration entsteht. Dieser „niedere Samadhi" wird unterteilt in die folgenden Arten:

1a - Savitarka Samadhi: Hier verschmelze ich mit einer konkreten Form, auf die ich mich kon zentriere, zum Beispiel mit einer Krishna- oder Jesus-Statue. Hier tauchen noch ab und zu Gedankenblitze auf, die nichts mit dem Konzentrationsobjekt zu tun haben.

1b - Nirvitarka Samadhi: Auf dieser nächst tieferen Ebene hören die „Interferenz-Gedanken" auf und die Konzentration wird noch tiefer.

1c - Savichara Samadhi: Wenn ich über die äußere Form hinausgehe und in die Essenz, die Idee von Krishna oder Jesus eindringe und mit ihr verschmelze, bin ich in Savichara Samadhi.

1d - Nirvichara Samadhi: Sobald auch hier ein durch spontane Gedanken nicht mehr gestörter Fluss der Geistsubstanz zu der Essenz des Konzentrationsobjektes hin stattfindet, so ist dies Nirvichara Samadhi.

1e - Sananda Samadhi: Der Zustand des Einswerden mit dem Objekt der Konzentration führt direkt und spontan zu der Erfahrung höchster Freude, Ananda. In Sananda Samadhi WIRST du zu dieser Wonne oder Seligkeit.

1f - Sasmita Samadhi: Der höchste Zustand des Samprajnata Samadhi entsteht, wenn man ein Einheitsgefühl mit dem gesamten Kosmos erfährt, sozusagen ein „kosmisches Ego". Man ist hier der Erfahrung der höchsten Einheit bereits sehr nahe:

2. Asamprajnata Samadhi ist die absolute Erfahrung reinen Seins, jenseits jeder Dualität. Dies schließt alle niederen Samadhi-Stufen in sich ein, transzendiert sie jedoch gleichzeitig. Dieser höchste Zustand des Geistes, der als kosmisches Bewusstsein, als Erleuchtung und als mystische Hochzeit bezeichnet wird, ist von seiner Natur her jenseits jeder Beschreibbarkeit. Wer ihn erfährt, versucht ihn als Licht, als höchste Freude, als totales Einssein, als Gottesschau zu beschreiben, ist sich aber bewusst, dass diese Worte nicht mehr als eine schwache Ahnung dieses Zustandes vermitteln können.

Asamprajnata Samadhi ist gleichbedeutend mit Selbstverwirklichung. Für die Zeit dieser Erfahrung wird man eins mit dem kosmischen Selbst, mit Gott. Wenn Asamprajnata sich öfter wiederholt und länger andauert, erreicht der Meditierende den Punkt, an dem es kein Zurück mehr gibt: die endgültige Befreiung ist erreicht, die Erleuchtung ist vollendet, der Mensch wird zum Jivan-Mukta, einem „Zu Lebzeiten befreiten Wesen".

Samyama und die Vibhutis

Die drei inneren Stufen, Konzentration, Meditation und Samadhi, sind miteinander enger verwandt als die äußeren Stufen. Sie sind eine Art stetiger Vertiefung der Konzentration bzw. die daraus folgenden Bewusstseinszustände. So werden diese drei Stufen oft gemeinsam betrachtet und als Samyama bezeichnet:

„Diese drei zusammen bilden Samyama" (PYS 3,4)

Samyama, die volle Beherrschung des Selbst, bildet den Ausgangspunkt für einen großen Teil des dritten Pada der Yoga Sutra. Eng mit dem Zustand des Samyama verbunden ist das Ergebnis, sozusagen die Wiederspiegelung des Samyama in der geistigen und Erfahrungswelt des / der Praktizierenden. Diese erstaunlichen Ergebnisse werden als Vibhutis oder als Siddhis, als spezifische Fähigkeiten und Kräfte bezeichnet. So hat der dritte Abschnitt der Yoga Sutra den Namen „Vibhuti Pada" bekommen.

Wir bezeichnen Vibhutis als übernatürliche Fähigkeiten oder als parapsychologische Kräfte, doch für den Yogi, der den eigenen Geist gemeistert hat, sind diese Kräfte nur natürlich.

„Durch Samyama entsteht Meisterung und das Licht direkten Wissens." (PYS 3,5)

Wer durch vollendete Konzentration und schließlich durch den meditativen Zustand des Fließens dahin gelangt, alles, auch sein Icherfahren loszulassen, und sein ganzes Wesen in dem Meditationsobjekt auflöst, erlangt Kräfte, die zu diesem Objekt in direkter Beziehung stehen. Die tiefsten Wahrheiten über dieses Objekt werden dem Bewusstsein des Yogi enthüllt, man dringt sozusagen hinter die Kulissen des Lebens und erfährt die geheimsten Zusammenhänge. Man wird auch unabhängig vom Zugriff der erkannten Kräfte, man ist sozusagen zu ihrem Meister geworden.

„Samyama auf die Gestalt des eigenen Körpers hebt die Kraft, die ihn wahrnehmbar macht, auf; die Verbindung des Lichts mit dem Auge wird unterbrochen; er wird unsichtbar." (PYS 3,21)

„Durch Samyama auf das Licht erhält man intuitives Wissen über das Subtile, das Verborgene und das weit Entfernte." (PYS 3,26)

„Durch Samyama auf die Sonne erlangt man Wissen um die Welt." (PYS 3,27)

„Durch Samyama auf das Nabelzentrum (Manipura Chakra) kommt das Wissen um den Aufbau des Körpers." (PYS 3,30)

„Durch Samyama auf die Kehlhöhle hören Hunger und Durst auf." (PYS 3,31)

„Durch Samyama auf das Herz kommt das Verstehen des Geistes." (PYS 3,35)

Für viele Menschen mögen diese Fähigkeiten höchst wünschenswert erscheinen, doch liegt die Gefahr der Versuchung und damit verbunden des spirituellen Falles nahe: Es mag sich eine neue Verhaftung, ein spiritueller Stolz entwickeln, der die gesamte bisherige Entwicklung des Yogi in Frage stellt. Vibhutis können als ein letzter Versuch der Natur, der äußeren Welt angesehen werden, den Menschen doch noch von der Befreiung, vom Verlassen des Reiches der Natur, abzuhalten.

Der fortgeschrittene Yogi, der sein Ziel, die Befreiung und Vollkommenheit, klar vor Augen hat, sieht sie eher als Hindernisse denn als erstrebenswerte Kräfte:

„Für Samadhi sind diese Fähigkeiten Hindernisse; für den nach außen Gerichteten sind sie übernatürliche Kräfte." (PYS 3,38)

Eine Sonderform des Samadhi ist der **Mahasamadhi**, der „Große Samadhi": Der fortgeschrittene Meister verlässt freiwillig und bei vollem Bewusstsein seinen Körper - endgültig (siehe Beschreibung Swami Vivekananda, Seite 28).

2.4
Mantras

„Mananat Trayate Iti Mantrah“ sagen die klassischen Schriften. Das bedeutet: „Was durch geistige (**Man**as) Wiederholung zu Befreiung (**Tra**yate) führt, das ist Mantra.“ Eine weitere Interpretation dieser Aussage ist: „Was uns vom Geist befreit (und uns für Dimensionen jenseits des Geistes öffnet), das ist Mantra.“

Swami Sivananda definiert Mantra wie folgt: *„Ein Mantra ist mystische Energie, die in eine Klangstruktur eingeschlossen ist.“*

Eine Definition von Wilfried Huchzermeyer lautet: *„Mantra ist ein Wort, eine Silbe oder Formel, welche eine besondere emotionelle, magische oder spirituelle Kraft in sich trägt.“*

Mantras sind also heilige Klänge, Schwingungen, die mit psycho-spiritueller Kraft geladen sind und spezifische Wirkungen im Geist des Praktizierenden und in seiner Umwelt hervorbringen können. Mantras überschreiten das Wirkfeld der geistig-intellektuellen Kraft, sie sind Instrumente einer meditativen Transformation, Instrumente, die über ein magisches Potential verfügen.

Das Konzept der Mantras

Nach den Mantra-Shastras (Schriften, die die Wissenschaft des Mantra-Yoga beschreiben) befindet sich das Universum in einem Zustand der Vibration – Schwingung ist die tiefere Wirklichkeit des Universums, der gemeinsame Nenner aller materiellen und immateriellen Erscheinungen unseres Kosmos.

Schon sehr früh entdeckte der Mensch, dass durch spezifische Klänge, insbesondere, wenn sie über eine bestimmte Zeit wiederholt bzw. fortgesetzt wurden, erstaunliche Wirkungen im Geist des Menschen, aber auch in seinem Körper und seiner Umwelt entstehen können.

Mystiker und Heilige früherer Jahrhunderte, Zauberer und Priester vergangener Völker haben viel tiefgehenderes Wissen über die Macht der Klangenergie gehabt als wir. Schon schamanistische Kulturen von vor 10.000 Jahren kannten die Wirkung von gleichmäßigem, eintönigem Trommeln und Gesang. Man entdeckte auch, dass das energetische Prinzip des Klanges tiefer reicht als der hörbare Klang, tiefer als Schallwellen: Der Weg zum inneren Klang und zur inneren Rezitation heiliger Laute und Mantras war gefunden.

So entstand in Indien vor mehreren Jahrtausenden die Wissenschaft des Mantra-Yoga, die die Kraft von bestimmten Klängen studiert und das geistig-spirituelle Potential der Klangenergie bewusst einsetzt, um im Geist des Menschen, aber auch in seiner Umwelt, bestimmte Wirkungen zu erzielen. Die Anwendung von Mantras umschließt die meisten Bereiche des Lebens:

- Heilung und Schutz

- Erfolg und Wachstum

- Spirituelle Entwicklung bis zur Erleuchtung

Durch das konzentrierte und exakte Rezitieren von Mantras greifen wir in die Grundvibration des Kosmos auf ebenso subtile wie direkte Weise ein und können so Wirkungen hervorbringen, die durch keine andere Methode möglich ist.

Mantras und Sanskrit

Mantras werden in Sanskrit, einer mindestens 3500 Jahre alten Kultursprache, rezitiert. Sanskrit ist die Sprache der Veden und der Brahmanen. Sie ist zum einen eine klangenergetisch sehr klar und strukturiert aufgebaute Sprache, denn ihr Alphabet ist nach dem Entstehungsort des Klanges im Mund aufgebaut und umfasst alle Klänge, die dem menschlichen Sprachorgan möglich sind. Zum anderen sind die fünfzig Buchstaben des Sanskrit-Alphabets energetisch mit den sechs Hauptchakras verbunden; jeder Laut ist einem bestimmten Chakra zugeordnet und aktiviert dieses, wenn er ausgesprochen wird – so entsteht die geheimnisvolle Wirkung der Mantras auf unsere Chakras, auf unseren Astralkörper.

Die Philosophie hinter den Sanskrit-Mantras ist, dass die Klangvibrationen der verschiedenen Sanskritworte (eher die sogenannten „Sanskritwurzeln“) mit der Eigenschwingung dessen, was sie bezeichnen, die höchste und direkteste Beziehung aller Sprachsysteme hat. Wenn wir zum Beispiel das Wort „Asana“ aussprechen, so hat dieser Klang eine sehr hohe Korrelation zu dem tieferen Wesen (dem

Schwingungsprinzip) der Körperstellung, und diese Korrelation ist größer als wenn ich den entsprechenden Ausdruck einer anderen Sprache, etwa „Stellung“ oder „pose“ aussprechen würde. Wir gelangen durch das Anwenden der Sanskrit-Sprache sozusagen einen Schritt näher an das Wesen der Wirklichkeit als dies mit anderen Sprachen möglich wäre. Deshalb wird den Sanskrit-Mantras eine solch außergewöhnliche Kraft nachgesagt.

Eigenschaften eines Mantras

Sechs Charakteristika oder Eigenschaften kennzeichnen ein Mantra; jedes Mantra hat ...

1. Einen **Rishi** (Yogi), der es entdeckte, bzw. dem es offenbart wurde,
2. **Matra** - ein Versmaß, das Stimmlage und Betonung beschreibt; dies beinhaltet auch die Melodie und den Klang des Mantras,
3. Eine **Devata**, das ist eine Gottheit als beseelende Kraft,
4. Einen Samen, genannt **Bija:** Er bildet die Wurzel der Mantra-Kraft,
5. Eine **Shakti**, das eigentliche Energiepotential des Mantras und
6. Ein Siegel (**kilaka**), welches die Mantra-Energie blockiert, bis sie durch die Mantra-Weihe und durch Rezitation freigesetzt wird und man den Darshan (Anblick) der regierenden Gottheit erhält.

Mantra-Einweihung

Man kann mit jedem Mantra, das einem zusagt oder das dem gewünschten Zweck gewidmet ist, Japa oder Mantra-Meditation üben. Eine kleine Minderheit von Praktizierenden möchte mit einem Mantra aber tiefer gehen und seine volle spirituelle Kraft erfahren. Wenn man sich dazu hingezogen fühlt und eine tiefe Verbundenheit mit einem bestimmten Mantra fühlt, kann man sich in dieses Mantra einweihen lassen.

Die Mantra-Einweihung (**Mantra-diksha**) ist ein kleines Ritual, bei dem mit Pulvern heiliger Pflanzen das dritte Auge stimuliert wird, Bedeutung und genaue Aussprache des Mantras erklärt und durch laute und geistige Wiederholung die Kraft des Mantras „entzündet“ wird.

Im Idealfall erhält man das Mantra von seinem Guru. Dies kann eine unglaubliche Wirkung auf den Schüler haben: Mit der Mantra-Initiation betritt man ein neues Leben, den spirituellen Pfad. Der Schüler, der bereit für die Mantra-Weihe ist, fühlt die mächtigen Energie-Wellen seines das Mantra rezitierenden Gurus, und für so manchen hat sein Leben durch die Mantra-Weihe eine neue Dimension erhalten.

Die Mantra-Weihe ist das Entzünden eines inneren Feuers, welches durch regelmäßige Meditation mit dem Mantra aufrecht erhalten werden muss: Man soll nach der Mantra-Einweihung täglich mindestens zwanzig Minuten mit dem Mantra medititeren. Um das durch die Mantra-Weihe initiierte Öffnen des Mantra-Siegels, des Kilaka, zu vertiefen und unterstützen, wird über die regelmäßige Mantra-Meditation hinaus das so genannte **Puruscharana** empfohlen, bei dem für einen bestimmten Zeitraum, etwa ein bis zwei Wochen, sehr intensiv (täglich mindestens sechs Stunden) mit dem Mantra meditiert wird.

Ebenen der Mantra-Anwendung

> „In diesem eisernen Zeitalter ist Namasmarana (Japa, die Wiederholung des Namens des Herrn) der einfachste, rascheste und sicherste Weg, um zu Gott zu gelangen.“
>
> Swami Sivananda

Die ebenso umfangreiche wie exakte Wissenschaft des Mantra-Yoga erlaubt ein weites Spektrum praktischer Anwendung der heiligen Klänge:

1. **Mantra-Meditation:** Das Mantra wird, meist im Atemrhythmus, geistig rezitiert und bildet damit das Meditationsobjekt. Der Fokus bei dieser Meditationstechnik kann, je nach Neigung, mehr auf der Synchronisation mit der Atmung, auf der Klangstruktur oder auf dem Fühlen der Energie der betreffenden Ishta Devata, der regierenden Gottheit liegen. Die Meditation mit einem Mantra ist die in den meisten Yoga-Traditionen gebräuchlichste Form der Meditation, da hier die Wirkungen der Mantra-Energie zu jenen der Konzentration „addiert“ werden. Für technische Hinweise zur Mantra-Meditation siehe auch Seite 96.
2. **Japa:** Wird die Rezitation eines Mantras mit Hilfe einer Japa Mala, einer Art Rosenkranz, durchgeführt und eine bestimmte Anzahl von Wiederholungen geübt, so wird diese Form der Mantra-Meditation als Japa bezeichnet. Zu der geistigen oder auch gesprochenen Wiederholung des Mantras kommt hier das Weiterbewegen der Japa Mala hinzu, sodass bei dieser Technik Konzentration und die Klangenergie

mit Achtsamkeit auf die physische Bewegung verbunden wird.

Die Japa Mala ist eine Kette aus 109 kleinen Holzkugeln oder Perlen, die mit einer Schnur verbunden sind. 108 Holzkugeln haben die gleiche Größe, die 109., die auch manchmal durch einen Knoten oder eine Quaste ersetzt wird, wird als Meru oder Sumeru bezeichnet; sie ist das Kennzeichen, dass eine Runde von 108 Mantrawiederholungen abgeschlossen wurde.

Japa wird im allgemeinen in einer meditativen Sitzstellung geübt, aber es ist auch möglich, Japa im Gehen zu praktizieren. Die Mala wird nur mit der rechten Hand gehalten (in Indien ist die linke Hand für unreine Tätigkeiten und Berührung von unreinen Dingen „reserviert"), und zwar liegt die Hand entweder auf dem rechten Knie oder sie wird in Höhe des Herzens am Körper gehalten. Nur Daumen und Mittelfinger berühren die Mala, die über dem Mittelfinger liegt und durch den Daumen mit jeder Mantra-Wiederholung um eine Kugel weiter befördert wird. Wenn eine Runde abgeschlossen wird, wird Meru nicht überschritten, sondern die Mala umgekehrt und die nächste Runde in der anderen Richtung begonnen.

Es gibt verschiedene Formen von Japa:

a. Vaikhari: Das Mantra wird gesprochen

b. Upamshu: Das Mantra wird geflüstert bzw. gemurmelt (tonloses Wiederholen, bei dem sich die Lippen leicht bewegen)

c. Manasik: Rein geistiges Wiederholen

d. Ajapa: die höchste und subtilste Form ist die spontane und innere Mantra-Rezitation: das Mantra wiederholt sich von selbst.

e. Likhita: Geschriebenes Japa, im Normalfall in Devanagari (Sanskrit-Schriftzeichen), dies jedoch natürlich ohne Japa Mala.

3. **Mantra-Singen in der Gruppe:** Ähnlich dem Kirtan-Singen in der Gruppe, welches wir im Bhakti Yoga behandeln werden, erhält die Mantra-Rezitation hier eine mit Gruppengröße ansteigende Energie, die jedermann deutlich wahrnehmen kann. Das melodiöse und oft sehr hingebungsvolle Mantra-Singen kann mit oder ohne Instrumente durchgeführt werden.

4. **Mantra-Rezitation in der Gruppe:** Verglichen mit dem sehr melodiösen, oft mit Instrumenten begleiten Mantra-Singen macht das Mantra-Rezitieren einen etwas eintönigen, monotonen Eindruck. Hier wird eine andere Ebene unseres Wesens aktiviert, die Kraft des Mantras wirkt auf eine tiefere, subtilere Weise. Auch hier kann die Energie bei einer größeren Gruppe ganz enorm hoch sein.

Aussprache der Mantras

Für die im folgenden angeführten Mantras wollen wir uns hier im kurzen die wichtigsten Ausspracheregeln betrachten. Alle anderen Laute werden wie im Deutschen ausgesprochen.

geschrieben	ausgesprochen	wie in
a	kurzes a	
ā	langes a	
j	dsch	**Dsch**ungel
ch	tsch	**Ch**akra
sh	sch	**Sch**ale, **Sch**atten
h nach Konsonant	wird getrennt ausgesprochen bzw. aspiriert	**Dh**arma / Fel**dh**ase **Bh**ava / Schrei**bh**eft

Arten von Mantras

Mantras können auf unterschiedliche Weise unterteilt werden. Für unsere Zwecke ist die folgende Aufteilung sinnvoll:

1. Bija-Mantras
2. Devata- oder Meditations-Mantras
3. Spezielle Mantras und Shlokas
4. Nirguna Mantras

1. Bija-Mantras: Das sind sogenannte „Samen-Mantras". In diesen Mantras ist das Wesen eines besonderen Aspektes der göttlichen Wirklichkeit in Form eines Klangsymboles konzentriert. Sie haben die Kraft, im Menschen die Liebe zu Gott und die Erfahrung Seiner Gegenwart zu erwecken. Oft stehen die Bija-Mantras als Beginn eines Devata-Mantras zur Anbetung einer bestimmten Gottheit. Da die Bija-Mantras der Devas und Devis besonders große Kraft haben, dürfen sie separat nur mit ausdrücklicher Anweisung des Guru rezitiert werden (ausgenommen das Om). Sie werden nur in Ausnahmefällen Gegenstand einer Mantra-Einweihung. Die Bijas der Chakras werden auch bei bestimmten Meditationstechniken eingesetzt, um die Chakra-Energie zu erwecken.

Die wichtigsten Bija-Mantras:

- Die Bija-Mantras der Chakras sind:
  - **Lam** (Muladhara - Wurzelchakra)
  - **Vam** (Svadhisthana - Sakralchakra)
  - **Ram** (Manipura - Nabelchakra)
  - **Yam** (Anahata - Herzchakra)
  - **Ham** (Vishuddha - Kehlkopfchakra)
  - **Om** (Ajna – 3. Auge)
- Jede Gottheit hat ein spezifisches Bija-Mantra:
  - **Shrim** (Lakshmi)
  - **Dum** (Durga)
  - **Krim** (Kali)
  - **Aim** (Sarasvati)
  - **Gam** (Ganesha)
  - **Haum** (Shiva)

2. Devata-Mantras: Zur Anbetung und Verehrung einer bestimmten Gottheit (devata) oder des Gurus gibt es eine Reihe von Mantras, die helfen, den / die Übende/n in Verbindung mit den spezifischen Eigenschaften zu bringen. Sie werden auch Dhyana- (Meditation), Moksha- (Befreiung) und Guru-Mantras (falls vom Guru eingeweiht) genannt. Bei Mantra-Weihen werden fast ausschließlich Mantras dieser Art gewählt. Sie finden hauptsächlich in der Mantra-Meditation und in Japa Anwendung. Om Namo bedeutet „Gruß, Ehre, Verehrung sei dem/der..."

- **Om Namah Shivāya**: Shiva ist der „Ur-Yogi", der von Menschen verehrt wird, die sich zu stiller Meditation hingezogen fühlen;
- **Om Namo Nārāyanāya**: Die Verehrung Vishnus (Narayana ist ein anderer Name für Vishnu) ist besonders geeignet für Menschen, die den Zustand der Welt verbessern wollen, eine beschützende und helfende Natur haben und bereit sind, Verantwortung zu übernehmen;
- **Om Shrī Rāmāya Namaha**: Rama stellte als 7. Inkarnation Vishnus die Gerechtigkeit auf der Welt wieder her. Menschen, die ihr Leben in Familie, Beruf und Gesellschaft spiritualisieren wollen, wählen dieses Mantra;
- **Om Namo Bhagavate Vāsudevāya**: Vasudeva ist ein anderer Name für Krishna, die 8. Inkarnation Vishnus. Auch Krishna stellte die Ordnung auf der Welt wieder her. Das Krishna Mantra ist besonders geeignet für hingebungsvolle Menschen.
- **Om Shrī Durgāyai Namaha**: Durga ist die göttliche Mutter - wer Gott als Mutter verehrt, wählt das Durga-Mantra;
- **Om Aim Sarasvatyai Namaha**: Gelehrte und Künstler fühlen sich zu diesem Mantra hingezogen, denn Sarasvati ist die Göttin der Künste, der Musik und der Gelehrsamkeit.
- **Om Shrī Mahā Lakshmyai Namaha**: Lakshmi ist die Göttin der Fülle, des (geistigen und materiellen) Reichtums, des Erfolges. Sie ist die Gemahlin von Vishnu, dem Erhalter. Dieses Mantra ist geeignet für Menschen, die Gott besonders in der manifesten Natur sehen.
- **Om Gam Ganapataye Namaha**: Ganapati ist ein anderer Name für den elefantenköpfigen Ganesha, ein Sohn Shivas, der angerufen wird, um auf dem Weg liegende Hindernisse zu beseitigen.
- **Om Gum Gurubhyo Namaha**: Menschen, die eine ganz besondere Hingabe an ihren Guru fühlen, wählen dieses Mantra.

3. Spezielle Mantras: Eine Gruppe von Mantras wird zu bestimmten Anlässen rezitiert; sie sind oft etwas länger als die Mantras der anderen Gruppen. Sie dienen dem Schutz, der Heilung, der Befreiung und dem inneren und äußeren Frieden.

Einige werden shlokas genannt, welche ein bestimmtes Versmaß (4 Zeilen zu je 8 Silben) haben. Stotras sind Sammlungen bzw. Folgen mehrerer Shlokas.

- **Dhyana Shlokas** (Meditations-Mantra „Gajananām") wird in der Sivananda-Tradition am Anfang einer Yoga-Stunde rezitiert, um sich für das gemeinsame Üben einzustimmen. Sie sind eine längere und komplexe Folge von Mantras, die zur auswendigen Rezitation einige Ausdauer voraussetzen.

- Das **Mahā Mrityunjaya Mantra**, das „Tryambakam" ist ein Moksha Mantra, das zur Befreiung (Moksha) führt und außerdem zum Schutz bei großen Unternehmungen und vor Gefahren angewendet wird. Man spricht es zum Geburtstag, vor einer Prüfung, zu Beginn einer Reise und ähnlichem:

  Om Tryambakam Yajāmahe
  Sugandhim Pushtivardhanam
  Urvārukamiva Bandhanān
  Mrityor Mukshīya Māamritāt

- Die **Shanti Mantras** (Friedensgebete) sind eine Reihe von Mantras, die den Übenden den inneren Frieden berühren lassen. Einige Shanti Mantras werden gewöhnlich nach dem Maha Mrityunjaya Mantra rezitiert:

  Om Sarveshām Svasti Bhavatu
  Sarveshām Shāntir Bhavatu
  Sarveshām Pūrnam Bhavatu
  Sarveshām Mangalam Bhavatu

  Mögen alle Wesen Wohlergehen (svasti), Frieden (shanti), die Fülle (purnam) und Reichtum (mangalam) erfahren

  Sarve Bhavantu Sukhinah
  Sarve Santu Nirāmayāh
  Sarve Bhadrāni Pashyantu
  Mā Kaschid-Dhuka-Bhāg-Bhavet

  Mögen alle Wesen glücklich und frei von Krankheiten sein, sich um das Wohlergehen aller kümmern und frei von Sorgen sein

- Das **Maha-Moksha-Mantra** ist ein Gebet aus den Upanishaden, das wörtlich übersetzt bedeutet: „Führe uns vom Unwirklichen zum Wirklichen, von der Dunkelheit (des Nichtwissens) ans Licht (der Erkenntnis) und von der Sterblichkeit zur Unsterblichkeit!"

  Asato Mā Sat Gamaya
  Tamaso Mā Jyotir Gamaya
  Mrityor Mā Amritam Gamaya

- Das **Gayatri** wird als das heiligste Mantra der Veden bezeichnet:

  Om Bhūr Bhuvah Svaha
  Tat Savitur Varenyam
  Bhargo Devasya Dhīmahi
  Dhiyo Yo Nah Prachodayāt

  Swami Sivananda über das Gayatri: „Jedes Mantra in den Veden ist ein Speicher unendlicher Kraft. Auf diese göttliche Mantrakraft vertraut der wahrhaft Suchende. Von allen Mantras ist die höchste und machtvollste Kraft der Kräfte das große glorreiche Gayatri Mantra. In der Tat, Gayatri ist eine undurchdringliche spirituelle Rüstung, eine wahre Festung, die ihren Verehrer bewahrt und beschützt und ihn mit dem strahlenden Licht der höchsten spirituellen Erleuchtung segnet."

  Eine poetische Übersetzung des Gayatri lautet: „Gepriesen seist Du, der Du im Inneren erstrahlst und alle Welten mit Deinem Glanz erfüllst. Lass mich über Dein göttliches Licht meditieren, bis mein begrenztes Bewusstsein eins wird mit Dir, du große Sonne unendlicher Herrlichkeit!"

  Gayatri ist auch ein bestimmtes Versmaß; jede Gottheit und auch der Guru hat ein eigenes Gayatri.

- Das **Krishna Mantra** ist ein Mantra für Erfolg und schützt vor negativen Einflüssen:

  Krshna Krshna Mahāyogin
  Bhaktānām Abhayamkara
  Govinda Paramānanda
  Sarvam Me Vasha Māna Ya

  Krishna, o großer Yogi, Du nimmst die Furcht von Deinen Verehrern. O Govinda, Spender höchster Wonne, gib, dass ich den Dingen nicht hilflos ausgeliefert bin!

- Das **Rama Mantra** gibt Energie und regeneriert bei Burnout. Weltliche Energie wird in spirituelle Energie umgewandelt:

  Shrī Rāma Rāma Rāmethi
  Rāme Rāme Manorame
  Sahasra Nāma Tattulyam
  Rāma Nāma Varānane

- Die **Guru Stotra** ist eine Sammlung von Shlokas zu Ehren des Guru. Hier zwei der bekanntesten Shlokas:

  Gurur Brahmā Gurur Vishnur
  Gurur Devo Maheshvaraha
  Guruh Sākshat Para Brahma
  Tasmai Shrī Gurave Namah

  Der Guru ist Brahma, Vishnu und Shiva in einem; er ist eins mit dem höchsten Wesen. Verehrung sei dem Guru.

Om Namah Shivāya Gurave
Sacchidānanda Mūrthaye
Nishprapanchāya Shāntāya
Shrī Shivānandāya Te Namah
Shrī Vishnu-devānandaya Te Namah

Verehrung dem Guru Shiva, der sich in Swami Sivananda manifestiert. Er ist die Verkörperung von Sein, Wissen und Wonne (Sat-Chid-Ananda). In ihm existiert keine Weltlichkeit; er ist immer friedvoll. Verehrung unseren Meistern Swami Sivananda und Svami Vishnu-Devananda

4. Nirguna Mantras: Nirguna bedeutet „ohne Eigenschaften"; diese Mantras zielen nicht, wie die anderen Mantragruppen, auf den manifestierten Kosmos und auf konkrete göttliche Energien, sondern direkt auf das Unendliche, Nichtmanifeste. Die zwei wichtigsten Nirguna Mantras sind:

- Om ॐ, der kosmische Klang. So wie jede Gottheit ein spezifisches Mantra hat, so hat der nichtmanifeste Kosmos, das Unbegrenzt-Göttliche ein Mantra, mit dem es angerufen wird - das Om. Om ist der Anfang und Ursprung allen Seins, es ist ohne Grenzen, ohne Eigenschaften. OM ist das umfassendste und erhabenste Symbol der hinduistischen Metaphysik. Der Klang des Om steht für den transzendenten Urklang, aus dessen Vibrationen nach hinduistischem Verständnis das gesamte Universum entstand.

  Seinen drei Elementen oder Bestandteilen, dem A, U und M, werden unter anderem die drei hinduistischen Hauptgottheiten Brahma, Vishnu und Shiva sowie die drei Bewusstseinszustände Wachen, Traum und Tiefschlaf zugeordnet.

  Es heißt, aus dem Om ist unser Amen entstanden.

- So-Ham oder Soham bedeutet wörtlich „Er ist ich" und drückt das Einssein des Individuums mit dem göttlichen oder kosmischen Prinzip aus. Wenn man genau auf die Atmung lauscht, so fühlt man, wie sich dieses Mantra mit jedem Atemzug wiederholt - SO mit der Einatmung und HAM mit der Ausatmung. Es wird oft in der Mantra-Rezitation eingesetzt, weil es aufgrund der Verbindung zur Atmung besonders leicht und natürlich angewendet werden kann.

2.5

Buddhistische Meditation

Für unser Studium des Geistes und der Meditation im Rahmen des Raja Yoga kann das Kennen der buddhistischen Philosophie und Meditation eine wertvolle Hilfe sein. Die buddhistischen Texte offenbaren ein tiefes Verständnis des menschlichen Geistes und setzen dieses systematisch und strukturiert ein, um über tiefe Meditation schließlich zum Freiwerden von allem menschlichen Leid zu gelangen. Wir werden uns nach einem kurzen Überblick über die buddhistische Philosophie den Grundlagen der Achtsamkeitsmeditation widmen.

Der Buddha

Siddhartha Gautama lebte 563 – 483 v.Chr. in Nordindien. Er wuchs in einem Palast auf, wo ihm alles, was zu seinem Wohlbefinden beitragen konnte, zur reichlichen Verfügung stand; man hielt ihn bewusst abgeschirmt von den Leiden der Welt, konnte aber nicht verhindern, dass er doch die menschlichen Leiden Alter, Krankheit und Tod zu Gesicht bekam: Die Legende berichtet von den Begegnungen mit einem Greis, einem Fieberkranken, einem verwesenden Leichnam und schließlich mit einem Mönch. Im Alter von 29 Jahren verließ er seine Frau Yasodhara und seinen Sohn Rahula, um als Asket nach dem Weg aus dem menschlichen Leiden zu suchen.

Sechs Jahre lang wanderte er durch das Ganges-Tal, traf berühmte spirituelle Lehrer und absorbierte in kürzester Zeit ihre Lehren, erkannte jedoch, dass sie ihn nicht bis zum letzten, höchsten Ziel führen konnten. Er wandte sich von allen Lehren und Lehrern ab und suchte den Weg in extremer Askese, erkannte aber, dass das Kasteien des Körpers nicht zum Ziel führte. Erst durch tiefe, eine ganze Nacht währende Meditation erreichte er – im 35. Lebensjahr und im 6. Jahr seiner Suche - schließlich die volle Erleuchtung. Siddhartha Gautama wurde fortan als Buddha, das bedeutet „der Erwachte" bezeichnet.

Ab diesem Zeitpunkt lehrte der Buddha 45 Jahre lang eine schnell wachsende Gemeinschaft von Mönchen und Laien, später auch Nonnen, den Weg des Erwachens. Buddha nahm auch Angehörige niederer Kasten und Kastenlose in seine Gemeinschaft (die „Sangha") auf, womit er zeigte, dass grundsätzlich jeder Mensch nach Befreiung streben und diese erlangen konnte.

Die vier edlen Wahrheiten

Die Grundlage der buddhistischen Philosophie ist die Tatsache des menschlichen Leidens und der Weg aus dem Leiden. Dies wird in den vier edlen Wahrheiten beschrieben:

1. Die edle Wahrheit vom Leiden: Alles Leben ist Leiden (vergleiche PYS 2,15!): Leben in einem menschlichen Körper mit einem menschlichen Geist bedeutet, irgendwann, in irgend einer Form, Leid zu erfahren. Dem kann kein verkörpertes Wesen entgehen.

2. Die edle Wahrheit von der Entstehung des Leidens: Das Leiden hat seine Wurzel im Begehren nach angenehmen Dingen: „*Es ist eben jenes Wiederdaseinerzeugende, von Lust und Gier begleitetes, sich hier und da erfreuende Begehren des Menschen*" Das Leiden entsteht mitten in den „schönen Dingen" der Welt, in den Sinnesfreuden, und in der Gier nach diesen Freuden. (vergleichen wir mit Patanjali PYS 2,7: Raga, die Gier, ist einer der leidverursachenden Faktoren)

3. Die edle Wahrheit von der Aufhebung des Leidens: Um das Leiden aufzulösen, müssen wir an seine Wurzel gehen, eben an die Gier, und uns innerlich von der Gier lossagen. Wie dies geschieht, lehrt die vierte edle Wahrheit:

4. Die edle Wahrheit von dem zum Leidenserlöschen führenden Pfad: Hier wird der edle achtfache Pfad beschrieben, der, gleich den acht Stufen des Patanjali, die Philosophie in die Praxis umsetzt. Doch während Patanjali mehr auf die meditative Versenkung abzielt, welche zur Vollkommenheit führt, ist bei Buddhas edlem achtfachem Pfad eine nähere Verbindung zum täglichen Leben erkennbar, wenn die Meditation auch zum Schlüssel der Vervollkommnung wird.

Der edle achtfache Pfad

„Was aber, ihr Mönche, ist die edle Wahrheit von dem zur Leidenserlöschung führenden Pfade? Es ist dieser edle achtfache Pfad, nämlich: Rechte Erkenntnis, rechte Gesinnung, rechte Rede, rechtes Tun, rechter Lebensunterhalt, rechte Anstrengung, rechte Achtsamkeit und rechte Sammlung.

Zur Erkennung und völligen Durchschauung von Gier, ihr Mönche, von Hass, Verblendung, Wut, ...Neid, Geiz, Hochmut, Eitelkeit und zu dieser Dinge völliger Vernichtung, Überwindung... hat man diese acht Dinge zu entfalten."

Diese acht Elemente lasse sich in drei Gruppen zusammenfassen:

1. Gruppe – Die Weisheit ist Gegenstand der ersten beiden Faktoren, der rechten Erkenntnis und, aus dieser resultierend, die rechte Gesinnung. Das Erkennen, die Weisheit mündet direkt in der ...

2. Gruppe – Die Sittlichkeit entspricht Patanjalis Yamas; sie besteht aus rechter Rede, rechtem Handeln und rechtem Lebenserwerb. Sittliche Vervollkommnung führt, wie wir das auch bei Patanjalis Ashtanga Yoga gesehen haben, zur Fähigkeit der Konzentration und Meditation:

3. Gruppe – Die Stille entsteht aus der meditativen Übung, und zwar durch rechte Anstrengung, rechter Achtsamkeit und rechter Sammlung. Aus dieser Vertiefung und Sammlung wiederum entsteht vertieftes Erkennen, und der Kreis des edlen achtfachen Pfades schließt sich.

In der 2. und 3. Gruppe erkennen wir die Struktur des Ashtanga-Yoga: Auf der Grundlage der Ethik im Alltag baut sich die Meditation, die Versenkung auf. Doch Buddha geht noch einen Schritt weiter und integriert Jnana, das Erkennen, in seinen Weg: Die Frucht der Meditation ist die tiefe Erkenntnis, dass alles Dasein durch drei Merkmale gekennzeichnet ist: Vergänglichkeit, Leidhaftigkeit und das letztliche „Nicht-Wirklich-Sein".

1. Rechte Erkenntnis

Rechte Anschauung bedeutet in erster Linie tiefe Einsicht in die Vier Edlen Wahrheiten: Das menschliche Leiden wird in seiner richtigen Dimension wahrgenommen und der Weg, der aus dem Leiden führt, wird in seiner vollen Bedeutung klar erkannt.

„Was aber, ihr Mönche, ist Rechte Erkenntnis? Das Erkennen des Leidens, das Erkennen der Leidensentstehung, das Erkennen der Leidenserlöschung, das Erkennen des zur Leidenserlöschung führenden Pfades. Dies gilt als Rechte Erkenntnis.

Oder, wenn der edle Jünger erkennt, was karmisch unheilsam ist, was die Wurzel des karmisch Unheilsamen ist, was karmisch heilsam ist, was die Wurzel des karmisch Heilsamen ist, dann hat er Rechte Erkenntnis."

Als karmisch unheilsam gelten zehn Dinge: Das Töten von Lebewesen, das Stehlen sowie geschlechtliche Ausschreitungen formen physisches Karma; Lügen, Hinterbringen, rohe Rede und leeres Geschwätz formen sprachliches Karma und Habgier, Hass und Unwissen formen geistiges Karma. Als die Wurzel all dieser Karma-erzeugenden Faktoren wird die auch im Yoga wohlbekannte Dreiheit Gier, Hass und Verblendung (Nichterkennen) genannt. Als karmisch heilsam gilt das Unterlassen der karmisch unheilsamen Dinge, und zwar durch das Überwinden von Gier, Hass und Verblendung.

2. Rechte Gesinnung

Wenn die Rechte Anschauung in uns gefestigt ist, ist Rechtes Denken die Folge. Wir brauchen Rechte Anschauung als Grundlage für unser Denken. Rechtes Denken macht unsere Sprache klar und zweckmäßig sowie das Handeln rein und edel. Die rechte Gesinnung äußert sich auf dreierlei Weise: Durch entsagendes, hassloses und friedfertiges Denken.

„Was aber, ihr Mönche, ist Rechte Gesinnung? Entsagende Gesinnung, hasslose Gesinnung, friedfertige Gesinnung: Rechte Gesinnung, sage ich, ist von zweierlei Art: Es gibt eine rechte Gesinnung, die noch den Trieben unterworfen ist, verdienstvoll ist und weltlichen Lohn bringt; und es gibt eine rechte Gesinnung, die edel ist, triebfrei, überweltlich und zum edlen Pfade gehört."

3. Rechte Rede

Die Kraft des gesprochenen Wortes, das sehr viel Leid, ebenso viel Gutes bewirken kann, wird hier in mehrfacher Weise kontrolliert: Die rechte Rede soll wahr sein, frei von Zwischenträgerei, sie soll Eintracht fördern, frei von rohen Worten und von leerem Geschwätz. Die rechte Rede ist also eine Kombination von Patanjalis Satya (Wahrhaftigkeit), ahimsa (Nicht-Verletzen) und dem klassischen Mouna-(Schweige-)Gelübde.

1. Da meidet einer die Lüge, enthält sich der Lüge. Er spricht weder um seiner selbst willen noch um eines anderen willen, noch um irgend eines weltlichen Vorteiles willen jemals eine bewusste Lüge.

2. Er meidet die Zwischenträgerei, enthält sich der Zwischenträgerei. Was er hier gehört hat, erzählt er dort nicht weiter, um diese zu entzweien. So einigt er die Entzweiten, ermutigt die Geeinten, findet Freude und Gefallen an Eintracht, und Eintracht fördernde Worte spricht er.

3. Er meidet rohe Worte, enthält sich roher Worte. Milde Worte, die dem Ohre angenehm sind, liebevoll, zu Herzen gehend, höflich, viele erfreuend, viele beglückend: solcher Worte bedient er sich.

4. Er meidet das leere Geschwätz, enthält sich des leeren Geschwätzes. Er redet zur rechten Zeit, den Tatsachen gemäß, zweckmäßig, im Sinne des Gesetzes und der Disziplin, führt Reden, die wertvoll sind, mit passenden Gleichnissen ausgestattet, angemessen und sinnvoll.

4. Rechtes Handeln

Dreifach ist das rechte Handeln: Es muss frei sein von Töten und Verletzen anderer Wesen, es muss frei sein von Stehlen sowie von geschlechtlichen Verfehlungen: Hier finden wir ahimsa, asteya und brahmacharya wieder.

1. Da meidet einer die Zerstörung von Leben, enthält sich der Zerstörung von Leben. Stock und Waffe verwerfend, verweilt er voll Liebe und Wohlwollen zu allen lebenden Wesen.

2. Er meidet das Stehlen, steht ab vom Nehmen des Nichtgegebenem. Was ein anderer im Dorfe oder Walde an Hab und Gut besitzt, das nimmt er nicht in diebischer Absicht weg.

3. Er meidet geschlechtliche Ausschreitungen, steht ab von geschlechtlichen Ausschreitungen. Er vergeht sich nicht gegen Mädchen, die unter der Obhut von Vater, Mutter, Bruder, Schwester oder Verwandten oder unter dem Schutze des Gesetzes stehen, oder gegen verheiratete Frauen oder gegen weibliche Sträflinge oder gar gegen blumengeschmückte Bräute.

5. Rechter Lebenserwerb

Man darf keinen Beruf ausüben, bei dessen Ausübung man gegen die ethischen Lebensregeln, die wir unter rechter Rede und rechtem Handeln kennen gelernt haben, verstoßen muss. So darf man beispielsweise nicht auf einem Schlachthof oder in einer Waffenfabrik arbeiten, auch nicht in Berufen, die deren Tätigkeit unterstützen (Schlachtviehtransport, Waffenhandel)

„Fünf Arten des Handels sollte der edle Jünger vermeiden: Handel mit Waffen, lebenden Wesen, Fleisch, berauschenden Getränken und Gift, ferner ist zu vermeiden: Betrügen, Beschwatzen, Andeutungen machen, andere anschwärzen und nach immer mehr Gewinn suchen: Solches gilt als verkehrte Art des Lebensunterhaltes."

6. Rechte Anstrengung

Unheilsames soll vermieden werden, bereits aufgestiegenes (entstandenes) Unheilsames soll überwunden werden, Heilsames ist zu erwecken und bereits existierendes Heilsames ist zu fördern.

„Da erzeugt der Mönch in sich den Willen, nicht aufgestiegene üble, unheilsame Dinge nicht aufsteigen zu lassen; und er kämpft darum, bietet seine Kraft auf, strengt seinen Willen an und müht sich.

Da erzeugt der Mönch in sich den Willen, aufgestiegene üble, unheilsame Dinge zu überwinden, und er kämpft darum, ... Da lässt der Mönch einen aufgestiegenen Gedanken der Begierde, des Hasses, der Grausamkeit nicht Fuß fassen, die immer wieder aufsteigenden üblen, unheilsamen Dinge nicht Fuß fassen, überwindet, vertreibt, vernichtet sie, bringt sie zum Schwinden. Wenn beim Erwägen eines Objektes dadurch im Mönch üble, unheilsame Gedanken aufsteigen, mit Gier, Hass oder Verblendung verbundene, so soll er aus dieser Vorstellung eine andere, heilsame gewinnen; oder er soll den Unsegen solcher Gedanken erwägen: „Da sind sie ja, diese unheilsamen Gedanken, diese verwerflichen, leidgebärenden!"; oder er soll solchen Gedanken keine Beachtung schenken; oder er soll ihren Entstehungsgrund feststellen; oder er soll, die Zähne aufeinander beißend und die Zunge gegen den Gaumen gepresst, die Gedanken mit seinem Geiste niederzwingen, unterdrücken und überwältigen...

Da erzeugt der Mönch in sich den Willen, nicht aufgestiegene heilsame Dinge aufsteigen zu lassen; und er kämpft darum ... Da erweckt der Mönch das auf Entsagung, Gierentfremdung und Erlöschung gerichtete und zur Befreiung führende Erleuchtungsglied der Achtsamkeit, Wahrheitsergründung, Willenskraft, Verzückung, Gestilltheit, Sammlung und des Gleichmuts. Das nennt man die Anstrengung der Erweckung.

Da erzeugt der Mönch in sich den Willen, aufgestiegene heilsame Dinge zu festigen, nicht schwinden zu lassen, sie zum Anwachsen und zur vollen Entfaltung zu bringen, und er kämpft darum ... "

7. Rechte Achtsamkeit

Hier beginnt die meditative Übung, die sich nicht nur auf die formale Meditation beschränkt, sondern auch, soweit möglich, im Alltag praktiziert werden soll. Die Achtsamkeit soll sich auf vier Aspekte richten: Auf den Körper, die Gefühle, den Geist und auf die Gedanken. Wir werden darauf noch ausführlicher eingehen.

8. Rechte Sammlung

Die Frucht der Achtsamkeit und der vorangegangenen Reinigung des Sprechens und Handelns ist die Fähigkeit zu tiefer Sammlung, zur Meditation. Hier begegnen wir dem Samyama des Patanjali: Konzentration, Meditation und Samadhi. Ähnlich wie im Patanjala-Yoga wird hier zwischen verschiedenen Stufen der Vertiefung (Samadhi) unterschieden.

„Was aber ist rechte Sammlung? Das Gerichtetsein des Geistes auf ein einzelnes Objekt, das ist Sammlung.

1. Abgeschieden von den sinnlichen Dingen, abgeschieden von unheilsamen Geisteszuständen tritt der Mönch in die von Gedankenfassen und Überlegen begleitete, durch Abgeschiedenheit gezeugte und von Verzückung und Glücksgefühl erfüllte erste Vertiefung ein.
2. Nach Stillung von Gedankenfassen und Überlegen gewinnt der Mönch die innere Ruhe und Einheit des Geistes, die von Gedankenfassen und Überlegung freie, durch Sammlung erzeugte, von Verzückung und Glücksgefühl erfüllte zweite Vertiefung.
3. Nach Abwendung von der Verzückung verweilt der Mönch gleichmütig, achtsam, klar bewusst, und er empfindet in seinem Inneren ein Glück, von dem die Edlen sagen: "Der Gleichmütige, Achtsame lebt glücklich" – so gewinnt er die dritte Vertiefung.
4. Nach dem Schwinden von Wohlgefühl und Schmerz und dem Überwinden von Frohsinn und Trübsinn gewinnt er die freudlos-leidlose, durch Gleichmut und Achtsamkeit geläuterte vierte Vertiefung.

Achtsamkeit und Meditation

Die Achtsamkeit spielt in jedem einzelnen Glied des edlen achtfachen Pfades eine ausschlaggebende Rolle, und in der meditativen Übung wird sie wiederum zu einem Schlüsselfaktor. Ebenso wie in der Raja-Yoga-Meditation die Konzentration auf ein für die Meditation erzeugtes Objekt (Wiederholen eines Mantras, Visualisierung) zur Einpünktigkeit des Geistes führt, so wird in der buddhistischen Meditation die Achtsamkeit auf bereits vorhandene Empfindungen gelenkt, welche normalerweise jedoch unter der Wahrnehmungsschwelle liegen, da sie im allgemeinen autonom ablaufen. Konsequent geübt, birgt die Achtsamkeitsmeditation, der in der Yoga-Tradition die Meditation „Sakshi Bhav (Zeuge sein)" entspricht, ein enormes Potential in sich.

Thich-Nath-Hanh

einer der bekanntesten buddhistischen Lehrer der Gegenwart. Mönch seit über sechzig Jahren (!), Autor vieler Bücher und Gründer des „Plum Village"

Eine von Buddhas Lehrreden befasst sich ausschließlich mit der Achtsamkeitsmeditation, die Satipatthana-Sutta; die Klarheit der Worte des Buddha macht einen Kommentar oder Erläuterungen überflüssig. Betrachten wir Auszüge aus der Lehrrede von den Grundlagen der Achtsamkeit:

Lehrrede von den Grundlagen der Achtsamkeit

Der einzige Weg ist dies, o Mönche, zur Läuterung der Wesen, zur Überwindung von Kummer und Klage, zum Schwinden von Schmerz und Trübsal, zur Gewinnung der rechten Methode, zur Verwirklichung des Nibbana (sanskrit: Nirvana), nämlich die vier Grundlagen der Achtsamkeit. Welche vier?

Da weilt, o Mönche, der Mönch beim Körper in Betrachtung des Körpers, eifrig, wissensklar und achtsam, nach Überwindung von Begierde und Trübsal hinsichtlich der Welt;

er weilt bei den Gefühlen in Betrachtung der Gefühle, eifrig, wissensklar und achtsam, nach Überwindung von Begierde und Trübsal hinsichtlich der Welt;

er weilt beim Geist in Betrachtung des Geistes, eifrig, wissensklar und achtsam, nach Überwindung von Begierde und Trübsal hinsichtlich der Welt;

er weilt bei den Gedanken in Betrachtung der Gedanken, eifrig, wissensklar und achtsam, nach Überwindung von Begierde und Trübsal hinsichtlich der Welt.

1. Die Körperbetrachtung

Da ist hier, o Mönche, der Mönch in den Wald gegangen, an den Fuß eines Baumes oder in eine leere Behausung. Er setzt sich nieder, mit verschränkten Beinen, den Körper gerade aufgerichtet, die Achtsamkeit vor sich gegenwärtig haltend, und achtsam eben atmet er ein, achtsam atmet er aus.

Lang einatmend, weiß er: „Ich atme lang ein"; lang ausatmend, weiß er: „Ich atme lang aus"; kurz einatmend ....; „Den ganzen Atem-Körper empfindend, werde ich einatmen", so übt er sich, „den ganzen Atemkörper empfindend, werde ich ausatmen", so übt er sich.

Gleichwie, o Mönche, ein geschickter Drechsler oder Drechslergeselle, wenn er lang anzieht, weiß: „Ich ziehe lang an", wenn er kurz anzieht, weiß: „Ich ziehe kurz an" – ebenso, o Mönche, weiß da der Mönch, wenn er lang einatmet: „Ich atme lang ein", lang ausatmend, weiß er: „Ich atme lang aus".

So weilt er nach innen beim Atemkörper in Betrachtung des Körpers; oder er weilt nach außen beim Atemkörper in Betrachtung des Körpers ....

Die Dinge in ihrem Entstehen betrachtend, weilt er beim Körper, die Dinge in ihrem Vergehen betrachtend, weilt er beim Körper ...

„Ein Körper ist da", so ist seine Achtsamkeit gegenwärtig, eben nur soweit es der Erkenntnis dient, soweit es der Achtsamkeit dient. Unabhängig lebt er, und an nichts in der Welt ist er angehangen.

So auch, o Mönche, weilt der Mönch beim Körper in Betrachtung des Körpers.

Und weiter noch, o Mönche: Gehend weiß da der Mönch: „Ich gehe", stehend weiß er: „Ich stehe"; sitzend weiß er: „Ich sitze"; liegend weiß er: „Ich liege". Wie auch immer seine Körperstellung ist, so eben weiß er es.

Und weiter noch, o Mönche: Da ist der Mönch beim Hingehen und beim Zurückgehen wissensklar in seinem Tun, beim Beugen und Strecken ist er wissensklar in seinem Tun, beim Tragen der Gewänder und der Schale ist er wissensklar in seinem Tun; beim Essen, Trinken, Kauen und Schmecken ist er wissensklar in seinem Tun; beim Gehen, Stehen, Sitzen, Einschlafen, Wachen, Reden und Schweigen ist er wissensklar in seinem Tun.

Und weiter noch, o Mönche: Da betrachtet der Mönch eben diesen Körper von den Fußsohlen aufwärts und von den Haarspitzen abwärts, den von Haut umschlossenen, mit vielerlei Unreinheit gefüllten: „In diesem Körper gibt es Fleisch, Mark, Organe, Galle, Schleim, Eiter, Fett...".

Gleichwie da, o Mönche, ein beiderseitig offener Korb wäre, gefüllt mit verschiedenen Körnern, Bohnen und ... Reis. Den möchte ein Mann mit guten Augen öffnen und betrachten: „Dies sind Körner, Bohnen und ... Reis". Ebenso betrachtet der Mönch eben diesen Körper, von den Fußsohlen aufwärts und von den Haarspitzen abwärts, den von Haut umschlossenen, mit vielerlei Unreinheit gefüllten.

2. Die Gefühlsbetrachtung

Wenn da, o Mönche, der Mönch ein freudiges Gefühl empfindet, so weiß er: „Ein freudiges Gefühl empfinde ich", wenn er ein trauriges Gefühl empfindet, so weiß er: „Ein trauriges Gefühl empfinde ich", wenn er weder ein freudiges noch trauriges Gefühl empfindet, so weiß er: „Ein weder freudiges noch trauriges Gefühl empfinde ich" ....

3. Die Geistbetrachtung

Da weiß ein Mönch von lustbehaftetem Geist: „Lustbehaftet ist mein Geist“; er weiß von lustfreiem Geist: „Lustfrei ist der Geist“; er weiß von haßbehaftetem Geist: „Haßbehaftet ist der Geist“; er weiß von haßfreiem Geist: „Haßfrei ist der Geist“ (– verblendet – unverblendet – gehemmt – zerstreut – entwickelt – unentwickelt – übertreffbar – unübertreffbar – gesammelt – ungesammelt – befreit – unbefreit)

4. Die Betrachtung der Gedanken

Da weilt, o Mönche, der Mönch bei den Geistobjekten in Betrachtung der Geistobjekte, nämlich bei den fünf Hemmungen.

Da weiß hier, o Mönche, der Mönch, wenn in ihm Sinnesverlangen da ist: „Sinnesverlangen ist in mir“; er weiß, wenn in ihm kein Sinnesverlangen da ist: „Kein Sinnesverlangen ist in mir“.

Wie es zur Entstehung unentstandenen Sinnesverlangens kommt, auch das weiß er; wie es zum Aufgeben entstandenen Sinnesverlangens kommt, auch das weiß er; und wie es künftig nicht mehr zum Entstehen des aufgegebenen Sinnesverlangens kommt, auch das weiß er. (Haß – Starrheit und Müdigkeit – Aufgeregtheit und Gewissensunruhe – Zweifel)

Ayya Khema

1923 – 1997, buddhistische Nonne und Meditationslehrerin, Buchautorin

Die buddhistische Meditation

Das gesamte Feld buddhistischer Meditation lässt sich in zwei Hauptbereiche unterteilen:

1. **Die Entfaltung der Geistesruhe** strebt eine vollkommene Versenkung und Sammlung an, die die Grundlage für den zweiten Bereich bildet; diese Meditation wird hier als die Grundstufe betrachtet, denn sie führt an sich noch nicht zur Befreiung, sondern „nur“ zu beglückenden Erfahrungen von Friede, Stille und Gesammeltheit.

2. **Die Entfaltung des Klarblicks.** Hier werden alle Wahrnehmungen, Empfindungen, Gedanken usw. im Hinblick auf die drei Daseinsmerkmale (Vergänglichkeit, Unwirklichkeit und Leidhaftigkeit) betrachtet. Man kann die Klarblicksmeditation (Vipassana) damit als eine Form der Jnana-Yoga-Meditation betrachten.

Diese beiden Meditations-Konzepte können sowohl sequentiell als auch parallel praktiziert werden. Bei ersterem übt man zunächst für einige Zeit (einige Monate bis Jahre) die Geistesruhe, und beginnt erst dann mit der Klarblicksmeditation, bei letzterem wird, gute Geistesruhe vorausgesetzt, beides in einer Sitzung geübt, etwa zunächst, um in die Vertiefung zu gehen, fünfzehn Minuten die Geistesruhe, danach den Klarblick.

Es scheint für die meisten Menschen empfehlenswert, der „sequentiellen Vorgangsweise“ zu folgen und mit der Meditation der Geistesruhe eine gute Basis für den Klarblick zu legen. Der Klarblick kann auch im Alltag geübt werden, während man sich in der formalen Meditationsübung zunächst der Geistesruhe widmen mag.

Die buddhistische Meditation kann als Achtsamkeitsmeditation bezeichnet werden, denn sie erfordert vollkommene Wachheit, Präsenz und Aufmerksamkeit. Diese Qualitäten werden, durch die Übung gestärkt und entwickelt, zu überaus mächtigen Instrumenten auf dem spirituellen Weg.

Meditation ist kein entspanntes halbwacheshalbschläfriges Dasitzen, sondern eine Tätigkeit, die eine gewisse innere Anstrengung erfordert, wenn diese auch entspannt bleiben soll. Die Wachheit und Klarheit des Geistes, die, gepaart mit Entspanntheit, so in der Meditation entsteht, wird mit in den Alltag genommen, wo sie in allen Lebensbereichen von größtem Nutzen sein kann.

Die Meditationsübung setzt sich aus zwei Komponenten zusammen:

1. **Die Konzentration:** Der Geist wird zunächst auf ein Hauptthema konzentriert, zumeist auf die Atmung. Man kann sich auf die „allgemeine Bewegung“ der Atmung konzentrieren, auf das Heben und Senken der Bauchdecke oder auf die Empfindung der sich durch die Nase bewegenden Luft, jedoch nur auf eine dieser drei Möglichkeiten, ohne zwischen ihnen zu wechseln.

2. **Die Achtsamkeit:** Im Hintergrund ist der Wächter präsent, der jedes Nachlassen der Konzentration und das Abschweifen der Gedanken möglichst sofort entdeckt (darin liegt aber oft die Schwierigkeit!) und meldet: „Ein freudiger...ärgerlicher ... lustvoller ... trauriger ... Gedanke ist da“ Nach dem Konstatieren der Anwesenheit des geistigen Elements wird dieses losgelassen und man kehrt wieder zu der Achtsamkeit auf die Atmung zurück.

Es soll bei dieser Übung keine Enttäuschung oder Selbstzweifel entstehen, weil die Gedanken immer wieder abschweifen, sich immer wieder Erinnerungen, Hoffnungen, Bilder und Worte ins Bewusstseinsfeld drängen – das ist normal, es ist die Natur des Geistes, sich in Form von Gedanken zu bewegen. Man kann es tatsächlich jedes Mal als einen „Treffer“ bezeichnen, wenn man einen Gedanken „identifiziert hat“: Jedes Zurückkehren zur Atemachtsamkeit ist als ein Erfolg zu werten!

Und selbst wenn das Gefühl entsteht, dass die Meditation dieses Mal gar nicht klappt, so kann man eben diesen Gedanken wieder zum Gegenstand der meditativen Übung machen. Sage dir innerlich: „Gedanke, Gedanke“ und kehre ruhig wieder zurück zur Betrachtung der Atmung. Immer und immer wieder.

Betrachte den Geist und seine Bewegungen, so wie eine Mutter ihr spielendes Kind betrachtet: Es ist die Natur des Kindes zu spielen, und es ist die Natur des Geistes, Gedanken zu produzieren. Wünsche nicht, dass die Gedanken verschwinden – eine Zen-Weisheit sagt: „Je mehr Gedanken, desto besser die Meditation!“ - , sondern übe dich darin, stiller Beobachter seiner Manifestationen zu werden, dich aus dem „Trubel herauszuhalten“. Werde stiller Beobachter und erfahre, wie sich dadurch eine Distanz zum Beobachteten entwickelt und damit automatisch Ruhe, Klarheit und innerer Frieden entstehen.

Wenn du mit dieser Meditation regelmäßig zu tiefer Stille zu gelangen vermagst, kannst du beginnen, zum Praktizieren des Klarblicks überzugehen; vermutlich wird sich der Übergang wie von selber ergeben und keinen gesonderten Entschluss benötigen, denn das Wahrnehmen und Betrachten der Gedanken und Empfindungen wird zu einem Erkennen ihrer wahren Natur führen: Was ist dieser Gedanke? Ist diese Empfindung dauerhaft? Gibt es etwas, das durch und durch freudvoll ist, ohne jemals in irgendeiner Form Schmerz zu bereiten?

Meditation im Gehen und im Alltag

In vielen buddhistischen Meditations-Retreats werden weitere zwei Besonderheiten eingesetzt:

1. **Das meditative Gehen** wird zwischen den Meditationssitzungen sowie als eigenständige Meditation durchgeführt, um dem Körper Bewegung zu verschaffen, ohne dass der Geist die tiefer werdende Ruhe verlassen muss;

2. **Die Achtsamkeit im täglichen Handeln**, etwa beim Umkleiden, beim Essen und bei der Mitarbeit im Kloster führt die Meditation fort; der Geist bleibt auf das in jedem Augenblick Wahrnehmbare mit größter Achtsamkeit und Klarheit gerichtet. Hier kommt jener Teil der Körperbetrachtung zum Tragen, in dem es heißt: „Da ist der Mönch beim .... Essen, Trinken, Kauen und Schmecken wissensklar in seinem Tun; beim Gehen, Stehen, Sitzen, Einschlafen, Wachen, Reden und Schweigen ist er wissensklar in seinem Tun.“

Weiterführende Literatur

Es gibt zur buddhistischen Meditation eine große Anzahl zum Teil sehr guter Werke auf dem Markt; besonders empfehlenswert sind:

Geistestraining durch Achtsamkeit (Nyanaponika)

Das Wort des Buddha (Nyanatiloka)

Meditation ohne Geheimnis (Ayya Khema)

2.6

Die Praxis der Meditation

Wir haben uns in diesem Abschnitt mit dem menschlichen Geist, seinen Begrenzungen, seinen Möglichkeiten und insbesondere mit den Wegen, den Geist zu überwinden, beschäftigt. Das Umsetzen dieses Wissens erfolgt auf zwei Ebenen: Zum einen können wir durch Karma Yoga den **Vairagya**-Aspekt durch Selbstbeobachtung und achtsames Handeln leben, zum anderen findet das **Abhyasa** im Raja Yoga durch die Übung der Meditation statt.

Wir werden in diesem Kapitel die wichtigsten die Meditationspraxis betreffenden Aspekte, zum Teil anhand von Aussagen großer Yoga- und buddhistischer Meister, betrachten, sodass wir für unsere eigene Meditationsübung bestmöglich gerüstet sind.

Die rechte Einstellung

So lange die Meditation für uns nicht mehr als ein Hobby ist und wir gelegentliche unverbindliche Meditationsversuche machen, wird uns die volle Kraft der Meditation versagt bleiben und wir werden Berichte von überirdischer Wonne, tiefsten Friedens und höchster Klarheit ins Land der Märchen verweisen.

Wenn wir in einem Beruf wirklich Erfolg haben wollen, müssen wir mehrere Jahre dafür aufwenden, die nötigen Fertigkeiten zu erwerben. Und zwar nicht nur dreißig Minuten, sondern mehrere Stunden täglich. Warum sollte dies beim höchsten Ziel des Menschen anders sein? Wenn wir in der Meditation wirklichen Erfolg haben wollen, müssen wir bereit sein, etwas dafür zu tun.

„Wenn man (in der Meditation) nicht zu dieser Ruhe kommen kann, muss man so lange daran arbeiten, bis sie kommt, und arbeiten heißt täglich und mit Nachdruck und nicht, wenn es einem gerade einmal beliebt. Meditation ist nicht eine Art Hobby, das man so nebenbei betreiben kann, damit sie einem den Alltag ein bisschen erleichtere. Es gibt nur einen vernünftigen Grund zu meditieren: In die Tiefe schauen und erkennen können, wozu wir auf der Welt sind." (Ayya Khema)

Erfolg kommt, sobald wir ernsthaft bereit sind, etwas dafür zu tun, sofort beginnen, Schritte zu setzen und diese Schritte mit großer Entschlossenheit und Ausdauer fortsetzen.

Ausdauer und Regelmäßigkeit

Jeder Sportler oder Musiker wird bestätigen können, dass der Schlüssel zur Meisterung der jeweiligen Fertigkeit das ausdauernde und regelmäßige Üben ist. In unserem Fall bedeutet dies: Zwei Mal täglich zwanzig bis dreißig Minuten Meditation als Anfangs- oder Minimumwert. JEDEN Tag.

Meditiere auch, soweit es deine täglichen Aufgaben erlauben, täglich zur selben Zeit. Der Geist wird daran gewöhnt und wird um die festgesetzte Zeit wie von selbst bereit für die Übung.

Zeit und Dauer

Die für die Meditation günstigsten Zeiten sind die Morgen- und Abenddämmerung:

Der Morgen, bevor das Rajas des Tages erwacht ist, wird als Brahmamuhurta, die Stunde Brahmans bezeichnet, und zwar von zwei Stunden vor Sonnenaufgang bis zum Sonnenaufgang: Diese Zeit wird als besonders günstig für Meditation und spirituelle Übungen betrachtet.

Die Zeit um und nach Sonnenuntergang ist ebenso günstig für Stilleübungen, da das Tages-Rajas hier allmählich wieder zur Ruhe kommt.

Als Richtwert für die Meditationsdauer mögen die genannten zwanzig bis dreißig Minuten gelten. Mit zunehmender Übung kann man die Sitzungen allmählich bis zu einer Stunde verlängern.

Man mag vielleicht nach zehn oder fünfzehn Minuten das Gefühl haben, dass es diesmal nicht klappt und man mag geneigt sein, die Übung für dieses Mal zu beenden. Das kann ein Trick des Geistes sein, dem diese Disziplinierung nicht behagt. Bleibe still die festgesetzte Zeit sitzen – es kann sein, dass schon kurz nach diesem Impuls, die Sitzung zu beenden, ein Gefühl tiefen Friedens und tiefer Stille eintritt!

Nimm dir also am Anfang der Sitzung fest vor, für eine bestimmte Zeit zu meditieren, und nicht aufzuhören, bevor diese Zeit um ist.

Ort

Am günstigsten für die Meditation ist es, ein eigenes Zimmer oder einen Teil eines Zimmers für die Übung zu haben. Durch das regelmäßige Praktizieren entstehen an diesem Ort „spirituelle Schwingungen", die man nach einiger Zeit fühlen wird.

Gestalte deinen Raum ansprechend, mit einem kleinen Altar, Bildern oder Statuen, Blumen und Kerzen. Achte darauf, dass dein Meditationssitz nach Osten ausgerichtet ist. Wenn das nicht möglich ist, so kann er auch nach Nordosten oder Norden gerichtet sein.

Vorbereitung und Einstimmung

Jede neue Unternehmung oder Tätigkeit erfordert, dass man sich von dem, was man vorher getan hat, innerlich löst und sich auf das, was man tun will, einstellt. Das ist bei der Meditation besonders wichtig.

Man kann sich für die Sitzung eine spezielle, am besten helle, leichte und bequeme Kleidung anziehen sowie Hände, Füße und Gesicht waschen. Vielleicht möchtest du Räucherstäbchen oder eine Kerze anzünden.

Am wichtigsten scheint mir die Einstellung eines vorübergehenden innerlichen Abstreifens aller äußeren, weltlichen Dinge zu sein: „Ich bin jetzt für nichts und niemanden zu sprechen. Auf meinem Meditationssitz habe ich mit der Welt und ihrem Werden und Vergehen nichts zu schaffen."

Es kann auch sehr vorteilhaft sein, ein Mantra oder Gebet, je nach persönlicher Neigung, zu sprechen. Dies kann laut oder rein geistig geschehen. Wichtiger als die Frage, welches Gebet oder welches Mantra ist es, dieses „mit Bhav", mit dem Gefühl eines sich tief und stark empfundenen Verbindens mit Gott zu sprechen.

Schließlich fasse den Entschluss, x Minuten zu meditieren, „komme, was da wolle".

Bleibe bei der Übung selbst aber erwartungslos.

Die Sitzstellung

Für ernsthafte Meditation ist das Sitzen mit gekreuzten Beinen unbedingt zu empfehlen. Wenn erforderlich, kann man einen Sitzpolster unterlegen, was im allgemeinen eine bequemere Aufrichtung des Oberkörpers ermöglicht. Als Notlösung können auch Zen-Meditationsbänke verwendet werden oder man kann im Zwischenfersensitz auf einem oder zwei Polstern sitzen. Man sollte jedoch auf jeden Fall danach streben, Svastikasana, Siddhasana oder (Ardha) Padmasana zu meistern. Die verschränkten Beine erzeugen einen Energiekreislauf, der auf dem Zen-Bänkchen und im Fersensitz nicht im gleichen Maß erreicht wird. Die Sitzstellung ist stabil und fest und erlaubt so eine tiefe Meditation.

Während die Beine fest verschränkt sein sollten, wird der Oberkörper hoch aufgerichtet, strebt leicht und frei nach oben. Der Kopf ist gerade, kann aber, je nach persönlichem Empfinden, gehoben werden (man kann so leichter eine Verbindung mit dem Göttlichen erfahren) oder leicht gesenkt werden (wirkt sammelnd und zentrierend).

Denken wir an Patanjalis Forderung in PYS 2,46: Die Sitzstellung soll fest und angenehm sein: Visualisiere am Anfang der Meditation einen Felsen und fühle die Festigkeit und Stärke des Felsens. Lasse dann sukha, das Angenehme, Weiche, Entspannte entstehen. Verwende die ersten fünf Minuten deiner Meditation darauf, diese beiden Qualitäten der Sitzstellung zu erzeugen und zu erleben, und schreite erst dann zur eigentlichen Technik.

Die Augen sind während der Meditation geschlossen, können aber von fortgeschrittenen Übenden auch offen gehalten werden.

Die Atmung

Am Anfang der Sitzung achte man auf regelmäßige Bewegung der Ein- und Ausatmung. Die ersten paar Atemzüge können vertieft sein. Allmählich lasse man die Atmung dann sanfter werden. Es ist wichtig, die Atmung in keinem Fall zu forcieren oder in einen bestimmten Rhythmus zu zwingen, außer wenn dies bestimmte Meditationstechniken vorschreiben.

Der Atem fließt leicht und natürlich und wird bei vielen Techniken, insbesondere bei der buddhistischen Atem-Achtsamkeit, als Haupt- oder Nebenfokus der Konzentration verwendet.

Es wird bei der Meditation ausschließlich in den Bauch geatmet, der Brustkorb wird nicht bewegt.

Die Meditationstechnik

Grundsätzlich ist es sinnvoll, für eine Weile unterschiedliche Meditationstechniken auszuprobieren, um herauszufinden, auf welche man am besten anspricht. Dann sollte man bei dieser Technik oder zumindest innerhalb dieser Gruppe von Techniken bleiben und tiefer dringen: Die Meditationstechnik können wir als eine Art Geländer sehen, das uns in tiefere Ebenen des Geistes geleitet: Sie hilft uns, uns tiefer in unser Inneres vorzutasten.

Von den 36 Meditationstechniken, die in „Yoga im Alltag" beschrieben wurden, möchte ich hier als Haupttechniken nur die folgenden Gruppen herausgreifen, die für die meditative Praxis besonders geeignet sind:

1. Die Atem-Konzentration: Grundsätzlich gibt es zwei Möglichkeiten, die Atmung in der Meditationsübung einzusetzen:

a. Die Atmung wird als Hauptkonzentrationsobjekt verwendet: Man beobachtet das Gefühl der sich in den Atemwegen bewegenden Luft, das Heben und Senken der Bauchdecke oder die Wahrnehmung der unterhalb der Nase an der Oberlippe vorbeistreichenden Luft.

b. Die Atmung wird mit der Wiederholung eines Mantras oder mit bestimmten energetischen oder visuellen Bewegungen kombiniert.

Die erste Weise ist einfacher und führt direkter zum Ekagrata des Geistes, die zweite beschäftigt den Geist durch komplexere Betätigung und mag für den aktiveren, noch sehr in Vikshepa (Fluktuieren) befangenen Geist geeignet sein. Man strebe also von komplexeren allmählich zu einfacheren Techniken.

2. Die Konzentration auf Chakras und Nadis: Mehr körperbezogenen Menschen wird die Chakrakonzentration oder das Visualisieren von energetischen Bewegungen durch verschiedene Nadis leicht fallen. Falls es sich hier um rhythmische Bewegungen handelt, können sie mit der Atmung kombiniert werden. So kann etwa die Energie mit dem Einatmen an der Vorderseite des Körpers nach oben gebracht und mit dem Ausatmen durch die Chakras nach unten geführt werden. Oder man konzentriert sich in statischer Achtsamkeit auf ein bestimmtes Chakra (im allgemeinen wird von gefühlsbetonten Menschen das Anahata-Chakra, von mehr intellekt-betonten Menschen das Ajna Chakra gewählt).

3. Die Mantra-Meditation: Die in Yoga-Traditionen am meisten angewendete Technik ist zweifellos die Meditation mit Mantras. Hier gibt es ebenfalls zwei Möglichkeiten:

a. Die einfache Mantra-Meditation: Das Mantra wird im Atemrhythmus wiederholt. Achte dabei auf das genaue Synchronisieren der beiden Elemente: Das Mantra beginnt und endet genau mit der Atembewegung, nicht früher und nicht später.

b. Die kombinierte Mantra-Meditation: Das Mantra wird nicht nur mit der Atmung, sondern zusätzlich mit der Visualisierung einer Energiebewegung kombiniert. Am einfachsten ist es, mit der Einatmung Energie durch die Wirbelsäule nach oben und mit der Ausatmung nach unten zu führen; die Endpunkte sind Muladhara und Ajna oder auch Sahasrara Chakra.

Es ist aber auch möglich, teils komplexe Zählvorgänge in die Konzentrationsübung einzubinden, etwa, von hundert mit jedem Atemzug zurückzählend, bei jedem fünften Atemzug die Energiebewegung in einer besonderen Farbe zu visualisieren.

Bei diesen beiden Arten der Meditation gilt das oben Gesagte, nämlich, dass man den unruhigen, fluktuierenden Geist mit komplexeren Techniken fokussiert und schließlich mit den einfacheren Techniken zu Stille und Tiefe führt.

Sattva und der Alltag

Die Meditationstechnik ist das Gefährt und Sattva ist sein Treibstoff. Wie wir im Alltag leben, welchen Energien wir uns aussetzen, wie wir uns geistig und physisch ernähren, hat ausschlaggebende Bedeutung für die Meditation. Wenn wir in der Meditation nicht in die Tiefe, nicht zur Stille finden können, so liegt mit großer Wahrscheinlichkeit die Ursache in mangelndem Sattva.

> Frage an Swami Sivananda: „Warum habe ich keinen Erfolg in der Meditation, obwohl ich seit mehr als sechs Jahren übe?" Die Antwort: „Du hast kein Chitta Shuddhi (geistige Reinheit)."
>
> „Wie kann ich Chitta Shuddhi erreichen?"
>
> „Durch Mantra-Meditation, Kirtangesang, Pranayama, sattvige Ernährung, Satsang, das Studium religiöser Bücher, durch das Befolgen der Yamas und Niyamas, zurückgezogenes Leben und Innenschau; das alles wird den Weg zu Chitta Shuddhi ebnen."

Betrachte und prüfe jeden geistigen und physischen Vorgang in deinem Leben im Hinblick auf die drei Gunas. Wenn du beharrlich daran arbeitest, Tamas zu vermeiden und Rajas zu vermindern sowie Sattva zu erhöhen, so wird sich die Meditation ohne weiteres Zutun vertiefen.

Hindernisse in der Meditation

Der Anfänger in der Meditation klagt vermutlich am meisten über Schmerzen in den Knien, die schon nach kurzem Sitzen mit gekreuzten Beinen entstehen. Man muss Geduld haben. Anfangs kann man vielleicht nur wenige Minuten sitzen, aber mit regelmäßigem Üben und eventuell untergelegten Decken lässt sich die mögliche Sitzdauer allmählich steigern. Für die meisten Menschen ist es sehr vorteilhaft, auf einem Meditationspolster zu sitzen, denn die Rückenmuskeln werden dadurch wesentlich entlastet und die Aufrichtung des Oberkörpers kann länger und müheloser gehalten werden.

Auch im Rücken können Schmerzen entstehen, wenn die Rückenmuskeln durch ihre Arbeit, den Oberkörper aufrecht zu halten, überfordert werden. Auch hier ist das Üben der Meditation, ergänzt durch rückenmuskel-stärkende Asanas, der beste Weg, diesem Problem abzuhelfen.

Ein weiteres ernsthaftes Problem, das uns eine gute Weile begleiten wird, ist das Fluktuieren des Geistes, das aus Rajas entsteht. Wir haben uns in diesem Abschnitt mit den geistigen Hintergründen dieses Vikshepa befasst – die beste Abhilfe ist, die rajas-erzeugenden Faktoren in unserem Leben bewusst zu machen und nach Möglichkeit zu eliminieren.

Schließlich bedroht Tamas unsere Meditation, wenn wir uns schwer fühlen, benommen und unklar. Ähnlich wie bei Rajas gilt es, die tamasigen Faktoren im Alltag zu vermeiden und mehr und mehr Sattva aufzubauen.

Bei allen Schwierigkeiten ist es wichtig, sich nicht entmutigen zu lassen und einfach ruhig weiter zu machen. Je mehr wir mit bestimmten Ergebnissen rechnen, desto leichter sind wir zu enttäuschen.

Übe ausdauernd, und übe erwartungslos.

Große Meister über Meditation

Im folgenden möchte ich große Meister des Yoga und der buddhistischen Meditation über praktische Aspekte der Meditation zu Wort kommen lassen.

Swami Sivananda

Vergiss den Körper. Vergiss die Umgebung. Vergessen ist höchstes Sadhana. Es hilft der Meditation sehr. Es macht die Annäherung an Gott einfacher. Wenn man an Gott denkt, kann man alle diese Dinge vergessen.

♦

In der Meditation werden im Gehirn neue Furchen geschaffen und der Geist wird in die neuen spirituellen Furchen erhoben. Wenn der Geist in der Meditation fest wird, werden auch die Augäpfel fest. Es gibt kein Zwinkern. Der Atem kommt nicht mehr über die Nasenlöcher hinaus.

♦

Meditiere zu Brahmamuhurta. Das ist die beste Zeit für Meditation. Der Geist ist in den frühen Morgenstunden klar und ruhig. Du brauchst keine Mühe aufzuwenden. Der Zustand der Meditation kommt von selbst.

Strenge in der Meditation die Augen nicht an. Strenge das Gehirn nicht an. Kämpfe nicht mit dem Geist. Mache keine heftigen Anstrengungen, um den Geist unter Kontrolle zu bringen, sondern gib ihm lieber einige Zeit Freiheit, lass ihn laufen und seine Kräfte erschöpfen. Der Geist wird nun zuerst wie ein ungelehriger Affe herumspringen, aber schließlich wird er sich beruhigen. Dann kann er konzentriert werden.

Wenn man beginnt, einen Raum auszukehren, der sechs Monate lang verschlossen war, kommt verschiedenster Schmutz aus den Ecken des Raumes. Genauso kommen in der Meditation unter dem Druck des Yoga und durch die Gnade Gottes verschiedene Unreinheiten an die Oberfläche des Geistes. Beseitige sie tapfer, eine nach der anderen.

♦

Wenn man meditiert und göttliche und sattvige Tugenden entwickelt, wird im Geist eine spirituelle Straße errichtet. Wenn man in der Meditation unregelmäßig ist, wenn die Leidenschaftslosigkeit (Vairagya) schwächer wird und wenn man sorglos und unachtsam wird, wird die spirituelle Straße von der Flut der unreinen Gedanken und schlechten Vasanas weggewaschen. Daher meditiere regelmäßig. Regelmäßigkeit in der Meditation ist von größter Wichtigkeit.

Ayya Khema

Auf keinen Fall dürfen wir an die Meditation mit Wünschen und Erwartungen herangehen, denn die bringen nichts weiter als Dukha (Leiden). Wünsche sind der einzige Grund für Dukha. Falsche Erwartungen können so weit gehen, dass man sich einredet, man eigne sich nicht für die Meditation; es müsse doch etwas geben, das einfacher und besser funktioniert.

♦

In der Meditation ... kommen angenehme Gefühle, leider auch unangenehme, es kommt Freude, und sehr oft kommt noch etwas anderes: Eine Beschleunigung der Karma-Resultate. Wenn ihr euch in die Meditation wirklich hineingebt, kann es euch passieren, dass ihr auf unangenehme Resultate stößt, und zwar viele auf einmal. Durch das Meditieren und die Klärung, die damit verbunden ist, beeilen sich die schlechten Karma-Resultate, die jeder gemacht hat, denn sonst wären wir nicht Menschen. Sie kommen zu einem, damit man die Hindernisse und Blockaden einmal loswird.

♦

Die Hindernisse, die ihr bei der Meditation erlebt – jeder erlebt sie - , sind genau das, was ihr heilen könnt. Sie sind nämlich aus dem entstanden, was an Unheilsamem in jedem verborgen liegt.

Wenn ihr nun bei dieser Schau nach innen etwas entdeckt, das euch nicht gefällt, gibt es nur eines: Es anschauen, akzeptieren und prüfen, ob und wie ihr es ändern könnt. Wenn man etwas in sich erkennt, das nicht heilsam ist, kann man dafür dankbar sein, dass man es erkannt und eine Möglichkeit gefunden hat, an sich zu arbeiten.

♦

Wir müssen uns darin üben, den Geist zur Ruhe zu bringen und Klarblick zu schaffen, müssen erst einmal im Geist aufräumen, damit er nicht länger aussieht wie eine Baustelle.

Ruhe erlangen wir dadurch, dass wir mit der Konzentration auf dem Meditationsobjekt bleiben. Die Schwierigkeit besteht darin, dass der Geist gewöhnt ist zu denken – seit wir auf der Welt sind und schon viele Leben zuvor. Wir kennen den Geist gar nicht anders als aus Gewohnheit denkend. Solange er denkt, kann er natürlich nicht zur Ruhe kommen.

Die Ruhe-Meditation ist dazu ein unerlässliches Mittel. Man kann es mit dem Meer vergleichen. Wo die Wellen hochschlagen, kann man nicht auf den Grund schauen. Wenn die Wellen geglättet sind, kann man erkennen, was unter dem Meeresspiegel zu finden ist. Die Wellen, die in einem selber hochschlagen, sind die Gedanken und Gefühle. Gedanken laufen hin und her, Gefühle verstricken uns in die Leidenschaft des Haben- oder Loswerdenwollens. Mit einem derart wogenden Geist ist es unmöglich, in die Tiefe zu schauen; man kann sich nur mit knapper Not vor dem Ertrinken retten.

♦

Wenn es uns gelingt, mit unserer Konzentration dabei zu bleiben und nicht zu denken, kommt ein Gefühl der Problemlosigkeit, der Ruhe. Denn Probleme muss man denken, sonst hat man keine. Das beste ist immer, nur den Moment zu erleben, und der ist Atmen.

Wenn man nicht bei der Atembetrachtung bleiben kann, weil der Geist unruhig ist und abschweift, werden Gedanken kommen. Sie erkennen, bringt Einsicht, so wie den Atem betrachten Ruhe bringt. Man muss von den Gedanken zurücktreten, statt sich mit ihnen zu identifizieren.

Der erste Schritt, mit den Gedanken etwas anzufangen, ist zu wissen, dass sie da sind, statt einfach zu denken. Ob wir gehen, stehen, sitzen oder liegen, vom Aufwachen bis zum Einschlafen denken wir; automatisch und instinktiv spielen wir unsere Gedankenspiele. Das ist ermüdend, energieraubend und unproduktiv.

Der Geist denkt, weil das seine naturgegebene Funktion ist, so wie ein lebender Körper atmet. Denken hat so, wie es ist, keine Richtung. Es ist wie ein Film, der pausenlos abläuft. So lange er ohne Unterbrechung läuft, wissen wir gar nicht, dass es ein Film ist und eine Leinwand da ist, auf die er projiziert wird. Diese Leinwand ist sauber, weiß und ruhig.

Kehrt, sobald ihr gewahr werdet, dass der Film läuft, auf euer Meditationsobjekt zurück.

Als erstes haben wir also von diesem Denken einen Schritt zurückzutreten und als neutraler Beobachter zu registrieren, dass Gedanken gekommen sind. Wenn sie nicht sofort wieder verschwinden und ihr zum Meditationsobjekt zurückkehren könnt, verseht jeden Gedanken mit einem Etikett, nennt das Kind beim Namen: „Gedanke", „Bild", „Erinnerung" usw.

Dass die Gedanken bald wiederkommen, ist eine andere Sache. Deshalb praktizieren wir beide Richtungen: zur Ruhe kommen, um beim Meditationsobjekt Atem bleiben zu können und ohne Denken und damit ohne Probleme zu sein, und das Denken einordnen, um zu wissen, was in unseren Gedankengängen eigentlich vor sich geht, im Alltag nicht anders als in der Meditation.

Meditation ist ganz gezielte Nachhilfe für den Geist, sodass er sich daran gewöhnt, problemlos durchs Leben zu gehen. Es ist im Grunde ganz einfach, man muss nur wissen, wie. Fallenlassen, loslassen! Das Festhalten an Gedanken ist vollkommen unnötig.

Es ist auch nicht von Nutzen, sich zu wünschen, zu hoffen oder zu erwarten, dass die Gedanken verschwinden. Nutzbringend ist nur, sie zu beobachten und zu erkennen.

Um der Gefühle Herr zu werden, muss man sie kennen, erkennen und – nicht reagieren.

Swami Rama

Denken ist etwas anderes als Meditation, ja, auch das Kontemplieren eines erhebenden Gedankens wie etwa Friede, ist etwas anderes als Meditation. Jeder Versuch, im Geist etwas bestimmtes zu bewirken, ist vergeblich – man wird nur frustriert, weil der Geist sich gegen jeden Versuch der Kontrolle wehrt. Das Bemühen, einen bestimmten Zustand im Geist zu erreichen, kann uns in der Meditation nicht weiterhelfen.

Es ist besser, keinen Druck auf sich selbst auszuüben, indem man bestimmte Ergebnisse der Meditation erwartet. Ironischerweise wird man desto entspannter und ruhiger werden, je weniger man mit dem Geist kämpft und ihn zur Meditation zwingt – und genau darum geht es uns in der Meditation.

Ebenso funktioniert es nicht, wenn man versucht, den Geist leer zu machen. Es liegt in der Natur des Geistes, sich ständig zu verändern und Gedanken zu erzeugen.

Wegen dieser geistigen Prozesse versuchen viele spirituelle Traditionen, den Geist durch Konzentration auf ein einziges Objekt zur Ruhe zu führen und zu fokussieren. Das Ziel ist es also nicht, den Geist zu leeren, sondern ihn auf einen Fokuspunkt zu richten.

Die Konzentration oder Konzentriertheit ist eine wichtige Voraussetzung für die Meditation. Wenn wir das Wort Konzentration normalerweise verwenden, ist damit immer die Idee von Anstrengung und Mühe verbunden. Jedoch wie wir Konzentration hier betrachten, bedeutet dies keine Anspannung, keine Mühe – es bedeutet vielmehr ausgerichtete Aufmerksamkeit, im Gegensatz zu einem zerstreuten Geisteszustand. Konzentration bedeutet hier einen wachen, wachsamen und gleichzeitig entspannten und angenehmen Zustand, der nicht sehr schwierig zu erlangen ist.

Swami Satyananda

Meditation ist jenseits jeder äußeren oder inneren Interaktion mit der Welt. Meditation ist ein Weg, den Vorhang, der den Geist vor uns verbirgt, aufzuziehen und in unser Inneres zu schauen.

♦

Der erste Schritt ist es, den Körper zur Ruhe zu bringen. Für viele Menschen ist es schwierig, für mehr als eine Minute in der gleichen Position zu sitzen, ohne das Verlangen zu verspüren, die Haltung zu verändern oder sich zu kratzen. Dies führt dazu, dass der Geist vollständig nach außen gerichtet bleibt.

Der nächste Schritt ist es, den Geist zu Stille und Entspanntheit zu führen. Die meisten Menschen haben einen Geist, der wie ein aufgewühltes Meer ist! Wenn wir in die Tiefe des Geistes gehen wollen, müssen wir erst diese Wellen zur Ruhe bringen. Dies geschieht durch Aufmerksamkeit (bzw. Bewusstheit; im englischen Original wird der Begriff awareness verwendet). Mit anderen Worten, wir richten unsere Aufmerksamkeit auf ein Objekt, ein Symbol oder einen mentalen Prozess. Das erfordert Übung, aber schließlich wird es möglich sein, die Aufmerksamkeit unter Ausschluss aller anderen Dinge auf eine einzige Sache zu richten. Diese „einpünktige" Aufmerksamkeit ermöglicht es dem Bewusstsein, in die Tiefen des Geistes vorzudringen. Das Konzentrationsobjekt ist lediglich ein Instrument für unsere Reise nach innen; es ist ein Mittel zum Zweck.

♦

Meditation braucht Zeit und erfordert Übung. Aber die Übung lohnt den Aufwand, mehr als alles andere, das du jemals tun wirst!

Sai Baba

Übt euch in der Meditation. Lernt durch diese Übung, eure Sinne zu meistern, praktiziert sie stetig, regelmäßig und systematisch, immer zur gleichen Zeit, am selben Ort, ohne dem Wechsel eurer Launen zu folgen. Das regelmäßige Einhalten einer bestimmten Methode ist für diese Übung von größter Bedeutung. Haltet euch streng daran. Ändert sie nicht je nach eurer Stimmung, denn das hat negative Folgen.

Meditation wird keine Früchte tragen für die, die zuviel essen und durch den Vorgang der Verdauung müde werden; für die, die zuwenig essen und dadurch erschöpft sind; für die, die zuviel oder zuwenig schlafen; für die, die unregelmäßig in ihrer Übung sind und für die, die das Feld den inneren Feinden (Gier, Zorn und Hass) überlassen.

♦

Es ist sehr wichtig, aufrecht zu sitzen. Zwischen dem 9. und dem 12. Brustwirbel liegt die Lebenskraft. Wenn der Körper gerade gehalten wird, kann die Lebenskraft aufsteigen und dem Geist zu hoher Konzentrationsfähigkeit verhelfen. Außerdem bildet der vollkommen aufrechte Körper – ähnlich dem Blitzableiter auf dem Dach eines Gebäudes – einen Leiter, durch den die göttliche Kraft in den Tempel deines Körpers gelangen kann.

Sri Friedrich Schulz-Raffelt

Nachdem die äußeren Bewegungen des Körpers durch die Sitzhaltung zur Ruhe gekommen sind, entdecken wir die inneren Bewegungen. Die deutlichste Bewegung, die als erstes unsere Aufmerksamkeit auf sich zieht, wird durch den Atem verursacht. Im Sinne der Meditation bedeutet Pranayama, dass wir dem Atem beobachtend folgen, seiner Wirkung gewahr werden und besonders die Ruhepausen am Ende jeder Einatmung und Ausatmung beobachten. Durch die Steigerung der Aufmerksamkeit auf das Beobachten dieser inneren Vorgänge entsteht die in PYS 2,51 genannte vierte Art der Atemstille (Kevala Kumbhaka), welche spontan aufgrund der konzentrierten Beobachtung entsteht. Das Stillwerden des Atems führt ebenso die Gedankenbewegungen zur Ruhe, sodass daraus die Fähigkeit zur Konzentration entsteht.

Während der Pranayama des Hatha-Yoga die Atembewegung willentlich lenkt und aktiv in den natürlichen Atemvorgang gestaltend eingreift, bedeutet bei Patanjali Pranayama das Gewahrwerden des Atems als eine Übung des bewussten Zuschauens und zugleich das Ablösen von jeder Eigenbewegung des ichhaften Wollens und Gestaltens. Mit Hilfe der Atembeobachtung werden zugleich die Sinne und Gedanken zur Ruhe gebracht. Diese Wirkung ergibt sich ohne sonstige weitere Bemühung von selbst aus der Atemkontrolle infolge Umverteilung der pranischen Energie.

Die zweite Art der inneren Bewegungen, die wir entdecken, ist das Wandern der Sinne. Unsere Augen schauen hierhin und dorthin, unsere Ohren hören hierhin und dorthin. Unsere Empfindungen nehmen dieses und jenes wahr in ständigem Wechsel und nach außen gerichtet. Solange dieses Wandern geschieht, nehmen wir die Vielfalt der Welt nur an ihrer Oberfläche wahr, und es gelingt uns nicht, zum Wesenhaften vorzudringen und in die Tiefe zu schauen. Darum wird Pratyahara geübt. Die Beobachtung des eigenen Atems über das Spüren und Lauschen sowie das Schließen der Augen bewirken zugleich das Ruhigstellen und das Nach-Innen-Wenden der wandernden Aufmerksamkeit. Da der Atem ständig gegenwärtig ist, kann mit dieser Ausrichtung der Aufmerksamkeit ein stabiler und dauerhafter, ungestörter innerer Zustand erreicht werden.

Die dritte Art der inneren Bewegungen, die wir entdecken, ist das Wandern der Gedanken, welches unsere Aufmerksamkeit in verschiedene Richtungen lenkt und das zugleich Auslöser für verschiedene Emotionen ist. Diese Gedankenbewegungen bedeuten Verhaftung an die Vielfalt der äußeren und inneren Erfahrungen mit unserer Welt. Um Wesentliches erfahren zu können, muss die Bewegung in der Vielfalt zur Ruhe kommen. Das Schauen des Atems zieht die Energie von den Denkbewegungen ab, wodurch das Denken rasch zur Ruhe kommt.

Krishna (BG 6,11-15)

Nachdem der Yogi sich einen dauernden Sitz in einer reinen Gegend erwählt hat, weder zu hoch noch zu niedrig, mit Tuch, Rehhaut und Kusha-Gras versehen, soll er dort, seinen ihm gebührenden Platz einnehmend, sein Gemüt nur auf den Einen richten, die Tätigkeit seiner Sinne und Gedanken bezähmend, in seinem Sitze ruhend, sich in der Ergebung üben, um seine Seele zu reinigen.

Mit Körper, Hals und Kopf beständig unbewegt, den Blick auf einen Punkt gerichtet, ohne umher zu sehen. Voll Seelenruhe, frei von Furcht, unerschütterlich in seinem Vorsatz als Brahmacharin, seinen Willen bezähmend, so soll er dort in der Ergebung verharren, an Mich denkend und in Mich versenkt.

Der Yogi, welcher sich so in seinem Innern, in der Ergebung übt, erlangt den ewigen Frieden; er erreicht das über alles erhabene Nirvana, welches in Mir selbst ist.

Swami Krishnananda

"Ein meditierender Geist ist wie ein stiller See"

3

HATHA YOGA

Hatha Yoga ist ein göttlicher Segen.

Hatha Yoga ist der sichere Weg zu guter Gesundheit,
langem Leben und Erweckung der höheren Kräfte.
Es gibt viele Möglichkeiten einer völligen Regeneration.
Unbestritten und einzigartig steht jedoch Hatha Yoga über allem.
Er ist das vollkommenste System.
Hirn, Muskeln, Nerven, Organe und Gewebe werden belebt und gestärkt.
Alle chronischen Krankheiten werden ausgelöscht.
Wer Hatha-Yoga übt, kann einen gesunden Körper und Geist erlangen.
Wenn man regelmäßig Yoga-Übungen macht, wird man immer in Form sein.
Hatha Yoga ist ein göttlicher Segen.
Er ist eine einzigartige Verteidigungswaffe gegen alle widrigen Mächte im Bereich des Stofflichen und Spirituellen.

3.1
Einführung in Hatha Yoga

So populär der Hatha Yoga im Westen ist, so ist sein wahres Wesen den meisten Menschen unbekannt. Unsere stark nach außen gerichtete Welt macht auch vor dem Yoga nicht halt: Yoga in Fitness Clubs, in Thermenhotels, Yoga-Gymnastik, Yoga als Wellness. Doch ist, was hier geübt wird, oft nur ein sehr schwacher Schatten jener großen, heiligen Wissenschaft von den Körperenergien, die vor Hunderten von Jahren entwickelt wurde. Was zumeist als (Hatha-) Yoga angeboten wird, sind Fitness- und Stretchingübungen mit einzelnen Elementen der Hatha Yoga Asanas.

In diesem Heft möchte ich versuchen, Licht in diesen wunderbaren Raum der Kraft, Hatha Yoga, zu tragen und aufgrund von alten Schriften Stück für Stück die Faszination und Bedeutung des klassischen Hatha Yoga herausarbeiten.

Der Begriff Hatha Yoga

Der Begriff Hatha setzt sich aus zwei Teilen zusammen, Ha und Tha: Ha steht für das Sonnen-Prinzip und Tha für das Mond-Prinzip. Sonne und Mond versinnbildlichen die in jedem Menschen und tatsächlich in jedem lebenden Wesen wirksamen Energiequalitäten: unser männlicher und weiblicher Energieaspekt, Logik und Kreativität, Aktivität und Stille usw.

Das Ziel des Hatha Yoga ist es, einen harmonischen Gleichklang zwischen diesen elementaren Kräften herzustellen und zu erhalten. Darüber hinaus wird das Transzendieren der energetischen Polarität, das Überschreiten des dualen Prinzips angestrebt.

Hatha bedeutet auch Kraft, Anstrengung, ja Gewalt und weist auf die Intensität der besonders im fortgeschrittenen Hatha-Yoga eingesetzten Techniken hin. Fortgeschrittener Hatha-Yoga ist ein sehr forderndes und anstrengendes Unterfangen – doch das Ergebnis ist auf jeden Fall der Mühe wert!

Hatha Yoga und Tantra

Über Tausende von Jahren wurde der Yoga-Weg durch den asketischen Gedanken dominiert: Körper und Geist sind letzten Endes unwirklich und es gilt, sie durch Selbstzucht, Selbstverleugnung und Askese zu überwinden, um zur kosmisch-göttlichen Einheit zu finden, die durch die physischen und geistigen Erscheinungen verdeckt wird. Wollte man Gott erreichen, so musst man alles Irdische zurücklassen. Die Bindung an das Irdische war das wirksamste Hemmnis auf dem Weg zur Befreiung. Entsprechend stark war die Bewegung des Mönchstums, der Weltentsager (Sannyasins), der Asketen. Der Körper und alles, was körperlich war, wurde als sündig, als unrein betrachtet.

So gültig und richtig die Prämisse auch ist, dass die Verhaftung an das Irdische, Körperliche uns von der Verbindung mit dem Subtileren, Inneren, Göttlichen abhält, so ist das Asketentum und das Abwenden vom Irdischen nicht der einzige Weg zum Heil. Etwa um das zehnte oder elfte Jahrhundert unserer Zeitrechnung begann die „tantrische Revolution" die gesamte religiös-philosophische Welt Indiens auf den Kopf zu stellen. Nachdem über undenkbar lange Zeiten der Körper als sündig und weltliche Freude als spiritueller Entwicklung äußerst abträglich betrachtet worden war, lehrt der Tantra eine radikale Hinwendung zur Welt.

Der Körper ist zum Boot geworden, um den Ozean des Samsara (der Kreislauf der Wiedergeborten) zu überqueren, er ist nicht mehr „Quelle der Schmerzen", sondern „Tempel Gottes". Durch das Integrieren sinnlicher Erfahrungen (z.B. der rituelle Geschlechtsverkehr, das Maithuna-Ritual) in den tantrischen Übungsweg wurde bhoga (Genuß) neben Yoga (Selbstkontrolle) zu Elementen der tantrischen Praxis. Aus dieser Hinwendung zum Körper entwickelte sich in den nächsten Jahrhunderten der Yoga-Körperkult, den wir heute als Hatha Yoga in den meisten Yoga-Schulen üben.

Jedoch umfassen die tantrischen Techniken weit mehr als Körperübungen, die heute für viele der Inbegriff des Yoga sind. Sie umschließen alles, was die Energien auf den verschiedenen Ebenen unseres Menschseins verändert und beeinflusst. So finden wir neben Atemübungen und Kontraktionen einzelner Muskeln viele meditative Praktiken, Reinigungstechniken, Energielenkungsübungen, Mantra-Rezitation, Hinweise zur Ernährung und vieles mehr. Unter anderem auch das bewusste Einsetzen der sexuellen Energie für das höchste Ziel des Menschen: der „Prana-Turbo" war entdeckt!

Im Westen wurde dieser Aspekt des Tantra mit Begeisterung aufgenommen und es entstanden „tantrische Bewegungen", die die Arbeit mit der sexuellen Energie in den Mittelpunkt stellten und die anderen Aspekte des Tantra weitgehend vernachlässigten. So kam es dazu, dass nicht nur in Europa und Amerika, sondern auch im Heimatland des Tantra, in Indien, der Tantra von vielen Menschen als „Spirtuelle Sexualität" oder „Sexuelle Spiritualität" betrachtet wurde und wird.

Während der Fokus vieler moderner „Tantriker" auf dieser spiritualisierten Sexualität liegt (was nicht abgewertet werden soll, denn hier liegt ein gewaltiges Potential der Bewusstseinserweiterung!), ist das Ziel der ursprünglichen tantrischen Idee die Einheit mit Gott.

Auf jeden Fall gewinnt der menschliche Körper unter dem Einfluss des Tantra eine nie dagewesene Aufmerksamkeit, was sich, sozusagen als „erwünschte Nebenwirkung" positiv auf die Gesundheit der Praktizierenden bemerkbar machte. Der Körper wurde erforscht, entmystifiziert und zum Werkzeug, zum Tempel Gottes erklärt.

Hatha Yoga und Kundalini Yoga

Aus der tantrischen Grundidee entwickelten sich in der Folge zwei Hauptströme, der Hatha Yoga und der Kundalini Yoga. Wenngleich die Techniken dieser beiden Wege weitgehend ähnlich sind, so ist doch ihre Philosophie klar zu unterscheiden:

Hatha Yoga ist, wie wir noch betrachten werden, der Weg, um über die Beeinflussung der Körperenergien zum Raja Yoga, zu „citta-vrtti-nirodha" zu gelangen. Was der Raja Yogi auf rein geistigem Weg anstrebt, erarbeitet sich der Hatha Yogi durch Manipulation der Körperenergien. Man kann also Hatha Yoga als eine Art Vorstufe oder Hinführung zum Raja Yoga verstehen, weshalb er in den vier klassischen Yoga-Wegen - Raja, Jnana, Bhakti und Karma - nicht gesondert genannt wird.

Kundalini Yoga geht von einem unterschiedlichen Grundgedanken aus. Die Erfahrung des Samadhi, des kosmischen Bewusstseins geht mit einer energetischen Veränderung im Astralkörper einher: Die im Muladhara Chakra schlummernde Kundalini-Kraft wird erweckt und durch die Chakras nach oben geführt, bis sich die Kundalini, die weibliche Shakti-Energie in Sahasrara Chakra mit der männlichen Bewusstseins-Energie vereinigt. Kundalini Yoga beruht auf dem Grundgedanken, dass dieses Energie-Ereignis gezielt herbeigeführt werden kann und umschließt, neben ethischen Grundlagen, Ernährung und Mantra-Rezitation intensive Körper- und Atemtechniken, die die Bewegung der Kundalini-Kraft gezielt beeinflussen. Es gibt verschiedene Formen des Kundalini-Yoga: Statische Formen, die sich nur wenig vom Hatha Yoga unterscheiden und dynamische Formen, bei denen mit Mantra-Rezitation kombinierte Körperbewegungen eingesetzt werden.

Beiden Wegen liegt die gleiche Technologie zugrunde: Die über lange Zeit entwickelte exakte Kenntnis der psycho-energetischen Strukturen im Menschen führten zu der Entwicklung spezieller Techniken, welche menschliche Energien und damit das menschliche Bewusstsein gezielt zu verändern vermögen: Energiebahnen werden von Blockaden befreit, Energiezentren mit Prana aufgeladen, Energieflüsse umgelenkt und die Prana-Qualität verändert. Diese Techniken stellen hohe Ansprüche an alle Teile des menschlichen Körpers, an Muskeln, Organe, Bindegewebe, besonders an das Atemsystem, weshalb für den intensiv praktizierenden Hatha-Yogi der Begriff des „diamantenen Körpers" geprägt wurde.

Hatha Yoga für Anfänger und für Fortgeschrittene

In den meisten Yoga-Büchern finden wir Beschreibungen und Darstellungen der grundlegenden Techniken des Hatha Yoga, wie ich sie auch in meinem Buch „Yoga für den Alltag" beschrieben habe. Diese Beschreibungen genügen den meisten Yoga-Übenden. Wer allerdings einige Zeit diese einfachen Techniken übt und fühlt, dass außer Gesundheit, Wohlfühlen und frischer Energie sowie Ausgeglichenheit noch etwas mehr „drinnen" ist, öffnet sich mehr und mehr für die geistigen Aspekte des integralen Yoga und auch für fortgeschrittene und intensivere Hatha-Yoga-Praktiken.

Diese fortgeschrittenen Techniken wurden früher nur direkt vom Meister an den Schüler weitergegeben, wenn jener bereit war. Aus dem gleichen Grund werde ich fortgeschrittene Techniken nur ansatzweise nennen, ohne sie detailliert zu beschreiben. Es wird in den Schriften wiederholt davor gewarnt, diese Übungen verfrüht und ohne persönliche Führung des Guru in Angriff zu nehmen. Hinweise, dass man auf einem Grundstufenniveau mehrere Jahre lang jeden Tag üben sollte, bevor man vorsichtig weiterschreitet, werden in unserer schnelllebigen Zeit gerne vernachlässigt, mit dem Ergebnis, dass vereinzelt „Yoga-Unfälle" auftreten, die ausschließlich darauf zurückzuführen sind, dass die Übenden bestimmte Techniken zu früh begannen, ohne die erforderliche physische und energetische Reinheit erworben zu haben.

So wollen wir in diesem Teil einen „Blick über den Zaun" werfen, wo jener Weg hinführt, der schon auf den ersten Schritten wunderbare Ergebnisse erbringt - der Weg des Hatha Yoga.

Die Techniken des Hatha Yoga

Die Techniken, die in Hatha Yoga eingesetzt werden, wenden sich, von außen beginnend, immer mehr nach innen. Nur für den Anfänger besteht Hatha Yoga ausschließlich aus Körperübungen, doch ist dies erst ein Beginn, kaum mehr als ein bescheidener Vorraum im großen Gebäude des Hatha Yoga.

Als Grundlage des Hatha Yoga dienen, ebenso wie im Raja Yoga, ethisch-moralisch-geistige Werte, die rechte Ernährung sowie die Führung durch einen Guru bzw. kompetente/n Lehrer/in.

Der Aspirant beginnt mit den **Asanas**, den Körperstellungen, die allmählich intensiver und länger gehalten werden. Sie reinigen den physischen und den Astralkörper und erhöhen das Energieniveau. Hier lernen wir auch die meditativen Sitzstellungen kennen.

Bevor man zu den Haupttechniken des Pranayama kommt, gilt es, die astralen Kanäle, die Nadis, und die Energiezentren, die Chakras, zu reinigen. Das geschieht einerseits durch die speziellen Reinigungstechniken des Hatha Yoga, die **Shatkarmas**, andererseits durch **reinigende Pranayamas**.

Nun kann man vorsichtig in das Reich der **Pranayamas** eintreten. Sie bilden einen wesentlichen oder sogar DEN wesentlichen Bestandteil des Hatha Yoga. Die Reinigung wird auf subtilerer Ebene fortgesetzt, die Übung intensiviert und, von sehr fortgeschrittenen Übenden, auf mehrere Stunden täglich ausgedehnt.

Die Pranayamas werden schließlich mit einer Gruppe von Techniken verbunden, die ihre Wirksamkeit deutlich erhöhen - die **Bandhas**, energetische Verschlüsse, ohne die fortgeschrittene Pranayamas undenkbar sind.

Mehr und mehr kommt nun eine weitere Gruppe von Techniken ins Spiel, die ebenfalls Energien durch teils subtile Bewegungen und Muskelkontraktionen beeinflussen - die **Mudras**. Hier ist ein Guru unbedingt notwendig, da nur er einschätzen kann, ob und für welche Mudras man bereit ist.

Der nächste Schritt nach innen führt uns zur **Hatha-Yoga-Meditation**, zum Lenken der Energien allein durch die Kraft des Geistes, der Vorstellung.

Die höchste Technik des Hatha Yoga, **Nada**, ist eine Meditationstechnik, die sich auf das Lauschen auf den inneren Klang konzentriert und schließlich zu Laya, zur Auflösung der geistigen Bewegungen und damit zu „citta-vrtti-nirodha" führt.

Die Hatha Yoga Pradipika

Neben anderen klassischen Schriften ist die Hatha Yoga Pradipika, übersetzt „Die kleine Leuchte des Hatha Yoga" das ausführlichste und vollständigste Werk über den traditionellen Hatha Yoga. Sie wurde etwa im 15. Jahrhundert verfasst - auch hier gehen die Datierungen um einige wenige Jahrhunderte auseinander.

Ähnlich wie die Yoga Sutras von Patanjali ist die Hatha Yoga Pradipika (abgekürzt HYP) in Sutra-Form verfasst, welche, in 389 Aussagen in vier Teilen (Padas) die folgenden Themen behandeln:

1. Teil: Die geistig-ethischen Grundlagen werden erläutert, die für den Yogi geeignete Ernährung besprochen und die wichtigsten Asanas, hauptsächlich Sitzstellungen, beschrieben.

2. Teil: Über spezifische Reinigungstechniken und Reinigungsatmung gelangen wir zu den klassischen acht Hauptpranayamas.

3. Teil: Wir dringen tiefer in das Wissen der Kundalini-Kraft ein und werden in fortgeschrittene Techniken, in die Mudras und Bandhas, eingeführt.

4. Teil: Schließlich wird Nada, die Meditation auf den inneren Klang, beschrieben und Samadhi, das Ziel der (Hatha) Yoga Übungen, behandelt.

Ähnlich wie uns die Yoga Sutras von Patanjali durch die Betrachtungen des Raja Yoga begleiteten, so finden wir in den Aussagen der Hatha Yoga Pradipika eine hervorragende Führung durch die Vielfalt von Übungen und Elementen des Hatha Yoga. Indem wir eine Reihe besonders interessanter Sutras betrachten, wird in uns ein tieferes Verständnis entstehen, was das eigentliche Wesen des Hatha Yoga ausmacht.

3.2

Die Grundlagen

Eine Yoga-Praxis, die nicht im gesunden Boden der rechten geistigen Haltung, der spirituellen Basis wurzelt, kann nicht als Yoga bezeichnet werden, denn ihr fehlte die Verbindung zum Ganzen. Nur auf den rechten Grundlagen wird unser Asana-, Pranayama- usw. -Üben zur Yoga-Praxis!

So wenden wir uns zunächst den von Swatmarama, dem Verfasser der Hatha Yoga Pradipika, im ersten Abschnitt beschriebenen Grundlagen des Hatha Yoga zu.

Der Gruß an den Guru

Traditionellerweise wird bei Beginn der Yoga-Praxis der Guru gegrüßt, denn seine Gnade, seine Führung entscheidet über Gelingen oder Misslingen der Übung. Besonders bei den fortgeschrittenen Techniken des Hatha Yoga ist die Führung durch einen Meister / eine Meisterin notwendig.

Verbinde dich vor dem Üben geistig mit deinem Guru bzw. Lehrer, indem du ein Guru-Mantra rezitierst und dich innerlich auf ihn einstellst, um sein Licht auf dem Weg zu erhalten.

Das Ziel des Übens

Es kann sehr vorteilhaft sein, sich vor Beginn des Übens das Ziel der Yoga-Praxis vor Augen zu halten: Wir spüren, wohin wir uns bewegen, fühlen den gesunden, kräftigen, energiegeladenen Körper bereits entstehen, erahnen den tiefen Frieden, den uns die Yoga-Praxis schenken wird. Swatmarama macht gleich in der Sutra 1,2 und 1,3 klar, worum es ihm beim Hatha Yoga geht:

> Swatmarama Yogi gibt die Hatha Yoga Vidya einzig für die Erlangung von Raja Yoga heraus, nachdem er seinen eigenen Guru gegrüßt hat.
>
> Jenen, die sich in der Dunkelheit streitender Sekten fortbewegen, unfähig, Raja Yoga zu erlangen, bietet der mitleidvolle Swatmarama Yogi das Licht von Hatha Vidya an.

Viele Menschen irren im Dunkel verschiedener Lehren und Heilswege, ohne Fortschritte zu machen. Swatmarama Yogi erkennt diese „spirituelle Not" und sagt: „Einfacher ist es, Hatha Yoga zu üben: Du fühlst deinen Körper, deinen Atem, und du beginnst ihn zu formen, zu reinigen, zu verändern - und gelangst auf diese einfache Weise zum Ziel, das auf rein geistigem Wege nur sehr schwer zu erreichen wäre."

Vidya heißt Wissen. Hatha Vidya ist eigentlich ein Geheimwissen, eine Wissenschaft der Körperenergien. Man braucht eine Führung, um in den komplexen energetischen Vorgängen in Körper und Geist die richtigen Techniken in der passenden Weise einzusetzen. Diese Führung wird uns von Swatmarama angeboten.

Geheimhaltung

Immer wieder taucht in den klassischen Schriften der Aufruf zur Geheimhaltung auf:

> Der Yogi, der das Verlangen nach Siddhi (Meisterschaft) hat, sollte Hatha Yoga streng verborgen halten, denn es ist nur wirksam, wenn es verborgen gehalten wird. Es wird inhaltslos, sobald es ungerechtfertigt preisgegeben wird. (HYP 1,11)

Man sollte eigentlich jede spirituelle Praxis geheim halten, denn das darüber Plaudern mit anderen ist wie ein Leck, durch das die Energie, die man mit den Übungen aufgebaut hat, entweicht.

Eine interessante Parallele findet sich in der Bibel:

> Wenn ihr betet, macht es nicht wie die Heuchler. Sie stellen sich beim Gebet gern in die Synagogen und an die Straßenecken, damit sie von den Leuten gesehen werden. Amen, das sage ich euch: Sie haben ihren Lohn bereits erhalten. Du aber geh in deine Kammer, wenn du betest, und schließ die Tür zu; dann bete zu deinem Vater, der im Verborgenen ist. Dein Vater, der auch das Verborgene sieht, wird es dir vergelten.
>
> (Mt, 6,5 - 6,6)

Sprich nicht über deine spirituelle Praxis, sei es Hatha Yoga oder ein anderer Weg. Dein spiritueller Weg ist eine persönliche Sache zwischen Dir und dem Höchsten; kein anderer – ausgenommen der Guru - hat da etwas zu suchen!

Hinderliches und Förderliches beachten

In Sutra 1,15 wird uns erklärt, welche Faktoren sich verheerend auf unser Üben auswirken können:

> Der Yogi geht zugrunde durch Überessen, harte körperliche Arbeit, zuviel reden, das Einhalten von (unpassenden) Gelübden, schlechte Gesellschaft und Unbeständigkeit.

Überessen erhöht Tamas. Jeder kann leicht nachvollziehen, dass ein voller Magen nicht gerne übt. Während man einfache Übungen noch relativ leicht machen kann, wenn man davor eine Kleinigkeit gegessen hat, so spürt man bei subtileren Techniken auch den kleinsten Bissen. Andererseits soll man auch nicht üben, wenn man hungrig ist, denn das lenkt von der Praxis ab; besonders intensive Hatha-Yoga-Übungen dürfen nicht während des Fastens durchgeführt werden!

Harte körperliche Arbeit erschöpft die Energien und lenkt sie in die Muskulatur. Man fühlt sich müde, schwer - wiederum ein Aspekt von Tamas - und hat keine Energie und keine Lust zum Üben.

Die meisten Menschen reden gerne und viel - die alten Yogis erkannten jedoch, dass zuviel reden unsere Energie einerseits erschöpft, andererseits nach außen lenkt. Die Disziplin des **Mouna,** des Schweigens, ist ein sehr hoch einzuschätzendes Element jedes Yoga-Weges, nicht nur des Hatha Yoga.

Auch das Einhalten von **unpassenden Gelübden**, die früher in Indien häufig als Tapas, Askese geübt wurden, hat oft etwas Selbstzerstörerisches und damit wiederum Tamasiges. So gab es Sadhus (Mönche), die tagelang auf einem Bein standen oder die stundenlang im eiskalten Gangeswasser standen, um Mantras zu rezitieren... Es gibt aber auch nützliche Vorsätze, wie das regelmäßige Hatha Yoga-Üben, Brahmacharya (sexuelle Enthaltsamkeit oder Mäßigung), das Einhalten einer einfachen, vegetarischen Kost und ähnliches.

Schlechte Gesellschaft ist Gift für den spirituell Übenden, denn sie vermag ihn auf seinem Weg zu verunsichern oder abzulenken. So lange man sich vor destruktiven Energien anderer Menschen nicht wirksam zu schützen vermag, sollte man versuchen, sich von negativen Menschen möglichst fernzuhalten. Und mit zunehmender spiritueller Praxis wird man auch feinfühliger und spürt, wie jeder einzelne Mensch auf einen wirkt.

Schließlich wird vor der **Unbeständigkeit** gewarnt. Wieder unsere schnelllebige Zeit - schnelle Erfolge erwünscht! Und wenn nicht schnell Erfolg eintritt, versuchen wir es anderswo. Doch auf dem spirituellen Weg sind Ausdauer, Hingabe und Durchhaltevermögen wichtige Erfolgsfaktoren. Deshalb wird auch vor zu häufigen Ortswechseln gewarnt; und auch den Guru sollte man nicht wechseln, ebenso wie das persönliche Mantra. Unüberlegtes und häufiges Wechseln erhöht Rajas, die innere Unruhe!

Die nächste Sutra behandelt jene Faktoren, die zum Gelingen des Hatha-Yoga-Sadhana beitragen:

> Der Yogi erzielt Fortschritte durch Frohsinn, Ausdauer, Mut, wahres Wissen, starken Glauben an die Worte des Guru und durch das Aufgeben schlechter Gesellschaft. (HYP 1,16)

Wenn wir eine Aufgabe mit Freude und Enthusiasmus beginnen, wird das Ergebnis ein anderes sein, als wenn wir uns nur lustlos oder gleichgültig dahinschleppen. Und mit **Frohsinn** erhält unser Üben auch eine „Extraportion Energie"!

Die **Ausdauer** wird hier also noch ein zweites Mal betont, nachdem Swatmarama schon in der letzten Sutra die Unbeständigkeit als Übel genannt hat. Ebenso wie den Einfluss der negativen Gesellschaft, der auch doppelt erwähnt wird, sollten wir uns also die Notwendigkeit der Ausdauer besonders gut einprägen.

Mut. Mut und innere Kraft sind auf dem spirituellen Weg wichtige Elemente, denn: Wissen wir, wo er uns hinführt? Welche Erfahrungen werde ich machen? Wir sind auf dem besten Weg, unser so vertrautes Ichbewusstsein zu verlieren, es dem Göttlichen Selbst zum Opfer zu bringen! Es verlangt Mut, sich selbst loszulassen, sich fallen zu lassen.

Der **Glaube**, dass uns der Meister oder Guru richtig führt, „hält uns bei der Stange". Wir brauchen Vertrauen, denn wenn ich zu zweifeln beginne, gebe ich die Übung auf und verlasse den Guru. Wieder Mut, hier mit Hingabe gepaart: Ich vertraue mich dem Guru an, lasse mein Wissen, meine Überzeugungen und Erwartungen los, bringe alles dem Meister zum Opfer, überantworte mich ihm und seiner Führung.

Doch ist eine rechte Kombination von Wissen und Hingabe erforderlich. Allein Wissen führt uns kaum zum Ziel, da wir selbstgerecht werden, blinder Glaube führt uns leicht in die Irre. Nur Hingabe, gepaart mit dem rechten Wissen, dem inneren Erkennen der Zusammenhänge, führt uns zum Ziel.

Yama und Niyama

Ebenso wie etwa 1500 Jahre zuvor durch Patanjali werden von Swatmarama eine Reihe von Geboten und Verboten genannt, die für unser Üben des Hatha Yoga ein gutes Fundament schaffen können. Während aber Patanjali mit jeweils 5 Yamas und Niyamas das Auslangen fand, nennt der Autor der Hatha Yoga Pradipika jeweils zehn:

Die Yamas

1. Füge keinem Schaden zu
2. Sprich stets die Wahrheit
3. Nimm nichts, was anderen gehört
4. Pflege (sexuelle) Enthaltsamkeit
5. Habe Geduld
6. Habe Seelenstärke
7. Habe Mitgefühl mit allem
8. Schreite geradewegs vorwärts
9. Sei gemäßigt in der Ernährung
10. Reinige dich

Die Niyamas

1. Übe Selbstzucht
2. Habe Frohsinn
3. Glaube an Gott
4. Übe Wohltätigkeit
5. Verehre Gott
6. Höre die vedantischen Lehrsätze
7. Sei zurückhaltend
8. Habe einen ausgewogenen Geist
9. Übe Japa (Mantra-Rezitation)
10. Halte Gelübde ein

Betrachte diese Gebote und Verbote, versuche, sie nicht nur soweit es dir möglich ist, zu befolgen, sondern auch, ihren Sinn als Ganzes zu erfassen. Fühle, welcher Geist hinter ihnen steht, welcher Geist durch ihre Befolgung erzeugt wird. Wenn du diesen Geist in deinem Asana- und Pranayama-Üben spürst, beginnst du, die Essenz des Hatha Yoga zu fühlen!

Die Ernährung des Hatha Yogi

Gegen Ende des ersten Teiles der Hatha Yoga Pradipika nimmt Swatmarama zum Thema Ernährung Stellung:

> Maßvolle Ernährung bedeutet, wohlschmeckende und süße Nahrung zu sich zu nehmen, ein Viertel des Magens frei zu lassen und die Handlung Shiva zu opfern.
>
> (HYP 1,58)

Maßvolle Ernährung bedeutet zunächst, nicht zu viel („ein Viertel des Magens frei lassen"), aber auch nicht zu wenig zu essen oder zu fasten. Wenn wir intensiv Hatha Yoga praktizieren, ist es sogar gefährlich, zu fasten.

Die Nahrung soll gut schmecken, da dann entsprechend Speichel erzeugt und die Nahrung gut verdaut wird.

Auch die geistige Haltung während des Essens ist von Bedeutung: Ich esse nicht für meinen Genuss, sondern bringe das Essen als Opfer an Gott dar: Gott isst durch mich!

In Sutra 1,59 und 1,60 erfahren wir, welche Dinge wir nicht zu uns nehmen sollten. Auf einen kurzen Nenner gebracht, sind dies:

- Rajasige Nahrung („Dinge, die scharf, sauer, stechend und heiß sind; Essen, das ein Übermaß an Salz oder Säure hat, Anisartiges")
- Tamasige Nahrung („Alkoholika, Fisch, Fleisch von Tieren, geronnene Milch, Knoblauch, wiedererhitztes Essen")

Dinge, die der Yogi unbedenklich zu sich nehmen kann, sind: Weizen, Reis, Gerste, Milch, Ghee (geklärte Butter), Zuckerwerk, Butter, Honig, getrockneter Ingwer, Gurke, die fünf Küchenkräuter, rote Bohnen und gutes Wasser. (HYP 1,62)

Praktizieren, praktizieren, praktizieren

Der erste Teil der Hatha Yoga Pradipika schließt mit dem Hinweis, dass Fortschritt im Hatha Yoga nur durch ausdauerndes, hingebungsvolles Üben möglich ist:

> Jede Person, wenn sie aktiv praktiziert, wird ein Siddha (Meister). Einer, der praktiziert, wird die Meisterschaft erlangen, aber keiner, der faul ist. Yogasiddhis (Kräfte) werden nicht durch Lesen der Schriften erlangt. Siddhis werden nicht erlangt, indem man das Gewand eines Yogi trägt (die orangene Robe, die den Yoga-Mönch kennzeichnet), oder durch Reden über sie, nur unermüdliches Praktizieren ist das Geheimnis des Erfolges. Darüber gibt es keinen Zweifel. (HYP 1,64 - 1,66)

Während im Bhakti Yoga das Hauptgewicht auf Hingabe und Liebe liegt, im Jnana Yoga auf dem Verstehen und Erkennen und im Raja Yoga auf Konzentration und Meditation, so wird im Hatha Yoga von den Aspiranten nur eines verlangt - das unermüdliche Praktizieren der beschriebenen Techniken im Geiste des Yoga.

3.3

Die energetischen Strukturen des Menschen

Viele der Ausführungen in den nachfolgenden Kapiteln beziehen sich auf ein bestimmtes Grundlagenwissen des Aufbaues und der Beschaffenheit unseres Astralkörpers. Es ist daher notwendig, sich mit diesem vertraut zu machen, um die tieferen Zusammenhänge des Hatha Yoga zu verstehen und die Techniken richtig durchführen zu können. Wir werden uns in diesem Kapitel nach einem kurzen Ausflug in die philosophisch-mythologischen Hintergründe des Hatha Yoga mit den folgenden Elementen des menschlichen Astralkörpers befassen:

1. Die Kräfte: Prana, Prana-Vayus und Kundalini
2. Die Energiebahnen: Nadis
3. Die Energiezentren: Chakras

Shiva und Shakti

Es heißt, vor Beginn der Schöpfung war nichts als das reine, formlose und unmanifeste Sein, in dem Shiva, der für das Bewusstsein steht, und Shakti, die göttliche Energie, eins sind. In diesem Zustand entstand der Wunsch, sich in der Welt der Formen zu erfahren.

Während Shiva in seinem transzendenten, ruhenden Aspekt als reines Bewusstsein unverändert bleibt, beginnt Shakti als dynamische und schöpferische Kraft sich von ihm abzuspalten. Dies ist der erste Schritt in die Dualität. Shakti wird von Nada (Klang) durchpulst, und aus diesem Klang (der durch das „OM" symbolisiert wird) entsteht der Geist, die Sprache und alle Dinge. Shakti hüllt sich in der Folge immer mehr in ihre Schleier (die Maya, die „Welt der Erscheinungen"); dadurch erfährt sie sich jedoch zunehmend getrennt von Shiva.

Nachdem Shakti Geist und Körper des Menschen und alle Dinge geschaffen hat, und ihr Schöpfungsprozess damit beendet ist, rollt sie sich wieder zusammen und ruht. Dennoch bleibt ihr Bewusstsein der Einheit mit Shiva erhalten und damit die daraus entstehende Sehnsucht, in diesen Zustand der Einheit, der Ganzheit zurückzukehren. Diese Sehnsucht äußert sich im Menschen als spirituelle Suche. Für die meisten Menschen ist jedoch der Schleier der Maya so dicht, so verhüllend geworden, dass sich die Sehnsucht in einer Suche nach Sinnesbefriedigung, Luxus, Reichtum usw. ausdrückt - man verstrickt sich immer tiefer in das Netz der Maya, der Welt der Erscheinungen.

Auf der Ebene des menschlichen Astralkörpers entspricht der Schöpfungsprozess und die Trennung Shaktis von Shiva einem Abstieg des menschlichen energetisch-spirituellen Potentials vom höchsten Chakra am Scheitelpunkt des Kopfes (Sahasrara), welches mit dem Shiva-Bewusstsein assoziiert wird, durch die einzelnen Chakras abwärts bis zu Muladhara Chakra am Beckenboden. Mit jedem Chakra, das Shakti im menschlichen Bewusstsein absteigt, gelangt sie in immer tiefere Verstrickung mit immer grobstofflicheren Kategorien des Seins. Sind auf diese Weise alle menschlichen Erfahrensebenen entfaltet, was einer vollständigen Entfremdung von der göttlichen Herkunft und Natur entspricht, ruht Shakti im untersten Chakra als potentielle Göttlichkeit, als latente spirituelle Energie.

Diese spirituelle oder Erwachens-Energie wird Kundalini genannt. Durch die verschiedenen Techniken des Hatha- und Kundalini-Yoga ist es möglich, die Kundalini-Kraft aus ihrem „Dornröschenschlaf" zu erwecken und sie durch die einzelnen Chakras aufwärts zu ihrer wahren Heimat, dem göttlichen oder Shiva-Bewusstsein zurückzuführen.

Bei diesem Aufstieg zieht Shakti all ihre Kräfte der Maya (Außenwelt, Scheinwelt) wieder zurück: Mit jedem weiteren Schritt wird der Schleier des Nichtwissens weiter gelüftet - der Mensch erkennt sein wahres Wesen immer deutlicher; seine Welt in ihrer bisherigen Form löst sich auf, der Mensch erhöht mit jeder Stufe seinen Bewusstseinszustand, erlebt sich immer mehr als eins mit der Welt und dem Göttlichen. Dieser Zustand des „Heimkommens" wird als Samadhi, das kosmische Bewusstsein, bezeichnet.

Da die göttliche Kraft bis in den physischen Körper hinabgestiegen ist, wird auch die Suche nach Gott nicht nach draußen verlagert, sondern geschieht im und durch den Körper. Dies ist die gedankliche Grundlage des Hatha und Kundalini Yoga.

Für die praktische Anwendung des Hatha Yoga ist es von ausschlaggebender Bedeutung, dass man die verschiedenen Techniken des „Yoga der Energie" nicht isoliert betrachtet, sondern die Hatha Yoga-Praxis als zutiefst verbunden und vernetzt mit allen anderen Yoga-Aspekten betrachtet und erfährt. Hingabe an Gott, Loslassen von Verhaftungen und ein klarer und ruhiger Geist sind Aspekte, die sowohl die Hatha-Yoga-Praxis vertiefen, als auch aus dieser entstehen und gestärkt werden.

1. Die Kräfte

Prana, die Lebensenergie, ist der Schlüsselbegriff im Hatha Yoga schlechthin. Die Weise, wie sich Prana bewegt, bestimmt unser ganzes Leben. Prana und Geist sind auf das engste verbunden. Wenn man das eine kontrollieren kann, so ist auch das andere unter Kontrolle. So strebt der Hatha Yoga die Kontrolle und Transformation des Pranas an, und das Ergebnis ist die Kontrolle und die schließliche Transformation des Geistes. Der Raja Yogi geht den direkten Weg und arbeitet durch Konzentration, Achtsamkeit und Meditation am Geist, wodurch auf der pranischen Ebene entsprechende Veränderungen erzeugt werden.

Wir müssen zunächst ein rechtes Verständnis oder vielleicht eher Gefühl dafür aufbauen, was Prana ist. Ein Vergleich, der uns dabei helfen kann, ist folgender: Du siehst einen Baum und siehst seine Blätter sich bewegen. Aus der Bewegung der Blätter schließt du daraus, dass der Wind weht. Du siehst das Ergebnis, doch nicht die Ursache selbst; du schließt nur auf sie. So ist es mit Prana: Du siehst, was Prana bewirkt, siehst die Bewegungen von Menschen, ihre Gespräche und Emotionen, du siehst ein Feuer brennen, das Wasser fließen und wirst dir deiner eigenen Gedanken bewusst. All diese Beobachtungen sind Ausdruck des Pranas. Prana selbst ist wie der Regisseur hinter der Bühne. Es tritt nicht selbst in Erscheinung, sondern äußert sich in verschiedene Formen. Ein Schlüsselfaktor, durch den Prana sich manifestiert, ist die Atmung - deshalb wird der Atmung und ihrer Steuerung im Hatha Yoga große Bedeutung beigemessen.

Während Prana ein „technischer" Begriff ist, ist **Shakti** der philosophische Begriff für das Prinzip der Kraft. Shakti ruht nach dem Schöpfungs- und Entfaltungsprozess, wie wir erfahren haben, als **Kundalini**-Energie in Muladhara Chakra. Sie wird als dreieinhalb Mal zusammengerollte Schlange dargestellt. Die Schlange wird in den meisten Kulturen als Symbol sowohl des Unbewussten als auch der Weisheit und des Potentials für höchste Bewusstheit betrachtet. Drei Windungen der Kundalini symbolisieren die verschiedenen dreifachen Aspekte der manifesten Welt wie die drei Gunas und die drei Bewusstseinsebenen, die halbe Windung ist ein Zeichen der Transzendenz als das Potential des menschlichen Erwachens aus dem „Traum des Lebens". Kunda heißt zusammengerollt, Kundalini bedeutet also „Die Zusammengerollte", im übertragenen Sinn das menschliche Potential des Erwachens.

Kundalini ist in jedem Menschen aktiv, zumeist jedoch nur in einem geringen Ausmaß. Durch die Techniken des Hatha Yoga, aber auch anderer Yoga-Wege wie des Bhakti und Karma Yoga, wird ein subtiler, aber wirksamer Anreiz ausgelöst, Kundalini zu erwecken.

Bei unrichtigem oder unvorsichtigem Vorgehen können unbeabsichtigte Erweckungen und Bewegungen der Kundalini durch blockierte Energiebahnen entstehen, welche für ungewöhnliche und unangenehme Erfahrungen sorgen, die dann auch kein Arzt behandeln kann. Es ist daher sehr wichtig, dass wir bei der Arbeit mit dieser sehr mächtigen Energie zwei Grundprinzipien strikt befolgen:

1. Die Intensität der Techniken darf nur langsam und allmählich über mehrere Jahre gesteigert werden. Dies betrifft die Haltedauer der Asanas, die Intensität und Dauer des Kumbhaka (Luftanhalten) sowie die Auswahl der Techniken. So dürfen bestimmte Techniken wie fortgeschrittene Pranayamas und bestimmte Mudras erst nach einigen Jahren regelmäßiger Praxis durchgeführt werden. Einige Techniken verlangen außerdem nach der Führung / Begleitung eines erfahrenen Lehrers.

2. Das Praktizieren des Hatha Yoga muss mit einem „yogisch-reinen Lebenswandel" verbunden sein, welcher die stark reinigenden Wirkungen der Übungen unterstützt. Dies ist besonders in den ersten Jahren des Übens von größter Bedeutung; später wird der/die Übende eine gute Sensitivität entwickelt haben, welche Lebensumstände für die Yoga-Praxis nicht förderlich sind, und diese aus eigenem Antrieb meiden. Die wichtigsten Faktoren sind die (sattvige) Ernährung, Verzicht auf Rauchen und Rauschmittel sowie das Befolgen der Yamas und Niyamas (siehe Kapitel 2.2). Es gilt, sich bewusst zu machen, dass besonders die Yamas eine höchst wirkungsvolle Reinigung des Astralkörpers erreichen, weshalb sie auch in der Hatha Yoga Pradipika besonders erwähnt werden.

Unsere Lebensenergie, das Prana, bewegt sich durch unsere Energiebahnen, die Nadis, in einer Weise, die in einem Zusammenhang mit unserem Bewusstseinsniveau, mit der Qualität unseres Denkens und unserer Wahrnehmungen steht. Durch die Hatha-Yoga-Techniken, die mit fortschreitender Übung sowohl intensiver als auch subtiler wirksam werden, nehmen wir auf verschiedenen Ebenen Einfluss auf das Energiegeschehen in den Nadis und Chakras und beginnen damit auch unser Denken und Fühlen allmählich zu verändern. Insbesondere, wenn sich statt Ida und Pingala-Energie nun ein völlig neuer „Treibstoff", nämlich Kundalini-Shakti, durch die Chakras bewegt, hat dies eine nie erlebte Bewusstseinserweiterung auf allen Ebenen des menschlichen Lebens zur Folge. Diese Beziehung zwischen Energie und Denken ist das ganze Geheimnis des Hatha Yoga.

Das im menschlichen Körper wirksame Prana wird in fünf verschiedene Arten unterteilt, in die Prana Vayus, die in den physisch-energetischen Prozessen des Körpers unterschiedliche Aufgaben haben und deren harmonisches Zusammenwirken das yogische Geheimnis der Gesundheit ist:

1. **Prana-Vayu** ist die im Brustbereich aktive Kraft des Aufnehmens (Einatmen, Nahrungsaufnahme, Sinneswahrnehmungen). Ihre natürliche Bewegung ist aufwärts und nach innen gerichtet. Wenn Prana Vayu gestört ist, entsteht Gier, Verwirrung und geistiges Ungleichgewicht, ein balanciertes Prana führt zu dem Gefühl von Vitalität und erhöhter Bewusstheit und Sensibilität.

2. **Apana-Vayu** regiert unterhalb des Nabels und versorgt Ausscheidungs- und Sexualorgane mit Energie. Apana ist die ausscheidende Kraft des Körpers; sie ist nach unten und außen gerichtet. Apana-Vayu ist aktiv bei den Vorgängen der Ausscheidung, bei der Geburt (Geburtswehen), Menstruation und Ejakulation. Sie versorgt aber auch die Ausatmung und die Abwehr von Keimen (Immunkraft) und ist damit die für die Gesundheit wichtigste Kraft. Ein gestörtes Apana Vayu kann auf geistiger Ebene zu Depressionen, Ängsten und Schwermut führen, während sich ein gereinigtes Apana in einem „In sich Ruhen" und Stabilität bzw. Erdung äußert.

3. **Samana-Vayu** aktiviert und kontrolliert das Verdauungssystem und den Kreislauf. Samana ist die von der Peripherie ins Zentrum gerichtete assimilierende, verwertende und umwandelnde Kraft des Körpers. Auf den im Bauchbereich gelegenen Wirkungsort der Samana-Vayu konzentrieren sich etliche der wirksamsten Techniken des Hatha Yoga, denn hier findet die wesentliche Transformation der Energie statt. Ein gestörtes Samana führt zu intensiver Anhaftung, Gier und einem besitzergreifenden Verhalten. Ein geläutertes Samana lässt dich tiefen Frieden erfahren.

4. **Udana-Vayu**, die ihr Reich oberhalb des Kehlkopfes hat, ist die gestaltende Kraft des Menschen: ihre nach oben gerichtete Energie ist für die Entfaltung des Bewusstseins und für die Sinne zuständig. Udana steuert sowohl das körperliche als auch das geistig-spirituelle Wachstum und ist als Motivation, Begeisterung und Wille die treibende Kraft hinter unserem persönlichem Streben, womit sie zu einem Schlüsselfaktor unserer spirituellen Entwicklung wird. Ein entgleistes Udana lässt uns den Boden unter den Füßen verlieren, es können sich Überheblichkeit und Stolz entwickeln. Leichtigkeit und ein Gefühl von Helligkeit entstehen, wenn Udana gereinigt ist.

5. **Vyana-Vayu** ist die den ganzen Körper vitalisierende Kraft; sie ist für die Koordination der Bewegungen, für die Verteilung der Energie verantwortlich; sie ist vom Zentrum zur Peripherie gerichtet. Vyana versorgt das Kreislauf-, Nerven- und Lymphsystem mit Energie und unterstützt damit alle anderen Prana Vayus in ihrer Funktion. Auf geistiger Ebene führt ein gestörtes Vyana zu Isolierung, Entfremdung, Ablehnung und Haß, während reines und gereiftes Vyana ein Gefühl von Weite und Ausdehnung entstehen lässt.

Alle Yoga-Techniken streben ein Harmonisieren dieser fünf Prana Vayus an; zu den bersonders wirksamen Übungen zählen die Pranayamas und von diesen wiederum die Wechselatmung (Nadi Shodhana). Wenn Nadi Shodhana mit den Bandhas (Kapitel 3.7) durchgeführt wird, hat dies zusätzlich den Vorteil, dass Prana und Apana Vayu vereint werden, was mit dem Erwecken der Kundalini shakti zu einem spirituellen Erwachen führen kann. Auf der geistigen Ebene helfen Meditation und das Rezitieren von Mantras, um die Prana Vayus zu balancieren.

2. Die Energiebahnen

Die Nadis sind Energiekanäle, durch die sich Prana, die Lebensenergie bewegt. Nadi bedeutet wörtlich fließen, strömen. Klassischen Schriften zufolge gibt es 72.000 Nadis, die, vergleichbar mit den Nervenfasern im physischen Körper, den Astralkörper durchziehen und mit Energie versorgen. Die drei wichtigsten Nadis sind:

Ida Nadi ist der Kanal, durch den sich die nach innen gerichtete, passive, stille, kühle und mental / kreative und intuitive Energie bewegt. Die Ida-Energie wird als die weibliche oder Mond-Energie und Ida Nadi auch als Chandra Nadi (Mond-Kanal) bezeichnet. Ida Nadi entspringt in Muladhara Chakra, windet sich spiralförmig um Sushumna Nadi entlang der Wirbelsäule aufwärts, trifft in den Haupt-Chakras mit Pingala und Sushumna zusammen und endet in Ajna Chakra. Ida ist primär mit der linken Körperhälfte und der rechten Hirn-Hemisphäre verbunden. Wenn Ida-Energie dominiert, fließt der Atem durch das linke Nasenloch freier als durch das rechte.

Pingala Nadi ist der Kanal der „Sonnen-Energie". Die hier fließenden „männlichen" Energien sind heiß, aktiv, nach außen und auf physischen Ausdruck gerichtet. Auch Pingala Nadi führt von Muladhara nach Ajna, indem sie sich spiralförmig um die zentrale Nadi Sushumna windet (oft wird ihr Weg als auf der rechten Seite der Wirbelsäule aufwärts führend beschrieben, während Ida auf der linken Seite liegt). Das Zusammentreffen mit Ida Nadi und Sushumna an bestimmten Punkten lässt die Haupt-Chakras entstehen. Pingala steuert primär die rechte Körperseite und die linke Gehirnhälfte und ist für das logische und strukturierte Denken zuständig. Wenn sich die Atemluft leichter durch die rechte Nasenseite bewegt als durch die linke, so ist deine Pingala-Energie dominierend.

Sushumna Nadi ist der Hauptkanal und die wichtigste aller Nadis; das physische Äquivalent ist der Zentralkanal der Wirbelsäule. Sushumna entspringt in Muladhara und führt durch die Hauptchakras aufwärts nach Sahasrara Chakra. Der höchste Zustand der Einheit, das Ziel des Yoga, drückt sich im Astralkörper aus, wenn Prana sich durch Sushumna bewegt. Doch in unserem - noch unerleuchteten - Zustand fließt die Energie durch Ida und Pingala, durch die der Polarität zugeordneten Kanäle. Zu seltenen Zeiten und nur für wenige Minuten fließt Prana durch diese Nadi: Wenn der Atem gleichmäßig durch beide Nasenseiten strömt, so ist dies die beste Zeit für spirituelle Praktiken, insbesondere die Meditation.

Der Yoga-Aspirant strebt nach einer Daseinsform, die die Welt der Gegensätze zurückgelassen, überwunden hat. Diese Daseinsform, die mit einer völlig neuen Ebene des Denkens, Fühlens und Erfahrens verbunden ist, ergibt sich automatisch aus einer Veränderung der Bewegung des Pranas. Der Yogi versucht, die Prana-Bewegung in Ida und Pingala Nadi zu einer Energiebewegung in einem bei den meisten Menschen latenten, brach liegenden Energiekanal zu transformieren: Die Energie heißt dann nicht mehr Prana, sondern Kundalini, eine Sonderform des Prana, und der Energiekanal ist die Sushumna.

Alle Techniken des Hatha Yoga zielen darauf ab, den Energiefluss durch Ida und Pingala auszudünnen und diese Energie zu der sich in Sushumna bewegenden Kundalini-Energie umzuwandeln. In dem Maß, in dem dies gelingt, fühlt man sich mehr und mehr zentriert, ausgeglichen und von tiefem Frieden erfüllt.

Bevor wir nun die Kundalini-Kraft durch mächtige Pranayamas erwecken, ist es von größter Bedeutung, die Nadis zu reinigen, sodass sich die erweckte Energie ohne Hindernisse durch die Sushumna aufwärts bewegen kann. Die Schlüsseltechnik für das Reinigen der Energiebahnen ist Nadi Shodhana (Seite 150), die Wechselatmung, die auch, mit erhöhter Tiefenwirkung, auf rein geistiger Ebene durchgeführt werden kann:

Sitze in deiner bevorzugten meditativen Sitzstellung und lasse den Geist zur Ruhe kommen. Visualisiere dann bei normaler entspannter Atmung, dass der Atem sich durch dein linkes Nasenloch herein bewegt und – hier gibt es kein Luftanhalten – auf der rechten Seite ausströmt. Dann lasse das Prana durch die rechte Nasenseite eintreten und durch die linke Seite ausströmen. Fahre auf diese Weise fort.

Auf mehr allgemeine Weise werden die Nadis von vielen weiteren Yoga-Techniken gereinigt, etwa durch Mantra-Rezitation, Anbetungsrituale und durch die Meditation: Visualisiere, wie mit jedem Atemzug eine reinigende, läuternde Kraft durch deine Nadis fließt und die gelösten Unreinheiten mit dem Ausatmen ausgeschieden werden. Diese Visualisierung kannst du auch mit der geistigen Nadi Shodhana verbinden, aber auch mit der Nadi Shodhana Pranayama, wodurch diese Techniken noch wirksamer werden.

3. Die Energiezentren

Das Wort „Chakra" bedeutet „Rad" im Sinne von kreisförmiger Energiebewegung oder Energiewirbel. Ein Chakra ist eine Art Transformator, durch den die astrale Energie im physischen Körper wirksam werden kann. Chakras sammeln, transformieren und verteilen die sie durchströmende Energie, sie sind spezifische „Kraftorte" unseres Körpers. Chakras sind nicht nur im Yoga und Tantra, sondern auch im Buddhismus, in der TCM (Traditionelle Chinesische Medizin) und in vielen anderen Systemen bekannt.

Jedes Chakra ist verbunden mit einer spezifischen Schwingungsfrequenz bzw. Subtilität des Pranas; damit wird jedes Chakra zu einem Schalter, der bestimmte Bewusstseinsebenen aktiviert. All unsere Gedanken, Gefühle, Eigenschaften und Wahrnehmungen hängen mit der Energie in unseren Chakras zusammen. Yoga-Körperübungen, Atemübungen, Konzentrations- und Meditationstechniken sowie Mantra-Rezitation und andere Techniken wirken direkt und reinigend auf die Chakras ein. Ebenso können wir aber durch ungesunde Ernährung, negatives Denken und schlechte Gesellschaft Energie verlieren und anfälliger für körperliche und psychische Krankheiten werden.

Drehen die Chakren sich schnell, leuchten sie stark und sind ihre Farben klar, so ist der Mensch nicht nur körperlich und seelisch gesund, sondern befindet sich auch auf einer hohen spirituellen Entwicklungsstufe.

Jedes Chakra befindet sich an einem Kreuzungspunkt von zwei oder mehreren Nadis (Energiebahnen). Da es 72000 Nadis in unserem Energiekörper gibt, gibt es eine sehr große Anzahl von Chakras.

Die für die spirituelle Praxis wichtigsten Energiezentren liegen an jenen Punkten, an denen sich die drei Hauptnadis Ida, Pingala und Sushumna kreuzen. Diese sieben Hauptchakras können als eine Art Schalter gesehen werden, die bestimmte Bewusstseinsebenen aktivieren - vom elementaren Niveau des Muladhara, das mit engen Begrenzungen im Denken und Handeln verbunden ist, bis zu den höheren Zentren, die zunehmend alle Begrenzungen transzendieren und den Menschen höchste Erkenntnis, Harmonie und Freude erfahren lassen.

Chakras befinden sich nicht im physischen, sondern im Astralkörper. Sie drücken sich jedoch durch bestimmte physische Organe (Nervengeflechte oder Drüsen) bzw. in bestimmten Körperregionen aus und können durch Konzentration auf diese Regionen stimuliert und aktiviert werden. Man kann sie sich als Strahlungsfelder mit einem gewissen Durchmesser (etwa 20 - 30 cm) vorstellen. Dadurch, dass diese Strahlungsfelder sowohl in der Größe als auch der exakten Lage nicht statisch sind, werden sie zumeist nur durch relativ großflächige Symbole dargestellt, die eine genaue Lokalisierung nicht erlauben. Wiederholt weisen die Meister des Hatha Yoga darauf hin, dass die Chakras gefühlt und nicht „gewusst" werden müssen!

Die Hauptchakras sind:

1. Muladhara Chakra (Wurzel-Chakra)

Lokalisierung: Muladhara liegt nach Satyananda beim Mann zwischen Genitalien und Anus, bei der Frau im Bereich der Cervix, des Muttermundes (Andere Schulen nennen das Ende der Wirbelsäule, das Steißbein als Ort des Muladhara Chakra). Mula bedeutet Wurzel, Adhara bedeutet Stütze. Dies beschreibt die Bedeutung dieses Chakras: Es ist die Wurzel und Basis für das gesamte Chakra-System.

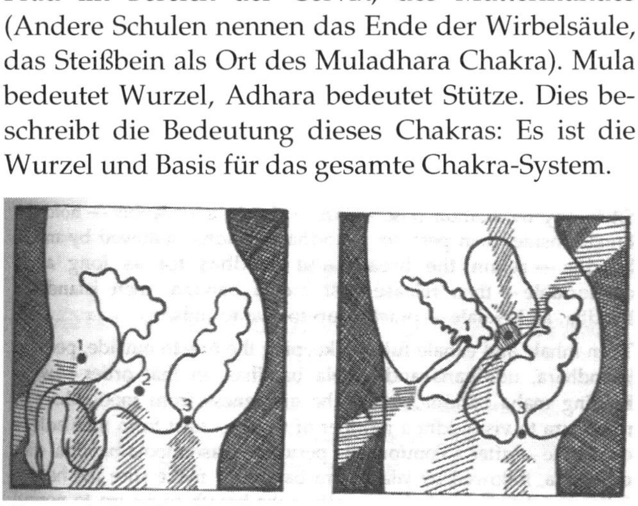

Kontraktion im Punkt
1 = Vajroli Mudra (Seite 169);
2 = Mula Bandha (Seite 171);
3 = Ashvini Mudra (Seite 168).

Die Darstellung zeigt die Lage des Muladhara Chakra (Punkt 2) und die Zielpunkte der verschiedenen Yoga-Techniken, die sich auf diesen Bereich konzentrieren.

Element: Das mit Muladhara Chakra assoziierte Element ist die Erde, das Feste, Tragende.

Symbole: Die Farben Gelb und Rot symbolisieren das Erd-Prinzip, das Chakra hat vier Blütenblätter. Auf den Darstellungen finden sich ein Elephant, der Stärke und Festigkeit repräsentiert, sowie die dreieinhalbfach zusammengerollte Schlange Kundalini, die in Muladhara ruht. Das Bija-Mantra (Samen-Mantra, Kapitel 2.4), durch das Muladhara Chakra gereinigt und aktiviert wird, ist LAM.

Qualitäten: Muladhara ist die Ebene, auf der sich der Mensch als Individuum erfährt. Die hier herrschenden Energien drücken sich in Form materieller Bedürfnisse und als Streben nach materieller Sicherheit aus. Es geht hier um Überleben und den Selbsterhaltungstrieb, aber auch um Instinkte, Urvertrauen, Stabilität, Durchsetzungsfähigkeit, Lebenswille, Lebenskraft sowie um Erdung und Aufnahme der Erdenergie.

Wenn der Mensch vorwiegend auf der Ebene des Muladhara Chakra lebt, so hat er ein großes Bedürfnis nach Ruhe und Schlaf und ist anfällig für Ärger, Gier und Habsucht.

Entsprechungen: Physiologisch ist Muladhara Chakra mit den Ausscheidungsorganen verbunden und wird von Apana Vayu gespeist. Das Chakra ist mit dem Geruchssinn verbunden und weist damit auch eine Verbindung zu Ajna Chakra auf.

Bedeutung: In Muladhara entspringen die drei wichtigsten Nadis, Ida, Pingala und Sushumna. Die Kundalini-Kraft, die in diesem Zentrum schlummert, symbolisiert das menschliche Potential des geistig-spirituellen Erwachens. Solange diese Kraft jedoch noch nicht freigesetzt worden ist, vermag der Mensch nur einen kleinen Bruchteil der in ihm ruhenden Fähigkeiten zu nutzen.

Asanas, die Muladhara stärken, sind alle Standhaltungen, z. B. der Baum, das Dreieck und der Krieger; sowie alle Übungen, die auf Füße, Knie, Beine, Becken und den Kreuzbein-Steißbeinbereich wirkt. Auch die vorwärtsbeugenden Stellungen im Stehen und im Sitzen und der Drehsitz helfen, Muladhara-Energie zu erhöhen.

Techniken zur Erweckung des Muladhara Chakra sind Mula Bandha und Ashvini Mudra. Durch die Verbindung dieses Chakras mit Ajna Chakra und dem Geruchssinn kann Muladhara auch über Nasikagra Drishti, das Starren auf die Nasenspitze erweckt werden.

2. Svadhishthana Chakra (Sakralchakra)

Lokalisierung: Svadhishthana liegt nach Satyananda am unteren Ende der Wirbelsäule, am Steißbein; andere Schulen ordnen Svadhishthana dem Kreuzbein zu. Der Kshetram ist jener Punkt an der Körpervorderseite, an der die Energie des Chakras nach vorne austritt. Der Svadhishthana Kshetram liegt im Bereich des Schambeins.

Element: Wasser - Das Wasser-Element taucht in der Symbolik als weites Meer unter sternenklarem Himmel auf; du kannst dieses Bild in der Meditation verwenden, um Svadhishthana zu stärken.

Symbole: Diesem Chakra werden die Farben rot, orange, weiß, aber auch schwarz zugeordnet; es wird als Lotus mit sechs Blütenblättern dargestellt, das Bija-Mantra ist VAM.

Qualitäten: Svadhishthana ist jenes Chakra, in dem sich die Sinnlichkeit entfaltet; es ist mit Sexualität, Erotik sowie mit Beziehungen und Eifersucht verbunden. Man sucht Sinnesbefriedigung und Lust in äußeren Dingen. In Svadhishthana ruht das Unbewusste, die tiefverwurzelten Instinkte des Menschen. In Svadisthana wohnt das Potential der Kreativität, der schöpferischen Lebensenergie und der Begeisterungsfähigkeit.

Entsprechungen: Auf der körperlichen Ebene ist Svadhishthana mit dem Urogenitalsystem verbunden und beeinflusst Prostata bzw. Gebärmutter und Vagina. Auf der Ebene der Sinnesorgane wird der Geschmackssinn diesem Chakra zugeordnet.

Bedeutung: Svadhishthana gilt als die Grundlage der individuellen menschlichen Existenz, es ist mit dem Unbewussten, mit der Ansammlung aller mentalen Eindrücke, den Samskaras, verbunden. Hier wurzelt die menschliche Persönlichkeit mit allen teils unbewussten Wurzeln. Nach der tantrischen Philosophie ruhen hier sowohl alle animalischen Instinkte als auch das Potential ihrer Überwindung. Es wird diesem Chakra Tamas-Qualität zugeordnet.

Svadhishthana bildet beim Aufstieg der Kundalini-Shakti ein schweres Hindernis, da zahllose Erfahrungen und Karmas freigelegt werden, was zu schmerzhaften Erfahrungen führen kann.

Asanas, die Svadhishthana stärken, sind alle Standhaltungen, alle Vorbeugen, und alle Übungen, die auf den Beckenraum, den Kreuzbeinbereich, die Hüftgelenke und die Lendenwirbelsäule wirken. Satyananda empfiehlt besonders die Kobra, die Stellung des Kindes und den Bogen.

Techniken zur Erweckung des Svadhishthana Chakra sind Ashvini Mudra (Kontraktion der Anal-Schließmuskeln) und Vajroli Mudra (Kontraktion im Harnblasenbereich).

3. Manipura-Chakra (Nabel-Chakra)

Lokalisierung: Manipura liegt in der Lendenwirbelsäule in der Höhe des Nabels. Der Kshetram liegt direkt am Nabel, kann aber auch etwas höher oder etwas tiefer erfahren werden.

Element: Feuer. Visualisiere in der Meditation ein loderndes Feuer im Bauchraum; es reinigt und stärkt dich.

Symbole: Entsprechend dem Feuer-Element finden wir in diesem Chakra die Farben orange, rot und gelb. Manipura hat zehn Blütenblätter, das Bija-Mantra ist RAM.

Qualitäten: Manipura ist der Sitz der Tatkraft und der Willenskraft. Hier wurzeln Verantwortung, Identität, Macht, das Ego sowie Kampf, Wut und Aggression. Die Manipura-Ebene ist von Aktivität und Vitalität gekennzeichnet, in ihm wurzelt das Selbstwertgefühl und innere Kraft. Während die unteren beiden Chakras tamas-orientiert sind, steht Manipura im Zeichen des Rajas, der Aktivität, der Bewegung und Veränderung.

Entsprechungen: Manipura beeinflusst direkt das Verdauungssystem, Bauchspeicheldrüse, Leber und das Sonnengeflecht. Von den Sinnen wird dem Manipura Chakra der Sehsinn zugeordnet.

Bedeutung: Manipura bedeutet wörtlich: „Stadt (pura) aus Edelsteinen (mani)“: Das Glänzen der Edelsteine symbolisiert das Feuer dieses Zentrums. Wesentlich für dieses Chakra ist auf der physischen Ebene der Aspekt der Umwandlung von grobstofflicher Nahrung in feinstoffliche Energie, das „Verdauungsfeuer“. Auf geistiger Ebene sorgt die Manipura-Energie als Samana-Vayu für das Aufarbeiten von Eindrücken, auf energetischer Ebene für das Umwandeln von Ida und Pingala-Energien zu Kundalini-Shakti: Das Erwachen der Kundalini ist zu einem großen Teil von der Energie in Manipura abhängig. Meditation auf Manipura Chakra führt zu einem tiefen Verstehen des eigenen Körpers; ein erwachtes Manipura Chakra lässt den Körper leuchtend und frei von Krankheit werden.

Asanas, die Manipura stärken, sind alle Vorwärtsbeugenden Stellungen, der Drehsitz, aber auch rückwärts beugende Stellungen wie der Bogen und das Rad.

Techniken zu Erweckung dieses Chakras sind die Magenkontraktionsübungen Uddiyana Bandha, Agnisara Dhauti und Nauli Kriya. Auch Kapalabhati hat stark belebende Wirkung auf Manipura.

4. Anahata Chakra (Herz-Chakra)

Lokalisierung: Anahata liegt in der Wirbelsäule in der Höhe des Herzens, der Kshetram in gleicher Höhe an der Körpervorderseite, also etwa in der Mitte des Brustbeins.

Element: Luft. Fühle in der Meditation auf Anahata Chakra Ausdehnung und Öffnung; visualisiere einen kräftigen Wind, der dich durchweht und reinigt.

Symbole: In der Meditation wird dieses Chakra als blau, rauchfarben oder auch als grün wahrgenommen. Sein Lotus hat zwölf Blütenblätter, sein Bija-Mantra ist YAM.

Qualitäten: Anahata ist die Quelle von Liebe, Geborgenheit, Mitgefühl, Herzenswärme, von Menschlichkeit, Offenheit und Toleranz. Das Erwachen von Anahata ist von einem Gefühl universaler, uneingeschränkter Liebe zu allen Wesen begleitet. Aber Anahata ist auch sehr empfindsam, und seine Öffnung kann tief liegende schmerzhafte Erfahrungen an die Oberfläche bringen – doch durch diesen seelischen Reinigungsprozess muss der/die Erwachende hindurch.

Entsprechungen: Im physischen Körper ist das Herz-Chakra mit dem Herzen und der Lunge und damit mit Atmungs- und Kreislaufsystem verbunden. Das Sinnesorgan, das diesem Chakra zugeordnet ist, ist die Haut bzw. der Tastsinn.

Bedeutung: Anahata bedeutet wörtlich „unangeschlagen“: Hier entstehen die Anahata-Klänge, die man in tiefer Meditation hören kann – diese Klänge entstehen nicht aus dem Aneinanderschlagen von zwei Gegenständen, sondern sind transzendenter Natur. Anahata wird von Rajoguna gesteuert und damit kann es zu starken inneren, emotionellen Bewegungen kommen. Der Mensch, dessen Anahata Chakra erwacht ist, wird imstande, sich von Schicksal und Karma zu lösen, welche bis zum Manipura Chakra sein ganzes Leben bestimmt haben. Man beginnt, innerlich frei zu werden. Anahata Chakra ist der innere Tempel, in dem Atman, das göttliche Selbst wohnt. Sivananda sagte: „Willst du Frieden finden? Schließe Türen und Fenster (die Sinne) und ruhe in der innersten Kammer (Anahata).“

Asanas, die Anahata stärken, sind insbesondere der Fisch und die Kobra, weiters die Stellungen 2 und 4 aus dem Sonnengebet, der Drehsitz und der Pflug. Durch die aktivierende Wirkung auf das Kreislauf- und Atemsystem ist auch das Surya Namaskar als ganzes sehr empfehlenswert.

Techniken zur Erweckung von Anahata sind Bhramari, Mantra-Meditation (besonders mit dem Mantra *So-Ham*) und Konzentration auf Hridayakasha, den Herzraum.

5. Vishuddha-Chakra (Kehlkopf-Chakra)

Lokalisierung: Vishuddha (auch oft Vishuddhi genannt) liegt in der Wirbelsäule in der Höhe des Kehlkopfes, der Kshetram in gleicher Höhe an der Halsvorderseite.

Element: Äther bzw. Raum.

Symbole: Vishuddha wird als violett, blau oder weiß erfahren, es hat sechzehn Blütenblätter, die mit den sechzehn Sanskrit-Vokalen assoziiert werden, das Bija-Mantra ist HAM.

Qualitäten: Vishuddha-Energie ist Ausdruckskraft und äußert sich in der verbalen und nonverbalen Kommunikation. Ein geöffnetes Vishuddha Chakra verleiht mentale Kraft, Verstehen, Urteilsvermögen, Inspiration und Kreativität.

Entsprechungen: Vishuddha steht in Verbindung mit dem Kehlkopf, den Stimmbändern und der Schilddrüse sowie auf der Ebene der Sinnesorgane mit dem Gehör.

Bedeutung: Vishuddha bedeutet Reinigung. Dieses Chakra hat die Kraft und Aufgabe, den Menschen von physischen und psychischen Giften zu befreien. So lange geistige Gifte wie Hass, Neid und Missgunst unseren Astralkörper belasten, können wir nicht zum Licht des Gottesbewusstseins gelangen. Das erwachte Vishuddha Chakra lässt den Menschen über die Polarität hinaus wachsen, sodass Gift und Nektar eins werden.

Ein in der Höhe des Vishuddha Chakra liegendes weiteres Chakra, das besondere Bedeutung hat, ist **Lalana Chakra**, das im hinteren Rachenraum liegt. Lalana ist eine Art Speicher für den in Bindu (am Hinterkopf; siehe Ajna Chakra) gebildeten astralen Unsterblichkeitsnektar „Amrita“. Mit diesem Nektar hat es folgende Bewandtnis: Durch unser Leben im Feld der Polarität, durch Emotionen, Sprechen, Sexualität und vieles mehr, geht Amrita allmählich verloren. Dies wird so symbolisiert, dass der Nektar, der Schwerkraft folgend, nach unten träufelt und schließlich im Feuer des Manipura Chakra verloren geht, ähnlich wie ein Tropfen Wasser auf einer Herdplatte zischend verdampft. Durch dieses Verlorengehen des Amrita altert der Mensch. Wir werden später Techniken kennen lernen, die diesem Prozess entgegenwirken (Seite 163).

Asanas, die Vishuddha stärken, sind alle Übungen des Schulterstand-Zyklus sowie alle rückwärts beugenden Stellungen, sofern durch Zurücklegen des Kopfes der Vishuddha-Raum geöffnet wird. Weiters der Löwe und Nackenübungen.

Techniken zur Erweckung von Vishuddha sind alle Pranayamas, insbesondere wenn sie mit den Bandhas durchgeführt werden, Khechari Mudra, Ujjayi Pranayama und Viparita Karani Mudra.

6. Ajna-Chakra (Stirn-Chakra)

Lokalisierung: Ajna Chakra liegt in der Kopfmitte in der Region der Hypophyse. Der Ajna Kshetram liegt zwischen den Augenbrauen an der Nasenwurzel und wird auch Bhrumadhya oder drittes Auge genannt. Um Ajna zu stärken und zu reinigen, meditiere auf Licht in der Kopfmitte oder in Bhrumadhya.

Element: Ajna entspricht keinem herkömmlichen Element, ihm wird das Geist- oder Bewusstseinsprinzip zugeordnet.

Symbole: Die Farbe von Ajna ist rein-weiß, es hat zwei Blütenblätter, die die beiden Nadis Ida und Pingala, die hier zusammentreffen und enden, symbolisieren. Das Bija-Mantra ist das heilige OM.

Qualitäten: Ein geöffnetes Ajna Chakra bedeutet ein Öffnen des Geistes, der Erkenntnis und Intuition. Damit gehen geistige Qualitäten wie Wahrnehmung, Weisheit, Phantasie, Vorstellungskraft und Selbsterkenntnis einher. In Ajna Chakra wurzeln die übernatürlichen Fähigkeiten fortgeschrittener Yogis, der sechste Sinn ebenso wie Willenskraft und Unterscheidungsfähigkeit. Ajna wird auch das Guru-Chakra oder „Ort des Befehles" genannt.

Entsprechungen: In manchen Traditionen wird dem Ajna Chakra die Hypophyse, in anderen die Epiphyse (Zirbeldrüse) zugeordnet. Das mit Ajna in Verbindung stehende Organ ist das Gehirn.

Bedeutung: Die Erweckung von Ajna ist Mittelpunkt aller bewusstseinserweiternden, religiösen und mystischen Traditionen. Ajna ist Sitz des vollkommen gereinigten Geistes, Zentrum der Weisheit und Erkenntnis. Hier wird das innere Loslösen von der Welt der Gegensätze, welches im Vishuddha Chakra begann, fortgesetzt und vollendet: Man dringt zur Einheit aller Dinge vor, erkennt die Einheit hinter allen Manifestationen des Seins.

Etwas höher als Ajna Chakra, am oberen Teil des Hinterkopfes, liegt der Punkt **Bindu**, der eigentlich kein Chakra ist, sondern der Punkt, durch den nach der klassischen Philosophie die Schöpfung in Erscheinung getreten ist. In diesem Punkt wird der oben beschriebene Unsterblichkeitsnektar „Amrita" gebildet.

Auf christlichen Abbildungen werden Heilige und Engel oft mit einem Heiligenschein abgebildet, was auf ein voll geöffnetes und aktives Ajna Chakra hinweist.

Asanas, die Ajna stärken, sind alle Umkehrhaltungen, insbesondere der Kopfstand sowie die Stellung des Kindes.

Techniken, die Ajna erwecken, sind Tratak, Kapalabhati, Konzentration auf Ajna Chakra, Shambhavi Mudra, Augenübungen und Visualisationsübungen.

7. Sahasrara-Chakra (Scheitelchakra)

Lokalisierung: Sahasrara wird im Bereich des Scheitels, aber auch etwas darüber lokalisiert.

Element: Wenn Kundalini-Shakti dieses Chakra erreicht, so hat man die Welt der Gegensätze und die Welt der Elemente überschritten. Hier regiert das reine, das kosmische Bewusstsein.

Symbole: Sahasrara wird durch einen tausendblättrigen Lotus dargestellt, was seine transzendente Natur andeutet. Dieses Chakra liegt jenseits aller Symbole; es gibt kein Mantra mehr, denn es herrscht die höchste Stille, es gibt keine Farben und gleichzeitig alle Farben.

Qualitäten: Dieses Chakra repräsentiert den höchsten Zustand des kosmischen Bewusstseins. In diesem Chakra verwirklicht der Suchende den Zustand des ewigen universellen Selbst.

Entsprechungen: Sahasrara wird mit der Epiphyse, manchmal auch der Hypophyse assoziiert (vgl. Ajna Chakra). Doch tatsächlich liegt Sahasrara jenseits aller physischen Entsprechungen.

Bedeutung: Sahasrara ist kein Chakra im klassischen Sinn, sondern gleichsam die Summe aller anderen Chakras; es enthält alle anderen Chakras in sich und transzendiert sie. Es heißt, Kundalini wohnt gar nicht in Muladhara Chakra, sondern in Sahasrara; doch Muladhara ist der Schalter, der sie aktiviert...

Techniken, die Sahasrara stärken und erwecken: gleich wie bei Ajna Chakra.

Die drei Granthis

Die Granthis sind Barrieren, die unser Bewusstsein einengen und den freien Fluss von Lebensenergie behindern. Insbesondere behindern sie den Fluss des Prana in die Sushumna und blockieren damit die spirituelle Entwicklung des Aspiranten. Es handelt sich um eine Art psychischer Knoten, die sich im Haften und Anklammern des Menschen an bestimmte Manifestationen des Lebens äußern.

Werden die Granthis aufgelöst, beginnt Prana von selbst in die Sushumna zu fließen. Die Folge ist sprunghaft verbesserte Konzentrationsfähigkeit, Intuition und Ausgeglichenheit - die optimale Voraussetzung für die Meditation.

Durch verschiedene Techniken, aber auch durch Erkennen und bewusstes Loslassen können die Granthis geöffnet werden. Zu den Techniken, die bei allen drei Granthis wirksam sind, gehören Pranayamas, besonders, wenn sie mit Bandhas durchgeführt werden und Chakra-Meditation mit den Bija-Mantras der Chakras. Besonders von Bhastrika Pranayama wird gesagt, dass sie besondere Wirkung auf die Granthis hat. Es soll jedoch stets bewusst sein, dass Übungstechniken nur unterstützend wirken können. Die Granthis sind innere, geistige Blockaden, und sie müssen primär auf geistigem Weg angegangen werden. Der wirksamste Weg bleibt damit das Schulen der inneren Haltung des Loslassens und Vichara, die Selbstbefragung und Selbstbeobachtung.

Es gibt zahllose Anhaftungen und innere Bindungen des Menschen – sie können jedoch drei Gruppen oder drei „spirituellen Knoten" zugeordnet werden.

Diese drei Knoten sind:

1. **Brahma-Granthi** liegt im Bereich des Muladhara und Svadhishthana Chakra. Er äußert sich als eine intensives Anhaften an materielle Genüsse und Objekte sowie ausgeprägter Egoismus. Der Tamas-Aspekt dieses Granthis verbindet ihn mit Negativität, Lethargie und Unwissen.

   Mula Bandha, Ashvini Mudra und entspannte Konzentration auf Muladhara Chakra können helfen, diesen Knoten lockern.

2. **Vishnu-Granthi** liegt auf der Ebene des Manipura und Anahata-Chakra. Emotionale Bindungen an Menschen, Dinge und auch an innere Erlebnisse und Visionen müssen transzendiert werden. Vishnu-Granthi ist rajas-dominiert und ist mit Emotionen, mit Leidenschaft und intensiver Aktivität assoziiert.

   Dieser Granthi kann gelöst werden durch alle Techniken, die Manipura und Anahata Chakra stärken, insbesondere Uddiyana Bandha.

3. **Rudra-Granthi** liegt auf der Höhe des Vishuddha und Ajna-Chakra. Der Shiva-Knoten (Rudra ist ein anderer Name für Shiva) entsteht aus der Verhaftung an psychisch-geistige Fähigkeiten, Erkenntnis, Wissen und an die Individualität. Für die vollkommene Freiheit ist das Zurücklassen des Prinzips der Individualität erforderlich. Die Aspekte, an denen man hier arbeitet, sind von Sattva dominiert, von Reinheit, Klarheit und Wissen - es gilt jedoch, das Prinzip der Dualität und damit auch Sattva zu transzendieren.

   Techniken, die dazu verhelfen können, sind alle Übungen, die Vishuddha und Ajna Chakra stärken, besonders die Jalandhara Bandha und damit auch der Schulterstand.

3.4

Asana

1. Allgemeines und Wirkungen

Hatha-Yoga-Asanas sind Körperstellungen, durch die gezielt Veränderungen im Prana-Körper ausgelöst werden: Die Lebensenergie wird zu bestimmten Körperteilen bzw. Chakras geleitet, gereinigt und umgeformt. Während für viele Menschen die Asanas lediglich Körperübungen sind, deren Ziel es ist, den Übenden gesünder zu machen und mit Energie aufzuladen, so liegt die wahre Natur der Asanas tiefer: Durch das Halten bestimmter Körperpositionen, wird eine Veränderung tiefliegender pranischer Muster, welche unser Denken, Fühlen und Wahrnehmen bestimmen, angestrebt. Die in Yoga-Büchern beschriebenen Wirkungen der Asanas beziehen sich zumeist auf die physische Ebene und damit auf die Wirkungen im anatomisch-physiologischen Bereich. Für die Praxis der Asanas ist es jedoch wichtig zu verstehen, dass die Wirkungen auf der physischen Ebene eine „erwünschte Nebenwirkung" darstellen, und dass die verschiedenen Asanas ihre volle Wirkung in subtileren Ebenen des Menschen entfalten.

Ein Wirk-Aspekt der Asanas bezieht sich auf die Gunas, die Eigenschaften der Natur: Der Weg des Yoga ist ein fortschreitender Prozess der Reinigung unserer Energiequalität von einem Tamas-orientierten Sein über Rajas hin zu Sattva, welches das Tor zum Ziel des Yoga darstellt. Asanas, auf korrekte und achtsame Weise durchgeführt, haben die Eigenschaft, Tamas und Rajas zu reduzieren und Sattva zu erhöhen: Die Schwerfälligkeit des Tamas wird durch Asanas, die der Schwerkraft entgegenwirken (Standstellungen, rückwärts beugende und Gleichgewichtsstellungen) sowie durch das Sonnengebet aufgelöst, Rajas wird durch längeres stilles Halten der Positionen (Kopfstand, Vorwärtsbeuge, Sitzstellung) reduziert, und schließlich wird Sattva durch Sitz- und Gleichgewichtsstellungen gefördert.

Jede Asana hat aufgrund der Stellung der einzelnen Körperteile zueinander eine ganz bestimmte Qualität, die man als die Botschaft oder das Geheimnis der Asana bezeichnen könnte. So spüren wir in der Krieger-Stellung Kraft, Kontrolle und innere Stärke, im Kopfstand eine Umkehrung bestimmter Qualitäten und Prozesse, welche vom Vorgang des Alterns bis hin zu Stärkung der Fähigkeit, neue Sichtweisen zu entwickeln reichen kann, und in der Vorwärtsbeuge mögen wir einen Sog nach innen, zum Zentrieren, zum Ruhen verspüren. Sich diese „Botschaft der Asanas" beim Üben bewusst zu machen, wird deren Tiefenwirkung weiter verstärken.

Asanas beeinflussen direkt die Haupt- und viele Nebenchakras. Zum einen wird die Energiequalität erhöht und das Chakra wird auf das Öffnen vorbereitet, was eine unabdingbare Voraussetzung für das Erwecken der Kundalini-Energie ist, zum anderen werden auch die subtileren Ebenen der Energiequalität der Chakras verändert, sozusagen die „astralen Chromosomen" umprogrammiert: Asanas, achtsam und richtig praktiziert, programmieren unseren Energiekörper um, langsam aber sicher.

Patanjali sagt in der Yoga-Sutra 2,46: „Sthiram-sukham-asanam": Die Asana soll die Qualität der Stille und der Leichtigkeit besitzen. Durch das Stillhalten wird ein Tiefergehen der Wirkungen bis zu den feinstofflichsten Regionen überhaupt erst ermöglicht. Gleichzeitig vermag sich in der vollkommenen Ruheposition des Körpers unsere Achtsamkeit für die Wahrnehmung einer tieferen Wirklichkeit zu öffnen. Die Leichtigkeit der Asana bedeutet Sattva, etwas Helles, Klares, Reines. Leichtigkeit bedeutet auch Loslassen von inneren Spannungen, Blockaden, aber auch von Erwartungen, Wünschen, Urteilen, ein Loslassen aller gedanklichen Bewegungen. Leichtigkeit heißt auch, sich vom „Machen" zu verabschieden und sich in den Modus der vorbehaltlosen Öffnung, des Empfangens zu begeben. Den vollen Segen der Asanas können wir niemals „abholen"; wir können uns nur durch vollständiges Öffnen und Loslassen dafür bereit machen.

So rät uns Patanjali in der nächsten Sutra, 2,47: „Die Stellung wird durch Loslassen von Spannungen und durch Meditation auf das Unendliche gemeistert." Dies bedeutet: Bringe den Körper in die jeweilige Position, löse alle Spannungen und lasse den Körper zurück, indem du deinen Geist vollständig auf das Unendliche, auf Atman richtest. Wenn du in deinem Körper nicht mehr anwesend bist mit all deinen Gedanken, Urteilen und Hoffnungen, dann kann die Asana erst voll wirksam werden, denn dann ist sie mit deinem Körper sozusagen allein. Überlasse deinen Körper der Asana – sie weiß am besten, was zu geschehen hat; und jeder Gedanke deines Tagesbewusstseins würde hier nur stören.

Schließlich sagt Patanjali in Sutra 2,48: „Durch die Meisterung der Asana wird man frei von den Angriffen der Gegensatzpaare." Die Dvandvas, die Gegensatzpaare, die unter anderem als Raga-Dvesha, als Gier und Haß, auftreten, sind eng verbunden mit der Rajas-Qualität, die durch längeres Halten der Asanas aufgelöst wird.

Yoga strebt das Öffnen einer neuen, einer spirituellen Dimension an, was auf viele verschiedene Weisen geschehen kann. Der Weg der Asanas ist es, auf der körperliche Ebene in eine „nichtmenschliche Verfassung" einzutreten. Da die menschliche Verfassung durch ständige Veränderung der Körperposition, sogar im Schlaf, gekennzeichnet ist, stellt die Asana eine ideale Möglichkeit dar, eine völlig neue Körpererfahrung zu erlangen, wie Mircea Eliade beschreibt:

> *„Das Asana ist der erste konkrete Schritt zur Aufhebung der menschlichen Existenzmodalitäten ... Durch die unbewegliche, hieratische Stellung des Körpers soll eine andere, nichtmenschliche Verfassung nachgeahmt werden. Der Yogi im Zustand des Asana kann einer Pflanze, einem Götterbild gleichgesetzt werden, keinesfalls aber einem Menschen, der ja seiner Definition nach ein bewegliches, unruhiges, arhythmisches Wesen ist. Das Asana ist eine ekagrata auf körperlicher Ebene, eine Konzentration auf einen einzigen Punkt; der Körper ist "gespannt", in einer einzigen Stellung konzentriert. Wie die Ekagrata dem Fluktuieren und der Zerstreuung der Bewusstseinszustände ein Ende macht, so das Asana der Beweglichkeit und Verfügbarkeit des Körpers, indem es die unendliche Zahl möglicher Stellungen zu einer einzigen archetypalen, ikonographischen Positur reduziert."*

(Anmerkung zum Geschlecht von Asana: In der modernen Literatur wird Asana dem Neutrum zugeordnet, während sich im Sprachgebrauch das Femininum etabliert hat. In dieser Schrift halte ich mich weiterhin an „die Asana")

Asanas streben die Stärkung bestimmter scheinbar äußerlicher Aspekte an, die jedoch immer mit einer inneren Qualität verbunden sind: Stellungen, die scheinbar auf die Körperkraft abzielen, fördern auch unsere innere Kraft, Gleichgewichtsstellungen nicht nur die Feinmotorik, sondern auch das innere Gleichgewicht und jene Stellungen, die die Beweglichkeit des Körpers herausfordern und entwickeln, zielen auf eine innere Qualität ab, die man als „Bereitwerdung für eine Erweiterung des Bewusstseins" bezeichnen könnte.

So können wir Asanas als den äußerlichen Anteil einer angestrebten inneren Wandlung betrachten und erfahren: Die Asana gleicht dem über Wasser liegenden Teil des Eisbergs – der größte Teil der Übung jedoch findet in den unsichtbaren Tiefen der geistig-psychischen Regionen des menschlichen Wesens statt: Hier werden pranische Ströme umgeleitet, Blockaden aufgelöst und Energieschaltstellen aktiviert. Durch all dies findet allmählich eine Wandlung des Bewusstseins, der Wahrnehmung, eine Reinigung des Geistes statt.

2. Asanas in der Hatha Yoga Pradipika

Während Asanas für die meisten Yoga-Übenden geradezu den gesamten Yoga ausmachen, ist Asana im klassischen Hatha-Yoga nur ein relativ bescheidenes Anga (Teil, Glied): Das Grundlagenwerk des Hatha-Yoga, die Hatha Yoga Pradipika aus dem 14. Jahrhundert, widmet den Asanas nur knapp 10% des Umfanges.

Asana ist nichtsdestoweniger die Grundlage für das weitere Üben im Hatha Yoga:

> „Asanas werden an erster Stelle abgehandelt, weil sie die erste Stufe von Hatha Yoga bilden. So sollte man Asanas ausführen, dass sie einen stark, frei von Beschwerden und leichtgliedrig machen." (HYP 1,19)

Von den 7 Stufen des Hatha Yoga, nämlich

1. Asana
2. Kriya (Reinigungstechniken)
3. Pranayama
4. Mudra und Bandha (Energie-Siegel)
5. Pratyahara (Zurückziehen der Sinne)
6. Dhyana (Meditation)
7. Samadhi,

bilden Asanas die Grundlage und erste Stufe. Das Praktizieren von Asanas bereitet nicht nur den physischen Körper, sondern das gesamte energetische System des Menschen auf die höheren Hatha-Yoga-Praktiken vor. Dies äußert sich im Gefühl von „strahlender Energie", Gesundheit und Leichtigkeit.

Swatmarama, der Autor der Hatha Yoga Pradipika, beschreibt zwei unterschiedliche Gruppen von Asanas, die kundalini-erweckenden und körperertüchtigenden Asanas einerseits, die meditativen Sitzstellungen andererseits:

A. Die kundalini-erweckenden Asanas

Von der großen Anzahl von Asanas - man sagt, es gibt 840.000 Asanas! - werden in der Hatha Yoga Pradipika nur sehr wenige beschrieben, nämlich diejenigen, die besonders tiefe Wirkungen auf das Pranasystem haben. Ihre besondere Wirkung entfalten diese Stellungen (ausgenommen die abschließende Entspannungsstellung, Savasana) durch einen großen Druck im Bauchbereich. Dadurch wird die Samana Vayu enorm angeheizt und mit diesem Stärken der transformierenden Kraft das Erwachen der Kundalini-Energie vorbereitet. Samana Vayu ist jener „Ofen" der die Ida- und Pingala-Energie „zusammenschmilzt", was gleichzeitig das Erwachen der Kundalini bedeutet.

Es werden in der Hatha Yoga Pradipika die folgenden Kundalini-erweckenden Asanas genannt:

Der Hahn
(Kukkutasana)

Die erhobene Schildkröte
(Uttana Kurmasana)

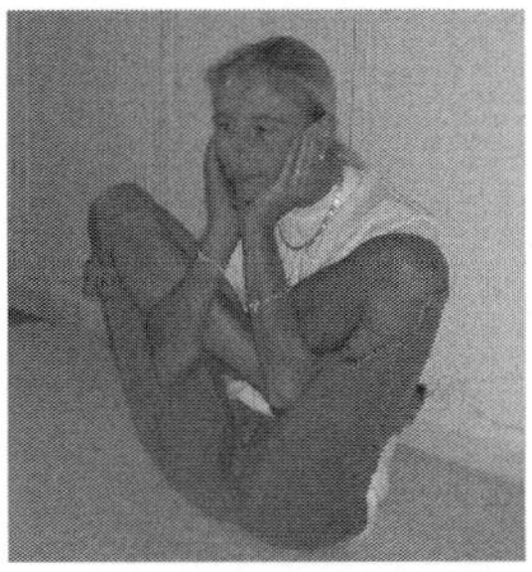

Pfeil und Bogen
(Akhanda Dhanurasana)

Drehsitz
(Matsyendrasana)

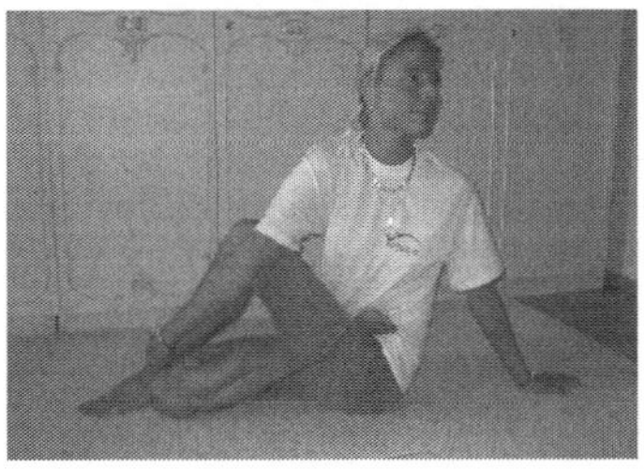

Vorwärtsbeuge
(Paschimottanasana)

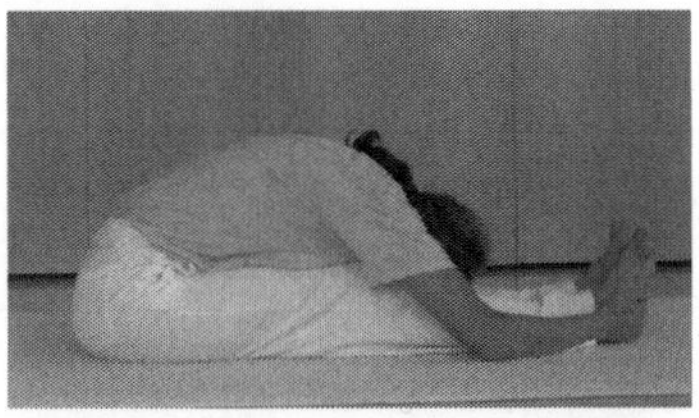

Pfau
(Mayurasana)

Entspannungsstellung
(Savasana)

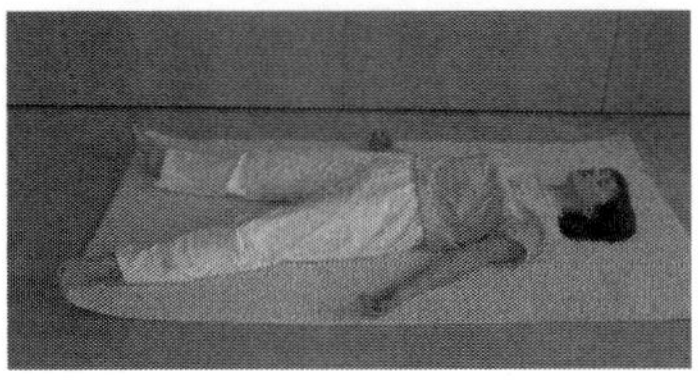

Diese Stellungen sind zum Teil sehr anspruchsvoll und verlangen außergewöhnliche Beweglichkeit und Körperkontrolle. Wir werden die letzten vier dieser Asanas im Rahmen der Rishikesh-Reihe genauer betrachten.

B. Die meditativen Sitzstellungen

Während die Zielsetzung dieser Stellungen eine grundlegend andere ist als die der kundalinierweckenden Körperübungen, so haben die Sitzstellungen - was meist nicht bekannt ist - auch heilsame und kräftigende Wirkungen auf die verschiedenen Organsysteme des Körpers. Dies hängt einerseits mit dem inneren Entspannen bei der meditativen Übung zusammen, andererseits mit der Verschränkung der Beine und der damit erfolgten Umleitung des Pranas in den Zentralbereich des Körpers, in den Rumpf.

Zudem sind es die meditativen Sitzstellungen, die Sattva in seiner reinsten Form entstehen lassen: Bei den Asanas wird die Vorwärtsbeuge und Entspannungsstellung mit einer leichten Form von Tamas und die Rückwärtsbeuge und Standstellungen mit Rajas assoziiert, während die Sitzstellung reines Sattva ausdrückt.

Swami Chidananda: *„Überdies hat das stille Sitzen in der meditativen Sitzstellung sehr positive gesundheitliche Auswirkungen, denn wenn auch die Asana keine Körperübung im herkömmlichen Sinn ist – man bewegt sich ja nicht - , so ist doch die Sitzstellung eine so balancierte Körperposition, dass das Prana gleichmäßig über alle Körperteile verteilt wird. "*

Die wichtigsten Sitzstellungen sind Siddhasana, der Meistersitz, und Padmasana, der Lotussitz:

Der Meistersitz

Swatmarama lässt keinen Zweifel, dass Siddhasana DIE Asana schlechthin ist. Ihr Geheimnis liegt im Druck der Ferse auf die Gegend des Muladhara Chakra, wodurch eine sehr wirksame Stimulation der Kundalini-Kraft entsteht. Wenn es uns gegeben wäre, nur eine einzige Asana wirklich zu beherrschen, so sollte dies unbedingt Siddhasana sein - denn die Wirkung dieser Asana in der Meditation übertrifft alles, was andere Asanas auf dem Gebiet der Gesundheit erzielen.

> „Die Siddhas (Meister) sagen, dass unter den Niyamas die bedeutendste ist, niemandem irgendein Leid zuzufügen, und unter den Yamas eine gemäßigte Diät. So ist es mit Siddhasana unter den Asanas." (HYP 1,39)

> „Der Yogi erlangt die Erfüllung, der Besinnung auf Atman praktiziert, eine gemäßigte Ernährung beachtet und die Siddhasana zwölf Jahre lang praktiziert." (HYP 1,41)

> „Wenn die Siddhasana gemeistert wird und der Atem durch die Anwendung von Kevala Kumbhaka sorgfältig zurückgehalten wird, wozu noch die verschiedenen anderen Asanas?" (HYP 1,42)

> „Es gibt keine Asana wie die Siddha, kein Kumbhaka wie das Kevala, kein Mudra wie das Khechari und kein Laya wie Nada." (HYP 1,44)

Wie sieht diese Stellung nun aus?

> „Drücke mit der Ferse fest an den Damm und bringe die andere Ferse über das Glied (oder das Schambein).... Dies wird Siddhasana genannt und beseitigt jedes Hindernis auf dem Weg zur Befreiung." (HYP 1,36)

1. Sitze auf dem Boden, am besten auf einer mehrfach zusammengelegten Wolldecke, mit ausgestreckten und gegrätschten Beinen.
2. Beuge das rechte Bein und lege es so, dass die Ferse gegen das Perineum (zwischen Anus und Geschlechtsorganen - dies ist die Lage des Muladhara Chakra) drückt. Bei Frauen soll die Ferse Druck gegen die Vagina ausüben. Dies ist ein wichtiger Aspekt von Siddhasana.
3. Beuge das linke Bein und lege den Fuß auf den rechten Unterschenkel.
4. Drücke die Zehen des linken Fußes in den Spalt zwischen rechten Ober- und Unterschenkel und versuche die Zehen des rechten Fußes auf ebensolche Weise, hier von unten, zwischen linken Ober- und Unterschenkel zu bringen. Durch diese Stellung entsteht eine feste und stabile Verschränkung der Beine. Die Knie sollten jetzt den Boden berühren und die Fersen übereinanderliegen. (Die Beine können auch auf entgegengesetzte Weise verschränkt werden. Manche Schulen empfehlen, die Verschränkung aus Symmetrie-Gründen regelmäßig zu wechseln)
5. Halte Wirbelsäule und Kopf in einer aufrechten, geraden Linie, indem du dir eine Verbindung zwischen Muladhara und Sahasrara (zwischen Perineum und Kopfspitze) vorstellst und fühlst, dass sich diese Verbindung sanft in die Länge zieht. Habe das Gefühl, dass dein Brustbein ebenso wie dein Scheitelpunkt nach oben strebt, während der Nacken lang gemacht wird, ohne jedoch zu verspannen.

Der Lotussitz

Diese Stellung ist etwas schwieriger durchzuführen als der Meistersitz; die Beine sind hier fester verschränkt und die untere Ferse drückt nicht mehr gegen Muladhara Chakra. Für bestimmte Techniken wird Padmasana benötigt, während für die Meditation Siddhasana zu bevorzugen ist.

> „Bringe die Füße fest auf die gegenüber liegenden Oberschenkel und lege die Hände übereinander in die Mitte. Lenke deine Augen auf die Spitze der Nase und lege die Spitze der Zunge an die Hälse der Vorderzähne. Bringe das Kinn auf die Brust und hole das Prana langsam (durch Mula Bandha) aufwärts." (HYP 1,46)

> In einigen Ausführungen des Autors zu bestimmten Stellungen wird die beschriebene Technik mit anderen Techniken kombiniert. Dies ist ein Kennzeichen fortgeschrittener Techniken, die kombiniert durchgeführt noch wirksamer sind als wenn sie einzeln geübt werden. Vor allem betrifft dies die Tiefenwirkungen, die im Hatha Yoga spezifisch angestrebt werden, um geistige Veränderungen durch Beeinflussung des Prana-Feldes zu bewirken.

Der reine Lotussitz sieht wie folgt aus:

1. Sitze auf dem Boden, idealerweise auf einer mehrfach zusammengelegten Wolldecke, mit ausgestreckten und gegrätschten Beinen
2. Beuge das rechte Bein und lege den rechten Fuß auf den Ansatz des linken Oberschenkels.
3. Beuge das linke Bein und lege den linken Fuß auf den Ansatz des rechten Oberschenkels. Die Beine sollten an den Fußgelenken überkreuzt sein. (Die Beine können auch auf entgegengesetzte Weise verschränkt werden.)

- ♦ -

Aus diesen Ausführungen erkennen wir klar die Zielsetzung der Asanas im klassischen Hatha Yoga: Die Gruppe der kundalini-erweckenden Übungen strebt durch Kompression im Bauchbereich spezifische Wirkungen in Manipura-Chakra an, welche zu einem Erwecken und Lenken der Kundalini-Kraft führen, während die Gruppe der meditativen Sitzstellungen das innere Gleichgewicht und Sattva erhöhen und die Grundlage für Pranayama und Meditation bilden.

3. Grundlagen der Asana-Praxis

Asanas sind, verglichen mit dynamischen Körperübungen, einfache Techniken. Durch diese Einfachheit vermag der sich öffnende Geist tiefer in die Körperwahrnehmung zu dringen und die wahren Schätze der Asana zu heben. Beim Üben der Asanas sollten wir die folgenden grundlegenden Dinge beachten:

1. Die sechs Phasen der Asanas

Die Durchführung der meisten Asanas kann in sechs Phasen unterteilt werden, welche in ihrer Gesamtheit die Übung ausmachen und erst gemeinsam ihre Wirkung voll entfalten:

1. Vorbereitung: Zumeist in der Ausgangsstellung, aus der die Asana aufgebaut wird, findet das Einstimmen und innere Bereitwerden für die Übung statt.
2. Einnehmen der Stellung: Mit ruhigen, bewussten und kontrollierten Bewegungen, die schon den meditativen Geist der Asana in sich tragen, wird die Asana aufgebaut. Zusätzlich zum meditativen Aspekt hilft die Achtsamkeit in dieser Phase, die Gefahr von Verletzungen weitgehend auszuschalten.
3. Halten der Stellung: Das bewegungslose und bewusste Halten der Asana ist das zentrale Element der Übung. Hier können wir uns, je nach Fortgeschrittenheitsgrad, auf einen der folgenden Aspekte konzentrieren: Die Körperstellung, die Entspannung der zum Halten der Stellung nicht benötigten Muskeln, die Atmung sowie auf bestimmte meditative Elemente wie Affirmationen, Mantras oder Chakras. Meist ist es sinnvoll, mit geschlossenen Augen zu üben.
4. Verlassen der Stellung: Ebenso ruhig, kontrolliert und bewusst, wie sie eingenommen wurde, wird die Stellung wieder verlassen, während man innerlich die entspannte, empfangende Grundhaltung beibehält.
5. Gegenstellung: Bei den meisten Hauptstellungen wird nach dem Verlassen der Asana eine Gegenstellung eingenommen, bevor man in die Nachspürphase eintritt. Die Gegenstellung gibt dem Körper einen sanften Ausgleich zu der oft intensiven Dehnung oder Beugung. Die Gegenstellungen zu den wichtigsten Haupt-Asanas sind:

Hauptstellung	Gegenstellung
Kopfstand	Fersensitz
Schulterstand, Pflug	Fisch
Vorwärtsbeugen im Sitzen	Schiefe Ebene oder Tisch
Rückwärtsbeuger aus Bauchlage oder Kniestand	Stellung des Kindes
Rückwärtsbeuger aus Rückenlage	Beine in Rückenlage heranziehen, ev. Rückenschaukel

6. Entspannen und Nachfühlen: In dieser Phase wird durch bewusste, tiefe Entspannung ein Sich-Öffnen den Wirkungen der Asana erreicht, was den Effekt der Übung wesentlich ergänzt und vertieft. Je nach Dauer und Intensität der Stellung dauert diese Nachspürphase etwa zwischen 20 und 35% der Haltedauer der vorangegangenen Asana bzw. Asana-Gruppe. Zugleich wird der Körper bereit für die nächste Übung und damit geht diese sechste Phase, eventuell mit einem ruhigen Wechsel der Körperstellung, in die erste Phase der nächsten Übung über.

2. Sthiram (Stillhalten)

Meditation als ein Verlassen der körperlichen Ebene, um in die Tiefe des Selbst zu tauchen, kann nur entstehen, wenn der Körper in vollständiger Stille verharrt. Dieses vollständige Stillhalten bezieht sich auf die Wirbelsäule, die Extremitäten und den Kopf, aber auch die Atmung wird eine sanfte Veränderung erfahren. Strebe beim Üben jene oben erwähnte „ikonenhafte" Stillhaltung des Körpers an, die die Tore zu einem Erfahren der vollen Segnungen der Asanas öffnet.

3. Sukham (Loslassen)

Nur eine geöffnete Hand kann eine Gabe empfangen. Ebenso ist es die Haltung der Öffnung, das entspannten Annehmens, die uns für die Kraft der Asanas öffnet: Wir wollen nichts tun, nichts erreichen, nichts bewirken, nur Gottes Kraft und Liebe in uns einströmen lassen. Die innere Haltung des Sukham bewirkt dies. Lasse alles Suchen und Ringen los und fühle, wie etwas in dich einströmt – eine Gnade, eine Kraft, die den eigentlichen Segen der Asanas ausmacht.

Sukham heißt Leichtigkeit, Freude, Loslassen, Entspanntheit, doch eine Entspannung, die tiefer reicht als rein muskuläres Loslassen, denn außer den Entspannungsstellungen erfordern alle Asanas Anspannung bestimmter Muskeln. Trachte also beispielsweise auch in der Kobra, im Dreieck und im Sonnengebet nach einer inneren Öffnung, einem inneren Loslassen!

4. Achtsamkeit

Beim Asana-Üben sollten sich die Gedanken nicht zu allen möglichen Dingen bewegen, sondern in einer stillen, wachen Achtsamkeit auf die Wahrnehmungen des Augenblicks fokussiert sein. Dies werden zunächst die körperlichen Empfindungen sein, die Anspannung bestimmter Muskeln, die Kompression von Organen im Rhythmus der Atmung, die Atmung selbst, aber allmählich mag sich die Achtsamkeit auf tiefere Bereiche erstrecken; Bilder, die aus dem Inneren auftauchen, vielleicht Ideen, Erinnerungen. Lasse dein gesamtes Wesen vollständig in den Augenblick des Übens eintauchen, wie mit einem großen Auge alle Empfindungen dieses Augenblicks wahrnehmen.

5. Symmetrie

Bei allen asymmetrischen Stellungen (Trikona, Ardha Matsyendra, ...) ist darauf zu achten, dass beide Seiten gleich lang geübt werden.

6. Atmung

Die Atmung verbindet Körper und Geist, die Atmung hat im Hatha Yoga eine Schlüsselposition inne. Dies einerseits durch die Pranayamas, aber auch in den Asanas können wir durch bewusste Atmung tiefere Ebenen der Wahrnehmung betreten. Versuche, durch ein langsames und entspanntes Atmen in die Erfahrung eines Strömens, eines Dich-Öffnens für dieses Strömen einzutreten.

Dies mag vor allem bei jenen Übungen schwierig sein, bei denen die Atmung durch die Stellung der Körperteile eingeschränkt ist (z.B. Vorwärtsbeuge, Drehsitz), aber gerade hier offenbart uns das Gefühl bzw. das Suggerieren eines freien und leichten Atems die bestmöglichen Resultate.

7. Gegenstellung

Schließlich gilt es, jede intensive Körperstellung durch eine Gegenbewegung auszugleichen (siehe auch „Die 6 Phasen der Asanas", Seite 122):

- Nach einer vorwärtsbeugenden Stellung folgt eine (angedeutete) Rückwärtsbeuge (z.B. schiefe Ebene, Tisch);
- nach einer oder mehreren rückwärtsbeugenden Stellung/en folgt die Stellung des Kindes oder eine ähnliche Stellung;
- nach dem Kopfstand finden wir Ausgleich in einer aufrechten Position;
- nach dem Drehsitz können wir eine leichte Gegendrehung durchführen.

8. Die Bedeutung des Sternums

In vielen Stellungen kann die folgende Visualisierung helfen, die Asana zu stabilisieren und zu kontrollieren sowie innere Kraft zu mobilisieren: Stelle dir vor, dass ein Faden in der Mitte deines Brustbeins (Sternum) befestigt ist und sanft nach vorneoben gezogen wird. Dies hilft etwa im Drehsitz für die Aufrichtung des Körpers, in der Kobra und den Stellungen 2 und 4 des Surya Namaskar für ein weiteres Öffnen in Anahata-Chakra sowie in der Vorwärtsbeuge für den Schutz der Lendenwirbelsäule.

9. Die Bedeutung der Muskulatur

Das bewusste Anspannen bestimmter Muskelpartien schützt unsere Gelenke und Bandscheiben. So soll der Körper beim Einnehmen der Stellung unter einer mäßigen Grundspannung gehalten werden, welche, je nach Stellung, dann in der Asana entweder beibehalten oder sanft gelöst wird. Beim Verlassen der Asana sollte die betreffende Muskulatur vor

Beginn der Bewegung in jenen Tonus versetzt werden, der ein sicheres und kontrolliertes Aus-der Stellung-Kommen gewährleistet.

10. Von der Körperschulung zur Meditation des Körpers

Im ersten Jahr der Asana-Praxis dominiert der physisch-mechanische Aspekt der Körperstellung: Man lernt, die Stellung korrekt einzunehmen, entspannt zu halten und auf sichere, gelenk- und wirbeläulenschonende Weise zu verlassen. Es findet eine Schulung und Verbesserung des Körperbewusstseins statt, welche zu einem völlig neuen Verhältnis dem eigenen Körper gegenüber führen kann.

Erst wenn diese Grundlagen gelegt und durch wiederholtes Üben gefestigt wurden, ist es anzuraten, die Konzentration auf Affirmationen, Visualisierungen, Mantras und andere meditative Elemente zu lenken, welche die dann meist länger gehaltenen Asanas zu einer Meditation des Körpers werden lassen.

4. Die Rishikesh-Reihe

Aufgrund ihrer wunderbaren Wirkungen auf alle Organe und Organsysteme sowie auf die feinstofflichen Strukturen des Menschen ist die Rishikesh-Reihe heute vermutlich die weltweit am meisten geübte Asana-Reihe. Ausgehend von einer einfachen Grundformel mit zwölf Stellungen erlaubt sie mit zahlreichen Variationen der Stellungen eine große Vielfalt und Bandbreite der Gestaltungsmöglichkeiten.

Ihre außergewöhnliche Kraft und Wirksamkeit leitet die Rishikesh-Reihe (benannt nach dem Ort Rishikesh in Indien, in dem sich der Sivananda-Ashram befindet, wo diese Asana-Folge (wieder) zusammengestellt wurde) von zwei Faktoren ab:

1. Es sind in einem Minimum von Stellungen alle wesentlichen Attribute der Asanas vorhanden: Beugungen, Streckungen, Umkehrhaltungen, kraftfördernde Übungen, Gleichgewichtsstellung;
2. Der Aufbau der Übungssequenz folgt einer klaren Grundidee: Nach dem Aktivieren des Körpers mit dem Surya Namaskar beginnt man, die einzelnen Chakras von oben nach unten durchzugehen: Der Kopfstand stärkt und öffnet Ajna- und Sahasrara-Chakra, der Schulterstand Vishuddha usw, bis am Ende der Übungsreihe mit den Standübungen eine feste Verwurzelung des/der Übenden ermöglicht wird. So wird nicht nur der Körper optimal trainiert, sondern auch der Hauptkanal, die Sushumna, systematisch geöffnet.

Die Grundform der Rishikesh-Reihe sieht folgendermaßen aus:

Die Yoga-Stunde beginnt mit einer **Anfangsentspannung** (Savasana), mit der man den oft hektischen Alltag verlässt und in die „Schwingung der Yoga-Übungsstunde" eintritt.

Nach den das Pranasystem vorbereitenden Übungen Kapalabhati und Nadi Shodhana folgt die Vorbereitung des Körpers durch das **Sonnengebet** (Surya Namaskar): Der Kreislauf wird aktiviert, die Muskulatur aufgewärmt und die Atmung vertieft.

Aus einer kurzen Einstimmungsphase in der Stellung des Kindes wird die erste eigentliche Asana, der **Kopfstand** durchgeführt, der nicht nur Sahasrara und Ajna Chakra aktiviert, sondern auch energetisch-feinstoffliche Prozesse im Körper umkehrt. Nach dem Kopfstand verbleibst du kurz in der Stellung des Kindes und danach für einige Atemzüge im Fersensitz.

Nun folgt der Schulterstand-Zyklus, der aus drei wichtigen und sehr wirksamen Asanas besteht: Der Schulterstand, der Pflug und der Fisch. Der **Schulterstand** und der **Pflug** haben starke Wirkungen auf Vishuddha-Chakra bzw. auf die Schilddrüse, der **Fisch** öffnet das Hals- und das Herzchakra und führt zu der Erfahrung von Weite und Öffnung. Der Fisch dient auch als Gegenstellung für die anderen beiden Stellungen. Danach entspannst du in der Rückenlage.

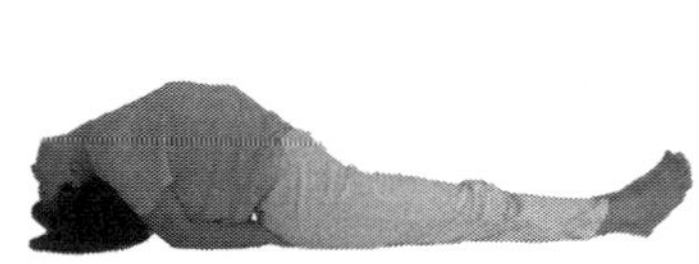

Die 5. Stellung ist die **Vorwärtsbeuge** im Sitzen, die das Manipura-Chakra öffnet und dieses Energiezentrum mit Prana auflädt. Wichtig nach dieser bis zu fünf Minuten zu haltenden Stellung ist die Gegenstellung, die schiefe Ebene. Danach ruhst du wieder in Rücken- oder in Bauchlage.

Die nächste Übungsgruppe sind die aus der Bauchlage rückwärts beugenden Stellungen **Kobra, Heu-**

schrecke und Bogen. Diese Stellungen sind etwas anstrengender und werden weniger lang gehalten. Sie stärken die Rückenmuskeln, stimulieren das Verdauungssystem und öffnen verschiedene Chakras. Danach entspannst du in der Stellung des Kindes.

Die 9. Stellung ist der **halbe Drehsitz**, der zu den wirksamsten Asanas gehört. Er öffnet alle Chakras, stimuliert das Erwachen der spirituellen Energie und stärkt alle Organe im Bauch und Unterleib.

Als Übergang zu den stehenden Stellungen folgt nun eine Gleichgewichtsstellung auf den Händen, und zwar wahlweise die leichtere **Krähe** oder der intensive und recht anspruchsvolle **Pfau**.

Die 11. Stellung, die **Hand-Fußstellung** ist der Vorwärtsbeuge im Sitzen ähnlich, fügt aber hier die Wirkung einer teilweisen Umkehrstellung hinzu.

Das Dreieck schließt die Asana-Folge als 12. Stellung ab: Die innere Kraft und Standfestigkeit wird gestärkt, die Körperseiten werden geöffnet.

Nach dieser Asana-Folge folgt die Endentspannung in Rückenlage: Hier können sich die Wirkungen der verschiedenen Stellungen entfalten.

5. Die Übungen der Rishikesh-Reihe im einzelnen

Das Sonnengebet (Surya Namaskar)

Das Sonnengebet ist eine Folge von zwölf Körperpositionen, die durch weiche, fließende Bewegungen verbunden werden. Es dient als Aufwärm- und Vorbereitungsübung für die statischen Übungen, die Haupt-Asanas. Gleichzeitig vermögen wir uns auch innerlich auf die Asanas einzustimmen, da das Sonnengebet tatsächlich als ein Gebet, eine Andacht des Körpers erfahren werden kann.

Führe alle Bewegungen langsam und mit großer Achtsamkeit durch. So kannst du tief in die Streckungen und Beugungen hineingehen, die Meridiane / Nadis dehnen und den Körper sehr bewusst erfahren. Die Atembewegung erfolgt jeweils in der Bewegung von einer Stellung zur nächsten; in der Stellung selbst liegt der Umkehrpunkt der Atmung.

Das Sonnengebet umfasst zwölf Positionen, wovon sich drei Stellungen wiederholen und eine Stellung seitenverkehrt wiederholt wird. Tatsächlich gibt es also acht unterschiedliche Stellungen.

Wir wollen im folgenden zunächst die technisch korrekte Durchführung betrachten, um danach einige Möglichkeiten kennenzulernen, das Surya Namaskar in meditativer Weise durchzuführen.

Stellung 1 und 12 – Namaskara Mudra

- Stehe in Tadasana, der Bergstellung: Die Fußinnenseiten berühren sich; die Oberschenkelmuskeln sind leicht angespannt, als wollten sie die Kniescheiben etwas hochziehen. Das Brustbein strebt leicht nach oben, das Steißbein nach unten, der Nacken ist lang.
- Falte die Hände vor der Brust: Die Unterarme sind parallel zum Boden, die Daumenrückseiten berühren das Brustbein, können aber auch einige Zentimeter vor dem Brustbein gehalten werden.
- Der Kopf ist aufrecht, der Blick gerade nach vorne gerichtet. Ausatmen.

Stellung 2 und 11 – Hasta Uttanasana

- Strecke den Körper nach oben und über die Brustwirbelsäule nach hinten: Das Brustbein strebt nach oben. Der Kopf befindet sich zwischen den Armen.

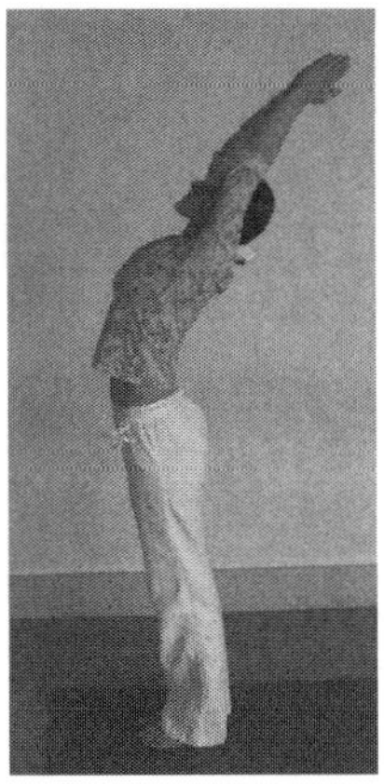

- Die Arme sind gestreckt; die Handflächen sind entweder zueinander oder nach vorne gerichtet; die Hände werden entweder schulterbreit oder auch weiter geöffnet gehalten.
- Die Beine bleiben gestreckt. Achte darauf, dass sich das Becken nicht nach vorne schiebt. Einatmen.

Stellung 3 und 10 – Pada Hastasana

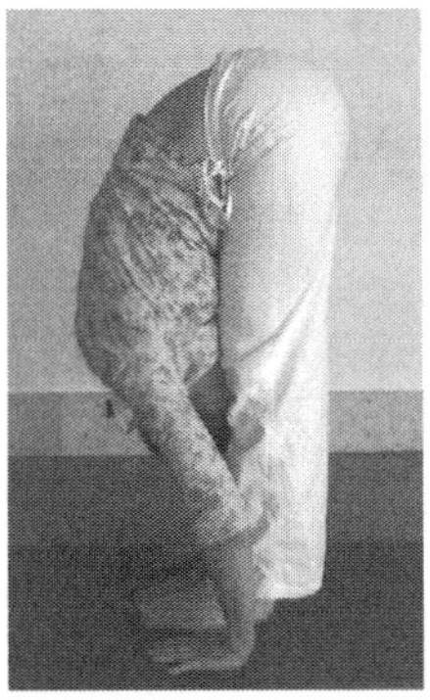

- Beuge den Körper mit den über den Kopf gestreckten Armen nach vorne, so, als wollten die Fingerspitzen einen mög-lichst weiten Bogen beschreiben.
- Der Kopf bleibt zwischen den Armen, der Hals folgt der natürlichen Linie der Wirbelsäule. Die Handflächen werden neben den Füßen auf dem Boden abgesetzt; die Beine können, wenn nötig, gebeugt werden.
- Das Steißbein zieht nach oben, das Brustbein nach vorne–unten. Ausatmen.

Stellung 4 und 9 – Ashva Sanchalanasana

- Führe das rechte Bein (in der zweiten Halbrunde das linke Bein) zurück; das Knie berührt den Boden. Ober- und Unterschenkel des linken Beins bilden einen annähernd rechten Winkel.
- Die Handballen können vom Boden abgehoben werden, sodass nur noch die Fingerspitzen den Boden berühren.
- Der Kopf wird so weit zurück gelegt, wie es sich für die Halswirbelsäule gut anfühlt. Nicht überstrecken! Im Zweifelsfall folgt die Halswirbelsäule der Linie der Brustwirbelsäule als Verlängerung.
- Drücke das Becken nach unten, das Brustbein nach vorne und den Scheitelpunkt nach oben. Einatmen.

Stellung 5 – Adharasana

- Bringe das linke Bein (in der zweiten Halbrunde das rechte Bein) zurück.
- Der Körper bildet eine gerade Linie: Visualisiere eine gerade Linie von den Fersen durch die Beine zum Becken, zu den Schultern bis zum Scheitelpunkt des Kopfes.
- Die Arme sind gestreckt, aber nicht „eingerastet". Luft innen anhalten.

Stellung 6 – Ashtanga Namaskar

- Senke kontrolliert den noch stets gerade und unter Spannung gehaltenen Körper mit dem Ausatmen langsam auf den Boden ab.
- Ashtanga Namas-kar bedeutet „Achtfaches Niederwerfen": acht Punkte des Körpers berühren den Boden: Füße, Knie, Hände, Brust und Stirn.
- Das Becken ist vom Boden abgehoben. Bei Lenden-Hyperlordose soll der Rücken gerade gehalten werden.

Stellung 7 - Bhujangasana

- Mit Beginn der Einatmung zieht das Brustbein etwas nach vorne, der Kopf beginnt sich zu heben.
- Der Oberkörper hebt sich durch das Kontrahieren der Rückenmuskulatur; die Aufmerksamkeit in der Kobra liegt in der Öffnung des Herz-/Brustraumes.

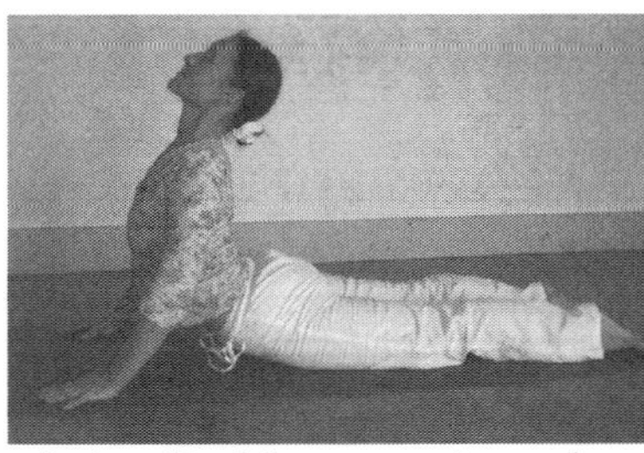

- Der Kopf befindet sich, ähnlich wie in Stellung 4, in einer mäßigen oder auch intensiven Rückbeuge. Im Zweifelsfall bzw. bei Problemen in der Halswirbelsäule wird der Hals gestreckt, ohne dass der Kopf in den Nacken gelegt wird.
- Wer die Kobra intensiver machen möchte, kann sich mit den Armen hochdrücken, wobei die

Schultern von den Ohren wegziehen und das Gefühl einer Streckung und Längung des Oberkörpers entstehen sollte.

Stellung 8 – Adho Mukha Svanasana

- Die Zehen werden aufgestellt und der Körper in den Hund gedrückt.
- Hände und Füße sind schulterbreit fest im Boden verankert.
- Das Steißbein zieht nach oben, die Schultern und Fersen nach unten.
- Der Kopf befindet sich zwischen den Armen, die gesamte Wirbelsäule bildet eine gerade Linie.
- Die Beine sind gestreckt, können aber auch leicht gebeugt werden. Ausatmen.

Die weiteren Stellungen 9 – 12 entsprechen den Stellungen 4, 3, 2 und 1.

Die meditative Durchführung

1 - Bevor du mit dem Surya Namaskar beginnst, so besinne dich erst für eine Minute auf die göttliche Kraft und Liebe in dir.

Om Mitraya Namaha - Falte deine Hände zu Namaskara Mudra; fühle dich von göttlichem Licht eingehüllt. Drücke mit dem Sonnengebet deinen Dank für das Leben aus, für alles, was du Gutes empfangen durftest.

2 - *Om Ravaye Namaha* – erhebe die Arme und öffne dich weit, Sein Licht in dich einströmen lassend – fühle, wie die Kraft im selben Augenblick durch deine Energiebahnen fließt; ein kräftiges Strecken, wie eine neue Geburt.

3 - *Om Suryaya Namaha* – du beugst dich, denn du empfindest Demut und Hingabe. Und du grüßt die Erde, der du entsprungen bist und die dich nährt. Du fühlst ein Zurückkehren, ein Nach-Innen-Gehen, ein Dich-Besinnen auf dein inneres Selbst.

4 - *Om Bhanave Namaha* – ein Bein streckt sich weit zurück, und da ist wieder eine Öffnung, eine Weite, ein frohes, lebensbejahendes Annehmen deines Seins, ein Wissen, dass da eine Kraft in dir ist, die dich stärkt, dich führt und dich schützt.

5 - *Om Khagaya Namaha* – die Stützstellung, und du hältst einen Augenblick inne und fühlst große Kraft – ist sie von außen, ist sie von innen? Doch sie erfüllt dich ganz, von oben bis unten, jede einzelne Zelle.

6 - *Om Pushne Namaha* – Das Erkennen des Quells dieser Kraft und Größe beugt dein Haupt, dein Körper formt das Symbol höchster Hingabe, denn du erkennst Gott, der in dir ist, der um dich ist, der in allem ist.

7 - *Om Hiranyagarbhaya Namaha* – in deiner Mitte entsteht ein Leuchten und Strahlen und weit öffnest du dich zur nächsten Stellung, du spürst eine Ausdehnung und Größe, als wollte sich das Licht in dir ins Unendliche ausdehnen.

8 - *Om Marichaye Namaha* – Spannung im Körper und ein Finden der inneren Kraft, Klarheit und Reinheit.

9 - *Om Adityaya Namaha* – Freude und Optimismus, wie ein Abstreifen von Angst und Enge, ein Bejahen des Lebens, das sich in einem weiten Strecken deines Körpers ausdrückt.

10 - *Om Savitre Namaha* – noch einmal eins werden mit der Mutter Erde, der Natur, ihren Duft atmen, voll Dank und Hingabe.

11 - *Om Arkaya Namaha* – wieder ein weites Öffnen, aus dem inneren heiligen Quell bricht die Kraft und Freude hervor, wie ein neuer Morgen.

12 - *Om Bhaskaraya Namaha* – Die Freude wandelt sich zu Stille und tiefem Frieden – in dir sein, deine Mitte spüren - - - und aus dieser Mitte beginnt es zu funkeln und zu strahlen wie von tausend Sonnen ...

In der folgenden Übersicht findest du einige weitere Möglichkeiten, das Surya Namaskar durch Vergegenwärtigen bestimmter geistiger Inhalte oder Klangelemente (Mantras) zu einer besonders meditativen Erfahrung zu machen. Affirmationen und Visualisierungen können innere Qualitäten stärken, das Gebet kann uns mit unserer inneren Quelle verbinden, und Mantras reinigen unseren Astralkörper. Die Konzentration auf Chakras hilft, die Hauptchakras zu öffnen. Alle meditativen Aspekte sollten mit einer sehr langsamen Durchführung des Surya Namaskar verbunden sein. Führe diese Sonnengebete, wenn es dir möglich ist, mit geschlossenen Augen durch.

Einige Möglichkeiten der meditativen Durchführung des Sonnengebetes

	AFFIRMATION		GEBET	MANTRA	CHAKRA
1	Ich sammle mich	Ich grüße die Sonne	Ich will das Göttliche in allen Dingen und Wesen erschauen,	Om Mitraya Namaha	Anahata
2	Ich strecke mich der Sonne entgegen	Ich öffne mich für ihr Licht,	mich für das Licht und die Kraft Gottes öffnen	Om Ravaye Namaha	Vishuddha
3	Ich verbeuge mich vor der kosmischen Energie	verbinde mich mit der Erdenergie	und mich in Demut vor der Größe Gottes beugen	Om Suryaya Namaha	Svadisthana
4	Ich schaue auf zum Göttlichen	und öffne mein Herz der Quelle allen Lebens	Laß mich Freude erfahren,	Om Bhanave Namaha	Ajna
5	Ich bin mit Himmel und Erde im Gleichgewicht	Mein Geist ist ruhig und klar	Kraft spüren	Om Kagaya Namaha	Manipura
6	Ich tauche in die Erde und spüre ihre Kraft	Dein Wille geschehe	Hingabe entwickeln	Om Pushne Namaha	Ajna
7	Mein Herz ist geöffnet	Ich lasse die Sonnenkraft in mich einströmen	und mich Deiner Liebe öffnen.	Om Hiranyagarbhaya Namaha	Anahata
8	Ich beherrsche Sinne und Geist	Ich bin voll Kraft und Energie,	Lass mich Sinne und Geist kontrollieren,	Om Marichaye Namaha	Muladhara
9	Ich löse mich von Verhaftungen	voll Freude und Mut.	und voll Freude in die Zukunft blicken	Om Adityaya Namaha	Ajna
10	Ich verbeuge mich in Dankbarkeit	Ich bin entspannt	Ich will fest am Boden der Tatsachen stehen,	Om Savitre Namaha	Svadisthana
11	Licht und Wärme strömen in mich ein.	Ich öffne mich für die kosmische Energie	mich stets mit Dir verbunden fühlen	Om Arkaya Namaha	Vishuddha
12	Ich ruhe in meiner Mitte	Ich stehe fest und ruhig	und fest in meiner Mitte ruhen	Om Bhaskaraya Namaha	Anahata

1. Haupt-Asana
Der Kopfstand (Sirshasana)

Der Kopfstand hat als die wohl bekannteste Umkehrstellung eine zweifache Bedeutung:

Zum einen hat diese Stellung nach der Yoga-Philosophie direkte Auswirkungen auf den in Bindu (ein Neben-Chakra am Hinterkopf) gebildeten Unsterblichkeitsnektar Amrita, der durch die umgekehrte Körperposition vor dem Verlust bewahrt wird. Dadurch entsteht ein positiver Effekt auf den physischen und geistigen Alterungsprozess des Menschen.

Zum anderen wirkt die Umkehrung auch auf sehr subtiler Weise auf die Einstellungen und Sichtweisen des / der Übenden ein: Man wird bereit für neue Einsichten, allmählich vielleicht sogar für eine neue Weltsicht.

Mache dir in der Endstellung bewusst, dass du jetzt von den sich zwischen Himmel und Erde bewegenden Energien in umgekehrter Richtung durchflossen wirst und fühle dich als Kanal für diese Energie.

Durchführung

1. Nimm für einige Atemzüge die Stellung des Kindes ein, während du dich auf den Kopfstand einstimmst.

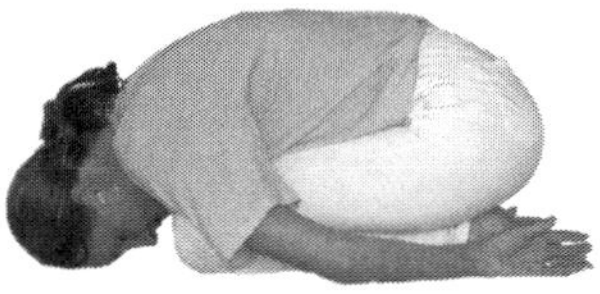

2. Lege die Arme so vor dich auf den Boden, dass die Unterarme nahezu parallel sind; der Abstand der Ellenbogen darf nicht weiter sein als die Schulterbreite. Falte die Finger beider Hände ineinander: Die Hände formen jetzt eine Schale. Lege den Hinterkopf in diese Schale; der

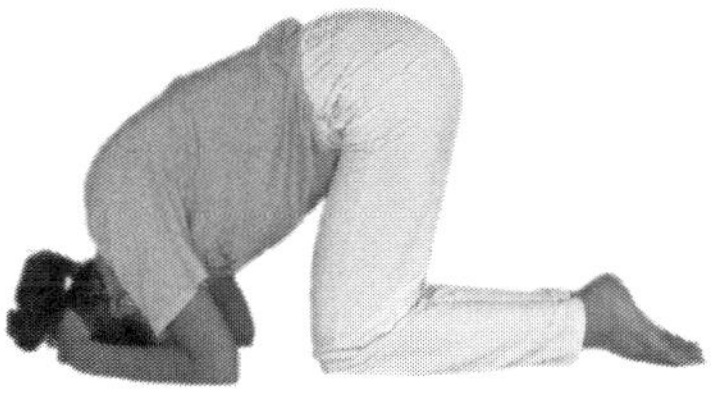

Scheitelpunkt des Kopfes liegt dicht bei den kleinen Fing-ern auf dem Boden auf.

3. Hebe die Knie an. Der Oberkörper richtet sich damit auf; die Beine sind gestreckt. Die Füße können etwas näher zum Kopf gebracht werden, womit sich der Oberkörper weiter aufrichtet. Diese Stellung kann auch als eigenständige Asana durchgeführt werden.

4. Hebe aus dieser vorbereitenden Stellung beide Beine hoch, bis der Oberkörper senkrecht steht, die Beine aber noch gebeugt sind. Diese Stellung ist wohl ein wenig anstrengend, aber das Gleichgewicht ist leichter zu halten als im vollen Kopfstand.

5. Strecke langsam die Beine nach oben aus. Dies geschieht, indem du zunächst die Oberschenkel in die Vertikale bringst, und danach die Knie streckst, womit auch die Unterschenkel in die Endstellung kommen.
6. Mache den Hals „fest", indem du den Kopf aktiv in den Boden drückst. Dehne den Nacken; dies bewirkt das gleiche. Ziehe die Schultern von den Ohren weg und bringe Gewicht auf Unterarme und Ellenbogen, was die Halswirbelsäule entlastet. Ziehe Steiß- und Kreuzbein ein; dies wirkt einer Hohlkreuz-Position entgegen.
7. Visualisiere eine gerade Linie, die sich durch deinen Körper zieht und richte deinen Körper danach aus.

   Dann entspanne den ganzen Körper und schließe die Augen; halte den Kopfstand für ein bis drei Minuten, als Fortgeschrittene/r bis zu zehn Minuten.

8. Komme in umgekehrter Folge der Bewegungen wieder aus der Stellung. Entspanne einige Atemzüge in der Stellung des Kindes und dann ebenso lange im Fersensitz.

Gegen-Anzeigen

In den folgenden Fällen ist vom Kopfstand abzuraten:

- Übergewicht von mehr als 20 kg: das vermehrte Gewicht kann die Halswirbelsäule stauchen und zu Verkrampfungen in diesem Bereich führen.
- Hoher Blutdruck, Arteriosklerose und Neigung zu Thrombosen;
- Augenkrankheiten wie erhöhter Augendruck (Star), Netzhautablösung, Bindehautentzündung (diese Gegen-Anzeige gilt jedoch nicht für Weit- und Kurzsichtigkeit sowie Astigmatismus) sowie schwache Blutgefäße in den Augen;
- Schwangerschaft (außer wenn der Kopfstand schon davor eine Weile geübt wurde und gut beherrscht wird);
- Es ist anzuraten, dass Frauen während der Menstruation keine Umkehrstellung durchführen. Dies hat mit der verstärkten Apana-Energie zu tun, die, sich abwärts bewegend, versucht, den Körper von Unreinheiten zu befreien; diese Reinigung würde durch Umkehrstellungen behindert.

2. Haupt-Asana

Der Schulterstand (Sarvangasana)

Der Schulterstand verbindet zwei Wirkaspekte: Zum einen hat er als Umkehrstellung auf viele Organe und auch im feinstofflichen Bereich ähnliche Wirkungen wie der Kopfstand, zum anderen nimmt er durch Kompression des vorderen Halsbereiches sehr direkt Einfluss auf die Funktion der Schilddrüse. Von dieser Wirkung, von der alle Zellen des Körpers profitieren, leitet sich der Name der Stellung ab:

Sarva = alle
Anga = (Körper-) Teile, Glieder
Asana = Körperstellung

Also eine Stellung, die für alle Körperteile heilsam und stärkend ist, weshalb sie auch als Mutter oder als Königin der Asanas bezeichnet wird.

Auf der astralen Ebene hat der Schulterstand Auswirkungen auf Vishuddha und auf Ajna Chakra: Das Prana wird diesen beiden spirituell sehr wichtigen Zentren zugeführt, das Bewusstsein erhält bei regelmäßigem Üben Impulse, sich von einer materiellen zu einer mehr spirituellen Sichtweise zu verlagern.

Durchführung

1. Hebe aus der Rückenlage langsam die Beine hoch. Die Beine können dabei gebeugt werden, um den Rücken zu entlasten. Achte in der Anfangsphase beim Heben der Beine darauf, den unteren Rücken in den Boden zu drücken; es darf kein Hohlkreuz entstehen, denn dies würde einen großen Druck auf die Bandscheiben im Lendenwirbelbereich verursachen! Bringe langsam die Beine über den Kopf und richte den Oberkörper auf.

2. Stütze die Hände seitlich in den Rücken, wobei die Ellenbogen hinter dem Rücken eng beieinander und fest auf den Boden gestützt sein sollen. Dies ist die Endstellung, an der du wie folgt arbeiten kannst:
3. Richte den Körper vollständig auf, indem du dir vorstellst, dass sich beide Körperseiten strecken bzw. lang werden. Lasse dein Becken von den Schultern weg, also nach oben streben.

   Der Nacken ist lang, das Brustbein wird fest an das Kinn gedrückt. Dein Körpergewicht ruht fast vollständig auf den Schultern.
4. Schließe die Augen, entspanne alle Körperteile, die nicht zum Halten der Stellung erforderlich sind, entspanne die Atmung und versuche dich bis zum Ende der Übung nicht mehr zu bewegen. Die Beine und Füße sind entspannt, aber dennoch gestreckt und geschlossen. Halte die Stellung, je nach Übungsfortschritt, zwischen ein und drei Minuten, als Fortgeschrittene/r bis zu acht Minuten.
5. Um aus der Stellung zu kommen, bringe die Beine etwas über den Kopf und löse die Hände vom Rücken. Lege die Arme auf den Boden und verwende sie als Bremse, um den ganzen Körper langsam und kontrolliert zur Rückenlage abrollen zu lassen. Beim Senken der Beine gehe genau umgekehrt vor wie beim Heben: Achte auch hier darauf, den unteren Rücken in den Boden zu drücken; die Beine können gebeugt werden.

Anmerkung: Wenn es dir schwer fällt, im Schulterstand den Oberkörper gerade aufzurichten, kannst du eine mehrfach zusammengelegte Decke unter die Schultern legen, sodass sich die Schultern höher befinden als der Kopf. Bei dieser Variation kann es etwas schwieriger sein, das Gleichgewicht zu halten.

Gegen-Anzeigen

- Herzschwäche und Bluthochdruck
- Schilddrüsen-Vergrößerung
- Augenkrankheiten wie erhöhter Augendruck (Star), Netzhautablösung, Bindehautentzündung (diese Kontra-Indikation gilt jedoch nicht für Weit- und Kurzsichtigkeit sowie Astigmatismus)
- Arteriosklerose und Neigung zu Thrombosen im Gehirn
- Bandscheibenvorfall
- Probleme im Halswirbelsäulen-Bereich
- Frauen während der Menstruation (siehe auch Hinweis beim Kopfstand)
- Fortgeschrittene Schwangerschaft

3. Haupt-Asana

Der Pflug (Halasana)

Der Pflug ist eine Stellung, die sich natürlich aus dem Schulterstand ergibt und die meist unmittelbar nach diesem praktiziert wird. Er fügt den zweifachen Wirk-Aspekten des Schulterstandes eine dritte Komponente hinzu, nämlich eine starke Kompression im Bauchraum, die auf der physischen Ebene für eine verbesserte Verdauung und Ausscheidung sorgt, auf der feinstofflichen Ebene sowohl energieerhöhend als auch –transformierend wirkt. Durch den Aspekt der Vorwärtsbeuge wirkt der Pflug zudem zentrierend, sammelnd und beruhigend.

Durchführung

1. Hebe aus der Rückenlage langsam die Beine hoch. Die Beine können dabei gebeugt werden, um den Rücken zu entlasten. Achte in der Anfangsphase beim Heben der Beine darauf, den unteren Rücken in den Boden zu drücken; es darf kein Hohlkreuz entstehen! Bringe die Beine über den Kopf und richte den Oberkörper auf.
2. Senke langsam und kontrolliert die Beine hinter dem Kopf auf den Boden ab. Für viele Menschen ist das nicht möglich - wenn dies bei dir der Fall ist, platziere vor Beginn der Übung einen entsprechenden Gegenstand so hinter dem Kopf, dass die Füße auf diesen aufgesetzt werden können. Je nach Beweglichkeit kann dies ein Hocker sein, ein Meditationspolster oder eine zusammengelegte Decke.
3. Strecke die Beine aus, drücke die Fersen vom Kopf weg und ziehe die Zehen an. Die Rückseite der Beine ist nun maximal gedehnt. Strebe danach, den Rücken gerade zu halten.
4. Verschränke die Finger beider Hände ineinander und strecke die Arme auf dem Boden aus. Dies ist die Endstellung.
5. Entspanne in der Endstellung alle Muskeln, die nicht zum Halten der Asana erforderlich sind, insbesondere die Rücken-, Schulter- und Nackenmuskeln. Schließe die Augen und halte die Stellung ein bis drei Minuten bei entspannter und gleichmäßiger Atmung.
6. Dann lege die Hände getrennt auf den Boden, hebe die Beine wieder über den Kopf (was möglichst ohne Schwung, in einer ruhigen und kontrollierten Bewegung geschehen sollte) und rolle langsam in die Rückenlage ab.

Gegen-Anzeigen

- Bandscheibenschäden und Ischias
- Frauen während der Menstruation und Schwangerschaft
- Bruch
- Hoher Blutdruck und Augenleiden
- Probleme im Halswirbelsäulenbereich

4. Haupt-Asana

Der Fisch (Matsyasana)

Der Schulterstandszyklus besteht aus den zwei den Kopf nach vorne beugenden und damit den vorderen Halsbereich komprimierenden Stellungen Schulterstand und Pflug einerseits, und aus der Gegenstellung, die den Kopf und den Rücken rückwärts beugt, dem Fisch andererseits. Matsyasana soll stets auf diese anderen Übungen folgen, um dem Körper eine Ausgleichsbewegung zu ermöglichen. Durch den Fisch wird die Wirksamkeit dieser Asana-Gruppe vertieft und ergänzt.

Wenn der Fisch auch als Stellung eingestuft ist, die die starke Vorwärtsbeuge im Hals, die in Schulterstand und Pflug entsteht, durch eine Rückwärtsbeuge ausgleicht, so sollte der Fokus der Aufmerksamkeit doch primär auf dem Öffnen in der Brustwirbelsäule liegen. Der Fisch lenkt Prana zu den beiden Chakras Anahata und Vishuddha und öffnet damit das Potential einer spirituellen Reinigung (Vishuddha) und die Ebene des Herzens.

Durchführung

1. Lege dich auf den Rücken. Wenn du eben aus Schulterstand oder Pflug zurückgekommen bist, so ruhe eine Minute, bevor du mit dem Fisch beginnst.
2. Lege die Hände mit den Handflächen nach unten unter das Gesäß und bringe die Ellenbogen hinter dem Rücken so eng wie möglich zusammen.
3. Indem du dich auf die Ellenbogen stützt, hebst du den Oberkörper hoch und beugst vorsichtig die Wirbelsäule und den Kopf nach hinten. Passe Körper- und Armhaltung so an, dass der Scheitelpunkt leicht den Boden berührt.
4. Achte darauf, dass die Bereiche der natürlichen Lordosen in Hals- und Lendenwirbelsäule nicht überstreckt werden. Die Rückwärtsbeuge soll sich auf die Brustwirbelsäule konzentrieren.
5. Atme langsam und tief durch die Nase; der Mund bleibt geschlossen. Lasse Atem und Prana bewusst in den oberen Brustraum strömen. Visualisiere ein Weitwerden und eine Öffnung im Herzbereich, welche du mit tiefen Atemzügen verbinden kannst.
6. Bleibe im gesamten Oberkörper trotz Streckung der Körpervorderseite möglichst entspannt. Halte die Stellung für etwa eine Minute.
7. Hebe mit dem Einatmen den Kopf, richte ihn gerade und senke den Oberkörper wieder zur Rückenlage ab, während du ausatmest. Alternativ dazu kannst du den Kopf am Boden lassen und den Körper direkt in die Entspannungsstellung gleiten lassen.
8. Um die Halswirbelsäule nach der Übung zu lockern, kannst du den Kopf entspannt nach links und rechts rollen lassen.

Gegen-Anzeigen

- Fortgeschrittene Schwangerschaft
- Magengeschwüre
- Bruch
- Wirbelsäulen-Probleme (Bandscheiben-Schäden) insbesondere im Halsbereich

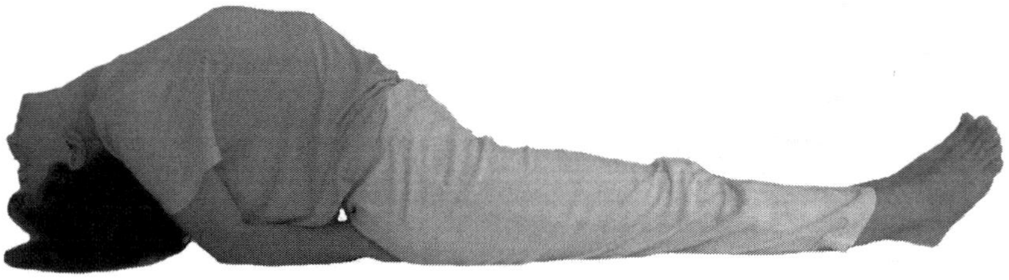

5. Haupt-Asana

Vorwärtsbeuge (Pascimottanasana)

Pascimottanasana heißt die „Intensive Streckung des Rückens". Mit dieser „intensiven Streckung" können wir die „Weitung des Bewusstseins" assoziieren, welche durch die nervlichen und pranischen Wirkungen der Pascimottanasana ausgelöst wird.

> Diese vortrefflichste aller Asanas, Pascimottanasana, lässt den Atem durch Sushumna fließen, steigert das Magenfeuer, macht die Lenden mager und vertreibt alle Beschwerden. (HYP 1,30)

Die Stellung mag sehr einfach scheinen, doch ist sie von außergewöhnlicher Wirksamkeit. Ihre besondere Kraft liegt darin, dass sie die Kundalini-Kraft zu wecken vermag, denn der „Atem", der gemäß der obigen Sutra durch die Sushumna fließt, ist nichts anderes als die Kundalini-Energie!

Durchführung

1. Sitze mit ausgestreckten und geschlossenen Beinen auf dem Boden. Hebe einatmend die Arme über den Kopf und richte den Oberkörper gerade auf. Dies ist Dandasana, die Stockstellung.
2. Strebe danach, den Rumpf vom Becken aus nach oben zu verlängern. Strecke die Rumpfseiten und öffne den Brustkorb, während du den Oberkörper über die Beine absenkst. Die hoch über dem Kopf gehaltenen Hände beschreiben einen weiten Bogen nach vorne.
3. Die Hände werden nun an den Füßen verankert. Die Beine bleiben während der gesamten Übung gestreckt, die Füße aufgestellt.
4. Halte Rücken und Kopf in einer geraden Linie (besonders Menschen mit Bandscheibenproblemen sollten darauf achten!) und strebe danach, diese Linie zu verlängern. Fortgeschrittene Übende, die sehr flexibel sind, werden den Oberkörper auf die Oberschenkel ablegen können; hier darf sich der Rücken entspannt runden und der Kopf auf die Knie sinken.

5a. Entspanne in der Stellung und lasse die Atmung sich langsam und gleichmäßig bewegen. Lasse das Gefühl des Heruntersinkens des geraden Oberkörpers entstehen. Schultern und Arme sind entspannt. Übe, wenn erforderlich, mit den Händen, die bei den Füßen verankert sind, mäßigen Zug aus, um den Oberkörper herunten zu halten. Lasse die Schultern sinken. Dies ist die Endstellung I.

5b. Alternativ zur entspannten Ausführung kannst du die Stellung vertiefen und intensivieren: Schiebe dich vom Becken heraus weiter nach vorne und gehe dann im Geist deine Wirbelsäule langsam und bewusst aufwärts und beuge jeweils den entsprechenden Abschnitt sanft weiter nach unten, während du den jeweiligen Teil der Rückenmuskeln entspannst. Lasse am Schluss den Kopf sinken. Dies ist die Endstellung II.

Entspanne und halte die Stellung bei normaler, ruhiger Atmung drei bis fünf Minuten lang. Für besonders tiefe Wirkung halte die Stellung allmählich länger, etwa bis zu zehn Minuten.

6. Strecke den Rücken und richte dich mit dem Einatmen langsam wieder auf.
7. Nimm nun die Gegenstellung ein, indem du die Hände etwas hinter dem Gesäß auf den Boden absetzt, das Becken hebst und den Kopf vorsichtig nach hinten sinken lässt. Dies ist eine angedeutete Rückwärtsbeuge und heißt „Die schiefe Ebene"; halte diese Stellung für zwei bis vier Atemzüge.

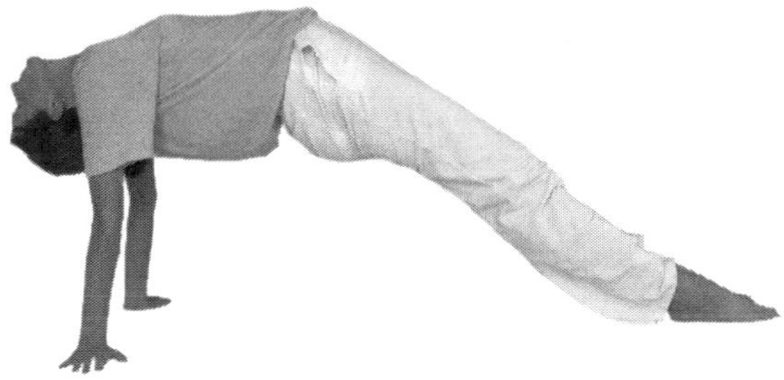

8. Lasse den Körper wieder in den Langsitz sinken und lege dich auf den Rücken; du kannst, um den unteren Rücken zu entspannen, die Beine anwinkeln. Entspanne zwei oder drei Minuten und spüre der Übung nach.

Gegen-Anzeigen

Diese Stellung sollte nicht durchgeführt werden bei

- Bandscheibenvorfällen / Hexenschuss
- Ischias;
- Entzündungen und kurze Zeit zurückliegende Operationen im Bauchraum
- Bruch
- Schwangerschaft

6. Haupt-Asana

Die Kobra (Bhujangasana)

Diese Stellung ist die wohl wichtigste rückwärtsbeugende Asana. Sie ist einfach, in ihrer Grundform für jedermann durchführbar und dennoch höchst wirkungsvoll. Ihre Hauptwirkungen entfaltet die Kobra einerseits auf den Bereich der Nieren, die wie bei kaum einer anderen Stellung stimuliert werden, andererseits auf die Öffnung des Herzraums und damit des Anahata-Chakra.

Wir werden nun zwei Stufen der Grundform betrachten: Die erste, schonendere, ist für Menschen mit Problemen in der Lendenwirbelsäule geeignet, indem sie nur die Brustwirbelsäule beansprucht, die zweite, intensivere, sollte nur von gesunden Menschen praktiziert werden - sie setzt alle Segmente der Wirbelsäule ein.

Kobra 1

1. Stütze in der Bauchlage die Hände unter den Schultern auf den Boden. Die Ellenbogen sind vom Boden ein Stück abgehoben, die Unterarme liegen seitlich am Körper an. Die Stirn berührt den Boden.
2. Beginne, mit der Einatmung den Körper, vom Kopf beginnend, Wirbel für Wirbel hochzurollen, soweit dies ohne Zuhilfenahme der Arme möglich ist. Die Arme bleiben in dieser Ausführung passiv, die Hebebewegung wird nur von der Rückenmuskulatur bewirkt. Es sollte dir jetzt möglich sein, die Hände vom Boden zu lösen, ohne die Körperhaltung zu verändern.
3. Der Bauch und der untere Rippenbogen liegen noch am Boden auf. Die Rückwärtsbeuge beschränkt sich auf Hals- und Brustwirbelsäule. Der Kopf wird nur soweit zurück gelegt, wie es sich gut und natürlich anfühlt. Der Hals soll sich lang bzw. gestreckt anfühlen und sich in einer natürlichen, die Rückwärtsbeuge der Brustwirbelsäule fortsetzenden Kurve befinden.

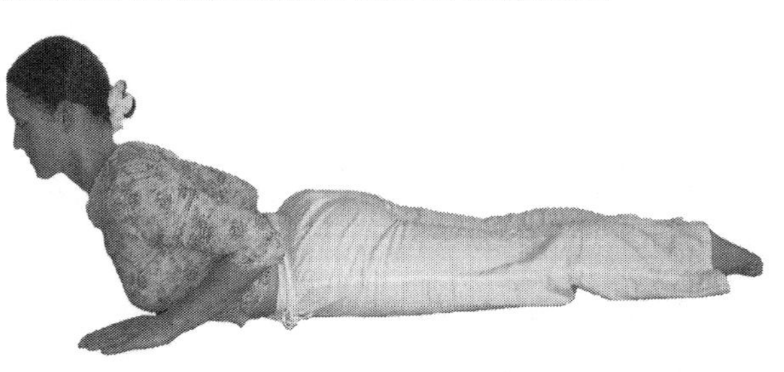

4. Halte die Stellung sechs Atemzüge und senke dann mit der Ausatmung langsam ab. Entspanne in der Stellung des Kindes.

Kobra 2

1. Führe die „Kobra 1" wie oben beschrieben durch.
2. Spanne die Oberschenkelmuskeln an, indem du die Beine durchstreckst, um die Lendenwirbelsäule zu schützen. Drücke den Oberkörper mit den Armen langsam höher. Die Endstellung ist dann erreicht, wenn du fühlst, dass die gesamte Länge der Wirbelsäule gleichmäßig und maximal nach rückwärts gebeugt ist: Im Lenden- und Brustbereich ebenso wie im Halswirbelbereich, indem der Kopf vorsichtig nach rückwärts gelegt wird. Atme langsam, tief und entspannt.
3. Beim Heben und in der Endstellung haben die Arme nur Stützfunktion: Habe das Gefühl, dass die Rückenmuskulatur die Hauptarbeit leistet; die Schultern ziehen nach hinten und unten.

   Die optimale Haltedauer der Stellung beträgt zwischen dreißig Sekunden für Anfänger und zwei Minuten für Fortgeschrittene. Diese können die Kobra natürlich auch länger halten, wenn sie fühlen, dass sie innerlich entspannt bleiben können.

4. Senke mit der Ausatmung langsam und kontrolliert wieder ab und entspanne in der Bauchlage.
5. Als Gegenstellung führe die Stellung des Kindes durch. In einer Serie von rückwärtsbeugenden Stellungen kann diese Gegenstellung sowohl nach jeder einzelnen Stellung als auch erst am Ende der Serie eingenommen werden.

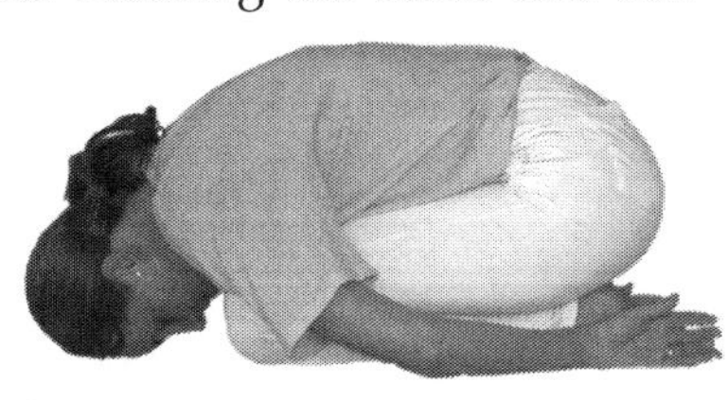

Gegen-Anzeigen

- Magengeschwüre
- Bruch
- Schilddrüsenüberfunktion
- Vorsicht bei Bandscheibenproblemen
- Schwangerschaft

7. Haupt-Asana

Die Heuschrecke (Shalabhasana)

Die Heuschrecke ist das Gegenstück zur Kobra: Wird bei der Kobra der Oberkörper angehoben und Beine und Becken ruhen am Boden, so heben wir in der Heuschrecke Becken und Beine vom Boden ab, während der Oberkörper die Basis bildet. Durch die Anstrengung, die zum Einnehmen und Halten dieser Stellung erforderlich ist, kann sie nicht sehr lange gehalten werden: wir erreichen so in sehr kurzer Übungszeit starke Wirkungen auf viele Organe.

Durchführung

1. Bringe in der Bauchlage die gestreckten Arme unter den Körper, wobei das Becken auf den Unterarmen zu liegen kommt. Die Hände können dabei offen oder zu Fäusten geballt sein. Das Kinn wird auf dem Boden aufgestützt. Wenn das für die Halswirbelsäule unangenehm ist, kannst du auch die Stirn am Boden ablegen.
2. Atme einige Male tief durch, mache den Hals fest, indem du Kinn bzw. Stirm in den Boden drückst und hebe mit dem Einatmen beide Beine hoch; die Beine können in der Endstellung leicht gebeugt werden.

3. Halte die Stellung bei langsamer und tiefer Atmung drei bis sechs Atemzüge lang.
4. Dann lasse die Beine mit der Ausatmung wieder langsam zu Boden sinken und entspanne in der Bauchlage oder in der Stellung des Kindes.

Gegen-Anzeigen

- Bruch und Magengeschwüre;
- Vorsicht bei Bluthochdruck und schwachem Herz;
- Schwangerschaft;
- Wenn die Heuschrecke auch hilfreich bei Ischias und Bandscheibenproblemen sein kann, so ist hier dennoch ein sehr vorsichtiges und schonendes Üben angebracht!

8. Haupt-Asana

Der Bogen (Dhanurasana)

Der Bogen kombiniert die Wirkungen der beiden vorangegangenen Stellungen, der Kobra und der Heuschrecke, und hat zusätzlich einige weitere Vorzüge. Idealerweise werden diese drei Stellungen nacheinander geübt.

Durchführung

1. Auch diese Asana verwendet die Bauchlage als Ausgangsstellung. Beuge die Beine und greife zu den Fußgelenken. Drücke Kreuz- und Steißbein nach unten. Hebe den Kopf an.
2. Spanne mit dem Einatmen die Oberschenkelmuskeln an und ziehe die Füße nach oben. Die Arme bleiben gestreckt, die Schulterblätter werden nach innen genommen. Spanne das Gesäß an, wodurch der untere Rücken geschützt wird.
3. Strecke die Körper-Vorderseite und mache den Hals lang; lege den Kopf leicht zurück. Dies ist die Endstellung.

3. Halte die Asana bei normaler bis tiefer Atmung drei bis sechs Atemzüge lang.
4. Löse mit dem Ausatmen langsam die Spannung im Körper und entspanne in der Stellung des Kindes.

Gegen-Anzeigen

- Herzschwäche und Bluthochdruck
- Bruch
- Magengeschwüre sowie andere Magen- und Darmerkrankungen
- Schwangerschaft
- Bandscheibenprobleme

9. Haupt-Asana

Der halbe Drehsitz (Ardha Matsyendrasana)

Diese Stellung gehört wegen ihrer Wirkungen im astralen und physischen Bereich zu den mächtigsten Asanas; sie wird bereits in der Hatha Yoga Pradipika erwähnt:

> „Matsyendrasana hebt den Appetit, indem sie das Magen-Feuer entfacht, und zerstört schreckliche Beschwerden im Körper. Wenn sie durchgeführt wird, lässt sie Kundalini steigen und macht den Mond fest." (HYP 1,28)

Die Hauptwirkung des Drehsitzes konzentriert sich auf den Bauchraum: Durch die Stellung des Oberschenkels des aufgestellten Beins wird im Rhythmus der Atmung starke Wirkung auf das Manipura Chakra ausgeübt. Die Erhöhung der Energie in Manipura Chakra führt zur Stärkung der Samana Vayu, welche für den Umwandlungsprozess des Prana verantwortlich ist. Der aus der Hatha-Yoga Perspektive wichtigste energetische Umwandlungsprozess ist die Verwandlung von Ida- und Pingala-Energie, also der dualitäts-orientierten Energie zu Kundalini-Kraft, welche jenseits des Prinzips der Dualität ist. Mit diesem Wissen lässt sich die Aussage, dass der Drehsitz Kundalini steigen lässt, verstehen.

Mit der Wirkung auf den Bauchraum und auf Manipura Chakra hängt auch die Stärkung des Verdauungsfeuers zusammen, ebenso wie durch die so erzeugte „Pranische Hitze" eventuelle Krankheiten besiegt werden können.

Am schwierigsten zu verstehen mag die Aussage Swatmaramas sein, dass der Drehsitz „den Mond fest macht". Was bedeutet das? Hatha Yoga beschreibt eine Form astraler Energie, die als Amrita oder Unsterblichkeitsnektar bezeichnet wird. Diese Energie wird in einem chakra-ähnlichen Gebilde am oberen Teil des Hinterkopfes erzeugt. Dieser Punkt, Bindu wird hier als Mond bezeichnet. Der Unsterblichkeitsnektar geht allmählich verloren, indem er in Manipura Chakra herabtropft und vom Feuer dieses Chakras verzehrt wird. Der Drehsitz hat die Eigenschaft, Amrita in Bindu zu halten und damit dem Alterungsprozess entgegen zu wirken.

Die volle Form des Drehsitzes ist sehr schwierig; meist wird deshalb der halbe Drehsitz geübt:

Durchführung

1. Sitze im Fersensitz und lasse dich mit dem Gesäß auf der linken Seite deiner Fersen zu Boden sinken.
2. Stelle den rechten Fuß auf die linke Seite deines linken Knies. Das rechte Bein ist nun aufgestellt, das rechte Knie vor deinem Oberkörper. Durch diese Beinstellung ist die untere Hälfte deines Körpers leicht nach links gedreht und in dieser Position verankert.
3. Achte darauf, dass deine linke Ferse sich nicht unter deiner rechten Gesäßhälfte befindet, sondern daneben. Es sollen beide Sitzknochen Kontakt zum Boden haben, damit ist das Becken gerade.
4. Strecke den Oberkörper einatmend nach oben, führe den rechten Arm in einem großen Bogen über den Kopf und nach rechts und drehe dich mit dem Ausatmen nach rechts. Die rechte Hand wird nahe dem Gesäß, hinter dem rechten Sitzknochen am Boden abgesetzt.
5. Bringe deinen linken Arm auf der Außenseite (also rechts) des rechten Knies vorbei und fasse mit der linken Hand den rechten Fuß (oder, was leichter ist, das linke Knie). Linker Unterarm und rechter Unterschenkel liegen jetzt parallel aneinander.
6. Halte die Wirbelsäule aufrecht und lasse sie lang werden. Die Schultern sind entspannt und in gleicher Höhe. Entspanne die Bauch- und Rückenmuskeln sowie die Schultern. Schließe die Augen und atme ruhig und gleichmäßig.

7. Lasse den Körper mit der Ausatmung sanft tiefer in die Drehung gehen; mit der Einatmung halte den Körper fest.
8. Halte diese Stellung ein bis zwei Minuten lang und wiederhole die Übung zur anderen Seite.

Gegen-Anzeigen

- Schwangerschaft
- Magengeschwüre
- Bruch
- Ischias und Bandscheibenleiden.

10. Haupt-Asana

Der Pfau (Mayurasana)

Diese Stellung gehört nicht zu den „Anfänger-Übungen", denn sie erfordert einige Kraft und Körperkontrolle:

> „Setze deine Hände kräftig auf den Boden und stütze deinen Körper auf deine Ellbogen, drücke dabei auf die Seiten deiner Lenden. Hebe deine Beine steif und in einer Ebene mit dem Kopf in die Luft. Das ist Mayurasana." (HYP 1,31)

Hier vertieft sich die Wirkung auf die Region des Manipura Chakra weiter. Die so entstandene astrale Hitze im Verdauungssystem lässt dieses fit für jede Nahrung, sogar für Gift werden:

> „Diese Asana heilt Leiden des Magens, der Drüsen und der Milz und beseitigt alle Beschwerden, die durch zuviel Wind, Galle oder Schleim verursacht wurden. Sie verdaut mit Leichtigkeit unmäßig oder durcheinander eingenommenes Essen und verwandelt sogar das schreckliche Gift Halahala zu Asche." (HYP 1,32)

Im ersten Teil dieser Sutra finden wir einen interessanten Hinweis auf die drei Doshas: Ayurveda definiert drei verschiedene Grundkonstitutionen des Menschen, Vata (Luft), Pitta (Feuer) und Kapha (Wasser), und besagt, dass, wenn diese drei Eigenschaften aus dem Gleichgewicht geraten, sich Krankheit entwickelt. So sind die vorbeugenden und heilenden Anwendungen des Ayurveda primär auf das Harmonisieren dieser drei Qualitäten, der Doshas, ausgerichtet. Eine ähnliche Wirkung ist nach der Aussage Swatmaramas auch dem Pfau zuzuschreiben, denn er beseitigt Beschwerden, die aus zuviel Wind (Vata), Galle (Pitta) oder Schleim (Kapha) entstanden sind.

Durchführung:

1. Knie auf dem Boden; zwischen den Knien ist etwa vierzig Zentimeter Abstand.
2. Setze die Hände zwischen den Knien so auf den Boden, dass die Finger zu deinen Füßen und die Daumen zu den Knien gerichtet sind. Zwischen den Hand-Innenseiten ist ein Abstand von etwa fünf bis zehn Zentimeter, die Arme sind leicht gebeugt und die Ellbogen stützen sich im Oberbauch ab.
3. Beuge den Oberkörper nach unten und setze den Kopf am Boden ab. Die Arme sind jetzt ungefähr zum rechten Winkel gebeugt, die Ellbogen drücken fest in den Oberbauch.

4. Strecke zuerst ein Bein nach hinten aus, dann das andere. Es berühren jetzt fünf Punkte den Boden: Die Hände, die Füße und der Kopf. Dies ist die erste Stufe von Mayurasana.
5. Hebe den Kopf und halte den Oberkörper in einer Linie mit den Beinen. Dies ist der Schwan (Hamsasana), die zweite Stufe von Mayurasana.

6. Verlagere das Körpergewicht weiter nach vorne, bis die Füße vom Boden abgehoben werden können. Nicht in die Stellung zu springen versuchen! Achte darauf, den Oberkörper und Kopf in einer Linie mit den Beinen zu halten. Dies ist Mayurasana.
7. Halte die Stellung, wenn möglich, für sechs Atemzüge. Setze dann Füße und die Knie am Boden ab und entspanne im Fersensitz.

Gegen-Anzeigen

- Schwangerschaft
- Magengeschwüre und Operationen im Bauchraum
- Bruch
- Hoher Blutdruck, Herzkrankheiten

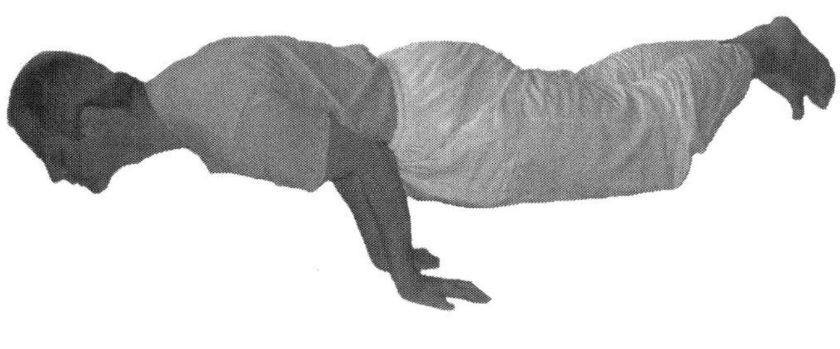

11. Haupt-Asana

Hand-Fuß-Stellung (Pada Hastasana)

Diese Stellung ist uns bereits aus dem Sonnengebet bekannt; sie wird auch als eigenständige Asana geübt und als äußerst wohltuende Kombination von vorwärtsbeugender Stellung und teilweiser Umkehrstellung (der Kopf liegt tiefer als das Becken) geschätzt.

Durchführung:

1. Stehe aufrecht, Füße geschlossen, auf einer festen und ebenen Unterlage und strecke mit dem Einatmen die Arme hoch. Mache den Oberkörper lang.
2. Senke mit dem Ausatmen deinen Oberkörper und die Arme nach vorne ab, wobei der Rücken lang und gerade bleibt.
3. Halte dich mit den Händen, je nach Beweglichkeit, an den Unterschenkeln, an den Fußgelenken oder an den Fersen fest.
4. Ziehe dich mit den an den Füßen verankerten Händen sanft nach unten. Strebe mit dem Scheitelpunkt des Kopfes zu den Zehen. Die Beine sind gestreckt (in einer erleichterten Form können sie auch gebeugt werden). Dies ist die Endstellung. Halte sie fünf bis fünfzehn Atemzüge lang.
5. Löse die Spannung der Arme und richte dich mit dem Einatmen mit gestrecktem Rücken langsam wieder auf. Eine besonders schonende Variante des Aufrichtens entsteht, wenn du dabei die Hände in die Hüftbeuge stützt.
6. Stütze die Hände im Becken ab und beuge den Oberkörper leicht nach rückwärts. Halte diese Gegenstellung für zwei oder drei Atemzüge.

Gegen-Anzeigen:

Verzichte auf die Durchführung dieser Übung bei

- Bandscheibenschäden und Ischias
- Entzündungen und kurze Zeit zurückliegende Operationen im Bauchraum
- Bruch
- Bluthochdruck

In der Schwangerschaft kannst du diese Übung mit gegrätschten Beinen durchführen.

12. Haupt-Asana

Dreieck (Trikonasana)

Das Dreieck beugt die Wirbelsäule zur Seite. Nach den bisher behandelten Stellungen, die zum Großteil aus der liegenden und sitzenden Stellung eingenommen werden, ist Trikonasana eine klassische Standstellung. Sie fördert die Entwicklung innerer Stärke, das Gefühl, „sich selbst tragen zu können" und stärkt die Kontrolle über Geist und Körper. In Trikonasana mag auch die Erfahrung des Auslotens und des Überschreitens der eigenen Grenzen gemacht werden können.

Durchführung

1. Stehe in Grätschstellung, die Füße in einem Abstand von etwa einem Meter. Drehe den rechten Fuß um 90 Grad nach rechts aus, den linken Fuß um ca 30 Grad nach innen (Variation: Die Füße sind parallel). Spanne die Oberschenkelmuskeln leicht an, indem du sanft die Kniescheiben hoch ziehst, um deinen Stand zu stabilisieren.
2. Strecke die Arme mit der Einatmung zur Seite, sodass sie waagrecht zum Boden eine Gerade bilden. Strebe mit den Fingerspitzen auseinander – damit entsteht eine feste, starke Schulter-Armlinie.
3. Bewege die gesamte Schulterlinie mit dem Ausatmen nach rechts, soweit es dir möglich ist, erst dann beugst du den Oberkörper herab. Lege die rechte Hand etwas unterhalb des rechten Knies ab, ohne das Bein zu belasten. Gib dabei acht, das Becken nicht zu drehen. In der Endstellung bilden die Arme und Schultern eine durchgehende, gerade Linie senkrecht zum Boden. Die linke Hand zieht nach oben, die Schulter-Arm-Linie bleibt stark.
4. Der Blick ist nach vorne oder oben gerichtet. Versuche, den Abstand zwischen Scheitel und Becken zu vergrößern, indem du den Oberkörper streckst und zu verlängern suchst. Strebe mit der linken Schulter und der linken Oberkörperseite bis zum Becken nach rückwärts, um dich nach oben zu öffnen.
5. Halte die Stellung bei ruhiger und gleichmäßiger Atmung fünf bis zehn Atemzüge lang.
6. Spanne die Muskulatur des Rumpfes an und komme langsam und kontrolliert wieder zum aufrechten Stand. Diese Bewegung sollte sich so anfühlen, als würdest du dich mit der linken Hand hochziehen. Führe die Übung zur anderen Seite durch.

Gegen-Anzeigen

Wenn die Übung bewusst und achtsam durchgeführt wird und die eigenen Grenzen respektiert werden, sind keine Gegenanzeigen vorhanden.

Die End-Entspannung

Nach dem Durchführen der Asana-Übungsreihe kommt der Schlussentspannung besondere Bedeutung zu, denn hier beginnen sich die segensreichen Wirkungen der verschiedenen Stellungen zu entfalten; der tief entspannte Körper und der sich öffnende Geist können mit einem Waldboden verglichen werden, der den leise fallenden Regen aufnimmt.

Die Totenstellung (Shavasana)

Shavasana ist die klassische Stellung für die Tiefenentspannung und für meditative Übungen im Liegen. Sie wird als Zwischenentspannung auch nach dem Schulterstandzyklus und nach vorwärtsbeugenden Stellungen aus dem Sitzen eingenommen.

Durchführung

1. Lege dich auf den Rücken. Da während der Entspannungsübung die Körpertemperatur absinkt, ist es zu empfehlen, sich (ab einer Übungsdauer von etwa fünf Minuten) zuzudecken.
2. Lege die Füße ungefähr vierzig bis sechzig Zentimeter auseinander. Lasse die Fußspitzen entspannt nach außen fallen.
3. Lege die Hände ungefähr vierzig Zentimeter seitlich des Körpers. Die Handflächen sind nach oben gerichtet; es darf dadurch jedoch keine Spannung in den Unterarmen entstehen. Wenn die Handflächen mehr zum Körper gerichtet sind als nach oben, so ist das auch in Ordnung. Die sensiblen Fingerspitzen sollten keinen Kontakt zum Boden haben, da so aufgenommene Sinneswahrnehmungen die Entspannung beeinträchtigen können. Die entspannten Finger sind leicht gekrümmt.
4. Richte Becken, Nacken und Kopf so ein, dass sie bequem und spannungsfrei liegen. Richte das Becken gerade, indem du den oberen Beckenrand (am unteren Rücken) leicht zu Boden ziehst. Das mildert die Kurve im Lendenwirbelbereich. Du kannst, wenn es dir angenehmer ist, einen flachen Polster unter den Kopf legen. Achte darauf, dass der Kopf nicht nach hinten überstreckt ist – lasse den Nacken „lang werden". Drücke die Schultern sanft nach unten. Schließe die Augen.
5. Vergegenwärtige dir die einzelnen Körperteile, von den Füßen und Beinen über die Hände und Arme, den Rumpf vom Becken bis zu den Schultern aufwärts bis zu Hals, Kopf und Gesicht. Nimm dir für jeden Körperteil einige Sekunden Zeit, ihn deutlich zu spüren und ihm deine Zuwendung und Dankbarkeit zu schicken.
6. Lasse dann das Gefühl entstehen, dass der Körper mit jedem Ausatmen tiefer in den Boden bzw. die Unterlage hinein sinkt. Fühle, wie die Schwerkraft beständig deinen Körper nach unten zieht.
7. Ruhe einige Minuten.

8. Vertiefe die Atmung und beginne den Körper wieder zu aktivieren, indem du sanft Hände und Füße bewegst und dich schließlich kräftig durchstreckst.
9. Drehe den Körper zur Seite und komme zum Sitzen.

3.5

Reinigungstechniken

Nachdem wir die im ersten Teil der Hatha Yoga Pradipika beschriebenen Grundlagen und Asanas betrachtet haben, stehen wir vor der Aufgabe, eine nicht nur körperliche, sondern im wesentlichen energetische Reinigung unseres Wesens durchzuführen, um für die folgende Stufe der Pranayamas bereit zu werden.

Die durch den klassischen Hatha-Yoga erzielte Reinigung und Stärkung des menschlichen Körpers hat keine Parallele. Der durch diese Techniken entwickelte Körper ist wie ein Kristall, voll höchster Reinheit, Helligkeit und Klarheit - er wird in den Schriften auch als „diamantener Körper" bezeichnet. Es ist verständlich, dass durch diese vollkommene Läuterung des physischen Körpers auch die Grundlage einer geistigen Klarheit und Reinheit entsteht, beziehungsweise, dass diese die Grundlage für die Vollkommenheit des physischen Körpers bildet.

Eine Gruppe von Hatha Yoga-Techniken hilft, tiefliegende pranische Muster zu reinigen und zu klären, während sie von den meisten Menschen als rein physische Reinigungstechniken betrachtet werden. Es handelt sich um die „sechs Handlungen", die Shatkriyas.

Der Begriff „Kriya" stammt von der Sanskritwurzel **Kri** ab. Er bedeutet Handlung, rituelle Handlung oder Übung. Es gibt jedoch zwei Klassen von Kriyas, welche leider oft vermischt werden:

1. Die sechs Gruppen von Reinigungsübungen des Hatha Yoga - um diese Übungen geht es in diesem Kapitel.
2. Die Kriyas, die von Yogananda und von Satyananda gelehrt werden, sind fortgeschrittene Kundalini-Yoga-Techniken, die nichts mit den sechs Reinigungsübungen zu tun haben.

Die Hatha Yoga Pradipika beschreibt sechs Gruppen von Reinigungsübungen, die nur oberflächlich gesehen physische Übungen sind. Tatsächlich wirken sie primär auf den Astralkörper, indem sie Chakras stärken, Nadis von Blockaden befreien und die Qualität des Prana verbessern.

> „Jemand mit schlaffem und phlegmatischen Naturell sollte zuerst die sechs Handlungen durchführen. Andere, bei denen die drei Körpersäfte - Wind, Galle und Schleim - im Gleichgewicht sind, sollten das nicht tun." (HYP 2,21)

Wieder werden hier die drei ayurvedischen Konstitutionstypen, Vata, Pitta und Kapha, angesprochen, deren Gleichgewicht für unsere körperlich-geistig-seelische Gesundheit von größter Bedeutung ist. Diese Energiequalitäten werden durch die sechs Reinigungstechniken ausbalanciert. Wenn sie sich in vollkommenem Gleichgewicht befinden, was man an strahlender Gesundheit, dem Gefühl von Leichtigkeit und geistiger Klarheit erkennen kann, ist keine Notwendigkeit mehr vorhanden, diese Techniken durchzuführen, ja Swatmarama rät uns in diesem Fall sogar von ihnen ab.

Wie die anderen intensiven und tiefgehenden Techniken des Yoga sollte man auch die Praxis der Shatkriyas vor Unberufenen geheim halten. Mit Gleichgesinnten und dem eigenen Lehrer kann man natürlich darüber sprechen.

Die sechs Kriyas sind:

1. **Dhauti:** Dies ist eine recht umfangreiche Gruppe von Reinigungsübungen, die sich auf den Kopfbereich und den oberen Teil des Verdauungssystem konzentrieren;
2. **Basti:** Hier wird der untere Abschnitt des Verdauungssystems bzw. der Ausscheidungstrakt gereinigt;
3. **Neti:** Die kleine Gruppe der Neti-Übungen reinigt auf physischer Ebene die Nase, auf energetischer Ebene aber das Ajna Chakra;
4. **Tratak:** Äußerlich werden hier die Augen beansprucht, aber was durch Tratak wirklich gestärkt wird, ist abermals das Ajna Chakra, was mit der für Tratak erforderlichen Konzentration in engem Zusammenhang steht;
5. **Nauli:** Die Rotation der verschiedenen Bauchmuskelstränge wirkt ähnlich wie die kundalinierweckenden Asanas auf das Energiezentrum des Körpers, Manipura Chakra;
6. **Kapalabhati:** Zumeist zu den Pranayamas gezählt, reinigt dieser „Feueratem" nicht nur das Atemsystem, sondern Ajna und Manipura Chakra, sowie, wie die anderen Reinigungsübungen, die energetische Ebene der drei ayurvedischen Doshas.

1. Dhauti

Dhauti ist die umfangreichste Gruppe der Shatkriyas, die sich allerdings erst nach und nach entwickelt hat. Swatmarama beschreibt in der Hatha Yoga Pradipika nur eine Art von Dhauti, die Vastra Dhauti.

Die Dhauti-Gruppe zielt auf die physische und pranische Reinheit des Bereiches zwischen Mund und Magen ab; aber auch andere Körperteile (etwa Ohren und Schädel) werden durch Dhautis gereinigt.

Allgemeine Wirkungen der Dhautis

Ihre Wirkungen sind sehr tiefgehend; insbesondere wird ein Übermaß an Schleim (Kapha) im Organismus reduziert:

> „Es gibt darüber keinen Zweifel, dass Husten, Asthma, Milzkrankheiten, Aussatz und viele andere Beschwerden, die aus Verschleimung entstehen, durch Dhauti beseitigt werden."
> (HYP 2,25)

Dhauti beseitigt ein Übermaß an Galle, Schleim, giftige Substanzen und eine Unzahl von Krankheitserregern und stellt so einen natürlichen Gleichgewichtszustand wieder her, womit den genannten Krankheiten die Ursache entzogen wird.

Fettgewebe wird reduziert und Blähungen, Verstopfung und Verdauungsbeschwerden verschwinden.

Nach Satyananda kann man durch Dhauti-Praxis auch auf Heilung bei Krebs hoffen, da Krebs als eine Entsprechung der in HYP 2,25 angesprochenen Lepra (Aussatz) betrachtet werden kann.

Die Praxis der Dhautis

Einige Dhautis sind sehr einfach, andere erfordern die Einweisung durch einen shatkarma-erfahrenen Lehrer. Von der großen Anzahl der bekannten Dhauti-Techniken werden im folgenden nur die wichtigsten beschrieben.

Danta Dhauti - Reinigung der Zähne

Die Reinigung der Zähne scheint die einzige im Westen gebräuchliche und regelmäßig durchgeführte innere Reinigung zu sein!

Der durch die laufende Ausscheidungstätigkeit (siehe auch Jihva Dhauti: Zungenbelag!) und durch das Einnehmen von Mahlzeiten entstehende Zahnbelag, der die Zähne angreift, sollte regelmäßig, am besten nach jeder Mahlzeit, entfernt werden. Man unterstützt dabei den Körper bei seiner Arbeit des Entgiftens.

Jihva Dhauti - Reinigung der Zunge

Der Körper versucht unentwegt, belastende Giftstoffe auszuscheiden. Dies geschieht durch die Haut, die Lungen, den Darm, die Nieren, aber auch auf Zähnen und Zunge lagern sich - vor allem bei Krankheit - Substanzen ab, die der Körper ausscheiden möchte. Dies ist der bekannte Zungenbelag, den der Arzt sehen möchte, wenn er uns zum Herausstrecken der Zunge auffordert.

Nichts ist leichter, als diesen Belag regelmäßig, etwa täglich, bei Krankheit mehrmals täglich, zu entfernen. Die Entfernung des Zungenbelages kann mit einem Zungenschaber, der in Yoga- und Ayurvedazentren und auch in Apotheken erhältlich ist, geschehen.

Karna Dhauti - Die Reinigung der Ohren

Mit entsprechenden Mitteln (z.B. Wattestäbchen; man kann aber auch den kleinen Finger benutzen! Dabei acht geben, um das Innere des Ohres nicht zu verletzen!) wird das Ohr und auf der astralen Ebene Ajna Chakra gereinigt.

Agnisara Dhauti

Dies ist die Reinigung des Darmes durch „Feuer" (Agni). Unter Feuer wird hier das Verdauungsfeuer verstanden, das durch diese Übung angefacht wird.

Agnisara Dhauti fördert die korrekte Sekretion von Verdauungssäften und trägt so zur optimalen Verwertung der aufgenommenen Nahrung bei. Viele Fehlfunktionen des Verdauungstraktes wie Verstopfung, Übersäuerung, Leberträgheit werden vermieden bzw. geheilt.

Durch die kräftige Massage aller Verdauungsorgane werden deren Funktionen optimiert und aktiviert.

Nicht bei Bruch und Schwangerschaft durchführen! Nur mit leerem Magen üben!

Diese Übung ist ähnlich wie Nauli und kann später durch diese ersetzt werden. Übe Agnisara Dhauti zwei Mal je Woche, und jeweils drei Durchgänge.

Durchführung

1. Stehe schulterbreit und stütze die Hände auf die leicht gebeugten Knie, sodass der Oberkörper nach vorne geneigt ist.
2. Atme so tief wie möglich aus und halte während der gesamten Übung Bahir Kumbhaka (Luftanhalten mit geleerter Lunge).

3. Ziehe den Brustkorb hoch, sodass die Bauchdecke nach hinten gezogen wird. Dies ist Uddiyana Bandha.
4. Schiebe die Bauchdecke vor und ziehe sie wieder zurück - wiederhole diese Bewegung mehrmals (anfangs fünf Mal, allmählich bis auf dreißig Mal steigern), wobei die Frequenz dieser Bewegung von anfangs etwa ein Mal je Sekunde auf später bis zu vier Mal je Sekunde ansteigen kann.
5. Entspanne Bauchdecke und Brustkorb.
6. Atme langsam und kontrolliert wieder ein.

Vastra Dhauti

Es wird ein drei Meter langer Stoffstreifen (Baumwolle, kein synthetisches Material) in lauwarmes Wasser (eventuell gesalzen; es kann aber auch Milch verwendet werden) getaucht und Stück für Stück geschluckt. Während der Stoffstreifen sich (bis auf ein kleines Stück!) in der Speiseröhre und Magen befindet, wird Nauli (Seite 146) durchgeführt, um den Stoff gründlich mit den Wänden von Speiseröhre und Magen in Berührung zu bringen. Dann zieht man den Stoffstreifen langsam wieder hoch und mit ihm die Verunreinigungen des oberen Verdauungstraktes, die sich an ihm abgelagert haben.

Vamana Dhauti

Man trinkt ca 1,5 Liter leicht gesalzenes Wasser und erbricht es wieder. Man kann, während sich das Wasser im Magen befindet, Agnisara Dhauti oder Nauli machen, um das Wasser im Magen zu bewegen. So wird der Magen sehr effektiv gereinigt.

Es wurde durch diese Übung Besserung bei Asthma und bei Depressionen beobachtet.

Varisara Dhauti - die Darmspülung

Bei dieser auch Shankaprakshalana genannten Technik wird in einem intensiven Reinigungsprozess das gesamte Verdauungssystem gründlich durchgewaschen.

Während beim Einlauf (Basti) Flüssigkeit anal eingeführt und anal ausgeschieden wird und bei Vamana Dhauti Einnahme und Ausscheidung oral ablaufen, durchläuft bei Varisara Dhauti die Flüssigkeit (zumeist Salzwasser) den gesamten Trakt, indem oral zugeführt und anal ausgeschieden wird.

Indem spezielle Körperübungen in diese Reinigung eingebaut werden, wird sie zu einer der gründlichsten und wirkungsvollsten Reinigungstechniken des Hatha Yoga.

Shankaprakshalana, die für einige Tage nach der Durchführung eine strikte Diät vorschreibt, muss unter Aufsicht einer in dieser Technik erfahrenen Person durchgeführt werden.

2. Basti

Auf dem Weg durch den Verdauungstrakt können Nahrungsreste in den Darmfalten hängen bleiben und zu gären und zu faulen beginnen, was zu einer Selbstvergiftung des Körpers führt. Kommt frische Nahrung in Kontakt mit den sich zersetzenden Substanzen, so verschlimmert sich die Situation weiter. Der Einlauf („Basti") reinigt den Dickdarm sehr effektiv von derlei Nahrungsresten und Giften.

Basti wirkt Verdauungsproblemen entgegen und ist besonders hilfreich bei Verstopfung. Basti ist die beste und schonendste Reinigung des Dickdarmes und ist vor allem bei Krankheiten (Grippe, Magenverstimmung usw.) in Verbindung mit einigen Tagen Fasten sehr zu empfehlen. Die klassische Form wird von Swatmarama in den Sutras 2,26 - 2,27 beschrieben:

> „Setze dich in ein Gefäß mit Wasser, das deinen Nabel bedeckt, wobei du das Körpergewicht auf den vorderen Teil der Füße verlagerst, die Fersen ruhen auf den Gesäßbacken. Setze ein kleines Bambusrohr in den After ein.
>
> Dann ziehe den Anusschließmuskel zusammen und schüttle das Wasser im Bauch gut durch. Das ist Basti. Es heilt Milzbeschwerden, Wassersucht und andere Beschwerden, die von einem Überschuss von Wind, Galle und Schleim kommen."

Interessant ist, dass diese Reinigung bereits bei den Essenern bekannt war. Jesus unterwies seine Schüler:

> „Deshalb suche einen großen Schlingkürbis mit einem Stengel in Manneshöhe; nimm das Innere heraus und fülle es mit Wasser aus dem Fluss, das die Sonne gewärmt hat. Hänge ihn an den Ast eines Baumes und knie auf dem Boden vor den Engel des Wassers und lasse den Stengel von hinten in dich eintreten, damit das Wasser durch deinen Darm fließe. Nach einer Ruhepause knie auf den Boden vor dem Engel des Wassers und bete zum lebendigen Gott, dass er dir alle Sünden vergeben möge...Lasse das Wasser aus deinem Körper laufen, damit es von innen alles Unreine und Übelriechende des Satans wegspüle. Und du wirst mit deinen Augen sehen und mit deiner Nase riechen alle Abscheulichkeiten und Unreinheiten, die den Tempel deines Körpers entweihten."

3. Neti

Durch Neti werden die Nasengänge und -höhlen gereinigt. In den empfindlichen Schleimhäuten im Naseninneren, die die eingeatmete Luft anfeuchten, erwärmen und reinigen, siedeln sich bei Krankheiten Bakterien und Viren an. Neti ist hier sehr hilfreich durch die gründliche Reinigung der Schleimhäute sowie durch die Anregung der Schleimhautzellen.

Durchführung

Jala Neti ist die Nasenreinigung durch Wasser. Diese einfache Technik ist sehr zu empfehlen und kann in wenigen Minuten durchgeführt werden, am besten jeden Morgen; man braucht dazu nur ein Neti-Kännchen, lauwarmes Wasser und etwas Salz:

1. Löse ½ Teelöffel Salz in 250 ml körperwarmem Wasser auf und fülle das Salzwasser in das Neti-Kännchen.
2. Stütze dich mit der linken Hand auf das linke Knie und neige den Kopf so, dass die Nase nach rechts und leicht abwärts gerichtet ist.
3. Setze die Spitze des Auslasses des Neti-Kännchens in das rechte Nasenloch ein, atme durch den Mund und lasse das Wasser aus dem linken Nasenloch wieder herauslaufen, während du durch den Mund weiteratmest.

   Das Wasser darf nur durch die Nase laufen; wenn es durch den Mund läuft, so muss die Kopfhaltung entsprechend angepasst werden.
4. Setze nach ca. 15 - 20 Sekunden das Kännchen ab und blase das restliche Wasser aus der Nase.
5. Wiederhole den Vorgang in der anderen Richtung.

Variation

- Jala Neti kann auch mit Milch, Tee oder Öl (körperwarm!) durchgeführt werden. Satyananda empfiehlt besonders die Verwendung des eigenen Urins, um gegen häufige Entzündungen im Nasenbereich und gegen Nasenbluten anzugehen.
- Bei Sutra Neti geschieht die Reinigung durch einen Gummikatheder („Sutra" bedeutet Faden) oder eine spezielle Baumwollschnur: der Katheder wird in ein Nasenloch eingeführt und aus dem Mund herausgezogen, was einige Geschicklichkeit erfordert.

Wirkungen

Neti reinigt den Schädel und macht hellsichtig. Es zerstört alle Krankheiten, welche sich oberhalb der Kehle manifestieren. (HYP 2,30)

- Übermäßiger Schleim in der Nase mit allen abgelagerten Verunreinigungen wird ausgeschieden, sodass sich die Luft freier durch die Nase bewegen kann. So kann auch Besserung bei Nebenhöhlenentzündung erwartet werden.
- Die Nasenschleimhäute sind von vielen Nervenfasern durchzogen, die nicht nur dem Geruchssinn dienen, sondern viele weitere Informationen dem Gehirn weiterleiten. All diese Nerven werden durch Neti zu besserer Funktion angeregt.
- Neti hilft bei Krankheiten von Augen, Nase und Rachen, Mandelentzündung und bei Polypen.
- Neti wird sowohl als Vorsorge gegen Erkältungen als auch, wenn die Krankheit bereits eingetreten ist, empfohlen.
- Dadurch, dass sich im Einflussbereich von Neti viele wesentliche Organe befinden, werden etliche weitere Beschwerden ebenfalls gelindert oder beseitigt: Fehlsichtigkeit, Kopfschmerzen, Schlaflosigkeit und Müdigkeit; Mittelohrentzündung, bestimmte Formen der Taubheit und viele andere.
- Kinder, die durch den Mund atmen, werden durch Neti zu Nasenatmung angeregt. Wenn Kinder durch den Mund atmen, können allmählich Gedächtnis- und Konzentrationsschwäche sowie allgemeine Entwicklungshemmung entstehen.
- Neti sorgt für einen balancierten Ida-Pingala-Nervenfluss, was alle Aktivitäten des zentralen Nervensystems ausgleicht; die Steuerung autonomer Vorgänge ebenso wie seelische Ausgeglichenheit sind von dieser Balance abhängig.
- Die Vorderlappen des Gehirns, die für höhere geistige Funktionen zuständig sind, werden in ihrer Funktion verbessert, was zu erhöhter Gehirnleistung, Kreativität usw. führt. Dies wird in dem oben angeführten Sutra angesprochen: gemeinsam mit Pranayamas und Meditationen kann die physische Reinigung des Ajna Chakra zur Erweckung übernatürlicher Fähigkeiten führen.

4. Tratak

Tratak heißt „Starren". Durch das Fixieren des Blickes auf einen Gegenstand wird die Konzentration geschärft und die Sehnerven werden gestärkt. Tatsächlich ist Tratak nicht nur eine Reinigungsübung, sondern gleichzeitig auch eine Meditationstechnik.

Ebenso wie Asanas durch die Ruhigstellung des Körpers und Pranayama durch die Phasen des Luftanhaltens eine Beruhigung des Geistes anstreben, so wird dies hier durch das ruhige, unbewegte Starren bewirkt: Die Festigkeit des Blickes steht in direktem Zusammenhang mit der geistigen Stärke und Ruhe - beobachte die Menschen in deiner Umgebung; beobachte die Bewegung ihrer Augen... Große Heilige sind an ihrem sehr ruhigen und festen Blick zu erkennen, der nicht springt, nicht flackert, es gibt kein Zwinkern, nur die tiefe, klare Ruhe, die den reinen und ruhigen Geist widerspiegelt.

Durchführung:

Es gibt viele verschiedene Arten von Tratak; die hier folgende ist eine der einfacheren:

1. Stelle dein Konzentrationsobjekt (wenn es die Natur des Objektes erlaubt) etwa einen Meter vor dir auf, sodass es sich in Augenhöhe befindet.
2. Nimm eine bequeme und aufrechte Sitzhaltung ein, etwa Siddhasana oder Padmasana.
3. Starre, ohne zu zwinkern, auf das Objekt, solange dir das ohne Verspannung möglich ist. Dies wird am Anfang nur einige Sekunden möglich sein, nach und nach kann die Dauer auf mehrere Minuten ausgedehnt werden.

   Je entspannter du auf das Konzentrationsobjekt blickst, desto länger wirst du das Blinzeln zurückhalten können.
4. Schließe dann die Augen, lasse das Nachbild des Objektes entstehen und richte deine entspannte Aufmerksamkeit auf diese Wahrnehmung. Konzentriere dich vollständig auf die Übung; lasse die Gedanken nicht abschweifen.
5. Wiederhole Punkt 3 und 4 mehrmals, insgesamt für etwa fünfzehn bis zwanzig Minuten.

Es wird manchmal (etwa in der Hatha Yoga Pradipika) empfohlen, so lange zu starren, bis die Augen tränen. Dies mag die Augen stärken und reinigen, ist aber einer entspannten Konzentration eher abträglich; ich möchte es deshalb nur bedingt empfehlen.

Einige **Beispiele für das Konzentrationsobjekt**:

- eine Kerzenflamme (wird am häufigsten eingesetzt)
- eine Blume
- das Om-Symbol
- ein Bild von Jesus, Maria, Buddha oder Krishna
- ein Symbol wie ein Kreuz, ein Kreis oder Dreieck
- ein Yantra (ein tantrisches Konzentrationssymbol. Jedes Yantra ist mit einem bestimmten Aspekt einer Gottheit verbunden.)

Das Shree-Yantra

- die Nasenspitze oder das Augenbrauenzentrum (Bhrumadya)

Wenn man sich für ein Objekt entschieden hat, sollte man es nicht mehr wechseln.

Wirkungen

Die Augen werden bei Tratak als ein Vehikel benützt, um viele physiologische und mentale Funktionen zu verbessern, ähnlich wie etwa Kapalabhati den Atem als Vehikel benützt, um das Verdauungssystem, das Nervensystem, Manipura Chakra usw. zu stärken.

Wenn Tratak auch bei Fehlfunktionen wie Sehschwäche, Depression, Schlaflosigkeit, Allergie, Angstzustände, Gedächtnisschwäche usw. hilfreich ist, so richtet sich seine Hauptwirkung doch auf die Stärkung der Konzentration des Geistes durch den Einfluss auf Ajna Chakra. Die Gheranda Samhita, eine historische Hatha-Yoga Schrift, gibt an, dass Tratak zu übersinnlicher Wahrnehmung und zu Hellsehen führt.

5. Nauli

Nauli ist eine Technik, die den gesamten Bauchraum durch das wechselweise Kontrahieren der Bauchmuskelstränge kräftig massiert. Sie wirkt sich äußerst wohltuend auf das gesamte Verdauungs- und Fortpflanzungssystem aus; im astralen Bereich wird Manipura Chakra, das Energiezentrum des Körpers, aktiviert. Nauli erfordert gute Kontrolle über die verschiedenen Stränge der Bauchmuskulatur.

Durchführung:

Die Anfangsschritte von Nauli sind gleich wie bei Agnisara Dhauti:

1. Stehe schulterbreit und stütze die Hände auf die leicht gebeugten Knie, sodass der Oberkörper nach vorne geneigt ist.
2. Atme vollständig aus und halte während der gesamten Übung Bahir Kumbhaka (Luftanhalten mit geleerter Lunge).
3. Ziehe den Brustkorb hoch, sodass die Bauchdecke nach hinten gezogen wird. Dies ist Uddiyana Bandha.

Die nächsten Schritte sind die eigentliche Nauli-Übung:

4. Spanne den rechten Strang des Bauchmuskels, indem du mit der rechten Hand Druck auf das rechte Knie ausübst. (Dakshina Nauli)
5. Spanne dann den linken Strang des Bauchmuskels, indem du mit der linken Hand Druck auf das linke Knie ausübst. (Vama Nauli)
6. Wiederhole die Schritte 5 und 6 in allmählich immer schneller werdender Abfolge, bis eine kreisförmige Bewegung der Bauchmuskulatur entstanden ist (etwa eine Rotation je Sekunde).

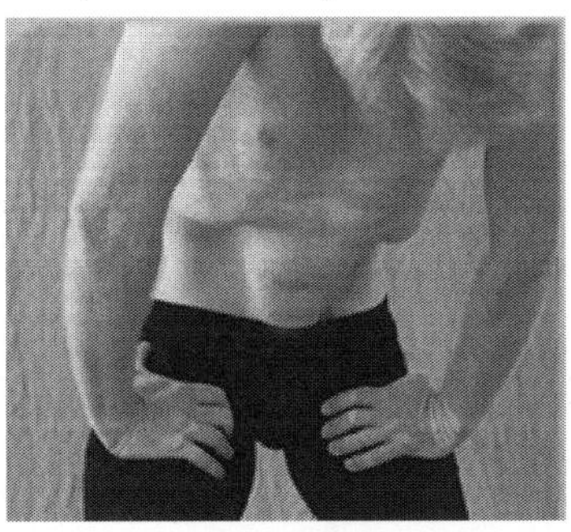

7. Entspanne die Bauchdecke und atme langsam und kontrolliert wieder ein.
8. Wiederhole die Übung, wobei die Kreisbewegung in umgekehrter Richtung stattfindet.

Achte darauf, dass bei den Schritten 3 - 6 die Lunge vollständig geleert ist.

Übe Nauli täglich oder zwei Mal wöchentlich, je drei Runden.

Wirkungen:

> Das Nauli, die bedeutendste unter den Hatha Yoga Praktiken (der Shatkarmas), vertreibt die Trägheit aus dem Magenfeuer, steigert die Verdauungskraft, bringt eine Gefühl von Freude hervor und zerstört alle Beschwerden (die durch das Ungleichgewicht der Doshas hervor gerufen wurden). (HYP 2,34)

- Nauli dient dazu, Manipura Chakra von Unreinheiten zu befreien und Verstopfungen auf den Wegen der pranischen Kraft zu beseitigen.
- Auf physischer Ebene aktiviert Nauli die Organe der Verdauung - es gibt keine zweite Yoga-Übung, die so direkt und intensiv die Verdauungskraft anregt.
- Zusätzlich wird das Hormonsystem balanciert, besonders die Produktion der Sexualhormone wird normalisiert.

Gegen-Anzeigen:

- Nicht mit vollem Magen üben!
- Nicht während der Schwangerschaft und Menstruation
- Vorsicht bei Erkrankungen im Magen-/Darmtrakt! (Bruch, Magengeschwüre)

6. Kapalabhati

Kapala heißt Kopf, Schädel; und bhati heißt strahlen, leuchten. Führt man Kapalabhati korrekt durch, so hat man das Gefühl, dass der Kopf klar wird und richtiggehend „strahlt“: das Vorderhirn wird gut durchblutet und so belebt und „gereinigt“.

Diese Übung ist eigentlich eine Atemübung und ist als Vorbereitung für Pranayama und auch für Meditation sehr zu empfehlen (ein bis drei Runden).

Kapalabhati unterscheidet sich von den meisten anderen Pranayamas durch die charakteristischen kräftigen und schnellen Atemstöße, die durch das Zusammenziehen der Bauchmuskeln ausgelöst werden.

Vorübung:

1. Sitze in deiner bevorzugten Meditationshaltung mit gekreuzten Beinen. Es ist wichtig, dass der Oberkörper vollständig aufgerichtet ist.
2. Lasse die Bauchdecke sich beim Atmen betont bewegen; besonders beim Ausatmen wird die Bauchdecke kräftig zurückgezogen. Um diese Bewegung bewusster zu machen, kannst du eine Hand auf den Bauch legen.
3. Beginne allmählich, die Ausatmung zu forcieren, sodass sie zu einem kräftigen Ausstoßen der Luft wird. Diese kräftige Bewegung entsteht durch das ruckartige Zusammenziehen der Bauchmuskeln. Zwischen den Muskelkontraktionen erschlafft die Bauchmuskulatur und in dieser Phase erfolgt die passive Einatmung, die etwas länger dauert als die Ausatmung. Beide Atemphasen werden durch die Nase durchgeführt; der Mund ist geschlossen.
4. Atme bei dieser Vorübung in einem Rhythmus von einem Atemzug in zwei Sekunden; dies kann mit zunehmender Übung auf bis zu drei Ausatmungen je Sekunde gesteigert werden.

Durchführung:

1. Sitze in einer bequemen Sitzhaltung mit gekreuzten Beinen und aufrechter Wirbelsäule. Entspanne den Körper.
2. Atme zwei Mal tief und langsam ein und aus.
3. Beginne mit den Kapalabhati-Atemstößen - etwa zwanzig bis hundert Mal.
4. Atme ein oder zwei Mal tief ein und aus. Dies soll langsam geschehen und die volle Atemkapazität ausschöpfen.
5. Dann atme bequem ein, die Lunge wird zu etwa zwei Drittel mit Luft gefüllt, und halte so die Luft an; etwa 30 bis 90 Sekunden, je nach Übungsfortschritt.
6. Atme sehr langsam wieder aus und mache ein paar Atemzüge im normalen Tempo.

Variation:

Es gibt viele verschiedene Arten von Kapalabhati. In anderen historischen Hatha-Yoga Schriften werden Varianten beschrieben, die auf dem Prinzip der Wechselatmung beruhen, und verschiedene Yoga-Schulen lehren auch unterschiedliche Durchführungsarten der Kapalabhati.

Eine Variation für Fortgeschrittene ist die folgende Übung, die sich ab Punkt 4 von der obigen Ausführung unterscheidet; sie erfordert das Beherrschen der Bandhas (Kapitel 3.7):

4. Halte nach der letzten kräftigen Ausatmung Bahir Kumbhaka (Luftanhalten mit leerer Lunge) und wende Maha Bandha an (Jalandhara, Uddiyana und Mula Bandha). Halte nur kurz (etwa zehn bis fünfzehn Sekunden) die Luft an und verlängere mit fortschreitender Übung allmählich die Dauer des Atemanhaltens (bis zu dreißig Sekunden).
5. Löse die Bandhas, zuerst Uddiyana, dann Jalandhara und Mula Bandha und atme langsam und sehr tief ein.
6. Halte Antar Kumbhaka (inneres Luftanhalten) und schließe Jalandhara und Mula Bandha. Halte Kumbhaka anfangs für dreißig Sekunden, erhöhe allmählich auf bis zu eine Minute.
7. Löse die Bandhas und atme sehr langsam aus.
6. Atme einige Male in normalem Tempo weiter, bevor du mit der nächsten Runde beginnst.

Am Anfang kann Kapalabhati durch die Hyperventilation leichten Schwindel hervorrufen, was jedoch nach einigem Üben bald vergeht.

Wichtig ist, sich bei dieser Übung an den eigenen Kapazitäten und Grenzen zu orientieren und nicht in falschem Ehrgeiz zu viel in zu kurzer Zeit erreichen zu wollen. Vorsicht bei Bluthochdruck und Bruch! Nicht in der Schwangerschaft üben!

Wirkungen:

- Reinigung des Atemsystems (der Gasaustausch der Lungen wird effizienter) und Vorbereitung auf Pranayama.
- Kräftige Massage der Verdauungsorgane, wodurch ihre Funktion verbessert wird.
- Stimulierung des Manipura Chakras und damit Kräftigung von Samanu, derjenigen Kraft, die für das Umwandeln unserer Energien zu Kundalini Shakti verantwortlich ist.
- Der Pranafluss wird angeregt.
- Die Gehirnfunktionen werden aktiviert, Wachheit und Konzentration werden gefördert. Deshalb sollte Kapalabhati vor der Meditation geübt werden: einerseits wird Wachheit und Achtsamkeit gefördert, andererseits werden auch Gehirnzentren angeregt, die für subtilere Wahrnehmungen zuständig sind. Durch die schnellere Atmung erhält das Gehirn nicht nur mehr Sauerstoff, sondern wird durch Veränderungen in der zerebrospinalen Flüssigkeit einer sehr wirksamen Massage unterzogen, wie dies bei keiner anderen Übung erreicht werden kann.

3.6

Pranayama

Pranayamas sind überaus mächtige Techniken, die das gesamte Wesen des Menschen zu beeinflussen vermögen. Sie üben durch Manipulation der Atembewegung direkten Einfluss auf die Lebensenergie und damit auf unseren Geist, auf Denken, Gefühle und Wahrnehmungen aus. Pranayamas können als die zentrale Gruppe von Techniken im Hatha Yoga bezeichnet werden.

Man kann zwei Ebenen der Pranayama-Praxis unterscheiden:

1. Auf der Ebene der **Reinigung und der Vorbereitung des Atemsystems** wird die Grundlage für die Hauptübungen gelegt. Hier wird der Atem sanft verlangsamt und das Atemsystem an Phasen des Luftanhaltens gewöhnt. Die Atemhilfsmuskulatur (Zwerchfell, Zwischenrippen- und Bauchmuskeln) werden gestärkt, allmählich entsteht eine verfeinerte Wahrnehmung in Bezug auf das Prana und die Atembewegung. Die Haupttechnik auf dieser Ebene ist die Wechselatmung.
2. **Fortgeschrittenes Pranayama** stellt wesentlich höhere Anforderungen an den Übenden, sowohl was die Atemkapazität, die Körperbeherrschung, die Achtsamkeit, als auch den Einsatz beim Üben anbelangt. Die Phasen des Luftanhaltens werden länger und man nähert sich der Grenze der eigenen Leistungsfähigkeit. Die Energiesperren, die Bandhas werden eingesetzt, was zu einer wesentlichen Intensivierung der gesamten Übung führt.

Auch die Zielsetzung in Bezug auf Prana der beiden Übungsniveaus ist unterschiedlich: Während die vorbereitenden Übungen die Erhöhung, Balancierung und Lenkung des Prana und das Reinigen der Energiebahnen zum Ziel haben, konzentrieren sich die fortgeschrittenen Übungen primär auf die Qualität des Prana, das hier zu Kundalini shakti umgewandelt werden soll.

Was geschieht nun bei diesen Übungen? Wir haben im Kapitel über Asanas die Wirkung der Pascimottanasana, Matsyendrasana und Mayurasana auf den Bereich des Manipura Chakra erfahren. Swatmarama erwähnt, dass die Übung der Asana dem Praktizieren von Pranayama vorausgehen soll. Denn durch diese drei Asanas wird die Grundlage in Manipura Chakra gebildet, indem Samana Vayu so „angeheizt“ wird, dass der „Ofen“ für die Umwandlung des Prana bereit ist. Die langen Luftanhalte-Phasen der fortgeschrittenen Pranayamas, gemeinsam mit den Bandhas (siehe folgendes Kapitel) können nun ihre volle Macht entfalten und die Verwandlung des Prana zu Kundalini Shakti kann beginnen.

Diese Transformation des Prana zu spiritueller Energie verändert unmittelbar die geistige und psychische Ebene; unsere Erfahrung und Wahrnehmung wird verwandelt, die Einstellung zu vielen Dingen verändert sich, man erfährt ein deutliches Ansteigen des Energieniveaus und gleichzeitig fühlt man sich zentriert und fest in seiner Mitte ruhen.

Eine neue Ebene der Wahrnehmung beginnt sich zu öffnen - die Intuition wird erweckt und man weiß Dinge, die einem keiner gesagt hat, erkennt Zusammenhänge, ohne sie beschreiben zu können und fühlt Dinge, die man eigentlich gar nicht fühlen kann...

Allein Pranayama vermag so viel Energie aufzubauen, dass jede Krankheit im Ansatz zerschmettert wird. Allein Pranayama vermag Gedanken und Gefühle zu verwandeln; durch Pranayama werden alle psychischen / übernatürlichen Kräfte der Yogis und Fakire ermöglicht. Wer Prana beherrscht, beherrscht nicht nur seinen Geist, sondern auch die Materie.

Swami Vishnu-Devananda: „Ihr werdet euch leicht fühlen, so als würdet ihr schweben. Und es ist da eine Ausstrahlung - die Haut, das Gesicht und die Augen werden strahlen und funkeln. Und der Geist ist sehr sanft und friedlich. Das ist ein Zeichen, dass die Nadis gereinigt sind.“

> „Das grundlegende Prinzip des Yoga ist, dass der Ursprung der Gedanken einerseits und der vitalen Energie andererseits ein- und derselbe ist. Mit anderen Worten: der Atem, die Vitalenergie, der physische Körper und auch der Geist sind nichts anderes als Formen von Prana oder Energie.
>
> Wenn du also eines von diesen Elementen effektiv kontrollieren kannst, so hast du auch die anderen unter Kontrolle. Yoga strebt die Kontrolle der Manolaya (geistige Ebene) durch Pranalaya (Prana-Ebene) an, und dies wird durch die Praxis von Pranayama erreicht.“
>
> Ramana Maharishi

Wenn das Pranayama-Üben intensiv und konsequent über einen längeren Zeitraum durchgeführt wird, kann es zu ungewöhnlichen Energieerfahrungen kommen. Swatmarama beschreibt in Sutra 2,12 die Merkmale des Fortschrittes in Pranayama:

> „Zuerst gerät der Körper in Schweiß, später fühlt man ein Zittern und Zucken und schließlich, im höchsten Zustand erfährt man höchste Stille, wenn Prana in die Sushumna geht."

Durch erhöhte Sympathikus-Aktivität erhitzt sich der Körper; große innere Wärme beginnt sich zu entwickeln. Wenn einem trotz kühler Umgebung sehr warm wird, ist das ein Zeichen dafür, dass die Kundalini Kraft erweckt worden ist und sich zu bewegen beginnt.

Es wird in der Pradipika darauf hingewiesen, dass der ausgetretene Schweiß nicht abgewischt, sondern wegen der enthaltenen Nährstoffe, Proteine und Hormone wieder in den Körper eingerieben werden soll. Swami Vishnu Devananda: „Es ist wie eine Prana-Massage, wenn ihr das macht."

Die 2. Stufe, Zuckungen einzelner Körperteile oder in der Wirbelsäule sind Zeichen pranischer Bewegungen, die sich aus zunehmender Reinigung der Nadis ergeben. Es können auch heftige Bewegungen entstehen.

Auf der 3. Stufe schließlich wird man höchste Stille erfahren, Prana ist still geworden und die Kundalini-Kraft bewegt sich durch Sushumna Nadi. Schweiß und Zuckungen vergehen, und man fühlt nichts mehr als die Stille des Geistes und eine unbeschreibliche Freude. Hier entsteht auch natürliches und spontanes Stillstehen der Atmung (Kevala Kumbhaka).

Die Gerandha Samhita führt aus, dass auf dieser Stufe Levitation (Schweben) auftritt. Ebenso können sich andere außergewöhnliche Fähigkeiten (Hellsehen, Telepathie...) und Erfahrungen (Lichter, Klänge...) auf dieser Ebene ergeben.

Die Bedeutung des Kumbhaka

Kumbhaka bedeutet Anhalten der Luft. Dies kann mit voller (antar kumbhaka) oder leerer (bahir kumbhaka) Lunge durchgeführt werden.

Der Wert des Luftanhaltens im Pranayama liegt darin, dass Prana während dieser Phase vom Körper besser aufgenommen werden kann. Es ist ähnlich dem physischen Verdauungsprozess, der durch eine Phase der Ruhe und Entspannung besser ablaufen kann. Auch kann der Gasaustausch in der Lunge und in den Körperzellen effektiver stattfinden.

Ein weiterer Grund für die Kumbhaka-Phasen liegt in der Verbindung des Atemsystems mit dem Nervensystem. Die Reduktion der Nervenimpulse, die vom Atemsystem ausgehen, führt zu einer meditativen Grundhaltung, welche den Geist für ein erweitertes Feld der Wahrnehmung öffnet.

Ein Haupteffekt des Kumbhaka ist es, das Nervensystem an einen höheren CO^2-Gehalt zu gewöhnen. Dies scheint widersprüchlich, wenn man Pranayama als eine effizientere Art zu atmen betrachtet.

Auf spiritueller Ebene jedoch führt ein erhöhter CO^2-Gehalt im Blut zu veränderten Bewusstseinszuständen, was meditative Übungen sehr begünstigt. Im negativen Fall können jedoch Desorientierung und Halluzinationen entstehen, wenn man Pranayama ohne entsprechende Vorbereitung und mit vorzeitig hoher Intensität betreibt.

Im Gehirn liegen viele Blutgefässe brach; sie werden nur bei größerem Blutbedarf eingesetzt. Erhöhter CO^2-Gehalt im Blut führt zu einer Dehnung der Blutgefässe im Gehirn und zum Öffnen der brachliegenden Kapillaren, um die Sauerstoff-Versorgung des Gehirns zu gewährleisten. Auch diese Wirkung trägt zu einer Erweiterung und Öffnung der Gehirn-Kapazität und zu einer Bewusstseins-Erweiterung bei.

Kevala Kumbhaka

Dies ist der „meditative Atem": Wenn der Körper in der Meditation vollkommen still gehalten wird und der Geist sich tiefer und tiefer in den Gegenstand der Meditation versenkt, wird die Atmung wie von selbst immer stiller, immer unmerklicher. Physiologisch gesprochen, wird das Atemzugsvolumen geringer, während die Atemfrequenz annähernd gleich bleibt. Schließlich ist in tiefster Meditation nahezu keine Atembewegung mehr festzustellen.

Im Zustand des Samadhi wird die Atmung durch Kevela Kumbhaka vollständig suspendiert, was wissenschaftlich nicht erklärt werden kann (der Metabolismus des Körpers ist auf die Zufuhr von Sauerstoff und auf den Abtransport von Kohlendioxyd angewiesen!), aber dennoch vielfach unter Laborbedingungen zweifelsfrei nachgewiesen worden ist: Hat sich der jivatman (die Seele) aus der Polarität des Denkens zurückgezogen, steht Prana still und auch der Atem steht still. Dies ist das höchste aller Kumbhakas, das Stillestehen der Atmung ohne (frei von = kevala) Ein- und Ausatmung - die ultimative Erfahrung der Stille.

Hatha-Yoga Pradipika:

2,74: Wenn dieses (Kevala) Kumbhaka ohne irgend ein Rechaka oder Puraka gemeistert worden ist, dann gibt es für den Yogi nichts mehr, was er nicht erlangen könnte...

2,75: Dann erreicht er die Stufe des Raja Yoga (die vollkommene Beherrschung des Geistes)

Vergegenwärtigen wir uns das Ziel des Yoga, das Verschmelzen mit dem kosmischen Bewusstsein, die Einheit mit Gott, so bedingt dies ein Zurückziehen unseres gesamten Wesens aus dem Umfeld der Polarität. Und Polarität ist aufs engste verbunden mit geistiger / pranischer Bewegung, ja drückt sich durch diese aus!

Die Ein- und Ausatmung ist eine Manifestation dieser Polarität und Kevala Kumbhaka ist eine Manifestation jenes Zustandes, der aus dem Überschreiten bzw. Zurücklassen der Polarität entsteht: ein Zustand der Stille, in dem sich das menschliche Wesen einer alles überstrahlenden Erfahrung höchster Wonne öffnet, welche auf der Ebene der Polarität nicht vorstellbar ist.

Gefahren des Pranayama

Mit der Effektivität und Stärke einer Übungstechnik steigt auch die Gefahr der Schädigung des Organismus (sowohl auf der physischen als auch auf der geistig-psychischen Ebene) bei unrichtigem Üben. Und Pranayama, gemeinsam mit Bandhas, ist die stärkste, die zentrale Technik des Hatha-Yoga. Durch die direkte Beeinflussung der Nervenströme kann eine fehlerhafte und verfrüht hochintensive Praxis des Pranayama nachteilige Folgen für den Übenden haben! Die Hatha Yoga Pradipika warnt den Übenden:

2,15: So wie wir Löwen, Elefanten und Tiger Schritt für Schritt zähmen, so sollte auch Prana unter Kontrolle gebracht werden. Ansonsten wird es den Praktizierenden töten.

2,16: Durch das Praktizieren von Pranayama wird man von allen Beschwerden befreit. Durch ein fehlerhaftes Üben zieht der Yogi alle Beschwerden an sich.

2,17: Durch ein falsches Üben wird der Atem verschlechtert, und von daher entstehen Husten, Asthma, Schmerzen im Kopf, Augen, Ohren und verschiedene andere Beschwerden.

Deshalb sollten sich Fortgeschrittene, die sich zu intensiverem Üben hingezogen und bereit fühlen, bewusst sein, dass die intensive Manipulation des Prana eine erhöhte Reinheit des gesamten Systems voraussetzt: Der fortgeschrittene Übende sollte daher auf das Rauchen, auf Fleisch und Alkohol verzichten, sowie seinen gesamten Lebenswandel (insbesondere im Zusammenhang mit den Yamas und Niyamas) auf Sattva ausrichten. Dies neben einer nur graduellen, allmählichen Steigerung der Intensität des Übens.

Als vorbereitende und zu den Hauptpranayamas hinführende Übungen dienen sowohl die Kapalabhati, als auch die im folgenden beschriebene Nadi Shodhana.

Die Wechselatmung (Nadi Shodhana)

Wörtlich bedeutet Nadi Shodhana „Reinigung der Nadis“. Die Nadis, die Energie-Kanäle im feinstofflichen Körper, müssen frei von Unreinheiten und Blockaden sein. Nur wenn sich die Energie, Prana, frei durch diese Energiebahnen bewegen kann, können wir - befreit von Blockaden und Spannungen - Harmonie, Freude und Ausgeglichenheit erleben.

Vishnu Mudra

Zur Durchführung von Nadi Shodhana müssen wir uns zuerst mit einer spezifischen Handhaltung, dem Vishnu Mudra, vertraut machen. Diese Handhaltung wird eingesetzt, um den Atemstrom zwischen dem rechten und dem linken Nasenloch zu regeln. Vishnu Mudra wird nur mit der rechten Hand durchgeführt.

1. Öffne die rechte Hand, beuge Zeige- und Mittelfinger und lege deren Fingerkuppen auf den Daumenballen.
2. Führe den Daumen näher in Richtung Ringfinger; Ring- und kleiner Finger liegen eng aneinander.
3. Bei der Wechselatmung wird die rechte Hand so an die Nase gelegt, dass das Endglied des Daumens auf dem rechten Nasenflügel aufliegt und die Kuppe des Ringfingers auf dem linken. Abwechselnd wird so der Atemstrom auf einer Nasenseite freigegeben, während das andere Nasenloch verschlossen wird.

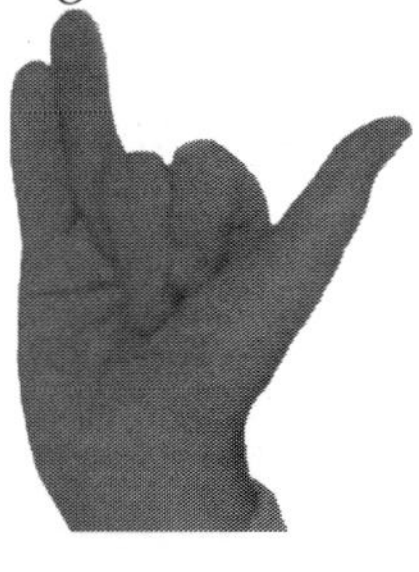

Durchführung Wechselatmung

Bei der folgenden Beschreibung wird von dem am meisten verwendeten Rhythmus der Wechselatmung, 4:16:8, ausgegangen.

1. Nimm deine bevorzugte meditative Sitzstellung ein. Achte auf eine korrekte, aufrechte und gleichzeitig entspannte Haltung.
2. Atme ruhig und langsam ein und aus. Forme mit der rechten Hand das Vishnu-Mudra, führe die Hand zur Nase und schließe mit dem Daumen das rechte Nasenloch.
3. Atme langsam, gleichmäßig und vollständig durch das linke Nasenloch ein und zähle dabei bis 4.
4. Schließe mit dem Ringfinger auch das linke Nasenloch und halte die Luft an, während du bis 16 zählst.

Während des Anhaltens der Luft halten Ringfinger und Daumen die Nase verschlossen. Achte während des Luftanhaltens auf Entspanntheit vor allem im Schulterbereich.

5. Löse den Daumen vom rechten Nasenflügel und atme langsam und möglichst geräuschlos, bis 8 zählend, durch das rechte Nasenloch aus.
6. Atme wieder, bis 4 zählend, durch das rechte Nasenloch ein.
7. Halte die Luft an und zähle dabei bis 16.
8. Atme durch das linke Nasenloch aus und zähle dabei bis 8.

Dies ist eine Runde Nadi Shodhana, die also aus zwei Atemzügen und zwei Luftanhaltephasen besteht. Wiederhole die Schritte [3] bis [8] anfangs fünf bis zehn Mal, später steigere auf bis zu zwanzig Runden.

Der Übungsrhythmus und Variationen

Man kann die Wechselatmung in verschiedenen Proportionen üben. Es wird aber generell der Basisrhythmus 1:4:2 (Einatmen : Luftanhalten : Ausatmen) empfohlen. Man kann also, wenn einem der angegebene Rhythmus 4:16:8 als zu anspruchsvoll erscheint, mit dem leichteren Rhythmus 3:12:6 üben, oder, wenn man im Gegenteil intensiver üben möchte, mit 5:20:10 praktizieren. Es empfiehlt sich aber auf jeden Fall, mit dem Erhöhen des Übungsrhythmus vorsichtig zu sein – man sollte stets das Gefühl einer gewissen Reserve haben.

Wenn man etwa ein halbes Jahr regelmäßig, das heißt täglich geübt hat und zumindest mit 4:16:8 praktiziert, kann man beginnen, die im nächsten Kapitel beschriebenen Energieverschlüsse, die Bandhas, anzuwenden.

Wirkungen:

- Die Nadis, die astralen Energiebahnen, werden gereinigt. Mit dem **freieren Energiefluss** fühlt man sich harmonischer, ausgeglichener und kann äußeren und inneren Widerständen gelassener begegnen.
- Ida und Pingala, die beiden Energiequalitäten im Menschen werden ausbalanciert, was sich ebenfalls in einer **ausgeglicheneren Haltung** ausdrückt.
- Das tiefe und langsame Atmen und besonders die Phase des Luftanhaltens hat auf verschiedenen Ebenen des Menschen positive Wirkung - unter anderem verfügt man über **mehr Energie**, da Prana, die Lebensenergie bei langsamer Atmung und beim Luftanhalten besser aufgenommen werden kann.

Gegenanzeigen

- Wenn man einen inneren Widerstand gegen das Luftanhalten fühlt, sollte die Wechselatmung ohne Kumbhaka durchgeführt werden.
- Schwangere und Kinder dürfen kein Kumbhaka durchführen.

Die klassischen acht Kumbhakas

Nachdem nun in den ersten Schritten das Atemsystem durch die Reinigungsatmung (Kapalabhati) vorbereitet wurde, die Nadis durch Nadi Shodhana gereinigt wurden und die für die weiterführenden Pranayamas notwendigen ergänzenden Techniken, die Bandhas, erlernt und geübt wurden (Kapitel 3.7), kann nach ein bis zwei Jahren mit der nächsten Stufe der Prana-Arbeit begonnen werden.

Die diese Stufe kennzeichnenden **Attribute** sind:

- Längere Kumbhaka-Phasen und damit Intensivieren des Übens;
- Anwenden von ergänzenden Techniken (Mudras und Bandhas);

- Erhöhen der Übungsdauer von anfangs zehn bis fünfzehn Minuten auf dreißig Minuten täglich und mehr (sehr intensiv praktizierende Hatha Yogis üben täglich mehrere Stunden Pranayama!).

Die für die fortgeschrittene Pranayama-Praxis erforderlichen **Voraussetzungen** sind:

- Die Fähigkeit, in einer meditativen Sitzstellung zu sitzen (es sollten nur Siddhasana, Svastikasana oder (Ardha-) Padmasana verwendet werden, nicht mehr Sukhasana oder Vajrasana). Die Stellung muss völlig aufrecht, mühelos und entspannt für mindestens dreißig Minuten gehalten werden können.
- Die Fähigkeit, in einer Pranayama-Sequenz (etwa zehn bis fünfzehn Runden Nadi Shodhana) ohne Schwierigkeiten (Antar-) Kumbhaka-Phasen von mindestens zwanzig Sekunden halten zu können;
- Die Reinigung der Nadis durch das regelmäßige (möglichst tägliche) Üben von Nadi Shodhana über einen Zeitraum von sechs bis vierundzwanzig Monaten;
- Die Lebensführung sollte weitgehend auf Sattva ausgerichtet sein: Reduzieren von belastenden Lebensmitteln (Fleisch), Getränken (Alkohol) sowie des Tabak-Konsums (Tamas meiden!);
- Auch das Einschränken der sexuellen Aktivität ist empfehlenswert.

Erst wenn diese Voraussetzungen gegeben sind, darf ein wirklicher Erfolg und die volle Wirkung der fortgeschrittenen Pranayamas erwartet werden.

Der angegebene Rhythmus dieser Pranayamas ist nicht mehr in dem selben Maße verbindlich wie bei Nadi Shodhana; er soll eher als ein Übungsansatz betrachtet werden. Bei fortschreitendem Üben werden insbesondere die Kumbhaka-Phasen auf ein Maximum ausgedehnt, das Verhältnis Einatmen : Anhalten : Ausatmen passt sich den individuellen Gegebenheiten an.

Die folgenden Pranayamas sind die acht in der Hatha Yoga Pradipika beschriebenen klassischen Kumbhakas.

1. Surya Bheda (die Sonnen-Atmung)

Surya bedeutet „Sonne"; dies bezieht sich auf den nach außen gerichteten, aktiven, physischen Aspekt des Individuums - auf Pingala. Die Einatmung findet bei dieser Technik nur durch das rechte Nasenloch statt. Bheda heißt „durchbohren" und bezieht sich auf das Aktivieren der Pingala Nadi.

2,48: Nachdem er auf einem angenehmen Sitz platzgenommen und eine leichte Asana eingenommen hat, sollte der Yogi langsam den Atem durch die rechte Nadi, Pingala, ziehen. Das ist Surya Bheda.

2,49: Er sollte Kumbhaka praktizieren, bis er fühlt, dass Prana die Gesamtheit seines Körpers von Kopf bis zu den Zehen durchzieht. Dann sollte er langsam durch das linke Nasenloch ausatmen.

2,50: Diese Surya Bheda Kumbhaka sollte immer wieder verrichtet werden, da sie das Gehirn reinigt, die Eingeweidewürmer und die Beschwerden aus dem Überschuss von Wind zerstört.

Durchführung

1. Nimm deine bevorzugte Sitzstellung ein. Sitze aufrecht und entspannt. Schließe die Augen und atme einige Male ruhig und tief durch.
2. Forme mit der rechten Hand Vishnu Mudra und schließe das linke Nasenloch mit dem rechten Ringfinger. Atme langsam und vollständig ein. Konzentriere dich dabei auf Bhrumadya, die Stelle zwischen den Augenbrauen (Shambhavi Mudra).
3. Halte die Luft an und schließe Jalandhara Bandha und Mula Bandha. Halte Antar Kumbhaka. Konzentriere dich dabei auf die Kontraktion im Muladhara-Bereich.
4. Öffne die Bandhas wieder und atme sehr langsam durch das linke Nasenloch aus. Konzentriere dich dabei auf Bhrumadya .
5. Dies ist eine Runde Surya Bheda. Führe fünf bis zehn Runden dieser Übung durch.

Variationen

1. Mit einiger Erfahrung kannst du die Kumbhaka-Phase auf ein Maximum verlängern, wobei du deine Grenzen sehr gut kennen musst. Eine Fortsetzung von weiteren Runden Surya Bheda sollte ohne weiteres möglich sein, ohne dass die Notwendigkeit einer Zwischenatmung entsteht.
2. Man findet vereinzelt Hinweise und Übersetzungen der klassischen Hatha Yoga Texte, dass auch die Ausatmung bei Surya Bheda durch das rechte Nasenloch erfolgt.
3. Alternativ zu Surya Bheda kann - mit entgegengesetzten Wirkungen - **Chandra Bheda** (Mond-Atmung) geübt werden. Hierbei wird links eingeatmet und rechts ausgeatmet, also genau umgekehrt.

Diese Pranayama soll nur mäßig intensiv und in weniger Runden als Surya Bheda durchgeführt werden. Wenn während der letzten Stunden Prana durch Ida (linkes Nasenloch) geflossen ist, sollte man auf Chandra Bheda verzichten.

Wirkungen

- Die solare Nadi wird geöffnet und durchlässig gemacht, durch Nervenverbindungen wird die linke Hirn-Hemisphäre aktiviert. Dies bewirkt eine Stärkung der Pingala-Tendenz: man fühlt sich aktiviert, unternehmungslustiger, risikofreudiger.
- Die Anwendung von Bandhas und Kumbhaka in der Übung vereint Prana und Apana, was zur Erweckung der Kundalini-Shakti führt. Kundalini wird durch Mula Bandha nach oben geführt und das spirituelle Bewusstsein entwickelt.
- Nach der Gerandha Samhita, einer weiteren klassischen Schrift über Hatha-Yoga, wird auch das Verdauungs-Feuer erhöht (was sich aus der Aktivierung der Pingala-Energie ergibt). Die Zellatmung wird angeregt; dies kann sich in einem allmählich ansteigenden Gefühl der Körperwärme bemerkbar machen.
- Der oben angeführte Hinweis in der Hatha Yoga Pradipika (2,50) auf das Beheben der Übel, die von zu viel „Wind" verursacht wurden, bezieht sich auf ein Übermaß an Vata (einer der drei Konstitutionstypen aus dem Ayurveda, das „Luftelement"). Surya Bheda erhöht die Pitta-Dosha, das Feuer-Element und ist daher für Vata-dominierte Menschen, die über zu wenig Pitta verfügen, sehr hilfreich.

Gegen-Anzeigen

Folgende Situationen können durch Surya Bheda verschlechtert werden:

- Hoher Blutdruck
- Fieber
- Nervosität und Überaktivität, Aggression
- Hitzewallungen in den Wechseljahren
- Vermeide Surya Bheda auch, wenn Prana während der letzten Stunden durch Pingala (rechtes Nasenloch) gegangen ist. Das zusätzliche Stimulieren von Pingala würde das System aus dem Gleichgewicht bringen, überhitzen und die Sinne zu sehr nach außen richten.

2. Ujjayi

Ud bedeutet hinauf, nach außen, aber auch: laut werden

Jaya heißt siegen, erobern.

Ujjayi wird auch als „die Siegreiche" übersetzt: „In Ujjayi sind die Lungen voll ausgedehnt und die Brust ist vorgeschoben wie die eines mächtigen Eroberers".

Die Besonderheit des Ujjayi ist, dass es nicht nur ein Kumbhaka ist, sondern auch in Meditation und Asana angewendet werden kann: Der in dieser Technik eingesetzte Reibelaut in der Kehle hilft in der Meditation zur Verinnerlichung der Wahrnehmung und kann auch die Wirkungen der Asanas vertiefen und ergänzen. Ujjayi wird bei Satyananda auch der „Psychische Atem" genannt, weil er zu tieferen Bewusstseinszuständen zu führen vermag.

Hatha Yoga Pradipika:

2,51: Während du den Mund schließt, ziehe den Atem durch die Nasenlöcher mit Geräusch hoch, bis der Atem den Raum von der Kehle bis zum Herzen erfüllt.

2,52: Führe Kumbhaka wie zuvor (bei Surya Bheda) aus und atme durch Ida aus.

2,53: Das wird Ujjayi genannt, und es sollte gehend oder sitzend praktiziert werden. Es beseitigt alle Beschwerden von den Nadis und den Dhatus, wie auch die Wassersucht.

(Anmerkung: Die Dhatus sind die sieben Substanzen des Körpers: Haut, Fleisch, Blut, Knochen, Mark, Fett und Samen)

Eine schlafende Person entwickelt in einer bestimmten Phase des Schlafes spontan und natürlich die für Ujjayi erforderliche Verengung der Glottis (Stimmritze), sodass ihre Atmung vernehmbar wird (manchmal entwickelt sich dieses natürliche Ujjayi weiter zum Schnarchen - doch dies wird hier nicht angestrebt).

Als Übung kann man versuchen, so laut zu flüstern, dass man in einigen Metern Entfernung noch gehört würde. Dies erzeugt ebenfalls die notwendige Position der Glottis.

Der so entstehende Laut wird im folgenden als „Ujjayi-Reibelaut" bezeichnet.

Durchführung

1. Nimm deine bevorzugte Sitzstellung ein. Wenn diese Pranayama die erste in einer Übungsfolge sein sollte, so führe davor ein oder zwei Runden Kapalabhati durch.

   Sitze aufrecht und entspannt. Schließe die Augen und atme einige Male ruhig und tief durch.
2. Verenge die Kehle, sodass bei der Einatmung ein Reibelaut entsteht und atme so langsam und vollständig ein. Die Lungen sollen am Ende der Einatmung bis zum Maximum gefüllt sein, jedoch ohne das Lungengewebe zu überdehnen.
3. Halte die Luft an und schließe gleichzeitig Jalandhara Bandha und Mula Bandha. Halte Antar Kumbhaka, so lange es dir ohne dich zu überanstrengen möglich ist. Konzentriere dich dabei auf die Kontraktion im Muladhara-Bereich.
4. Öffne die Bandhas wieder, zuerst Jalandhara und dann Mula Bandha, und atme sehr langsam durch das linke Nasenloch aus.
5. Dies ist eine Runde Ujjayi. Führe zehn bis fünfzehn Runden dieser Übung oder einer der Variationen durch.

Variationen

1. Eine vereinfachte Form entsteht, wenn man die Kumbhaka-Phase (und damit die Bandhas) weglässt. Bei dieser Variante wird durch beide Nasenlöcher ein- und ausgeatmet. Nach einiger Zeit des Übens kann die Kehle trocken werden. Wende zusätzlich Jihva Bandha (Seite 168) an, um dem entgegenzuwirken.

   Durch den die Kehle reinigenden Effekt der Ujjayi-Atmung kann das Bedürfnis, sich zu räuspern entstehen. Deshalb ist es sinnvoll, diese vereinfachte Form des Ujjayi für einige Runden durchzuführen, bevor man mit der Haupttechnik beginnt, sodass bei dieser der Kehlbereich einigermaßen gereinigt ist.
2. Fortgeschrittene können zusätzlich eine Phase des Bahir Kumbhaka (ausgeatmetes Luftanhalten) mit Maha Bandha (siehe folgendes Kapitel) für ungefähr zehn Sekunden durchführen.
3. Liegend kann diese Übung vor dem Einschlafen helfen, wenn man unter Einschlaf-Schwierigkeiten leidet. Allerdings sollte Tiefe und Rhythmus der Atmung hier normal sein und nicht vertieft.
4. Ebenso kann die charakteristische Ujjayi-Atmung auch während der Asanas, ja sogar beim Gehen angewendet werden. Dies dient dem Nach-Innen-Wenden des Geistes.

Wirkungen

- Ähnlich wie Jalandhara Bandha wird durch die Kontraktion in der Kehle Druck auf Nervenendungen im Sinus Caroticus ausgeübt, was das autonome Nervensystem zum Reduzieren des Blutdruckes stimuliert. Deshalb wird Ujjayi, allerdings ohne die Anwendung von Kumbhaka und Bandhas, für Menschen empfohlen, die unter Herz- und Kreislaufproblemen, insbesondere Bluthochdruck leiden. Personen, die unter Stress stehen (Ärger, Zorn), wenden den Ujjayi-Atem oft unbewusst an!
- Es kann im physischen Bereich eine starke schleimlösende und damit reinigende Wirkung beobachtet werden. Im astralen Bereich wird Vishuddha Chakra angeregt.
- Ujjayi hilft, den Geist „einpünktig“ und introvertiert zu machen und induziert einen meditativen Zustand. Deshalb kann diese Technik auch vor der Meditation geübt werden; zusätzlich kann die Ujjayi-Atmung auch in der Meditation selbst (allerdings im normalen Atemrhythmus und ohne Kumbhakas) eingesetzt werden.
- Der Austausch von Luft und die Aufnahme von Prana ist durch den bei dieser Technik erhöhten Druck und Unterdruck im Thorax verbessert. Der Druck auf die Bauchorgane stimuliert die Zentren psychischer Energie, die mit dieser Region in Verbindung sind, insbesondere Anahata, Manipura und Svadhisthana Chakra.
- Die Anwendung von Bandhas und Kumbhaka in der Übung vereint Prana und Apana, was zur Erweckung der Kundalini-Shakti führt. Kundalini wird durch Mula Bandha nach oben geführt und das spirituelle Bewusstsein entwickelt.

Gegen-Anzeigen

- Wer unter niedrigem Blutdruck leidet, sollte eher vitalisierende Pranayamas, wie Surya Bheda und Kapalabhati durchführen, um seinen Zustand zu normalisieren.
- Wegen der introvertierenden Wirkung sollten auch Menschen, die sehr zurückhaltend, schüchtern und introvertiert sind, Ujjayi nicht durchführen. In diesem Fall sind rückwärtsbeugende und stehende Asanas, das Sonnengebet und aktivierende Pranayamas (Kapalabhati, Surya Bheda) zu empfehlen.

3. Sitali und 4. Sitkari

Diese Techniken gehören zu den beruhigenden, kühlenden Übungen des Pranayama. Wegen der geringen Unterschiede wurde die Übung Sitkari integriert und als Variante von Sitali betrachtet.

Sit bedeutet kühl, kalt. Sital bedeutet Ruhe, Emotionslosigkeit. Sitali kühlt also einerseits das physische System unseres Körpers, andererseits übt es beruhigende, „kühlende" Wirkung auf den Geist aus.

Während in den anderen Pranayama-Techniken durch die Nase geatmet wird, findet hier die Einatmung durch den Mund statt, wobei der physisch kühlende Effekt eintritt. Da der wärmende Effekt der Passage durch die Nase umgangen wird, ist die Luft, die das Körperinnere erreicht, kühler. Zusätzlich trägt die Feuchtigkeit innerhalb des Mundes zum kühlenden Effekt bei.

Da der Reinigungseffekt der Nase bei Sitali ebenfalls umgangen wird, ist es ratsam, diese Übung nur in reiner Luft durchzuführen.

Hatha Yoga Pradipika:

2,57: Während er die Zunge ein kleines Stück vorschiebt, sollte er das Prana einatmen, und nachdem er Kumbhaka durchgeführt hat, sollte er durch die Nase ausatmen.

2,58: Dieses Kumbhaka, **Sitali** genannt, zerstört Beschwerden des Unterleibs und der Milz und andere Beschwerden wie auch Fieber, Gallenleiden, Hunger, Durst und Vergiftungen.

2,54: Indem man die Zunge zwischen die Lippen setzt und den Atem mit einem zischenden Ton in den Mund zieht, so sollte Puraka gemacht werden, und dann Rechaka nur mit den beiden Nasenlöchern. Das wird **Sitkari** genannt. Durch das Wiederholen dieser Übung wird man zu einem zweiten Gott der Schönheit.

2,55: Unter den Frauen wird er zum Gegenstand der Bewunderung; er kann tun und lassen, was er will und fühlt weder Hunger noch Durst noch Schmerz.

2,56: Durch diese Praktik gewinnt er Stärke des Körpers und wird Herr der Yogis, wobei er frei bleibt von jeder Art der Schädigung.

Durchführung:

1. Nimm deine bevorzugte Sitzstellung ein. Sitze aufrecht und entspannt. Schließe die Augen und atme einige Male langsam und tief durch.
2. Öffne den Mund leicht und schiebe die Zunge heraus, soweit es dir ohne Schwierigkeiten möglich ist. Falte die Seiten der Zunge nach oben, sodass sie eine Art Röhre formt. Ziehe durch diese Röhre langsam Luft ein, bis die Lunge vollständig gefüllt ist. Dabei entsteht ein zischendes Geräusch.

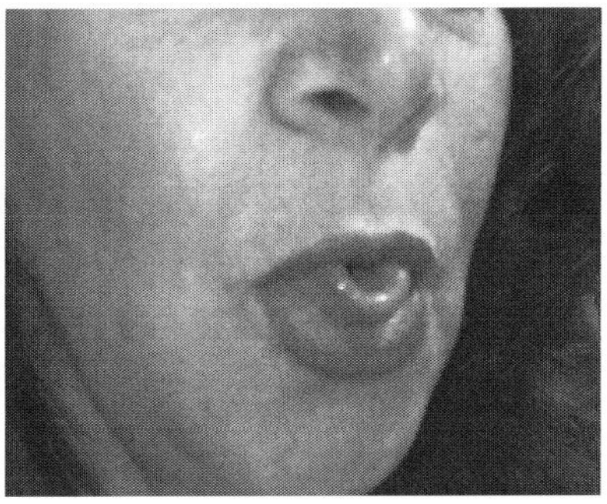

3. Ziehe die Zunge zurück und schließe den Mund; halte Antar Kumbhaka und schließe Jalandhara und Mula Bandha.
4. Atme, nachdem du die Bandhas gelöst hast, durch beide Nasenlöcher aus.
5. Führe fünf bis zehn Wiederholungen dieser Übung durch.

Variationen

1. Diese Übung kann auch ohne Kumbhaka und Bandhas durchgeführt werden. Dabei wird der kühlende Effekt mehr betont als die pranischen Wirkungen (Vereinigen von Prana und Apana; Lenkung der Energie in die Sushumna)
2. Die ebenfalls in der Hatha Yoga Pradipika erwähnte Technik **Sitkari** unterscheidet sich nur wenig von Sitali. Da einige Menschen aus genetischen Gründen die Zunge nicht zu der in Sitali erforderlichen Form rollen können, bietet sich Sitkari als Alternative an. In Sitkari verbleibt die Zunge im Mundinneren und wird nach oben an den weichen Gaumen gelegt. Es wird so eine im Mund querliegende Rolle gebildet; die Zungen-Unterseite berührt die vorderen Schneidezähne. Die Zähne bleiben aufeinander gelegt, werden aber gebleckt; die Lippen werden also zurückgezogen. Alle anderen Elemente der Technik sind gleich wie Sitali.
3. Kaki Mudra Pranayama, die „Krähen-Atmung". In Kaki Mudra werden die Lippen gespitzt, ähnlich wie zum Kuss oder zum Pfeifen. Es wird ein kleines Loch für die Einatmung freigehalten. Atme auf diese Weise durch den Mund ein, halte Antar Kumbhaka und Bandhas (dies kann auch ausgelassen werden) und atme durch die Nase aus.

Die Krähe, sagt man, wird niemals krank. Ebenso verhilft Kaki Mudra Pranayama zu guter Gesundheit und vertreibt sowohl Müdigkeit als auch Rastlosigkeit. Die anderen Wirkungen sind gleich wie bei Sitali.

Wirkungen

- Bei Fieber und in heißer Umgebung wird der Körper gekühlt. Frauen in den Wechseljahren finden Erleichterung;
- Anregung der Verdauung, von Leber und Milz;
- Schlechter Mundgeruch wird beseitigt;
- Der Geist wird beruhigt;
- Galle und Übersäuerung des Körpers werden reduziert;
- Die durstlöschende Wirkung entsteht aus der Anregung der Speicheldrüsen durch den Luftstrom durch den Mund;
- Der Hinweis aus der Pradipika über die Schönheit bezieht sich auf die Erhöhung der pranischen Energie (die nicht nur aus Sitkari, sondern aus allen Pranayamas und natürlich auch aus Asanas entsteht), welche einen Menschen für andere attraktiver werden lässt: Man beginnt „von innen her zu strahlen".

Gegen-Anzeigen

- Lungen-Krankheiten, Bronchitis, Übermaß an Schleim im Atemsystem;
- Bei Herzkrankheiten sollten keine Kumbhakas und Bandhas angewendet werden;
- Sehr häufiger Einsatz von Sitali und Sitkari kann nach van Lysebeth zu Angina und Bronchitis führen. Insbesondere bei kühlem Wetter oder bei trockener Luft soll Sitali /Sitkari nicht geübt werden, da die Rachenmandeln gereizt werden können, was zu Halskratzen und sogar zu Halsentzündung führen kann.

5. Bhastrika

Bhastra ist der Blasebalg, der zum Belüften des Feuers verwendet wird. In Bhastrika arbeitet das Zwerchfell mit kräftigen Bewegungen, um das innere Feuer anzufachen. Bhastrika ist die mächtigste und wirksamste von allen Pranayamas und erfordert ein vorsichtiges und allmähliches Vorgehen.

2,60: Der Yogi, der in Padmasana Platz genommen hat, soll den Mund schließen und durch die Nasenlöcher ausatmen, bis er Druck auf dem Herzen, der Kehle und dem Gehirn fühlt.

2,61: Dann sollte er den Atem mit einem zischenden Laut einziehen, bis er gegen das Herz schlägt und dabei die ganze Zeit seinen Körper und seinen Kopf aufgerichtet halten.

2,62: Wieder sollte er den Atem einziehen und ihn ausatmen wie zuvor angewiesen. Mache weiter, immer wieder, so schnell wie der Schmied seinen Blasebalg bearbeitet.

2,63: Er soll dann das Prana ständig (durch Puraka und Rechaka) in seinem Körper in Bewegung halten. Wenn er müde wird, sollte er durch das rechte Nasenloch einatmen.

2,64: Nachdem der Atem rasch den Bauch füllt, sollte er seine Nase mit dem Daumen, dem Ringfinger und dem kleinen Finger schließen.

2,65: Nachdem er Kumbhaka den Regeln gemäss ausgeführt hat, sollte er durch das linke Nasenloch ausatmen. Das beseitigt die Beschwerden, die vom Übermaß an Wind, Galle und Schleim kommen, und steigert das Verdauungsfeuer im Körper.

2,66: Das bringt Kundalini schnell hoch. Es reinigt die Nadis beträchtlich, es ist angenehm und ist die allerbeste von allen Kumbhakas. Es beseitigt den Schleim, der am Mund der Sushumna ist.

2,67: Dieses Bhastrika Kumbhaka sollte besonders praktiziert werden, weil es Prana befähigt, alle drei Granthis in der Sushumna zu durchbrechen.

Durchführung:

1. Beide Nasenlöcher müssen frei sein. Nötigenfalls kann Neti angewendet werden, um die Nase von Schleim zu reinigen.

   Für Bhastrika ist eine besonders feste und stabile Sitzposition erforderlich: Am besten geeignet ist Padmasana, der Lotussitz. Bereite dich auf Bhastrika vor; am besten geschieht das durch eine Runde Kapalabhati und einige Runden Nadi Shodhana.

2. Atme tief ein und dann kräftig und vollständig aus. Setze mit schneller Ein- und Ausatmung im Rhythmus von einem Atemzug je Sekunde fort, bis die festgelegte Anzahl von Atemzügen (siehe Tabelle) erreicht ist.

Die Atmung in Bhastrika lässt sich mit Kapalabhati vergleichen, ist aber in einigen Punkten von dieser deutlich unterschiedlich:

	Kapalabhati	Bhastrika
Einatmung	passiv	aktiv (sekundär)
Ausatmung	aktiv	aktiv (primär)
Tiefe der Atemzüge (% der Vitalkapazität)	ca 20 %	ca 60 - 80 %
Beteiligt an der Ausatmung	Bauchmuskeln	gesamter Atemapparat
Charakteristik der Ausatmung	Stoß, Ruck	forcierte Ausatmung (Strom)

Die Intensität der Atmung bei Bhastrika kann leicht, mittel oder stark sein.

Satyananda: „Die Praxis erfordert kräftige und schnelle Atemzüge. Dies bedeutet NICHT, dass man extreme Kraft aufwenden soll. Es gibt keine Notwendigkeit, die Zähne aufeinander zu beißen und das Gesicht zu verziehen. Die Atemzüge sollen rhythmisch und kontrolliert erfolgen. Eigentlich sollen sie mit einer Haltung der inneren Entspanntheit erfolgen."

3. Nach der letzten forcierten Ausatmung schließe unmittelbar Maha Bandha (Seite 173) und halte für zwanzig Sekunden Bahir Kumbhaka. Konzentriere dich dabei auf Muladhara Chakra.

4. Schließe das linke Nasenloch und atme sehr tief durch das rechte Nasenloch ein. Schließe abermals Maha Bandha und halte so lange wie möglich Antar Kumbhaka.
5. Dann atme sehr langsam durch das linke Nasenloch aus.
6. Dies ist eine Runde Bhastrika. Atme für einige Atemzüge normal, bis du dich für die nächste Runde bereit fühlst. Führe je nach Übungsfortschritt und Intensität ein bis drei Runden durch.

Variationen

Je nach Übungsfortschritt wird Bhastrika unterschiedlich geübt; am Anfang wird, wie aus der Tabelle ersichtlich, das Luftanhalten mit leerer Lunge (Bahir Kumbhaka) ausgelassen.

Es gibt eine Anzahl von unterschiedlichen Variationen von Bhastrika - in einigen Schulen wird diese Bezeichnung sogar für Kapalabhati verwendet. Variationen, bei denen die intensive Atmung nur durch ein Nasenloch erfolgt, werden hier nicht behandelt.

Es ist bei dieser und bei anderen fortgeschrittenen Übungen nicht sinnvoll, Variationen durchzuführen. Da sich Körper und Geist auf die Übung einstellen, kann die stets gleich durchgeführte Technik bessere Wirkungen bringen als wenn ständig die Technik gewechselt würde. Ausgenommen davon ist die Veränderung der Übung mit fortschreitender Praxis innerhalb der in der Tabelle angegebenen Faktoren.

Wirkungen

- Die Alveoli (Lungenbläschen) werden durch die intensive Atmung geöffnet. Viele Alveoli bleiben bei normaler Atmung geschlossen. Schleim bildet sich und bildet eine Brutstätte für Krankheiten. Durch die volle Öffnung der Alveoli werden diese gereinigt und belebt, und gleichzeitig wird das Blut effektiver mit Sauerstoff versorgt. Stagnierende Luft wird gemeinsam mit Bakterien und Schleimpartikeln ausgestoßen.

ÜBUNGSTABELLE „BHASTRIKA"

Stufe	Intensität	Anzahl Atemzüge	Bahir Kumbhaka	Antar Kumbhaka
1	leicht	5 - 8	nein	MaB 20 Sek
2	leicht	10 - 12	nein	MaB 20 Sek
3	leicht	15 - 20	nein	MaB 20 Sek
4	mittel	5 - 8	Maha Bandha 10 Sekunden	MaB 20 Sek
5	mittel	10 - 12	Maha Bandha 15 Sekunden	MaB 30 Sek
6	mittel	15 - 20	Maha Bandha 20 Sekunden	MaB 40 Sek
7	stark	10 - 12	Maha Bandha 20 Sekunden	MaB 40 Sek
8	stark	15 - 20	Maha Bandha 25 Sekunden	MaB 50 Sek
9	stark	20 - 30	Maha Bandha 25 Sekunden	MaB 50 Sek
10	stark	30 - 50	Maha Bandha 30 Sekunden	MaB 1 Minute

Anmerkung: die Dauer der Kumbhaka-Phasen ist nur ein Richtwert und mag nach eigenem Ermessen angepasst werden.

MaB = Maha Bandha

- Der gesamte Metabolismus wird angeregt und beschleunigt, was zu einer Reinigung und besseren Funktion aller Körperzellen führt. Durch Erhöhen der Körpertemperatur findet auf allen Ebenen eine reinigende Wirkung statt: Verbesserte Blutzirkulation, Blutreinigung und verbesserte Zellatmung.
- Durch die intensiven Atemstöße erhalten die Verdauungs- und Ausscheidungsorgane eine sehr intensive und wirksame Massage, was ihre Funktion verbessert.
- Bhastrika hat einen wunderbaren belebenden und gleichzeitig harmonisierenden Einfluss auf den Geist.
- Der Prana-Fluss im gesamten Körper wird erhöht. Dies führt zu dem Gefühl von Frische und Kraft und zu verbesserter allgemeiner Gesundheit.
- Das Prana-Niveau des Menschen wird erhöht, was auf die Erhöhung der Samana Vayu durch die intensive Prana-Apana Interaktion während der schnellen Atemzüge zurückzuführen ist.
- Die Bandhas und Kumbhakas in Verbindung mit der intensiven Atmung haben weitreichende Auswirkungen auf die spirituelle Energie im Menschen: Prana und Apana werden vereinigt und in die Sushumna geleitet; gleichzeitig bewirkt die astrale Hitze eine Reinigung der Sushumna.

  Durch die Kraft dieser Übung wird auch an einem (temporären) Durchbrechen der drei Granthis gearbeitet. Dies bewirkt, dass man sich vom starken Einfluss der Sinne zu lösen beginnt, das Bedürfnis nach Befriedigung der Sinne lässt nach, es erwächst innerer Frieden.

  Bhastrika ist imstande, die Kundalini-Shakti zu erwecken, die sich durch die nun gereinigte Sushumna Nadi zu bewegen beginnt.
- Swami Muktibodhananda: „Die bedeutendste physiologische Wirkung wird auf Gehirn und Herz ausgeübt. Bhastrika regt die Zirkulation der zerebrospinalen Flüssigkeit an und erzeugt durch zu- und abnehmenden Druck einen Massageeffekt auf das Gehirn. Die rhythmische Pumpbewegung des Zwerchfells stimuliert Herz und Blutkreislauf. Die beschleunigte Blutzirkulation und Zellatmung erzeugt Hitze und reinigt so das System....

  Bhastrika verbessert die Verdauung, regt den Appetit an, beschleunigt den Metabolismus und stärkt das Nervensystem. Bhastrika hilft bei Tuberkulose, Verstopfung, Ischias, Rheuma, Arthritis, Krebs sowie bei physischen oder mentalen Verspannungen.

  Die gewaltige Hitze, die durch Bhastrika erzeugt wird, reinigt Sushumna Nadi und bereitet sie für den Aufstieg der Kundalini-Kraft vor. ... Den motorischen und sensorischen Nervenfasern wird durch Bhastrika Energie entzogen, sodass diese für das menschliche Verhalten weniger bestimmend werden. Dadurch wird das Nervensystem gestärkt und es entsteht emotionales Gleichgewicht und innere Zufriedenheit. So wirkt sich das Durchbrechen der Granthis auf der psychischen Ebene aus."

Vorsichtsmaßnahmen und Gegen-Anzeigen

Durch die starke reinigende Wirkung von Bhastrika kann es bei zu intensivem Üben zu Hautausschlägen, verstärktem Zungenbelag und ähnlichen Erscheinungen kommen. Daher soll man mit dieser Technik sanft und vorsichtig beginnen und erst nach und nach Intensität und Anzahl der Runden steigern.

Treten beim Üben Schwindelgefühle oder Übelkeit auf, so ist unmittelbar abzubrechen. Dies zeigt, dass die Technik nicht korrekt oder zu intensiv durchgeführt wurde.

Bei fehlerhaftem Üben, insbesondere bei verkrampften und zu heftigen Atemstößen drohen Beschädigungen des Lungengewebes (Emphysem).

Durch die überaus mächtigen spirituellen Wirkungen von Bhastrika sollten besonders sensitive und auch labile Menschen und solche, die nicht sicher sind, ob sie ausreichend vorbereitet sind, nicht ohne Rücksprache mit einem erfahrenen und selbst praktizierenden Yoga-Lehrer diese Technik durchführen. Dies betrifft besonders die höheren Intensitätsstufen.

Bhastrika sollte nicht praktiziert werden bei:

- Bluthochdruck
- Magengeschwüren
- Bruch
- Herzkrankheiten
- Schwangerschaft

Asthma- und Bronchitis-Patienten und Tuberkulose-Rekonvaleszente dürfen Bhastrika nur unter Aufsicht und nur in den Stufen 1 - 3 durchführen.

6. Bhramari - die Hummel

Der in dieser Technik eingesetzte Summton wird verwendet, um Bewusstheit der inneren Klänge zu wecken.

Hatha Yoga Pradipika:

2,68: *Atme schnell ein, indem du den summenden Ton einer männlichen Hummel von dir gibst. Dann atme langsam aus, indem du das leise Summen einer weiblichen Hummel nachahmst. Durch diese Technik wirst du Herr der Yogis und erfährst unbeschreibliche Wonne.*

Durchführung

1. Sitze in deiner bevorzugten meditativen Sitzstellung. Schließe die Augen und atme einige Male tief und langsam durch.
2. Schließe mit den Zeigefingern die Ohren und atme durch die Nase zügig ein.
3. Halte Antar Kumbhaka und wende dabei Jalandhara Bandha und Mula Bandha an. Halte dies, so lange es dir leicht möglich ist.
4. Löse Bandhas und Kumbhaka und atme mit einem tiefen Summton sehr langsam aus.
5. Dies ist eine Runde Bhramari. Übe zehn bis fünfzehn Runden. Verharre nach der Übung noch einige Minuten in der Stille, wobei die Ohren noch verschlossen bleiben können. Lausche nach innen, auf die inneren Klänge, die möglicherweise hinter dem Nachhall des Summtones fühlbar werden.

Variationen

1. Der Schritt (3) kann ausgelassen werden.
2. Anstatt des einfachen Zuhaltens der Ohren kann auch Shanmukhi Mudra eingesetzt werden.
3. Da bei längerem Üben ein Ermüden der Arme sehr wahrscheinlich ist, ist es in dieser Technik empfehlenswert, die Beine aufzustellen und die Ellenbogen auf die Knie abzustützen. Versuche dennoch, die Wirbelsäule möglichst aufrecht zu halten. Lege einen Meditationspolster oder eine zusammengerollte Decke so unter, dass Druck auf Muladhara Chakra entsteht, was die Wirkung der Übung steigert.

Wirkungen

- Erleichtert bei mentaler Verspannung und Angstzuständen
- Wut und Zorn werden beruhigt
- Der Geist wird einpünktig und fähig zur Konzentration
- Die Bewusstheit der inneren Klänge wird geweckt.

7. Murcha

Murcha bedeutet „Bewusstlosigkeit, bewusstlos werden" und bezieht sich auf die Veränderung des Bewusstseins in dieser sehr intensiven Technik. Murcha darf nur unter Begleitung einer in Hatha Yoga und insbesondere dieser Technik sehr erfahrenen Person durchgeführt werden.

Durchführung

Zur Beachtung: Wer Murcha durchführen möchte, muss über mindestens drei Jahre regelmäßig Nadi Shodhana geübt haben, sodass die Nadis gereinigt sind. Weiters sollte er über ein Jahr andere fortgeschrittene Pranayamas wie Ujjayai, Bhramari und Bhastrika geübt haben, denn dann ist der Körper und Geist soweit sensibilisiert, dass der Übende ein gutes Gefühl entwickelt hat, wie weit er bei Murcha gehen darf. Schließlich ist es unbedingt notwendig, seit längerer Zeit nach den geistigen Richtlinien des Yoga (Yama, Niyama, Ernährung) zu leben - nur dann wird Murcha dem Nervensystem nicht Schaden zufügen, sondern die weiter unten diskutierten positiven Wirkungen entfalten.

1. Sitze in deiner bevorzugten meditativen Sitzstellung. Schließe die Augen und atme einige Male tief und langsam durch.
2. Atme langsam und tief durch die Nase ein, während du den Kopf nach oben und hinten neigst (nicht zu weit; die Blickrichtung wäre etwa zwanzig bis dreißig Grad aufwärts), die geöffneten Augen sind jedoch auf das Augenbrauenzentrum gerichtet.
3. Halte die Luft an. Halte so lange die Luft an wie es dir möglich ist und du den Drang verspürst, auszuatmen. Halte die Luft danach nur noch wenige Sekunden länger an.
4. Dann beginne langsam und kontrolliert auszuatmen, während der Kopf allmählich wieder in seine normale Position zurückgebracht wird.

5. Atme einige Male normal weiter, bis du dich für die nächste Runde bereit fühlst. Setze so lange fort, bis du das Gefühl der nahenden Bewusstlosigkeit verspürst. Werde dir dann der subtilen Veränderungen im physischen, vor allem aber im astralen und mentalen Körper bewusst.

Anmerkung: Nach Erreichen dieser „Grenz-Erfahrung" darf Murcha nicht weiter durchgeführt werden. Sitze nur weiter in der Meditationsstellung und gehe tief in die Erfahrung der veränderten Bewusstseinsebene hinein.

Wirkungen

- Nach Erkenntnissen der Medizinischen Akademie in der ehemaligen Sowjetunion, Dr. Filatow, finden in Geweben, die sehr ungünstigen bis lebensbedrohlichen Bedingungen ausgesetzt werden, chemische Veränderungen statt: Es werden nichtspezifische Biostimulantien erzeugt und abgegeben, die fähig sind, alle vitalen Reaktionen im Organismus anzuregen. Diese Erkenntnis stimmt mit den jahrtausendealten Erfahrungen der Rishis und Yogis überein, dass fortgeschrittene und intensive Kumbhakas einen Jungbrunnen für Geist und Körper darstellen.
- Spannungen und Ängste lösen sich; es entsteht innere Ruhe und Klarheit.
- Die zentrale Wirkung von Murcha ist die der Erweiterung des Bewusstseins und des Induzierens eines meditativen Zustandes. Murcha klärt den Geist von unnötigen Gedanken und zieht Prana von den Sinnesorganen und damit von der Wahrnehmung der äußeren Welt ab. Das lange Luftanhalten bewirkt ein Gefühl der Leere und Stille im Geist.
- Satyananda: „Das leichte Schwindelgefühl und die Schwerelosigkeit haben zwei Gründe: Erstens verursacht der Druck auf die Blutgefäße im Nacken Druckverschiebungen in der Schädelhöhle, zweitens werden die lufthaltigen Räume in der Halsschlagader kontinuierlich zusammengedrückt, wodurch sich der Tonus des autonomen Nervensystems verändert und zu einem Ohnmachtsgefühl führt. Die Höhlen in der Halsschlagader sind lebensnotwendig, um die autonome Kontrolle über den Körperkreislauf aufrecht zu erhalten. Durch Kumbhaka wird vor allem bei längerem Atemanhalten die Sauerstoffzufuhr zum Gehirn reduziert."

Gegen-Anzeigen

Für diese Übung sind grundsätzlich alle Situationen kontra-indiziert, mit Ausnahme der folgenden:

Der / die Übende

- ist geistig und körperlich vollkommen gesund;
- ist durch regelmäßiges, möglichst tägliches Pranayama über einen Zeitraum von mindestens drei Jahren auf diese Übung vorbereitet;
- lebt, wie oben beschrieben, nach den geistigen Grundlagen des Yoga und beachtet insbesondere die Regeln der yogischen Ernährung.

8. Plavini

Dieses achte und letzte der klassischen Pranayamas schreibt ein Schlucken der eingeatmeten Luft in den Magen vor. Man sagt, mit einem so mit Luft gefüllten Magen kann man auf dem Wasser treiben wie ein Lotusblatt. (Plavini bedeutet „schwimmen, treiben")

Dies hilft dem Verdauungssystem, Gase auszuscheiden und Übersäuerung zu reduzieren. Plavini hilft auch, das Hungergefühl beim Fasten zu reduzieren.

Durchführung

1. Atme langsam ein und schlucke die eingeatmete Luft kleinweise in den Magen, ebenso, wie du Nahrung schlucken würdest.
2. Wiederhole dies, so oft wie möglich, bis sich der Magen voll anfühlt. Bewege dich dabei nicht, um ein vorzeitiges Entweichen der Luft zu verhindern.
3. Versuche, die Luft so lange wie möglich im Magen zu behalten und lasse sie erst dann entweichen.

Kontra-Indikationen

Diese Technik sollte nur gemeinsam mit einem erfahrenen Yoga-Lehrer durchgeführt werden.

Kevala Kumbhaka

Alle vorbereitenden und Hauptübungen des Pranayama haben das Ziel des freien und spontanen Stillstehen des Atems, Kevala Kumbhaka:

Wenn dieses (Kevala) Kumbhaka ohne irgendein Rechaka oder Puraka gemeistert worden ist, dann gibt es für ihn nichts mehr in diesen drei Welten, was er nicht erlangen könnte. Er kann seinen Atem anhalten so lange er möchte. Am Ende der Kumbhaka sollte er seinen Geist von jedwedem Gegenstand abziehen, was immer es auch sei. Durch regelmäßiges Praktizieren auf diese Weise erreicht er die Stufe des Raja Yoga.

HYP 2,74 und 2,77

Weitere und philosophische Aspekte zu Kevala Kumbhaka findest du auf Seite 73.

3.7

Mudras und Bandhas

Der Begriff „Mudra" bedeutet Stellung, Haltung, Geste, Symbol. Mudras sind spezifische Stellungen des Körpers oder von Körperteilen, die tiefgehende physiologische, psychische und geistige Veränderungen im Praktizierenden bewirken. Mudras sind mehr als lediglich körperliche Techniken. Sie schließen stets die geistige Komponente mit ein. So wird durch Mudras auf mehreren Ebenen Einfluss auf das geistige und qualitativ-pranische Geschehen genommen, viel tiefergehend, als dies bei Asanas möglich wäre.

Während Konzentration und Lenken der Achtsamkeit eine Ergänzung der Asana-Praxis darstellen, ist die Konzentration auf bestimmte geistige oder pranische Abläufe integraler Teil der meisten Mudras, wodurch eine Veränderung der Stimmung, des Verhaltens und der Wahrnehmung sowie eine Erweiterung des Bewusstseins und eine Vertiefung der Konzentration entstehen.

Die Durchführung von Mudras bewirkt, dass Prana nicht verloren gehen oder sich zerstreuen kann. Die Energie wird gebündelt und in bestimmte Bahnen gelenkt, um die Weckung der Kundalini-Energie zu unterstützen.

> „So sollte der Yogi die verschiedenen Mudras sorgfältig üben, um die große Göttin Kundalini zu wecken, die am Tor Brahmas (Muladhara Chakra) schläft" (HYP 3,5)

Yogisches Wissen über Asana und Pranayama war immer frei zugänglich. Techniken einer höheren, wirkungsvolleren Stufe jedoch wurden von einigen wenigen hochentwickelten Yogis wie ein wertvoller Schatz gehütet und nur direkt vom Meister an den Schüler weitergegeben. Zu den wichtigsten dieser Techniken gehören die Mudras.

Die Praxis dieser fortgeschrittenen Techniken setzt im allgemeinen eine mehrjährige Erfahrung mit den grundlegenden Yoga-Übungen voraus. Nur durch die so entwickelte Sensibilität und pranische Reinheit können Mudras ihre volle Wirksamkeit entfalten.

Zu den folgenden Beschreibungen der Mudras ist anzumerken, dass innerhalb der verschiedenen Yoga-Traditionen unterschiedliche Bezeichnungen für die Mudras möglich sind.

Mudra-Gruppen

Mudras können in die folgenden Gruppen unterteilt werden:

KAYA MUDRA: Kaya bedeutet Körper. Diese Mudras werden mit dem gesamten Körper durchgeführt und sind damit den Asanas äußerlich sehr ähnlich. Sie unterscheiden sich jedoch in ihrer feinstofflichen Wirkung von den Asanas, da hier auch oft eine konzentrierte Führung der Körperenergien integriert ist.

Diese Mudras sollten wegen ihrer Komplexität nur von Fortgeschrittenen, die mit den notwendigen ergänzenden Techniken bereits vertraut sind, durchgeführt werden.

HASTA MUDRA: Hasta bedeutet Hand. Die Stellung der einzelnen Finger in den Hasta Mudras schließt bestimmte Energiekreise und bewirkt subtile Veränderungen primär im Astralkörper. Von den zahllosen bekannten Hand-Mudras werden nur einige der wichtigsten beschrieben, nämlich jene, die im praktischen Üben des Hatha-Yoga bzw. in der Meditation Anwendung finden.

MANA MUDRA: Dies sind Mudras, die im Kopfbereich ausgeführt werden: Unter anderem wird die Stellung der Augen und der Zunge verändert, um die Meditation zu vertiefen. Damit ist diese Gruppe von Mudras eng verwandt mit der unter den Shatkriyas beschriebenen Übung „Tratak"

ADHARA MUDRAS: Diese Mudras verwenden muskuläre Kontraktionen im Beckenbereich, um die Energie in Muladhara und Svadhisthana Chakra zu beeinflussen.

BANDHAS: Diese Energieverschlüsse werden hauptsächlich bei Pranayamas angewendet, um deren Wirkung zu vertiefen.

1. GRUPPE - KAYA MUDRAS

Yoga Mudra - das Symbol des Yoga

Das Beugen des Oberkörpers symbolisiert die Hingabe gegenüber dem göttlichen, uns erhaltenden, nährenden und führenden Prinzip, aber auch das Zurückziehen und Zurückfinden zur Mitte unseres Seins, ein Sich Zurückziehen von äußeren Dingen. Das individuelle Bewusstsein wird mit dem kosmischen Bewusstsein vereint. Verbunden mit der speziellen Atem- und Bewusstseinsführung wird dieses Mudra zu einer sehr wirksamen Übung.

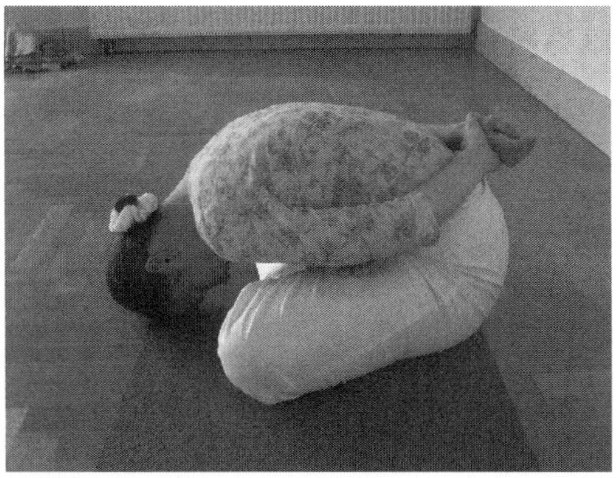

Durchführung

1. Sitze in Padmasana oder Ardha-Padmasana.
2. Halte hinter dem Rücken das rechte Handgelenk mit der linken Hand; die rechte Hand kann Gyana Mudra formen. Schließe die Augen.
3. Senke mit dem Ausatmen den Oberkörper, bis die Stirn den Boden berührt (oder ihm so nahe wie möglich ist). Fühle während des Senkens, wie sich Bewusstsein und Energie von Ajna Chakra zu Muladhara Chakra bewegen.
4. Halte in der Endposition einige Sekunden Bahir Kumbhaka (Luftanhalten mit leerer Lunge) und konzentriere dich auf Muladhara Chakra.
5. Richte dich wieder auf und atme während dieser Bewegung langsam ein. Bewusstsein und Energie bewegen sich wieder von Muladhara Chakra nach Ajna Chakra zurück.
6. Halte Antara Kumbhaka (Luftanhalten mit voller Lunge) für einige Sekunden und konzentriere dich auf Ajna Chakra.
7. Wiederhole diese Bewegung fünf bis zehn Mal.

Variationen

1. Die Stellung mit gesenktem Oberkörper kann auch als Asana durchgeführt werden - die Übung heißt dann Yoga Mudrasana. Dann wird in der Stellung normal geatmet und es findet keine Energieführung statt. Haltedauer ein bis zwei Minuten.
2. Yoga Mudrasana kann auch mit einer seitlichen Beuge, bei der die Stirn zum jeweiligen Knie gesenkt wird, durchgeführt werden. Dies kann dynamisch (z.B. drei Mal mit dem Ausatmen zum rechten Knie beugen und mit dem Einatmen wieder heben, dann drei Mal zur linken Seite und schließlich drei Mal zur Mitte wiederholen) oder statisch (mit Atmen in der Stellung) geübt werden.

Maha Mudra - das große Siegel

Maha heißt „groß" - ein Hinweis auf die große Bedeutung und Wirksamkeit dieser ursprünglich geheimen Technik.

Durchführung:

1. Setze dich so auf den Boden, dass dein linkes Bein gebeugt ist und deine linke Ferse, die zwischen den Gesäßhälften liegt, gegen Muladhara Chakra (bei Männern in das Perineum, bei Frauen in die Vagina) drückt; du sitzt also mittig auf deiner linken Ferse und das rechte Bein ist nach vorne ausgestreckt.
2. Beuge dich so weit nach vorne, dass du die rechte Fußspitze mit beiden Händen halten kannst. Der Rücken ist gerade, der Kopf ist nicht nach vorne gebeugt, sondern aufrecht, und die Augen sind geschlossen. Bei dieser Stellung ist es nicht wichtig, dass man sich möglichst weit nach vorne bzw. herunter beugt. Bleibe leicht nach vorne gebeugt in einer Stellung, in der du die eigentliche Übung gut durchführen kannst.

3. Führe Jihva Bandha (Zunge an den Gaumen legen) und Shambhavi Mudra (Blick auf das Augenbrauenzentrum richten) durch.
4. Atme langsam und tief ein, halte Antar Kumbhaka, schließe Mula Bandha und lasse deine Aufmerksamkeit von Ajna Chakra über Vishuddha zu Muladhara wandern, während du geistig die Namen der Chakras wiederholst (Ajna... Vishuddha... Muladhara... Ajna...); verweile bei jedem Chakra ein bis zwei Sekunden. Wiederhole dies, so lange du bequem den Atem anhalten kannst.
5. Atme langsam aus.
6. Wiederhole die Phasen (4) und (5), drei bis fünf Mal. Achte dabei darauf, Mula Bandha und Shambhavi Mudra zu halten.
7. Wechsle die Beinstellung und führe die gleiche Anzahl von Wiederholungen in dieser Stellung durch.

Wirkungen:

> „Dieses Mudra besiegt den Tod und beseitigt die fünf leidverursachenden Faktoren (kleshas: Nichterkennen, Ich-Gefühl, Gier, Abscheu und die Angst vor dem Tod). Deshalb wird es von den Weisen das „große Mudra" genannt." HYP 3,14
>
> „Wenn du Maha Mudra übst, gibt es nichts mehr für dich, was gut oder schlecht wäre. Du kannst alles verdauen, auch tödliches Gift wird dir zu Nektar." (HYP 3,16)
>
> „Übst du Maha Mudra, so werden Schwindsucht, Lepra, Verstopfung, Bauch- und Unterleibskrankheiten usw. verschwinden. (HYP 3,17)
>
> „So wurde das Mudra, das große Siddhis (übernatürliche Kräfte) geben kann, beschrieben. Es muss sorgfältig geheimgehalten werden." (HYP 3,18)
>
> „Die Technik des Maha Mudra reinigt das gesamte Netzwerk der Nadis, gleicht Ida und Pingala aus und absorbiert rasa oder den Gesundheits-Nektar, der so das ganze Wesen erfüllen kann." (Yoga Chudamani Upanishad, Vs 65)

Schwermut und Depression werden durch diese großartige Übung beseitigt, da sie dafür sorgt, dass Prana frei durch alle Nadis fließen kann. Die Intuition wird geweckt und die Bereitschaft für tiefe Meditation erzeugt.

Deshalb wird Maha Mudra sowohl als Übung empfohlen, die Prana zum Fließen bringt und den Prana-Körper reinigt, als auch als hervorragende Vorbereitung für die Meditation.

Viparita Karani Mudra - das Symbol der Umkehrung

Die historischen Yoga-Schriften wissen vom Unsterblichkeitsnektar „Amrita". Dieser Nektar wird oft mit der Samenflüssigkeit bzw. mit Sexualsekreten in Zusammenhang gebracht; der Verlust dieser Flüssigkeit raubt dem Menschen ein beträchtliches Maß an Lebensenergie und wird für verfrühtes Altern verantwortlich gemacht.

Gemäß den Yoga-Schriften wird Amrita in einem Punkt im Gehirn erzeugt; der Punkt Bindu Visarga oder kurz Bindu gibt winzigste Mengen Amrita ab. Der Nektar folgt der Schwerkraft, zunächst zu einem Energiezentrum im Kehlbereich in der Nähe des Vishuddha Chakra, zu Lalana Chakra. In diesem Zentrum wird Amrita gespeichert und dann allmählich, in geringsten Mengen abgegeben. Weiter der Schwerkraft folgend, bewegt sich der Nektar abwärts, bis zu Manipura Chakra, welches als Sonne bezeichnet wird. An diesem Punkt geht Amrita unwiederbringlich verloren - der Alterungsprozess unseres Körpers findet statt.

Der Nektar Amrita hat nicht nur die Fähigkeit, den Körper jung zu erhalten, wenn man es schafft, ihn zu bewahren, sondern er spielt eine wesentliche Rolle bei der Erweiterung und Erleuchtung des individuellen Bewusstseins.

> „Jedes Tröpfchen des Nektars, der vom ambrosischen Mond fließt, wird von der Sonne aufgenommen. Daher wird der Körper alt.
>
> Es gibt einen ganz ausgezeichneten Weg, das zu verhindern......
>
> Dieser ist bekannt als Viparita Karani. Er besteht darin, dass Sonne und Mond ihre Plätze vertauschen; durch die Umkehrung liegt die Sonne nun oben, der Mond unten. Das muss man vom Guru lernen." (HYP 3,77 - 3,79)

Der Mond symbolisiert nicht nur die Quelle des Unsterblichkeitsnektars, sondern auch das reine Bewusstsein. Und das Verlorengehen des Nektars bedeutet das Degenerieren unseres Bewusstseinsniveaus, das sich nun, sich mit den Sinnesorganen verbindend, zu den niederen Chakras bewegt. Der physische Prozess der Viparita Karani (ebenso wie der Kopfstand und Schulterstand) bewirkt, dass dieses Absinken der Bewusstseinsebene verhindert wird. Man kann auch auf der physischen Ebene leicht wahrnehmen, dass sich in den Umkehrstellungen die Energie zu den höheren Chakras bewegt, was sich auf das Verlagern des Bewusstseins-Schwerpunktes auswirkt.

Durchführung

1. Hebe aus der Rückenlage die Beine hoch und über den Kopf und richte den Oberkörper auf.
2. Stütze die Handballen fest in den Beckenrand. Dein Oberkörper bildet jetzt zum Boden einen Winkel von 45 bis 60 Grad. Die Beine sind schräg nach oben gerichtet oder auch senkrecht über dem Becken.

3. Führe die Ujjayi-Atmung durch.
4. Führe dein Bewusstsein während des langsamen Einatmens von Manipura zu Vishuddha Chakra und fühle, wie sich ein warmer Strom entlang dieser Bahn bewegt.
5. Halte kurz (zwei bis drei Sekunden) den Atem an und fühle dabei, wie der warme Strom in Vishuddha Chakra auskühlt.
6. Atme nun langsam den eisig kalt gewordenen Nektar zu Bindu am Hinterkopf und zu Sahasrara Chakra am Scheitelpunkt des Kopfes aus.
7. Wiederhole die Schritte 6 bis 9, so lange du die Stellung bequem halten kannst, maximal jedoch 21 Mal.

Hinweis:

Diese Übung ebenso wie alle anderen Umkehrstellungen sollten am Morgen durchgeführt werden. Während des Tages bauen sich durch die verschiedenen Aktivitäten und vor allem durch die Nahrungsaufnahme im Körper Toxine auf, die durch die Umkehrstellungen zum Gehirn geleitet werden könnten.

Die Hatha Yoga Pradipika weist auch darauf hin, dass sich die metabolische Rate durch diese Übung (und die meisten anderen Asanas) erhöht. Man sollte daher intensives Praktizieren von Asanas nicht mit einer Fastenkur kombinieren.

2. GRUPPE - HASTA MUDRAS

Chin Mudra - das Symbol des Bewusstseins

Chin bedeutet Bewusstsein - Chin Mudra ist das „Zeichen der Bewusstheit". Dieses Mudra wird in der Meditation, während der Trataka-Übung und während Pranayama mit der freien Hand durchgeführt.

Prana, das normalerweise über die Fingerspitzen entladen wird, wird hier teilweise in den Körper zurückgeleitet, bestimmte Nadis werden miteinander verbunden. Der Daumen symbolisiert das universelle Selbst, der Zeigefinger das individuelle Selbst. Das Berühren der beiden Finger steht für das Vereinigen des individuellen und des universellen Selbst, das Ziel des Yoga. Die drei gestreckten oder leicht gekrümmten Finger symbolisieren die drei Gunas, die Eigenschaften der manifestierten Natur.

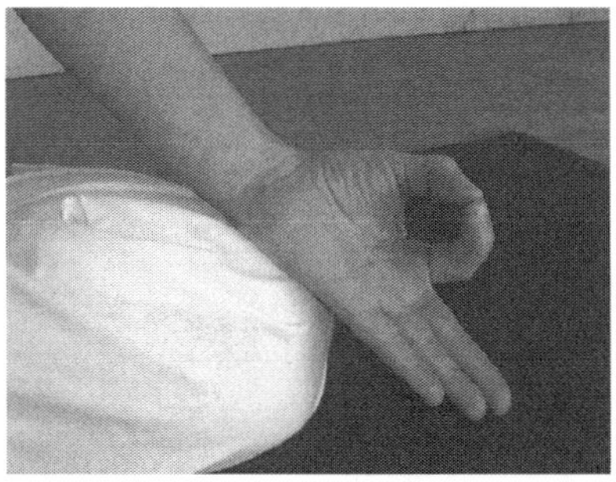

Durchführung

1. Sitze in Siddhasana oder Padmasana mit aufrechtem Rücken und Kopf
2. Führe bei beiden Händen die Daumen mit den jeweiligen Zeigefingern zusammen, sodass diese Finger einen kleinen Kreis bilden. Die Zeigefinger-Spitze kann entweder an die Daumenwurzel, in das Daumengelenk oder an die Daumenspitze gelegt werden.
3. Die restlichen Finger sind gestreckt oder leicht gekrümmt.
4. Lege die Hände so, dass die Handrücken auf dem jeweiligen Knie liegen und die Arme fast gestreckt sind. Die Handflächen sind so nach oben gerichtet.

Gyana Mudra - das Symbol des Wissens

Gyana (oder Jnana) bedeutet Weisheit, intuitives Wissen; Gyana Mudra ist das „Zeichen der Weisheit". Dieses Mudra unterscheidet sich nur in einem Punkt von Chin Mudra: Hier sind die Hände so gedreht, dass die Handflächen nach unten weisen, die Handballen liegen auf den Knien.

Für Meditation usw. kann man zwischen Chin Mudra und Gyana Mudra frei wählen.

Vishnu Mudra - das Symbol Vishnus

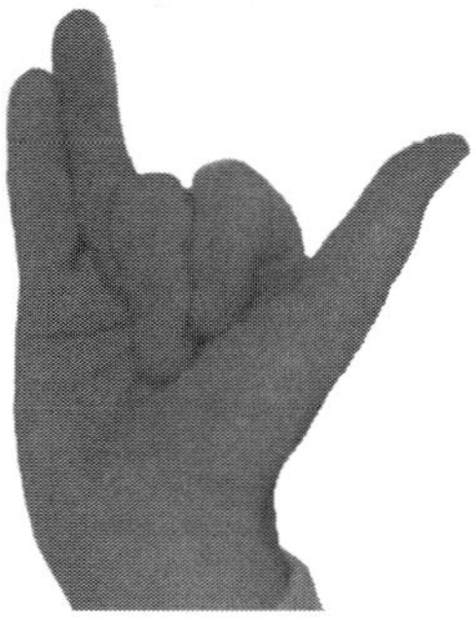

Dieses Mudra wird bei Nadi Shodhana eingesetzt, um den Atemstrom zwischen dem rechten und dem linken Nasenloch zu regeln. Wir haben dieses Mudra bereits auf Seite 150 kennen gelernt.

Bhairava Mudra - das Symbol von Shiva

Bhairava ist einer der Namen von Shiva, der als der „Ur-Yogi" gilt. Dieses „Shiva-Mudra" nehmen viele Menschen unwillkürlich ein - es ist eine natürliche Haltung der Offenheit, des Empfangens, welche die Meditation begünstigt.

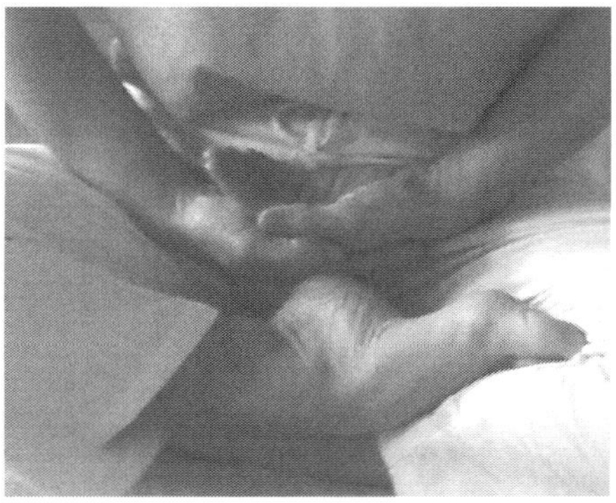

Durchführung:

1. Sitze in Siddhasana oder Padmasana
2. Lege die geöffnete linke Hand mit der Handfläche nach oben in den Schoß, sodass sie die Form einer Schale bildet.
3. Lege die geöffnete rechte Hand mit der Handfläche nach oben in die linke Hand.

Variation

Bhairavi Mudra, das Zeichen Shaktis, des weiblichen Aspektes von Shiva, entsteht, wenn die Stellung der Hände vertauscht wird: die linke Hand liegt nun oben.

Anjali Mudra – das Göttliche grüßen

Dies ist wohl das in ganz Asien am meisten verwendete Mudra, denn bei jedem Gruß legt man die Handflächen vor dem Herzen zusammen, um die Einheit des innewohnenden göttlichen Selbst mit dem des anderen Menschen zum Ausdruck zu bringen. Anjali Mudra kann auch in der Yoga-Praxis in mehreren Asanas, zu Beginn und Ende der Übungsstunde und bei Mantras eingesetzt werden.

Bei diesem und dem folgenden Mudra wirst du, wenn du aufmerksam nach innen spürst, sofort eine bestimmte Gefühlsqualität wahrnehmen – diese Gefühlsqualität ist es, was die Mudras ausmacht und kennzeichnet. Wende diese Mudras nach Gefühl beim Üben, im Gebet oder im Alltag an.

Maha Hridaya Mudra

Dieses „Große Herz-Mudra" hilft, das Anahata Chakra zu öffnen und zu aktivieren, wie man unmittelbar bei Durchführung des Mudras fühlen kann. In der Meditation, im Gebet und in der Mantra-Rezitation mag es zu einer inneren Öffnung in dir kommen, sodass du dieses Mudra spontan anwendest.

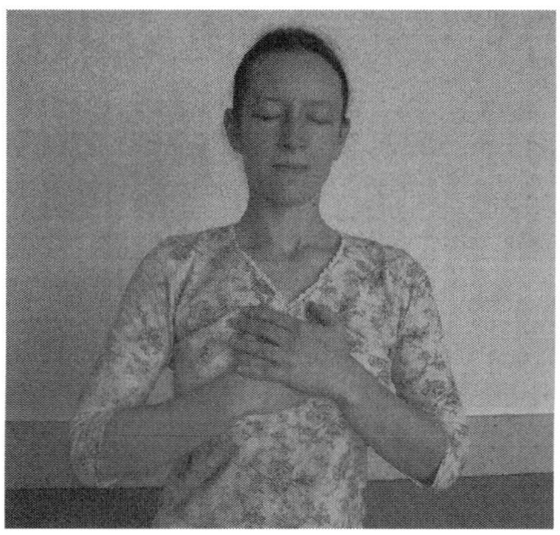

3. GRUPPE - MANA MUDRAS

Shambhavi Mudra - das Mudra von Shambhavi

Shambhavi ist der Name der Gefährtin Shambhos (einer der Namen Shivas). Diese Technik wird auch Bhrumadya drishti, der Blick auf die Nasenwurzel, genannt. Sie wird vielfach bei fortgeschrittenen Hatha-Yoga-Übungen, in Meditation und als Element komplexerer Mudras angewendet.

Durchführung:

1. Sitze in einer der meditativen Sitzstellungen, richte Oberkörper und Kopf gerade auf und bringe die Hände in deiner bevorzugten Hasta Mudra auf die Knie oder in den Schoß.
2. Richte die Augen nach innen und oben, und konzentriere dich gleichzeitig auf Bhrumadya, das Augenbrauen-Zentrum.
3. Halte den Blick, so lange dies ohne Schwierigkeiten möglich ist, und schließe dann die Augen.
4. Wiederhole dies einige Male und erhöhe allmählich die Dauer der Übung.

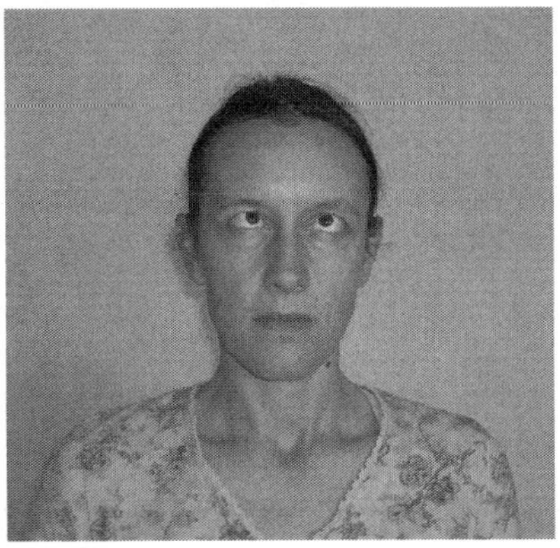

Diese Übung kann auch mit dauernd geschlossenen Augen durchgeführt werden, indem das Bewusstsein und die Augen hinter den geschlossenen Lidern in Richtung Nasenwurzel ausgerichtet werden. Die Wirkung der Übung wird damit erhöht.

Durch die Konzentration auf Bhrumadya wird über den „großen Kanal", Maha Nadi, Ajna Chakra aktiviert. Man sagt, dass die Praxis von Shambhavi Mudra die Shiva-Energie, das reine Bewusstsein, zu erwecken imstande ist.

Vergleiche hiermit auch die Darstellung vieler christlicher Heiliger, deren Blick nach oben gewendet ist, um mit Gott in Kontakt zu treten.

Agochari Mudra - das geheime Mudra

Agochari bedeutet „unbekannt", „geheim" - ein Hinweis darauf, dass vor allem fortgeschrittene Techniken streng geheimgehalten wurden und werden. In den Schriften findet man meist nur oberflächliche Beschreibungen, die einem nicht Eingeweihten ohne Kommentar oder Unterweisung eines Lehrers nicht wirklich weiterhelfen können.

Ein anderer Name dieses Mudras ist „Nasikagra drishti" - das bedeutet „Starren auf die Nasenspitze". Dieses Mudra kann bei der Meditation eingesetzt werden, um die Versenkung zu vertiefen. Während Shambhavi Mudra mehr erhöhend, erhebend wirkt, hat dieses Mudra mehr nach innen gerichtete und beruhigende Wirkung,

Durchführung:

1. Sitze in einer der meditativen Sitzstellungen, richte Oberkörper und Kopf gerade auf und bringe die Hände in deiner bevorzugten Hasta Mudra auf die Knie oder in den Schoß.
2. Richte die Augen nach innen und unten, sodass du mit beiden Augen die jeweiligen Ränder der Nasenspitze erkennen kannst.
3. Blicke, ohne zu zwinkern, so lange dies ohne Schwierigkeiten möglich ist, auf deine Nasenspitze und schließe dann die Augen.
4. Wiederhole dies einige Male und erhöhe allmählich die Dauer der Übung.

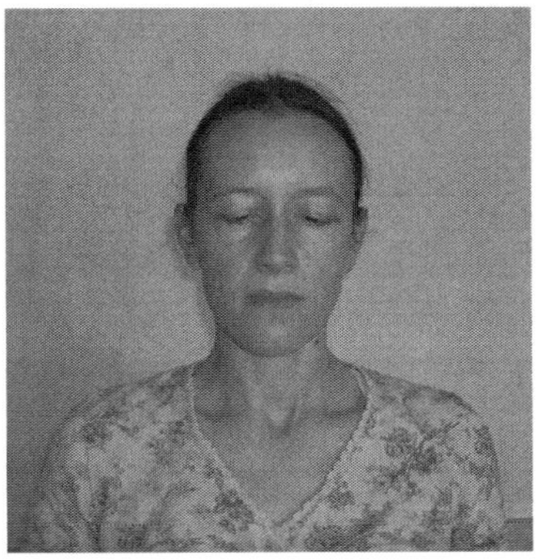

Variation

Diese Übung kann auch mit dauernd geschlossenen Augen durchgeführt werden, indem das Bewusstsein und die Augen hinter den geschlossenen Lidern in Richtung Nasenspitze ausgerichtet werden.

Bhuchari Mudra - der leere Blick

Von so manchen Menschen unbewusst „geübt“, ist dieses Mudra, der Blick ins Leere, eng mit Agochari Mudra und Shambhavi Mudra verwandt und eine Variante der Konzentrations- und Reinigungstechnik Trataka. Bhuchari Mudra kann nahezu überall praktiziert werden - sogar, ohne, dass andere Menschen erkennen können, dass eine Yoga-Technik geübt wird.

1. Blicke auf einen Punkt, der sich im Raum vor dir in Augenhöhe und ungefähr 30 - 40 cm vor deinen Augen befindet.
2. Bleibe im Geist auf die Leere, auf das Nichts zentriert - obwohl die Augen geöffnet sind, nehmen sie nichts wahr.

Wenn du dies mit geschlossenen Augen übst, so wird dies Chidakash Dharana, die Schau des inneren Raumes, genannt - eine sehr wirkungsvolle Meditationstechnik.

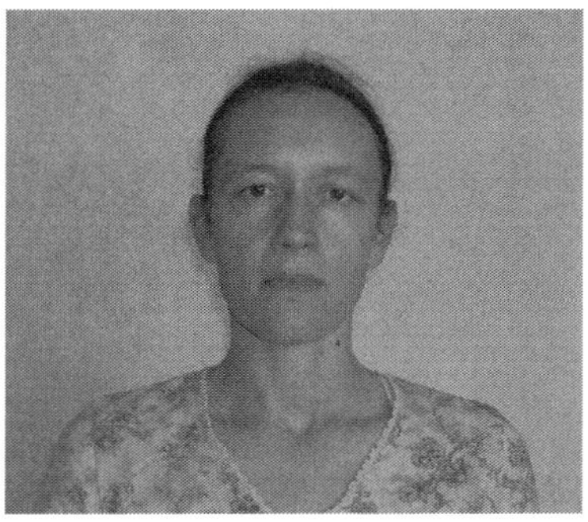

Shanmukhi Mudra - Siegel der sieben Tore

Diese Technik aus dem Nada-Yoga, dem Yoga des Klanges, schließt die sieben Tore der Sinne, sodass sich die Aufmerksamkeit auf den von innen kommenden Anahata-Klang konzentrieren kann.

1. Sitze in einer der meditativen Sitzstellungen. Atme langsam und tief ein und halte den Atem an.
2. Schließe die Ohren mit den Daumen, die Augen mit den Zeigefingern, die Nasenlöcher mit den Mittelfingern und den Mund mit den Ring- und kleinen Fingern.
3. Während des Atemanhaltens konzentriere dich auf Ajna Chakra oder auf Anahata Chakra.
4. Atme aus, indem du den Druck der Mittelfinger von der Nase löst, und atme langsam und tief ein.
5. Halte wiederum die Luft an und setze auf diese Weise fort. Die Luft soll nur so lange angehalten werden, wie dies ohne Mühe möglich ist. Atme so, dass dir ein Fortsetzen der Übung für zehn bis zwanzig Minuten gut möglich ist.

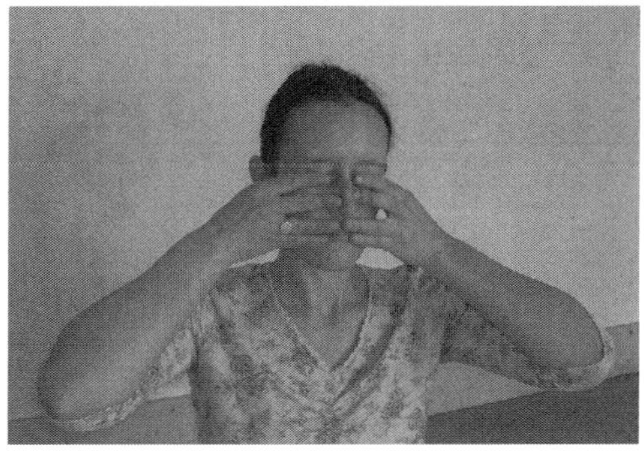

Eine anspruchsvollere Version dieses Mudras ist **Naumukhi Mudra,** das Schließen der neun Tore:

1. Führe Shanmukhi Mudra mit den folgenden Abweichungen aus:
2. Fühle während des Einatmens, wie das Bewusstsein und die Atmung gleichzeitig langsam von Muladhara bis zu Sahasrara Chakra aufsteigen. Konzentriere dich der Reihe nach auf jedes einzelne der sieben Chakras.
3. Während des Atemanhaltens schließe zusätzlich zwei weitere Tore durch das Anwenden von Vajroli Mudra und Mula Bandha.
4. Während des Ausatmens löse Vajroli Mudra und Mula Bandha; die Konzentration bleibt auf Sahasrara gerichtet.
5. Halte mit leerer Lunge die Luft für einige Sekunden an und beginne dann mit der nächsten Runde. Führe, je nach Vermögen, fünf bis zwanzig Runden durch.

Die beiden Ohren, die beiden Augen, die Nase, der Mund, der Anus und der Uringang werden als die neun Tore der Zitadelle, die unser Körper darstellt, betrachtet. Wenn wir diese neun Tore (bei Naumukhi Mudra bzw. sieben in Yoni Mudra) schließen und so unsere Sinne nach innen lenken, können wir das zehnte Tor in Sahasrara aufstoßen - jenes Tor, das zu Brahman, zum kosmischen Bewusstsein führt.

Die Quelle des ganzen Universums ist Urklang oder Schwingung. Mit Hilfe des Shanmukhi Mudras wird der/die Übende zu immer feineren inneren Klängen geführt, bis der feinste aller Klänge, das Om, gehört werden kann.

Khechari Mudra - das Siegel der Zunge

Die in der Hatha Yoga Pradipika beschriebene volle Form des Khechari Mudra gehört zu den anspruchsvollsten Hatha-Yoga-Techniken; sie bedingt ein Einschneiden des Zungenbändchens (Frenulum) sowie das „Melken" der Zunge, bis die Zungenspitze die Augenbrauen zu erreichen vermag. Khechari Mudra besteht darin, die Zunge im Mund so weit nach hinten zu legen, dass sie in die Nasenhöhle eindringen kann, wodurch viele wichtige Nervenzentren im Gehirn und Druckpunkte im Rachenraum angeregt werden.

Der Geist, der durch das Konzept von Raum, Zeit und Kausalität begrenzt ist, wird durch die subtilen Wirkungen von Khechari Mudra einem Umwandlungsprozess unterzogen, wodurch sich die Wahrnehmung und das Bewusstsein erweitern und sich der Erfahrung des kosmischen Bewusstseins, welches jenseits aller Konzepte liegt, öffnen. Der bei Viparita Karani Mudra diskutierte Unsterblichkeitsnektar Amrita wird durch Khechari Mudra auf direktere und machtvollere Weise beeinflusst, was gemäß Hatha Yoga Pradipika bereits nach kurzer Zeit (nach 15 Tagen, HYP 3,44) zur Vollkommenheit, zum Hatha Yoga Samadhi, führt.

Diese Form der Khechari Mudra bedingt die Unterweisung durch eine in dieser Technik erfahrene Person.

Eine wesentlich einfachere und mäßigere Form ist die Zungensperre, **Jihva Bandha**: Die Zunge wird im Mund nach oben und hinten gelegt, soweit es ohne Schwierigkeiten und Anstrengung möglich ist; die Zungenspitze und ein Teil der Zungenunterseite berührt dabei den Gaumen. Eine andere Form dieser Technik ist es, die Zunge so zu legen, dass ihre Oberseite den Gaumen berührt.

Diese Technik kann in der Meditation hilfreich sein, indem sie die Aufmerksamkeit vermehrt nach innen zu richten hilft. Jihva Bandha vermindert Hunger- und Durstgefühl und führt zu einem Zustand innerer Stille und Klarheit. Das Durchführen von Jihva Bandha, kombiniert mit Ujjayi-Atmung, wird Frauen in den Wehen empfohlen (in den Wehenpausen).

4. GRUPPE - ADHARA MUDRAS

Ashvini Mudra - das Siegel der Stute

Ashvini Mudra ist der Mula Bandha ähnlich, darf aber dennoch nicht mit dieser verwechselt werden: Beide Techniken kontrahieren Muskeln im Beckenbodengebiet. Während Mula Bandha jedoch den Bereich des Muladhara Chakra (Perineum bzw. Cervix) kontrahiert, ist die Kontraktion bei Ashvini Mudra auf den Analschließmuskel (Sphinkter) konzentriert (siehe auch Darstellung auf Seite 113).

Durchführung

1. Sitze in einer der meditativen Sitzstellungen. Schließe die Augen und entspanne. Atme ruhig und gleichmäßig.
2. Atme normal ein und beginne während des Ausatmens, die Muskulatur im Analbereich (Schließmuskel) zu kontrahieren. Versuche, die Kontraktion möglichst eng auf diesen Bereich zu konzentrieren. Vermeide es also, auch benachbarte Muskeln (Gesäß, Bauch, Oberschenkel) mit anzuspannen.
3. Mit der Einatmung löse die Kontraktion allmählich wieder.
4. Setze zwei bis drei Minuten oder auch länger mit dieser Übung fort.

Variationen

1. Die Übung wird noch wirksamer, wenn du nach dem Ausatmen für einige Sekunden die Luft anhältst, so lange dies entspannt möglich ist, und während dieser Zeit die Kontraktion aufrecht erhältst.
2. Diese Technik kann auch mit umgekehrter Atmung durchgeführt werden, also Zusammenziehen der betreffenden Muskeln mit der Einatmung mit Halten der Kontraktion beim inneren Luftanhalten.
3. Ashvini Mudra kann auch in anderen Stellungen durchgeführt werden. Vor allem bei Umkehrstellungen ist sie besonders wirksam.

Wirkungen

- Ashvini Mudra hilft, die Darmperistaltik anzuregen und trägt zur Erleichterung bei Verstopfung bei. In Verbindung mit dem Schulterstand hilft Ashvini Mudra bei Hämorrhoiden.

- Die Beckenbodenmuskulatur wird gestärkt, Organsenkungen wird so entgegengewirkt (Haben sich Blase und Enddarm gesenkt, so werden sie fast nie mehr vollständig entleert: es verbleibt Restharn und Restkot, die den Körper vergiften.)
- Diese Technik ist auch sehr hilfreich für Schwangere, da sie den Geburtsvorgang erheblich erleichtern kann.

Vajroli Mudra - das diamantene Siegel

Das diamantene Siegel zählt zu den anspruchsvollsten Yoga- bzw. tantrischen Techniken. Eine vereinfachte Form ist die folgende:

1. Sitze in einer der meditativen Sitzstellungen. Schließe die Augen und entspanne. Atme ruhig und gleichmäßig.
2. Ziehe mit der Einatmung den Geschlechtsbereich nach oben, indem du den Bauch einziehst und den Bereich, wo sich die Blase befindet, zusammenziehst. Die Hoden bzw. Vagina sollten sich ein wenig nach oben bewegen. Die Bewegung ist ähnlich, als wolltest du Harndrang zurückhalten.
3. Atme aus und löse die Kontraktion.

Nach Satyananda heißt diese Technik Vajroli Mudra, wenn sie von einem Mann, und Sahajoli Mudra, wenn sie von einer Frau ausgeführt wird. Sie kräftigt und reguliert das Urogenitalsystem und beugt einer Vielzahl von Erkrankungen vor. Spirituell wird Svadhisthana Chakra angeregt.

5. GRUPPE - DIE BANDHAS

Diese kleine Gruppe von Techniken ist ein unverzichtbarer Bestandteil fortgeschrittener Pranayamas, da sie diesen erst zu ihrer vollen Wirksamkeit verhilft.

Der Begriff Bandha bedeutet: halten, sperren, binden sowie Riegel, Verschluss oder Siegel. Durch Kontraktion bestimmter Muskeln während der Phase des Kumbhaka (Luftanhalten) werden Prana-Ströme umgeleitet und es findet eine Umwandlung des Pranas statt. Der Geist wird damit beruhigt, konzentriert und bereit für den Eintritt in höhere Bewusstseinsebenen.

Der Übende fühlt, wenn er eine Ebene erreicht hat, ab der das Anwenden der Bandhas sinnvoll ist. Dies mag etwa nach ein bis drei Jahren regelmäßiger Übungspraxis der Fall sein. Wenn die Pranayamas intensiver und konzentrierter werden und die Phasen des Kumbhaka zwanzig Sekunden überschreiten, sollte man die Bandhas anwenden. Der Yoga-Meister Iyengar warnt sogar davor, Pranayamas ohne Bandhas anzuwenden:

„Wenn Prana im Körper des Yogi durch das Üben von Pranayama zum Fließen gebracht wird, so ist es für ihn erforderlich, Bandhas anzuwenden, um ein Verströmen der Energie zu verhindern und sie ohne Schaden an die richtigen Orte zu leiten. Ohne die Bandhas würde Pranayama den Prana-Fluss stören und das Nervensystem schädigen."

Die drei Granthis

Diese „psychischen Knoten", die wir auf Seite 117 kennen gelernt haben, spielen in der Praxis der Bandhas eine große Rolle. Bandhas haben die Kraft, diese Knoten - zumindest vorübergehend - aufzulösen und zu durchbrechen. Diese - wenn auch nur befristete - psychische Veränderung hilft jedoch bei der dauerhaften Auflösung der Granthis.

- **Brahma Granthi**, der sich im Bereich des Muladhara und Svadhisthana Chakra befindet, wird durch Mula Bandha aufgelöst,
- **Vishnu Granthi**, der dem Manipura und Anahata Chakra zugeordnet wird, durch Uddiyana Bandha und
- der im Gebiet von Vishuddha und Ajna Chakra befindliche **Rudra Granthi** durch Jalandhara Bandha.

Jalandhara Bandha - der Kinnverschluss

Jala bedeutet „Netz" und bezieht sich auf das durch diese Technik beeinflusste Netzwerk von Nadis bzw. Nerven im Halsbereich. Dhara bedeutet „Strom" oder „Fließen".

Durch Jalandhara Bandha wird das Fließen sowohl des Blutes (Blutgefäß-Netz) als auch von Nervensignalen (Nervengeflecht) und von Prana (Nadi-Geflecht) im Bereich des Vishuddha Chakra gezielt verändert.

Hatha Yoga Pradipika:

3,70: Ziehe die Kehle zusammen und presse das Kinn fest gegen die Brust. Das ist Jalandhara Bandha und vertreibt Alter und Tod.

3,71: Es wird Jalandhara Bandha genannt, denn es festigt die Nadis und hält den Strom des Nektars aus der Öffnung im Gaumen. Dieses Bandha vertreibt die Schmerzen im Rachen.

3,72: Wenn man sich Jalandhara Bandha angewöhnt und die Kehle zusammen zieht, fällt kein Tropfen Nektar in das Magenfeuer, und der Atem (das Prana) fließt nicht in die falsche Richtung.

3,73: Durch die feste Kontraktion der Kehle werden die zwei Nadis (Ida und Pingala) stillgelegt....

Durchführung:

In der folgenden Beschreibung wird von einer Anwendung der Jalandhara Bandha bei Antara Kumbhaka (inneres Luftanhalten) ausgegangen. Je nach Technik und Übungsstufe kann Jalandhara Bandha aber auch mit anderen Bandhas kombiniert und bei Bahir Kumbhaka (äußeres Luftanhalten) eingesetzt werden.

1. Sitze in einer meditativen Sitzstellung, schließe die Augen und entspanne. Atme aus.
2. Atme langsam und vollständig ein.
3. Halte die Luft an und senke gleichzeitig den Kopf, sodass das Kinn fest auf das obere Ende des Sternums (Brustbein) gedrückt wird. Halte dabei den Rücken vollständig aufrecht, die Schultern sind entspannt.

   Die Haltedauer der Bandha hängt von der Technik und Übungsstufe des durchgeführten Pranayama ab.
4. Hebe den Kopf wieder und atme langsam und kontrolliert aus, sobald der Kopf wieder aufrecht ist.

Das Schließen der Jalandhara Bandha erfolgt also gleichzeitig mit dem Verschließen der Atemwege, das Öffnen der Bandha kurz vor dem Beginn der Ausatmung.

Wirkungen

- Diese Bandha übt Druck auf den Sinus Caroticus aus. Dies sind zwei seitlich im Hals gelegene Gruppen von Nerven-Endungen, deren Druckempfindlichkeit bei der Steuerung des Blutdruckes und der Herzfrequenz eine wesentliche Rolle spielt: steigt der Blutdruck, so werden diese Nervenfasern komprimiert und sie senden Signale an das Gehirn, welche eine Senkung des Blutdrucks bewirken. Diese Wirkung wird durch Jalandhara Bandha künstlich ausgelöst. So wird ein Anstieg des Blutdruckes während längerer Atemanhaltungen verhindert. Trotz dieser Wirkung ist Bluthochdruck eine Gegenanzeige für Jalandhara Bandha.
- Jalandhara Bandha hat, wieder im Zusammenhang mit dem Einfluss der Sinus Carotices, die Wirkung, dass man allmählich die Luft für längere Zeit anzuhalten vermag, was die Wirkung der Pranayama-Übung vertieft.
- Zusätzlich übt diese Technik Druck auf die Schilddrüse aus, was deren Funktion verbessert. Damit sind hier auch die Schilddrüse betreffenden Wirkungen des Schulterstandes zu erwarten.
- Die Praxis von Jalandhara Bandha baut eine meditative Grundhaltung auf: Durch die Beeinflussung des Pranastromes bzw. der Nerven im physischen Bereich findet eine Beruhigung auf allen Ebenen, eine Tendenz zum Zurückziehen, zum Stillwerden statt. So können Pranayama, mit Bandhas verbunden, als ausgezeichnete Vorbereitung der Meditation eingesetzt werden.
- Neben den physischen Auswirkungen und über diese hinausgehend betreffen die eigentlichen Wirkungen der Jalandhara Bandha den Prana-Körper: Prana-Vayu, welche eine sich nach oben bewegende Tendenz hat, muss nach unten „umgeleitet" werden, um mit dem nach unten strebenden Apana (welches durch Mula-Bandha nach oben umgeleitet wird) vereinigt zu werden. Erst diese Vereinigung von Prana und Apana lässt die Energie in der Sushumna aktiv werden, was auf psychischer Ebene dem Durchbrechen der Granthis entspricht. Gleichzeitig wird Prana aus den der Polarität entsprechenden Kanälen Ida Nadi und Pingala Nadi zurückgezogen.

Es wird also durch die Kontraktion der verschiedenen Geflechte im Hals-Bereich eine Energie-Sperre errichtet, die sich in sehr subtiler Weise auf den Prana- und Geistkörper auswirkt.

- Eine weitere feinstoffliche Auswirkung betrifft den in HYP 3,72 beschriebenen Amrita: „Jalandhara Bandha verhindert das Fallen des (Unsterblichkeits-Nektars) Amrita (von Lalana Chakra in das Feuer der Manipura Chakra). Auf diese Weise wird Prana (Lebensenergie im Sinne von „ewiger Jugend") bewahrt." Dieses Bewahren des Amrita führt zu der verjüngenden, belebenden Wirkung der Jalandhara Bandha.
- Viele Probleme in der Halsregion werden durch Jalandhara Bandha gemildert oder beseitigt: Hals- und Mandelentzündung, Stottern, übermäßiger Schleim im Rachen und Hals; die Stimme wird verbessert.

Gegen-Anzeigen

- Hoher Blutdruck. Wenn auch anfänglich der Blutdruck abfällt, so tritt nach Lösen der Bandha eine kurze Phase erhöhten Druckes ein.
- Überfunktion der Schilddrüse;
- Akute Entzündungen im Hals.

Mula Bandha (Verschluss des Beckenbodens)

Dies ist eine der wichtigsten Yoga-Techniken, die nicht nur für Fortgeschrittene von Interesse ist. In Kombination mit Pranayama und Jalandhara Bandha wird sie zu einem machtvollen Instrument auf dem Weg des Hatha Yoga-Sadhana. Aber auch für sich allein praktiziert, bringt Mula Bandha großen Nutzen.

Hatha Yoga Pradipika:

3,62: Die nach unten gerichtete Bewegung des Apana wird durch die Kontraktion des Perineums nach oben umgeleitet.

3,64: Mula Bandha vereinigt Prana und Apana. Daraus entsteht Vollkommenheit in Yoga. Daran ist kein Zweifel.

3,65: Durch ständige Übung von Mula Bandha erreicht man eine Vereinigung von Prana und Apana; die Ausscheidungen vermindern sich beträchtlich. Selbst ein Greis verjüngt sich durch das Üben von Mula Bandha.

3,68: Dadurch wird die schlafende Kundalini geweckt. Sie bewegt sich wie eine Schlange, die mit einem Stock geschlagen wird.

Durchführung

1. Sitze in deiner bevorzugten meditativen Sitzstellung. Entspanne und schließe die Augen.
2. Kontrahiere mit dem Einatmen die Muskeln im Bereich des Muladhara Chakra (siehe Darstellung auf Seite 113).
3. Halte Mula Bandha, während du den Atem anhältst.
4. Löse Mula Bandha mit Beginn des Ausatmens.

Es erfordert einige Übung, um ein Gefühl für den Bereich des Beckenbodens und der genauen Lage des Muladhara Chakra zu entwickeln - aber die Ausdauer wird auf jeden Fall belohnt; fortgeschrittener Hatha-Yoga ist ohne Mula Bandha undenkbar! Es ist bei dieser Technik empfehlenswert, sie bereits in einem frühen Stadium zu üben zu beginnen, sodass sie, wenn man mit intensiveren Pranayamas beginnt, bereits beherrscht.

Wirkungen

- Indem die Muskulatur des Beckenbodens durch Mula Bandha kräftig und elastisch erhalten wird, wird einer Senkung der Organe des kleinen Beckens entgegengewirkt. Haben sich Blase und Enddarm gesenkt, so werden sie fast nie mehr gänzlich entleert: es verbleiben Restharn und Restkot, die den Körper vergiften.
- Besonders in Verbindung mit Umkehrhaltungen fördert Mula Bandha das Entstauen der Gefäße des Beckens von venösem Blut. Dies verhütet Hämorrhoiden und lindert Beschwerden, die diese verursachen.
- Mula Bandha hilft bei Beschwerden im Zusammenhang mit der Regelblutung und ist sehr wertvoll für Schwangere, da es den Beckenboden bewusst macht und damit den Geburtsvorgang erleichtern kann.
- Ähnlich den Sinus Carotices ist der Corpus Coccygeus eine Masse von Zellen, am untersten Ende des Coccyx (Steißbein) gelegen - eine Drüse, die die arterielle Spannung, die Atmung und den Schlaf beeinflusst. Während des Haltens von Mula Bandha werden die Nervenendungen des Corpus Coccygeus angeregt, was weitreichende Wirkungen auf unser gesamtes Befinden hat.
- Während Jalandhara Bandha Prana-Vayu, das sich naturgemäß aufwärts bewegt, nach unten lenkt, leitet Mula Bandha Apana-Vayu, das sich naturgemäß abwärts bewegt, nach oben um. Dadurch werden diese beiden Pranas vereinigt und aus den Kanälen Ida und Pingala abgezogen.

Diese beiden Bandhas haben die gemeinsame Wirkung des Erweckens und Nach-oben-Führens der Kundalini-Kraft. Dabei werden die Granthis durchbrochen, was einen Quantensprung in der spirituellen Entwicklung ermöglicht.

- Die sexuelle Energie, die ein Ausdruck des Apana ist, wird durch diese Technik in spirituelle Energie umgewandelt. Dies ist ein sehr wichtiger Aspekt des Hatha-Yoga.

Gegen-Anzeigen

- Akute Entzündungen im kleinen Becken
- Verletzungen und Prellungen am Steißbein

Uddiyana Bandha - Bauch-Verschluss

Uddiyana bedeutet „sich nach oben bewegen", „nach oben fliegen" und bezieht sich auf die durch diese Technik ausgelöste Aufwärtsbewegung der Kundalini-Shakti. Die mit dieser Bewegung der Kundalini verbundene Erweiterung des Bewusstseins macht Uddiyana Bandha zu einer äußerst wertvollen Übung. Die Anwendung von Uddiyana Bandha setzt das Beherrschen von Jalandhara Bandha voraus, da diese beiden Bandhas kombiniert angewendet werden sollten.

Hatha Yoga Pradipika:

3,57: Das Hinaufziehen der Eingeweide ober- und unterhalb des Nabels wird Uddiyana Bandha genannt; es ist der Löwe, der den Elephanten „Tod" zur Strecke bringt.

3,58: Derjenige, der ständig Uddiyana Bandha ausführt,....wird, auch wenn er schon alt ist, wieder jung.

3,60: Von allen Bandhas ist das Uddiyana das wirkungsvollste.

Durchführung

1. Sitze in deiner bevorzugten meditativen Sitzstellung. Schließe die Augen und entspanne für einige Atemzüge. Atme tief und vollständig ein.
2. Atme langsam und vollständig aus. Halte die Luft mit leeren Lungen an und schließe Jalandhara Bandha. Dies ist, neben den pranischen Wirkungen, eine große Hilfe bei dem nun großen Unterdruck in den Atemwegen, die Luftverhaltung beizubehalten.
3. Ziehe den Brustkorb hoch, sodass die Bauchdecke nach hinten gezogen wird. Die Lungen bleiben vollständig geleert. Die Bauchmuskeln müssen entspannt bleiben.

   Halte die Bandhas und Bahir Kumbhaka so lange es dir ohne Schwierigkeiten möglich ist, je nach Übungsfortschritt zwischen zehn und dreißig Sekunden.

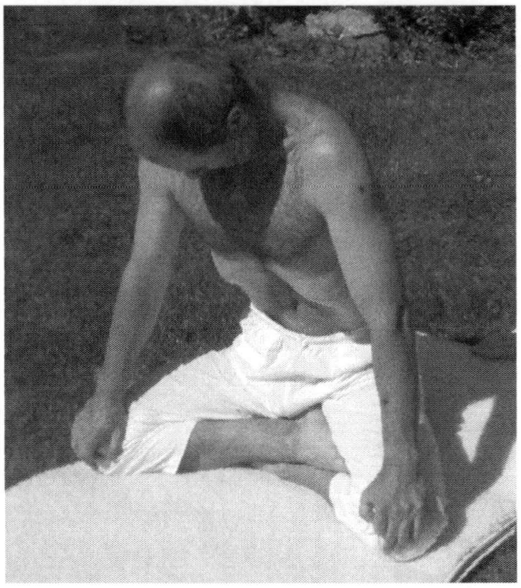

4. Löse ZUERST Uddiyana Bandha, dann Jalandhara Bandha und dann erst atme langsam und tief ein. Es kann hilfreich sein, vor dem Einatmen eine kurze Ausatmung anzudeuten.
5. Wiederhole die Schritte (2) bis (4) drei bis zehn Mal, oder wende die Technik in deiner Pranayama an mit der dort vorgesehenen Anzahl von Wiederholungen.

Halte die Luft nie so lange an, dass das Gefühl der Atemnot entsteht. Steigere die Dauer des Bahir Kumbhaka nur allmählich. Uddiyana Bandha, gemeinsam mit Jalandhara Bandha und Bahir Kumbhaka ist eine intensive und fortgeschrittene Technik, an die sich Körper und Energiesystem erst allmählich gewöhnen müssen.

Variationen

1. Uddiyana Bandha dient als Ausgangspunkt für die Reinigungstechniken Agnisara Dhauti und Nauli (Kapitel 3.5).
2. Es ist auch möglich, Uddiyana Bandha im Stehen, auf die Knie gestützt, zu üben.
3. Führt man Uddiyana Bandha nicht nach dem Ausatmen, sondern nach dem Einatmen, also mit vollen Lungen, durch, so wird der Charakter und die Erfahrung dieser Technik verändert, wenn ihre Wirksamkeit auch voll erhalten bleibt. Wegen der gefüllten Lungen kann die Bauchdecke nicht so weit zurückgezogen werden wie bei Bahir Kumbhaka. Auch geht hier die Bewegung von der Bauchdecke aus, während sie im anderen Fall durch das Heben des Brustkorbs bewirkt wird.

Wirkungen

- Die gesamte Bauchregion wird wie ein Schwamm zusammengedrückt. Stagnierendes Blut wird herausgepresst. Mit dem Nachlassen des Druckes nach der Übung füllen sich die Gefäße mit frischem Blut - alle Organe im Bauchraum profitieren von dieser belebenden und erfrischenden Wirkung. Leiden wie Verdauungsstörungen, Verstopfung, Kolitis und sogar Diabetes können gelindert werden.
- Die Adrenalindrüsen (Nebennieren) werden durch Uddiyana Bandha in ihrer Funktion reguliert, sodass sowohl ein lethargischer Mensch angeregt als auch ein überaktiver Mensch beruhigt wird.
- Der Solarplexus, die physische Entsprechung des Manipura Chakra, wird gestärkt. Dieser Bereich ist das Energiezentrum des Körpers, das zuständig für Speicherung und Verteilung der Körperenergien ist. Uddiyana Bandha hilft so bei der korrekten Verteilung der Energie im Körper, was zur korrekten Funktion aller Organe und Systeme führt.
- Durch die Aufwärtsbewegung des Zwerchfells werden die Lungen unter Druck gesetzt. Dies hilft, die Alveoli (Lungenbläschen) zu öffnen und damit die Effizienz der Lunge zu verbessern.
- Im pranischen Bereich ist die Hauptwirkung die Lenkung des Energiestroms in die Sushumna, was zur Erweiterung des Bewusstseins und den Geist in eine meditative Haltung führt. Das so ausgelöste Aufsteigen der Kundalini-Shakti erweitert den geistigen und Bewusstseins-Horizont, lässt den Menschen weiter werden - die Energie wird von den niederen (Muladhara, Svadhisthana und Manipura) zu den höheren Chakras (Anahata und Vishuddha) geleitet, und damit entsteht eine veränderte Haltung und Einstellung zum gesamten Lebensumfeld.

Gegen-Anzeigen

- Entzündungen im Rumpfbereich (Magen und Darm, Leber, Bauchspeicheldrüse), Magengeschwüre;
- Asthma und Bronchitis;
- hoher Blutdruck, Herzkrankheiten;
- Schwangerschaft (jedoch ist dies Übung nach der Entbindung sehr empfehlenswert!).

Maha Bandha - die große Bandha

Diese Technik, die auch als Bandha Traya, die dreifache Bandha bezeichnet wird, ist eine Kombination der bisher beschriebenen Bandhas: Jalandhara, Mula und Uddiyana Bandha.

Zusätzlich lässt sich die Wirkung der Bandhas noch durch die Lenkung des Bewusstseins erhöhen, wie in der nachfolgenden Übung beschrieben wird.

Durchführung

1. Sitze in deiner bevorzugten meditativen Sitzstellung. Schließe die Augen und entspanne vollständig. Atme einige Male entspannt und langsam.
2. Atme langsam und tief ein, schließe am Ende der Einatmung Mula Bandha.
3. Halte die Luft an (Antar Kumbhaka) und schließe gleichzeitig Jalandhara Bandha. Dann schließe Uddiyana Bandha.
4. Löse Uddiyana, dann Jalandhara und schließlich Mula Bandha und atme ruhig und langsam aus.
5. Nach der vollständigen Ausatmung schließe zuerst Jalandhara Bandha, dann Uddiyana Bandha und schließlich Mula Bandha.
6. Während dieses äußeren Luftanhaltens und des Haltens der Maha Bandha lasse deine Aufmerksamkeit sich mehrmals durch die einzelnen Chakras aufwärts bewegen: Muladhara - Svadhisthana - Manipura - Anahata - Vishuddha.
7. Dann löse zuerst Mula Bandha, dann Uddiyana Bandha und zuletzt Jalandhara Bandha. Erst dann beginne, wieder einzuatmen.
8. Setze mit den Schritten (2) bis (7) fort, wobei, wenn notwendig, auch zwischendurch ein oder zwei Atemzüge ohne Kumbhaka gemacht werden können. Es soll niemals das Gefühl von Atemnot entstehen.

Variationen

Maha Bandha wird bei einigen fortgeschrittenen Pranayamas eingesetzt und ist integraler Teil dieser Techniken.

Die beschriebene Übung lässt sich auch geteilt durchführen. Dies bedeutet, dass in einer Folge nur die Bandhas mit Antar Kumbhaka, und in einer weiteren Folge nur die Bandhas mit Bahir Kumbhaka durchgeführt werden. Später kann Maha Bandha mit fortgeschrittenen Pranayamas und höheren Stufen von Nadi Shodhana eingesetzt werden.

Die Dauer des Atemanhaltens ist abhängig von der Kapazität bzw. vom Übungsfortschritt des / der Praktizierenden. Man sollte mit dieser recht anspruchsvollen Technik allerdings erst dann beginnen, wenn die Luft ohne Schwierigkeiten in einer Sequenz (also mehrmals hintereinander) für mindestens zehn Sekunden mit leerer Lunge (Bahir Kumbhaka) und zwanzig Sekunden mit voller Lunge (Antar Kumbhaka) angehalten werden kann.

Wirkungen

Alle Wirkungen der einzelnen Bandhas können auch von Maha Bandha erwartet werden. Die pranischen Wirkungen der einzelnen Bandhas, insbesondere auf Kundalini, verstärken und ergänzen einander, sodass Maha Bandha zu einem „Mega-Tool" des Hatha Yoga wird.

Gegen-Anzeigen

Es gelten die bei den einzelnen Bandhas angeführten Gegen-Anzeigen. Maha Bandha sollte erst nach einiger Zeit des separaten Übens der einzelnen Bandhas einsetzt werden. Denn erst wenn Körper und Geist auf diese Techniken vorbereitet wurden, werden diese die beschriebenen Wirkungen bringen.

4

JNANA YOGA

Ein aus Ton geformter Krug ist nichts anderes als Ton. Sein Material ist Ton.
Die Gestalt des Kruges hat keine unabhängige Existenz.
Was also ist der Krug? Nur ein erfundener Name.

Die Gestalt des Kruges kann nicht ohne den Ton wahrgenommen werden.
Was also ist der Krug? Eine Erscheinung.
Die Wirklichkeit ist der Ton selbst.

Shankara

4.1

Einführung in Jnana Yoga

Jnana Yoga (gespr.: Njana Yoga) ist der Yoga-Weg des Erkennens. Jnana bedeutet Einsicht, Erkennen, eine höhere Form des Wissens. Jnana ist ein tieferes Wissen als ein lediglichės Akkumulieren von Fakten. Jnana ist ein existentielles Erkennen; das „Kopfwissen" wird sozusagen zum „Herzwissen". Es genügt im Jnana Yoga nicht, die Wahrheiten rein intellektuell, verstandesmäßig aufzunehmen: Glauben, Wissen und Kennen stehen nur auf der ersten Stufe; die letzte und höchste Stufe des Jnana Yoga ist eine tiefe Einsicht in die Natur der Dinge, eine Einsicht, die tief in unser Wesen „eingraviert", zum Teil unseres Wesens wird: Denken, Fühlen, Verstehen, Handeln, alles wird durch dieses tiefe Erkennen von Grund auf verändert.

Erst wenn dies geschieht, wird der Jnana-Yoga Früchte bringen. Dies aber, wie die Yoga-Autoritäten behaupten, schneller als auf jedem anderen Weg. Jnana Yoga wird als der schwierigste Yoga-Weg bezeichnet, sozusagen der steilste (und kürzeste) Weg auf den Berg der Verwirklichung, auf dem Achtsamkeit, klares Erkennen und gutes Abstraktionsvermögen vorausgesetzt wird.

Jnana Yoga beschreibt ein Weltbild, das uns helfen soll, uns im täglichen Leben zu orientieren, die Dinge im rechten Licht zu sehen und uns entsprechend diesem Erkennen richtig zu verhalten. Es wird das Erkennen der wahren Zusammenhänge von Mensch, Geist, Welt, Gott und den herrschenden Gesetzen angestrebt.

Während im Westen die Bereiche von Philosophie, Wissenschaft und Religion relativ eigenständige und voneinander weitgehend unabhängige Disziplinen sind, sind in Indien die Übergänge zwischen diesen Disziplinen wesentlich fließender. Dieses enge Verwobensein und Verbinden von Philosophie, Wissenschaft und Religion hat in der indischen Tradition nicht das Ziel abstrakten Erkennens, sondern, das höchste Ziel des Menschseins klar zu erkennen, zu beschreiben sowie gangbare Wege aufzuzeigen, die den Menschen zu diesem Ziel führen. Für den Inder ist Philosophie nicht eine Sache abstrakten Wissens und eine Art Gehirnakrobatik, sondern wird unter dem praktischen Gesichtspunkt des täglichen Lebens betrachtet. Lebensphilosophie und ihr Umsetzen im Alltag sind hier aufs engste verknüpft.

Es gilt im Yoga und insbesondere im Jnana Yoga, klar zwischen der Wirklichkeit und der Beschreibung der Wirklichkeit zu unterscheiden. Aus mangelndem Unterscheiden zwischen Wirklichkeit und Sichtweise der Wirklichkeit entstanden und entstehen ebenso endlose wie sinnlose, weil nicht zielführende Debatten (bis hin zu Religions- und Glaubenskriegen).

Die Wirklichkeit, die Jnana Yoga zu erkennen und beschreiben sucht, hat zahllose Formen und Gestalten. Die Wirklichkeit kann nur annähernd, unvollständig und im höchsten Sinn unbefriedigend beschrieben werden; der einzige Weg, mit der Wirklichkeit in Berührung zu kommen, ist, sie zu erfahren. Deshalb ist das zentrale Element aller Yoga-Wege die persönliche Erfahrung des/der Übenden, niemals das Wissen, welches ja nur den Weg weist.

Trotz der unendlichen Vielfalt und Komplexität der Wirklichkeit ist sie als ganzes eins, wenn auch jeder Mensch sie auf eine andere, seine persönliche Weise erfahren mag. Entsprechend der unterschiedlichen Sicht- und Erfahrungsweisen kann die eine Wirklichkeit auf vielerlei Weise beschrieben – und erreicht – werden.

So kann es zu einem scheinbaren Widerspruch zwischen zwei Philosophiesystemen kommen, welcher für nächtelange Debatten sorgt, der aber auf verstandesmäßigem Weg niemals befriedigend erklärt werden kann – der einzige Weg, diese Widersprüche aufzulösen, ist es, sich auf die höhere Warte der eigenen Erfahrung zu begeben. Von dieser Warte aus gesehen lösen sich die Widersprüche auf und es entsteht ein tieferes Erkennen und Schauen der Wirklichkeit: Vor dem Erleuchteten, der dieses höchste Wissen erlangt hat, liegt die gesamte Wirklichkeit wie ein offenes Buch.

Für den Suchenden, der von den unterschiedlichen Philosophiesystemen verwirrt sein mag, spielt die Beschreibung aber eine wichtige Rolle, nämlich die des Wegweisers. Es gilt jedoch stets daran zu denken: Das philosophische System ist ein Wegweiser und nicht die Wirklichkeit; das philosophische System versucht, gleich einer Landkarte, die Wirklichkeit zu beschreiben, um uns den Weg zu ihr zu zeigen. Die Wirklichkeit jedoch, zu der uns die Landkarte führen möchte, die können wir nur erfahren.

Die sich über viele Jahrhunderte entwickelnde Wissenschaft des Jnana Yoga hat eine Reihe von Modellen zur Erklärung der Verhältnisse der verschiedenen Seinsfaktoren geschaffen, welche sich wohl unterscheiden und teils zu widersprechen scheinen, aber eines ist ihnen gemeinsam: Durch das Erkennen der „wirklichen Gegebenheiten" soll unsere Einstellung zu den geistigen und materiellen Dingen der Welt eine Veränderung erfahren, die es uns ermöglicht, uns für eine völlig neue Seinsebene zu öffnen. Dieses Öffnen ist ein rein geistiger Prozess, der durch Wissen, Erkennen und Einsicht allmählich aufgebaut wird, sich aber in einer Art „Aha-Erlebnis" plötzlich entlädt.

Jnana Yoga steht in engem Kontakt, in Wechselbeziehung zu den anderen Yoga-Wegen. So bildet eines der genannten gedanklichen Weltmodelle, der Samkhya, die Basis für den Raja Yoga des Patanjali, das erwähnte Aha-Erlebnis ist nicht selten mit einem überwältigenden Gefühl der Ergriffenheit und der Freude verbunden, welches unserem Bhakti-Empfinden entspringt, und die Einsicht in die Welt, den Geist und die Natur des Handelns spielt im Karma-Yoga eine Schlüsselrolle.

4.2

Shat Darshana

Die traditionelle indische Philosophie hat gedankliche Modelle, sechs Systeme, die Welt zu betrachten und zu erklären, hervorgebracht. Diese Systeme werden als Darshanas (Sichten, Sichtweisen, Betrachtungsweisen) bezeichnet. In diesem Kapitel wollen wir die ersten fünf von ihnen betrachten.

1. Vaisheshika

Diese „Schule der Unterscheidung" (Vishesha heißt Unterscheidung), die etwa 500 v. Chr. von Kanada Rishi begründet wurde, lehrt, dass Befreiung durch ein vollkommenes Erkennen und Verstehen der sechs **Grundkategorien** der Existenz erreicht werden kann. Diese Kategorien sind

1. Substanz (gebildet aus neun Subkategorien, aus den fünf Elementen, aus Raum, Zeit, Geist und dem Selbst)
2. Qualität bzw. Eigenschaft - es gibt 23 verschiedene Qualitäten wie etwa Farbe, Geschmack, visuelle Wahrnehmung und Klang
3. Handlung oder Bewegung / Veränderung
4. das Allgemeine
5. das Besondere
6. Zusammenhänge zwischen den einzelnen Kategorien

Weitere Elemente der Vaisheshika sind die **Elementenlehre**, in der die fünf Elemente (Erde, Wasser, Feuer, Luft und Äther) mitsamt ihren Eigenschaften (Form, Geschmack, Geruch, Berührung und Ton) beschrieben und alle Erscheinungsformen des Lebens in Listen eingeordnet werden, weiters die **Atomlehre**, die als erstes ein kleinstes unteilbares (atomos) Elementarteilchen und deren Bewegungen und Wechselwirkungen beschreibt, sowie die sich im Lauf der Zeit verändernde und anpassende **Seelenlehre**, die in späteren Entwicklungsstadien große Ähnlichkeit mit dem Atman des Advaita Vedanta aufwies.

Die Vaisheshika ist in einigen Aspekten ähnlich unserer westlichen Philosophie und Wissenschaft, konnte sich aber in Indien nicht durchsetzen und musste den anderen Darshanas, vor allem dem Advaita Vedanta, weichen.

2. Purva Mimamsa

Dieses „Frühe Wissen" behandelt die Inhalte der älteren Teile der Veden: Die älteren Hymnen des Veda selbst und die Opferrituale der „Brahmanas". (Das „Neue Wissen", die Uttara Mimamsa, handelt von der nicht-dualistischen Advaita Vedanta-Philosophie, die wir ausführlicher im nächsten Kapitel kennen lernen werden.)

Die 200 - 300 v. Chr. von Jaimini gegründete Lehre des Purva Mimamsa legt die Kunst und Wissenschaft eines moralischen Lebens dar, welches sich in Einklang mit den vedischen rituellen Vorschriften befindet. Sie bezieht sich in der Hauptsache auf das Konzept des Dharma, der (Lebens-)Pflicht oder -Aufgabe. Purva Mimamsa steht der Philosophie des Karma Yoga auffallend nahe, denn sie beschreibt ethisches Handeln als eine unsichtbare, doch mächtige Kraft, die die Welt gestaltet. Da der Mensch von seiner Natur her aktiv ist, bestimmt sein Handeln die Qualität seiner Existenz: Aus guten Taten folgen positive Ergebnisse, böse Handlungen zeitigen negative Erfolge. Der Grund für eine moralisch-ethisch einwandfreie Lebensführung liegt in der Verbesserung der Lebensqualität in diesem und in folgenden Leben.

Purva Mimamsa kennt viele „Selbste", die erst durch die Verbindung mit einer Geist-Körper – Einheit bewusst und handlungsfähig werden. Jenseits dieser ewigen und allgegenwärtigen individuellen Selbste erkennt Purva Mimamsa keinen Gott an. Früher wurde das Ideal der Befreiung von den Anhängern nicht akzeptiert; erst später wurde die Befreiung, die durch ethisch einwandfreies Handeln das Selbst vom Geist-Körper trennt, bewusst angestrebt. Die Praxis von Yoga-Übungen hat keinen Platz im Purva Mimamsa, welcher lediglich ein Erfüllen der Pflicht um der Pflicht willen lehrt.

Swami Vishnu-Devananda: „Purva Mimamsa schreibt Rituale vor, um die Götter anzurufen und zu beschwichtigen und um den Himmel zu erreichen. Dharma und Adharma, rechte und unrechte Handlungen, schaffen die Welt, die auf Belohnung und Bestrafung gegründet ist."

Während die Lehren der Mimamsa in der Gegenwart keine große wissenschaftliche Beachtung finden, ist ihr Einfluss im täglichen Leben des praktizierenden Hindus groß. Alle Rituale, Zeremonien und religiösen Gesetze werden durch die Mimamsa beeinflusst.

3. Nyaya

Ca im 2. Jahrhundert n.Chr. verfasste der legendäre Akshapada Gautama die Nyaya-Sutras. Nyaya ist die Schule der Logik und Erkenntnistheorie. Ziel des Nyaya ist es, die zur Befreiung aus dem Wiedergeburtenkreislauf notwendigen Mittel genauestens zu untersuchen, und zu erörtern - dieses Wissen stellt eine Voraussetzung für die Erlösung dar. Ähnlich wie in der Vaisheshika wurden hier eine Anzahl von Kategorien oder Elementen des menschlichen Daseins definiert. Logisches Denken und die Kunst des Ausdruckes sind wichtige Elemente im Nyaya.

Alles Wissen, das zur Befreiung führt, setzt gemäß Nyaya vier Bedingungen voraus: Das Subjekt (den Erkennenden), das Erkenntnisobjekt, den Vorgang des Erkennens und die vier Erkenntnismittel (Wahrnehmung, Schlussfolgerung, Vergleich und verbale Mitteilung).

Nyaya kennt einen persönlichen Gott, der eine Art spezieller Atman ist, der einzige Atman, der bewusst ist. Das höchste Ziel dieser Schule ist die Befreiung, wenn auch ihre Anhänger nicht recht überzeugt waren von der Metaphysik des Nyaya und sich um religiöse Zuflucht teils dem Shivaismus zuwendeten.

Im 10. Jahrhundert n. Chr. erlischt das Nyaya in seiner klassischen Form, indem es vollständig im Schwestersystem des Vaisheshika aufgeht.

4. Samkhya

Der Begriff Samkhya bedeutet Aufzählung, Klassifizierung und unterteilt die Welt, ähnlich wie die Vaisheshika und Nyaya, in verschiedene Existenzklassen. Es geht in dieser Schule um das Entwickeln von Unterscheidungskraft und dem Erkennen der verschiedenen wirklichkeitsbestimmenden Elemente, die hier einer umfassenden Analyse unterzogen werden. Allein das Wissen um diese Elemente soll bereits zur Befreiung aus dem Kreislauf der Wiedergeburten führen.

Nach der Advaita Vedanta ist der 600 v.Chr. von Kapila gegründete Samkhya das am meisten verbreitete Philosophiesystem in Indien. Als Blütezeit des Samkhya gilt die klassische Epoche (von ca. 400 v.Chr. bis ca. 700 n.Chr.).

Der Grundgedanke des Samkhya ist, dass man den Weg zur Befreiung nur dann finden kann, wenn man erkennt, wie man sich in die Gebundenheit der Dualität verstrickt hat. So beginnt der Weg mit der Beschreibung der Schöpfungsphasen, deren Ergebnis unser jetziges Wesen bzw. Dasein ist.

Im Gegensatz zu Advaita Vedanta ist Samkhya ein dualistisches System, denn es postuliert zwei Grundgrößen, aus denen alles Sein entstanden ist, Purusha und Prakriti.

Purusha steht für den Bewusstseinsaspekt, der die Materie beseelt und der sich durch die Materie erst ausdrücken kann. Purusha ist absolut statisch, unbeweglich, ruht in sich selbst; er verleiht allen Wesen Empfindungsfähigkeit und Bewusstsein. Es gibt unendlich viele purushas - in jedem Wesen existiert ein Purusha als Wesenskern.

Prakriti ist das Prinzip der Natur, welche aber unbewusst, unbeseelt ist. Prakriti ist die schöpferische Kraft hinter allen psychophysischen wie materiellen Gegebenheiten des Seins, zu denen auch Körperlichkeit, Denkprozesse und Wahrnehmung gehören. Sie ist die ursprüngliche Natur, die allem Werden zugrunde liegt, und sie ist das Werden und alle Ergebnisse dieses Werdeprozesses. Während es aber viele Purushas gibt, gibt es nur eine Prakriti.

Da der Mensch, dessen wahre und ursprüngliche Identität einzig und allein Purusha ist, die zur Sphäre der Prakriti gehörigen Aspekte irrtümlicherweise für Bestandteile seiner selbst hält, wird er aufgrund dieser Verwechslung in Leiden verstrickt. Es ist daher in der Lehre des Samkhya von entscheidender Bedeutung für den nach Erlösung Strebenden, die beiden Substanzen und ihre Merkmale streng voneinander unterscheiden zu lernen.

Die Natur der Prakriti ist die Bewegung und Veränderung. Dieser Natur zufolge verstrickt sich der Mensch (die Verbindung von Purusha und Prakriti) immer tiefer im Netz des Werdens und Veränderns und verliert sein eigentliches Wesen, seine Seele aus dem Blickfeld.

Ein wichtiges Element der Samkhya-Philosophie ist die Beschreibung der Prakriti als aus drei unterschiedlichen Qualitäten oder Eigenschaften zusammengesetzt: Sattva, das Reine, Harmonische, Klare; Rajas, das Bewegte, Unruhige, Leidenschaftliche und Tamas, das Unreine, Unklare, Träge. Diese drei Qualitäten kennzeichnen alles Existierende, sie wechseln ständig in ihrer Vorherrschaft, ohne dass eine von ihnen die anderen beiden vollständig verdrängen kann - stets ist eine Mischung der Gunas vorhanden.

Der erste Schritt der Schöpfung entsteht, wenn sich Prakriti der Anwesenheit bzw. der Existenz der Purushas bewusst wird. Sie beginnt sich zu bewegen und in ihrem Versuch, sich mit Purusha zu vereinigen, die verschiedenen Kategorien der Existenz hervorzubringen und sich so immer tiefer im Netz des Werdens und Vergehens zu verstricken:

Zuerst entsteht die extrem subtile und feinstoffliche Ebene des **Buddhi**, des Intellektes, der auch als Mahat, der kosmische Wille, bezeichnet wird.

Aus Buddhi heraus entwickeln sich das Ichbewusstsein (das **Ahamkara**) und das Denkvermögen **(Manas)**. Dieses „innere Instrument" ist rein geistiger Natur, es gibt hier noch keinen physischen Ausdruck. Wir befinden uns hier noch im Bereich der rein sattvigen Manifestation.

Die nächsten Ebenen sind dagegen rajasiger Natur, da ihr Prinzip die Bewegung in der Welt ist. Es handelt sich um die Sinnesorgane, nämlich die fünf Wahrnehmungsorgane (die **Jnanendriyas**, die Kraft des Hörens, Schmeckens, Fühlens, Riechens und Sehens) und die fünf Handlungsorgane (die **Karmendriyas**, die Kraft zu sprechen, zu handeln, sich fortzubewegen, auszuscheiden und sich fortzupflanzen).

Damit ist der Weg frei für die energetische und die materielle Ebene. Die **Tanmatras** sind subtile Energiepotentiale, die im Zusammenhang mit den Wahrnehmungsorganen stehen, und die **Sthula-Bhutas**, die fünf Elemente, Erde, Wasser, Feuer, Luft und Äther bauen unsere grobstoffliche Welt auf. Hier befinden wir uns auf der am langsamsten schwingenden Ebene des Manifestationsprozesses, die dem Tamas-Prinzip zugeordnet wird.

Nachdem nun der Evolutionsprozess bis zur dichtesten Ebene, der Materie fortgeschritten ist, hat sich Prakriti so weit von Purusha entfernt, dass sie ihn gar nicht mehr wahrnehmen kann; nur ein Gefühl, eine Ahnung, wie eine Erinnerung ist da.

Der Weg zurück zur feinsten und subtilsten Ebene führt rückwärts durch die beschriebenen Schritte und Ebenen, indem diese gereinigt und transzendiert werden - durch Erkennen und Bewusstwerden, aber auch durch Übungen, eben durch Yoga.

5. Yoga

Yoga als eines der sechs indischen Philosophiesysteme bezieht sich auf das oft als klassischen Yoga bezeichnete System von Patanjali, das wir im 2. Abschnitt kennen gelernt haben. Patanjalis Yoga steht in engem Zusammenhang mit Samkhya, denn jener bildet die theoretisch-philosophische Grundlage für den Yoga, während Yoga mehr praxisorientiert ist: Samkhya konzentriert sich auf die Beschreibung der Kategorien der Existenz, Yoga verwendet sie als Ausgangspunkt bei der Suche nach Wegen und Techniken für den Weg zur Befreiung.

Verwirrend mag die unterschiedliche Verwendung des Begriffes „Yoga" sein. In unserem Sinn bedeutet er „Weg zur Einheit, zur Befreiung", während er hier im Jnana-Yoga als einer der sechs klassischen indischen Philosophiesysteme gilt.

6. Uttara Mimamsa

Das „Neue Wissen" ist eine andere Bezeichnung für die in Indien mit Abstand wichtigste philosophische Schule des **Advaita Vedanta**. Wegen der großen Bedeutung für unsere Untersuchung der Yoga-Wege werden wir diese Schule für den Rest dieses Abschnittes ausführlich beleuchten.

Adv[illegible]nta

Dvaita bedeutet Zweiheit, das duale Prinzip. Ei[illegible] philosophische Schulen sind aus dem Grundge[illegible]ken der Dualität entstanden, etwa der Samk[illegible] (Purusha / Prakriti) oder der Tantra (Shiva / Sh[illegible]ti), während Advaita („Nicht-Zweiheit") ei[illegible] nicht-dualen Weg kennzeichnet, den Weg, der [illegible] einziges Ur-Prinzip postuliert und allem S[illegible] zugrunde legt.

Vedanta bedeutet „Ende des Wissens". Dies im Sinne von Gipfel oder Kulminationspunkt oder „die ultimative, höchste, letzte Antwort". Vedanta als Ende des Wissens kann auch ein Hinweis darauf sein, dass hier eine Ebene jenseits des Intellektes, jenseits des Denkens angestrebt wird. Tatsächlich ist das Denken und Verstehen ein wichtiges Element, aber nur der erste Schritt im Advaita Vedanta, der viel tiefer geht als rein intellektuelles Streben. Vedanta bezieht sich auch auf die Upanishaden, die als letzte Teile der Veden (Veda bedeutet „Wissen") ihre Zusammenfassung und Schlussfolgerung auf den Punkt bringen.

Der Advaita Vedanta ist die Philosophie der Upanishaden und damit etwa 2500 Jahre alt. Untrennbar mit dem Advaita Vedanta verbunden ist der Name des Heiligen und Gelehrten **Shankara** (788 – 820), der klassische nondualistische Schriften (Upanishaden, Bhagavad Gita, Brahma Sutras) kommentierte und ein eigenes Kompendium über die Philosophie des Advaita Vedanta, das Viveka Chudamani (Kleinod der Unterscheidung, Kapitel 4.5) verfasste. Shankara gründete in Indien zehn Mönchsorden, deren Angehörige als Swami bezeichnet werden - durch sie wird das uralte Wissen bis in die heutige Zeit am Leben erhalten und verbreitet.

Das „Ende des Wissens" gibt uns Antwort, wenn es um die ganz grundlegenden Dinge des Lebens geht, wenn wir uns fragen, weshalb die Welt existiert, wie das Verhältnis zwischen Gott und Mensch ist, was nach dem Tod geschieht, was Befreiung bedeutet, weshalb menschliches Leiden existiert und wie es überwunden werden kann.

Brahman und Maya

Der nicht-duale Urgrund allen Seins wird im Advaita Vedanta **„Brahman"** genannt. Brahman ist das Allumfassende, das Universelle, das alles Durchdringende, göttliche, namenlose, formlose, ewige, absolute, allem innewohnende Prinzip.

[illegible]nan ist unberührt jenseits der Schöpfung und [illegible]ich in der Schöpfung in jeder Manifestations-[illegible]verborgen gegenwärtig. Die sicht- und erfahr-[illegible]Welt ist sowohl Ausdruck und Form Brahmans [illegible]uch eine Verhüllung des wahren Wesens; in [illegible] Funktion des Verhüllens wird sie als **Maya** [illegible]hnet.

> [illegible]laya ist die faszinierende, irreführende Täuschung, welche die tatsächlich unwirkliche, bedingte Natur mit ihrer verführerischen Mannigfaltigkeit als letztendliche Wirklichkeit erscheinen lässt. Maya ist ein Bewusstseinsphänomen, das Ergebnis einer mangelhaften Wahrnehmung."
>
> Martin Mittwede

Das Verhältnis von Brahman zu Maya ist Gegenstand und zentrales Element der Advaita-Vedanta-Philosophie. Das Wesen dieser beiden muss zutiefst verstanden und gefühlt werden, wenn man den Weg des Vedanta erfolgreich beschreiten will.

Es existiert hier ein scheinbarer Widerspruch, der auf logisch-intellektuellem Weg nicht aufzulösen ist: Da alles eins ist, Brahman ist, wie kann es da eine Kraft geben, die Brahman verhüllt? Wir dürfen Maya nicht als Gegenpol zu Brahman betrachten (wie man in ähnlicher Weise in der Samkhya-Philosophie Prakriti als Gegenpol zu Purusha sieht), sondern als eine besondere Eigenschaft oder Kraft, die aus Brahman selbst stammt.

Vidya und Avidya

Das Nichterkennen von Brahman in seiner Schöpfung wird Avidya genannt. Und wie wir in Kapitel 2.2 erläutert haben, ist Avidya die Ursache aller Leiden und aller weiteren leidverursachenden Faktoren.

Durch Avidya halten wir einerseits das Unwirkliche für wirklich: Maya, das Unwirkliche, wird, weil es unseren Sinnen offenbar ist, für Wirklichkeit gehalten, obgleich sie wie ein flackernder Feuerschein ist. Andererseits halten wir das Wirkliche – Brahman, das Göttliche - für unwirklich, nur weil wir es nicht sehen oder fühlen können. Diese Verwirrung wird in einer Anzahl von Gleichnissen dargestellt.

Die vedantischen Gleichnisse

Wenn wir durch die verschiedenen Techniken des Jnana Yoga von Avidya zu Vidya gefunden haben, sehen wir die Dinge in einem völlig anderen Licht:

Es war schon dunkel, als der Mann heimkehrte. Plötzlich stieg er auf etwas, das nur eine riesige Kobra sein konnte. Zu Tode erschrocken sank er nieder, nur um wenig später erleichtert aufzuatmen: was er im ersten Augenblick für eine Kobra hielt, war ein auf der Straße liegendes Seil.

In diesem Aufatmen, diesem Lichte des Erkennens - wo ist die Kobra? War da jemals eine Kobra? Sie war nur in seinem Geist, nur in seinem unrichtigen Erkennen.

Nicht nur die uns umgebende Welt ist Gegenstand der Täuschung, sondern auch wir selbst. Der große Yogi Ramana Maharishi stellte als Hauptpunkt seiner Lehre die große Frage: „Wer bin ich?"

Eine Löwenmutter starb bei der Geburt ihres Babys. Das hilflose Löwenjunge wurde von einer Schafsherde „adoptiert" und wuchs in der festen Überzeugung auf, ein Schaf zu sein. Es bedurfte vieler Mühe und Überzeugungskraft durch einen erfahrenen Löwen, den „Schafslöwen" zum Erkennen zu bringen, dass er ein Löwe war, ist und immer sein wird.

So sind wir Menschen in Irrglauben gefangen, begrenzte, sterbliche, schwache Wesen zu sein, während unsere wahre Natur die des Löwen ist. Unser „Schafsglauben" verdeckt unser eigentliches Wesen, welches unendlich, göttlich, voll Kraft, Liebe, Freude und Frieden ist.

Ein Beispiel dafür, dass wir nur unseren Blickwinkel verändern müssen, um die Wahrheit zu erkennen, gibt das Gleichnis vom Wasser

Da ist ein Glas Wasser. Es sagt: „Ich bin 0,2 Liter Wasser, in runder Form, oben und unten jedoch flach. Ich habe 18,3 Grad Celsius und bin farblos."

Eines Tages zerbricht das Glas, 0,2 Liter Wasser landen irgendwie im Meer. Was sagt das Wasser? „ICH bin tot. Ich bin nicht mehr „runde Form, oben und unten flach, ..., ich existiere nicht mehr. Oh, welch unendlicher Schmerz."

Das „vedantische Wasser" (in einem gleichgroßen Glas daneben, welches ebenfalls zerstört wurde), sieht das anders. Es sagt: „Ich bin Wasser. Heute in dieser Form, morgen in jener. Heute in dieser Menge, morgen in einer anderen. Doch immer bin ich WASSER. Was kümmert mich die veränderliche Form, die Temperatur, die Menge? Immer und immer und immer bin ich Wasser."

Der Vedantin fühlt, weiß und erfährt, dass der Körper und der Geist nur veränderliche, begrenzende Hüllen sind für das Unendliche, Göttliche, das im Advaita Vedanta „Brahman" genannt wird.

Und dieses Unendliche ist es, das immer gleich bleibt, unveränderlich und unzerstörbar.

Adhyaropa, die Überlagerung

Unsere Schwierigkeit, die Wirklichkeit zu erkennen, wird durch das Prinzip der Überlagerung bewirkt. Dieses Prinzip, das in Sanskrit Adhyaropa genannt wird, verbirgt das eigentliche göttliche Wesen der Welt, indem dieses durch den Glanz der verschiedenartigen Erscheinungen überdeckt wird. Maya, die Welt der Erscheinungen, ist nur Schein, „mithya", erscheint aber so wirklich, dass die unendlich feine Wirklichkeit dahinter nicht mehr wahrgenommen wird.

Das Gleichnis von der Leinwand und dem Film illustriert den Sachverhalt: Der Film, der auf die Leinwand projiziert wird, entspricht der Welt der Erscheinungen und ihrem steten Wandel. Der Zuschauer achtet nur auf den Film; für ihn ist allein der Film real. Die unbeachtete Leinwand ist jedoch die Voraussetzung für das Betrachten des Filmes, so wie Maya sich nur entfalten kann, wenn Brahman vorhanden ist. Sie repräsentiert den unveränderlichen Brahman, der von grundsätzlich anderem Stoff gemacht ist als der Film oder Maya. Die Wirklichkeit der Leinwand wird hier vom Film überlagert. Der Jnana Yogi versucht die Überlagerung klar zu erkennen und wendet seine ganze Aufmerksamkeit auf das Einswerden mit der allen Erscheinungen zugrunde liegenden Wirklichkeit, Brahman.

Kleines Vedanta-Vokabular

Um uns in der anspruchsvollen und abstrakten, wenn auch in ihren Grundzügen einfachen Philosophie des Vedanta bewegen zu können, müssen wir uns mit einigen Grundelementen und -begriffen vertraut machen.

Wir haben bereits **Brahman**, die Essenz und den Urgrund allen Seins, und **Maya**, die Täuschung oder die täuschende Kraft, kennen gelernt. Jener Teil Brahmans, der sich in einem einzelnen Individuum befindet, wird **Atman** genannt. Atman ist vergleichbar einem Sonnenstrahl, während Brahman das Strahlen der Sonne schlechthin ist. Brahman ist Gott; Atman ist Gott, der sich durch ein oder in einem Wesen ausdrückt.

Gibt es einen Gott im Advaita Vedanta? Dies muss nun richtig verstanden werden, denn hier liegt der Schlüssel zum Verständnis nicht nur des Advaita Vedanta, sondern auch des Bhakti Yoga und der Wechselbeziehung zwischen beiden. Brahman, der Urgrund des Seins, ist Gott in seiner „höchsten Form“: Er ist alles umfassend, unendlich, unbeschreibbar. Er ist nicht mit den Sinnen erfassbar. Er hat keine Eigenschaften und zugleich alle. Er ist einfach alles. Für die meisten Menschen ist es nicht möglich, einen Gott anzubeten, den man sich nicht vorstellen kann, formlos, eigenschaftslos.

So gibt es den persönlichen Gott **Ishvara**: Er hat eine bestimmte Form, die jedoch von Mensch zu Mensch variieren kann. Mit Ishvara kann man eine Beziehung herstellen. Ishvara können wir verehren, anbeten als Krishna, als Shiva, als Jesus oder Maria. Ishvara ist jedoch nur eine gedankliche Hilfe und eine Vorbereitung auf das Sich-Öffnen dem Brahman, welches derzeit noch nicht möglich ist. Ishvara befindet sich auf der Ebene der Maya; er ist Täuschung, wie alles in Maya. Aber er ist die höchste und erhabenste Form der Maya; die Hingabe an Ishvara, den persönlichen Gott, kann uns zum Transzendieren unseres Geistes führen und zur Verwandlung Ishvaras zu Brahman.

Jiva ist die individuelle Seele, die sich von Maya umgeben sieht. Eigentlich ist sie Atman, der göttliche Funke, aber dieser Atman wird zu Jiva, weil er sich zu identifizieren beginnt. Jiva umgibt sich mit seinen persönlichen Hüllen, den fünf Koshas, mit Geist und Körper. So wird aus dem göttlichen Selbst eine „Ich-Erfahrung“, die Sinne signalisieren Kontakt mit der Umwelt und die Umwelt wird als wirklich erfahren. Die große Aufgabe, die sich dem Übenden stellt, ist es, die Identifikation mit den begrenzenden Hüllen, die in Sanskrit **Upadhis** genannt werden, zu lösen und zu erfahren, dass man tatsächlich, im tiefsten Inneren göttlich ist, eins mit dem göttlichen Funken Atman.

Das Gleichnis von der Stille und vom Raum

Ähnlich wie die Stille, nicht die Abwesenheit von Geräuschen, sondern die essentielle, kosmische Stille, allen Geräuschen erlaubt, in Erscheinung zu treten, ohne durch sie berührt oder verändert zu werden; ebenso wie der Raum, nicht der begrenzte Raum, sondern das Raumprinzip an sich, es allen Gegenständen ermöglicht, in Erscheinung zu treten, ohne von ihnen berührt oder verändert zu werden – ebenso ist es Brahman, der kosmische Urgrund allen Seins, der das In-Erscheinung-Treten aller physischen, geistigen und energetischen Manifestationen unseres Universums ermöglicht, ohne von diesen berührt oder verändert zu werden.

Sat-Chid-Ananda

So wie die Welt der Erscheinungen durch drei Eigenschaften, die Gunas, gekennzeichnet ist, so ist auch Brahman, das unendliche, eigenschaftslose Sein, durch drei „Eigenschaften“ beschrieben worden: Sat-Chid-Ananda ist der Versuch, das Unbeschreibliche zu beschreiben, dem Eigenschaftslosen Eigenschaften zuzuschreiben.

Sat bedeutet das absolute Sein. Unser weltliches Sein ist durch Ort, Zeit und Kausalität bedingt: Es existiert an einem bestimmten Ort, an einem anderen Ort jedoch nicht. Auch leben wir beispielsweise jetzt im 21. Jahrhundert, aber unseren Körper sucht man in 200 Jahren vergebens. Auch unterliegt alles, was ist, dem Gesetz der Kausalität; es ist von einer Ursache ins Leben gerufen worden.

Das absolute Sein Brahmans jedoch ist ein Sein, das jenseits und unabhängig von Zeit, Raum und Kausalität besteht: Jenseits der Zeit bedeutet, dass Brahman ewig, unvergänglich ist; unabhängig vom Ort bedeutet, dass du, wo auch immer du bist, vom gleichen Brahman umgeben und durchdrungen bist. Und Brahman ist auch unabhängig von Ursache und Wirkung; er IST ganz einfach, ohne Ursprung, ohne Ziel. Dies bedeutet Sat.

Chid ist das absolute Wissen oder eher das absolute Bewusstsein. Unser weltliches Bewusstsein ist immer getrübt und abhängig von Wünschen, Trieben, verzerrten Wahrnehmungen, Verwirrungen, Identifikationen und vielem anderen. Wir können deshalb die Wirklichkeit selbst nicht wahrnehmen; es ist, als wäre sie durch einen Schleier oder einen dichten Nebel vor unserem Blick verborgen. So halten wir das Wirkliche für unwirklich und das Unwirkliche für wirklich.

Brahman bedeutet ein Bewusstsein, das durch absolute Klarheit gekennzeichnet ist. Verbunden mit diesem höchsten Bewusstsein, Chid, ist höchstes und vollendetes Wissen - der in Brahman eingegangene Mensch hat Einblick in die Akasha-Chronik, in der alles, was ist und jemals geschah, eingetragen ist; vor dem mit Brahman vereinten Vollendeten gibt es kein Geheimnis. Aus der Klarheit und Helligkeit dieses höchsten Erkennens und Wissens entstand der Begriff „Erleuchtung": Aus dem Dunkel des weltlichen und persönlichen Halbwissens gelangt der Erleuchtete zum Licht der höchsten Einsicht, des höchsten, göttlichen Bewusstseins.

Ananda ist absolute Wonne. Wir Menschen geben uns den Sinnesfreuden hin und denken, dass es dies ist, was Gott den Menschen als Ziel bestimmt hat. Doch Weise und spirituelle Meister aller Zeitalter wiesen schon lange darauf hin, was wir auch selbst immer wieder erfahren haben: Jedes Gramm irdischer Freude ist vermengt und verbunden mit drei Gramm Leid oder Angst. Man erkannte, dass irdische Freuden oder Sinnesfreuden stets bedingt, von einer bestimmten Sache oder Person oder einem bestimmten Umstand abhängig sind. So bewegt sich der Mensch stets im Spannungsfeld zwischen den Erfahrungen von weltlichen Genüssen und weltlichen Leiden.

Wenn die Yogis sagen, dass die Wonne Brahmans allen irdischen Freuden himmelhoch überlegen ist, so bedeutet dies zweierlei: Zum einen ist ananda, die Wonne Brahmans, durch nichts bedingt; sie erstrahlt gleichsam aus sich selbst, während irdische Freude immer eine konkrete Ursache haben muss. Der mit Brahman vereinte Mensch bewegt sich in einem Feld unendlicher Wonne, das keinen Anfang und kein Ende hat. Und zum zweiten ist Ananda in ihrer Intensität allen weltlichen, sinnlichen Freuden so überlegen wie das Strahlen der Sonne über dem matten Licht eines Glühwürmchens steht. Yogananda sagt, dass alle Freuden der Welt zusammengenommen und mit hundert Millionen multipliziert noch immer wie nichts sind gegen die Wonne Brahmans.

So gilt es, sich von irdischen Dingen innerlich zu lösen und den Geist mit dem Göttlichen zu verbinden:

Kabirs Sadhana Methode

Kabir, ein indischer Mystiker (1440-1518) wurde gefragt: „O heiliger Kabir; was tust du?" Kabir antwortete: „Ich löse mich, und dann binde ich mich, so wie beim Rangieren einer Bahn. Waggons werden von einem Zug abgekoppelt und an einen anderen Zug angekoppelt. Genauso löse ich den Geist von Sinnesobjekten und hefte ihn auf den Atman."

Kabir verwendete zwei weitere Gleichnisse, die das gleiche aussagen:

- Auspumpen, einpumpen: Ich pumpe die Welt aus und Atman ein in mein Sein.
- Sich erinnern, vergessen: Ich erinnere mich an meine göttliche Natur und Herkunft, und ich vergesse mein weltliches Wesen.

Jnana und Bhakti

So unterschiedlich die Wege des geistig orientierten Jnana Yoga und des emotionellen Bhakti Yoga auch zu sein scheinen, so eng ist die Beziehung zwischen ihnen. Auf dem Gipfel des Berges der Vollkommenheit treffen alle Yoga-Wege zusammen. Aber Jnana und Bhakti treffen schon weit unterhalb des Gipfels zusammen. Wie zahllose Yogis beobachten konnten, ist es unmöglich, Jnana Yoga zu betreiben, ohne Bhakti zu entwickeln - denn die Größe Brahmans kann nicht anders als in uns Ehrfurcht und Hingabe zu wecken.

Und auch umgekehrt gelangt der Bhakti Yogi entsprechend dem Ausmaß seiner Hingabe an Gott zu einem tieferen Verstehen der existentiellen Zusammenhänge, das man nur als Jnana bezeichnen kann.

Die Mahavakyas

In den Upanishaden finden sich vier Verkündigungen, die in kürzester Form Aussage und Ergebnis der vedischen bzw. upanishadischen Lehre enthalten. Sie werden als die vier großen Verkündigungen oder Maha Vakyas bezeichnet.

1. **Prajnanam Brahma**: Dieses Bewusstsein ist Brahman. Dies spiegelt den Chid-Aspekt des Sat-Chid-Ananda wieder: Brahman ist höchstes Bewusstsein.
2. **Aham Brahma Asmi:** Ich bin Brahman. Brahman ist in mir; ich bin Teil Brahmans. Brahman ist mein eigentliches Wesen, meine eigentliche Natur. Dies entspricht der Aussage Jesu „Mein Vater und ich sind eins".
3. **Tat Tvam Asi:** Du bist Das. Dies ist das größte, das essentielle Mahavakya. „Du" bedeutet dein individuelles Bewusstsein, „Das" bedeutet das kosmische oder göttliche Bewusstsein. Du bist in deinem Wesen göttlich, du bist eins mit Gott.

   Aber Tat Tvam Asi bedeutet auch, dass du mit allem eins bist, was du wahrnimmst: Du bist das. Denn Brahman ist in allem, in jedem. So bist du eins mit allem Sein, das dich umgibt.

Du siehst auch nur dich selbst, wenn du um dich blickst - denn alles ist eine Widerspiegelung deines Denkens, deines Seins. Abermals: Du bist Das - Tat Tvam Asi.

4. **Ayam Atma Brahman:** Dieses Selbst ist Brahman. Der göttliche Funken in dir (Atman) ist auf ewig verbunden und eins mit dem göttlichen Meer, das alles durchdringt (Brahman).

Alles im Jnana Yoga hat zum Ziel, das Wirkliche vom Unwirklichen zu unterscheiden. Die Kräfte, die uns dabei helfen können, zu unserem göttlichen Kern zu finden, sind die Erkenntniskraft, Vidya und die Unterscheidungskraft, Viveka. Viveka spielt eine wichtige Rolle auf dem Weg des Jnana Yoga, denn sie ist die erste der vier Voraussetzungen des spirituellen Aspiranten, der sich auf den Weg der Erkenntnis begibt. Die vier Voraussetzungen werden Adhikara (Würde, Bereitschaft, Autorität) oder Sadhana Chatushthaya (vier Mittel des Sadhana) genannt.

4.4
Sadhana Chatushtaya

Der Weg des Jnana Yoga kann nur von demjenigen erfolgreich beschritten werden, der über bestimmte geistige Voraussetzungen verfügt. Diese wurden bereits von den Weisen des Altertums festgestellt und im 8. Jahrhundert unserer Zeitrechnung von Shri Shankara schriftlich festgehalten:

> „Die Weisen nannten vier Voraussetzungen, das Ziel des Yoga zu erreichen. Wenn diese gegeben sind, wird die Hingabe an die Wirklichkeit vollkommen sein. Wenn sie fehlen, dann gelingt sie nicht."
>
> Viveka-Chudamani

Diese 4 Mittel des Jnana Yoga werden als Adhikara bezeichnet und derjenige, der sie besitzt, als Adhikari.

Die 4 Adhikara lauten:

1. **Viveka** - die Unterscheidung zwischen dem Wirklichen und dem Nicht-Wirklichen
2. **Vairagya** - Loslösung und Leidenschaftslosigkeit
3. **Shat Sampatti** - die sechs geistigen Tugenden
4. **Mumukshutva** - die Sehnsucht nach Befreiung

1. Viveka

Die erste und grundlegende Voraussetzung auf dem Weg des Jnana Yoga ist die Kraft, zwischen Wirklich und Unwirklich zu unterscheiden. Unterscheide zwischen

- Vergänglichem und Unvergänglichem
- Veränderlichem und Unveränderlichem
- Wirklichem und Unwirklichem (Schein)
- Form und Inhalt
- Maya (der Welt) und Brahman (dem Unbegrenzt-Göttlichen)

> Swami Sivananda: „Sinnenfreuden sind nicht von Dauer; sie sind trügerisch, täuschend und eingebildet. Ein Senfkorn Freude ist vermischt mit einem Berg von Leid. Der Genuss kann einen Wunsch nicht befriedigen. Im Gegenteil: der Geist wird durch starkes Verlangen nach dem Genuss noch ruheloser. Sinnesvergnügen ist der Feind von Brahma Jnana (Erkennen des Brahman)"

Erkenne und erfahre dagegen die höchste Freude inneren Friedens, die unendliche Wonne des Einsseins mit Gott, mit dem Unendlichen - eine Erfahrung, die alles Verstehen, jede Beschreibbarkeit übersteigt. Die Fähigkeit, zu jeder Zeit und in allen Situationen des Lebens zwischen diesen beiden Aspekten der menschlichen Erfahrung unterscheiden zu können, wird Viveka genannt.

Diese Unterscheidung darf sich nicht auf die intellektuelle Ebene beschränken, sondern muss das gesamte Wesen des Menschen tief und vollständig durchdringen. Erkennen, fühlen und Integrieren dieser Unterscheidung ist unbedingt notwendig für den Jnana-Yoga Sadhana.

Wenn du bis zur letzten Zelle deines Seins durchdrungen bist von diesem Erkennen, so entsteht die zweite Adhikara ganz von selbst:

2. Vairagya

Vairagya ist einer der wichtigsten Begriffe nicht nur im Jnana-Yoga, sondern auf jedem Yoga-Weg. Er bedeutet eine innere Haltung des Loslösens, des Aufgebens von allen äußeren, vergänglichen Dingen. Vairagya ist eine Einstellung des Nicht-Anhaftens, der Leidenschaftslosigkeit.

Diese Haltung muss ihre Wurzeln in zutiefst integriertem Viveka haben, sonst besteht die Gefahr eines nur vorübergehenden Vairagya, etwa aus Enttäuschung oder als Abwehrreaktion. Nur ein dauerhaftes und in Viveka wurzelndes Vairagya ist für den spirituellen Weg von Vorteil.

Wahrhaftes Vairagya bedingt ein Entwachsen-Sein den äußeren und vergänglichen Dingen der Welt: wer Freude am Studium heiliger Bücher hat, braucht sich nicht mehr zu zwingen, keine Kinderbücher mehr zu lesen.

Vairagya ist das Aufgeben von raga-dvesha: der sinnen-verhaftete Mensch befindet sich im dauernden Kreuzfeuer von raga, den Wünschen und Verhaftungen und von dvesha, den Abneigungen. Diese Kräfte zerren ihn hin und her, er kann nicht zur Ruhe kommen. Erst wenn Vairagya entsteht, ist wahrhaft innere Ruhe möglich. So lehrte Shiva seine Gefährtin Parvati:

> "O Geliebte, richte deine Aufmerksamkeit weder auf Annehmlichkeit noch auf Schmerz, sondern zwischen diese!"

Ein Mensch, der über Vairagya verfügt, fühlt sich von Angenehmem nicht angezogen und von Schmerzlichem nicht abgestoßen. Der Vairagin hat sich von der Gebundenheit an die Sinneserfahrungen gelöst: Er ist nicht mehr abhängig von Klang, Berührung, Form, Geschmack und Geruch.

Vairagya bedeutet nicht Entsagung, sondern ein Herauswachsen aus den vergänglichen Dingen, weil die unvergängliche Wirklichkeit - Brahman - erkannt wurde und damit die Drang einer Bindung an äußere Dinge nicht mehr besteht.

Dies bedeutet jedoch nur ein inneres Lösen, nicht eine äußere Flucht vor diesen Dingen: der Vairagin verlässt nicht Familie und Beruf, um in einer einsamen Höhle zu meditieren, sondern wird nur innerlich unabhängig von den Strömungen des raga-dvesha: äußerlich ändert sich in seinem Leben vielleicht gar nichts - abgesehen von einer ruhigeren und ausgeglicheneren Geisteshaltung und einem konzentrierteren Erfüllen seiner Aufgaben. Es geht hier - ebenso wie es im Karma-Yoga nicht um den Verzicht auf die Handlung, sondern um den Verzicht auf die Früchte der Handlung geht – nicht um ein physisches Zurückweisen dieser Welt, um ein Verlassen von Familie und Pflichten, sondern um ein inneres Freiwerden.

> „Der Mensch, der vollkommene geistige Verhaftungslosigkeit besitzt, während er in der Welt lebt, ist ein wirklicher Held. Er ist sehr viel besser als ein Sadhu (Mönch), der in einer Höhle im Himalaya lebt, denn ersterer muss in jedem Augenblick seines Lebens unzähligen Versuchungen begegnen." Swami Sivananda

> „Das Bewusstsein von allen Dingen durch stetes Erkennen ihrer Unvollkommenheiten abzuziehen und gesammelt auf das eine Ziel - Brahman - zu richten, heißt Gleichmut (Vairagya) zu bewahren."
>
> Viveka-Chudamani; Shankaracharya

Swami Sivananda:

> „Es gibt einen Weg zur unsterblichen Wohnstatt. Es gibt einen Weg zum höchsten Glück. Dieser Weg ist Vairagya. Beschreite diesen Weg. Beschreite diesen Weg.
>
> Vairagya ist das Gegenteil von Raga (Verhaftung); Raga bindet den Menschen an Samsara, das Rad der Wiedergeburten. Vairagya befreit den Menschen aus der Bindung.
>
> Vairagya dünnt den fetten sinnlichen Geist aus. Es wendet den Geist nach innen. Vairagya ist die wichtigste Voraussetzung für einen spirituellen Aspiranten. Ohne Vairagya gibt es kein spirituelles Leben."

Wie können wir Vairagya entwickeln?

Erkenne die Fehlerhaftigkeit und Unvollkommenheit des sinnen-orientierten Lebens. Erkenne - aus deiner eigenen Erfahrung - , dass Freude immer wieder begrenzt, bedingt war, dass sie wie ein siamesischer Zwilling immer mit Leid verbunden war.

Sicherlich erfuhrst du in deinem Leben bereits Augenblicke höchster Freude, die einfach und spontan entstanden, die durch nichts bedingt waren - ein Strom der Freude, der aus sich selbst entstand. In jenen Augenblicken warst du in Verbindung mit der göttlichen, universellen Kraft.

Unterscheidung zwischen diesen beiden Arten der Freude - Viveka, die erste Adhikara - führt zwangsläufig zu Vairagya.

Jedes andere Entstehen von Vairagya ist mit großer Vorsicht zu betrachten: Ist sie rein intellektuell? Ist sie als Abwehrreaktion entstanden? Wahres Vairagya ergreift dein gesamtes Wesen bis in die letzten Tiefen deines Denkens und Seins. Nur dann ist es dauerhaft und führt weiter zu der dritten Adhikara:

3. Shat Sampatti

Shat bedeutet sechs, und Sampat bedeutet Tugend oder Schatz. Shat Sampatti sind Schätze, die mehr wert sind als alle äußeren Güter; sie sind wie ein Fahrzeug, das uns nach innen führt, zur Wonne, die in unserer Mitte wohnt.

Die sechs geistigen Tugenden werden als eine Einheit gesehen, denn sie sind alle dazu bestimmt, Geisteskontrolle und Disziplin zu entwickeln. Konzentration und Meditation, die schließlich zur höchsten Freude, zur Einheit mit Gott führen, kann es niemals geben ohne Geisteskontrolle und geistige Disziplin.

3a. Shama - Ruhe des Geistes

Der Geist wird in der Quelle festgehalten. Es wird ihm nicht gestattet, sich mit den Sinnen zu verbinden. Diese Gelassenheit bzw. Kontrolle des Geistes ist die wichtigste Voraussetzung für einen spirituellen Aspiranten - er muss sie um jeden Preis besitzen. Dies verlangt unaufhörliches und fortgesetztes Üben.

Der Geist befiehlt den zehn Indriyas (die Sinne, siehe 3b; Dama). Wenn zuerst der Befehlshaber unterworfen wird, sind die Soldaten leicht zu besiegen.

Wenn der Mensch in Shama fest verwurzelt ist, kommt Dama von selbst.

3b. Dama - Ruhe der Sinne

Die zehn Indriyas sind:

- 5 Organe der Wahrnehmung (Jnanendriyas): Augen (Sehen), Ohren (Hören), Haut (Fühlen), Zunge (Schmecken), Nase (Riechen);
- 5 Organe der Handlung (Karmendriyas): Hände (Handeln), Füße (Fortbewegung), Mund (Sprechen), Anus (Ausscheidung), Sexualorgan (Fortpflanzung).

Diese Definition der wahrnehmenden und handelnden Organe entsprechen auf der physiologischen Ebene dem afferenten (sensorischen) und dem efferenten (motorischen) Teil des peripheren Nervensystems. Es wird hier die Kontrolle und Reduktion der sich in diesen Nerven bewegenden Impulse angestrebt.

Es ist hier zu bedenken, dass die Einschränkung des physischen Organs (etwa das Schließen der Augen oder die Enthaltsamkeit von sexueller Aktivität) nicht zum Ziele führt, sondern, dass die Ruhe der Sinne aus dem vorher beschriebenen Beherrschen des Geistes entstehen muss, um Wirkung und Bestand zu haben.

Nur wenn auch die Erinnerung an und das Verlangen nach sinnlichen Erfahrungen und nach Handlungen reduziert und kontrolliert ist, so kann man von wirklichem Dama sprechen. Und daraus entsteht die dritte Sampat:

3c. Uparati - das Zurückziehen

Die Beruhigung des Geistes und der Sinne führt zu dem Wunsch, sich vollständig aus der Welt der Betätigung und Erfahrung zurückzuziehen. Es ist wie ein Sog zur Stille, ein Abstandnehmen - eine Art Überdruss von allen dinglichen Beziehungen.

Uparati ist äußerste Enthaltung, ist Verzicht auf jegliches Wirken. Uparati bedeutet, sich zurückzuziehen und ist gleichbedeutend mit Sannyas (Mönchstum): Du willst in der äußeren Welt nichts mehr vollbringen, dich nur noch auf das „Feuer, das von innen brennt" konzentrieren.

Wenn Uparati stark und fest ist, so entsteht daraus die vierte Tugend:

3d. Titiksha - Gleichmut und Duldungsfähigkeit

Unter Titiksha wird Geduld, Duldungskraft verstanden: Titiksha ist nicht nur ein geduldiges, passives Hinnehmen von allem, sondern bezeichnet einen Zustand innerer Stärke, der von außen nicht ins Wanken gebracht werden kann.

Ein Titikshu kann Leiden, Beleidigung, Hitze und Kälte, Luxus und Hunger völlig gleichmütig ertragen. Er kümmert sich nicht, das Leidvolle zu beheben, und nicht, das Angenehme zu suchen. Er ruht in sich selbst und ist völlig angstfrei.

Manche Yogis üben strenges Tapas (Askese) und kasteien den Körper, um Titiksha zu entwickeln. Aber Titiksha ist nicht das Ziel, sondern ein Zeichen, dass man auf dem richtigen Weg ist. Titiksha muss sich aus Shama, Dama und Uparati entwickeln, nicht um seiner selbst willen angestrebt werden. Erst dann ist Titiksha auf einer guten Basis aufgebaut und führt weiter zu ...

3e. Shraddha - Glaube

Hiermit ist nicht das intellektuelle Fürwahrhalten bestimmter Dogmen gemeint, sondern vielmehr eine innere Gewissheit, eine Art „inneren Wissens". Shraddha ist die Fähigkeit, sein Herz ganz hinzugeben, und das ist nur möglich, wenn wirkliches Vertrauen vorhanden ist. Dies schließt auch den Glauben an das, was die heiligen Schriften lehren, das Vertrauen, dass sie die Wahrheit verkünden, mit ein. Auch das feste, unerschütterliche Vertrauen in die Führung des Guru wird unter Shraddha verstanden.

Shraddha darf nicht mit blindem Glauben verwechselt werden. Aberglaube und Glaube an religiöse Dogmen und Bräuche können einem Menschen nicht bei seiner spirituellen Entwicklung helfen, sondern eher hinderlich sein.

3f. Samadhana - Sammlung

Die Frucht der Praxis von Shama, Dama, Uparati, Titiksha und Shraddha ist geistige Festigkeit, Beständigkeit, Sammlung und die Fähigkeit zu tiefer Meditation. Es herrschen Konzentration und einpünktige Festigkeit des Geistes: der Geist wendet sich nach innen und wird zu wahrer Konzentration fähig.

Der Praktizierende ist in jeder Hinsicht ohne Verhaftung; er kennt weder Zu- noch Abneigungen. Er hat zu unerschütterlichem inneren Frieden gefunden.

Samadhana ist der fruchtbare Boden, aus dem sich Samadhi, die göttliche Einheitserfahrung entwickeln kann. Nicht umsonst sind diese beiden Begriffe sehr ähnlich; sie haben die gleiche Wurzel: Sama, das Zusammenführen, die Sammlung, die Vereinigung.

4. Mumukshutva

Das brennende Verlangen nach Befreiung wird Mumukshutva genannt.

Ebenso wie die bisher genannten Elemente aufeinander aufbauen, sich eines aus dem anderen ergibt, so führen nur Viveka, Vairagya und Shat Sampatti zu wahrem Mumukshutva: erst wenn zwischen Wirklich und Unwirklich unterschieden werden kann, erst wenn du Loslösung vom Unwirklichen praktizieren kannst und Kontrolle und Einpünktigkeit des Geistes erreicht hast, wird sich daraus ernsthaftes und beständiges Sehnen nach Befreiung entwickeln, welches nicht aus dem Ego, sondern aus deinem innersten Wesen kommt.

Das Streben darf nicht halbherzig sein. Wenn du Großes erreichen willst, so muss eine große, beständige Kraft dahinter stehen. Und die Befreiung ist das größte Ziel, das sich ein Mensch setzen kann.

„Wie sehr soll ich nach Befreiung streben? Wie sehr soll ich Gott suchen?" fragt der Schüler seinen Meister.

Der Meister führt den Schüler an den Fluss, watet mit ihm bis zur Flussmitte und taucht den Kopf des Schülers plötzlich unter Wasser und hält ihn dort fest, bis er am Ersticken ist.

„Was hast du gefühlt unter Wasser?" fragt er ihn, nachdem er ihn wieder ausgelassen hat.

„Nur eines, Meister. Das Verlangen zu atmen."

„Ebenso intensiv soll dein Wunsch nach Gott, nach Befreiung, nach Verwirklichung sein. Lass nichts daneben Platz haben."

- ♦ - ♦ - ♦ -

„Der Aspirant muss die vier Mittel mit höchster Intensität üben. Die Reihenfolge der vier Sadhanas (Adhikaras) ist absolut von Bedeutung. Der Aspirant, der die vier Mittel besitzt, ist eine gesegnete Göttlichkeit auf Erden."

Swami Sivananda

4.5
Das Kleinod der Unterscheidung

Kein anderes der sechs klassischen Philosophiesysteme Indiens hat auch nur annähernd so große Bedeutung erlangt wie der Advaita Vedanta. Uns steht heute ein umfangreiches Schriftengut zur Verfügung, welche den Weg des Advaita Vedanta von allen Seiten beleuchtet. Wir wollen uns in diesem Abschnitt mit dem Viveka Chudamani von Shankara, das als eines der Standardwerke des Advaita Vedanta gilt, befassen.

Adi Shankara, lebte von 788 bis 820; der Name Shankara bedeutet „Derjenige, der Frieden (shanti) bringt (kara)"; er wird auch oft Shankaracharya (Acharya bedeutet „Meister") genannt.

Er galt bereits mit zehn Jahren als Wunderkind. Er hatte nicht nur viele der heiligen Schriften gelesen und im Gedächtnis behalten, sondern auch Kommentare zu diesen Texten verfasst und mit berühmten Gelehrten Indiens diskutiert.

Ein in jungen Jahren verfasstes Gedicht heißt

Das Zerbrechen der Täuschung

Wer ist dein Weib, wer ist dein Sohn?
Wie seltsam sind die Wege dieser Welt.
Wer bist du? Und woher bist du gekommen?
Sinn´ diesen Dingen nach und ehre Gott.
Unwissenheit umfängt dich wie ein Meer.
Bedenk des Menschen sinnlos Treiben.

Als Kind dem Spielzeug hingegeben,
Als Jüngling in der Liebe Zauberbann,
Im Alter tiefgebeugt von Sorgen –
Und niemals Gottes eingedenk.
Die Stunden fliehn, Jahreszeiten wechseln und das Leben ebbt dahin,
Doch bleibt die Hoffnung stets im Herzen wach.

Doch strebte Shankara über Bücherweisheit hinaus zur eigenen Erfahrung der Vollkommenheit. In jungen Jahren erhielt er die Weihe zum Mönch und erlangte in kurzer Zeit die Verwirklichung des Selbst, das Ziel des menschlichen Strebens. Er gründete viele Klöster und Mönchsorden; er war der erste, der das Mönchsleben in Indien organisierte, und die von ihm aufgestellten Regeln gelten noch heute.

Nirvanashatkam

Ein Text Shankaras, der die Lehre des Advaita Vedanta lyrisch beschreibt und der oft vertont wurde, sind die sechs Strophen (shatkam) zur Befreiung (Nirvana), Nirvanashatkam, deren erste Strophe lautet:

Mano Buddhy Ahamkara Chittani Naham
Na Cha Shrotrajihve Na Cha Ghrananetre
Na Cha Vyoma Bhumir Na Tejo Na Vayuh
Chidananda Rupa Sivoham Sivoham
Chidananda Rupa Sivoham Sivoham

Ich bin nicht Geist noch Intellekt,
Nicht Ego noch Erinnerung.
Ich kann nicht gehört noch genannt werden,
Kann nicht durch Sehen oder Geruch erfasst werden.
Ich bin jenseits der Elemente.
Meine wahre Natur ist absolutes Wissen und Glückseligkeit; das Göttliche und ich sind eins!

Das Viveka Chudamani

Das Viveka Chudamani ist das Kleinod (Chudamani) der Unterscheidung (Viveka). Als kompakter Abriss der nichtdualen Philosophie des Advaita Vedanta, welches in Versform (ähnlich den Sutras von Patanjali) verfasst wurde, bietet es bestmöglichen Überblick über Grundgedanken und Elemente des Vedanta.

Da die Aussagen Shankaras selbsterklärend sind, habe ich bei den folgenden Auszügen auf Kommentare verzichtet.

Der Guru

Der Guru ist in den Schriften bewandert, lauter, frei von Begierden und hat Brahman vollkommen erkannt. Unverwandt in Brahman versunken, ist er ruhig wie eine Flamme, deren Öl aufgebraucht ist. Er ist ein Meer jener Liebe, die keinen Beweggrund braucht, ein Freund aller Guten, die demütig ihm vertrauen.

Vor dir, o Meister des grenzenlosen Erbarmens, Freund aller Andächtigen, beuge ich mich. Ich bin versunken im Meer der Welt - errette mich mit deinen unbeirrbaren Augen, die niemals endende Gnade wie Nektar spenden.

Dieser Schüler, der seinen Schutz sucht, dürstet nach Befreiung. Er hat seine Pflichten redlich erfüllt, sein Herz ist voller Ruhe, und er hat Gleichmut erlangt. Der Weise und Heilige beginnt voll Erbarmen, ihn in der Wahrheit zu unterweisen.

Führung und der Weg

O du Verständiger, fürchte dich nicht. Für dich besteht keine Gefahr. Es gibt einen Weg, das Meer des weltlichen Lebens zu überqueren. Ich will dir den Weg zeigen, auf dem viele Weise das andere Ufer erreicht haben.

Glaube, Hingabe und immerwährende Vereinigung mit Gott im Gebet sind, nach den heiligen Schriften, die Hilfen, die den Suchenden geradewegs zur Befreiung führen.

Die klare Schau der Wirklichkeit enthüllt sich unseren Augen nur, wenn diese sich der geistigen Einsicht öffnen, nicht aber durch die Augen eines anderen Sehers. Mit unseren eigenen Augen sehen wir, wie der Mond aussieht. Wie könnten wir dies durch die Augen anderer erfahren?

Die reine Wahrheit des Atman, die unter Maya und ihren Auswirkungen verborgen liegt, kann nur durch Meditation, Kontemplation und andere geistige Übungen erlangt werden, die der um Brahman Wissende vorschreibt. Niemals genügen bloße Erörterungen.

Die erste Stufe der Befreiung wird als vollkommene Loslösung von allen nicht-ewigen Dingen bezeichnet. Dann kommt die Übung von Gleichmut, Selbstbeherrschung und Langmut. Es folgt die völlige Aufgabe aller Handlungen, die aus persönlichen selbstsüchtigen Wünschen entstehen. Dann muss der Schüler die Wahrheit über Atman verstehen, darüber nachdenken und sie ohne Unterbrechung eine lange Zeit unaufhörlich meditieren. So erlangt der Weise den höchsten Zustand.

Die Erfahrung Brahmans

Das Studium der Schriften ist fruchtlos, solange Brahman nicht erfahren wird. Die Erfahrung Brahmans aber macht das Lesen der Schriften unnötig.

Krankheit wird nicht durch das Wort „Medizin" geheilt. Du musst die Medizin nehmen. Befreiung kommt nicht einfach durch das Aussprechen des Wortes „Brahman". Brahman muss wirklich erfahren werden.

Der Körper und die Sinne

Der grobstoffliche Körper gilt als die Wurzel des Trugbildes von „Ich" und „Mein". Die verblendeten Wesen, die durch das starke, schwer zu durchtrennende Band der Begierde an die Gegenstände ihrer Erfahrung gebunden sind, bleiben Geburt und Tod unterworfen. Sie wandern aufwärts und abwärts, getrieben vom unausweichlichen Gesetz ihres Karmas.

Die Gegenstände, die die fünf Sinne wahrnehmen, haben eine noch verhängnisvollere Wirkung als das Gift der Kobra. Gift tötet nur, wenn es in den Körper eindringt. Diese Gegenstände aber vernichten uns allein schon durch ihren Anblick! Nur wer dieser unheilvollen Falle, dem Verlangen nach Sinnesfreuden entkommen ist, ist reif für die Befreiung, und kein anderer, mag er auch alle sechs Systeme der Philosophie beherrschen.

Suchst du wahrhaft nach Befreiung, so halte die Gegenstände der Sinnesfreuden in größter Entfernung, als wären sie Gift, und nähre dich immerfort von den Freuden solcher Tugenden wie Zufriedenheit, Mitgefühl, Vergebung, Rechtschaffenheit, Beschaulichkeit und Selbstbeherrschung.

Wenn das Denken auf die Gegenstände der Sinne gerichtet ist, beschäftigt es sich mit den Freuden, die von diesen stammen. Solchen Gedanken nachzugehen erregt Verlangen. Dieses treibt den Menschen zur Befriedigung seiner Begierde.

Je mehr der Mensch sein Verlangen in der Welt der Objekte befriedigt, um so mehr wachsen seine Begierden. Doch wenn er sie zügelt und ihnen keine Befriedigung mehr gibt, dann wird der Samen des Verlangens zerstört. Darum suche Selbstbeherrschung. Ein Mensch, der ohne Selbstbeherrschung lebt, wird niemals dem Rad von Geburt und Tod entrinnen.

Es gibt keine Befreiung für einen Menschen, der am Körper und seinen Freuden hängt. Der Befreite ist frei von der Bindung an den Körper und seine Freuden. Der Schlafende wacht nicht, der Wachende schläft nicht. Diese beiden Bewusstseinszustände sind einander ihrer Natur nach entgegengesetzt.

Atman

Es gibt eine aus sich selbst bestehende Wirklichkeit, die Grundlage unseres Ichbewusstseins ist. Diese Wirklichkeit ist Zuschauer der drei Zustände unseres Bewusstseins und ist von den fünf körperlichen Hüllen verschieden.

Dies ist der Atman, das Höchste Wesen, der Uralte. Niemals endet seine Erfahrung unendlicher Wonne. Immer ist er der gleiche. Er ist Bewusstsein selbst.

Der Atman ist ohne Geburt und Tod. Er wächst nicht und er vergeht nicht. Er ist unwandelbar, ewig. Er vergeht nicht, wenn sich der Körper auflöst. Vergeht die Luft, wenn der Krug zerbrochen ist, der sie enthielt?

Wenn das Denkorgan beherrscht und der Intellekt rein und in Ruhe gehalten wird, ist der Atman unmittelbar im eigenen Inneren zu erfahren.

Brahman

Der Atman ist eins mit Brahman; dies ist die höchste Wahrheit. Brahman allein ist wirklich. Es gibt nichts anderes als Brahman. Wenn Es als die höchste Wirklichkeit erkannt worden ist, existiert nichts anderes als Brahman.

Brahman ist die Wirklichkeit - das einzige Sein, vollkommen unabhängig von menschlichen Gedanken oder Ideen. Nur die Unwissenheit unseres menschlichen Verstehens sieht das Weltall aus verschiedenen Formen zusammengesetzt. Es ist nichts als Brahman.

Ein aus Ton geformter Krug ist nichts anderes als Ton. Sein Material ist Ton. Die Gestalt des Kruges hat keine unabhängige Existenz. Was also ist der Krug? Nur ein erfundener Name. Die Gestalt des Kruges kann nicht ohne den Ton wahrgenommen werden. Was also ist der Krug? Eine Erscheinung. Die Wirklichkeit ist der Ton selbst.

Brahman ist unveränderlich, unendlich, unvergänglich, jenseits von Maya und ihrem Spiel. Es ist ewige, unsterbliche Seligkeit. Es ist rein. Das ist Brahman, und „Das bist Du". Meditiere über diese Wahrheit.

Das Denkorgan

Das Denkorgan ist sowohl Ursache der Bindung des Menschen als auch die seiner Befreiung. Wenn es von Rajas getrübt ist, verursacht es Bindung. Wenn es aber von Rajas und Tamas befreit und geläutert ist, bringt es Befreiung.

Wenn Unterscheidung (Viveka) und Bindungslosigkeit (Vairagya) ausschließlich geübt werden, dann wird das Denkorgan geläutert und strebt der Befreiung zu. Darum muss der Weise, der Befreiung sucht, diese beiden Eigenschaften in sich entwickeln. Der Mensch ist reines Bewusstsein, frei von Bindung. Nur sein Denkorgan täuscht ihn. Es bindet ihn mit den Fesseln des Körpers, der Sinne und des Pranas. Es gibt ihm Gedanken ein von „Ich" und „Mein". Der Irrtum der Identifizierung des Atman mit dem Nichtatman (Maya) ist der Grund für Geburt und Tod und Wiedergeburt des Menschen. Diese irrtümliche Identifizierung wird vom Denkorgan geschaffen.

Der nach Befreiung Suchende muss daher sorgfältig bemüht sein, das Denken zu läutern. Wenn die Gedanken ganz rein sind, ist die Befreiung so leicht zu ergreifen wie eine Frucht, die man in seiner flachen Hand hält.

Es gibt keine Hoffnung auf Gesundung des Menschen, wenn noch eine Spur von Gift in seinem Körper zurückbleibt. Ebenso kann der geistig Suchende nicht Befreiung erlangen, solange noch eine Spur des Ich in ihm fortwirkt.

Vernichte das Ich bis auf den Grund. Beherrsche die vielen Wellen der Zerstreuung, die es im Denkorgan aufrührt. Dieses Ich ist dein Feind. Es gleicht der Gräte, die im Hals des Essenden stecken bleibt. Vernichte diesen Feind durch das scharfe Schwert der Erkenntnis und genieße frei die unbeschränkte Herrschaft über dein eigenes Königreich, die Seligkeit des Atman.

Der Weg zur Befreiung

Meide wie Gift die Begierde nach sinnlicher Lust. Sie ist dein Tod. Sei nicht stolz auf Kaste, Familie und Stellung. Halte dich fern von Handlungen der Selbstsucht. Gib die Täuschung auf, du seiest der Körper oder eine seiner Hüllen (koshas). Sie alle sind unwirklich. Bewahre deine Gedanken in der Erinnerung des Atman. Du bist in Wahrheit Brahman, der Zuschauer, der nicht vom Denkorgan gebunden ist, das Eine ohne ein Zweites, das Höchste.

Richte die Gedanken fest auf Brahman, dein einziges Ziel. Erlaube es den Sinnesorganen nicht, sich nach außen zu wenden. Zwinge sie, in ihren eigenen Zentren zu verharren. Gib dem Körper eine aufrechte und feste Haltung, verschwende aber keinen Gedanken auf seine Erhaltung, sondern versenke dich ganz in Brahman und erfahre, dass du eins bist mit Brahman. Trinke unaufhörlich die Seligkeit Brahmans. Niemals kann diese Quelle der Seligkeit versiegen. Welchen Sinn haben dann noch die Dinge der Welt?

4.6

Methoden und Techniken des Jnana Yoga

Jeder Yoga-Weg hat seine spezifischen Methoden und Übungstechniken. Im Hatha Yoga üben wir Asanas und Pranayamas, im Raja Yoga Konzentration und Meditation, im Bhakti Yoga Gebet und religiöse Zeremonien. Aber wie können wir im Jnana Yoga Fortschritte erzielen, wo es hier doch nur darum geht, die Dinge auf eine neue Weise zu betrachten?

Die Schriften enthalten wertvolle Hinweise, wie das Üben, der Weg des Jnana Yoga aufgebaut werden soll. Die Praxis dieses Weges besteht aus drei Stufen des Integrierens der vedantischen Wahrheiten, aus Sravana, dem Hören der Wahrheit, aus Manana, dem Nachdenken über die Wahrheiten, und aus Nididhyasana, dem Meditieren und Verinnerlichen der Wahrheiten.

1. Sravana

Zuerst muss unser Unwissen auf der äußeren Ebene, auf der Ebene des Intellektes, des Denkens beseitigt werden. Hier findet durch das Befassen mit den vedantischen Aussagen ein Lernprozess statt, der uns sozusagen neue Horizonte eröffnet und bekannten Dingen eine neue Dimension hinzufügt. Wir lernen die Dinge unseres Lebens in einem neuen Lichte zu sehen.

Zu der Stufe des Sravana gehört das Lesen und Hören von Schriften und Abhandlungen zum Thema des Vedanta. Man liest das Viveka Chudamani oder andere vedantische Werke, hört Auslegungen vom Lehrer oder Meister und diskutiert Fragen und Konsequenzen der Philosophie.

2. Manana

Hier versuchen wir, die gehörten und gelernten Inhalte tiefer in unser Wesen dringen zu lassen. Wir denken über sie nach, beobachten unsere inneren Regungen, Gefühle, Wünsche, Abneigungen, Urteile usw. im Alltag.

Diese sehr wichtige Stufe, die in immer feinere und tiefere Erkenntnisebenen führt, entspricht dem Vichara-Prinzip der Selbstbefragung. Wir versuchen hier zu verstehen, was die Vedanta-Philosophie für unser Leben bedeutet. Wie kann Vedanta uns helfen, mit Problemen, Schwierigkeiten und allen Dingen unseres Lebens besser umzugehen? Was geschieht tatsächlich, wenn ich Freude oder Ärger oder Angst empfinde? Woher kommen diese Regungen? Wie würde ein Vollendeter in meinem Fall reagieren? Was bedeutet es, wenn all dies, mein Körper, mein Geist, meine Gedanken und Gefühle, Illusion sind? Wie fühlt sich das Wirkliche an? Wie muss ich mein inneres Instrument einstellen, um diese heiligste Essenz in meinem Inneren zu berühren?

Über lange Zeit hinweg geübt, wird durch Manana das Wissen allmählich zu einem tiefen und profunden Erkennen der wahren Zusammenhänge; wir sind vom Wissen zum Verstehen und vom Verstehen zum Erkennen gelangt. Aber auch hier sind wir noch nicht am Ende des Weges.

Nididhyasana

So wie die Erfahrung des kosmischen Bewusstseins das Reich des Geistes übersteigt und transzendiert, so ist auch auf dem Übungsweg eine tiefere bzw. feinere Ebene nötig als die geistige Ebene des Befragens und Nachdenkens. Diese Ebene wird durch die Übung der vedantischen Meditation erreicht. Hier versuchen wir, die Wahrheit zu FÜHLEN, sie vollkommen in uns aufzunehmen und zu integrieren.

Beispiele für vedantische Meditationstechniken sind:

1. **Neti Neti** - „Nicht dies, nicht jenes": Alles, was deinen Sinnen erkennbar ist, ist ES nicht. Der Wind ist es nicht, das Geräusch aus der Ferne ist es nicht. Was ist es dann? Gehe tiefer und fühle es. Mein Körper? Die Atmung? Nein, das ist es auch nicht. Gehe tiefer. Die inneren Bilder, die Gedanken, Gefühle? Nein, gehe tiefer. Ist es die Energie, die sich bewegt? Nein, auch das ist ES nicht. Gehe so immer tiefer, alles verneinend, was dir sich anbietet, bis du hinter allen Geräuschen Bewegungen und Gedanken ES zu fühlen beginnst.

2. **Sakshi Bhav** - „der stille Zeuge": Du sitzt still und beobachtest. Deinen Körper und die Atmung. Und du fühlst: Da ich meinen Körper und meine Atmung beobachte, bin ich verschieden von ihm - ich bin nicht Körper, nicht Atmung.

   Du beobachtest alles, was um dich und in dir geschieht, auch deine Gedanken und Gefühle. Du sitzt im Zuschauerraum und beobachtest, was sich auf der Bühne deines Geistes ereignet. Du bist nicht deine Gedanken, du bist Zuschauer. Der Zuschauer aber ist Atman, der Zeuge, untätig, unbeteiligt, still, unberührbar. Und du beginnst, indem du still beobachtest, ES zu berühren, da du dich durch das Zuschauen aus der Identifikation des Verstricktseins mit den Dingen löst.

3. **Abheda Bodha Vakya** - das Auflösen von Name und Form. Hier gehen wir von dem Gedanken aus, dass alles im Universum fünf Komponenten hat, Name, Form, Sein, Wissen und Seligkeit. Gleich einer Zwiebel beginnen wir nun die zwei äußersten Komponenten, Name und Form, nama-rupa, „abzuschälen", und entkleidet von den „irdischen Hüllen" bietet sich das Wirkliche in seinem wahren Glanz göttlicher Vollendung dar, als reines Sat-Chid-Ananda.

4. **Meditation auf die Maha Vakyas**. Wir haben die Maha Vakyas, die großen Verkündigungen der vedantischen Lehre, auf Seite 184 kennen gelernt. Hier wählen wir eines von ihnen aus und lassen es tief in unser Bewusstsein sinken. Was bedeutet es für unser Weltbild, für unser Erleben der Welt? Doch versuchen wir es nicht lediglich zu verstehen, sondern besonders seine Bedeutung, seine Essenz, seine Botschaft zu erfühlen.

Jnana Yoga wird allgemein als der schwierigste oder steilste Weg auf den Berg der Selbstverwirklichung bezeichnet. Wenn er auch als der kürzeste Weg gilt, so ist die Gefahr des Falles oder des Verirrens sehr groß. Die größte Gefahr ist jedoch, dass man sich in der ersten Ebene, Sravana, der Ebene des Intellektes, verliert und die großen Wahrheiten des Advaita Vedanta zu Wortspielen und zum Thema angeregter Diskussionen werden, welchen der Bezug zur Wirklichkeit verloren gegangen ist. Insofern ist es für den ernsthaft Strebenden unerlässlich, seine Jnana-Yoga-Praxis mit Techniken und Übungen aus den anderen Yoga-Wegen, insbesondere mit Hatha und Karma Yoga, zu ergänzen.

5

KARMA YOGA

Der Gottergebene, welcher auf die Früchte seiner Werke verzichtet hat,

erlangt den ewigen Frieden.

Der Weltmensch, welcher durch die Anziehung seiner Begierden

an den Früchten seiner Werke hängt, ist an die Folgen derselben gebunden.

Bhagavad Gita 5,12

5.1

Einführung in Karma Yoga

Für die meisten Menschen bedeutet Yoga zu üben, Asanas und Meditation zu praktizieren. Doch wer tiefer in den Geist des Yoga eindringt, dem enthüllt sich eine völlig neue Welt. Yoga umfasst unser ganzes Leben, jeden einzelnen Augenblick. Der Yogaweg, der sich mit dem täglichen Leben am unmittelbarsten auseinandersetzt, ist der Karma Yoga.

Der Begriff Karma leitet sich aus der Sanskritwurzel kri ab, was „Handlung" bedeutet. Karma Yoga ist der Yoga-Weg des bewussten, achtsamen und erwartungslosen Handelns, der in vollkommenster Weise die anderen Yoga-Wege ergänzt. Wer kann sechzehn Stunden täglich für Yoga-Übungen aufbringen? Wir können zwei, vielleicht sogar drei oder vier Stunden täglich üben, aber wenn wir die restliche Zeit des Tages von unserem „Yoga-Planeten" heruntersteigen und ein ganz anderer Mensch sind, so werden die Übungen keinen wirklichen Erfolg erbringen können. Doch wenn wir die gesamten restlichen Stunden des Tages weiterhin im „Geist des Yoga" bleiben, sozusagen die in den Übungen erzeugte Schwingung sich fortsetzt, so kann die volle Kraft des Yoga wirklich zu greifen beginnen!

> Alle spirituellen Traditionen stimmen darin überein, dass die Mechanik unseres Schicksals auf der materiellen und geistigen Ebene von der Qualität der Handlungen des Menschen, oder, genauer gesagt, von seiner Absicht, abhängt. Karma Yoga ist die Kunst und Wissenschaft karmisch bewusster und verantwortlicher Handlung und Absicht.
>
> Karma Yoga erfordert eine vollständige Umwandlung der menschlichen Natur, denn er verlangt, dass jede Handlung einer Disposition entspringt, welche von unserer gewöhnlichen geistigen Einstellung stark abweicht.
>
> Handlungen, die im Geist der Selbst-Hingabe durchgeführt werden, haben überaus positive Wirkungen. Sie verbessern unsere gesamte Lebensqualität und machen uns zu einer Quelle der Kraft und Reinheit für andere Menschen.
>
> Der Grundgedanke ist, dass wir sind, was wir sind, durch das, was wir tun, oder eher, wie wir es tun. In unseren Handlungen drücken wir aus, wer oder was wir sind – wir externalisieren unser inneres Sein, und die Handlungen werden zum Ausdruck unseres Wesens.
>
> Karma Yoga verlangt viel mehr als nur, seine Pflicht zu erfüllen. Er geht auch über konventionelle Moralität hinaus und ist von einer profunden spirituellen Haltung gezeichnet.
>
> Die „leichte" Disziplin des Karma Yoga wird, wenn sie bewusst und ernsthaft angewendet wird, zu einer herausfordernden spirituellen Praxis der Selbst-Transzendenz.
>
> Karma Yoga ist der am direktesten mit dem täglichen Leben verbundene Yoga-Weg. Das große Ideal des „Nichthandelns im Handeln" betrifft auch alle anderen spirituellen Disziplinen und ist heute von der gleichen Bedeutung wie zu der Zeit, als die indischen Weisen sie vor gut zweitausend Jahren beschrieben haben.
>
> Georg Feuerstein

Das Gesetz des Karma

Karma Yoga postuliert die Existenz und universelle Gültigkeit des Karma-Gesetzes. Dieses Gesetz besagt, dass mit jeder physischen und geistigen Handlung eine Wirkung ausgelöst wird, die früher oder später „reift" und entsprechend der Qualität der Handlung bzw. der Absicht angenehme oder unangenehme Manifestationen in unserem Leben erzeugt. Das Gesetz des Karma ist das Gesetz des Ursache-Wirkung-Zusammenhanges.

Dieses Gesetz in vollem Umfang anzuerkennen, bedeutet, sich vollständig und endgültig vom Gedanken des Zufalls zu verabschieden. Wenn das Gesetz des Karma gültig ist, gibt es keinen Zufall. Einen Zufall oder auch „göttliche Bestimmung" anzuerkennen, würde bedeuten, das Gesetz des Karma zu „durchlöchern". Welcher Apfel fällt nach oben in den Himmel? Kein einziger, sonst würde es mit unserem Gesetz der Schwerkraft traurig aussehen. Gott schafft unsere Gesetze, aber er durchlöchert sie nicht!

So selbstverständlich und für jedermann einsichtig dieses einfache Gesetz auch ist, so ergeben sich in der Praxis oft massive Widerstände, das Karma-Gesetz zu akzeptieren. Am schwierigsten ist es sicherlich, schwere Unglücksfälle oder auch extreme Glücksfälle zu verstehen, denn oft ist die „Ursache", die damit in Verbindung stehen müsste, nicht unmittelbar erkennbar.

Eine extreme Form mag das schwer körperbehinderte Baby sein, das ja noch keine entsprechenden Handlungen, die seine Behinderung hervorgerufen haben, gesetzt haben kann. Diese Überlegungen haben zu dem Schluss geführt, dass dieses Kind die Ursache nur VOR seiner Geburt gesetzt haben kann, dass es schon einmal gelebt hat.

So führt das Gesetz von Ursache und Wirkung zu der in den meisten spirituellen Traditionen und Religionen anerkannten Lehre von der Wiedergeburt, der Reinkarnation.

Die Reinkarnation

Betrachten wir diesen Gedanken anhand eines Gleichnisses:

Wir schaffen uns, um uns besser im Leben mit seinen Pflichten und Aufgaben bewegen zu können, ein Auto an. Eine Zeitlang benützen wir es, und nach einigen Jahren beginnen immer mehr Teile und Systeme des Autos ihren Dienst zu verweigern, sodass wir uns nach einem neuen Auto umzusehen beginnen. Wir geben das alte Auto ab und steigen in das neue ein. Wir selbst, die Benützer, sind unverändert, doch haben wir eine neue „Hülle" bestiegen. Ähnlich ist es, wenn die Seele einen „gebrauchten" Körper ablegt und in einen „jungen" Körper eintritt.

Ein anderes Beispiel: Wir legen uns am Abend schlafen und legen damit unser Tagesbewusstsein für einige Stunden ab. Der neue Tag erwacht und findet uns - nicht in völliger Unberührtheit, sondern mit all unseren Ängsten, Wünschen, Neigungen und Abneigungen. Diese sind über Nacht nicht verloren gegangen, ebenso wie jene Aufgaben, die wir auf den nächsten Tag verschoben haben.

So bewegt sich die menschliche Seele von einer Inkarnation (Inkarnation heißt wörtlich „Fleischwerdung") zur nächsten, vom einen Körper zum nächsten.

Der Tod ist nur ein Übergangsprozess von einer Verkörperung in einen vorübergehenden körperlosen Zustand, und die Geburt ist der Übergang von diesem körperlosen Zustand in einen neuen Körper.

Wir halten unseren Körper für das Wirkliche, doch ist er nur eine Hülle, die wir vorübergehend benutzen. Was wir wirklich sind, ist die Seele, die den Körper bewohnt, und die ihn benützt, um sich auszudrücken.

Weshalb inkarnieren wir?

Der Grund für unsere „Fleischwerdung" hängt eng mit der Philosophie des Karma-Yoga zusammen. Wir müssen ihn deshalb gut zu verstehen suchen.

Die Seele hat, wenn sie ihren Körper verlässt, eine Anzahl von Ursachen gesetzt, deren Ergebnisse sie in diesem Körper nicht mehr zu „ernten" imstande war. Auch nimmt sie eine Anzahl von ungestillten Sehnsüchten, Zu- und Abneigungen mit. Diese geistigen Elemente, die im Sanskrit als Samskaras (Eindrücke) bzw. Vasanas (Neigungen) bezeichnet werden, drängen mit Energie dazu, ausgedrückt, gelebt zu werden. Es ist wie ein Magnetismus - diese Vasanas ziehen die Seele wieder in einen Körper hinein, in dem sie bestimmte Karmas und Vasanas am besten ausleben kann. Oft führen ungelöste Konflikte und unerfüllte Wünsche dazu, dass wir wieder im Umfeld der gleichen Seelen wiedergeboren werden, mit denen wir im vorigen Leben verwandt waren oder zu tun hatten. Daher rührt das Gefühl, jemanden schon „irgendwie" zu kennen.

Die Seele in ihrem körperlosen Zustand urteilt nach anderen Kriterien als sie es in einem verkörperten Zustand tun würde, wenn es darum geht, in welchen Körper sie eintreten soll und in welchem Land sie inkarnieren wird. Für uns Menschen wäre es unbegreiflich, dass sich eine Seele den oben erwähnten schwer behinderten Körper eines Babys aussucht - welcher vernünftige Mensch würde sich als neues Auto eines nehmen, welches über eine Zahl von schweren Defekten verfügt und vermutlich nicht weit fahren wird? Die unverkörperte Seele sieht die Dinge jedoch von einer höheren Warte aus: Wie kann ich Karma abtragen - oder auch anderen Menschen helfen, das ihre abzutragen? Vielleicht genügt ein kurzes Menschenleben, um bestimmte Karmas abzutragen.

Wir Menschen haben den starken Drang, Dinge zu beurteilen und zu bewerten, sie als gut, das heißt angenehm einzustufen oder als schlecht, das heißt unangenehm abzutun. Die Seele hat einen anderen Standpunkt. Sie folgt dem Gesetz und nicht der Bequemlichkeit.

Nur so ist es zu erklären, dass Seelen in Körper eintreten, die mit Sicherheit in ihrem Leben große Leiden erfahren müssen.

Die Mechanik des Karma

Wir können uns Karma wie eine offene Rechnung vorstellen - nur kann das Begleichen dieser Rechnung nicht nur unangenehm, sondern auch angenehm sein. Es gibt sogenanntes „gutes" Karma, das sich in Glücksfällen, Freude und Harmonie ausdrückt, und es gibt „schlechtes" Karma, das uns Schmerzen, Krankheit, Auseinandersetzungen und Sorgen bringt. „Wie du säst, so wirst du ernten." heißt es sinngemäß in der Bibel: Gute Taten bringen angenehmes Karma, negative Handlungen schmerzvolles Karma. Wobei hier anzumerken ist, dass die Bewertung „gutes" und „schlechtes" Karma nichts mit dem Karma-Gesetz zu tun hat, sondern im Geist des Menschen entsteht, denn er bewertet einfach jenes Karma gut, dessen Früchte ihm angenehm sind, und jenes Karma schlecht, dessen Ergebnisse als unangenehm empfunden werden.

Abhängig vom Zeitpunkt des Entstehens und der Wirksamkeit des Karmas unterscheidet die Yoga-Philosophie drei Arten von Karma.

1. **Das Sanchita-Karma** ist die Summe aller „offenstehenden Rechnungen". Alles, was wir jemals verursacht haben, dessen Auswirkungen wir aber noch nicht erfahren haben, macht das große „Lager" des Sanchita Karma aus. Es ist meistens so viel Karma zusammen gekommen, dass es viele Leben braucht, um erschöpft zu werden.
2. **Das Prarabdha-Karma** ist jene Portion des Sanchita Karma, welche wir uns für das derzeitige Leben mitgenommen haben. Wenn wir Sanchita mit einem Lagerhaus vergleichen, so wäre Prarabdha ein gefüllter Rucksack daraus, mit dem ich einen Tagesausflug bestreite.
3. **Das Agami-Karma** ist neu geschaffenes Karma. Während Sanchita und Prarabdha unveränderlich sind, haben wir auf das Agami-Karma freien Einfluss. Es entsteht aus den Handlungen, die wir laufend setzen. Agami wird teils zum Vorrat im „Rucksack" (Prarabdha), teils dem „Lagerhaus" (Sanchita) hinzugefügt, je nachdem, ob es in diesem oder einem späteren Leben Früchte tragen wird.

Wir betreten also die Bühne des Lebens mit einem Rucksack voll „Prarabdha-Karma", den wir aus dem „Lagerhaus" des Sanchita-Karma befüllt haben. Glücksfälle und Schicksalsschläge, Dinge, die uns scheinbar von außen zugetragen werden, vermindern die Last im Rucksack, die Handlungen, die wir setzen, werden dem Rucksack aufgepackt oder an das Lagerhaus geschickt. Bis wir eines Tages unseren Rucksack geleert haben und wieder zum Lagerhaus zurückkehren, um die nächste Ration an Prarabdha-Karma auszufassen.

Da aus dem großen Lager des Sanchita-Karma nicht nur Karma entnommen, sondern laufend neues (Agami) hinzugefügt wird, kann man sich denken, dass es eine kaum zu bewältigende Aufgabe ist, das gesamte Sanchita-Lager vollkommen aufzubrauchen. Es gibt im Karma-Yoga jedoch eine Art „Amnestie". Menschen, die durch intensives spirituelles Streben zur Erleuchtung gefunden haben und damit Jivanmuktas (zu Lebzeiten befreite Menschen) geworden sind, wird das gesamte Lager des Sanchita erlassen, sie müssen lediglich ihr Prarabdha-Karma abtragen.

Der springende Punkt

Nachdem wir das Gesetz des Karma und seine grundlegende Mechanik betrachtet haben, stellt sich die Frage, auf welche Weise wir es in unserem eigenen Leben anwenden können.

Wir wollen sicher „gutes Karma" erzeugen: Gute Taten der Freundschaft, der Nächstenliebe erschaffen positives Agami Karma. Jedoch bindet uns auch positives Karma an das berühmte Rad der Wiedergeburten (Samsara), macht uns unfrei. Wenn Karma die Kette ist, die uns in unserer Gefangenschaft hält, so ist positives Karma eine goldene Kette - doch was man im Karma Yoga anstrebt, ist es, die Bindung überhaupt aufzulösen. Dies ist der springende Punkt im Karma Yoga!

Wie muss eine Handlung beschaffen sein, dass sie kein Karma auslöst? Karma Yoga erklärt, dass der eigentliche Karma-erzeugende und –gestaltende Faktor nicht die Handlung selbst ist, sondern die geistige Haltung bei der Handlung. Jede Handlung, die aus persönlichem Antrieb, getrieben vom Verlangen des individuellen Willens, vollbracht wird, erzeugt Karma, entsprechend der Absicht entweder positives oder negatives. Allein Handlungen, denen keine persönliche Motivation zugrunde liegt, die ohne Ichdenken, ohne Erwartung getan werden, erzeugen kein Karma und machen uns frei.

Die große Kraft des Karma Yoga

Karma Yoga ist nicht lediglich Arbeiten, Geben, Gutes tun. Karma Yoga ist die Haltung des Nicht-Ich. Es ist hier etwas zu tun und es wird getan, durch diesen Körper, durch diesen Geist. Es ist da kein Ich, das sagt: „Ich bin es, der tut. Ich möchte dies für mich bewirken, weil ich Freude daran habe, weil ich mir etwas davon erwarte."

Was Befriedigung erfährt, ist der Geist, das Ego. Was Schmerz erfährt, ist der Körper oder der Geist. Doch wenn du dein Ichgefühl, dein Ichdenken aufgegeben hast, wenn dieser Körper, dieser Geist „Nicht Ich" ist, wer erfährt dann Freude und Leid? Ein Fremder.

Du hast darauf verzichtet, ICH zu sein, lässt das Dharma durch deinen Körper, durch deinen Geist fließen, ohne Wunsch, ohne Erwartung, ohne Absicht.

Es beginnt sich etwas zu öffnen, etwas wie Unendlichkeit, Freiheit. Die Grenzen dieses kleinen und engen, schmerzbehafteten Ich sprengen heißt, wachsen, sich direkt in die Unendlichkeit ausdehnen, eins werden mit ihr, der wir den Namen - Gott gegeben haben.

Die Praxis des Karma Yoga

Der einfachste Weg, Karma Yoga zu leben, ist es, sich von dem Gedanken zu verabschieden, Handelnder zu sein. Wer tatsächlich handelt, ist Gott, und wir sind seine Instrumente, seine Organe. Ähnlich wie die Hand nicht sagt „Ich, die Hand, bin Tuende", sondern der wirklich Handelnde das Gehirn ist, welches der Hand bestimmte Nervenimpulse sendet, so sind wir Menschen nur Handlungsorgane auf einer höheren Ebene. Gott, oder die göttliche Kraft, wirkt durch uns. Je mehr wir uns dem Gefühl öffnen, nicht selbst zu handeln, sondern von göttlichen Handlungsimpulsen durchströmt zu werden, desto freier werden wir uns fühlen und desto harmonischer und effektiver werden unsere Handlungen sein.

Auch gilt es, sich von persönlichen Wünschen und Erwartungen zu lösen, außer dem Wunsch, dass „Sein Wille geschehen mag". Wir treten als Person, als Individuum zurück und lassen das Dharma, das Gesetz oder Gott wirken. Gleich der Luft, die durch einen hohlen Bambus (die im Hinduismus durch Krishnas Flöte symbolisiert wird) strömt, fließt Gottes Kraft, Licht und Liebe durch uns hindurch; unser sorgenerzeugendes Ich tritt in den Hintergrund, wird zum Beobachter.

Unsere Kraft kann nun, ohne sich in Gedanken an Erfolg oder Misserfolg, an Wünsche oder Ängste zu verlieren, vollständig auf die vorliegende Aufgabe konzentrieren und damit wesentlich mehr bewirken als zuvor.

Im Karma Yoga geht es um die Einstellung während der Handlung. Möglicherweise verändert sich die Handlung kaum (außer dass sie wahrscheinlich vollkommener, konzentrierter wird), doch das wesentliche ist die innere Haltung beim Handeln.

Ich tue, was zu tun ist, nicht was am einfachsten ist oder am meisten Spaß macht. Ich stelle meine Kraft der vorliegenden Aufgabe zur Verfügung und erfülle sie, so gut ich es vermag. Ich handle so, wie es in dieser Situation für alle Beteiligten am besten ist, nicht für meinen persönlichen Vorteil; ich betrachte die Aufgabe aus einer höheren als der persönlichen Sicht und fühle mich als Teil des Ganzen. Ähnlich wie im oben erwähnten Beispiel der Hand, die ihre Aufgabe im Organismus „Mensch" erfüllt, sich ohne persönliches Interesse dem Wohl des Ganzen unterordnet und damit zum Funktionieren des Ganzen beiträgt, ebenso verhält sich der Karma-Yogi, der sich als Teil des Organismus „Kosmos" fühlt und seine Aufgabe erkennt und nach bestem Wissen und Können erfüllt.

Doch was ist unsere Aufgabe, unser „Dharma"? Wir müssen nicht lange suchen, denn unsere Aufgabe ist immer gerade vor uns: Das Problem, mit dem wir konfrontiert werden, ist, ebenso wie unsere Talente und Anlagen, deutlicher Hinweis auf unsere Aufgaben. Wir müssen nur wach sein und aufmerksam unser momentanes Sein wahrnehmen: Die geistige Disposition, unser Umfeld, unser momentanes Sein IST unsere Aufgabe!

Auswirkungen des Karma Yoga

Was ist nun die Bedeutung des Karma Yoga, was sind seine Konsequenzen?

1. Karma Yoga ergänzt zunächst mein Weltbild und erklärt Zusammenhänge, die zuvor nicht verständlich waren. Ich erahne den Grund meines Hierseins und begreife meine Verantwortung für mein Leben.
2. Da ich mir bewusst bin, dass jede meiner Handlungen entsprechende Wirkungen hervorbringt, erhöht sich meine Achtsamkeit und Bewusstheit. Ich beginne selbst mein Leben zu steuern.
3. Indem ich die Folgen meiner Handlungen loslassen kann, erfahre ich ein nie gekanntes Gefühl von Freiheit und Leichtigkeit des Seins.
4. Mein bewusstes und konzentriertes Handeln ist ungetrübt von Erwartungen, Hoffnungen und Urteilen, womit sich automatisch die Ergebnisse meines Handelns, meiner Arbeit verbessern.
5. Durch die Hingabe der Ergebnisse meines Handelns an Gott und durch das Gefühl, dass Gott durch mich handelt, erfahre ich zunehmend das Gefühl des „In-Gott-eingebettet-Seins", fühle mich geschützt und geführt von der göttlichen Weisheit und Liebe.

5.2
Karma Yoga in der Bhagavad Gita

Neben den Yoga-Sutras von Patanjali ist die Bhagavad Gita, der „Göttliche Gesang", das wohl bekannteste Werk der Yoga-Literatur. Sie ist ein Abschnitt in dem gewaltigen Epos des Mahabharata (siehe auch Seite 17).

Die Bhagavad Gita, oft auch nur „Gita" genannt, behandelt drei von den vier Hauptwegen des traditionellen Yoga: Jnana Yoga, Karma Yoga und Bhakti Yoga. Diese drei Wege sind hier ineinander verwoben und bilden die große Lehre, die der göttliche Lehrer Krishna seinem Schüler Arjuna weitergab.

Wir wollen im folgenden einige Passagen, die die Philosophie des Karma Yoga behandeln, betrachten. Besonders das 3. und 5. Kapitel enthalten wertvolle Aussagen über den Karma Yoga.

Im 3. Kapitel gibt Krishna uns in einer Reihe von Aussagen Hilfe zum Verständnis des Karma Yoga:

> „Wer nichts beginnt, kann nicht in den Zustand der ewigen Ruhe gelangen. Er kann nicht durch Nichtstun Vollkommenheit erreichen. Denn niemand kann auch nur für kurze Zeit völlig untätig sein, weil jeden seine Natur dazu zwingt, irgend etwas zu tun; selbst wenn er es nicht wollte." (BG 3,4-5)

Dies ist ein klarer Hinweis auf die Notwendigkeit des Karma Yoga. Handeln ist Teil unserer Natur. Kein Mensch kann ohne Handeln sein. Daher gilt es, in der rechten Weise zu handeln. Dies ist das Thema des Karma Yoga. Immer wieder, in leicht unterschiedlichen Formulierungen, lehrt Krishna nun die Essenz des Karma Yoga:

> „Tue deshalb, was getan werden muss; aber selbstlos und ohne persönliche Rücksicht. Wer völlig selbstlos ist, gelangt zum All-Einigen."
>
> (BG 3,19)

Dies ist die Botschaft der Bhagavad Gita: Tue, was getan werden muss, aber ohne persönliche Anteilnahme. Der Krieg, um den es in der Erzählung des Mahabharata geht, ist, aus einer höheren Perspektive betrachtet, unvermeidlich, da durch ihn die Wiederherstellung der kosmischen Ordnung erreicht werden soll. Krishna mahnt hier, dass Arjuna sich seiner Pflicht unterzuordnen und persönliche Anteilnahme zurückzustellen hat.

Es besteht jedoch die Gefahr, dass das Zurückstellen persönlichen Interesses an einer Handlung dazu führt, dass man nur noch halbherzig, ohne Motivation handelt. Der göttliche Lehrer sagt dazu:

> „Wie die Toren sich mit Dingen beschäftigen, denen sie nachhängen, mit demselben Eifer sollte sich der Weise mit Dingen beschäftigen, ohne an denselben persönlich zu hängen."
>
> (BG 3,25)

Es gilt also, das Vorhandensein der Aufgabe als ausreichend motivierend zu betrachten, sie mit Energie und Hingabe, konzentriert und vollständig zu erfüllen - ohne jedoch ein bestimmtes Ergebnis - Lohn oder Dank - zu erwarten. Dies ist die Kunst des Karma Yoga!

Wo entsteht das menschliche Handeln? Weshalb handeln wir? Können wir durch das Erkennen die Qualität unseres Handelns verändern?

> „Alles, was geschieht, wird durch die Bewegung der Kräfte der Natur vollbracht. Derjenige, dessen Seele von Eigendünkel geblendet ist, meint, er sei der Vollbringer. Wer aber in Wahrheit den Unterschied erkennt, zwischen der Natur (Prakriti) und der ihren Bewegungen zugrunde liegenden Kraft (Purusha), und wer erkennt, welche Kräfte in den Kräften und Formen wirken, ist nicht durch seine Werke gebunden." (BG 3,27-28)

Dies müssen wir recht zu verstehen trachten, denn hier liegt der Schlüssel des Karma Yoga: Brahman, unser tiefes inneres Selbst, handelt nicht, er ist Beobachter, still, unveränderlich. Wer handelt, ist die Natur, Prakriti, Maya. Nur durch die rechte Unterscheidungskraft vermögen wir zu erkennen, aus welcher Quelle unser Handeln wirklich entsteht.

Damit können wir zunehmend das Gefühl entwickeln: Nicht ich bin es, der handelt. Ich, Atman, bin Zuschauer der Natur, in deren Wesen es liegt, zu handeln. Sie kann nicht anders. Vielleicht gelingt es uns allmählich, selbst beim Tun das Gefühl zu haben, dass die Natur durch uns handelt, dass wir als unendliches Selbst, unberührt, untätig sind, und dem Wirken der Natur in uns als stille Beobachter beiwohnen.

So gilt es auch, die Bedürfnisse der Natur zu erkennen und sie – kontrolliert und sattvig - zu erfüllen:

> „Auch der Weise neigt sich zu dem, was seiner Natur gemäß ist. Alle Geschöpfe handeln in Übereinstimmung mit ihrer Natur. Was würde es nützen, sie zu unterdrücken?" (BG 3,33)

Diese Aussage zeigt klar auf, dass jeder Versuch, seine Natur - etwa im unsinniger Askese - zu unterdrücken, nicht dem Geist des Yoga entspricht. Selbstkontrolle und rechte Unterscheidung müssen hier helfen, die Bedürfnisse der menschlichen Natur in sattviger und kontrollierter Weise - etwa beim Essen, im Schlafen oder der Sexualität - zu erfüllen.

> „Besser ist es, seine eigene Pflicht, wenn auch mit schwachen Kräften, zu erfüllen, als die Pflicht eines anderen, wenn auch noch so vortrefflich, zu tun. Besser ist es, in der Erfüllung der eigenen Pflicht zu sterben, als in der Furcht vor derselben zu leben." (BG 3,35)

Dharma heißt Gesetz, Ordnung, Aufgabe. Hier wird der Begriff „Dharma" im Sinne der eigenen Lebensaufgabe verwendet, doch im Hintergrund ist auch hier das Prinzip der Lebensordnung, des übergeordneten Gesetzes des Lebens fühlbar. Wir sind mit einer besonderen Aufgabe in diese Inkarnation, in diesen Körper, gekommen. Wenn wir diese Aufgabe negieren, vor ihr flüchten, etwa, indem wir uns auf die Aufgabe eines anderen konzentrieren, gehen wir am Sinn unseres Lebens vorbei.

Nun lernen wir den höchst bedeutsamen Begriff des „Nichthandelns im Handeln" kennen:

> „Wer in dem Werke, welches er vollbringt, Untätigkeit sieht, und Tätigkeit im Nichttun, der ist ein Weiser unter den Menschen. Er ist mir ergeben und hat seine Pflicht getan."
>
> (BG 4,18)

Wenn wir handeln, dabei aber das Gefühl haben, dass nicht wir handeln, sondern dass Gott durch uns wirkt, dass wir nur Werkzeug Seines Handelns sind, so ist die erste Aussage erfüllt.

Tätigkeit im Nichttun sehen, bedeutet Ergebung, Hingabe an Gott: Äußerlich handeln wir nicht, fühlen innerlich aber Hingabe und liebevolle Öffnung gegenüber Gott, und das ist das wahre und wirkliche Handeln.

Zum Nichthandeln im Handeln finden wir noch die folgenden Aussagen:

> „Wer allem Hang nach den Früchten seiner Taten entsagt hat, stets zufrieden ist und auf die Kraft Gottes vertraut, der tut persönlich nichts, wenn er auch arbeitet. Über alles Begehren und Hoffen erhaben, ein Beherrscher seiner Gedanken, unabhängig von allem, was außer ihm ist, trifft ihn keine Schuld (Karma), wenn er auch handelt. (BG 4,20-21)

Mit dem Gefühl, Nicht-Handelnder zu sein und auf die Früchte der Handlung verzichtet habend, haben wir auch die Verantwortung für unser Tun abgegeben: Die Früchte, also das Karma, erntet ein anderer: Gott. Wir sind frei vom Karma, und wer einmal voll bewusst auf diese Weise gehandelt hat, weiß, wie sich wirkliche Freiheit anfühlt!

Das 5. Kapitel der Bhagavad Gita heißt „Karma Sannyasa Yoga", der Verzicht (Sannyasa) auf selbstsüchtiges Handeln (Karma). Hier wird auf den Verzicht darauf, Handelnder zu sein, eingegangen:

> „Der im Göttlichen Aufgehende, welcher die Wahrheit erkennt, kann mit Recht sagen: „Nicht ich bin es, der wirkt!", wenn seine Natur sieht, hört, fühlt, wacht, schmeckt, isst, schläft und atmet. Im Sprechen, Geschehenlassen oder Festhalten, im Auf- und Zumachen der Augen aber weiß er, dass es nur seine Sinnesorgane sind, die in der Sinneswelt sich beschäftigen."
>
> (BG 5,8-9)

Der die Wahrheit erkennende Mensch weiß, wer wahrhaft handelt: Die Natur bewegt sich, handelt, wächst, vergeht; doch er, der Zuschauer, weiß, dass er nicht die Natur ist; er ist Brahman, das göttliche Selbst. So kann er ruhig bleiben, und nicht an den Dingen und Werken und ihren Ergebnissen hängend, in dieser Ruhe tiefer und tiefer mit dem Göttlichen eins werden:

> „Der Gottergebene, welcher auf die Früchte seiner Werke verzichtet hat, erlangt den ewigen Frieden. Der Weltmensch, welcher durch die Anziehung seiner Begierden an den Früchten seiner Werke hängt, ist an die Folgen derselben gebunden." (BG 5,12)

Karma führt stets zu Bewegung, Unruhe, Unfrieden. Wer an den Früchten seiner Taten hängt, bleibt an diese gebunden; er hat Karma geschaffen. Doch der Weise, der Dinge tut, weil sie getan werden müssen, ohne persönlichen Antrieb und ohne Früchte zu erwarten oder zu erhoffen, ist frei von den Folgen, frei von Karma; er ist ein „Karma-Sannyasin".

5.3

Karma Yoga im täglichen Leben

Karma Yoga ist der Yoga im Alltag, in unserem alltäglichen Leben: Wie handle ich, wie denke ich, wie reagiere ich? Durch Karma Yoga können wir unsere gesamte wache Zeit nutzen, um uns zu entwickeln. Auf diese Weise bietet der Karma Yoga das größte Wachstumspotential aller Yoga-Wege!

Idealerweise wird der Karma Yoga mit anderen Yoga-Wegen kombiniert, sodass wir dann vom „Integralen Yoga" sprechen. Denn vom täglichen Üben von Pranayamas und Asanas, von Gebet und Meditation gewinnt unser Karma Yoga an Qualität. Umgekehrt beeinflusst der Karma Yoga auch unsere tägliche Übungspraxis.

Konzentration und Bewusstheit

Ein Aspekt des Karma Yoga ist der der Konzentration und Bewusstheit beim Handeln.

> „Man sollte nur eine Arbeit auf einmal machen. Vollkommenes Vertiefen in die Arbeit wird den Geist allmählich trainieren, seine gewöhnliche Unruhe und Zerstreutheit zurückzulassen. Wenn du dich in deine momentane Arbeit mit ungeteiltem Eifer und größter Aufmerksamkeit vertiefst, wirst du für deine Meditation größten Nutzen ziehen."
>
> Swami Satyananda

Das vollständige Konzentrieren auf die momentane Tätigkeit, so schwer sie auch manchmal fallen mag, hat einige sehr große Vorteile:

- Mit der Konzentration nimmt auch die Arbeitsfreude zu. Dies ist ein interessanter Mechanismus, den zu nutzen sehr ratsam ist. Je mehr wir uns in die Arbeit vertiefen, desto faszinierender und interessanter wird sie und so können sogar eintönige oder unangenehme Arbeiten an Reiz gewinnen.
- Wie Satyananda oben ausführte, können wir, wenn wir auf diese Weise handeln oder arbeiten, unsere Konzentrationsfähigkeit deutlich steigern, wovon nicht nur die Meditationsübung profitiert, sondern auch allgemein unser Geist klarer und ruhiger wird.
- Konzentriertes Arbeiten kann die Ergebnisse, die Arbeitsleistung stark erhöhen. Wir müssen lediglich darauf achten, dass wir innerlich frei bleiben von Erwartungen bezüglich unserer gesteigerten Arbeitsleistung!

  Durch die erhöhte Effektivität unseres Handelns gewinnen wir Zeit und Energie - und können die so gewonnenen ressourcen sofort in Yoga-Übungen investieren!

Wenn du dir vornimmst, jede einzelne Handlung, die du vollbringst, zu einem Kunstwerk zu machen, erhält die Handlung enorme Energie und damit Qualität. Fühle dich bei jeder Handlung wie ein Künstler, der ein einmaliges Kunstwerk schafft. Wenn du dabei Abstand zu den Ergebnissen des Handelns zu gewinnen vermagst und ganz im Schaffen aufgehst - sei es Geschirrspülen, Büroarbeit oder Autofahren - so praktizierst du im besten Sinne Karma Yoga.

Selbsterkenntnis und innere Reinigung

Sowohl die Konzentration auf die jeweilige Tätigkeit als auch die Anforderung, erwartungslos zu handeln, bedingt eine sehr achtsame und bewusste Haltung bei jeglichem Tun. Durch diese Achtsamkeit, die mit Selbstbeobachtung verbunden ist, gewinnen wir wertvolle Einsichten über unser Denken, Urteilen, Empfinden, über Motivation und innere Impulse. Durch die Klarheit, die wir so über unseren eigenen Geist, über die eigene Persönlichkeit gewinnen, beginnt von selbst ein allmählicher Reinigungsprozess, der für unseren Fortschritt im Yoga, für unsere gesamte Entwicklung als Mensch von großer Bedeutung ist.

> „Viele Menschen ziehen sich in die Einsamkeit zurück, um Frieden zu finden. Sie verstehen nicht, dass sie die Quelle ihrer Unzufriedenheit mit und in sich tragen. Einige Menschen verbringen viele Jahre in der Einsamkeit und finden doch den so verzweifelt gesuchten inneren Frieden nicht. Der Grund dafür ist einfach: Es ist sehr schwierig, seine geistigen Probleme zu erkennen und zu lösen, wenn es keine Interaktion mit anderen Menschen gibt.

„Die mentalen Probleme bleiben bestehen und wirken als Spannungsherde, die meist unerkannt bleiben. Die meisten Menschen können nur durch Kontakt mit anderen Menschen diese Spannungen erkennen und auflösen."

Swami Satyananda

Es ist leicht einzusehen, dass die angesprochenen mentalen Probleme nicht nur in unserem alltäglichen Leben für Spannungen sorgen und unsere Lebensqualität beeinträchtigen, sondern dass sie sich auch auf unsere Meditation nachteilig auswirken. Karma Yoga kann helfen, diese im Unbewussten liegenden Störenfriede zu entschärfen.

Dieser Aspekt des Karma Yoga ist wohl vielfach ein recht unbequemer und unangenehmer, jedoch unverzichtbarer Teil einer ganzheitlichen Entwicklung zu einem voll entfalteten, heilen und gesunden Menschsein.

Erwartungslos handeln

Gewöhnlich motiviert uns ein in der Zukunft liegender Aspekt der Handlung zum Handeln: Die Belohnung, wenn wir gute Arbeit machen oder eine mögliche Bestrafung, wenn wir sie nicht gut erfüllen. Karma Yoga bedeutet, primär dem Gegenwarts-Aspekt der Tätigkeit Aufmerksamkeit zu schenken: Die Aufgabe ist da und ist zu erledigen. Damit konzentriere ich mein Sein in der Gegenwart, während der Zukunftsaspekt, eben die Früchte des Handelns, im Hintergrund bleiben.

Die Arbeit erhält dadurch Leichtigkeit und Freude, sie wird zum Spiel. Denn die Arbeit wird wegen eines bestimmten Ergebnisses wegen gemacht, das Spiel aber um seiner selbst willen.

Durch Karma Yoga versuchen wir, unsere Anhaftung an Dinge und Ereignisse zu lösen:

„Anhaftung bringt Schmerz und Elend, während Loslassen Ruhe und Zufriedenheit hervorbringt. Versuche, deine derzeitige Haltung zu verändern und Losgelöstheit in jedem Aspekt deines Lebens zu fühlen. Du wirst Entspanntheit und schließlich ein erweitertes Bewusstsein erfahren."

Swami Satyananda

Wie in allen anderen Yoga-Wegen spielt das Ego auch im Karma-Yoga eine große, ja zentrale Rolle. Das Ego liebt die Anhaftung. Das Ego liebt es, sich in die Vergangenheit und in die Zukunft zu bewegen. Das Ego liebt es, Dinge aus einem persönlichen Antrieb zu tun und Belohnung dafür zu erwarten. Andererseits verabscheut das Ego das Prinzip des Karma Yoga. Denn Karma Yoga ist das Ende des Egos: Wir wollen ichlos, egolos handeln. Karma Yoga ist der Weg, unser Ego, den größten Störenfried und Unruhestifter auf Erden, mit Stumpf und Stiel auszurotten. Es wird sich mit allen Mitteln zur Wehr setzen. Deshalb ist der Karma Yoga ein ständiger innerer Kampf. Doch wer DIESEN Kampf gewinnt, ist der wahre Held!

Entsagung

Ein in der Yoga-Philosophie häufig anzutreffender Begriff ist Entsagung (Sannyasa). Der Entsagende trägt einen langen Bart, einen geschorenen Kopf und eine orangene Robe - so stellt man sich den klassischen Entsagenden oder Sannyasin vor.

In unserer modernen westlichen Welt sieht das Prinzip der Entsagung allerdings anders aus. Das wahre Entsagen ist ein innerer, rein geistiger Prozess des Loslösens von Verhaftungen und Abhängigkeiten. Es ist nicht notwendig, sein Haus zu verkaufen oder seine Familie zu verlassen. Entsagung bedeutet, eine innere Distanz zu allen Dingen der Welt zu entwickeln, etwa in der gleichen Weise, in der man ein Spiel betrachtet. Tatsächlich ist die Welt ein Spiel, und wir sind die Schauspieler. Wir können uns auch als Gäste auf der Welt betrachten, so wie Durchreisende: Wir leben in dieser Welt, sind aber nicht von dieser Welt.

Wie betrachtet das Kindermädchen die ihm anvertrauten Kinder? Sie sorgt aufs beste für sie, gleichzeitig ist es sich jeden Augenblick bewusst, dass es nicht die eigenen sind. Das Kindermädchen ist verhaftungslos gegenüber den fremden Kindern, und so sollten wir verhaftungslos gegenüber allen Dingen der Welt sein - denn unser wahres Heim ist anderswo ...

Was sagt die Bhagavad Gita zum Wesen der Entsagung?

„Nur der ist wahrhaft entsagend, der weder hasst noch begehrt. Wenn in ihm kein Zwiespalt ist, so kann er leicht von den Banden der Vielheit freiwerden.

Wer allen Plänen entsagt hat, und weder an sinnlichen Gegenständen, noch an Werken hängt, der wird ein vollkommener Yogi genannt." BG 5,3 und 6,4

Diene, liebe, gib, ...

Swami Sivananda hat seine Botschaft in einem kurzen Satz zusammengefasst:

> „Diene, liebe, gib, reinige dich, meditiere und verwirkliche."

Während sich die letzten drei Elemente auf die praktische Übung der Reinigung und Meditation beziehen, bilden die ersten drei die Grundlage, die Voraussetzung für die yogische Praxis: Diese Gedanken sind Karma-Yoga schlechthin: Diene, liebe, gib! Jede dieser Aufforderungen verlangt, das Ego zurückzustellen - dies ist die eigentliche Aufforderung, denn

> „Es ist nicht erforderlich, ein Sozialarbeiter oder Wohlfahrtshelfer zu sein, um Karma Yoga zu praktizieren. Es gilt lediglich, die vorliegende Arbeit mit möglichst geringem Ego-Gefühl durchzuführen, ob es Gartenarbeit, Krankenpflege, Planzeichnen, Büroarbeit oder etwas anderes ist. Es ist die innere Haltung, das Gefühl, nicht die Handlung selbst, was zählt.
>
> Wenn du die Handlung, die Arbeit veränderst, ohne die innere Haltung zu verändern, wird sich nichts wesentliches in deiner Entwicklung und Erfahrung verändern."
>
> Swami Satyananda

Tatsächlich wird in vielen Yoga-Schriften Karma Yoga als Dienst am Nächsten, als freiwillige Krankenpflege und ähnliches beschrieben. So gut dies gemeint ist, so nützlich es für die Welt und für die vielen Notleidenden ist, diese als Seva bezeichnete Arbeit ist nur dann als Karma Yoga zu betrachten, wenn sie völlig erwartungslos durchgeführt wird. Wenn ich mir für meinen „selbstlosen Einsatz" im Krankenhaus oder Altersheim insgeheim Dank oder den Ruf eines „selbstlosen Menschen" erwarte, so kann er nicht als Karma Yoga bezeichnet werden.

So müssen wir also den Aufruf Sivanandas verstehen als: „Sei und handle ichlos, dann hast du die Grundlage für erfolgreiche Yoga-Praxis gelegt!"

Yoga-Ethik

Das bewusste Befolgen der von Patanjali beschriebenen „allgemeinen Regel", den Yamas, hilft beträchtlich beim Kontrollieren und Reduzieren des Egos und damit beim Prozess des Karma Yoga, denn es ist nichts anderes als das Ego, welches Karma erzeugt!

Karma Yoga Meditation

Jeder Yoga-Weg hat seine eigenen Meditationstechniken. Die Meditationstechnik des Karma Yoga ist es, das tägliche Handeln, die Arbeit in eine Meditation zu verwandeln. Während man sich bei den anderen Yoga-Wegen von den Tätigkeiten des Alltags zurückziehen muss, um in Stille und Abgeschiedenheit zu meditieren, wird im Karma Yoga die Tätigkeit selbst zum Konzentrationsobjekt, wie der alte Zen-Mönch sagte:

> „Wie wunderbar, wie geheimnisvoll: Ich hacke Holz, ich trage Wasser!"

Indem wir ganz in der momentanen Tätigkeit aufgehen, sie nicht als Mittel zum Zweck betrachten, sondern als Ziel in sich selbst, indem wir sie „ichlos" tun und Erwartungen und Wünsche zurücklassen, verändert sich unsere Einstellung und die Arbeit wird zu einer meditativen Erfahrung.

Acht Karma-Yoga-Sutras

Um die Botschaft des Karma Yoga in praktisch anwendbarer Weise zusammenzufassen, sei sie im folgenden in Form von kurzen Merksprüchen oder Sutras festgehalten:

1. Nun die Botschaft des Karma Yoga.
2. Bei allem Tun sei bewusst und achtsam. Mache jedes Werk zu einem Kunstwerk.
3. Tu, was zu tun ist, ohne Vorlieben, ohne Abneigungen.
4. Fühle dich bei allem Tun als Teil des Ganzen, gleich wie eine Körperzelle Teil des Organismus ist.
5. Sei erwartungslos in deinem Handeln. Beanspruche keine Früchte für dein Tun.
6. Fühle dich als Instrument in der Hand Gottes.
7. Befolge die in der Sadhana Pada Patanjalis dargelegten ethischen Regeln des ahimsa, satya, asteya, brahmacharya und aparigraha.
8. Karma Yoga reduziert Karma, verhindert das Entstehen von neuem Karma und macht den Menschen frei.

6

BHAKTI YOGA

Bhakti Yoga ist der Prozess der Umwandlung und Ausrichtung unserer emotionellen Energien;

Bhakti Yoga verwandelt Emotion in Devotion.

Bhakti Yoga ist eine unglaublich mächtige Methode, die zu höherem Wissen und zur Transzendenz führen kann.

Darüber hinaus kann dir Bhakti Yoga helfen, dein Leben zu harmonisieren und die volle Freude zu erfahren, die es für dich bereithält.

Swami Satyananda

6.1

Einführung in Bhakti Yoga

Der Begriff Bhakti stammt von der Sanskritwurzel bhaj ab und bedeutet „liebende Hingabe". Während die anderen Yoga-Wege unser geistiges Potential (Raja und Jnana Yoga), unsere Handlungskraft (Karma Yoga) oder unsere Körperenergien (Hatha Yoga) nutzen, ist Bhakti Yoga der Weg des Herzens, der Weg, der unsere emotionelle Kraft einsetzt, um zum Ziel unseres Daseins zu gelangen.

Emotion und Bhakti Yoga

Jeder Mensch verfügt über ein gewisses Potential an „Gefühlsenergie". Wenn wir diese Energie, die sich oft (in Ermangelung besseren Wissens oder einer lenkenden Kraft) auf recht destruktive Weise ausdrückt (Hass, Aggression), umzuwandeln und zu kanalisieren vermögen, kann sie zu „Wasser auf der spirituellen Mühle" werden und zu einer ungeahnten Entwicklung und zu schnellem Wachstum führen.

Bhakti Yoga ist der Prozess der Umwandlung und Ausrichtung unserer emotionellen Energien; Bhakti Yoga verwandelt „Emotion in Devotion (Hingabe)".

> *„Emotionen sind eine unglaublich wirksame und große Kraft im Menschen. Das Leben der meisten Menschen wird von ihren Emotionen bestimmt. Wenn es dir gelingt, diese Kraft zu kanalisieren und zu konzentrieren, wird dein ganzes Wesen klar und konzentriert. Denn es ist unmöglich, den Geist zu beruhigen, wenn die Emotionen unruhig sind; es ist, als wolltest du das Meer beruhigen, wenn gleichzeitig ein Sturmwind weht."*
>
> *Swami Satyananda*

Bhakti und Intellekt

Viele Menschen versuchen die Wahrheit, Gott und das Leben mittels ihres Intellektes zu erfassen; sie wollen Gott „verstehen", sich die Wahrheit „erklären können", doch dringen wir hier in Regionen vor, in denen der Intellekt das falsche Instrument ist. Bhakti, Gotteserfahrung ist nicht mit dem Geist zu verstehen, sondern nur mit dem Herzen zu erfahren.

Der Geist vermag uns ein Stück auf unserem Weg zu begleiten, doch der Erfahrung Gottes kann man sich nur durch die Öffnung des Emotionalkörpers nähern. Durch Bhakti vermögen wir Regionen zu betreten, die dem Intellekt auf ewig verschlossen bleiben.

Bhakti ist auch ein Ausgleich in unserer überintellektualisierten Welt und ist ein wunderbares Mittel gegen „intellektuelle Verstopfung".

> *„Der Intellekt ist eine sehr begrenzte Möglichkeit, zu tieferer Erkenntnis zu gelangen; dennoch wird er in der westlichen Welt überaus hoch bewertet. Erst wenn man Erfahrungen gemacht hat, die den Horizont des Intellektes bei weitem übersteigen, wird man die Bedeutungslosigkeit des logischen Denkens, wenn es um höhere Erfahrungen und Einsichten geht, klar erkennen und richtig bewerten können."*
>
> *Swami Satyananda*

Es ist bemerkenswert, dass selbst rationale, intellektuelle Menschen, die über eine gewisse Zeit Yoga praktizieren, mehr und mehr das Gefühl des Bhakti erfahren. Das Potential des Bhakti im Menschen kann durch jeden Yoga-Weg geweckt werden!

Die Grundlagen der anderen Yoga-Wege lassen sich geistig-intellektuell erörtern, doch beim Bhakti Yoga stoßen einerseits die Möglichkeiten unserer Sprache, andererseits die Strukturen unseres Geistes an ihre Grenzen. Bhakti ist reines Gefühl - und lässt sich Gefühl wirklich beschreiben und erklären?

Nehmen wir das Gefühl der Verliebtheit. Da ist in dem jungen Menschen die erste Liebe entflammt und das Gefühl ist so groß und übermächtig, dass er oder sie gar nichts anderes denken kann als an den geliebten Menschen. Man fragt nicht, man erklärt nicht - es brennt einfach.

Ähnlich ist dieses Brennen, dieses innere Feuer, im Bhakta, im Menschen, der in der Anbetung Gottes entflammt ist.

Die „heilige Romanze“

So wie es eine irdisch-menschliche Liebe gibt, die bedingt ist und sich leicht ins Gegenteil umkehren kann, so gibt es eine göttliche Liebesbeziehung zwischen dem anbetenden Menschen und Gott – diese Liebe jedoch ist von grundsätzlich anderer Natur als die menschliche Liebe. Diese Liebesbeziehung ist Gegenstand und Inhalt des Bhakti. Bhakti Yoga strebt danach, die Liebe zu Gott, die Sehnsucht nach dem „himmlischen Bräutigam“, zu hegen und zu pflegen und mehr und mehr zu vertiefen. Wenn man Bhakti-Techniken auch in der Gruppe praktizieren kann - man singt und betet gemeinsam oder führt bestimmte Anbetungsrituale durch wie in der christlichen heiligen Messe - , so ist, ebenso wie die Liebe zwischen Mann und Frau, die „heilige Romanze“ eine höchst persönliche „Privatsache“.

Der Bhakta (der Bhakti Yogi), dessen übermächtige Hingabe an Gott die Staudämme des Egos gebrochen hat und uferlos geworden ist, geht in die überirdische Wonne des Bhakti, der göttlichen Wonne ein. Neben dieser Wonne, die alle Grenzen und Vorstellungen sprengt und in der das Verlangen nach der völligen Einswerdung mit Gott immer heißer und brennender wird, erscheint alle bisherige, menschliche, irdische Erfahrung vollkommen bedeutungslos, klein und nichtig.

> „Viel wird geschrieben über die Liebe, die Liebesbeziehung zwischen zwei Menschen, doch kann das Lesen und Verstehen dessen eine Liebeserfahrung ersetzen? Können Schriften, Gedanken, Beobachtungen das authentische Selbsterleben, das Glühen jeder deiner Zellen ersetzen?
>
> Viel wird geschrieben über Religion, Gebete und Gott - doch kann dies die lebendige Erfahrung höchster Freude der „heiligen Liebesbeziehung" auch nur ansatzweise ersetzen? Bhakti, wahres Bhakti kann nicht gelehrt, erfasst, beschrieben werden. Bhakti ist die intime Liebesbeziehung zu Gott. Sie kann mit niemandem geteilt werden. Du kannst diese Erfahrung nicht mitteilen, sie gehört allein dir. Niemand sonst ist da. Nur Gott.
>
> Bhakti - höchste, unfassbare, nicht mitteilbare Freude, Wonne der Einheit mit dem Höchsten. Dies geht hinaus über Worte, Gedanken, Yoga-Techniken. Bhakti ist vollkommene Einheit, vollkommenste Erfüllung: Einssein mit dem Höchsten, Ihm dein ganzes Leben hinzugeben, nichts anderes mehr sein und haben wollen als diese Liebe und Hingabe zu Gott."

Die Kulmination des Yoga

Bhakti Yoga wird von vielen Yoga-Meistern als der in diesem Zeitalter schnellste und leichteste Weg zu Gott, als eine Art „Express-Zug“ zu geistiger Reinheit und Erweiterung des Bewusstseins bezeichnet.

Die Erfahrung des Bhakti ist der Höhepunkt, der Kulminationspunkt des Yoga. Am Ende mündet jeder Yoga-Weg in Bhakti. Ob ich nun ein nüchtern-rationaler Advaita-Vedantin bin - sobald ich in die Erfahrung des Brahman eintauche, ist wie ein mächtiger warmer Strom das Gefühl allerhöchster Hingabe in meinem Herzen. Oder als Karma Yogi, da entsteht im Loslassen alles Wollens und Erwartens eine Öffnung, eine Leichtigkeit und daraus eine Liebe und Hingabe, die keine Worte mehr sucht und braucht. Und in der Stille der Raja-Yoga-Meditation beginnt erst recht das göttliche Licht zu dämmern, öffnet sich das Tor zum göttlichen Selbst. Die Erfahrung des Bhakti ist auf dem Weg des Yoga unvermeidlich - hier treffen alle Wege zusammen.

Religionen und Bhakti

Das Bedürfnis des Menschen, ein höheres Wesen anzubeten, dem er Weisheit, Liebe und Macht über Leben und Tod zuschreibt, gehört zu den ältesten und am tiefsten verwurzelten geistigen Bewegungen, denn wie weit wir die Geschichte des Menschen auch zurückverfolgen - zu jeder Zeit werden wir ein religiöses Leben, Anbetungen, Rituale und ähnliches finden.

Es haben sich fünf Weltreligionen und eine große Anzahl von religiösen Gruppierungen entwickelt. Die Bekenner jeder dieser Religionen behaupten, den allein seligmachenden Weg zu Gott gefunden zu haben, zu lehren und den richtigen, einzigen Gott anzubeten. Je stärker der Glaube an diese Ausschließlichkeit der eigenen Religion und je größer die Ablehnung Andersdenkender ist, desto stärker blüht der Fanatismus bis hin zum „Heiligen Krieg gegen die Ungläubigen“.

Religiöse Institutionen und Kirchen sind menschliche Kreationen und damit ebenso fehlerhaft und unvollkommen wie alle anderen menschlichen Schöpfungen. Das Ego, Machtstreben und wirtschaftliche Faktoren spielen eine große Rolle, ebenso wie das Bestreben, „seine Schäflein unter Kontrolle zu halten.“

Bhakti Yoga ist eine geistige Haltung der Hingabe, der Liebe und ist damit völlig unabhängig von Organisationen und Institutionen. Bhakti Yoga kann jeder Mensch betreiben, ob er einer Kirche angehört oder nicht.

Es geht im Bhakti Yoga um das Fühlen und Erfahren einer universalen, inneren Göttlichkeit, und nicht um blinden Glauben aufgrund eines Dogmas oder um bestimmte Rituale. Deshalb kann Bhakti Yoga als überkonfessionell betrachtet werden - jeder Mensch, gleich welcher Religionszugehörigkeit, kann Bhakti Yoga mit den ihm vertrauten Riten, Formeln und Namen durchführen.

Gott ist es nicht wichtig, in welcher Form, auf welche Weise du ihn anbetest, solange du nur tiefe Sehnsucht nach Ihm fühlst:

> *„Du sollst den Herrn, deinen Gott lieben mit ganzem Herzen, mit ganzer Seele und mit all deinen Gedanken.“* (Mt 22,37)

Menschen, die sich bewusst und praktisch mit Yoga auseinandersetzen, können eine deutlich spürbare Vertiefung und Bereicherung ihres religiösen Lebens beobachten, gleich welchem Glauben sie angehören. Denn die zahlreichen Praktiken und Techniken des Yoga öffnen das Tor der inneren Wahrnehmung, verfeinern das „Gehör für die innere Stimme“ - sei es durch Asana und Pranayama, durch Meditation oder durch ethisch-moralische Reinigung - wir gelangen mehr und mehr zu einem Fühlen und Erfahren, dass Gott in uns ist; so ist eine Vertiefung des Glaubens geradezu unvermeidlich. Doch dieser Glauben steht auf einem festeren Fundament als zuvor. Zuvor war er vielleicht mehr Dogma, jetzt aber ist er zu einer lebendigen Erfahrung geworden.

Die Form Gottes

Gott ist größer als menschliche Vorstellungskraft. Wenn Menschen streiten, wie man sich Gott vorstellen und anbeten soll, so ist das angesichts dieser unendlichen Größe absurd. Gott erscheint als das ganze Universum - wer wollte ihn da einengen auf eine bestimmte Gestalt?

Nach aller Erkenntnis ist das menschliche Fassungsvermögen nicht imstande, eine adäquate Gottesvorstellung zu schaffen, die der Wirklichkeit entspricht. Jede Form, die der menschliche Geist erschafft, muss als ein sehr unvollkommenes Hilfsmittel betrachtet werden, das Unendliche, alles Überragende darzustellen. Wir müssen uns damit abfinden, dass Gott mit an Sicherheit grenzender Wahrscheinlichkeit völlig anders „aussieht“ als wir Ihn uns vorstellen.

Dennoch kann uns eine konkrete Vorstellung Gottes in den Anfängen des Bhakti Yoga eine große Hilfe sein, indem sie uns einen Kristallisations- oder Konzentrationspunkt für unsere Hingabe, für unsere Liebe gibt. Wer kann etwas Unbeschreibliches, Unvorstellbares anbeten? So verehren wir Menschwerdungen Gottes, Bilder und Statuen, wovon jede aber so gut wie eine andere ist, denn sie alle sind nur Symbole für das Dahinterstehende, Unbeschreibliche und Unvorstellbare.

Für manchen früher, für manchen später, mag der Zeitpunkt kommen, da keine konkrete Form der Anbetung mehr notwendig ist und man fühlt, dass die Vorstellung einer konkreten Form Gottes eine Einengung bedeuten würde - man beginnt zu fühlen, dass Gott ALLES ist, fühlt Ihn OHNE Form, einfach wie ein Klang oder wie eine Wärme und Liebe tief im Herzen. Wir haben begonnen, uns für die Größe des gestalt- und eigenschaftslosen Brahman zu öffnen.

Ishvara und Brahman

Wir können zwei Ebenen der Gottesvorstellung unterscheiden:

1. Der Bhakti Yogi (der Bhakta) zieht eine konkrete, vorstellbare Person wie Rama, Krishna oder Durga vor, denn durch Bilder und Erzählungen kann man sich die Göttlichkeit besser vor Augen halten und damit unmittelbar Hingabe entwickeln. Diese persönliche Gottheit, die oft über menschliche Eigenschaften und Gestalten verfügt, wird in der Yoga-Philosophie als Ishvara bezeichnet. Anders als im Christentum kennt der Hinduismus, der den religiösen Hintergrund der Yoga-Philosophie bildet, eine Reihe von göttlichen Gestalten, von denen man, je nach Neigung und Charakter, eine zur Anbetung auswählt. Diese persönliche, ausgewählte Gottheit wird als Ishta Devata bezeichnet.

Dies mag für uns ungewöhnlich erscheinen, doch wenn wir Gott als die Sonne und Seine zahllosen Formen als Wiederspiegelungen des Sonnenlichts in den zahllosen Wellen des Meeres betrachten, so würde die Ishta Devata Gott durch den Filter unserer eigenen Persönlichkeit darstellen: Die Ishta Devata ist das göttliche Licht, das sich durch unseren Geist, unsere Persönlichkeit widerspiegelt.

Der Bhakta möchte nicht mit Gott eins werden, denn seine Liebe und Hingabe ist auf einen Gott, der außerhalb von ihm ist, gerichtet. Gott wird als transzendent erfahren, als außerhalb des Menschen und der Schöpfung stehend. So schreibt der Bhakti-Yogi Tukarama in seinen „Liedern der Hingabe“:

„Kann Wasser sich selbst trinken? Kann der Baum seine eigene Frucht kosten? Der Anbeter Gottes muss von Gott getrennt bleiben; Nur so kann er Gottes Liebe voll erfahren. Wenn er jedoch sagte, dass Gott und er eins seien, wäre diese Liebe und Freude im selben Augenblick verschwunden."

2. **Der Jnana Yogi** (Jnanin) erfährt Gott als Wesenheit oder Existenz, welche die Ebene von Name und Form übersteigt. Diese Wesenheit, dieses Seinsprinzip wird Brahman genannt. Brahman transzendiert alle Formen und Eigenschaften, Brahman durchdringt alle Manifestationen, er ist immanent. Der Jnanin hat damit einen anderen Zugang zum Gottes-Prinzip als der Bhakta, findet aber ebenso zu der Erfahrung von Hingabe und Ehrfurcht vor der Größe des allumfassenden Brahman und macht auf diese Weise eine Bhakti-Erfahrung.

Die Wirkungsweise des Bhakti

Wie Gott auch immer aussieht, Yogis, christliche Mystiker, Sufis und Meister aller spirituellen Traditionen sind sich einig, dass Gott IST. Wir können Ihn nicht beschreiben, nicht erfassen, aber wir können Ihn erfahren.

Die Symbole, Rituale und Namen, die in den verschiedenen Religionen verwendet werden, stellen nicht die Wirklichkeit dar, sondern sind als eine Art Hilfsmittel zu betrachten, um sich der unendlichen Größe Gottes zu nähern, sich der Erfahrung Gottes zu öffnen.

Die meisten Menschen brauchen konkrete Vorstellungen, Bilder, Namen, Geschichten, um sich auf Gott einzustimmen, aber wir dürfen niemals die Symbole für die höchste Wahrheit halten.

Die Hingabe und Liebe, die aus der Anbetung der Gottessymbole entsteht, bedingt und erzeugt im Geist ein Loslassen des eigenen Egos, des Ichgefühls, welches sich angesichts der unendlichen Größe und Herrlichkeit Gottes wie Morgennebel in der Sonne auflöst.

Die im Bhakti geforderte und oft ritualisierte Hingabe hat sich, besonders in früheren Zeiten, sehr oft in Opfergaben geäußert: man opferte einen Teil der Getreideernte, man opferte Tiere und sogar Menschen. In der Yoga-Tradition fand der Gedanke des Hingebens klaren und den Erkenntnissen entsprechenden Ausdruck im Sannyasa, dem Gelöbnis des „Weltverzichts": Der Yoga-Mönch, der Sannyasin, wird zu einem der äußeren Welt Entsagenden, der damit sein altes Ich, sein bisheriges Leben auf- und hingibt.

Bhakti und Erfahrung

Für die meisten Menschen ist Religion und Religiösität sehr eng mit Glauben verbunden. Wenn Bhakti auch in den ersten Phasen ähnlich „funktioniert", so findet man doch durch vertiefte Praxis mehr und mehr zu einer neuen Ebene der Religiösität: Zu der Erfahrung. Bhakti ist Erfahrung, so wie es bei allen Yoga-Techniken und Übungen um Praxis und Erfahrung geht. Der Bhakta will an Gott nicht nur glauben, Ihn nicht nur kennen - er will Ihn spüren, Ihn erfahren.

Für viele Menschen ist Gott im Himmel, irgendwo jenseits, drüben, woanders. Bhakti Yoga lehrt, dass Gott ein inneres Sein ist, dem du dich durch Hingabe öffnen kannst, dass Gott etwas ist, das immer in dir und um dich ist; durch Bhakti Yoga lernst du, die Schranken, die dich von der Erfahrung „Gott" getrennt haben, aufzulösen.

"Suchst du Gottes Wesen zu ermessen, Ihn zu definieren, wenn du Ihn in jeder deiner Zellen fühlst - die heiligste Essenz in dir vibriert? Suchst du Worte, Techniken, wenn du jenseits jedes Zweifels ERFAHREN hast: Er ist in dir, bewegt sich mit jeder deiner Bewegungen, spricht durch dich mit jedem deiner Worte; du bist nicht mehr der gleiche, du bist verzaubert, beseelt, erfüllt von Ihm. Millionen von Worten können nicht beschreiben, was du erfahren hast, wenn plötzlich jede einzelne deiner Zellen strahlt und leuchtet wie eine ganze Sonne!"

Gnade

Hingabe an Gott, das Gefühl des Selbstvergessens öffnet auch die Tore der göttlichen Gnade, welche immer vorhanden ist, die aber erst erfahren werden kann, wenn man „seinen Empfänger auf die göttliche Wellenlänge eingestellt hat". Dann ergießt sich die göttliche Gnade über den Bhakti-Yoga-Übenden. Sie äußert sich in innerer Führung, im deutlichen Gefühl des „Mit dem Ganzen Fließens" und in einer beständigen, überwältigenden Freude. Wenn der Geist ein gewisses Maß an Reinheit erreicht hat, beginnt göttliche Gnade spontan zu fließen.

„Hingabe und göttliche Gnade bedingen einander. Hingabe zieht die Gnade an und die Gnade vollendet die Hingabe"

Swami Sivananda

Abstufungen des Bhakti

So wie es im Üben des Hatha Yoga oder in der Meditation Abstufungen gibt - mancher übt einmal im Monat eine halbe Stunde, ein anderer vielleicht täglich mehrere Stunden - so gibt es auch in der Intensität der Hingabe an Gott und damit in der lebendigen Erfahrung Gottes sehr unterschiedliche Ebenen.

Für viele Menschen bedeutet Religion einen gelegentlichen Kirchgang und die Zugehörigkeit zu einer Kirche. Der Glaube ist sehr theoretisch und berührt ihr tägliches Leben kaum.

Andere beginnen zu fragen und zu suchen; man sucht nach Antworten auf Fragen, die man nicht recht formulieren kann. Wie ist die Welt beschaffen? Wie sieht Gott aus? Weshalb bin ich hier? Auf diesem Weg stoßen Menschen auf Wege wie Yoga oder andere, welche sie dazu anregen, sich ernsthafter mit religiösen Themen auseinander zu setzen. Es beginnt, ohne dass man es am Anfang recht wahrnimmt, etwas zu wachsen.

Dann gibt es Menschen, die sind „auf dem Weg". Man schreitet nun sicherer voran, denn man hat ein Gefühl, wo der Weg hinführt und wie er aussieht. Das Gebet, die Meditation wird hier zur täglichen Selbstverständlichkeit.

Nach einiger Zeit beginnen sich erste Erfahrungen von Wonne und Licht zu zeigen. Aus dem Glauben, aus dem Suchen wird allmählich Erfahrung. Und wer auch nur eine einzige Gotteserfahrung gemacht hat, weiß, dass er keiner Fata Morgana nachläuft. Mehr und mehr spürt man in sich die lebendige Gegenwart Gottes, die einen führt, leitet, schützt und mit immer größerer Freude erfüllt, die einfach da ist, ohne Grund, ohne Ursache.

Sehr wenigen begnadete Seelen, die als Heilige und Mystiker bezeichnet werden, ist es beschieden, ihr Bhakti zu einer lichtdurchglühten Intensität zu erheben, die alles andere, weltliche zu einer völlig bedeutungslosen, glanzlosen Nichtigkeit werden lässt. Das Leben dieser Heiligen ist oft von schweren Leiden, Krankheiten und von Verfolgungen gekennzeichnet, welche eine Art letzter Läuterung darstellen mögen, bevor sie zur höchsten Einheit gelangen, der Einheit mit Gott. Es sind reine Bhaktas, die ihre Hingabe mit einer für uns unvorstellbaren Kraft lebten.

> „Ich habe keinen Wunsch als den nach Gott; ich kenne keinen Gewinn als den Gottes, keinen Verlust als den Gottes, keine Weisheit außer der Weisheit Gottes. Oh Gott, mein Gott, Du mein Geliebter! Unsichtbar, aber gegenwärtig, bist Du mein Gott, mein alles! Was immer Du mir in dieser Welt geben willst, gib bitte deinen Feinden, was du mir im Himmel gewähren willst, das gib Deinen Freunden; denn Du genügst mir und bist mir alles!
>
> Wenn in meinen Gebeten noch Sehnsucht nach dem Paradies mitschwingt, so verschließe mir dessen Pforten; doch wenn ich Dich um Deiner selbst willen anbete und nichts verlange als Dich, beraube mich nicht des Anblicks Deines leuchtenden Angesichts!
>
> Oh Du mein Gott! Ich habe nur einen Wunsch: ewig Dein zu sein und zu bekennen: Dein Wille geschehe! Oh Du Freude meines Herzens, Du mein Freund und Geliebter! Kein Glück ist größer und seliger als das, ganz Dein und mit Dir eins zu sein!"
>
> Rabia, islamische Mystikerin, 717-801

Für uns, denen diese höchste und leidenschaftliche Gotteshingabe vielleicht unerreichbar erscheint, mag das folgende Wort Gottes Trost und Mut geben:

> „Wer mir eine Spanne naht, dem nahe Ich eine Elle!"

Bhakti, der Hauptschlüssel

Bhakti ist sozusagen der Hauptschlüssel zur Erfüllung und zur Vollkommenheit. Wenn ich mich durch Hingabe und Gebet mit der göttlichen Energie, Weisheit und Liebe zu verbinden vermag, so habe ich mich wahrlich mit der Quelle allen Lebens verbunden.

Doch die meisten Menschen trachten zuerst nach dem Weltlichen, dem Äußerlichen, dem Greif- und für unsere Sinne direkt Erfahrbaren. Doch wohin hat uns diese Haltung geführt? Ein aufmerksamer Blick auf unsere Welt mag uns zu denken geben. Es wäre wohl einen Versuch wert, all seine Sorgen auf den Herrn zu werfen und nichts zu suchen als Seine Gnade, Seine Liebe - und in dem Loslassen der kleinen persönlichen Probleme und Wünsche werden eben diese auf wunderbare Weise gelöst:

> „Trachtet zuerst nach dem Reich Gottes und nach Seiner Gerechtigkeit, dann wird euch alles andere dazugegeben." (Mt 6,33)

Stelle dir vor, ...

Stelle dir ein Radio vor. Du suchst einen bestimmten Sender, deine Lieblingsmusik. Die Musik ist bereits da, aber um sie zu hören, musst du das Empfangsgerät gut einstellen. Mit dem Gebet stimmst du dich auf den „göttlichen Sender" ein.

Oder stelle dir vor, Gott klopft an deine Tür, um dir Seinen Segen zu geben und dir Lösungen für deine größten Sorgen zu bringen. Aber du bist nicht zu Hause, weil du so viel zu tun hast und keine Zeit hast, Ihn einzulassen, indem du dich durch Gebet und Meditation auf Ihn einstimmst.

Und stelle dir vor, du bist ein kleines Kind. Du bist allein in einer unbekannten Gegend, es beginnt dunkel zu werden und du fühlst von allen Seiten unbekannte Gefahren drohen. Es beschleicht dich das Gefühl von Unsicherheit und Angst. In dieser Lage taucht auf einmal dein Vater auf; er hebt dich auf seine starken Arme und NICHTS kann dich mehr erschrecken - du befindest dich in einer Sicherheit, die jenseits jedes Schatten eines Zweifels ist. Wenn Gott da ist - und er IST es! - wo bleibt da die Angst, die Unsicherheit?

Es ist, als würde durch das Loslassen des Ichs in der völligen Hingabe an Gott ein Tor geöffnet, durch das die unendlichen Energien, heilenden Kräfte und Segnungen des Kosmos in dein Leben einfließen können.

Über menschliche und göttliche Liebe

Göttliche Liebe, die zu erfahren das höchste Ziel des Menschseins ist, ist von dem, was wir gemeinhin als Liebe bezeichnen, grundverschieden.

Für den Menschen ist Liebe ein Gefühl, das er für einen Menschen oder etwas anderes empfindet; unsere Liebe ist zielgerichtet auf etwas, das wir besonders schätzen, ehren und begehren. Was wir als Liebe bezeichnen, ist zu einem großen Teil eine Mischung aus physischer Anziehung bzw. Verlangen, Brauchen und Erwartung - wie schnell sich dies ändern und ins Gegenteil verkehren kann, zeigen die Scheidungsstatistiken.

Universelle, göttliche Liebe dagegen ist nicht zielgerichtet; sie ist ein Strahlen, das IN dir ist, und das sich nach allen Seiten hin gleichermaßen ausbreitet. Der Mensch, der diese Liebe lebt und erfährt, bewegt sich in einem Feld andauernder, ununterbrochener Freude und Liebe allem Sein gegenüber. Die Berührung der weichen Erde oder eines Buches, das Vernehmen eines Klanges, ja ein einfacher Atemzug kann diesen Menschen in eine Ekstase göttlicher Freude emportragen. Denn wenn die Freude, die Reinheit, die Liebe IN dir ist, dann ist sie überall, wo du bist. Und diese Liebe ist auch niemals von etwas anderem abhängig als von deiner eigenen Reinheit.

Beginnst du erst, diese Art der Liebe in dir zu fühlen, so ist dein ganzes Leben verwandelt - in ein durch nichts begrenztes, durch nichts bedingtes unendliches Feld der göttlichen Wonne.

Doch diese Liebe darf nicht ein abstraktes Gefühlsgebilde sein, sondern soll sich in jeder Situation äußern. Der Mensch, der gerade vor dir steht, das Problem, dem du dich gegenüber siehst - wenn all dies gleichsam den Stempel Gottes trägt, und du nicht anders kannst, als auf alles und jeden Liebe, Toleranz und Wohlwollen auszustrahlen, dann wisse, dass du mit der Quelle, mit der Liebe, mit Gott verbunden bist!

Das Gefühl dieser höchsten Verbundenheit, dieses wonnevollen Erfülltseins von göttlicher Essenz, welche alle irdischen Erfahrungen überstrahlt, das Wissen, dass neben Gott nichts existiert, und das in liebestrunkener Sehnsucht Hineingehen in diese Erfahrung - dies ist Bhakti.

6.2
Die Praxis des Bhakti Yoga

Bhakti Yoga ist der Yoga der Liebe. Der Bhakti Yogi (der Bhakta) ist der Liebende, der Verehrer, und Gott ist das „Objekt" der Liebe, der Anbetung. Diese Anbetung kann verschiedene Formen annehmen. In einer klassischen Schrift des Bhakti Yoga, dem Shrimad Bhagavatam, verfasst im 9. Jahrhundert unserer Zeitrechnung, werden neun Formen beschrieben, die Bhakti annehmen kann.

1. Shravanam

Bhakti beginnt mit dem Lesen und Hören der heiligen Schriften: Man hört die Geschichten und Spiele (Lilas) der göttlichen Inkarnationen (Rama und Krishna), nimmt durch ihre Beispiele und ihr Leben ihre Lehre in sich auf. Jeder der vielen Namen Gottes hat eine bestimmte spirituelle Botschaft für den aufmerksamen Zuhörer, und diese Namen zu hören, sich mit ihnen zu beschäftigen, erzeugt eine Bereitschaft der Öffnung und der Hingabe im Menschen. Aus diesem Grund spielen die klassischen Erzählungen, etwa das Ramayana und das Mahabharata, in Indien eine ganz besondere Rolle. Sie sind alltägliches Gemeingut und werden in vielen Familien täglich gelesen.

Das im Raja Yoga genannte Prinzip des Svadhyaya (das 4. Niyama), das Studium der heiligen Schriften, steht in enger Beziehung zu Shravanam.

2. Kirtanam

In allen Religionen verwendet man den Zauber und die Kraft der Musik, um „sich Gott anzunähern". Auch im Bhakti Yoga spielt das Singen von hingebungsvollen Liedern und das gesungene oder gesprochene Rezitieren der Namen Gottes eine große Rolle.

„Gedanken sind die Sprache des Geistes. Aber Musik ist die Sprache des Herzens. Wo Bhakti ist, da ist auch Musik. Sie sind untrennbar. Es gibt keinen schöneren und erhebenderen Weg, Bhakti auszudrücken als Musik. Das ganze Leben eines intensiven Bhaktas ist wie wunderschöne Musik."

Swami Satyananda

Das hingebungsvolle Singen der Namen Gottes ist eine spezifische Bhakti Yoga Technik. Durch das Wiederholen der Namen Gottes wird der Geist angesprochen, durch die Melodie und den Ausdruck der Stimme das Gefühl. So streben wir mit unserem ganzen Wesen danach, in Gott aufzugehen und Sein Wesen in uns aufzunehmen.

„Kirtan öffnet dein Herz, füllt deinen Geist mit Reinheit und erzeugt in dir Harmonie und göttliche Liebe. Wer Kirtan singt, vergisst Körper und Geist. Durch hingebungsvolles Kirtan-Singen kannst du in den überbewussten Zustand des Gottesbewusstseins eintreten."

Swami Sivananda

Wir werden einige praktische Aspekte und Beispiele des Kirtan-Gesanges im nächsten Kapitel betrachten.

3. Smaranam

Wenn wir Seine Geschichten gehört und Seine Namen gesungen haben, gilt es als nächstes, stets Seiner zu gedenken. Dies findet meist in einer konkreten Form (Jesus, Maria, Krishna, Durga...) statt, da dies allgemein als leichter empfunden wird, als sich Gott in seiner „formlosen Gestalt" in Erinnerung zu rufen. Wenn wir versuchen, immer wieder an Gott zu denken, so wie man an eine(n) Geliebte(n) denkt, dann übt man Smaranam.

„Zu jeder Zeit muss man an Gott denken, ohne Unterbrechung, so lange das Bewusstsein funktioniert. Es gibt keine andere Pflicht auf der Welt als das Denken an Gott."

Swami Sivananda

4. Pada Sevanam

Wir dürfen Gott nicht nur als abstraktes Wesen, als Energie oder als diffuse Wolke der Wonne und Liebe sehen, sondern sollten vor allem danach trachten, Ihn in all seinen Formen und Gestalten zu erkennen und zu lieben. Es ist nämlich leicht, eine „Wonne-Wolke" zu lieben, aber es ist schwierig, Gott in all seinen Manifestationen zu sehen und anzunehmen. Doch gerade das ist die große Aufgabe und Herausforderung des Bhakti im Alltag. Erst wenn wir es vermögen, auch die niederste und widerwärtigste Kreatur als göttlich zu sehen, dann ist unser Bhakti vollendet.

> Es ist eine sehr wirksame Technik des Bhakti Yoga, Gott, in welcher Form du Ihn auch immer sehen magst, in allen Dingen der Welt zu sehen. So beginnst du alles anzubeten, weil du alles als Manifestation Gottes siehst. Zum Beispiel, wenn du Gott in der Form von Krishna oder Jesus anbetest, dann beginne Krishna oder Jesus in allen Dingen zu sehen. Am Anfang wird sich dies sehr künstlich und intellektuell anfühlen, aber nach einiger Zeit der Übung wir das Gefühl von Bhakti spontan mehr und mehr entstehen. Dann wirst du Gott in allem sehen, nicht durch Glauben, sondern durch persönliche Erfahrung!" (Swami Satyananda)

Pada Sevanam bedeutet „Dienst (Seva) zu Füßen (pada) des Herrn". Seine Füße sind die Welt. So bedeutet Pada-Sevanam, Gott in allen Dingen zu verehren und zu dienen. Dies kann nur gelingen, wenn man die vorhergegangenen Stufen gewissenhaft geübt hat. Erst dann vermag man Gott in allen Dingen zu schauen und Ihm in allen Formen zu dienen. Erkennbar ist hier die enge Beziehung zwischen Bhakti und Karma Yoga.

5. Archanam

Die Verehrung Gottes in Form von Ritualen und Gottesdiensten ist die nächste Stufe des Bhakti. Durch die vorangegangenen Stufen wird das Ritual in einer völlig anderen Qualität erlebt als wenn es nur rein äußerlich, etwa aus Gewohnheit oder Pflichtbewusstsein, durchgeführt werden würde. Die Zeremonie kann zu einem tiefen Einheitsgefühl mit Gott führen. In Indien gibt es exakte Vorschriften zur Durchführung der täglichen Rituale; diese sind für die meisten Menschen bindend; erst der fortgeschrittene Bhakta kann auf detaillierte Regeln verzichten und wird in jeder Form zur Erfahrung der Einheit mit Gott finden.

Die Rituale (Pujas) finden in traditionell hinduistischen Haushalten jeden Tag am Hausaltar statt. Gegenstand der Verehrung ist das Göttliche in Form einer Statue aus Metall oder aus anderen Materialien oder auch nur aus einem Bild. Das unendliche, formlose Göttliche wird eingeladen, in die Statue einzutreten, dann wird die Statue als göttlicher Gast behandelt, gereinigt, gebadet, und es werden ihr verschiedene Dinge wie Blüten, Räucherwerk und Opferspeisen dargeboten.

Eine andere Form der Puja ist die Feuer- oder **Agni Puja**, die besonders zu bestimmten Reinigungszwecken wie bei der Einweihung von Objekten abgehalten wird: Es werden Blumen und Butterschmalz, Ghee, in das reinigende Feuer eingebracht, dabei werden bestimmte Mantras rezitiert.

Eine Form der Agni Puja ist das täglich bei Sonnenauf- und –untergang stattfindende **Agnihotra**: Durch dieses Ritual, bei dem unter Rezitation von Mantras Reiskörner als Opfergabe in einem Feuer von getrocknetem Kuhdung dargebracht werden, wird die (geistige) Atmosphäre gereinigt.

Das **Arati** ist eine Lichtzeremonie, bei der Butterlicht oder Kampfer vor einem Altar oder am Ganges geschwenkt wird. Dabei werden heilige Texte rezitiert. In der Sivananda-Tradition kennt man ein Siva-Arati, ein Devi-Arati, ein Ganga- und ein allgemeines Arati.

6. Vandanam

Auf dieser Stufe wird die Zeremonie auf das Verbeugen, das Niederwerfen vor dem Altar oder dem Bildnis Gottes reduziert und dadurch intensiviert. Das physische Niederwerfen muss von einer geistigen Hingabe begleitet sein, um entsprechende Wirkung zu haben. Die Verbeugung des Körpers, die in ihrer vollen Form bis zur vollständigen Niederwerfung zur Bauchlage gesteigert wird, ist die physische Entsprechung der geistigen Haltung des „Dein Wille geschehe."

In übertragenem Sinn wird dies durch eine kurze Lehrgeschichte illustriert:

> Ein Schüler nähert sich einem großen Meister um Belehrung und begrüßt ihn ehrerbietig. Doch anstatt auf den Wunsch des Schülers nach Belehrung einzugehen, sagt der Meister, mit Bezug auf die Begrüßung: „Nicht genug". Der Schüler verneigt sich tiefer vor dem Meister, mit noch größerer Hingabe und Demut. Doch auch jetzt ist der Meister nicht befriedigt. „Nicht genug".
>
> Jetzt verbeugt sich der Schüler bis zum Boden, seine Hingabe steigert sich dabei ins Unermessliche. „Nicht genug."
>
> Der Schüler legt sich vor dem Meister flach auf den Boden, all sein Ich, sein Ego hat sich aufgelöst. Der Meister lächelt dem Schüler zu, als dieser sich wieder erhebt. Das Lächeln zeigt dem Schüler, dass er gelernt hat, was zu lernen war.

7. Dasya

Dasya ist das Gefühl, der Diener Gottes zu sein. Während wir Gott im Pada Sevana in der Welt dienten, wird hier das Gefühl, Ihm zu dienen, ja, sein Sklave zu sein, intensiver und stärker. Die Welt erscheint wie ein Traum, und man möchte nur noch bei Gott sein.

8. Sakhya

Vom Diener Gottes wird man hier zum Vertrauten, zum Freund Gottes. Die Nähe nimmt zu, man steht mit dem Gefühl, Gott ganz nahe zu sein, an der Schwelle der Einswerdung.

> „Auf welche Weise lieben Freunde, wirkliche Freunde, in dieser Welt? Welches Maß an Liebe haben sie füreinander? Eine solche Liebe wird anstatt zu einem Menschen zu Gott entwickelt."
>
> Swami Sivananda

9. Atma Nivedana

Dies ist die vollendete Hingabe und Auflösung des Bhakta, der mit dem christlichen Mystiker Frere Chaques des Jesus sprechen kann:

> „Vater - ich begebe mich vollständig in Deine Hände.
> Tue mit mir, was immer Du willst.
> Was auch immer du tust - ich danke Dir.
> Ich bin bereit für alles. Ich nehme alles an.
> Lasse nur Deinen Willen durch mich und alle Wesen getan werden.
> Mehr wünsche ich nicht, oh mein Gott.
> In Deine Hände gebe ich mein ganzes Leben.
> Ich biete es Dir an mit aller Liebe meines Herzens.
> Denn ich liebe Dich und so gebe ich mich dir hin,
> Mich willig Deinem Wirken überlassend,
> Ohne Rückhalt und in schrankenlosem Vertrauen."

Die 5 Bhavas

Während die neun Formen des Bhakti eher technischen Charakter haben und die Formen der Ausübung des Bhakti Yoga beschreiben, sind die fünf Bhavas Weisen, wie sich Bhakti ausdrückt, wie der oder die Übende Bhakti erfährt.

1. Shanta Bhava: Der Bhakta erfährt Gott als tiefen Frieden, als höchste Stille: „Deep, deep is that supreme silence" (Tief, so tief ist die Heilige Stille). Die Stille ist nicht nur Leere, nicht nur Schweigen, sondern ein Bereitwerden, das Wort Gottes zu empfangen - Du bist geleert von der Welt - und jetzt erst kann Gott in dich einströmen.

> „Alle Gebete sind gebetet, alle Lieder gesungen, und du sitzt vor dem Altar, jetzt frei, allein, still, vor Gott, in Gott ruhend. Du bist geleert, offen und frei. Du willst nichts, nur da sein. Es ist nichts mehr da - nur noch Stille. Du willst nur noch da sein, bei Gott - und GAR nichts sonst. Die Stille Gottes, die dich umfängt, in der du versinkst - aus ihr beginnt es in deinem Inneren wie in tausend Farben zu funkeln..."

2. Dasya Bhava: In diesem Bhava hat der Anbetende das Gefühl, Diener Gottes zu sein: Er ist beglückt, wenn er Ihm als Diener nahe sein kann und verwendet jede Gelegenheit, Gott in welcher Form auch immer zu dienen.

3. Sakhya Bhakva: Die Vertrautheit nimmt weiter zu; man ist hier zum Freund Gottes geworden. Arjuna in der Bhagavad Gita hatte dieses Bhava: Er war Freund und Vertrauter Krishnas. Du erfährst Gott wie einen nahen, unendlich liebevollen Freund.

4. Vatsalya Bhava: Hier wird Gott zu einem Kind und der Bhakta zum Elternteil. Er liebt Gott mit einer Intensität wie die Mutter / der Vater das eigene Kind liebt.

5. Madhura Bhava: Der höchste Ausdruck das Bhakti wird dann erfahren, wenn die Liebe zu Gott die Art und Qualität der Liebe zwischen Mann und Frau angenommen hat.

So gelangen wir vom Gefühl des höchsten Shanti (Frieden, Stille) zu immer intensiveren Ausdrücken und intimerer Vertrautheit mit dem göttlichen Bräutigam.

6.3

Das Herz des Bhakti Yoga – Gebet und Gesang

Von den im vorangegangenen Kapitel beschriebenen neun Formen des Bhakti Yoga sind das Gebet und der Lobgesang die wohl am weitesten verbreiteten Formen des Bhakti. Wir wollen sie hier etwas ausführlicher betrachten.

Das Gebet

Man sagt, in der Meditation spricht Gott und der Mensch hört zu, während im Gebet der Mensch spricht und Gott zuhört. Gebet ist also im Grunde etwas Aktives. Wir versuchen, Kontakt mit Gott herzustellen, indem wir zu Ihm sprechen, Seine Anwesenheit zu fühlen suchen, während wir in der Meditation mehr offen, rezeptiv, aufmerksam sind, um Gottes Wort in uns aufzunehmen.

Am Anfang wird das Gebet bei den meisten Menschen ein Bitten um etwas sein, wohl meist um irdische Dinge. In dieser Phase betrachtet man Gott, wie sich ein spiritueller Lehrer ausdrückte, als „Gemischtwarenhändler", bei dem wir alles mögliche beziehen können, vom Lebenspartner, Kindern, Geld bis hin zu Gesundheit, allgemeines Wohlergehen, Erfolg, Karriere und so weiter.

Doch mit dem Fortschritt reift das Bhakti zu einer Form, in der innere Werte betont und gesucht werden: Man bittet Gott um innere Kraft, Reinheit, Verständnis, um die Fähigkeit zu lieben oder loslassen zu können.

Schließlich, und das kann ein langer Weg sein, gelangt man von der Bittsteller- oder Einkäufer-Haltung, die Seine „Ware", sei es materielle oder geistige Dinge, sucht, zu einer Braut, die den himmlischen Bräutigam selbst sucht.

Diese Entwicklung ist ein natürlicher Prozess, der bei ausdauerndem, ehrlichem Bemühen nicht ausbleibt. Am Ende dieses Prozesses erkennen wir, dass alles Wünschen überflüssig ist, weil Gott uns stets führt und schützt, meistens allerdings, ohne dass wir uns dessen bewusst sind. Allmählich beginnt man die einfachen Worte der Bibel zu verstehen: „Dein Wille geschehe!" Wenn man dies aus vollstem Herzen zu fühlen beginnt, dann ist Bhakti erblüht.

Wir sollten jeden Tag beten; eigentlich sollten wir täglich mehrmals beten. Am Anfang brauchen wir noch Worte und konkrete Vorstellungen, später werden die Worte überflüssig und wir fühlen Seine Gegenwart, die über alle Maßen beglückend ist und unser Streben richtet sich nur noch darauf, diese Anwesenheit länger und tiefer zu erfahren, bis mehr und mehr unser ganzes Leben zu einem fortdauernden Gebet wird. Auf diese Weise wird allmählich unser Gebet zu einer meditativen Gotteserfahrung, die unser ganzes Leben in ein strahlendes Licht der Freude und Liebe taucht. So beginnt unser Weg mit einem Gespräch mit Gott und endet in einem schweigenden ekstatischem Beisammensein, einem verzückten Fühlen Seiner Gegenwart.

Über das Gebet

Gebet ist Nähe zu Gott. Gebet ist das Hinwenden des Geistes zu Gott. Gebet ist das Erheben der Seele Gott entgegen.

Das Gebet muss vom Herzen kommen; es darf kein Lippenbekenntnis sein. Knie nieder und bete; aber lass das Gebet nicht aufhören, wenn du dich erhebst. Das Gebet muss das ganze Leben lang währen, und dein Leben muss ein einziges langes Gebet sein.

Es gibt kein Problem, das nicht durch Gebet gelöst werden könnte und kein Leid, das nicht durch Gebet überwunden werden kann. Gebet ist in Verbindung treten mit Gott. Gebet ist das Wunder, durch das die Kraft Gottes in menschliche Venen strömt.

Begrüße den Tagesanbruch und verabschiede dich bei der untergehenden Sonne mit einem Gebet der Dankbarkeit; zuerst für den neuen Tag, der dir geschenkt wird, und zuletzt für die Gnade, die du erhalten hast. So wird dein Leben gesegnet sein, und so wirst du Seinen Segen ausstrahlen.

Gebet ist eine mächtige spirituelle Kraft. Es gibt nichts Reinigenderes als das Gebet. Wenn du regelmäßig betest, wird sich dein Leben allmählich verändern. Das Gebet erleichtert das Herz und erfüllt den Geist mit Frieden, Kraft und Reinheit.

Wenn du betest, verbindest du dich mit dem unerschöpflichen kosmischen Kraftwerk und schöpfst Kraft, Energie, Licht und Stärke aus ihm.

Swami Sivananda

Das schweigende Herzgebet

Der folgende Text des Weges zur höchsten Gotteserfahrung stammt von der französischen Mystikerin Jeanne Marie Guyon (1648 - 1717):

Ist man ganz in sich selbst versenkt und nach innen gesammelt, von Gottes Gegenwart bis auf den Grund durchdrungen, so gilt es, sich in liebevoller Ruhe und Gelassenheit der Gegenwart Gottes hinzugeben und in dieser unbewegt zu verharren. Nach und nach wird´s Gewohnheit, und im gleichen Maß wächst das untrügliche Gefühl und die Gewissheit Seiner Gegenwart.

In diesem Gesammeltsein sprechen wir das Vaterunser und sind uns dabei lebendig bewusst: Gott ist in mir und will gern mein Vater und Helfer sein. Wir überlassen alles, was uns bekümmert, Ihm und warten alsdann, bis der Vater Seinen Willen kundtut. Wir machen uns dabei kein Bild von Gott; die lebendige Hingabe an Seine Gegenwart und das Bewusstsein, dass Er unser Vater, unser Arzt, Führer und Helfer ist, genügt.

Wenn die Seele eine Zeitlang diesen Weg nach innen gegangen ist und fühlt, dass es ihr nun leichter fällt, sich Gott im Gebet hinzugeben und zu überlassen, kann sie vom Herzgebet zum Gebet des Schweigens übergehen, indem sie sich ganz der Stille in Gott dem unendlichen Frieden Gottes anheimgibt und unbewegt darin verweilt.

Diese Hingabe sei von der Gewissheit begleitet, dass alles, was uns widerfährt, Gottes Wille und darum für uns notwendig und gut ist und von uns willig hingenommen wird. Diese gänzliche Überlassung unserer selbst an Gott ist der Schlüssel zur Vollendung und Einswerdung. Sie äußert sich im Aufhören jeder Sorge um uns selbst und in dem gelassenen Vertrauen auf die göttliche Führung. Da nur noch Gott unser Denken beherrscht und nichts sonst, lieben und bejahen wir alles, was von Ihm kommt.

Je lebendiger man Gottes in seinem Herzen inne wird, desto stiller und liebeerfüllter wird man. Und je mehr nach innen gekehrt, desto freier auch von den Sinnen und allem Niederen, das einem noch anhaftet. Denn je näher bei Gott, desto mehr Kraft empfängt die Seele von innen her und desto leichter gelingt ihr die erneute Hinwendung zu Gott und damit zugleich die Lösung vom Vergänglichen. Immer stärker spürt sie die wachsende Anziehungskraft des Mittelpunktes, welcher Gott ist, und immer rascher gelangt sie zur Einswerdung.

Nach und nach fühlt die Seele, wie Gott sich ihrer ganz bemächtigt, wie das Stillesein in Gott und die Liebe Gottes sie beseligend erfüllt. Die Seele tut nun nichts mehr, sondern lässt Gott in sich wirken.

Nun besitzt die Seele nichts eigenes mehr und sorgt sich auch nicht mehr um begangene Fehler, sondern überlässt sich willig Gott. Sie geht gänzlich aus sich heraus und in Gott ein, um sich in Ihm zu verlieren wie der Strom im Meer. Sie ist nun gänzlich in dem was in ihr ist: im Reich Gottes, in der Seligkeit und Geborgenheit der Gotteinheit.

Das universelle Gebet

Das folgende Gebet stammt von Swami Sivananda. Es ist deshalb so faszinierend und wertvoll, weil es alle Aspekte des Yoga in den Bhakti des Gebetes integriert:

Oh anbetungswürdiger Gott, voll Barmherzigkeit und Liebe;
Gruß Dir, in Demut gebeugt.
Sein ist Dein Wesen, Wissen und Seligkeit,
Allgegenwärtig bist Du, allmächtig, allwissend,
Im Inneren aller Wesen wohnst Du.

Gib uns ein verstehendes Herz, die rechte Einsicht, ausgeglichenes Gemüt, Vertrauen, Hingebung und Weisheit.
Lege in uns geistige Kraft, Versuchungen zu widerstehen und Denken und Wollen zu beherrschen.
Befreie uns von Selbstsucht, Gier, Zorn und Hass.
Erfülle unser Herz mit göttlichen Tugenden.
Lass uns Dich erschauen in all den Namen und Gestalten;

Lass uns Dir dienen in all den Namen und Gestalten.
Lass uns allezeit Deiner gedenken;
Lass uns stets Deine Herrlichkeit singen;
Lass Deinen Namen stets auf unseren Lippen sein;
Lass uns in Dir sein allezeit.

Im ersten Absatz preisen wir Gott, verehren Ihn und beschreiben Ihn. Wir empfinden Demut und Hingabe gegenüber Gott, der einerseits ein Gott der Liebe und Barmherzigkeit ist, also Züge des Ishvara trägt, aber andererseits als allgegenwärtig, im Inneren aller Wesen wohnend und mit den drei Eigenschaften des eigenschaftslosen Brahman, Sein, Wissen und Seligkeit beschrieben wird. Wir beten hier Gott also sowohl in seiner vorstellbaren Form als auch in seiner kosmischen, unbeschreiblichen Form an.

Der zweite Absatz wendet sich an Gott um geistige Tugenden, um Reinheit und innere Kraft. Wir brauchen diese Reinheit und innere Kraft, um Ihn in seiner höchsten, formlosen Form zu schauen. Wir erinnern uns an die Yamas und Niyamas im Raja Yoga: Wir müssen unseren Geist beherrschen und reinigen, wollen wir zur Höchsten Erfahrung gelangen. So finden wir in diesem Absatz des Gebetes Aspekte des Raja Yoga.

Im dritten Absatz geben wir unserem Sehnen Ausdruck, immer in Gott zu sein, sei es, seinen Namen stets zu flüstern (Ajapa Japa, eine gemeinsame Technik des Raja- und Bhakti Yoga), sei es, sich stets Seiner Gegenwart bewusst zu sein (Smaranam, eine Technik des Bhakti Yoga) oder Ihn, wie weiter oben beschrieben, in allen Formen und Gestalten zu erkennen und zu verehren. Dasya, das Gefühl, Gottes Diener zu sein, ist ebenfalls eine Technik des Bhakti Yoga.

Das Universelle Gebet, bewusst und achtsam gesprochen, ist ein spirituelles Tonikum, das einem in schwierigen Situationen Kraft und Führung geben kann, in Krankheit Mut und im Alltag das Gefühl zu wecken vermag, mit Gott verbunden zu sein.

Der Lobgesang

Das andächtige Singen der Namen und Eigenschaften Gottes ist eine Art „musikalisches Gebet“: Allein das Wiederholen der göttlichen Namen erzeugt im Geist eine Reinigung, ein erhebendes Gefühl.

In der Yoga-Tradition können wir drei Formen des Lobgesanges unterscheiden. Alle Formen werden zumeist in der Gruppe gesungen, können aber auch alleine gesungen werden.

Kirtan-Singen: Die meist einfachen Texte werden abwechselnd von einer Person vorgesungen und von der Gruppe wiederholt. Instrumente wie das indische Harmonium, die Tablars (indische Trommeln) und Zimbeln (hell klingende glockenähnliche Instrumente) begleiten den Gesang. Die Lieder sind jeweils an eine bestimmte Gottheit gerichtet, an Siva, Rama, Krishna, Devi oder an den Guru. Die göttlichen Namen vereinen sich mit der Melodie zu einer wunderbaren Erfahrung der inneren Schönheit und Freude.

Bhajan-Singen: Die Bhajan-Lieder sind länger und anspruchsvoller als die Kirtan-Lieder; sie werden gemeinsam gesungen.

Mantra-Singen: Eine eher seltene Form ist das Singen von Mantras, das von Instrumenten begleitet sehr melodiös und ergreifend sein kann und sich damit von der mehr monotonen Mantra-Rezitation unterscheidet.

Neben den immer wiederkehrenden Namen Gottes – Siva, Rama, Krishna, Durga, Kali usw – tauchen insbesondere in Kirtan-Liedern häufig die folgenden Worte auf:

Jaya (gespr. dschey:) = Ehre, Ruhm, Glanz, Sieg! Ein Ausruf der Verehrung, des Lobes

Bolo = Singe! Sprich!

He, Hey = ehrfurchtsvolle Weise, sich an Gott zu wenden: Hey Prabho! = O Gott!

Shri = Ehrentitel, Bezeichnung, die einer Person Heiligkeit und höhere Erkenntnis zuschreibt. Wird bei Heiligen, Gottheiten und göttlichen Inkarnationen verwendet.

Auf den folgenden Seiten sind einige Beispiele für Kirtan-Lieder wiedergegeben (die handgeschriebenen Noten sind die auf dem Harmonium zu haltenden Grundtöne):

Devi Devi Devi Jagan Mohini

(TH Seite 32)

Radhe Bolo

(TH Seite 21)

Rama Bolo

(TH Seite 24)

Vande Gurudev

(TH Seite 35)

Shambho Mahadeva

(TH Seite 27)

Shankara Karunakara

(TH Seite 30)

G C G →

Shankari Karunakari Parameshwari Jagadeshwari

6.4

Bhakti Yoga in den Schriften

Es gibt kaum eine klassische Yoga-Schrift, die nicht die Bedeutung der Hingabe an Gott betont. Neben dem vedantischen Gedanken, dass alles Brahman ist, ist das Prinzip der Hingabe an Gott der bedeutendste Aspekt der indischen Spiritualität. In diesem Kapitel wollen wir einen Blick auf den Bhakti Yoga in den traditionellen Schriften werfen – wir werden Hinweise auf Bhakti auch in den Schriften des Hatha- und Raja-Yoga finden!

1. Bhagavad Gita

In diesem großartigen Lehrgedicht werden drei Yoga-Wege beschrieben: der KarmaYoga, der Jnana-Yoga und der Bhakti-Yoga.

Das 12. Kapitel handelt von der Anbetung des Höchsten; das Göttliche Wort spricht:

> „Wer mit allem seinem Tun sich mir ergibt, wessen höchstes Ziel seines Strebens Ich bin, wer, in Mich versenkt, Mir in ausschließlicher Ergebung dient, ihn erhebe ich aus der Sturmflut der irdischen Welt, ohne zu zögern, weil zu Mir sein Geist gerichtet ist.
>
> Wende dein Herz zu Mir allein, lass deinen Geist in Mir Ruhe finden, so wirst du bei Mir in der Höhe wohnen. Daran zweifle nicht."
>
> BG 12,6 - 8

Das 18. und letzte Kapitel der Bhagavad Gita endet nach ausführlicher Darlegung einer großen Anzahl von unbezahlbaren spirituellen und Lebensweisheiten mit einer Zusammenfassung der Hauptbotschaft:

> „Höre noch einmal Meine erhabenen Worte, die geheimnisvollsten von allen. Du bist Mir besonders lieb und deshalb will Ich dir sagen, was für dich das beste ist:
>
> Weihe dein Herz Mir. Bete Mich an. Opfere dich Mir auf. Beuge deinen Willen vor Mir, so wirst du zu Mir kommen. Dies verspreche ich dir, denn Ich habe dich lieb. Lasse alle Äußerlichkeiten beiseite. Komm zu Mir als deinem alleinigen Zufluchtsort. Ich werde dich von allem Übel erlösen. Sorge dich nicht."
>
> BG 18,64-66

Auch in Kapiteln, die eigentlich andere Themen behandeln, finden wir Hinweise auf Bhakti:

> *„Wer immer an Mich denkt und nie seine Gedanken auf etwas anderes richtet, der ist ein gottergebener Yogi und für ihn bin Ich leicht zu erreichen." (BG 8,14)*
>
> *„Wer Mich anbetet und in nichts anderem seine Zuflucht sucht, wer immer durch seine Ergebung in Liebe mit Mir vereint ist, ihm verleihe Ich das Reich des Unvergänglichen." (BG 9,22)*

2. Patanjalis Yoga Sutras

Wenngleich die Yoga Sutra das Grundlagenwerk des klassischen Raja Yoga ist und auf einem philosophischen Konzept beruht, welches keinen Gott kennt (Samkhya), so begegnen wir auch hier eindeutigen Hinweisen auf den Weg der Hingabe:

> *„Erfolg (im Yoga) kommt auch durch Hingabe an Gott." (PYS 1,23)*
>
> *„Hingabe an Gott führt zur Fähigkeit, Samadhi zu erreichen." (PYS 2,45)*

3. Hatha Yoga Pradipika

Auch in der mehr physisch-technisch ausgerichteten Hatha-Yoga-Schrift wird Bhakti angesprochen:

> *Die grundlegenden Gebote (Niyama) des Hatha Yoga umfassen ... Glaube an Gott (Astikya), Verehrung der Gottheit, ... (HYP 1,18)*

4. Naradas Bhakti Sutras

Die etwa im 10. Jahrhundert unserer Zeitrechnung vom Heiligen Narada verfasste Bhakti-Sutra stellt Bhakti über die anderen yogischen Disziplinen Karma und Jnana. Sie besteht aus 84 Aussagen über Theorie und Praxis des Bhakti Yoga, die in fünf Abschnitte unterteilt sind.

1. Kapitel

1. Wir werden nun Bhakti, den Weg der göttlichen Liebe betrachten.

2. Bhakti ist die tiefe Liebe zu Gott.

3. Diese göttliche Liebe ist unvergängliche Glückseligkeit.

4. Wenn ein Mensch sie erlangt, wird er vollkommen, unsterblich und vollkommen zufrieden.

5. Wenn ein Mensch in ihr aufgeht, wünscht er sich nichts anderes mehr; er beklagt keinen Verlust, hasst nichts und niemanden mehr, er findet keinen Genuss an den Eitelkeiten dieser Welt und er verliert jeglichen Eifer, etwas für sich selbst zu gewinnen.

6. Erst mag der Bhakta trunken vor Wonne werden. Dann erstarrt er in göttlicher Ekstase und geht in die höchste Freude des Selbst ein.

7. Bhakti kann nicht dazu benutzt werden, irgend einen Wunsch zu erfüllen, weil mit ihr alle anderen Wünsche aufhören.

8. Entsagung besteht darin, alle Handlungen – sowohl die weltlichen als auch die heiligen – Gott zu weihen.

9. Die Entsagung eines Bhaktas besteht darin, dass sich seine Aufmerksamkeit gänzlich Gott zuwendet und dass er all das abweist, was der Liebe zu Gott entgegen wirkt.

10. Völlige Hingabe bedeutet, jegliche andere Zuflucht aufzugeben und zu Gott allein Zuflucht zu nehmen.

11. Die Zurückweisung all dessen, was der Liebe zu Gott entgegenwirkt, besteht in der Verrichtung solcher weltlichen und heiligen Handlungen, die der Hingabe an Gott förderlich sind.

12. Man sollte sich nach den Heiligen Schriften richten, so lange das eigene spirituelle Leben noch nicht fest in Gott verankert ist.

13. Andernfalls besteht die Gefahr zu fallen.

14. Gesellschaftliche Sitten und Gebräuche brauchen nur so lange befolgt zu werden, als bis die Liebe zu Gott entflammt ist; doch sollten solche Tätigkeiten wie Essen, Trinken usw, die zur Gesunderhaltung des Körpers notwendig sind, nicht aufgegeben werden.

15. Die Merkmale göttlicher Liebe wurden unterschiedlich beschrieben aufgrund der Verschiedenheit der Standpunkte.

16. Vyasa, der Sohn des Parashara, erklärt Bhakti als Hingabe an Werke der Verehrung.

17. Der Weise Garga erklärt Bhakti als Hingabe an den Lobpreis Gottes.

18. Der Weise Shandilya erklärt Bhakti als das Meiden all dessen, was das alleinige Sich Erfreuen im Atman beeinträchtigt.

19. Narada jedoch gibt folgende Merkmale von Bhakti an: Wenn alle Gedanken, alle Worte und alle Handlungen dem Herrn hingegeben werden, und wenn man sich bereits durch geringfügiges Vergessen von Gott äußerst unglücklich fühlt, dann hat Bhakti begonnen.

20. Es gibt viele Beispiele solch vollkommener Hingabe.

21. Wie die Gopis von Vraja sie hatten.

22. Obwohl sie Krishna als ihren Geliebten verehrten, vergaßen sie niemals Seine göttliche Natur.

23. Hätten sie nicht das Wissen gehabt, dass Krishna Gott war, dann wäre ihre Liebe der niedrigen Leidenschaft zu ihrem Liebhaber gleichgekommen.

24. In jener Sinnenlust besteht das eigene Glück in keiner Weise darin, den Geliebten glücklich zu machen.

2. Kapitel

25. Bhakti steht über Karma, Jnana und Raja Yoga.

26. Denn Bhakti ist das Ergebnis all dieser Wege.

27. Bhakti steht auch am höchsten, weil Gott der Eigendünkel missfällt und Er die Demut liebt.

28. Einige sind der Meinung, dass Wissen das Mittel ist, um Bhakti zu erlangen.

29. Andere sind der Ansicht, dass Wissen und Hingabe wechselseitig voneinander abhängig sind.

30. Narada sagt, dass Verwirklichung von Bhakti aus sich selbst herrührt.

31. Denn nur so verhält es sich auch im Fall des Königs, des Heims und des Essens.

32. Nicht deshalb wird der König ein König, noch erlangt der Reisende deshalb Befriedigung, ebenso fühlt sich der Hungrige nicht deshalb gesättigt.

33. Daher verdient nur jene höchste Liebe es, das Ziel der nach Befreiung Suchenden zu sein.

3. Kapitel

34. Die großen Lehrer beschreiben in Hymnen und Liedern folgende Mittel, den Zustand höchster Liebe zu erreichen:

35. Um den Zustand höchster Liebe zu erlangen, muss ein Mensch frei werden von der äußeren Welt – wie sie sich dem ichbezogenen Intellekt und den Sinnen darstellt – und von der Verhaftung an dieselbe.

36. Höchste Liebe wird erlangt durch ununterbrochenes liebendes Dienen.

37. Höchste Liebe wird erlangt durch das Hören und Singen von Gottes Lobpreis, selbst während man mit den Handlungen des alltäglichen Lebens beschäftigt ist.

38. In erster Linie jedoch wird sie erlangt durch die Gnade von Heiligen bzw. durch Gottes Gnade.

39. Es ist schwierig, einen Heiligen zu treffen und aus seiner Gesellschaft Nutzen zu ziehen; doch ist der Einfluss eines solchen Wesens subtil und unfassbar und unfehlbar in seiner Wirkung.

40. Dennoch kann man die Gnade von Heiligen durch Gottes Gnade erfahren.

41. Denn kein Gefühl der Verschiedenheit trennt Gott von seinen Anbetern.

42. Solche Mittel allein sollten angewendet werden.

43. Von schlechter Gesellschaft sollte man sich unbedingt fernhalten.

44. Da sie die Ursache von Sinnenlust, Zorn, Verblendung und Vergessen des Zieles ist und zum Verlust des Unterscheidungsvermögens und zu völligem Verderben führt.

45. Diese Leidenschaften mögen sich zuerst nur als kleine Wellen erheben, doch schlechte Gesellschaft lässt sie zu gewaltigen Meereswogen werden.

46. Wahrlich, wer überwindet die Maya? Derjenige, der jegliche Verhaftung aufgibt, der seine Zuflucht bei Weisen sucht und durch Dienen frei wird vom Bewusstsein des Ich und Mein.

47. Derjenige, der sich an einen einsamen Ort begibt, der die Bindung an weltliche Vergnügungen zerschneidet, der sich jenseits der drei Gunas begibt und auch das Bedürfnis nach Erwerb und Erhaltung von Wohlstand aufgibt (so erreicht er die höchste Liebe).

48. Derjenige, der den Früchten seiner Handlungen entsagt, der alle eigennützigen Tätigkeiten aufgibt und die Dualität der Gegensätze transzendiert (so erreicht er die höchste Liebe).

49. Derjenige, der sogar den Riten und Zeremonien, die von den Heiligen Schriften vorgeschrieben werden, entsagt und reines, dauerhaftes Verlangen nach Gott hegt.

50. Wahrlich, so ein Mensch überquert diese Maya und hilft anderen, sie zu überqueren.

4. Kapitel

51. Die wahre Natur dieser höchsten Liebe ist unaussprechlich.

52. Es ist, als wollte ein Stummer seiner Erfahrung eines wunderbaren Geschmacks Ausdruck verleihen.

53. Dennoch offenbart sie sich überall dort, wo eine Person die nötige Bereitschaft erworben hat. Diese Bereitschaft wird durch dauernde spirituelle Übung erlangt.

54. Diese höchste Liebe ist eigenschaftslos; sie ist frei von allen selbstsüchtigen Wünschen; sie wird mit jedem Augenblick stärker; sie ist eine ununterbrochene innere Erfahrung, feiner als das feinste.

55. Wenn ein Mensch diesen Zustand höchster Liebe erlangt, sieht er seinen Geliebten in allem, überall hört er von Ihm, nur DAS ist der Gegenstand seines Sprechens und Denkens.

56. Es gibt drei Arten anfänglicher Hingabe, je nachdem, welche der drei Gunas im Gemüt des Suchenden vorherrscht und auch je nach dem Beweggrund, aus dem er sich Gott hingibt.

57. Jede höhere Stufe trägt mehr zur Verwirklichung des höchsten Zieles bei als die vorangegangene.

58. Der Weg des Bhakti ist leichter als die anderen Pfade.

59. Denn Liebe ist etwas Augenscheinliches – sie ist ihr eigener Beweis und bedarf keinerlei anderer Beweise.

60. Ihre Natur ist Friede und höchste Glückseligkeit.

61. Ein Bhakta grämt sich nicht wegen irgendeines Leids, denn er hat sich selbst und alles, was er besitzt, ganz aufgegeben, sogar die Riten und Zeremonien, die von den heiligen Schriften vorgeschrieben werden.

62. Zur Erlangung von Bhakti, ja selbst wenn man sie erlangt hat, ist es nicht notwendig, Aktivität in der Welt aufzugeben; nur sollten die Früchte der Handlungen dem Herrn geweiht werden. All jene Handlungen aber, die dem Ziel förderlich sind, sollen gewiss fortgesetzt werden.

63. Man soll keinen Unterhaltungen über Frauen, Reichtum und Gottesleugnung zuhören.

64. Stolz, Eitelkeit und dergleichen andere Untugenden müssen aufgegeben werden.

65. Wenn man alle Handlungen Gott weiht, sollte man selbst Leidenschaften wie Lust, Zorn, Stolz usw. nur auf Ihn richten.

66. Die drei Arten der Liebe (entsprechend der Gunas) transzendierend, liebe den Herrn, und liebe Ihn als Sein ewiger Diener, als Seine ewige Braut.

5. Kapitel

67. Die am höchsten stehenden Verehrer sind jene, die ausschließliche Liebe zu Gott empfinden – um Seiner selbst willen.

68. Wenn Verehrer von Gott sprechen, ersticken ihre Stimmen, Tränen entströmen ihren Augen, ihre Haare stehen senkrecht vor Ekstase. Solche Menschen reinigen nicht nur ihre Familien, sondern sogar die gesamte Erde, auf der sie geboren wurden.

69. Sie heiligen die Stätten der Pilgerfahrt; die Werke, die sie vollbringen, werden zu Beispielen guter Handlung; sie verleihen den heiligen Schriften spirituelle Glaubwürdigkeit.

70. Ein jeder von solchen Verehrern ist mit dem Geist Gottes erfüllt worden.

71. Wenn Menschen auf Erden weilen, die Gott so lieben, frohlocken ihre Vorfahren, die Götter tanzen vor Freude, und diese Erde erhält einen Erretter.

72. Bei ihnen gibt es keine Unterscheidungen aufgrund von Kaste, Bildung, Schönheit der Gestalt, Geburt in hoch- oder niedrigstehenden Familien, Reichtum, Beruf oder ähnlichem.

73. Weil sie Ihm angehören.

74. Man sollte sich in keine Debatte über Gott einlassen.

75. Raum besteht für viele verschiedene Meinungen, und keine, die sich auf bloße Vernunft gründet, ist jemals endgültig.

76. Während du die heiligen Schriften der Hingabe studierst, sinne über ihre Lehren nach und befolge die Übungen, die Hingabe an Gott in deinem Herzen erwecken.

77. Obwohl dem Bhakta genug Zeit zur Verfügung steht, da er frei von Vergnügungen und Leid, von Wunsch und Erwerb geworden ist, geziemt es sich nicht für ihn, auch nur eine halbe Sekunde zu vergeuden.

78. Der Bhakta sollte Gewaltlosigkeit, Wahrhaftigkeit, Reinheit, Barmherzigkeit, Glauben und andere solche Tugenden entwickeln und bewahren.

79. Dem gesegneten Herrn allein sollte stets durch jeden Aspekt des Lebens und mit unbeirrbarer Aufmerksamkeit, frei von Sorge, gehuldigt werden.

80. Wo der Herr auf solche Weise verehrt wird, offenbart Er sich bald der inneren Schau Seiner Verehrer.

81. Die ewige, absolute Wahrheit zu lieben – das wahrlich ist höchste Liebe.

82. Diese göttliche Liebe, obwohl sie in sich eins ist, offenbart sich für den Verehrer in 11 verschiedenen Formen:

1. Er liebt es, die Eigenschaften des Göttlichen zu rühmen
2. Er liebt Seine entzückende Schönheit
3. Er liebt es, Ihn zu verehren
4. Er liebt es, ständig Seiner Gegenwart zu gedenken
5. Er liebt es, sich selbst für Seinen Diener zu halten
6. Er liebt Ihn als seinen eigenen Freund
7. Er liebt Ihn als sein eigenes Kind
8. Er liebt Ihn wie eine Frau ihren Gatten
9. Er liebt es, sich Ihm vollkommen hinzugeben
10. Er liebt es, völlig in Ihn versunken zu sein.
11. Er liebt es, die Schmerzen der Trennung von Ihm zu empfinden

83. Diese Wahrheiten verkünden die Lehrer der Bhakti einmütig, ohne im geringsten die öffentliche Kritik zu befürchten: Kumara, Vyasa, Shuka, Shandilya, Garga, Vishnu, Kaundinya, Shesha, Uddhava, Aruni, Bali, hanuman, Vibhishana und andere.

84. Wer auch immer dieser glückverheißenden Beschreibung göttlicher Liebe von Narada glaubt und diese Lehren vertrauensvoll befolgt, wird ein Liebender Gottes, er erkennt den geliebten Herrn und wird mit Ihm eins.

6.5

Hinduismus und Bhakti Yoga

Gott erscheint in unendlich vielen Formen, während seine eigentliche, dahinter liegende Gestalt formlos ist. Gott auf eine bestimmte Gestalt zu reduzieren und alle anderen Erscheinungsformen des göttlichen Wesens zu verwerfen, wäre absurd und abwegig; gleichzeitig ist es zweckmäßig, seine Hingabe auf eine bestimmte Form zu konzentrieren. Dies muss kein Widerspruch sein, wie besonders der Hinduismus, der als die toleranteste Weltreligion gilt, zeigt: Hier wird eine große Anzahl verschiedener Gottesgestalten und Gottesinkarnationen verehrt - es gibt Shiva-Verehrer, Krishna-Anhänger, Shakti-Anbeter und sie tolerieren die anderen Religionen, wenn es auch, wie es die Natur des Menschen ist, einzelne Fanatiker gibt, die sich durch die anderen Glaubensrichtungen und Formen Gottes in ihrem Glauben verunsichert fühlen und diese dann ablehnen und sogar bekämpfen.

Im Hinduismus, um den es in diesem Kapitel geht, gibt es eine große Anzahl von Göttern und Göttinnen, von denen man eine(n) als Ishta Devata wählen kann, um seine Hingabe auf Ihn / Sie zu richten. Wir wollen die wichtigsten hinduistischen Gottheiten im folgenden kennenlernen.

Die hinduistische Trinität

Der Kosmos wird erschaffen, erhalten und dann aufgelöst, was nach der indischen Philosophie einem Tag Brahmas entspricht. Nach einer Ruhephase, der Nacht Brahmas, beginnt der Weltenzyklus von Neuem. Dieser Zyklus dauert 8.640,000.000 Jahre. Für jede der drei Phasen gibt es eine bestimmte Energie- oder Bewusstseinsform, die in der Gestalt von Brahma, Vishnu und Shiva angebetet wird.

Brahma ist der Schöpferaspekt. Er ist am abstraktesten und damit schwer vorstellbar und anzubeten. So gibt es auch nur wenige Brahma-Tempel in Indien.

Der weibliche Aspekt der Schöpferenergie Brahmas ist **Sarasvati**, die schon im Rig-Veda erwähnt wird und damit die älteste hinduistische Göttin ist. Sie ist die Göttin der Weisheit, des Intellekts, der Musik, Gelehrsamkeit, Sprache und Poesie. Sie gilt als Verkörperung der Reinheit und Transzendenz. In ihren vier Händen hält sie die Vina, ein Saiteninstrument, die Veden und eine Japa Mala. Ihr Reittier ist der Schwan, der in Indien als Symbol der Transzendenz und Vollkommenheit gilt. Sarasvati wird auch oft auf einem Lotos sitzend dargestellt.

Vishnu ist für die Erhaltung der Welt und für die Aufrechterhaltung der kosmischen Ordnung, des Dharma, verantwortlich. Er muss in dieser Funktion öfters als Mensch inkarnieren, um die göttliche Ordnung wieder herzustellen. Diese menschlichen Formen Gottes werden als Avatare bezeichnet.

Vishnu wird mit vier Armen dargestellt, die seine Allmacht symbolisieren. In den Händen hält er einen Diskus, der in einer Schlacht gegen die Feinde geschleudert wird, ein Muschelhorn, einen Lotos, das Symbol der Weisheit und Reinheit sowie eine Keule, mit der er Dämonen bekämpft.

Der weibliche Aspekt Vishnus wird als **Lakshmi** verehrt, die Göttin des Glücks und der Schönheit, nicht nur Spenderin von Reichtum, sondern auch von geistigem Wohlbefinden, von Harmonie, von Fülle und Überfluss.

Ihre zwei oberen Hände halten Lotosblüten, die Symbole von Reinheit und Glück, von den beiden anderen Händen hält eine das Gefäß mit dem Unsterblichkeitsnektar Amrita, während die andere ihren Verehrern Reichtum schenkt, der durch Goldmünzen symbolisiert wird.

Shiva steht für die zerstörende Energie; sie löst Altes, Verbrauchtes auf, sodass Neues und Rechtes entstehen kann. Wegen der großen Bedeutung Shivas wollen wir ihn sowie seine Manifestationen und seine weiblichen Aspekte ausführlicher betrachten.

Shiva

Der Name Shiva bedeutet wörtlich „günstig, gütig, freundlich, gnadenvoll". Shiva ist der Gott der Auflösung, Umwandlung und Zerstörung. Der Aspekt der Zerstörung bezieht sich primär auf das Auflösen von Unwissenheit und Unreinheit sowie auf das Regenerieren vor einem neuen Aufbau- bzw. Schöpfungsprozess.

Shiva wird als Yogeshvara (König oder Gott der Yogis) und als Maheshvara (großer Gott) bezeichnet. Meist wird er im Meditationssitz dargestellt, wobei die Einzelheiten der Darstellung voller Symbolik sind:

Das **Tigerfell**, auf dem Shiva sitzt, steht, ebenso wie die **Kobra**, die ihm nicht mehr gefährlich wird, sondern ihm zur Zierde dient, für die niedere, animalische Natur des Menschen, die durch das höchste Bewusstsein Shivas vollkommen kontrolliert wird.

Aus seinem Kopfhaar entspringt der lebensspendende **Ganges.**

Der **Dreizack** symbolisiert die Zerstörung des Egos zusammen mit seiner dreifältigen Wunschnatur in Zusammenhang mit dem Körper, Gemüt und Intellekt. Die drei Zacken repräsentieren auch die drei Eigenschaften, die Gunas, und die drei Zustände des Geistes (Wachen, Traum und Tiefschlaf), welche durch tiefe Meditation überwunden werden.

Die **Mondsichel** über dem rechten Auge trägt Shiva als Schmuck; sie weist auf das Chandra Chakra, das Mondchakra hin, welches sich an dieser Stelle befindet und symbolisiert, dass das Shiva-Bewusstsein das Prinzip der Zeit transzendiert, denn mit dem Fluss der Zeit nimmt der Mond zu und ab; doch für den Meditierenden existiert das Prinzip der Zeit nicht mehr.

Die **halb geschlossenen Augen** bedeuten, dass er sich durch tiefe Meditation von der Welt zurückgezogen hat, aber dennoch in der Welt weilt: Sein Bewusstsein ruht im innersten Selbst, während der Körper in der äußeren Welt aktiv ist.

Shiva befindet sich in tiefer Meditation; dies ist ein Zeichen, dass Meditation das letzte Tor zur Selbstverwirklichung ist. Yoga gipfelt in der Meditation und nur Meditation führt zur Befreiung. Menschen, die sich zu stiller Meditation in der Einsamkeit, zu Entsagung hingezogen fühlen, sind mit der Shiva-Energie verbunden und wählen meist ein Shiva Mantra für die Meditation.

Ein Zeichen für die kosmische Shiva-Energie ist der **Sivalingam**. Der Linga ist ein Symbol für die Gestalt Shivas: Dass diese Gestalt keinen Kopf und keine Gliedmaßen aufweist, ist ein Zeichen für das universelle, formlose Prinzip des Göttlichen. So ist der Lingam gleichzeitig ein Symbol für die Form und die Nicht-Form; er steht für die Kraft der Zerstörung, aber auch der Schöpfung und Fortpflanzung.

Shiva wird auch als **Nataraj**, als König der Tänzer, verehrt. Er tanzt den kosmischen Tanz, der das Werden und Vergehen der Welten und des Lebens symbolisiert.

Die weiblichen Aspekte Sivas

Der weibliche Aspekt Shivas ist **Parvati** („die aus den Bergen kommt"). Sie repräsentiert kosmische Energie und wird als die Mutter des Universums verehrt. Aufgrund ihrer vollendeten Hingabe an Shiva repräsentiert sie die ideale Hindu-Frau. Ein anderer Name für Parvati ist **Uma,** die Holde, weibliche Grazie. Sie manifestiert sich in mehreren Formen:

Kali ist die schwarze Göttin, die, furchterregend und einschüchternd, von ihren Verehrern absolute Hingabe verlangt und ihnen dafür auch alles gibt; sie repräsentiert das Prinzip der Zerstörung und des Todes – jeder Neugeburt geht ein Sterben voran, wie auch der Erleuchtung das Sterben des kleinen, individuellen Ich vorangeht. Kali ist die Göttin der Transformation. Ihre zerstörerische Wut richtet sich nicht gegen die Menschen, sondern gegen die Dämonen und gegen die inneren Feinde des Menschen.

Sie trägt eine Halskette aus Menschenschädeln und einen Rock aus abgeschlagenen Armen. In ihren Händen hält sie einen abgeschlagenen Kopf (der das Auflösen des Ego repräsentiert) und eine Sichel, ihre Zunge ist weit herausgestreckt. Ihr langes Haar symbolisiert Vitalität.

Durga, die göttliche Mutter, reitet auf einem Löwen oder auf einem Tiger, der Stärke und Kraft symbolisiert - so vermag sie ihre Kinder zu beschützen. Sie erscheint in verschiedenen Formen – als schützende oder auch als strafende Mutter. Sie gilt als die höchste Göttin, als Mahadevi.

Shakti ist das Prinzip der manifestierenden Kraft des Universums und entspricht dem vedantischen Prinzip der Maya und der Kraft der Natur (Prakriti) der Samkhya-Philosophie. Sie ist die den Kosmos erschaffende, erhaltende und auflösende Kraft.

Sie erscheint in den verschiedensten Formen, als Durga, Kali, Sarasvati, Lakshmi usw. Ihr Beiname **Gauri** bedeutet „Die Goldene".

Im Shaktismus kommt der Shakti eine zentrale Rolle als beherrschende Gottheit zu.

Sivas Söhne

Ganesha, der Herr (isha) der Vielheit/aller Menschen (Gana) ist ein Sohn Shivas und Parvatis; er ist der Gott der Weisheit und Beseitiger aller Hindernisse im weltlichen und spirituellen Leben. Er wird meist mit einem Elefantenkopf dargestellt. Viele religiöse Zeremonien und Kirtanlieder beginnen mit der Anrufung Ganeshas, der in Indien eine der beliebtesten Gottheiten ist. Weitere Namen Ganeshas sind **Lambodhara** (der Dickbäuchige) und **Ganapathi** (Meister, Herr der himmlischen Krieger).

Subramanya ist der zweite Sohn Shivas und Bruder von Ganesha. Er ist der Heerführer der göttlichen Armee. Weitere Namen sind Karthikeya und Shanmukha (der Sechsgesichtige). Er ist eine leicht zu erreichende Gottheit, er gewährt seinen Verehrern materiellen und spirituellen Wohlstand sowie Erfolg bei allen Vorhaben. Subramanya wird als gutaussehender Jüngling dargestellt; er ist die Verkörperung von Stärke, Wissen, Liebe und Wonne.

Eine besondere Rolle im Bhakti Yoga spielen die zwei wichtigsten Inkarnationen von Vishnu: Rama und Krishna.

Rama

Rama ist die siebente Inkarnation Vishnus. Er trat in einem menschlichen Körper auf, um die Rechtschaffenheit auf der Erde wieder herzustellen, das Böse zu zerstören und seine Verehrer zu beschützen.

Er lebte diese Rechtschaffenheit in der höchsten Vollendung. Er war in allen Aspekten der perfekte Mensch; als Herrscher, als Ehemann, als Vater und Freund. Er ist die Verkörperung der höchsten menschlichen Ideale.

Rama war ein Prinz des Ikshvaku-Geschlechtes. Er war tugendhaft und voll männlicher Stärke. Er beherrschte Geist und Sinne. Mutig und heldenhaft, war er doch freundlich und bescheiden. Er war ein weiser Ratgeber, mit liebenswerter und angenehmer Sprache, überaus höflich, und edel in seiner Erscheinung. Er war ein Meister im Umgang mit allen göttlichen Waffen und ein großer Kriegsheld. Er hatte stets das Wohlergehen und Glück seines Königreiches und seiner Untertanen im Auge, verteidigte die Schwachen und beschützte die Gerechten. Dank seiner wunderbaren Geisteskraft war er wohlbewandert in allen Wissenschaften - sowohl in Wissenschaft der Kriegsführung als auch in der Wissenschaft des Selbst. (Yoga Vidya)

Rama zu verehren, bedeutet, in den Tugenden zu wachsen, die Rama lebte. Wer Rama mit tiefer Hingabe anbetet, entwickelt Seine Größe, Seine Stärke, Seine Reinheit.

Nur ein rechtschaffener Mensch kann wahrhaft glücklich sein. Nur wer das rechte Pflichtbewusstsein hat und auch den Willen, seine Pflicht zu erfüllen, lebt angemessen. Man muss erfüllt sein von der klaren Überzeugung, dass moralische Grundsätze, ethische Werte und spirituelle Ziele absoluten Vorrang haben. Diese Werte sollten unsere Handlungen im Alltag bestimmen und als machtvolle Mittel zur Kultivierung der menschlichen Persönlichkeit dienen. Das ist das Ziel des Lebens. Das ist der Weg zur Selbstverwirklichung. Das ist die Botschaft und die Mission von Ramas Leben auf der Erde. (Yoga Vidya)

Das **Ramayana**, das wohl bekannteste Epos der indischen Literatur, erzählt die Lebensgeschichte dieses Gottes auf Erden. Immer und immer wieder liest man aus diesem Werk, um sich zu erbauen und um sich für den rechten Weg ermutigen zu lassen. Das Lesen des Ramayana wirkt wie Medizin auf die Seele.

Der **Name Ramas** ist der größte Reiniger des Herzens. Die heilige Wissenschaft der Mantra-Rezitation gipfelt in der Wiederholung des Namens Ramas und im Maha Mantra, dem großen Mantra:

"Hare Rama Hare Rama - Rama Rama Hare Hare

Hare Krishna Hare Krishna - Krishna Krishna Hare Hare"

Er löscht alle Sünden aus. Er ist ein Hafen des Friedens. Er ist das wahre Leben der reinen Seele. Er ist die reinigendste aller reinigenden Kräfte. Er löscht das verzehrende Feuer weltlicher Wünsche. Er erweckt das Wissen um Gott. Er badet den Aspiranten im Ozean göttlicher Wonne.

Der Name Ramas verbrennt Unwissenheit, Leidenschaft und Fehler. Wenn das Wort „Rama" voll Hingabe ausgesprochen wird, so bringt es einen Schauer von Segnungen mit sich!

Die Gefährtin Ramas ist **Sita**. Sita steht für die vollendete Treue und Liebe zu ihrem Gatten. Rama und Sita gehören auf ewig zusammen und werden in vielen Kirtans zu einem Begriff verschmolzen. Man singt Sitaram und nicht Rama, denn Rama ist unvollständig ohne seine weibliche Hälfte.

Sita ist der Inbegriff der reinen, treuen und moralisch untadeligen Ehefrau.

Hanuman, der Affengott symbolisiert die vollkommene Hingabe an Gott Rama, die durch nichts zu erschüttern ist. Als Verkörperung des hingebungsvollen Dieners, grenzenloser Loyalität und übermenschlicher Kraft tritt er immer wieder als Helfer und Retter seines Herrn und dessen Familie auf.

Hanuman ist der Sohn des Windgottes Vayu; er erfreut sich in Indien großer Popularität. Er wird mit einem Affenkopf und einem muskulösen Körper abgebildet.

Das Bild zeigt in der Mitte Rama, rechts von ihm Sita, links Lakshmana, den Bruder Ramas und zu Füßen Ramas Hanuman.

Krishna

Krishna ist die achte Inkarnation Vishnus. Als vollständiger Avatar war er eins mit dem höchsten Bewusstsein und eine wahre Inkarnation des unendlichen Kosmischen Bewusstseins in menschlicher Form. Das Wort „Krishna" bedeutet „dunkel" und symbolisiert das höchste Bewusstsein.

Krishna zog die Welt in seinen Bann mit seiner bezaubernden, seelenberührenden göttlichen Musik. Die Flöte repräsentiert unbewegliche Materie. Selbst kann die Flöte keine Musik hervorbringen, aber wenn der Herr darauf spielt, bezaubert sie jeden. Die Löcher in der Flöte versinnbildlichen die Sinnesorgane, Gemüt und Intellekt, durch die sich das Göttliche ausdrückt. (Yoga Vidya)

Als Kuhhirte hatte Krishna den Beinamen Gopala und Govinda (Go=Kuh, Pala, vinda=Schützen); die Gopis, die Kuhhirtinnen, waren glühende Verehrerinnen Govindas. Viele lehrreiche Geschichten seines Lebens handeln von ihm und den Gopis und dem Prinzip der Verehrung des Göttlichen.

> „Die ausschließliche Selbsthingabe zeigt sich am deutlichsten in der spirituellen Leidenschaft der Gopis gegenüber Krishna. Entsprechend den Schriften waren die Gopis, von denen viele verheiratet waren, von einer grenzenlosen Sehnsucht erfüllt, sobald Krishna begann, seine Flöte zu spielen. Sie wurden durch sein Spiel verführt und von ihren täglichen Pflichten weggelockt; es zog sie unwiderstehlich zu ihm. Als sie sich vollständig in Ihn verliebt hatten, waren ihre Herzen auch in seiner Abwesenheit nur bei Ihm. Die Geschichte von Radha, seiner Lieblings-Gopi, erzählt, wie sie wie ein liebeskrankes Mädchen nach Ihm schmachtete. Dazu schürte er ihre Sehnsucht durch längere Phasen der Abwesenheit. Diese Geschichte ist ein wunderbares Gleichnis des Spiels zwischen unserem Geist und dem göttlichen Selbst in uns: Ab und zu zeigt es sich in all seiner Schönheit und erhöht so unsere Sehnsucht nach der Vereinigung mit Gott."
>
> Georg Feuerstein

Das Leben Krishnas wird im wohl größten Epos der Weltliteratur, dem Mahabharata umfassend beschrieben. Im wichtigsten Teil des Mahabharata, der Bhagavad Gita, gibt Krishna die Lehre des Yoga zur Vervollkommnung und Befreiung des Menschen an seinen Schüler Arjuna.

Untrennbar mit dem Namen Krishna verbunden ist **Radha**, eine der Kuhhirtinnen (Gopis) und die ewige Gefährtin und Geliebte Krishnas. Sie symbolisiert Madhura Bhava (s. Seite 218) – die Liebe zu Gott nimmt die Form der Liebe zwischen Mann und Frau an. Radha gilt als die personifizierte Kraft der unbegrenzten Liebe Gottes. Sie wird auch als die inkarnierte Göttin Lakshmi betrachtet, die ihrem Gatten Vishnu in jeder Inkarnation zur Seite steht.

7

YOGA-SADHANA

Sadhana zur Selbstverwirklichung zu machen, ist die wichtigste und dringendste Pflicht, die das ganze Leben lang, bis zum letzten Moment, bestehen bleibt. Man kann es sich nicht leisten, ja man darf es sich nicht erlauben, sie auch nur einen einzigen Augenblick aufzuschieben oder zu verzögern.

Swami Sivananda

7.1

Die Bedeutung des Sadhana

Die folgenden Betrachtungen über den Sadhana sind das Ergebnis, die Krönung der bisher dargelegten Studien über die menschliche Natur, des Lebens und seines Zieles. Wenn das Sich-Befassen mit Yoga, das Betreiben des Yoga nicht in eine zielgerichtete, konzentrierte und beharrliche Bestrebung des persönlich-spirituellen Wachstums mündet, dann bleibt Yoga reines Hobby, Zeitvertreib, ein Fitnesskult.

Du kaufst einen Hammer und lernst, mit ihm umzugehen, weil du mit ihm Nägel einschlagen oder etwas ähnliches tun willst. Ähnlich ist es mit Yoga. Du befasst dich mit der heiligen Wissenschaft des Yoga, um etwas Bestimmtes in deinem Leben zu bewirken, zu verändern, zu verbessern. Rein theoretisches Wissen mag die Neugier befriedigen, aber es bleibt fruchtlos, wenn es nicht in die Praxis umgesetzt wird. Welchen Sinn hat Yoga, wenn nicht den, dein ganzes Wesen zu reinigen, zu transformieren, zur höchsten Vollkommenheit zu entfalten? Der Prozess, dies zu erlangen, ist Yoga-Sadhana. Wenn das Leben ein Fluss ist, den es zu überqueren gilt, so ist Yoga das Boot, der Vorgang des Ruderns ist Sadhana.

Dieser Abschnitt schließt die Kluft zwischen theoretischem Yoga-Wissen und dem praktischen Leben mit all seinen Ablenkungen, Versuchungen und unvorhergesehenen Ereignissen. Das Wissen über Sadhana kann uns helfen, die heilige Wissenschaft des Yoga im eigenen Alltag anzuwenden - nicht nur, um das eigene Leben harmonischer, freudvoller und gesünder zu gestalten, sondern auch, um sich persönlich-spirituell zu entwickeln, hin zu einem Frieden und einer Freude, welche „jenseits jedes Verstehens sind".

Swami Sivananda hat sich als vollendeter Yoga-Praktiker eingehend mit Theorie und Praxis des Yoga-Sadhana befasst. Einer seiner markantesten Aussprüche war: „Ein Gramm Praxis ist besser als Tonnen von Theorie." Die eingerückten Texte stammen, soweit nicht anders angegeben, von Swami Sivananda.

Leben und Sadhana

Von einem höheren Standpunkt aus betrachtet, leben die meisten Menschen das Leben eines Tieres. Essen, Trinken, sexueller Genuss, Herdenwesen (Gruppen- und Familienbildung), Rangordnung (Karriere) und Stärke (beim modernen Menschen die intellektuelle oder finanzielle Potenz) prägen unser Leben. Wir wollen mehr Geld, Wissen, Macht, Ansehen, Besitz, eine schönere Frau, einen tolleren Mann und gescheitere Kinder als die anderen.

Doch wer strebt danach, tiefen Frieden zu erfahren, seinen Geist zu beherrschen, das göttliche Wesen in sich zu entfalten und zu erfahren?

Du bist vielleicht beleidigt, wenn dich ein Untergebener nicht grüßt oder wenn du kritisiert wirst. Du wirst ungehalten, wenn man dich warten lässt. Hat sich daran zehn Jahre später etwas verändert? Daran magst du erkennen, ob eine wirkliche Weiterentwicklung stattgefunden hat.

> *Die Menschen sind in Weltlichkeit versunken. Sie laufen hinter Geld und Beziehungen her. Sie haben keine Zeit, um an die Seele oder höhere spirituelle Dinge zu denken. Die Sonne geht auf, und der Geist läuft in seinen alten gewohnten sinnlichen Furchen von essen, trinken, sich vergnügen und schlafen. Der Tag ist vergangen. So vergeht das ganze Leben. Es gibt keine Entwicklung, keinen spirituellen Fortschritt.*
>
> *Die sogenannten gebildeten, kultivierten Menschen haben keine Ahnung von Innenschau. Sie entwickeln nur ihren Intellekt, verdienen Geld, haben eine bestimmte Position inne, bekommen einen Titel und treten dann von der Bühne ab, ohne Selbsterkenntnis oder das Ziel des Lebens erreicht zu haben. Ist das nicht wirklich traurig? Ist das nicht überaus beklagenswert?*

Was ist dein Lebensziel? Wohin bewegst du dich? Ist es heute dieses Ziel, morgen jenes und am nächsten Tag lebst du nur so in den Tag hinein? Äußere Ziele wie ein schöneres Haus, eine Dienststellenleiter-Prüfung oder ein schöner Urlaub - bist du DAFÜR hier?

Der Mensch hat keine andere Pflicht als die Meditation über das Selbst. Sadhana ist der eigentliche Sinn des Lebens. Es gilt, Atman zu erkennen und zu verwirklichen. Das ist der Sinn des Lebens.

Sadhana ist jede spirituelle Praxis, die dem Suchenden hilft, Gott zu verwirklichen. Es ist ein Mittel, um das Ziel menschlichen Lebens zu erreichen. Sadhana bedeutet, den Geist zu festigen und ihn auf Gott zu richten.

Sadhana ist der wahre Reichtum. Es ist das einzige, das einen wahren und bleibenden Wert besitzt.

Die Zeit ist kostbar

Die Zeit zerrinnt dir zwischen den Fingern. Du bist vielleicht viel zu beschäftigt, um dich geistigen Dingen zu widmen - die Familie, der Beruf, das Haus, die Freunde... und ehe du dich versiehst, sind fünf Jahre vergangen, zehn Jahre, zwanzig Jahre ...

Wir glauben vielleicht, wir genießen das Leben. Wir glauben, wir haben keine Zeit; wir haben so viel zu tun. Ein Wort aus den Nachrichten klingt mir im Ohr: „Beschäftigungspolitik". Ja, wir werden beschäftigt, geschäftig gehalten, durch Beruf, Konsum, Medien, Werbung.... Mir erscheint all dies oft wie Ablenkung von unserer eigentlichen Aufgabe als Mensch.

Die Zeit ist überaus kostbar, sagt Swami Sivananda: Jede Phase im Leben des Menschen hat eigene Versuchungen, eigene „Beschäftigungstherapien", die uns helfen, nicht an unsere eigentliche Aufgabe zu denken. Und wenn wir dann irgendwann zur Besinnung kommen, sind wir alt, müde und haben das Gefühl: „Jetzt ist es schon zu spät..."

Die Uhr rückt weiter

Wo ist der Punkt, an dem du dein ganzes Denken und Sein ausrichtest auf EINE Linie, EINE Richtung, der Punkt, an dem du dich für das große Ziel entscheidest, ohne eine Lücke offen zu lassen für tausend andere Dinge? Wo ist der Punkt, da du dich vorbehaltlos bekennst zu Sadhana, zu einer Vision, zu einem neuen und großen Sein, welches so hell und rein und schön ist, dass es mit Worten nicht beschreibbar ist?

Wo ist dieser Punkt, wenn nicht JETZT; jenes endlose, sich in die Ewigkeit hinaus streckende Hierjetzt, welches uns ein Morgen vorgaukelt, das niemals kommt. Nur JETZT ist, alles andere ist Lüge.

Entscheide dich also JETZT für Sadhana, für ein Sein, welches alle Visionen und Träume umschließt, die du je hattest, für ein Sein, in welchem alle Schatten verblassen, die dich je bedrängten, für ein Leben, das dem höchsten, dem eigentlichen Ziel des Menschen gewidmet ist!

Die Sadhana-Universität

Es gibt ungezählte Universitäten auf der Welt. Überall wird umfangreiches Wissen vermittelt. Doch all dieses Wissen zielt nur auf einen kleinen Teilbereich des Lebens, zumeist auf den wirtschaftlichen und wissenschaftlichen Bereich, ab. Wenn du mit Yoga-Sadhana beginnst, betrittst du deine persönliche Sadhana-Universität, die Schmiede, in der ein neuer Mensch geschaffen wird. Betrachte es als Ehre, diese Universität betreten zu dürfen!

Aufruf zum Sadhana

Schlagen wir ein neues Blatt auf, ein neues Kapitel in unserem Leben.

Du bist der Architekt deines Schicksals und Glücks. Du bist Herr über dein Geschick. Du kannst alte, ungesunde Gewohnheiten durch die Kraft des Willens zerbrechen. Du kannst falsche Samskaras, unheilige Wünsche und falsche Vorstellungen zerstören. Du kannst neue Gewohnheiten aufbauen. Du kannst dein Wesen verändern. Du kannst einen wundervollen Charakter entwickeln. Du kannst die ganze Welt durch deine spirituelle Kraft in Bewegung setzen. Wenn der Wunsch aufrichtig ist, ist nichts unter der Sonne unerreichbar.

Sage nicht: „Karma hat mich zu dem gemacht." Bemühe dich. Bemühe dich. Konzentriere dich. Reinige dich. Meditiere. Werde nicht zum Fatalisten. Gib nicht der Trägheit nach. Blöke nicht wie ein Lamm. Brülle Om-Om-Om, wie der vedantische Löwe.

Mit glühender Begeisterung stürme vorwärts. Jeder Tag muss zeigen, dass ein weiterer Fortschritt auf dem Pfad gemacht wurde. Bemühe dich unaufhörlich.

Wenn du Gott nur mit einem Bruchteil des Eifers dienst, mit dem du dem Geld, deiner Frau oder deinen Kindern dienst, wirst du Gott sicherlich in sehr kurzer Zeit verwirklichen.

Wie ordentlich putzt du dein Haus, wenn du das Oberhaupt deines Staates einlädst! Wie viel sauberer und reiner muss dein Herz sein, oh Mensch, wenn du möchtest, dass der unsterbliche Herr bei dir eintritt!

Ein Blick auf das Ziel

Es werden immer wieder Augenblicke der Ahnung kommen, Visionen, Erfahrungen, in denen du das Ziel erahnst. Und je weiter du fortschreitest auf dem Weg des Yoga-Sadhana, je weiter dein Wesen gereinigt ist, desto häufiger und intensiver werden diese Erfahrungen.

Selbst wenn du nur einen flüchtigen Blick der Wahrheit oder des Höchsten erhältst, wird dein ganzes Leben verändert sein. Du wirst ein anderer Mensch sein. Du wirst ein neues Herz und eine neue Ansicht haben. Ein neues Schaudern von spirituellem Strom wird dein ganzes Wesen durchlaufen. Eine Welle spiritueller Wonne wird dich überrollen. Der Zustand ist unbeschreiblich. Er lässt sich nicht in Worte fassen. Es gibt keine Sprache, um diese innere Erfahrung zu beschreiben.

Betrachten wir die Erleuchtung, die höchste Einheit mit Gott als das Ziel des Yoga, so ist dies für die meisten Menschen zu fern, zu theoretisch, um zu einem grundlegenden Lebenswandel, zu täglichem Üben, zu Selbstkontrolle, Entbehrungen und Verzicht zu motivieren. Doch ist die Erleuchtung nichts anderes als eine Fortsetzung, Steigerung und Krönung jener Erfahrung des Friedens, der Harmonie, welche uns bereits auf dem Weg erwartet.

Yoga-Sadhana, der Weg der persönlichen Entwicklung und Entfaltung, ist nicht ein Weg, der, staubig und schwierig, die volle Belohnung für alle Mühe erst am Ende der Reise freigibt, sondern vielmehr wirst du schon sehr bald deutliche Zeichen des Wachstums erkennen: Scheinbar aus dem Nichts werden Wonne-Erfahrungen auftauchen, die dich in ein Meer der höchsten Freude tauchen; du wirst eine Lebensfreude fühlen, die nicht von dieser Welt sein kann; du wirst vollkommene Gesundheit, einen klaren Geist und tiefen inneren Frieden erfahren, noch lange, bevor du zum letzten Ziel deines Daseins gelangt bist.

So wollen wir uns bemühen zu wachsen, uns zu entwickeln - jeder einzelne Schritt auf unserem Weg zur Vollkommenheit ist lückenlos im Kosmos verzeichnet; kein Sadhana ist je umsonst, keine Mühe bleibt ohne Lohn!

Die Struktur des Yoga-Sadhana

Wir sind der Struktur, die ich für die Diskussion des praktischen Sadhana herangezogen habe, bereits bei den Betrachtungen des Raja Yoga begegnet: In Sutra 1,12 beschreibt Patanjali jene zwei Elemente, die zum Ziel bzw. zum Zustand des Yoga führen: Abhyasa, die Übung und Vairagya, das Loslassen. Diese beiden Aspekte, welche eine enge Beziehung zueinander haben, bilden die Grundlage für unsere weiteren Betrachtungen: Wir werden zunächst die wichtigsten Aspekte des Übens betrachten, danach die geistigen Grundlagen und Hinweise zum Loslassen, um schließlich konkrete Hilfen für unseren täglichen Yoga-Sadhana zu diskutieren.

7.2
Abhyasa

Abhyasa, das Üben, das Praktizieren der verschiedenen Yoga-Techniken, umschließt alle reinigenden, regenerierenden und insbesondere den Geist konzentrierenden und beruhigenden Tätigkeiten, die im allgemeinen ein Zurückziehen aus unserem alltäglichen Tätigkeitsfeld von Beruf, Familie und Hobby erfordern.

Durch Abhyasa versuchen wir, unseren Geist, unseren Körper, unser Pranasystem zu reinigen. Die seit vielen Jahrhunderten, ja Jahrtausenden entwickelten Yoga-Techniken zielen allesamt darauf ab, unser gesamtes System zu reinigen. Ein gereinigtes System ist nicht nur gesünder, stärker, leistungsfähiger, klarer und liebevoller, sondern wird zu einem Kanal, durch den die göttliche Energie fließen kann. Das vollkommene Fließen der göttlichen Energie nennen wir Erleuchtung.

Zu Abhyasa können wir folgendes zählen:

1. Reinigungstechniken (Kriyas)
2. Asanas
3. Pranayamas
4. Mudras und Bandhas
5. Svadhyaya, das Studium der Schriften
6. Kirtangesang
7. Mantra-Rezitation
8. Religiöse Rituale
9. Gebet
10. Entspannungsübungen
11. Geistige Techniken: Affirmation, Visualisierung
12. Meditation

Wenn wir dieses umfassende und hochwirksame Instrumentarium in der rechten Weise, ausdauernd und bewusst einsetzen, so gibt es nichts unter der Sonne, das wir nicht erreichen können!

Abhyasa ist die erste Phase des Sadhana. Abhyasa ist die Bemühung, Festigkeit in den Modifikationen des Geistes zu bewirken. Das Bemühen, alle Vrttis des Geistes einzuschränken und den Geist stetig zu machen wie das Licht einer Kerze an einem windstillen Ort, wird Abhyasa genannt. Den Geist zu seiner Quelle zurückzutreiben, und ihn sich in Atman auflösen zu lassen, ist Abhyasa.

Den Geist zu verinnerlichen und alle seine nach außen gehenden Tendenzen zu zerstören, ist Abhyasa. Und diese Praxis muss über lange Zeit hinweg gemacht werden, ohne Unterbrechung und mit vollkommener Hingabe.

Ständiger und fortwährender Eifer ist unerlässlich zur vollkommenen Kontrolle des Geistes und um Asamprjnata Samadhi zu erlangen, das alleine alle Samen von Samskaras zu verbrennen vermag. Nur dann wird der herumstreunende Geist unter vollkommene Kontrolle gebracht. Nur dann wird er immer ruhig sein, egal wohin er gerichtet wird. Ohne Üben kann nichts erreicht werden. Das Üben muss begleitet sein von perfektem Glaube und von Hingabe. Wenn kein Glaube und keine Regelmäßigkeit vorhanden sind, ist der Erfolg unmöglich.

Purushartha

Für das Üben, das, wie Patanjali fordert, ausdauernd, hingebungsvoll und ohne Unterbrechungen sein soll, brauchen wir Energie und Willenskraft. Wir müssen äußere und innere Widerstände besiegen, Schwierigkeiten überwinden und uns immer wieder aufraffen, die Übungen, die wir uns vorgenommen haben, durchzuführen. Diese Bemühung, diese Anstrengung wird Purushartha genannt.

Purushartha ist jener Schritt, den wir setzen müssen, der aber zur Folge hat, dass Gott - wie Sivananda sagt - zehn Schritte auf uns zu eilt. Göttliche Gnade ist wie der Brennstoff, der immer vorhanden ist - Purushartha, die eigene Anstrengung, ist wie das Entzünden dieses Brennstoffes.

Ein Begriff in diesem Zusammenhang ist anushthana. Er bedeutet „fester Vorsatz": Man nimmt sich eine bestimmte Aufgabe oder Übung vor und gibt diesem Vorsatz so viel Kraft, dass er sich wie von selbst erfüllt - die investierte Kraft kommt sofort wieder zu uns zurück!

Der Übungsraum

Wenn du ernsthaft Yoga üben möchtest, was bedeutet, dass du täglich zwischen einer halben und zwei Stunden für dein Abhyasa verwendest, so wird es sich relativ bald wie von selbst ergeben, dass du über einen eigenen Übungsraum verfügst, in dem du deine spirituellen Übungen durchführst. Dieser Raum ist dein ganz persönliches Heiligtum. Ebenso wie dein Sadhana deine Privatsache ist, über die du mit niemandem sprichst, es sei denn mit Gleichgesinnten, Übenden und deinem Lehrer, so sollte auch dein Yoga-Raum für Nicht-Yoga-Übende tabu bleiben. Hier einige Hinweise zur Gestaltung und zur Verwendung deines Übungsraumes:

- Trachte danach, einen eigenen Raum zum Üben zu haben. Wenn das nicht möglich ist, kannst du, etwa durch Paravents oder Vorhänge, einen Teil eines größeren Raumes abteilen.
- Strebe danach, dieses dein persönliches Heiligtum auf allen Ebenen rein zu erhalten. Nicht nur rein von Staub und Schmutz, sondern vor allem von negativen geistigen Schwingungen. Lasse keine weltlichen Gegenstände und Gespräche in diesem Raum zu. Es dürfen sich ausschließlich Gegenstände für die spirituelle Praxis in diesem Raum befinden - niemals darf dein heiliger Raum für (Zwischen-)Lagerung von Geräten, Zeitschriften, Möbeln und anderem missbraucht werden!
- Schmücke den Raum mit Bildern oder Statuen von Jesus, Maria, Rama oder Krishna, mit Blumen und ähnlichem.
- Errichte als Zentrum deines Übungsraumes einen Altar, den du ganz nach persönlicher Neigung gestaltest. Der Altar sollte sich im östlichen Teil des Raumes befinden, sodass du, wenn du vor dem Altar sitzt, nach Osten gerichtet bist. Wenn das nicht möglich ist, so wähle Nordosten oder Norden.
- Vor dem Altar ist dein Meditationssitz. Du kannst deine Übungsmatte dazu verwenden oder einen separaten Meditationssitz einrichten.
- Wähle die Beleuchtung sorgfältig - am besten ist natürlich, wenn du abends übst, Kerzenlicht. Wenn du untertags übst, sollte allzu grelles Tageslicht durch Vorhänge gedämpft werden.
- Wenn du den Übungsraum betrittst, dann tu dies mit dem Gefühl, dass für dich die Welt für die Zeit deines Aufenthaltes in diesem Raum nicht mehr existiert. Du bist für nichts und niemanden zu sprechen.
- Mache dich aber andererseits nicht abhängig von deinem Übungsraum. Auch wenn dir dieses Refugium besonders in der Anfangszeit Schutz und eine sehr förderliche Atmosphäre für deine spirituellen Übungen gibt, so solltest du auch an jedem anderen Ort üben und meditieren können. Gott ist überall, nicht nur in deinem Meditationsraum!

Die Übungszeit

In der klassischen Yoga-Praxis gibt es die „Stunde Brahmas", Brahmamuhurtha. Es handelt sich dabei um die spirituell besonders wertvolle Tageszeit vor Sonnenaufgang. Als Brahmamuhurtha wird allgemein die Zeit von 4 bis 6 Uhr morgens bezeichnet. Sie wird in der Yoga-Tradition für spirituelle Übungen verwendet; es heißt, eine Stunde Meditation zu Brahmamuhurtha ist mehr wert als drei Stunden tagsüber!

> *Lasse mich wiederholen, wie wichtig es ist, um 4 Uhr aufzustehen. Zu dieser Zeit herrscht im Geist ein Übergewicht an Sattva. Auch in der Atmosphäre herrscht zu dieser Zeit Sattva vor. Während brahmamuhurta und Dämmerung fließt Sushumna Nadi ohne Schwierigkeit. Du wirst ohne Anstrengung in tiefe Meditation und Samadhi tauchen.*
>
> *Stehe zu Brahmamuhurta auf und meditiere. Versäume es auf keinen Fall. Es ist ein schrecklicher spiritueller Verlust, diese Zeit nicht für göttliche Kontemplation zu nutzen.*

Je nach persönlichen und beruflichen Verpflichtungen können auch wir von der besonderen Kraft der Morgenstunde, die ja „Gold im Mund" hat, profitieren und vielleicht etwas früher als gewöhnlich aufzustehen und Meditation oder Pranayama zu üben. Wenn es morgens nicht möglich ist, zu üben, so kann man auch zu jeder anderen Zeit praktizieren - besonders günstig ist auch die Abenddämmerung. Regelmäßigkeit, also täglich zur gleichen Zeit zu üben, ist auf jeden Fall zu empfehlen.

Satsang

Der klassische Satsang, bei dem man Kontakt mit einem verwirklichten Meister hat, ist das wohl mächtigste Instrument des Sadhana. Einerseits wirkt allein die Anwesenheit des Meisters wie ein läuterndes spirituelles Tonikum, welches durch seine Vorträge und seine Führung verstärkt wird, andererseits können im Satsang eine Reihe der wirksamsten Abhyasa-Techniken, etwa Meditation, Gebet, Puja (religiöses Ritual), Mantra-Rezitation, Studium und Kirtangesang kombiniert werden.

Wenn wir keinen Kontakt zu einem lebenden Meister haben, können wir uns doch mit dem Wissen und der Energie großer Meister verbinden - durch Studium ihrer Schriften, durch Aufstellen ihrer Bilder und ähnlichem. Auch wenn man sich nicht mit anderen spirituell strebenden Menschen treffen kann, so kann man doch mit Meditation, Lesen heiliger Schriften, einem Gebet und einigen Minuten Mantra-Rezitation eine Art persönlichen Satsang haben.

Bewusstheit und Hingabe ist ebenso wichtig wie Regelmäßigkeit. Rein routinemäßiges Praktizieren mag wohl bei Asana und Pranayama einige Wirkung bringen, aber geistige Techniken, ohne „bhav" durchgeführt, wären Zeitverschwendung.

Satsang ist das Herz des Abhyasa. Hier ist das spirituelle Kraftwerk, in dem wir uns mit Energie, Reinheit und göttlicher Motivation aufladen. Verzichte keinen Tag auf dieses „yogische Tonikum"!

Reihenfolge der Praktiken

Wenn man das umfangreiche Instrumentarium yogischer Techniken einsetzen möchte, stellt sich die Frage, in welcher Reihenfolge diese durchzuführen sind. Generell können wir die folgende Struktur aufstellen, die sich am Konzept der fünf Koshas orientiert:

1. Reinigungstechniken (Annamaya Kosha)
2. Körperliche Techniken (Annamaya Kosha)
3. Energetische bzw. Atemtechniken (Pranamaya Kosha)
4. Geistige und Konzentrationsübungen (Manomaya und Vijnanamaya Kosha)
5. Praktiken mit Betonung des Gefühls (Anandamaya Kosha)

Betrachten wir diese Übungsgruppen im einzelnen:

1. Reinigungstechniken

Es ist nicht notwendig, alle der Reinigungsübungen des Hatha Yoga (die Shatkriyas) täglich durchzuführen, wenngleich Neti und Kapalabhati bei fortgeschrittenen Übenden sicherlich auf dem täglichen Übungsprogramm stehen werden: Neti kann man morgens durchführen, Kapalabhati vor den anderen Pranayamas.

Nauli kann bei schwacher Verdauung im Anschluss an die Asanas geübt werden und erfordert nur wenig Zeit.

Wenn man das Gefühl hat, eine tiefergehende Reinigung zu brauchen, kann man Dhauti und Basti durchführen - in der Regel werden diese beiden Techniken aber nicht täglich geübt.

Tratak kann, wenn einem diese Technik zusagt, als Meditationstechnik eingesetzt werden.

2. Körperliche Techniken (Asanas und Entspannung)

Für die meisten Übenden bildet das Asana-Üben das zentrale Element des Yoga-Abhyasa. Das ist gut und richtig so - allmählich, mit den Jahren, wird der Schwerpunkt der Übungen sich zu den geistigen Techniken verlagern. Dann ist allerdings darauf zu achten, dass man den Körper, unser physisches Instrument, nicht vernachlässigt.

Da Asanas nicht nur den physischen Körper reinigen und stärken, sondern auch den Astralkörper, besonders die Pranamaya Kosha, positiv beeinflussen, sollten sie auch dann nicht aufgegeben werden, wenn man durch Meditation und Vairagya „über den körperlichen Dingen steht".

3. Energetische Techniken

Nach den Asanas üben wir Pranayamas. Bei fortgeschrittenen Übenden kommen Mudras und Bandhas hinzu. Ein Programm könnte etwa wie folgt aussehen (lasse Übungen aus, die dich nicht ansprechen oder für die du dich nicht bereit fühlst):

a. Kapalabhati (2 - 5 Runden)
b. Nadi Shodhana (5 - 20 Runden)
c. Ujjayi (5 - 20 Runden)
d. Surya Bheda (3 - 10 Runden)
e. Bhastrika (1 - 5 Runden)
f. Uddiyana Bandha (3 - 10 Runden)
g. Maha Mudra, Yoga Mudra oder Viparita Karani Mudra (3 - 10 Runden)

Mit fortschreitendem Üben werden diese Übungen intensiver, das Luftanhalten länger und der erzeugte Druck im Oberkörper größer. Suche Kontakt zu einem/r Hatha- oder Kundalini-Yoga-Praktizierenden; das kann bei intensivem Pranayama sehr hilfreich sein! Wenn du intensiv praktizierst, achte besonders auf die Reinheit des Lebensumfeldes (Ernährung, Gesellschaft, „geistige Nahrung")!

4. Geistige und Konzentrationsübungen

Hierzu zählen wir die folgenden Übungen:

a. Visualisierungs- und Affirmationsübungen
b. Meditation und Mantra-Rezitation
c. Studium der Schriften

Diese Übungen bilden das zentrale Element des Abhyasa. Sie sollten auf keinen Fall fehlen. Wenn du alle drei praktizieren willst, so ist die genannte Reihenfolge gut geeignet, zuerst also Visualisierung, dann Meditation, dann Studium.

Hinweise zu Visualisierungs- und Affirmationsübungen sowie eine Reihe von Meditationstechniken findest du in meinem Buch „Yoga für den Alltag".

Studium der Schriften: Du kannst bei jedem Üben einen Abschnitt aus der Bibel, der Bhagavad Gita oder anderen Weisheitsbüchern lesen, darüber nachdenken oder diskutieren, aber du kannst auch selbst Essays und Traktate zu geistig-spirituellen Themen verfassen.

5. Praktiken mit Betonung des Gefühls

Abhängig von deiner Neigung und deiner religiösen Einstellung sollten Techniken, die das Herz öffnen und das Potential des Gefühls aktivieren, in keinem Sadhana fehlen. Du kannst eine oder mehrere der folgenden Möglichkeiten dazu einsetzen:

a. Gebet;

b. Kirtan- oder Lobgesang;

c. Religiöse Rituale: Diese Pujas genannten Rituale (z.B. Arati, die Lichtzeremonie oder yajnas, Feuerrituale), die von Religion zu Religion stark unterschiedlich sind, sind zumeist sehr hingebungsvollen Bhaktas vorbehalten und werden von den meisten Yoga-Übenden nur ergänzend durchgeführt;

d. Bhakti-Meditationen, die z. B. auf das Entfalten von liebender Güte, Hingabe an Gott und den Weltfrieden abzielen.

Allgemeines zu Abhyasa

Beginne und beende jedes Abhyasa mit einem Mantra, einem Gebet oder einer kurzen Stillephase. Du stellst dein Üben damit unter den Schutz deines Meisters oder deiner Ishta Devata (persönliche Gottheit).

Verwende zum Praktizieren des Abhyasa ausschließlich separate Kleidung, die sauber und nicht einengend sein soll. Trage bevorzugt helle Kleidung.

Es kann auch zu einem schönen und im wahrsten Sinn des Wortes reinigenden Ritual werden, eine Dusche zu nehmen, bevor man das Heiligtum des täglichen Abhyasa betritt.

Inspirierende Worte

Im folgenden möchte ich Swami Sivananda zum Thema Abhyasa zu Wort kommen lassen:

Gebet

Das Gebet erhebt, inspiriert und erlöst dich. Durch das Gebet lenkst du die göttliche Gnade und das göttliche Licht auf dich herab.

Das Gebet ist spirituelle Nahrung für die Seele; Gebet ist ein spirituelles Tonikum. Das Gebet kann Berge versetzen, Wunder bewirken - die Kraft des Gebetes ist unbeschreiblich.

Kirtan

Wenn Menschen zusammenkommen und Sankirtan praktizieren, wird ein mächtiger spiritueller Strom erzeugt. Durch Kirtan alleine kann Gott verwirklicht werden. Es ist die einfachste Methode, um im Kali Yuga, dem eisernen Zeitalter, Gottesbewusstsein zu erreichen.

Meditation

Es mag Tage im Leben eines Aspiranten geben, wo er keine Zeit hat zu essen. Es mag Tage geben, wo er keine Zeit hat zu schlafen. Aber es sollte keinen Tag geben, wo er keine Zeit hat zu meditieren. Denn ein Tag ohne Meditation ist wie zwei verlorene Tage. Ständige Meditation ist unbedingt notwendig.

Japa

Japa ist wie ein schönes, erfrischendes und anregendes spirituelles Bad. Es reinigt auf wunderbare Weise den subtilen Energiekörper.

Japa reinigt das Herz. Japa beruhigt den Geist. Japa gibt höchsten Frieden. Japa verbrennt Sünden. So wie die Eigenschaft der Hitze für das Feuer natürlich und ihm innewohnend ist, so ist auch die Kraft, Sünden mit ihren Wurzeln und Verzweigungen zu zerstören und den Aspiranten durch Bhava Samadhi in wonnevolle Vereinigung mit dem Herrn zu bringen, dem Namen Gottes natürlich und innewohnend.

7.3

Vairagya

Wir sind dem Begriff Vairagya bereits zwei Mal begegnet. Zuerst im Raja Yoga, wo Patanjali ihn gemeinsam mit Abhyasa als Mittel nennt, um zu citta-vrtti-nirodhah zu gelangen, und ein zweites Mal bei den Sadhana Chatushthaya, den vier Mitteln des Jnana Yoga-Aspiranten. Vairagya ist der „Zentralschlüssel" im Yoga schlechthin. Ohne Vairagya ist Yoga nicht Yoga. Wir wollen uns an dieser Stelle seine Bedeutung noch einmal bewusst machen.

Angenommen, wir treten eine Pilgerreise an. Wohin ist der Blick, die Aufmerksamkeit, die Energie gerichtet? Nach vorne, auf die bevorstehende Reise. Wenn wir uns jedoch nicht von zu Hause lösen können, all unsere Gedanken auf das gerichtet sind, was wir zurücklassen, so wird die Pilgerreise nicht den gewünschten Erfolg bringen.

Ebenso, wenn wir uns auf die spirituelle Reise zu unserem Selbst begeben, gilt es, sich innerlich von den vergänglichen Freuden der Welt zu lösen und seine ganze Aufmerksamkeit nach innen, auf das Sich-Öffnen der göttlichen Wonne, zu richten.

Vairagya ist dieses Lösen von den Dingen, die wir zurücklassen wollen. Denken wir an die Bibel: „Eher geht ein Kamel durch ein Nadelör, als dass ein Reicher (einer, der der Welt verhaftet ist) in den Himmel kommt (zu Gott gelangt)" und: „Ihr könnt nicht beidem dienen; Gott und dem Mammon" (Mt 19,24 und Mt 6,24).

Vairagya kann in verschiedenen Formen, auf verschiedene Weise entstehen. Es mag wie eine Form der Müdigkeit und des Überdrusses sein: Ich habe alle Erfahrungen gemacht - was wäre da an weltlichen Dingen, die mich noch locken, verlocken könnten? Oder wie ein sachtes Verstummen der betörenden Klänge der weltlichen Erfahrungen, die mehr und mehr aus der Ferne erklingen, weniger unmittelbar, halb wie aus der Erinnerung. Dann gibt es das vehemente Sich Abwenden, das aus Enttäuschung geschieht - hier ist die Gefahr groß, dass es sich nur um ein vorübergehendes Vairagya handelt, das sich schon nach wenigen Tagen aufgelöst hat. Schließlich wird durch regelmäßiges Abhyasa, durch die Reinigung des physischen und Astralkörpers systematisch Vairagya aufgebaut, wie der / die bewusst und intensiv Praktizierende bereits nach einigen Wochen bis Monaten selbst feststellen kann.

Vairagya ist Quelle, Ziel und Inhalt des gesamten Yoga-Sadhana. Aus der inneren Haltung des Vairagya entsteht die Essenz des Yoga. Das Wasser im Glas (das Haften an weltlichen Dingen) muss ausgeleert werden, wenn du die göttliche Luft im Glas haben willst. Vairagya ist das Ausleeren des Glases. Das kosmische Bewusstsein kann nicht anders, als in dich einzuströmen, wenn du fest in Vairagya bist. Dies ist die Kraft und Bedeutung von Vairagya.

Doch geben wir acht: Der Geist ist - wie Sivananda sagt - ein „Erzbetrüger": Er versucht uns weiszumachen, dass wir doch Gott und dem Mammon dienen können: Steckt nicht das göttliche Prinzip hinter allen Erscheinungsformen? Käme es nicht einem Sich von Gott Abwenden gleich, würde ich die Welt verneinen? Der Weise, der Erleuchtete mag sich in der Welt der Dinge bewegen - aber wir, wir Unerleuchteten, würden uns in eine große Falle wagen, die selbst Gott Indra fast zum Verhängnis wurde:

Gott Indra blickte hinab auf die Erde und schüttelte den Kopf. Er war erstaunt, dass die Menschen an diesem Leben in einem Körper solche Freude fanden, dass sie ihre göttliche Herkunft vergaßen und den Weg zurück zur Vollkommenheit nicht antraten. Schließlich stieg er selbst hinab und schlüpfte in einen Schweinekörper. Bald hatte er ein Schweinefräulein gefunden und kleine Ferkel produziert - und dieses Schweineleben machte ihm derart Spaß, dass er selbst seine Identität vergaß und gar nicht mehr zurück wollte! Schließlich wurde er doch noch von den anderen Himmelsbewohnern davon überzeugt, was sein wahres Wesen war und kehrte wieder in den Himmel zurück.

Wir müssen uns innerlich von der Welt lösen. Dies ist ein rein geistiger Prozess: Wir müssen uns nicht in eine einsame Höhle zurückziehen oder auf einem Berggipfel meditieren, Familie und Beruf zurücklassen - dies wäre ein völlig falsches Verständnis von Vairagya.

Vairagya bedeutet, die Dinge in ihrem wahren Licht zu sehen. Dies bedingt, wie wir bei Sadhana Chatushthaya gesehen haben, Unterscheidungskraft, Viveka: Sei dir bewusst, dass du reine göttliche Energie bist, die sich, bekleidet mit Körper und Geist, in der Welt ausdrückt, Erfahrungen macht, vorübergehend einen Beruf ausübt, mit bestimmten Menschen Umgang hat, um dann wieder weiter zu wandern. Betrachte dich selbst als Wanderer, der bald weiterzieht. Erfreue dich der Dinge des Lebens, aber hafte nicht an ihnen. So sagt auch der Karma Yoga: „Tue dein bestes, sei aber innerlich nicht an die Früchte deines Handelns gebunden."

Auf diese Weise gilt es, Vairagya zu verstehen: Unsere Rolle im Leben so gut es möglich ist, spielen, aber wissen, dass es nur ein Spiel oder eine Reise ist: Unsere wahre Heimat ist unser göttliches Selbst, aus dem wir bestehen, von dem wir gekommen sind, und in das wir wieder zurückkehren.

Dieses Bewusstsein wird durch Abhyasa gefördert, aber wir sollten es zusätzlich immer wieder stärken. Damit wird, gemeinsam mit dem Karma Yoga, der ganze Tag zu einem Übungs- und Entwicklungsfeld und die Geschwindigkeit unserer Entwicklung wird spürbar erhöht.

Zudem können wir Vairagya als Gesamtheit all jener Qualitäten, die uns innerlich rein und frei werden lassen, betrachten. Diese grundlegenden Aspekte des Vairagya können wie folgt beschrieben werden:

1. Inneres Lösen von Abhängigkeiten und Anhaftungen an die Dinge der Welt, wie oben beschrieben; zusätzlich kann man sich auch, soweit es die Pflichten erlauben, äußerlich von der Welt vermehrt zurückziehen - durch Schweigezeiten, Meditationsretreats und vermehrtes Abhyasa.
2. Befolgen der ethischen Richtlinien des Yoga, der Yamas und Niyamas. Hier geht es allerdings nicht um Yama und Niyama als Gesetz, als Verbote und Gebote in unserem klassischen Sinn, sondern darum, ein geistiges Feld in sich zu schaffen, welches das Befolgen der Yamas und Niyamas als völlig natürlich hervorbringt.
3. Karma Yoga: Das bewusste und hingebungsvolle Praktizieren des Karma Yoga geht mit dem Entstehen von Vairagya Hand in Hand: Karma Yoga entsteht aus Vairagya und Vairagya entsteht aus Karma Yoga.

Vairagya im täglichen Leben steht in engem Zusammenhang mit dem Bewusstmachen und Kontrollieren unseres Denkens. Hier können einige - unsere Betrachtungen des Raja Yoga ergänzenden - Gedanken zur Natur des menschlichen Geistes hilfreich sein.

7.4

Der Geist des Menschen

Unser Geist ist, ebenso wie der Körper, gleichzeitig unser Freund und unser Feind. Er verführt uns zur Identifikation mit den Dingen, mit äußeren und inneren Erfahrungen, er ist Ursache allen Leides der Menschen - aber ebenso ist der Geist Mittel zur Befreiung. Ebenso wie die Elektrizität oder das Auto sowohl einen Menschen töten als auch Leben retten können, so ist der Geist gleichzeitig gefährlicher Gegner oder, sobald diszipliniert und beherrscht, unentbehrlicher Helfer auf dem Weg des Sadhana. Die Kontrolle und Lenkung des Geistes hat daher im Prozess des Sadhana außergewöhnliche Bedeutung. Der Sadhana ist nichts anderes als ein Zähmen des widerspenstigen Pferdes „Geist", sodass es uns zu unserem Ziele trägt.

Der Geist beginnt, wirklich hilfreich zu werden, nachdem der Suchende ausreichende Fortschritte im spirituellen Sadhana gemacht hat. Bis dahin muss er als störender und heimtückischer Feind in unserem Inneren gesehen werden. Er ist überaus diplomatisch, verschlagen und gemein.

Beklage dich nicht über schlechte Bedingungen, sondern beklage dich zuerst über deinen Geist. Schule zuerst den Geist. Wenn du unter unangenehmen Bedingungen Konzentration übst, wirst du stärker werden, die Willenskraft entwickeln. Sieh das Gute in allem und verwandle Schlechtes in Gutes. Das ist der wahre Yoga.

Wie die leichte Feder im Wind und ein Schiff im schweren Sturm wird der Geist zwischen Objekten von Liebe und Hass herumgeschleudert. Er wirbelt umher wie ein streunender Straßenköter, sinnlos zwischen den Sinnesobjekten. So wie ein Ekzem am Bein oder Krätze an der Hand ständig juckt, so juckt auch der Geist ständig vor Lust und Gier. Reinige und kontrolliere den juckenden Geist durch die ununterbrochene, furchtlose Praxis von Sadhana, Meditation, Hingabe, selbstlose Arbeit, durch Weisheit, Vichara, leichte sattvige Nahrung, Japa, das Studium der Gita, Satsang und Asanas.

Strebe voller Eifer. Sei wachsam. Sei auf der Hut. Beobachte den Geist immer sehr sorgfältig. Kontrolliere die sich erhebenden Gefühle und blubbernden Gedanken. Gestatte den Wellen von Reizbarkeit, Eifersucht, Zorn, Lust und Hass nicht, sich im Geist zu erheben.

Der Geist ist ein Bündel von Wünschen, Gedanken, Gefühlen und Emotionen. Er ist nichts als eine Ansammlung von Samskaras, von Wünschen, die durch den Kontakt der Sinnesorgane mit verschiedenen Objekten entstehen, von Gefühlen, die durch weltliche Belästigungen geweckt werden, und von Ideen, die aus den verschiedensten Objekten zusammengesammelt sind. Diese Wünsche, Gefühle und Ideen sind nicht von Bestand, sie verändern sich dauernd. Die einen gehen plötzlich unter, und andere nehmen ihren Platz ein wie die Wellen im Meer.

Spiritualisieren der menschlichen Natur

Yoga Sadhana strebt durch verschiedene Techniken, insbesondere durch Selbstbeobachtung, Selbstdisziplin und Karma Yoga, eine grundlegende geistige Reinigung und Erneuerung an. Der Weg ist ein langer, denn das Ego ist mächtig und tritt in einer Vielzahl von Formen auf, die Tricks des Geistes, der sich gegen jede Veränderung wehrt, sind schlau und unsere Gewohnheiten und inneren, scheinbar unserem Willen nicht unterworfenen Kräfte des Rajas überaus mächtig und ausdauernd.

Beobachte deinen Geist eine Weile. Welche Gedanken steigen auf? Woher kommen sie? Wie verändern sie sich? Wohin gehen sie? Oder wenn das Verlangen nach einer Erfahrung aufsteigt: Woher kommt dieses Verlangen? Aus einer Erinnerung? Hat ein Wort, das du gerade gelesen oder gehört hast, eine Erinnerung und damit das Verlangen ausgelöst? Was geschieht, wenn du dieses Verlangen befriedigst? Was geschieht, wenn du das nicht tust? Beobachte, wie sich Gedankenketten bilden, aus einem Gedanken geht ein weiterer hervor, ein Gedanke folgt dem anderen, und so geht es endlos weiter... Dieses Selbstbeobachten, sei es in der Meditation oder im Alltag, kann dir einigen Aufschluss über das Funktionieren des Geistes geben und eine Ahnung davon, was das Kontrollieren des Geistes in deinem Leben bedeuten kann.

Nach einiger Beobachtung mag es dir erscheinen, dass die inneren Bewegungen, die Vasanas und Samskaras, die Ragas und Dveshas, gleich einer Horde wilder Pferde, mit dir, dem Reiter, tun, was sie wollen - wie weit du Kontrolle über sie hast, wirst du nach einiger Selbstprüfung selbst erkennen.

Die Bedeutung des Ego

Insbesondere das Ego ist eine Hürde, die im Prozess des Sadhana nicht unterschätzt werden darf.

> *Das kleinliche, starrsinnige Ego, das die menschliche Persönlichkeit antreibt, ist ein ernsthaftes Hindernis in der Meditation und bei der Selbstverwirklichung. Das Ego verhüllt und überdeckt die höhere göttliche Natur.*
>
> *Vielleicht strebt man nach der Wahrheit. Vielleicht hat man Hingabe. Vielleicht hat man den Willen, die Hindernisse und feindlichen Kräfte zu überwinden. Wenn das kleine Ego sich behauptet und beharrt, kann kein rascher Fortschritt auf dem spirituellen Weg gemacht werden.*
>
> *Das niedrige Wesen muss gänzlich erneuert werden. Die gewohnte niedrige Persönlichkeit des Sadhak muss vollständig verändert werden. Wenn das nicht geschieht, ist jede spirituelle Erfahrung oder Kraft wertlos.*

Das Ahamkara oder Ego ist jene Funktion des Geistes, die das Sich-Identifizieren mit verschiedenen Dingen, Ideen usw. verursacht. Aus diesem Identifizieren entsteht das Gefühl des Getrenntseins, der Spannung und schließlich alles Leid auf der Welt. Das Ego ist die Grundursache aller Konflikte auf der Welt und im Menschen. Das Ego nährt sich vom Gedanken der Identifikation. Es gibt so leicht nicht auf. Wird es entdeckt und durch spirituelle Arbeit zurückgedrängt, so sucht es sich auf subtileren Ebenen zu behaupten:

Der kultivierte Mensch erkennt, dass er mehr als sein Körper ist - es entsteht die Identifikation mit dem Geist: man ist stolz auf seine Bildung, das Wissen, den Ruf...

Der spirituell Strebende jedoch erkennt, dass das Ego ausgeschaltet werden muss. Er wird bescheidener, stiller, demütiger. Vielleicht merkt er erst viel später, dass er nun mit seiner Demut, seiner Selbstlosigkeit, seiner Bescheidenheit identifiziert ist...

> *Wenn du deine Selbstsucht zerstören kannst, ist bereits die Hälfte deines spirituellen Sadhana getan. Ahamkara ist der größte Feind des Friedens. Wenn man diesem schrecklichen Ahamkara entsagt, wird man stets glücklich sein. Das Geheimnis der Entsagung ist Verzicht auf Ichdenken.*
>
> *Ängste und Sorgen entstehen aus Ichdenken. Es ist eine wirkliche Krankheit. Es gibt keinen größeren Feind als das Ego.*

Wodurch können wir das Ego schwächen und auflösen?

Grundsätzlich zielen alle Techniken, Übungen und Verhaltensregeln des Yoga direkt oder indirekt darauf ab, das Ego aufzulösen:

Hatha-Yoga: Durch das Ausbalancieren der polaren Energieformen Ida und Pingala gelangt man zu einer allmählichen Lösung vom Konzept der Dualität, welches die Grundlage für die Existenz des Egos bildet.

Raja-Yoga: Die Meditationsübungen zur Beobachtung und zum Stillwerden des Geistes reduzieren die Bewegungen des Ahamkara.

Karma Yoga: Durch selbstloses oder eher egoloses Handeln wird das Ego direkt bekämpft: Man fühlt sich nicht mehr als Handelnder, sondern eher wie ein Instrument in Gottes Hand.

Bhakti Yoga: Der Bhakta sieht und fühlt nur Gott. So wird das Ego sehr leicht und schnell aufgelöst. Es wird immer wieder betont, dass Bhakti Yoga der in diesem Zeitalter schnellste und einfachste Weg ist, zu Gott zu gelangen

Jnana Yoga: Der Jnanin fühlt und erkennt, dass er nicht dieser Körper, nicht dieser Geist ist - so werden dem Ego alle Angriffspunkte und Identifikationsmuster genommen.

Kontrolle des Geistes und der Sinne

Der Geist wird gefüttert von den Sinnen, den Indriyas, und von den vergangenen subtilen Eindrücken, den Samskaras. Die einen wirken von außen, die anderen von innen. Aus ihrem Wirken entstehen Wünsche und Abneigungen. Dieses Prinzip des Raga-Dvesha wiederum führt zu endlosen Bewegungen des Geistes, zu Ruhelosigkeit, Unfrieden und schließlich zu einem höchst leidvollen Untertauchen in weltlichen Dingen, Gedanken und Wünschen.

> *Der durchschnittliche Mensch ist Sklave seiner Sinne. Selbstbeherrschung macht das Leben lebenswert; sie macht dich zum wahren Herrscher über die drei Welten. Ein disziplinierter Mensch kontrolliert seine Handlungen. Er ist nicht länger dem Augenblick ausgeliefert. Er hört auf, Sklave seiner Impulse und Indriyas zu sein.*
>
> *Bezwingung der Sinne und Selbstbeherrschung werden als wichtigste und unentbehrliche Bedingung für wahren Fortschritt ... anerkannt.*

Lerne daher, deine Sinne und Gedanken zu kontrollieren, und du wirst erfahren, dass aus dieser vorübergehenden Einschränkung eine wundervolle Erweiterung, Kraft und Schönheit entsteht! Unterscheide jedoch zwischen dem Unterdrücken von natürlichen Bedürfnissen und dem Kontrollieren von vorübergehenden Gelüsten und Impulsen, die, wie die Meereswellen, kommen und gehen.

Es werden immer wieder Gedanken, Ideen und Erinnerungen aufsteigen, die dich entgegen deinem Erkennen und besserem Wissen dazu verleiten, etwas zu tun, das deiner Gesundheit oder deinem seelischen Befinden nicht förderlich ist. Und auf einmal stellst du fest, dass sich deine Gedanken um nichts anderes bewegen, als darum, wie schön es wäre, wenn du... Du schwelgst in diesen Gedanken und es ist nur eine Frage kurzer Zeit, dass du zum Verwirklichen dieses Gedankens schreitest.

Deshalb gilt es, diese geistigen Entwicklungen bereits im Ansatz zu erkennen und bewusst umzulenken: Wir können selbst bestimmen, woran wir denken!

Schließlich werden wir feststellen, dass wir immer mehr Kontrolle darüber haben, welche Gedanken und Ideen sich in unserem Geist bewegen; der Geist wird klar sein und scharf, und unserem Befehl gehorchen wie ein gut zugerittenes Pferd.

Eine solche Meisterschaft ist nicht das Ergebnis der Bemühungen eines einzigen Tages. Diese Kraft kann nur durch fortgesetzte Übung und tägliche Selbstdisziplin erworben werden.

Wie kann der Geist kontrolliert werden?

- *Kontrolliere den Geist durch Abhyasa, die ständige Bemühung, den Geist auf Gott oder Atman zu richten. Sei regelmäßig in Konzentration und Meditation.*
- *Kontrolliere den Geist durch Vairagya (das aus Vichara entstehen muss): Leidenschaftslosigkeit und Nichtverhaftetsein an Sinnesobjekte.*
- *Sitze alleine und beobachte die Vrittis deines Geistes. Sei unberührt. Bleibe Beobachter. Identifiziere dich nicht mit den Vrittis.*
- *Zerstöre den Brennstoff des Wunsches, und das Gedankenfeuer wird erlöschen. Versuche nicht, deine Wünsche zu befriedigen. Hoffe nicht. Erwarte nichts. Zerstöre die lasterhaften Wünsche durch tugendhafte Wünsche und zerstöre auch diese durch den einzigen Wunsch nach Befreiung.*
- *Denke nicht an die Vergangenheit. Plane nicht für die Zukunft. Gestatte dem Geist nicht, Bilder zu schaffen. Lebe fest in der Gegenwart.*
- *Tue etwas, das der Geist nicht tun will. Tue etwas nicht, das der Geist tun will.*
- *Die Praxis von Pranayama zerstört Rajas und Tamas und macht den Geist fest und einpünktig.*
- *Das Studium religiöser Schriften, Tapas, Nächstenliebe und Satsang kontrollieren weltliche Samskaras und ebnen den Weg für die Kontrolle des Geistes*
- *Japa und Upasana zerstören Unreinheiten des Geistes, kehren den Geist nach innen, bringen Vairagya, helfen der Konzentration und führen schließlich zur Geisteskontrolle*
- *In diesem Zeitalter ist der einfachste Weg zur Geisteskontrolle und zur Erlangung von Moksha Kirtan, das Singen der Namen des Herrn.*
- *Die Nahrung hat Einfluss auf den Geist. Sattvige Speisen beruhigen den Geist.*

Die Bedeutung der Sinne

Es gilt, nicht nur den Geist, sondern auch jene Organe zu kontrollieren, die den Geist mit der Umwelt verbinden.

Wer sich einmal für eine gewisse Zeit von allen Dingen zurückgezogen hat, etwa eine längere Fasten- oder Schweigezeit, hat vielleicht die Erfahrung gemacht, wie es sich anfühlt, wenn die Sinne nach Nahrung verlangen: Du hast vielleicht bei einer längeren Fastenzeit keinen Hunger, aber dennoch verlangt etwas in dir nach der Erfahrung des Essens: Der Gaumen möchte schmecken, die Zähne beißen, der Rachen schlucken... auf diese Weise verlangen alle unsere Wahrnehmungs- und auch die Handlungsorgane (Jnanendriyas und Karmendriyas) nach Nahrung und Betätigung, denn dies liegt in ihrer Natur.

Die Kontrolle der Indriyas ist für die spirituelle Praxis unbedingt erforderlich. Vielen Suchenden gelingt es aufgrund der Rastlosigkeit eines der Indriyas nicht, Samadhi, die Wonne Brahmans, zu erreichen. Entwickle Vairagya. Ohne Vairagya und Beherrschung der Sinne ist weder Meditation noch Samadhi möglich. Die Energie versickert, wenn Vairagya schwindet. Vairagya ist Nichtverhaftung an Sinnesobjekte. Es ist ein geistiger Zustand.

Beherrsche die Indriyas. Stelle durch Analyse fest, welches Indriya dir zu schaffen macht und nimm es dann unbarmherzig an die Kandare. Gib die Dinge auf, die dieses Indriya zu erhaschen versucht. Vernichte den Durst nach Objekten und Sinnesfreuden. Dann wirst du fest in Samadhi, dem höchsten Frieden.

Der Tastsinn ist die Essenz aller Sinne. Er ist der hervorstechendste Sinn. Das Fühlen ist der Hauptschlüssel zu allen Sinnen. Wenn man die launenhaften Sehnsüchte des Tastsinnes wirksam kontrollieren und die volle Gewalt darüber haben kann, kann man leicht ein Jitendriya werden.

Wenn wir müßig sind, kommt es viel eher zu Situationen, in denen die Sinne oder der Geist nach ganz bestimmten Eindrücken verlangen. Deshalb gibt es in Yoga-Ashrams wie auch in Klöstern ein relativ dichtes Aktivitätsprogramm: So lange der Geist durch Gebet, Meditation und Arbeiten in der Gemeinschaft - und sei es Gemüseschneiden oder Reinigungsdienst - beschäftigt und im Idealfall auf Gott gelenkt wird, haben sich die Regungen, die nach Sinnesbefriedigung verlangen, keinen Raum, sich zu entwickeln.

Samskaras, Vasanas und Raga-Dvesha

Für den praktischen Sadhana und die Kontrolle des Geistes und der Sinne ist es erforderlich, die Funktionsweise und das Zusammenspiel von Samskaras und Vasanas, den Indriyas und dem sich daraus ergebendem Raga-Dvesha-Prinzip gut zu verstehen.

Die **Samskaras** sind Eindrücke in unserem Geist, die sich aus den Erfahrungen dieses und vergangener Leben entwickelt haben. Eine Form dieser Eindrücke sind die **Vasanas**, die subtilen Wünsche, die sich durch das Wiederholen einer Handlung oder Erfahrung verstärken. Diese Samskaras und Vasanas sind es, die als unterbewusste Inhalte unsere täglichen Handlungen, Einstellungen usw. sehr stark beeinflussen.

Aus diesen unterbewussten Inhalten wird das Prinzip des **Raga-Dvesha** genährt - Raga steht für Wunsch, Zuneigung, Liebe, Angezogen sein von etwas, Dvesha ist das Prinzip des Abstoßens, des Nicht-Wollens, der Angst und des Hasses.

Dabei spielen die Sinne der Wahrnehmung, die **Jnanendriyas**, eine wichtige Rolle, denn diese sind die Lieferanten der Eindrücke, die schließlich den verhängnisvollen Mechanismus des Raga-Dvesha in Gang setzen.

Raga-Dvesha ruft wiederum das **Antarkarana** und damit das **Ego** auf den Plan und das Spiel des Samsara, das Spiel der Welt beginnt...

Raga-Dvesha richtet großen Schaden an. Es überwältigt den Menschen vollständig. Der Mensch wird zu einem Opfer, zu einer Beute von Raga-Dvesha. Er hat nicht die geringste Kontrolle über Raga Dvesha.

Überall auf der Welt kann Raga-Dvesha gefunden werden, denn der Mensch nimmt seine Vasanas mit sich, wohin er auch geht.

Es besteht eine enge Beziehung zwischen Raga-Dvesha, Vasanas und Gunas; sie sind Produkte der Gaukelei Mayas. Raga wird zu einer Vasana, eine Vasana wird eine Samskara, und eine Samskara wird zu einer Guna. Dieses Spiel ist höchst geheimnisvoll. Es ist sehr schwierig, so gut wie unmöglich, das Wirken der Maya zu durchschauen. Wenn die Unwissenheit - avidya - zerstört wird, zerbrechen alle Glieder der Kette von Avidya sofort, auf einen Schlag. Die Atombombe der Erkenntnis Brahmans zerstört Avidya und Raga Dvesha bis an die Wurzeln.

Der weltliche Mensch denkt an die Sinnesobjekte und entwickelt Verhaftung an sie. Aus Verhaftung entstehen Wünsche, aus Wünschen Zorn, aus Zorn Täuschung - so geht der Mensch zugrunde. Das geschulte Selbst des Weisen jedoch bewegt sich zwischen Sinnesobjekten, wobei die Sinne frei sind von Zu- und Abneigung und durch das Selbst gemeistert wurden, und erlangt beständigen Frieden.

Der Mensch ist nur ein Spielzeug in den Händen von Raga-Dvesha. Wer aber Selbstanalyse, Innenschau und Meditation übt, erhebt sich über Raga-Dvesha und erlangt Wonne und Unsterblichkeit.

Für den Törichten gibt es jeden Tag tausende Quellen für Kummer und ebenso viele Gründe für Glück. Der weise Mensch wird davon nicht beeinflusst.

Das sechs-speichige Rad von Raga-Dvesha, Tugend und Laster, Freude und Schmerz dreht sich seit Ewigkeit. Nur ein Weiser oder Yogi bringt durch Meditation und Gottesdienst dieses Rad zum Stillstand.

Über die Wünsche

Der Wunsch nimmt in der verhängnisvollen Kette der geistigen Bewegungen, die uns von der göttlichen Einheit abhalten, eine wichtige Stellung ein. Der Verzicht auf das Erfüllen der Wünsche, das Loslassen dieser Wünsche wird zu einer sehr starken Waffe gegen die feindliche Maya.

Unterscheide: Hunger oder Appetit? Notwendigkeit oder Luxus?

Der Wunsch ist ein großes Hindernis, eine große Barriere auf dem Pfad der Selbstverwirklichung. Die Beherrschung des Geistes heißt tatsächlich, Wünsche aufzugeben. Wenn der Geist vollständig diszipliniert werden soll, müssen bedingungslos alle Wünsche aufgegeben werden, alle Sehnsüchte nach weltlichen Objekten und Luftschlösserbauen. Der Geist wird immer ruhelos sein, dieses oder jenes wünschen. So wie ein Fisch, der ans Land gezogen wurde, versucht, ins Wasser zurückzukommen, auf welche Weise auch immer, wird auch der Geist immer schlechte Gedanken hegen.

Der Wunsch entsteht aus Avidya. Strebe nicht nach Erfüllung von Wünschen. Versuche die Wünsche so gut es geht, zu reduzieren. Nimm den Brennstoff der Erfüllung weg. Dann verlischt die Flamme des Wunsches von selbst.

Ein Wunsch verlöscht niemals dadurch, dass er erfüllt wird; im Gegenteil, er wächst dadurch wie Feuer, das mit Ghee übergossen wurde.

Durch vollständige Vernichtung aller Wünsche, Beherrschung des Geistes und seine Befreiung von den aufkommenden Gefühlen und blubbernden Gedanken kann Einpünktigkeit des Geistes erreicht werden. Solch ein Geist wird ruhig sein wie eine Kerze an einem windstillen Ort.

7.5

Die Praxis des Sadhana

Wirklicher Yoga-Sadhana ist kein Spaziergang. Sadhana ist kein Spiel. Sadhana ist nichts für Menschen, die auf Wellness und auf „Kerzenschein-Yoga" aus sind. Sadhana ist Transformation. Es geht hier um die Verwandlung deines gesamten Wesens.

Diese kann und wird oft schmerzhaft sein, meist mehr psychisch als physisch. Wir müssen altvertraute Eigenschaften und Gewohnheiten zurücklassen und auf Vertrautes verzichten. Wir werden vielleicht Unverständnis, Ablehnung und Widerstand von anderen Menschen erfahren. Wir werden Selbstzweifel verspüren und oft genug am Yoga, am Sadhana selbst zu zweifeln beginnen. Vor allem aber werden wir den inneren Dämonen begegnen, die wir zumeist ignorieren, die aber doch Teil von uns sind und die in den Tiefen unseres Geistes ihr Unwesen treiben.

Das Ziel dieses Weges ist das höchste und hehrste Ziel, das sich ein Mensch setzen kann. Entsprechend groß sind auch die Anforderungen an den Wanderer und die Anstrengungen auf dem Weg.

> *Der Schüler muss mit seinem ganzen Wesen seine volle Zustimmung geben, um seine niedere Natur in göttliche Natur zu verändern. Er muss sich Gott vollständig, vorbehaltlos und bereitwillig hingeben. Yoga kann nur von Menschen praktiziert werden, die sehr ernsthaft darin sind und bereit, ihr kleines Ego und seine Forderungen zu vernichten. Es gibt keine Halbheiten auf dem geistigen Pfad. Strenge Disziplin von Gefühlen und Geist, rigoroses Tapas und fortgesetzte Meditation sind notwendig, um Gottverwirklichung zu erreichen. Die feindlichen Kräfte sind immer bereit, dich zu überwältigen, wenn du nicht wachsam bist, wenn du ihnen die geringste Erlaubnis oder die kleinste Öffnung gewährst. Das niedrige Wesen muss gänzlich erneuert werden. Wenn das nicht geschieht, ist jede spirituelle Erfahrung oder Kraft wertlos. Die Veränderung der niederen Natur ist nicht leicht. Die Macht der Gewohnheit ist immer stark und tief verwurzelt. Es verlangt große Willenskraft. Der Suchende fühlt sich oft hilflos gegenüber der Macht alter Gewohnheiten.*
>
> *Man kann nicht gleichzeitig ein Doppelleben führen. Ein reines göttliches Leben, ein yogisches Leben, kann nicht neben einem weltlichen Leben voll Leidenschaft und Unwissenheit bestehen.*

In diesem Kapitel möchte ich dir für deinen persönlichen Yoga-Sadhana einige Hinweise geben, die dir helfen können, die ersten Hindernisse und Schwierigkeiten gut zu überwinden.

Ausdauer und Wunschlosigkeit

Sei im Sadhana erwartungslos. Erfülle deine Pflicht, übe Karma Yoga. Führe deine Übungen durch, gleich ob sie Erfolg bringen oder nicht. Verlasse dich auf die reinigende, heilende Kraft des Yoga und auf die Weisheit der Yoga-Meister, die dich führen. Gib dein Ich, deine Wünsche und Erwartungen „am Eingang des Sadhana" ab. Betrete den Weg des Yoga ohne jede Erwartung, außer mit jener, allen möglichen Schwierigkeiten zu begegnen, und mit keinem Wunsch, als den einen, geführt zu werden.

> *Erwarte nichts. Sei ernsthaft und regelmäßig in deiner täglichen Routine, in Tapas und Meditation. Das Sadhana wird sich selbst um alles kümmern. Kümmere dich um deine täglichen Aufgaben. Die Früchte werden von selbst kommen. Sei kühl und geduldig. Setze dein Sadhana regelmäßig fort. Spirituelles Üben darf niemals und unter keinen Umständen aufgegeben werden.*

Karma Yoga und integraler Sadhana

Die innere Haltung des Karma Yoga, des Verzichts auf die Früchte des Handelns, des „Sich nicht als Handelnde/r Fühlens" und das Opfern aller Handlungen an Gott ist für den praktischen Sadhana von größter Bedeutung.

Wenn Swami Sivananda auch immer wieder zu Seva, zum selbstlosen Dienst am Nächsten, aufruft, so ermahnt er doch, das rechte Maß zu bewahren: Menschen, die von früh bis spät im Ashram arbeiteten, forderte er auf zu meditieren und Japa zu machen, während andere, die sich zu sehr auf Übungen konzentrierten, zu vermehrter Seva aufgefordert wurden.

> *Wenn man sich in der Meinung, Einheit des Selbst zu erleben und universelle Brüderlichkeit zu erfahren, in einer einsamen Zelle abschließt und beginnt, die vedantischen Formeln zu wiederholen, kann man statt dessen tamasig, exzentrisch und intolerant werden. Auf dem Weg*

von Moral und spirituellem Glück trägt ein Leben der Untätigkeit die Gefahr von Stagnation in sich. Aus diesem Grund erreichen viele die ethische Vollkommenheit nicht, auch nicht nach Jahren von Zurückgezogenheit und Meditation. Selbstloses Tun und liebevolles Dienen dürfen daher niemals unterschätzt und vernachlässigt werden.

Es ist für einen Anfänger unmöglich, 24 Stunden am Tag zu meditieren. Der Geist braucht eine Beschäftigung. Deshalb ist Dienen am Anfang wichtig. Parallel dazu übe Japa und Meditation. Nur integrales Üben kann Vollendung bringen.

Angenommen, du hältst fünf Jahre lang Mouna, dann wirst du anfangen zu stottern und wirst nicht ordentlich mit anderen sprechen können. Ist das alles, was Sadhana dir bringt? Sei weise. Unterscheide.

Du musst jede Handlung in einen Ziegelstein zum Bau eines Kanals verwandeln, durch den frei und kontinuierlich der Gedanke an Gott fließt. Das Bhava „Arbeit ist Gottesdienst" muss stets aufrecht erhalten werden.

Ein Karma Yogi fühlt mit anderen und dient ihnen auf verschiedene Weise. Das, was er hat, teilt er mit anderen. Er entwickelt verschiedene Tugenden wie Toleranz, Geduld und Bescheidenheit, die notwendig sind, damit Weisheit dämmert. Er erfährt eine eigentümliche, unbeschreibliche Freude und spirituelle Kraft. Der Strom der Liebe erstarkt in ihm.

Karma Yoga ist schwieriger als Vedanta oder Bhakti Yoga. Karma Yoga ist nicht bloß mechanisches Handeln. Vedanta Bhava oder Bhakti Bhava müssen im Handeln oder Dienen aufrechterhalten werden.

Es gibt keine Hoffnung auf Errettung, nicht einmal in hunderttausenden Geburten, für den trockenen Vedanta Schüler, der sich dem Studium der Schriften gewidmet und Vedanta praktiziert hat, ohne sein Herz durch die anhaltende Praxis von Karma Yoga gereinigt zu haben.

Sadhana und Schwierigkeiten

Ein Phänomen, das sowohl unangenehm als auch vielfach nicht in der rechten Weise erkannt und erklärt wird, betrifft die Anhäufung von äußeren und inneren Schwierigkeiten, denen sich der ernsthafte Aspirant schon nach kurzer Zeit des Sadhana gegenüber sieht. Man beginnt den Sadhana mit lichtvollen Gedanken und einer zumindest unbewussten Erwartung von verbesserter Gesundheit, vertieftem inneren Frieden und einem harmonischen Leben. Doch entwickeln sich die Dinge um den Übenden oft in einer fast entgegengesetzten Richtung, man hat plötzlich auf verschiedenen Ebenen Probleme und Schwierigkeiten, die natürlich eine große Unsicherheit schüren: Bin ich denn auf dem richtigen Weg?

Wenn man die Wirkungsweise des Karma und den Zusammenhang zwischen Karma und innerer Reinigung recht versteht, so mag die Erklärung nicht allzu weit hergeholt zu sein: Der intensive Sadhana selbst erzeugt eine Beschleunigung der karmischen Ereignisse, das „Karmische Schulden-Abtragen" wird intensiviert, was einen Reinigungsprozess, der auf körperlicher, energetischer und geistiger Ebene stattfindet, auf der karmischen Ebene widerspiegelt. Es findet ein „Karmisches Großreinemachen" statt, das für eine große Unsicherheit beim Übenden sorgt. Wenn man sich jedoch bewusst macht, dass diese Ereignisse Zeichen der Reinigung und des Fortschrittes sind, mag man sie wahrscheinlich schon anders betrachten.

Eine weitere Erklärung der scheinbar unvermittelt und aus dem Nichts entstehenden Schwierigkeiten kann die durch die spirituelle Praxis erhöhte Achtsamkeit sein: Man sieht jetzt seine eigenen Fehler deutlicher, unmittelbarer und unverfälschter, während man sie früher vielleicht nur erahnte.

Deshalb der Rat der großen Meister: Übe Sadhana ohne Erwartungen und sei bereit für alle möglichen Rückschläge und Schwierigkeiten.

> *Der Sadhak beginnt sein spirituelles Leben mit bestimmten, genauen, selbst geschaffenen Vorstellungen von Sadhana, Guru und Verwirklichung. Aber in der Tat ist das wirkliche spirituelle Leben ganz anders als das, was man sich vorgestellt hat. Er hat zum Beispiel eine bestimmte Vorstellung davon, wie das Sadhana gestaltet sein sollte. Oder der Sadhak betritt den Weg mit einer speziellen Einschätzung seines spirituellen Niveaus, auf dem er sich befindet. Wenn spätere Ereignisse zeigen, dass er sich irrte, ist er enttäuscht und verliert die Begeisterung.*
>
> *Beginne das Leben des Sadhana mit offenem Geist. Sei frei von verkrampften vorgefassten Meinungen, die aus dem Ichdenken entstehen.*

Und dies ist nicht nur am Anfang des Sadhana so. Es ist das Kennzeichen jeder Reinigung und Veränderung, dass diese mit Widerstand, Schwierigkeiten und Schmerzen verbunden ist. Doch wirst du durch diese scheinbaren Rückschläge gestärkt und gereinigt, andererseits erkennst du an diesen Schwierigkeiten, dass intensives Wachstum im Gange ist!

Noch nach Jahren des Sadhana hatte ich das Gefühl, durch mein Yoga-Praktizieren jede Menge von Schwierigkeiten, die ich vorher nicht hatte, heraufbeschwört zu haben: Wie einfach war das Leben zuvor! Habe ich den falschen Weg gewählt? Doch ist die Erklärung einfach: Bergauf Rad zu fahren ist eben anstrengender als in der Ebene bequem dahinzurollen oder gar bergab zu fahren. Und Yoga-Sadhana ist von seiner Natur her der Weg nach oben!

> *Sobald man tatsächlich entschlossen ist und regelmäßiges Sadhana beginnt, treten vielleicht Schwierigkeiten und Problemen auf, die man vorher nicht hatte. Dann denkt man vielleicht, dass es das einsetzende Sadhana ist, das zu all den Schwierigkeiten geführt hat, und dass früher eigentlich alles besser war.*
>
> *Bis jetzt bist du immer dem Lauf der Sinne gefolgt. Nun betritt man einen Weg, der in erster Linie aus Disziplin besteht. Das bedeutet, einen Konflikt mit den aufsässigen, eigensinnigen Neigungen der Sinne zu haben. Man beginnt, ihre Kräfte zu spüren, wohingegen sie früher ruhig schienen.*
>
> *Sadhana ist mühsam. Es ist ein regelmäßiger Kampf gegen den Strom, gegen die seit undenklichen Zeiten bestehenden Strömungen der samsarischen Tendenzen. Der Ansturm von Problemen und Schwierigkeiten verwirrt und zermürbt ihn für eine gewisse Zeit. Das ist nur natürlich. Lasse dich nicht verwirren.*
>
> *Bleibe standhaft mit aller Kraft. Die anfänglichen Schwierigkeiten verschwinden bald. Tag um Tag wird man stärker.*

Das spirituelle Tagebuch

Ein unentbehrlicher Freund, Helfer und Mahner auf dem Weg des Yoga ist das spirituelle Tagebuch. Die erste Begeisterung und Euphorie des Sadhana mag bald verschwunden sein, das spirituelle Tagebuch jedoch bleibt gleich, still und beharrlich. Es wird wohl von Person zu Person unterschiedlich aussehen, es wird ein lebendes Instrument sein, das sich mit dem Fortschritt und mit neuen Erkenntnissen verändert, aber seine Bedeutung ist am Anfang des Sadhana ebenso groß wie in späteren Phasen.

Was sollte nun in das Tagebuch eingetragen werden?

- Abhyasa, das du während des Tages durchgeführt hast, unterteilt nach Art: Asana, Pranayama, Meditation, Kriya,...
- Bewerte die verschiedenen Aspekte des Vairagya: Loslassen, Selbstdisziplin, Karma Yoga, ...
- Andere Werte und Bereiche, die aus deiner Sicht wichtig sind und die du extra anführen willst: Achtsamkeit, Toleranz, Ernährung, Rauchen...
- Einen eigenen Abschnitt des Tagebuches kannst du für verbale Beschreibungen von Erfahrungen, Erkenntnissen und Beobachtungen reservieren.
- Vielleicht willst du die einzelnen Bereiche bewerten und einen Gesamtwert ermitteln, der dir Aufschluss darüber gibt, ob dieser Tag gut oder weniger gut im Sinne des Yoga verbracht wurde.

Ein Vorschlag für die Struktur des spirituellen Tagebuches wäre die folgende:

1. Abhyasa
 a. Reinigungstechniken
 b. Körperliche Techniken
 c. Energetische bzw. Atemtechniken
 d. Geistige und Konzentrationsübungen
 e. Praktiken mit Betonung des Gefühls

2. Vairagya
 a. Inneres Lösen von Abhängigkeiten und Anhaftungen an die Dinge der Welt, Schweigezeiten, ...
 b. Befolgen der Yamas und Niyamas (eventuell einzeln aufschlüsseln)
 c. Karma Yoga: das Befolgen der geistigen Richtlinien des Karma Yoga

3. Gesamtwert und / oder Notizen
 a. Weitere / persönliche Kriterien
 b. Kommentar oder Gesamtbewertung des Tages
 c. Beschreibung einzelner Erlebnisse und Beobachtungen

Je nach Umfang der Eintragungen wirst du auf einem Blatt Papier bzw. auf einer Seite im Notizbuch einen Tag oder eine ganze Woche unterbringen. Experimentiere die ersten Wochen, in welcher Form das Tagebuch am ehesten deiner Persönlichkeit und deiner Situation entspricht, und lasse dich dann keinen einzigen Tag davon abhalten, mit diesem wertvollen spirituellen Freund zu arbeiten!

Die Sadhana-Formel

Nach den umfangreichen Ausführungen des Yoga im allgemeinen und des Sadhana im speziellen ist die Lösung, die Antwort auf die Frage der Sadhana-Praxis unerwartet einfach.

Der gesamte Yoga-Sadhana lässt sich in drei Punkten zusammenfassen:

1. **Vairagya** oder die Welt loslassen: Sieh die konkurrierenden Kräfte Raga und Dvesha vor dir und lasse sie los. Lasse sie los. Immer wieder: Lasse dich von den Dingen der Welt immer weniger berühren; gewinne Abstand. Auch die Selbstbeherrschung gehört zu diesem Prinzip: Vermeide es, die Sinne zu verwöhnen, wenn du nicht ihr Sklave werden willst!
2. **Abhyasa**: Finde deine Mitte; finde zu Gott in deiner Mitte. Dies geschieht durch Meditation, Gebet, Studium. Während Vairagya dich von der Welt löst, verbindet dich Abhyasa mit Gott.
3. **Dharma:** Aber du lebst dennoch in dieser Welt. Erfülle also die sich dir stellenden Aufgaben, erfülle deine Pflicht, dein Dharma, ohne dich im innersten davon berühren zu lassen. Übe Karma Yoga - erfülle deine Aufgabe, ob angenehm oder unangenehm.

Die 30 Sadhana-Sutras

In den folgenden kurzen Merksätzen wollen wir die gesamte Botschaft des praktischen Yoga-Sadhana zusammenfassen:

1. Nun über die Praxis des Yoga-Sadhana, des Weges zur Vollkommenheit.
2. Sei beständig in deiner Praxis und lasse dich von Hindernissen nicht verunsichern.
3. Ablenkungen, Verunsicherungen und Leiden werden kommen. Gehe unbeirrt weiter.
4. Ertrage Unrecht, ertrage Schaden. Das Leid ist der größte Lehrmeister. Fühle, dass du durch jedes Leid persönlich-spirituell wächst.
5. Pflege Sattva im Denken, Sprechen und Handeln.
6. Führe ein spirituelles Tagebuch, um Fortschritte und Schwächen zu beobachten.
7. Lasse Vairagya durch fortgesetztes Vichara und Viveka entstehen. Fördere Viveka durch tägliches Svadhyaya.
8. Vairagya ist Loslösung der Verhaftungen an die Welt. Vairagya ist das Juwel des Yoga.
9. Halte Brahmacharya und verwandle so deine Vitalenergie in spirituelle Energie.
10. Halte dich fern von Gier, Hass und Verblendung.
11. Halte deinen Geist beständig auf Atman gerichtet.
12. Bei allem Tun sei bewusst und achtsam. Mache jedes Werk zu einem Kunstwerk.
13. Tue, was zu tun ist, ohne Vorlieben, ohne Abneigungen.
14. Fühle dich stets als Teil des Ganzen, gleich wie eine Körperzelle Teil des Organismus ist.
15. Sei erwartungslos in deinem Handeln. Beanspruche keine Früchte für dein Tun.
16. Fühle dich als Instrument in der Hand Gottes.
17. Befolge die in der Sadhana Pada Patanjalis dargelegten ethischen Regeln des ahimsa, satya, asteya, brahmacharya und aparigraha.
18. Karma Yoga reduziert Karma, verhindert das Entstehen von neuem Karma und macht den Menschen frei.
19. Verbinde dich täglich mehrmals mit Gott durch Gebet, smaranam und kirtanam.
20. Habe stets das bhav, dass Gott in dir ist und dass du in Gott bist.
21. Habe keinen Wunsch, als dass Sein Wille geschehen möge und dass Er immer bei dir sei.
22. Wisse, dass, wenn du einen Schritt auf Gott zu machst, Er dir zehn Schritte entgegenkommt.
23. Meditiere täglich zumindest zwanzig Minuten.
24. Ziehe deine Sinne zurück und tauche tief in dein Inneres. Pflege die Stille und übe regelmäßig Mouna.
25. Übe fortgesetzte Achtsamkeit im Alltag – so wird dein Geist ruhig und klar.
26. Übe täglich Asana, Pranayama, Mudra und Bandha.
27. Reinige dich durch die sechs Kriyas und durch eine reine, sattvige Ernährung.
28. Regelmäßiges Praktizieren des Hatha Yoga stählt deinen Körper und deine Gesundheit.
29. Hatha Yoga lässt auch den Geist ruhig und klar werden, denn er reinigt deinen Astralkörper.
30. Gehe den Weg des Yoga-Sadhana. Dein Leben wird gesegnet sein. Om Tat Sat.

7.6

Sivanandas Sadhana

In den Schriften von Swami Sivananda, insbesondere in seinem „Sadhana - Lehrbuch mit Techniken zur spirituellen Vollkommenheit“ findet sich ein Schatz von Hinweisen zur Yoga-Praxis für ernsthafte Aspiranten. Diese Hinweise können durch Sivanandas direkte und kraftvolle Sprache unsere Motivation wecken, noch heute mit Sadhana zu beginnen!

Einige Hinweise sind in der beschriebenen Form vom Menschen im Westen kaum praktizierbar, da sie speziell für den spirituellen Aspiranten in einer Ashram-Umgebung, gewissermaßen in klösterlichem Umfeld, verfasst wurden. Versuche, dennoch ihren Geist zu erfassen und überlege, wie du den betreffenden Hinweis in deinem persönlichen Umfeld bestmöglich befolgen kannst.

Beginnen wir also mit einem Streifzug durch die Schriften Swami Sivanandas, die er speziell für Suchende auf der ganzen Welt verfasst hat!

Stufen spirituellen Strebens

Jeden Tag ein wenig weiser werden,
Geist und Körper zu gehorchen lehren,
Das innere Leben sowohl rein als auch stark erhalten,
Das Leben von Sinnlichkeit und die Hände von Falschem freimachen,
Die Türe verschließen vor Hass, Verachtung und Stolz, das Fenster weit öffnen für die Liebe,
Mit freudigem Herzen annehmen, was auf uns zukommt,
Uneinigkeit im Leben in Harmonie verwandeln,
Die schwere Last eines müden Arbeiters mit diesem teilen, einen verirrten Kameraden auf den Weg zurückführen,
Wissen, dass das, was wir haben, nicht uns gehört,
Fühlen, dass wir niemals ganz alleine sind,
Darum müssen wir Tag für Tag beten.
Denn dann wissen wir, dass dieses Leben wachsen wird.

Eines nach dem anderen

Sprich nicht von Samadhi und Erwecken der Kundalini. Die größeren Dinge können später in Angriff genommen werden. Tue zuerst die kleinen Dinge. Übe zuerst Yama und Niyama. Sei gut, tue Gutes. Erlange zuerst ethische Vollkommenheit. Zuerst rotte schlechte Charakterzüge aus und entwickle göttliche Eigenschaften. Zuerst beherrsche die Sinne und reinige das Herz. Wozu über Samadhi und das Erwecken der Kundalini sprechen, wenn die ersten Schritte noch nicht begonnen und geübt wurden?

Ausdauer und Standhaftigkeit

Ausdauer ist von großer Wichtigkeit. Alle Prozesse in dieser Welt erfolgen stufenweise. Die Landwirtschaft geht allmählich vor sich. Man muss säen, das Feld gießen, Unkraut jäten, und im Lauf der Zeit wird das Getreide eingebracht werden können. Wenn man ungeduldig ist und den Samen herauszieht, sobald er zu keimen beginnt, wird er absterben. Ein Mann, der ein Gefäß aus dem Brunnenwasser heben will, wenn das Gefäß voll ist, beginnt, das Wasser auf dem Rad hochzuziehen; wenn er plötzlich aufhört zu ziehen, fällt das Gefäß in den Brunnen zurück. Er muss weiterziehen, bis das Gefäß oben ist.

In seinem Streben muss der Mensch ein wenig Mut haben, um sich nicht leicht von den Hindernissen erschüttern zu lassen, die auf ihn einstürmen. Er muss dem Sturm standhalten und weitermachen trotz der Schwierigkeiten und widrigen Umstände, die versuchen, ihn einzuschüchtern. Dies ist **Standhaftigkeit**.

Ein rajasiger Geist möchte immer Neues. Er will Abwechslung. Er verabscheut Monotonie. Ein Yogaschüler muss den Geist darin schulen, bei einer Sache zu bleiben. Er muss äußerste **Geduld**, einen eisernen Willen und unermüdliche Ausdauer haben. Nur dann kann er im Yoga erfolgreich sein. Wer ständig etwas Neues will, ist ungeeignet für Yoga.

Bleibe an einem Ort, bei einem Lehrer, einer Methode, einem Yogasystem. Nur dann ist rascher Fortschritt möglich.

Demut und Duldungskraft

Ertrage Beleidigung. Ertrage Unrecht. Das ist die Essenz allen Sadhanas. Das ist das allerwichtigste Sadhana. Wenn du in diesem einen Sadhana Erfolg hast, kannst du sehr leicht in das unendliche Reich ewiger Wonne eingehen. Nirvikalpa Samadhi wird von selbst kommen.

Denke an das, was Jesus sagte: „Wenn jemand dich auf die eine Wange schlägt, halte ihm auch die andere hin. Wenn jemand dir den Mantel nimmt, gib ihm auch dein Hemd." Wie erhaben ist diese Lehre. Wenn du das befolgst, wirst du große spirituelle Stärke und Duldungskraft haben. Es wird dich göttlich machen. Es wird auch das Wesen des Angreifers unmittelbar verändern.

So wie unreines Gold durch Schmelzen im Schmelztiegel zu reinem Gold wird, so wird auch der unreine, unvollkommene, schwache Mensch rein, vollkommen und stark gemacht durch das Schmelzen im Schmelztiegel von Schmerz und Leid. Deshalb fürchte man Schmerz und Leid nicht. Sie sind verkleidete Gnaden. Sie sind Augenöffner. Sie sind stumme Lehrer. Sie lenken den Geist zu Gott, stärken den Willen und entwickeln Geduld und Ausdauerkraft, welche die Voraussetzungen für Gottverwirklichung sind.

Bereits zu Beginn des spirituellen Lebens muss klar erkannt werden, dass in wahrer Demut, im ernsthaften Wunsch, allmählich Stolz, Egoismus und Eifersucht auszurotten, in ernsthafter und unaufhörlicher Analyse zum Auffinden der eigenen Fehler und somit zur Besserung, die wahre Hoffnung auf Fortschritt liegt. Ohne diese Grundlage wird jedes Sadhana zu einer Täuschung und Verschwendung.

Leiden wendet den Geist zu Gott. Leiden legt Barmherzigkeit in das Herz und macht es weich. Leiden stärkt. Leiden schafft Leidenschaftslosigkeit. So wie man den Duft nur erhält, wenn man die Blätter des Walnuß- oder Eisenkrautbaumes zerreibt, erhält man die Essenz des Menschen nur, wenn er leidet oder in Schwierigkeiten ist. Deshalb ist Leiden ein versteckter Segen. Leiden ist das Allerbeste auf dieser Welt.

Zwei Wege zu Vairagya

Es gibt zwei Techniken. Die eine ist, den Geist immer nach innen gerichtet zu halten. Gestatte dem Geist niemals, vollkommen nach außen gewandt zu sein, sodass, auch wenn du dich scheinbar unter Objekten bewegst, die Sinne nicht nach außen gehen, sondern nach innen gerichtet sind. Dieses Pratyahara (Zurückziehen der Sinne) ist sehr wesentlich.

Die andere Technik ist es, kein Interesse zu haben. Wenn ein Nicht-Vegetarier auf den Markt geht, wo Fleischgerichte verkauft werden, läuft ihm vielleicht das Wasser im Munde zusammen. Einem reinen Vegetarier, der diese Dinge sieht, werden sie gar nichts bedeuten, denn das Interesse fehlt. So müssen wir in uns durch dauernde Reflexion die rechte Einstellung schaffen: Andauerndes Svadhyaya von Schriften, die die Flüchtigkeit der Welt, die Wertlosigkeit irdischer Dinge und die vergängliche Natur der gesamten Schöpfung darstellen. Durch ständige Aufnahme solcher Gedanken wird eine Geisteshaltung geschaffen, in der alle Dinge aufhören, Anziehungskraft zu haben; und dann, wenn diese Dinge auftauchen, erfolgt keine Reaktion aus dem Inneren - man hat einfach kein Interesse.

Geheimnis des Erfolges im Sadhana

Ernsthaftigkeit und Regelmäßigkeit sind die Geheimnisse des Erfolges auf dem spirituellen Weg. Nicht die geringste Spur von Sinnlichkeit darf das Wesen des Suchenden beflecken. Es muss der brennende Wunsch bestehen, fleckenlos rein zu sein. Der Suchende, der sorglos das überaus wichtige Yama, Selbstbeherrschung, vernachlässigt, macht im spirituellen Leben niemals Fortschritte. Wer aufrichtig, geduldig, ausdauernd und ernsthaft ist, wird große Fortschritte auf dem spirituellen Weg machen. Das Tor zur Unsterblichkeit steht dem Menschen offen, der Leidenschaftslosigkeit, Unterscheidung und Frömmigkeit besitzt und regelmäßig und ernsthaft meditiert.

Chitta Shuddhi, die Reinheit des Geistes

Chitta Shuddhi ist die Reinheit des Geistes und des Herzens. Wenn Chitta Shuddhi vorhanden ist, wird das göttliche Licht herabkommen. So wie man sein Gesicht im Spiegel klar sehen kann, so klar sieht man Atman, Gott, im reinen Spiegel des Geistes. Gedanken an Sexualität, weltliche Wünsche, Zorn, Eitelkeit, Egoismus, Habgier und Eifersucht usw. werden sich nicht mehr im Geist erheben, wenn du Chitta Shuddhi hast. Sinnesobjekte werden für dich nicht anziehend sein. Du wirst intensive und fortdauernde Vairagya haben. Du wirst alle tugendhaften göttlichen Eigenschaften haben, wie Barmherzigkeit, kosmische Liebe, Verzeihen, Harmonie und Ausgewogenheit des Geistes.

Wie lange dauert es, bis ein Mensch Chitta Shuddhi hat? Reinheit kann innerhalb von 6 Monaten erreicht werden, wenn es sich um einen erstklassigen Schüler handelt. Für einen mittelmäßigen Schüler kann es 6 Jahre dauern.

Können wir die Selbstverwirklichung erreichen, ohne Chitta Shuddhi zu haben? Nein, denn so wie ein Überbau nicht ohne festes Fundament errichtet werden kann, so kann auch Samadhi nicht ohne das Fundament von Chitta Shuddhi errichtet werden. Reinheit des Herzens ist die erste Voraussetzung auf dem spirituellen Weg, sei es Raja Yoga, Bhakti Yoga oder Jnana Yoga.

Wie kann Chitta Shuddhi erreicht werden?

- Karma Yoga: Selbstloses Dienen für die Menschen mit Atma Bhava
- Dienst an Gurus und Mahatmas
- Japa und Kirtan
- Regelmäßige Meditation
- Pranayama
- sattvige Ernährung
- Satsang
- Svadhyaya
- Körperliches, geistiges oder verbales Tapas, wie in BG 17,14-16 beschrieben
- Yama und Niyama
- Kriya Yoga (PYS 2,2)
- Vichara, das Stellen der Frage „Wer bin ich?“, Innenschau und Selbstanalyse
- Leben an einsamen Orten mit der Praxis von Anushthana, Agnihotra und der 5 großen Yajnas

Vier Punkte, an die im Sadhana zu denken ist

- Denke an die Leiden von Samsara - daraus entsteht Vairagya
- Denke an den Tod - daraus entsteht ebenfalls Vairagya
- Denke an die Heiligen - das inspiriert
- Denke an Gott - dies führt zur Erlangung von Gottesbewusstsein.

Fünf Mittel

Es gibt fünf Mittel, um vollkommene Ruhe und Befreiung zu erlangen. Sie stellen das höchste Glück dar. Sie sind

- Satsanga, das Zusammensein mit Weisen,
- Unterscheidung zwischen dem Wirklichen und dem Unwirklichen, (Viveka)
- Leidenschaftslosigkeit (Vairagya),
- das Fragen „Wer bin ich?“ (Vichara),
- Meditation (Dhyana)

19 Punkte zur Erlangung von Frieden

1. Lebe in Einsamkeit
2. Gehe nicht in Gesellschaft
3. Besitze wenig
4. Iss wenig
5. Halte Mouna
6. Übe Asana und Pranayama
7. Übe Japa und Meditation
8. Studiere die heiligen Schriften
9. Habe Satang
10 Habe Santosha, sattvige Zufriedenheit
11. Plane nicht
12. Hoffe und erwarte nicht
13. Zerstöre Wünsche
14. Vernichte Zorn
15. Vernichte Haß
16. Sieh alles gleich an
17. Sei in ständigem Vichara
18. Entwickle große Geduld
19. Habe Kshama, Titiksha, Toleranz, Daya, Karuna, Udarata, Warmherzigkeit und universelle Liebe.

Zwanzig spirituelle Anweisungen

Diese zwanzig Anweisungen enthalten die eigentliche Essenz jedes Yoga Sadhana. Sie sind der Schlüssel zu raschem Fortschritt und zur Entwicklung der physischen, geistigen, moralischen und spirituellen Seite des Menschen.

1. Stehe täglich um 4.00 Uhr auf. Das ist Brahmamuhurta und für Sadhana äußerst vorteilhaft. Mache den ganzen Morgen spirituelles Sadhana von 4.00 bis 6.30 oder 7.00 Uhr. Solches Sadhana bringt raschen und maximalen Fortschritt.

2. Sitze eine halbe Stunde mit dem Gesicht nach Osten oder Norden in Padma, Siddha oder Sukha Asana zu Japa und Meditation. Steigere die Dauer allmählich auf drei Stunden. Mache aus Gründen von Brahmacharya und Gesundheit Sirshasana und Sarvangasana. Mache regelmäßig sanfte Körperübungen wie Gehen etc. Mache zwanzig Runden leichtes, angenehmes Pranayama.

3. Wiederhole ein reines Mantra wie Om, Om Namo Narayanaya, Om Namah Sivaya ....oder Gayatri, je nach Neigung. Wer Jesus verehrt, kann den Namen Jesus oder „Gelobt sei Maria, die Mutter von Jesus" wiederholen.

4. Iss sattvige Nahrung. Verzichte auf Rajas- und Tamas-Nahrung. Überlade den Magen nicht. Verzichte ein-, zweimal im Jahr auf Dinge, die der Geist am liebsten mag. Iss einfach. Milch und Früchte verbessern die Konzentration. Nimm Nahrung als Medizin zu dir, um am Leben zu bleiben. Essen zum Genuss ist Sünde. Menschen, die sich nicht vegetarisch ernähren, müssen alles daransetzen, um allmählich den Fleischkonsum so vollständig wie möglich aufzugeben. Sie werden sehr großen Nutzen daraus ziehen.

5. Habe einen eigenen abgeschlossenen Meditationsraum. Wenn das nicht geht, trenne eine Ecke des Raumes mit einem kleinen Vorhang ab.

6. Spende regelmäßig jeden Monat oder auch täglich, je nach deinen Möglichkeiten oder 10 % deines Einkommens. Vernachlässige diesen Punkt nie. Wenn nötig, verzichte auf persönliche Bedürfnisse, aber gib regelmäßig diese Spenden.

7. Lies systematisch die heiligen Schriften eine halbe Stunde oder eine Stunde täglich.

8. Halte Brahmacharya - bewahre die Vitalkraft „Virya" sehr, sehr sorgfältig. Virya ist Gott selbst. Virya ist die Essenz von Leben, Gedanke und Intelligenz. Diese Anweisung gilt nicht nur für Ledige. Auch Eheleute müssen dem so weit wie möglich folgen.

9. Lerne einige Gebetsslokas auswendig und sage sie, sobald du dich in die Asana setzt, bevor du mit Japa oder Meditation beginnst. Das erhebt den Geist.

10. Verzichte gänzlich auf schlechte Gesellschaft, Rauchen, Fleisch und alkoholische Getränke. Entwickle keine schlechten Gewohnheiten. Bemühe dich bewusst, positive tugendhafte Eigenschaften zu entwickeln.

11. Faste zu Ekadashi oder iss nur Milch und Früchte. Christen müssen jeden zweiten Sonntag fasten.

12. Trage eine Japamala um den Hals, in der Tasche oder habe sie nachts unter dem Kopfkissen.

13. Halte täglich einige Stunden Mauna. Mache während der Phase der Stille keine Gesten oder unartikulierten Laute.

14. Sprich um jeden Preis die Wahrheit. Sprich wenig. Sprich sanft. Sage immer nur ermutigende Worte. Verurteile oder entmutige nie. Erhebe nicht die Stimme und schreie nicht mit kleinen Kindern oder Untergebenen.

15. Verringere deine Bedürfnisse. Wenn du vier Hemden besitzt, verringere die Zahl auf zwei oder drei. Führe ein glückliches, zufriedenes Leben. Vermeide unnütze Sorgen. Sei geistig unverhaftet. Pflege einfaches Leben und hohes Denken. Denke an Menschen, die nicht einmal ein Zehntel dessen besitzen, was du hast. Teile das, was du hast, mit anderen.

16. Verletze niemanden. Beherrsche Zorn durch Liebe, Vergebung und Mitgefühl.

17. Mache dich nicht von Dienstboten abhängig. Selbst für sich zu sorgen ist die höchste Tugend.

18. Denke, bevor du zu Bett gehst, über die Fehler nach, die du im Lauf des Tages gemacht hast. Führe ein spirituelles Tagebuch. Habe ein Formular für Tagesprogramm und Vorsätze.

19. Bedenke, dass der Tod jeden Moment auf dich wartet. Vernachlässige niemals deine Pflichten. Habe ein reines Verhalten.

20. Denke an Gott, sobald du aufwachst und unmittelbar, bevor du zu Bett gehst.

60 tägliche Richtlinien für den Sadhaka

1. Reduziere deine Bedürfnisse auf das äußerste Minimum.
2. Passe dich Umständen an.
3. Hänge an nichts und niemanden.
4. Teile das, was du hast, mit anderen.
5. Sei stets bereit, zu dienen. Versäume keine Gelegenheit.
6. Pflege Akarta und Sakshi Bhava.
7. Sprich sanfte und gemessene Worte.
8. Habe brennenden Durst nach Gottverwirklichung.
9. Verzichte auf all deine Habe und überlasse dich Gott.
10. Der spirituelle Weg ist ein Weg auf des Messers Schneide. Ein Guru ist absolut notwendig.
11. Habe große Geduld und Ausdauer.
12. Gib das Abhyasa nicht einmal einen Tag lang auf.
13. Der Guru führt dich nur. Du musst selber den Weg gehen.
14. Das Leben ist kurz. Der Zeitpunkt des Todes ist ungewiss. Widme dich mit allem Ernst dem Yoga Sadhana.
15. Führe ein spirituelles Tagebuch und führe genau Buch über Fortschritte und Misserfolge. Halte Vorsätze ein.
16. Klage nicht darüber, dass für Sadhana keine Zeit ist. Reduziere Schlaf und langes Reden. Halte dich an Brahmamuhurta.
17. Lasse den Gedanken an Gott den Gedanken an die Welt fern halten.
18. Vergiss das Gefühl, du wärest männlich oder weiblich durch intensives Brahma Chintana.
19. Verschiebe nie etwas auf morgen, wenn du es heute machen kannst.
20. Prahle nicht mit deinen Fähigkeiten und stelle sie nicht zur Schau. Sei einfach und bescheiden.
21. Sei stets frohgemut. Gib Sorgen auf.
22. Stehe Dingen, die dich nichts angehen, gleichmütig gegenüber.
23. Meide Gesellschaften und Diskussionen.
24. Sei täglich einige Stunden alleine.
25. Lege Habgier, Eifersucht und Horten ab.
26. Beherrsche Emotionen durch Unterscheidung und Vairagya.
27. Habe stets ein geistiges Gleichgewicht.
28. Überlege zweimal, bevor du sprichst und dreimal, bevor du handelst.
29. Lege Nörgeln, Kritisieren und Lästern ab. Hüte dich vor Reaktionen.
30. Finde deine Fehler und Schwächen heraus.
31. Verzeih und vergib das Übel, das andere dir angetan haben. Tue denen Gutes, die dich hassen.
32. Scheue Lust, Zorn, Egoismus, Moha und Lobha (Verblendung und Gier) wie eine giftige Kobra.
33. Sei darauf vorbereitet, jedes Maß an Schmerzen zu ertragen.
34. Habe stets eine Aufstellung von Maximen bei dir, um Vairagya herbeizuführen.
35. Behandle Sinnenfreuden wie Gift. Sie können dich nicht zufrieden stellen.
36. Bewahre dein Veerya sorgfältig. Schlafe immer alleine.
37. Verehre Frauen als die göttliche Mutter. Entwurzle den Gedanken an Geschlechtlichkeit. Verbeuge dich vor jedem.
38. Sieh Gott in jedem Gesicht, in allem.
39. Stütze dich auf Sankirtan, Satsang und Gebet, wenn der Geist von niederen Instinkten überwältigt wird.
40. Begegne Hindernissen kühl und mutig.
41. Kümmere dich nicht um Kritik, wenn du auf dem richtigen Weg bist. Gib Schmeicheleien nicht nach.
42. Respektiere Schurken und Spitzbuben. Diene ihnen.
43. Bekenne offen deine Fehler.
44. Kümmere dich um deine Gesundheit. Versäume es nicht, täglich Asanas und Bewegung zu machen.
45. Sei stets aktiv und tätig.
46. Entwickle dein Herz durch Geben. Sei außerordentlich spendenfreudig. Gib mehr, als man von dir erwartet.
47. Wünsche vervielfachen das Elend. Entwickle Zufriedenheit.
48. Kontrolliere einen Sinn nach dem anderen.
49. Entwickle Brahmakara Vrtti, indem du wiederholt daran denkst.

50. Habe Kontrolle über all deine Gedanken. Halte sie rein und erhaben.

51. Werde nicht zornig, wenn man dich beleidigt, beschimpft oder verletzt. Es ist nichts als ein Spiel von Worten.

52. Lasse deinen Geist in Gott ruhen und lebe in der Wahrheit.

53. Sei voll Begeisterung und fleißig auf dem Weg zur Vollendung.

54. Habe ein klares Ziel im Leben und schreite sorgsam voran.

55. Der Nutzen von Mauna ist unermesslich. Gib diese Praxis nie auf.

56. Vier wichtige Wege, durch welche Leidenschaft in den Geist gelangen kann, sind Klang, Berührung, Blick und Gedanken. Sei wachsam!

57. Habe zu niemand anderem als zu Gott eine enge Beziehung. Habe wenig Kontakte zu anderen.

58. Sei in allem mäßig. Extreme sind immer gefährlich.

59. Halte täglich Selbstanalyse und Innenschau. Sei dir des Ausmaßes deines Wachsens bewusst.

60. Gib Neugier auf dem spirituellen Weg auf. Bewahre die Energie und konzentriere dich. Denke wenig an Essen, Körper und Verwandte. Denke mehr an Atman. Du musst noch in diesem Leben verwirklichen!

Eine Girlande von Sadhana-Lehrsätzen

1. Lasse dich nicht auf weltliche Gespräche ein. Sprechen über sinnliche Dinge lässt den Geist in eine sinnliche Tendenz geraten. Sprich immer über spirituelle Dinge und Gott.

2. Wer erkannt hat, dass die Sinnenfreuden dieser Welt vergänglich und wertlos sind, ist bereit für den spirituellen Weg. Wenn die Anziehung der äußeren Objekte aufhört, erlangst du Frieden. Der Geist wird fest und stetig und du hast wunderbare Konzentrationskraft.

3. Ständiges Denken an den Herrn und ständiges Wiederholen Seines Namens füllen das Herz mit Sattva, Reinheit, und enormer Kraft und Frieden, um auch den kritischsten Lebensumständen mit vollkommener Ruhe und Gelassenheit zu begegnen.

4. Nur ein Mensch mit Geduld, Ausdauer und eisernem Willen kann den spirituellen Weg gehen.

5. Der Suchende muss frei sein von Erwartung, Wunsch und Habgier.

6. Wer sein Vergnügen und seine Bequemlichkeit gering achtet und immer versucht, anderen zu helfen, ist ein fortgeschrittener Schüler auf dem Weg der Spiritualität.

7. In Prüfungen, Enttäuschungen und Schwierigkeiten muss der Glaube an Gott unerschütterlich sein. Hoffnung und Hilfe kommen von innen, wenn man sich absolut hilflos fühlt.

8. Absolute Verhaftungslosigkeit, Selbstdisziplin und Selbstbeschränkung sind essentiell, um das höchste Ziel zu erreichen.

9. Reinigung ist der Pass für das glorreiche Land ewiger Wonne. Göttliches Leben ist nicht möglich ohne Selbstbeherrschung und Reinigung. Selbstbeherrschung steigert Energie, Vitalität, Kraft und geistige Stärke.

10. Dienst an Armen und Kranken ist ein sicheres Heilmittel, ein unübertreffliches Mittel, um sich rasch zu reinigen. Gütige wohltätige Handlungen mit Bhav sind von größter Bedeutung für die Reinigung des Herzens und den Fortschritt auf dem spirituellen Pfad.

11. Leidenschaft lauert in dir. Sie ist der tödlichste Feind des spirituellen Suchers. Sie macht dich zum größten Bettler. Aus Leidenschaften entstehen Zorn und andere schlechte Eigenschaften, die den spirituellen Reichtum des Suchenden zerstören.

12. Überladen des Magens, ermüdende Arbeit oder Überarbeitung, zuviel reden, zuviel schweres Essen am Abend und zuviel Kontakt mit Menschen sind Hindernisse für einen spirituell Suchenden.

13. Ichdenken ist die gefährlichste Schwäche des Menschen. Sie führt zum Fall des spirituell Suchenden. In dem Moment, in dem Ichdenken auftritt, wird sofort das freie Fließen der göttlichen Energie blockiert. Selbstlosigkeit ist das Alpha und Omega aller Sadhanas und Yogas in allen Religionen.

14. Die Wünsche sind zahllos, unersättlich und unüberwindlich. Genuss kann keine Befriedigung bringen, sondern stärkt, steigert und verschlimmert die Wünsche. Man erreicht Gott durch das Vernichten der Wünsche.

15. Es gibt drei Tore zum Abgrund der Hölle: Lust, Zorn und Gier.

16. Wer sich ausgiebig den Sinnesfreuden hingibt, einen unkontrollierten Geist hat, maßlos isst und untätig ist, wird bald Zerstörung finden.

17. Gottverwirklichung kann nicht erreicht werden, solange auch nur der kleinste Hauch von Stolz, Wunsch oder Ego vorhanden ist.

18. Wo ist der Regen ohne Wolke? Wo ist das Korn ohne Regen? Wo ist die Blume ohne Samen? Wo ist Wonne ohne die Gnade Gottes? Wo ist Frieden ohne Meditation?

19. In dir selbst liegt der Schlüssel für jedes Problem, die Weisheit, jede Situation zu meistern und die Kraft, zu erhabenen Höhen von göttlichem Glanz und Herrlichkeit emporzusteigen.

20. Das Haupthindernis zur Selbstverwirklichung ist Trishna (Gier, Verlangen). Beseitige alle Trishnas und in der selben Sekunde wirst du Nirvana erfahren. Denke daran, dass Trishnas hartnäckig und tiefverwurzelt sind. Sie manifestieren sich in vielfacher Gestalt.

21. Sinnesleben ist gar kein Leben. Es wird begleitet von Schmerz, Sünden, Schwächen, Verhaftungen, sklavischer Mentalität, einem schwachen Willen, schwerer Anstrengung und Kampf. Sinnesleben kann kein dauerhaftes Glück geben. Es führt in den Abgrund der Hölle. Je mehr du Sinnesfreuden nachläufst, desto ruheloser und leidvoller wirst du.

22. Sei in der Welt, aber gleichzeitig außerhalb der Welt. Das ist der höchste Yoga.

23. Brahmacharya ist der Schlüssel für Erfolg in jedem Lebensbereich. Es ist absolut notwendig für spirituellen Fortschritt. Brahmacharya umfasst nicht nur die Beherrschung des Geschlechtsindriyas, sondern auch aller anderen Indriyas. Sadhana ist ohne Brahmacharya unmöglich.

24. Die Praxis, den Geist voll beschäftigt zu halten, ist die allerbeste Praxis, um körperliches und geistiges Brahmacharya zu halten.

25. Die Wahrheit zu sprechen, befreit von Sorgen und spendet Frieden und Kraft. Die Wahrheit zu sprechen ist die wichtigste Voraussetzung für einen Yogi. Wenn Wahrheit und tausend Opferrituale gegeneinander aufgewogen werden, wird stets die Wahrheit überwiegen.

26. Wenn der Yogi stets und unter allen Umständen die Wahrheit spricht, erlangt er Vak-Siddhi: Alles, was er denkt oder sagt, stellt sich als wahr heraus. Er kann durch den bloßen Gedanken alles bewirken.

27. Ohne Leiden kann es keine Kraft geben. Ohne Leiden kann es keinen Erfolg geben. Ohne Sorgen und ohne Verfolgung kann niemand ein Heiliger oder ein Weiser werden. Jedes Leiden ist dazu da, den Menschen zu erheben und weiter zu entwickeln. Ein Unglück ist ein verkleideter Segen, um das Herz mit Duldungsfähigkeit und Barmherzigkeit zu erfüllen und den Geist auf Gott hin zu richten.

28. Löse und binde. Löse den Geist von weltlichen Dingen und binde ihn an den Herrn. Das ist die Essenz der Religion. Es ist die Essenz allen spirituellen Sadhanas. Die ganze Bedeutung spirituellen Lebens liegt darin, sich vom Ichdenken zu befreien und im Ewigen zu leben.

29. Reinige zuerst das Herz. Befreie dich von Selbstsucht, Habgier, Eifersucht und Hass. Reinheit des Herzens ist ein Tor zu Gott.

30. Bete und meditiere. So erhältst du den Schlüssel zur Gnade.

31. Der Suchende, der sorglos das höchst wichtige Yama, Selbstbeherrschung, vernachlässigt, macht niemals Fortschritte im spirituellen Leben.

32. Der Suchende muss inspiriert sein von einer positiven Leidenschaft für Reinheit. Es muss der brennende Wunsch vorhanden sein, makellos rein zu sein.

33. Je mehr du dich von der Welt löst, desto mehr Freude und Wonne wirst du im Inneren erfahren. Je mehr dein Herz von weltlichen Inhalten geleert ist, desto größer wird das Verlangen sein, Gott zu lieben.

34. Leidenschaftslos und rein zu sein in Gedanke, Wort und Tat, zufrieden und frohgemut, nicht getäuscht und stets wachsam zu sein und unaufhörlich an Gott zu denken, ist die Essenz des Sadhana.

35. Nimm den Geist vom Körper weg und hefte ihn auf Gott. Dann empfindest du weder Hitze noch Kälte.

36. Es bringt keinen Nutzen, sich ohne vorbereitende Praxis und ohne Reinigung des Herzens in Meditation zu stürzen. Menschen, die die Sinne, Vrittis und Unreinheiten nicht gezügelt haben, werden es schwierig finden, Meditation oder Konzentration zu praktizieren.

37. Zuerst ist das Sadhana mechanisch, und erst in späteren Phasen wird es zum integralen Bestandteil des Lebens. Zu Beginn sieht es aus wie große Mühe. Später schenkt es Freude, Kraft, Mut, Frieden und Freiheit.

38. Der unreine Geist ist nichts anderes als subtile Wünsche, die zahllose Geburten entstehen lassen. Wenn der Geist vom Wunsch nach Dingen befreit ist und in Gott ruht, verschwindet die Welt gänzlich. Die Tendenz, an Sinnesobjekte zu denken, ist in der Tat die Ursache von Bindung und Wiedergeburt. Befreiung bedeutet nichts anderes als Verlöschen des unreinen Geistes. Der Geist wird rein, wenn die Wünsche vernichtet sind.

39. Wünsche nichts. Brauche nichts. Ersehne nichts. Erhoffe nichts. Erwarte nichts. Dann bist du gesegnet. Dann bist du der König der Könige. Dann erlangst du Vollendung.

40. Unentwegtes und regelmäßiges Bemühen von Seiten des Suchenden ist unerlässlich. Ernsthaftigkeit und Regelmäßigkeit im Sadhana sind die Geheimnisse des Erfolge auf dem spirituellen Weg.

Kleines Sanskrit-Lexikon

Sanskrit ist eine unsterbliche Sprache; ihre Stimme ist ewig; ihr Ruf geht durch die Jahrhunderte. In sie eingebettet ist die Grundlage aller Sprachen der Welt.

Ein eingehendes Sich-Beschäftigen mit der Philosophie und Technologie des Yoga bringt den Kontakt mit einer Reihe von Sanskrit-Begriffen mit sich, die besonders dem Einsteiger in die Materie zu schaffen machen können. Der Wert und die Kraft dieser uralten Kultursprache ist zweifach:

Zum einen heißt es, dass die Klänge der Sanskrit-Sprache eine besondere, heilige Kraft haben, welche in der Wissenschaft der Mantra-Rezitation gezielt eingesetzt wird, um bestimmte, meist spirituelle, aber auch weltliche Ziele zu erreichen.

Zum anderen ist keine andere Sprache wie Sanskrit geeignet, transzendente und spirituelle Zusammenhänge und Verhältnisse zu beschreiben, denn eben hierin lag die Herausforderung und das geistige Umfeld bei der Entwicklung dieser Sprache.

Die folgenden Liste gibt die wichtigsten in der Yoga-Philosophie vorkommenden und in dem vorliegenden Buch verwendeten Sanskritbegriffe mit deutscher Übersetzung und Seitenangabe wieder. Von den technischen Begriffen (Asanas, Pranayamas, Mudras, Bandhas, Prana Vayus, Chakras) wurden nur die wichtigsten in das Verzeichnis aufgenommen.

A

Abhinivesha = Angst vor dem Tod, eine der 5 →Kleshas - 58

Abhyasa = Übung i.e.S., Übungstechnik – 59, 240ff

Adhyaropa = Überlagerung der Wirklichkeit durch →Maya - 182

Advaita Vedanta = nichtdualistische Philosophie, bedeutendste der 6 →Darshanas – 181ff

Agami Karma = neu geschaffenes Karma - 199

Aham Brahma Asmi = Ich bin Brahman, einer der 4 →Maha Vakyas - 184

Ahamkara = Ego, der „Ich-Macher" - 54

Ahimsa = Nichtverletzen, erste der 5 →Yamas - 63

Ahimsa Parama Dharma = Nichtverletzen ist das höchste Gesetz

Ajapa Japa = Sich spontan, von selbst wiederholendes (ajapa) Mantra-Rezitieren (→Japa) – 83

Ajna Chakra = Stirnchakra, 3. Auge - 116

Amrita = Unsterblichkeit(snektar) – 163

Anahata Chakra = Herzchakra - 115

Ananda = Wonne

Anandamaya Kosha = Wonnekörper - 56

Annamaya Kosha = Grobstofflicher Körper - 56

Antar = innen

Antarkarana = das innere Instrument - 54

Apana = Sich nach unten bewegender Aspekt des →Prana - 111

Aparigraha = Unbestechlichkeit, Nicht-Annehmen von Geschenken, Nicht-Begehren, Nicht-Ergreifen; eine der 5 →Yamas - 66

Arati = Lichtzeremonie, →Bhakti-Ritual - 216

Ardha = halb

Artha = Wohlstand, Reichtum, Besitz; 1. der 4 Lebensziele (→purushartha) - 21

Asamprajnata Samadhi = Samenloser →Samadhi, höchster Zustand des Überbewusstseins - 79

Asana = Sitz-/Körperstellung – 70; 118ff

Ashram = Zufluchtsort, spirituelles Zentrum - 24

Ashrama = Lebensphase - 20

Ashtanga = aus acht (ashta) Teilen (anga) gebildet

Ashtanga Yoga = Der aus 8 Stufen gebildete Yoga-Weg des →Patanjali - 61

Asmita = Identifikation, Ego; 2. der 5 →Kleshas - 58

Asteya = Nichtstehlen; 3. der 5 →Yamas - 64

Atman = das kosmische Selbst im Menschen – 183, 191

Aum = Om, der kosmische Urklang - 86

Avastha = Geisteszustand / -modus

Avidya = Nichtwissen, Nichterkennen – 58, 181

Ayam Atma Brahman = Dieses Selbst ist Brahman; eine der 4 →Maha Vakyas - 184

Ayurveda = das Wissen (→veda) vom langen und gesunden Leben (ayus); ältestes Gesundheits- und Heilsystem der Weltgeschichte

B

Bahir / bahya = außen

Bandha = Energieverschluß – 169f

Basti = Reinigung des Enddarms durch Wasserspülung, eine der →Shatkarmas - 143

Bhagavan = Göttlicher, Erhabener

Bhagavad Gita = der Gesang der Gottheit – 33ff, 201, 224

Bhajan = Lobgesang Gottes - 221

Bhakta = Bhakti-Yogi

Bhakti = Gefühl, Hingabe – 209ff

Bhakti Yoga = Weg der Hingabe an Gott – 209ff

Bija Mantra = Samenmantra - 84

Bindu = Punkt, Tropfen; Symbol für das Universum in seiner unmanifesten Form

Bolo = singe! sprich! Kommt in →Kirtan-Liedern vor

Brahma = Schöpferaspekt Gottes in der hinduistischen Trinität – 228

Brahma Granthi = einer der 3 psychischen Knoten - 117

Brahmachari(n/i) = Schüler (1. →Ashrama) - 20

Brahmacharya = Wandel (acharya) in Gott (Brahman); (sexuelle)Enthaltsamkeit / Mäßigung - 65

Brahman = das kosmische Selbst, undefinierbar, unendlich – 181, 191

Buddhi = Intellekt, Teil des →Antarkarana - 54

C

Chakra = Rad, Wirbel; Energiezentrum im Astralkörper – 112ff

Chandra = Mond

Chitta = Geist, „Geistsubstanz", Unterbewusstsein; Teil des → Antarkarana - 54

D

Darshana = Sichtweise, Sehen, Anblick. Bezeichnung für die 6 klassischen Philosophiesysteme in Indien; auch für Anblick eines/r Heiligen – 178ff

Deva = Gottheit

Devi = weibliche Gottheit

Dharana = Konzentration, 6. Stufe des →Ashtanga Yoga - 76

Dharma = Gesetz, Ordnung, (Lebens-)Aufgabe – 20, 21, 202

Dhauti = Darmreinigung, eine der →Shatkriyas - 142

Dhyana = Meditation, 7. Stufe des →Ashtanga Yoga – 77

Diksha = Einweihung; Mantra Diksha - 82

Dosha = "Unreinheit"; Konstitutionstyp im →Ayurveda

Durga = Gott im Mutter-Aspekt, die göttliche Mutter - 230

Dvandva = die polaren / dualen Gegensätze, Gegensatzpaare (heiß-kalt, ...) - 72

Dvesha = Abneigung, Hass, Abgestoßen-sein; eine der 5 →Kleshas - 58

E

Ekadashi = der elfte Tag, traditioneller Fasttag in Indien

Ekagrata = Einpünktig, konzentriert - 55

G

Ganesha = Herr der himmlischen Heerscharen, Sohn von →Siva und →Parvati - 231

Gayatri = "Heiligstes Mantra der Veden", in einem Versmaß von 3x8 Silben – 85

Granthi = psychischer Knoten, Blockierung, Anhaftung - 117

Grihastha = Haushälter (2. →Ashrama) - 21

Guna = Eigenschaft der Natur - 54

Guru = spirituelle Lehrer, „der die Dunkelheit beseitigt„ - 22

Guru kula = Klassisches indisches System, bei dem der Schüler bei seinem Guru lebt und lernt - 23

Guru Parampara = Guru-Schüler-Linie (Tradition) - 23

H

Hanuman = Name des Affengottes, großer Verehrer der Gottesinkarnation →Rama - 232

Hasta = Hand

Hatha Yoga = Weg der Energie, Vereinigung von →Ida- und →Pingala-Energie – 103ff

Hatha Yoga Pradipika = "die kleine Leuchte des Hatha-Yoga"; klassisches Werk des →Hatha Yoga aus dem 14. Jahrhundert - 105

I

Ida = Mondnadi / Energieform, die sich in Ida →Nadi bewegt (weiblich, kühl) - 111

Indriyas = die Sinne, Wahrnehmungs- und Handlungskräfte - 75

Ishta Devata = persönliche Gottheit - 211

Ishvara = Gottheit – 70, 183, 211

Ishvarapranidhana = Hingabe an Gott – 70

J

Jagrad avastha = Wachzustand, einer der drei grundlegenden Geisteszustände, die anderen sind →Svapna und →Sushupti Avastha - 77

Jala Neti = Nasenreinigung mit Wasser - 144

Japa = Mantra-Rezitation - 82

Japa Mala = Kette mit 108 Perlen als Hilfe für →Japa - 83

Jaya = Sieg! Ein Ausruf der Verehrung, des Lobes: „Ehre! Ruhm! Glanz!"

Jiva = Einzelseele, die sich mit Körper, Geist und Sinnen identifiziert - 183

Jnana = Wissen, Erkennen

Jnana Yoga (gesprochen: Njana) = Yoga-Weg des Erkennens der Wahrheit - 177

Jnanendriyas = Sinne der Wahrnehmung (Jnana-→Indriyas) – 59, 75

Jnanin = Jnana-Yogi

K

Kaivalya = Befreiung (vom Rad der Wiedergeburten)

Kali = die schwarze Göttin, Gemahlin von →Shiva - 230

Kapala = Kopf

Kapalabhati = „strahlender Schädel", reinigende Atemübung, eine der →Shatkarmas - 146

Kapha = einer der ayurvedischen Konstitutionstypen (→dosha), dem das Wasser-Element zugeordnet ist

Karana Sharira = Kausalkörper - 56

Karma = Handlung, Folge einer Handlung, Gesetz von Ursache und Wirkung - 197

Karmendriyas = Handlungsorgane (Karma-→Indriyas) – 59, 75

Kaya = Körper

Keshava = ein Name für →Krishna; „langes, schönes Haar besitzend" - 233

Kevala Kumbhaka = Freies Stillstehen der Luft in tiefer Meditation – 73, 149, 160

Kirtan = Lobgesang Gottes – 215, 221ff

Klesha = leidverursachender Faktor - 58

Kosha = Schicht, Hülle - 56

Krishna = Gottes-Inkarnation; 8. Inkarnation →Vishnus; Lehrer von Arjuna in der →Bhagavad Gita - 233

Kriya = Reinigungstechniken, rituelle Handlungen, Übungspraxis - 58

Kshipta = Unruhig, zerstreut - 55

Kumbhaka = Luftanhalten - 149

Kundalini = Spirituelle Kraft im Menschen, Schlangenkraft - 110

L

Lakshmi = Göttin des Wohlergehens und des Erfolges, Partnerin von →Vishnu - 229

Likhita Japa = geschriebenes →Japa / Mantra-Schreiben - 83

M

Maha = groß

Maha Vakya = große Verkündigung aus den Upanishaden - 184

Mahabharata = Großes (maha) Indien (Bharata), Name eines Epos, dessen Teil die →Bhagavad Gita ist - 17

Mahadeva = Großer Gott, ein Name für →Shiva - 229

Mahasamadhi = Großer Samadhi; endgültiges bewusstes Verlassen des Körpers großer Meister - 80

Maheshvara (Maha-Ishvara) = Großer Gott, ein Name für →Shiva - 229

Mala = Girlande, Kranz, Kette (s.a. →Japa-Mala) - 83

Manana = nachdenken, geistig verarbeiten, eine Phase im →Jnana Yoga - 192

Manas = Geist; Teil des →Antarkarana – 54

Manipura Chakra = Nabelchakra - 114

Manomaya Kosha = Geistkörper - 56

Mantra = „mystische Kraft, die in eine Klangstruktur gekleidet ist" – 81ff

Maya = Scheinwelt - 181

Mitahara = Mäßigung in der Ernährung; mäßige, bescheidene Ernährung - 108

Moksha = Befreiung vom Rad der Wiedergeburten - 9

Mouna = Schweigen

Mudha = dumpf, träge, trübe - 55

Mudra = Stellungen des Körpers oder von Körperteilen, Symbol

Muladhara Chakra = Wurzelchakra - 113

Mumukshutva = Sehnen nach Befreiung

N

Nada Yoga = Klangmeditation

Nadi = Energiekanal, in dem sich das →Prana bewegt - 111

Namaste = Ich grüße dich

Narayana = Bezeichnung Gottes als Urwesen, meist als →Vishnu bzw. →Krishna betrachtet

Nauli = Magenkontraktions- und –Rotationsübung, eine der →Shatkriyas – 146

Neti = Nasenreinigung, eine der →Shatkriyas - 144

Nididhyasana = Meditation (über die upanishadischen Weisheiten), Teilelement im →Jnana Yoga - 192

Nidra = Schlaf

Nirodha = verebben, ausschwingen, still, aufgelöst - 55

Nirvana = Verlöschen, vergehen (der Illusion der Welt und des Getrenntseins) - 9

Nirvikalpa Samadhi = Höchster Samadhi: ohne Bewegung (vikalpa)

Niyama = Gebot, Regel – 67, 108

Nyaya = Dualistische religiöse Sicht. Auch: Gleichnis - 179

O

Ojas = Spirituelle Energie

Om = →Aum, der kosmische Urklang; →Bija-Mantra für das göttliche / kosmische Prinzip - 86

P

Pada = Fuß, auch für Abschnitt verwendet (z.B. in den Raja Yoga Sutras von →Patanjali)

Pancha = fünf

Panchakosha = "Fünf Hüllen": Konzept des Aufbaues des Menschen im →Samkhya - 56

Parvati = "aus den Bergen": Name für die Gemahlin →Shivas - 230

Patanjali = Weiser, Yogi und Psychologe aus dem 2. Jhdt.; Verfasser der berühmten Raja Yoga Sutras - 47

Pingala = Sonnen-Energie (männlich, heiß) bzw. Kanal, durch den diese Energie fließt - 111

Pitta = eine der drei →Doshas im →Ayurveda; dem das Feuer-Element zugeordnet wird

Prabho = der Herr (Gott)

Prajnanam Brahma = Bewusstsein ist Brahman; eine der 4 →Maha Vakyas - 184

Prana = Lebensenergie – 72, 110

Prana Vayu = Unter-Art der Energie Prana – 111

Pranamaya Kosha = Pranakörper - 56

Pranayama = Atem-Technik zum Erhöhen und Lenken des Prana – 72, 148ff

Prakriti = Natur-Aspekt im →Samkhya - 179

Prarabdha Karma = Karma für das gegenwärtige Leben - 199

Pratyahara = Zurückziehen der Sinne, 5. Stufe im →Raja Yoga - 73

Puja = religiöse Zeremonie - 216

Puraka = Einatmen

Purna = ganz

Puruscharana = Intensive Übungspraxis, besonders des Mantra-Yoga - 82

Purusha = Bewusstseinsaspekt im →Samkhya – 179

Purushartha = menschliches Streben – 21, 240

Purva Mimamsa = eine der 6 klassischen →Darshanas: ethische Sicht, Rituale, Dharma, Adharma - 178

R

Radha = Anbeterin und Geliebte →Krishnas – 233

Raga = Sehnen, Wollen, Wünschen, Gier; eine der 5 →Kleshas - 58

Raja = König

Raja Yoga = Königlicher Yoga-Weg; Beherrschung des Geistes – 47ff

Rajas = Bewegung, Unruhe, Veränderung, eine der 3 →Gunas - 54

Rama = 7. Inkarnation des Erhalter-Gottes →Vishnu - 231

Rechaka = Ausatmen

Rishi = Seher, Weiser, inspirierter Dichter

Rudra Granthi = einer der 3 psychischen Knoten - 117

S

Sadhana = Übungsweg, Übungspraxis – 237ff

Sadhaka / Sadhika = Übender / Übende

Sadhu = Mönch, Nonne

Sahasrara Chakra = Scheitelchakra - 116

Samadhi = überbewusster Zustand - 78

Samana (Vayu) = eine der 5 Prana →Vayus - 111

Samkhya = einer der 6 →Darshanas: dualistische Philosophie – 179f

Samsara = Rad der Wiedergeburten - 199

Samskara = Subtiler Eindruck, der zum Wunsch der Wiedergeburt führt - 198

Samyama = das Zusammenwirken / die Gesamtheit von Konzentration, Meditation und →Samadhi - 79

Sanchita Karma = Gesamtkarma - 199

Sannyasa / Sannyasin = Entsagung / Entsagende/r (4. →Ashrama) - 21

Sanskrit = alte indische Kultursprache, die besonders zum Ausdrücken von transzend-enten Zusammenhängen geeignet ist - 263

Santosha = Zufriedenheit, 2. der →Niyamas des →Ashtanga Yoga - 68

Sarasvati = Göttin der Künste, der Wissenschaften, der Musik; Gefährtin von →Brahma - 228

Sat = das Wirkliche - 183

Sat-chid-ananda = Wirklichkeit-Bewusstsein-Wonne; die drei Eigenschaften des „eigenschaftslosen →Brahman" - 183

Satsang = spirituelles Zusammensein - 24

Sattva = Reinheit, eine der drei →Gunas - 54

Satya = Wahrhaftigkeit, 2. der 5 →Yamas des →Ashtanga Yoga - 63

Saucha = Reinheit, 1. der 5 →Niyamas des →Ashtanga Yoga - 67

Savikalpa Samadhi = niedere →Samadhi-Form, bei der noch eine Unterscheidung zwischen Subjekt und Objekt vorhanden ist

Seva = Dienst, Hilfe, Arbeit

Shakti = Energie, Gattin / weiblicher Aspekt von →Shiva – 109, 230

Shambo / Shambu = Freude bringend, Quell des Guten; Beiname für →Shiva – 229

Shankara = Yogi des 9. Jahrhunderts, der den →Advaita Vedanta beschrieb – 25, 189

Shanti = Frieden

Sharira = Körper

Shat = sechs

Shatkriya = die 6 Reinigungstechniken im →Hatha Yoga – 141ff

Shat Sampat = 6 geistige Tugenden - 187

Shiva = der Gütige, Freundliche. Der Gott der Umwandlung, Auflösung; Zerstörer von Unwissenheit; der „Uryogi" und „Ur-Guru" – 109, 229

Shri = „Ehrwürdiger": Ehrentitel, der einer Person Heiligkeit und höhere Erkenntnis zuschreibt

Shuddha, shodhana = Reinheit, Reinigung

Siddha = Meister

Siddhi = übernatürliche Fähigkeit, „Meisterschaft" - 79

Sita = Gefährtin von →Rama – 232

Sivananda = großer Yogi der Neuzeit (1887-1963) - 25

Sthira(m) = fest, unbewegt - 118

Sthula sharira = grobstofflicher Körper – 56

Subrahmanya = Sohn →Shivas und Bruder →Ganeshas - 231

Sukham = leicht, angenehm - 118

Sukshma sharira = feinstofflicher Körper (Astralkörper) - 56

Sushumna = Wichtigste →Nadi; die Energieleitbahn, durch die sich die erwachte spirtuelle Energie bewegt - 112

Sushupti Avastha = Tiefschlaf, einer der drei grundlegenden Geisteszustände, die anderen sind →Jagrad und →Svapna Avastha - 78

Sutra = Faden, Leitfaden

Sutra Neti = Nasenreinigung mit Faden – 144

Svadhisthana Chakra = Sakralchakra - 114

Svadhyaya = Selbststudium - 69

Svapna Avastha = Traumzustand, einer der drei grundlegenden Geisteszustände, die anderen sind →Jagrad und →Sushupti Avastha - 78

Swami = Ehrentitel für spirituelle Persönlichkeiten, Mönchstitel

T

Tamas = Unreinheit, eine der drei →Gunas - 54

Tantra = Gewebe, Lehre. Spiritueller Weg, der den Körper und das Weltliche nutzt, um zur Transzendenz zu gelangen – 103f

Tapas = Selbstdisziplin, Askese - 68

Tat Tvam Asi = Du bist das, eine der 4 →Maha Vakyas - 184

Tejas = Strahlen, Leuchten (eines verwirklichten Yogi)

Tratak = Starren, meist auf eine Kerzenflamme, eine der →Shatkarmas - 145

Turiya = der vierte Bewusstseinszustand, der über →Jagrad, →Svapna und→Sushupti hinausgeht - 78

U

Udana (Vayu) = eine der 5 →Prana-Arten – 111

Upadhi = begrenzende Hülle; siehe auch →panchakosha - 56

V

Vairagya = Haltung des Loslassens, Nichtverhaftetsein – 60, 186, 244ff

Vaisheshika = eine der 6 →Darshanas, wissenschaftliche, materialistische Philosophie - 178

Vanaprastha = Waldbewohner (3. →Ashrama) - 21

Vasana = Neigung, Wunsch - 198

Vayu = Hauch, Luft; Bezeichnung für Prana-Arten - 111

Vedanta = Ende des Wissens; als →Advaita Vedanta das bedeutendste und vorherrschende der 6 →Darshanas – 181ff

Vibhuti = Übernatürliche Fähigkeit, Meisterschaft - 79

Vidya = Wissen, Erkennen - 181

Vijnanamaya Kosha = Intellekt-Hülle im System der →Panchakosha - 56

Vikshipta = Sammelnd, zentrierend - 55

Virya = Samen- bzw. Lebensenergie, die es durch →Brahmacharya zu bewahren gilt - 65

Vishnu = Gott in der Gestalt des Erhalters der Welt und des Kosmos, der sich wiederholt inkarniert (als →Rama, die 7. Inkarnation und als →Krishna, die 8. Inkarnation) – 228

Vishnu Granthi = einer der 3 psychischen Knoten - 117

Vishuddha Chakra = Kehlkopfchakra - 115

Viveka = Unterscheidungskraft, insbesondere zur Unterscheidung von Wirklich und Unwirklich - 185

Vrtti = Bewegung, Strudel – 55

Vyana (Vayu) = eine der 5 →Prana-Arten - 111

Y

Yama = Verbot, Einschränkung, Gruppe von 5 Verboten und die erste Stufe des →Ashtanga Yoga – 62ff, 108

Yoga = Einheit, Vereinigung, Joch - 7

Yoga = eine der 6 →Darshanas - 180

Yoga Sutra = Bezeichnung für die klassische Schrift des →Raja Yoga von →Patanjali – 47ff

Yogi(n) = Yoga-Betreibender

Yogini = Yoga-Betreibende (weibl.)

Alle folgenden Bücher sind direkt beim Verlag erhältlich.
Sie werden in Österreich gegen Rechnung zugeschickt.
Bestellungen bitte an office@yogaakademie-austria.com oder tel 0664-768 8565

Die Weisheit des Yoga für Deinen persönlichen Alltag!

Dieses Buch fasst in einfacher, klarer und praxisnaher Weise die gesamte Botschaft des Yoga zusammen. Es wird eine große Anzahl von Techniken und Anregungen beschrieben, die Du sofort im eigenen Leben, in Beruf und Freizeit einsetzen kannst.

Detailliert und leicht verständlich werden Theorie und Praxis der fünf Schätze des Yoga für den Alltag beschrieben. Jedem dieser Schätze ist ein Hauptabschnitt des Buches gewidmet:

1. *Körperübungen*
2. *Richtig atmen*
3. *Richtige Ernährung*
4. *Entspannung und Meditation*
5. *Die geistigen Gesetze*

Aus dem Inhalt:

- Einführung in die Yoga-Philosophie
- Körperübungen: Schritt-für-Schritt-Anleitungen
- Körperliche und geistige Wirkungen aller Übungen
- Yoga-Übungsprogramme und Übungstipps
- Atemtechniken zur Energieaufladung und Harmonisierung
- Yoga-Ernährung in der Praxis
- Ursachen, Folgen und Lösung von Spannungen
- Wesen, Bedeutung und Wirkungen der Meditation
- 36 Meditationstechniken
- Die 12 geistigen Gesetze des menschlichen Lebens

Leseproben auf www.yogaakademie-austria.com

Yoga fürs Leben
Arjuna Paul Nathschläger
Taschenbuch, 396 Seiten, € 22,-
ISBN: 978-3-9502402-3-8

Eine Sammlung von mehr als 100 Weisheitsgeschichten

Die in diesem Buch zusammengetragenen Geschichten sind Juwelen der Weisheit aus verschiedenen Traditionen und Zeitaltern. Sie sind Nahrung und Medizin für die Seele. Sie führen uns durch die Welt der persönlich-spirituellen Entfaltung, zu einer tieferen Schau unserer selbst, unserer Welt und der zu Grunde liegenden geistigen Gesetze.

Der Mann und das Mädchen

Auf der Straße sah ich ein kleines Mädchen, zitternd in einem dünnen Kleid, hungrig, und ohne Hoffnung, etwas Warmes zu essen zu bekommen. Ich wurde zornig und sagte zu Gott: „Wie kannst du das zulassen, Herr? Warum tust du nichts dagegen?"

Gott antwortete: „Ich habe wohl etwas dagegen getan. Ich habe dich geschaffen!"

Leseproben auf www.yogaakademie-austria.com

Die spirituelle Schatzkiste
Arjuna Paul Nathschläger
Taschenbuch, 142 Seiten,
€ 12,-

Gesund durch Yoga

Die Wissenschaft entdeckt heute, was viele Menschen schon lange fühlen und erfahren haben, nämlich dass Yoga das vollkommenste Programm zur Heilung und Erhaltung der Gesundheit darstellt, das je entwickelt wurde.

„Yoga und Gesundheit" gibt einen Einblick in die Funktionsweise des Yoga und erläutert die Zusammenhänge von geistigen Aspekten, Yoga-Übungen, Gesundheit und den menschlichen Alterungsprozess. Es wird gezeigt, in welcher Weise und mit welchen Mitteln Yoga bei den verschiedensten Krankheiten helfen kann: Praktische und effektive Yoga-Hilfe wird anhand der verschiedensten Krankheitsbilder besprochen – von der simplen Erkältung über Kopfschmerzen, Rückenschmerzen, Depressionen, Asthma, Übergewicht bis hin zu Herzkrankheiten und Krebs.

Dieses Buch macht Mut, die Verantwortung für die eigene Gesundheit zu übernehmen und mit kleinen Veränderungen in der Lebensweise nicht nur die eigene Gesundheit spürbar zu verbessern, sondern auch ein Heilsein auf einer höheren Ebene zu bewirken.

Leseproben auf <u>www.yogaakademie-austria.com</u>

Yoga und Gesundheit
Paul Arjuna Nathschläger
Taschenbuch, 144 Seiten, € 12,-
ISBN: 978-3-9502402-2-1

Yoga des Klanges

Kirtan-Singen ist wahrscheinlich die schönste und erhebendste Form, Yoga zu praktizieren, denn auf wahrlich spielerische Weise wird der Astralkörper gereinigt. Mantra-Rezitation ist der „Yoga des Klanges", der durch das gezielte Einsetzen der Klang-Energie tief liegende Veränderungen im Astralkörper bewirkt. Beides sind wichtige Techniken im integralen Yoga – ein Yoga ohne Kirtan und Mantra muss als nicht vollständig betrachtet werden, denn erst durch die Öffnung des Herzens und die Reinigungskraft der Mantras wird die Wirkung der Asanas, Pranayamas und Meditation zur Blüte gebracht!

„Yoga des Klanges" führt in die faszinierende Welt des Bhakti Yoga und der hinduistischen Gottheiten ein, erklärt Wirkungsweise und Praxis des Kirtan-Singens und der Mantra-Rezitation.

Es folgen Texte, Noten und großteils wörtliche Übersetzungen der schönsten Kirtan-Lieder und der wirkungsvollsten Mantras.

Dieses Buch ist ein unschätzbarer Begleiter für den Menschen, der die wundervolle Welt des Yoga des Klanges betreten möchte.

Taschenbuch,
182 Seiten, € 15,-